GRAND PRIX STORY 2008

Siegen ist nicht genug

Heinz Prüller

GRAND PRIX STORY 2008

Siegen ist nicht genug

RESIDENZ VERLAG

Bildnachweis:
Cover: vorne: alle ARC Beaumont; hinten: (links oben) Melzer/Motorsportpressebild, (rechts oben) dppi (links unten) J. Foulatier/dpa/picturedesk.com, (rechts unten) Vettel Privatarchiv.
Klappe: Privat

ARC Beaumont: 3, 33 (unten), 34/35, 35 (oben), 36 (oben), 37 (oben u. unten), 38 (oben), 39 (oben u. unten),40 (oben u. ganz unten rechts), 73, 74 (unten), 76/77, 80 (oben u. unten), 113 (unten rechts), 114/115 (unten), 115 (oben rechts), 117 (oben u. unten), 159 (Mitte rechts u links unten)

Melzer/Motorsportpressebild: 7, 9, 33(oben), 34, 36 (2x unten), 38 (3x unten), 40 (links unten u. Mitte), 77(oben), 78 (2x), 79 (2x), 113 (oben u. unten links), 114 (2x oben),115 (oben rechts), 116 (3x), 118 (4x), 119 (2x), 120 (4x), 153 (2x), 154/155 (5x), 156 (4x), 157 (4x), 158 (4x), 159 (oben links u. rechts u. unten rechts), 160 (2x)

Vettel-Privatarchiv 74 (oben), 75 (5x)

Bibliografische Information der Deutschen Bibliothek
Die Deutsche Bibliothek verzeichnet diese Publikation in der Deutschen Nationalbibliografie; detaillierte bibliografische Daten sind im Internet über http://dnb.ddb.de abrufbar.

Residenz Verlag
im Niederösterreichischen Pressehaus
Druck- und VerlagsgesellschaftmbH
St. Pölten – Salzburg

www.residenzverlag.at
verlag@residenzbuch.at

Grafische Gestaltung/Satz: José Coll / Studio B.A.C.K.
Statistik: Thomas Lang
Projektleitung: Sonja Franzke | www.vielseitig.co.at
Gesamtherstellung: CPI Moravia

ISBN 978-3-7017-3103-9

INHALT

BEGRÜSSUNG von Gerhard Berger

gerhardberger

Liebe Leser der Grand Prix Story

Das Jahr 2008 war für uns eine Traumsaison, und ich bin stolz darauf, dass mich Heinz gefragt hat, ob ich nach ein paar Jahren wieder einige Zeilen für seine GRAND PRIX STORY schreiben will – was ich natürlich sehr gerne tue. Weil man in seinem Buch immer wieder genau nachlesen kann, was sich hinter den Kulissen des Formel-I-Zirkus wirklich abspielt. Und das war 2008 besonders viel.

Lewis Hamilton ist ein würdiger Weltmeister und Toro Rosso hat es geschafft, bestes Privatteam der Formel-I zu werden.

Damit haben wir unser größtes Ziel erreicht.

gerhard berger

Vor allem haben wir mit Sebastian Vettel, der aus dem Red-Bull-Stall kommt, die größte Entdeckung dieses Jahres hervorgebracht. Ein junger, hochtalentierter Rennfahrer, seit Monza der jüngste Grand-Prix-Sieger der Geschichte, von dem nicht nur ich sag: Der wird einmal Weltmeister.

Viel Spaß beim Lesen – und freuen wir uns schon auf die Grand-Prix-Saison 2009

Euer

SO FUHREN SIE 2008

Scuderia Ferrari Marlboro V-8

1 Kimi Räikkönen (FINNLAND) 2 Felipe Massa (BRASILIEN)

BMW Sauber – BMW V 8

3 Nick Heidfeld (DEUTSCHLAND) 4 Robert Kubica (POLEN)

ING Renault V8

5 Fernando Alonso (SPANIEN) 6 Nelson Piquet Jr. (BRASILIEN)

AT&T Williams – Toyota V 8

7 Nico Rosberg (DEUTSCHLAND) 8 Kazuki Nakajima (JAPAN)

Red Bull Racing Renault V 8

9 David Coulthard (SCHOTTLAND) 10 Mark Webber (AUSTRALIEN)

Panasonic Toyota – V 8

11 Jarno Trulli (ITALIEN) 12 Timo Glock (DEUTSCHLAND)

Scuderia Toro Rosso – Ferrari V 8

14 Sebastien Bourdais (FRANKREICH) 15 Sebastian Vettel (DEUTSCHLAND)

Honda V 8

16 Jenson Button (ENGLAND) 17 Rubens Barrichello (BRASILIEN)

Super Aguri – Honda V 8

18 Takuma Sato (JAPAN) 19 Anthony Davidson (ENGLAND)
(nach dem GP von Spanien zurückgezogen, Team später aufgelöst)

Force India – Ferrari

20 Adrian Sutil (DEUTSCHLAND) 21 Giancarlo Fisichella (ITALIEN)

Vodafone McLaren-Mercedes V 8

22 Lewis Hamilton (ENGLAND) 23 Heikki Kovalainen (FINNLAND)

2008 keine Fahrerwechsel während der Saison und auch keine Reservepiloten im Einsatz

VORWORT von Sebastian Vettel

Lieber Heinz,

Es ist mir eine Ehre heute das Vorwort
für die diesjährige Grand Prix Story zu
Schreiben.
2008 war für mich eine ganz außergewöhnliche
Formel 1 Saison. Am Schönsten war natürlich
das Wochenende in Monza mit der ersten
Pole Position und mit meinem ersten Sieg.
Danke dafür an die Red Bull Familie,
besonders Didi Mateschitz, Gerhard Berger,
Franz Tost und das ganze Team. Und natürlich
auch Danke an alle meine Fans in Österreich
und Deutschland für die Unterstützung.

Viel Spaß beim Lesen und immer Vollgas!!!

Dein Sebastian.

09. 11. 2008

WM-Finale

DAS PROTOKOLL

Am Tag, als der Regen kam. 2. November 2008, die Rennstrecke Interlagos bei Sao Paolo. Das dramatischste Finale der Formel I seit 1950 – und das verrückteste.

„Erwartet ja kein Spektakel!", hat McLaren-Chef Ron Dennis – früher Jochen Rindts Mechaniker und 2007 wegen der Spionageaffäre mit Ferrari von der FIA zu einer Million Dollar Strafe verdonnert – fürs WM-Finale in Interlagos angekündigt. „Wir werden das letzte Rennen so langweilig wie nur möglich machen!"

Er will seinen WM-Führenden Lewis Hamilton beim Punktestand 94:87 gar nicht gegen Felipe Massa um den Sieg kämpfen lassen. Ohne Stahlgewitter in der ersten Kurve, ohne Kollision wie in Fuji. Wir gehen nur auf die wichtigen kleinen Punkte los – Lewis wird Dritter, Vierter oder Fünfter." Mehr braucht er nicht, um Weltmeister zu werden.

Einen fünften Platz, wenn Massa gewinnt.

Einen siebenten Platz, wenn Massa Zweiter wird.

Oder gar nichts, wenn Massa weder einen ersten noch einen zweiten Stockerlplatz herausfährt.

Dafür opfern die Silberpfeile sogar eine Super-Startposition. Und stufen – gewarnt durch den Motorschaden von Heikki Kovalainen im vorletzten Rennen in Shanghai – im Auto Nr. 22 sogar die Motorleistung zurück. Damit ja nichts passiert. Neun Jahre nach dem letzten Titelgewinn der „Silberpfeile" (Mika Hakkinen 1999) sehnt sich das anglo-deutsche Team nach dem ersten WM-Titel in diesem Jahrhundert.

Aber einen „Vollblutrennfahrer, der schnell und aggressiv ist, jedes Rennen total attackiert und immer gewinnen will" (Niki Lauda) einzubremsen, kann gefährlich sein. Man frage nur Michael Schumacher, wie schwierig es sein kann, im entscheidenden letzten Rennen plötzlich auf Platz zu fahren: Schumi muss 2003 in Suzuka nur Achter werden, um seinen Titel zu retten – doch plötzlich muss er aufholen und kollidiert fast mit seinem Bruder Ralf.

Die Story ist längst ein Klassiker: Wie der junge Felipe Massa (damals 17) als Botenjunge eines brasilianischen Restaurantbesitzers, Freund seines Onkels, dem Benetton-Team mit Gerhard Berger und Jean Alesi das Essen in die Interlagos-Box brachte, „bis sie mich hinausgeschmissen haben. Ich hatte ja noch kein Formel-I-Ticket." Aber damals schwor sich der junge Felipe: „Eines Tages fahr ich selber meinen Grand Prix und werde mit einem Sieg im letzten Rennen Weltmeister!"

DAS DUELL HAMILTON-MASSA

	Hamilton (Qualifying/Rennen)	Massa (Qualifying/Rennen)
Melbourne	1 / 1	4 / Motorschaden
Sepang	4 / 5	1 / Dreher
Bahrain	3 / 13	2 / 1
Barcelona	5 / 3	3 / 2
Istanbul	3 / 2	1 / 1
Monte Carlo	3 / 1	1 / 3
Montreal	1 / Kollision	6 / 5
Magny-Cours	3 / 10	2 / 1
Silverstone	4 / 1	9 / 13
Hockenheim	1 / 1	2 / 3
Budapest	1 / 5	3 / Motorschaden
Valencia	2 / 2	1 / 1
Spa	1 / 3	2 / 1
Monza	15 / 7	6 / 6
Singapur	2 / 3	1 / 13
Fuji	1/12	5 / 7
Shanghai	1/1	3/2
Interlagos	4/5	1/1
„Platzziffern" fürs Qualifying:	55	53
WM-Punkte:	98	97

Wie Emerson Fittipaldi, Nelson Piquet, Ayrton Senna, die drei großen Champions aus dem Fussball- und Formel-I-verrückten Land Brasilien.

Alle drei haben einen sehr starken Österreich-Touch. Fittipaldi, der Rennfahrer mit dem lustigen Namen und den Hamsterbacken, kam 1970 als Nummer 3 ins Lotus-Team, hatte am tragischen Monza-Wochenende selber einen bösen Unfall – rettete aber im letzten Rennen in Watkins Glen mit seinem ersten Sieg den posthumen WM-Titel für Jochen. Als Doppelweltmeister gründete er mit den Millionen der brasilianischen Zuckerindustrie sein eigenes Team („Copersucar"), ging auch nach Indianapolis, gewann die 500 Meilen, wollte aber statt der traditionellen Milch aus dem Siegerpokal lieber Orangensaft trinken – aus seinen eigenen riesigen Orangenplantagen. Für die Amis ein Skandal. Später überlebte „Fitti" einen Flugzeugabsturz – und fährt heute noch Rennserien mit Formel-I-Oldtimern.

Was Rindt für Fittipaldi, war Niki Lauda für Nelson Piquet bei Brabham 1979: Lehrmeister für den „Lehrbuam". Sohn eines hohen brasilianischen Regierungsbeamten, sollte Piquet auf eine US-Uni gehen, Tennisprofi werden – bis ihn der Benzin-Virus packte. Als

DIE ENGLISCHEN WELTMEISTER

1958	**Mike Hawthorn**
1962	**Graham Hill**
1964	**John Surtees**
1968	**Graham Hill**
1976	**James Hunt**
1992	**Nigel Mansell**
1996	**Damon Hill**

(Dazu die Schotten **Jim Clark** 1963,1965 und **Jackie Stewart** 1969,1971 & 1973)

DIE BRASILIANISCHEN WELTMEISTER

1972+74	**Emerson Fittipaldi**
1981+83+87	**Nelson Piquet**
1988+90+91	**Ayrton Senna**

Rennfahrer: ein Riesentalent, dreimal Weltmeister, „aber er hätte auch fünf Titel gewinnen können, hätte er seinen Job ernster genommen. Aber es war ihm alles wurscht", sagen seine Ex-Teamchefs. Mit seinem Navigatorsystem für Lkw machte Piquet in Brasilien Millionen, hatte aber auch Zeit, sich um Nachwuchs zu kümmern: Nelson Piquet Jr., der für Renault fährt, hat sechs Brüder.....

Ayrton Senna (+ 1994 in Imola) brauchte sechs Jahre, bis er seinen Heim-GP gewann: eine Sternstunde in Interlagos. „Hätte der Liebe Gott einen perfekten Rennfahrer konstruiert, das hätte Senna sein müssen", sagt sein letzter Teamchef Frank Williams. Ayrton lebte immer jenseits von 300 km/h, sein Pole-Position-Rekord (65) wurde nur von Schumacher überboten. Als Senna verunglückte, hatte er längst geheime Verhandlungen mit Ferrari, wo 1996 Schumi anfing – wie anders hätte sich die Formel I vielleicht entwickelt? Ayrtons bester Rennfahrerfreund war Gerhard Berger, der sich erinnert: „Eine Zeitlang wollten wir sogar zusammen ein Haus in Sardinien kaufen."

„Nur die Engländer", lautet ein alter Spruch aus dem Formel-I-Zirkus, „sind verrückt genug. Only the British are mad enough." Jetzt aber wartet das „Mutterland des Rennsports", mit rund 100.000 Menschen in einem breiten Gürtel rund um London, die direkt oder indirekt mit Motor Racing ihr Geld verdienen, seit Damon Hill 1996 auf einen Weltmeister. 1996, da war Lewis Hamilton

Jetzt hat das einstige „Boy wunder" eine historische Chance: jüngster Formel-I-Weltmeister aller Zeiten zu werden. Fernando Alonso war bei seinem ersten Titelgewinn 2005 genau 24 Jahre, 1 Monate und 26 Tage alt – Hamilton wird am Interlagos-Renntag 23 Jahre, 9 Monate und 26 Tage alt. Also heißt es für ihn: Jetzt oder nie. Bevor ihm Sebastian Vettel den nächsten Youngster-Rekord wegschnappt: erst die jüngste Pole-Position und den jüngsten Grand-Prix-Sieger – und nächstes oder übernächstes Jahr auch den jüngsten Weltmeister.

Mehrfach-Champions waren zwei Schotten (dreimal Jackie Stewart, zweimal Jim Clark), aber nur ein einziger Engländer: Der schnauzbärtige, charismatische Graham Hill: mit BRM und mit Lotus. Mike Hawthorn holte vor genau 50 Jahren als erster Engländer die WM, trat zurück und starb nur Wochen später auf mysteriöse Weise bei einem Verkehrsunfall. Nur wenige kennen die wahren Umstände: Es war ein privates Wettrennen mit dem englischen Nobelman, Teamchef und Whisky-Nachfahren Rob Walker, das Hawthorn zum Verhängnis wurde.

John Surtees ist immer noch der einzige Weltmeister auf zwei und vier Rädern: siebenmal mit der MV-Agusta, 1964 auch mit Ferrari. Heute besitzt er weder sein WM-Auto noch seine Motorräder: bei der Scheidung draufgegangen. Dafür fährt sein Sohn bereits erfolgreich Autorennen. „Ich hätte immer gedacht, dass die Rossi oder Capirossi von heute in die Formel I überwechseln", sagt „Big John" heute. Ein flamboyanter Weltmeister war James Hunt, der oft barfuss durchs Fahrerlager lief, oft mit einem T-Shirt „Sex is breakfast for Champions".

1992 schlug die Stunde von „Nice Nigel" oder „Magic Mansell": Ein kraftstrotzender Rennprofi, für den die Autos mit extremem Ground effect und Turbo-Motor wie geschaffen waren. Mansell fuhr mit dem Williams-Renault das fortschrittlichste Rennauto der damaligen Zeit. 1996 erfüllte sich die Saga von Damon Hill: Der erste Weltmeister in zweiter Generation – wie sein Vater Graham. Der begann als Motorradbote in London, machte erst mit 24 den Führerschein, seine Mutter zahlte ihm einen Rennfahrerkurs – und so begann seine späte Karriere: Weltmeister mit bald 40, aber Damon hatte sich um zwei Jahre jünger gemacht, „denn über 30 kriegst du keinen Sponsor mehr." Dafür hatte er auch seine eigene Rockband: „Sex, Hitler and the Hormons." Aber Max Mosley hat da nicht mitgespielt.

DIE MCLAREN-WELTMEISTER

1974	**Emerson Fittipaldi**
1976	**James Hunt**
1984	**Niki Lauda**
1985	**Alain Prost**
1986	**Alain Prost**
1988	**Ayrton Senna**
1989	**Alain Prost**
1990	**Ayrton Senna**
1991	**Ayrton Senna**
1998	**Mika Hakkinen**
1999	**Mika Hakkinen**

(Die WM-Titel 1984-86 und 1998/99 mit deutschen Motoren – Porsche TAG-Turbo bzw. Mercedes)

DIE FERRARI-WELTMEISTER

1952+53	**Alberto Ascari**
1956	**Juan Manuel Fangio**
1958	**Mike Hawthorn**
1961	**Phil Hill**
1964	**John Surtees**
1975+77	**Niki Lauda**
1979	**Jody Scheckter**
2000-2004	**Michael Schumacher**
2007	**Kimi Räikkönen**

„Black is beautiful." Die Formel I bekommt in Interlagos vielleicht nicht nur den jüngsten Weltmeister aller Zeiten, sondern auch den ersten farbigen. Lewis Hamilton, der Rennfahrer mit anglo-karibischen Wurzeln befindet sich auf den Spuren des jamaikanischen Vierer-Bobs im Kino – und vieler anderer aus überraschend vielen Sportarten, zu denen farbige Sportler lange gar keinen Zutritt hatten.

Am berühmtesten: Golf-Superstar Tiger Woods, der Sohn eines Marineinfanteristen, der schon als Kind in einer der populärsten US-Talkshows Golf spielte. Die Pioniere im „weißen Sport“ Tennis waren Althea Gibson, die Wimbledon und die US-Open gewonnen hat, und natürlich Arthur Ashe, 1968 Sieger im US-Open und 1975 in Wimbledon, später Amerikas Davis Cup-Captain. Seine Tragik: Er wurde bei einer Operation mit verseuchtem Blut infiziert.

Jack Johnson war der erste farbige Boxweltmeister, gefolgt von Joe Louis, dem „braunen Bomber“, berühmt wie Jesse Owens, 1936 der Olympia-Superstar von Berlin, 1968 in Mexico City amerikanischer Mannschaftsführer, als John Carlos und Tommy Smith für „Black Power“ demonstrierten und aus dem Team flogen.

DIE JÜNGSTEN WELTMEISTER

Fernando Alonso (Renault) 2005 in Interlagos	24 Jahre	1 Monat	27 Tage
Emerson Fittipaldi (Lotus) 1972 in Monza	25 Jahre	8 Monate	29 Tage
Michael Schumacher (Benetton) 1994 in Adelaide	25 Jahre	10 Monate	10 Tage

Erster schwarzer Fußball-Superstar war der Brasilianer Leonidas, WM-Torschützenkönig 1938, gefolgt nach dem Krieg von der „schwarzen Perle“ Ben Barek, einem Franzosen. Wilt Chamberlain von den LA Lakers war der Basketball-Superstar, Surya Bonaly aus Kaledonien gewann für Frankreich die WM im Eiskunstlauf und Anthony Nesti aus Surinam wurde 1988 in Seoul Olympiasieger über 100 Meter Delphin.

Warum also muss ausgerechnet der Formel-I-Weltmeister immer ein Weißer sein? Willy T. Ribbs bleibt nur eine Sternschnuppe, dann kommt Hamilton.

Bei der Euro 2008 startet die UEFA ihr Programm gegen Rassismus – und als bei Testfahrten in Spanien Stimmung gegen Hamilton aufkommt, greift die FIA sofort ein.

Grenada ist eine Perle der Karibik. Sportfans bekannt ist die Trauminsel unter anderem durch die Skispringer-Story, Andy Goldberger würde eventuell für Grenada starten – Schnee von gestern. „Aber auf Grenada bin ich nie gewesen“, korrigiert Goldberger die Geschichte.

Seit 2008 chauffiert Davidson Hamilton – Lewis Großvater – nicht mehr den 40 Jahre alten Schulbus, „sondern einen nagelneuen Wagen mit Air-Condition, Hydraulik, Automatik usw“, verrät er freudestrahlend. „Hat mir Lewis geschenkt...“

Wo Hamilton auftaucht, cool, lässig, locker, freundlich, ist immer ein Hauch von Bob Marley. Als ich Lewis frage, ob er an Gott glaubt, antwortet er: „Natürlich. Ich weiß sehr genau, dass oben jemand ist, der mir immer geholfen hat. Dafür bin ich auch dankbar. Und was ich heute nebenbei verdiene, für Sponsoren- oder Werbeauftritte, kommt in meine Foundation für Arme oder Kranke.“

Manchmal sehnt er sich fast zurück zu den alten Zeiten, „als ich mit meinem Vater mein Rennauto geputzt habe." Dann wischt er sentimental über die Seitenkästen seines MP – welcher Formel-I-Pilot täte das noch?

Ich hab ihn aber auch schon dabei beobachtet, wie er nach dem Mittagessen im McLaren-Schloss sein Tablett selbst in die Küche zurückgetragen hat. Hat seit Niki Lauda bei Jaguar kein Superstar mehr getan.

Dem mutigen TV-Star Harald Krassnitzer, der bei „Stars in der Manege" in München seinen Kopf ins weit aufgerissene Maul eines Krokodils gesteckt hat, fällt als erstem auf: „Der Lewis Hamilton hat ja total abgebissene Fingernägel!" Die hat man seit dem „fliegenden Schotten" Jim Clark (+1968), der oft nervös an der Boxenmauer kaute, bei keinem Formel-I-Piloten mehr gesehen.

Zurück nach Interlagos: Als Toyota-Pilot Timo Glock genau bei Halbzeit (35. Runde) nachtankt, ist klar: Er riskiert eine 1-Stopp-Strategie. Und ich sage während der TV-Liveübertragung voraus: Glock wird im Finish noch eine ganz wichtige Rolle spielen.

Für Hamilton läuft zunächst alles normal – ganz nach Plan. Nach 66 von 71 Runden ist er Vierter hinter Massa, Alonso und Räikkönen. Hinter ihm: Vettel und Glock. Der Toyota-Pilot hat 11,4 Sekunden Rückstand auf Hamilton.

Lewis fühlt sich sicher: „Ich trag das Auto auf Händen, bremse und schalte früh, schone meine Reifen."

In der 67. Runde kommt, wie angedroht, der Regen. Hamilton und Vettel müssen an die Box, wechseln von Trockenreifen auf Intermediates. Wichtig: McLaren füllt Lewis viel mehr Sprit ein, als er für die letzten Runden braucht. „Meine einzige Chance: ein schweres Auto. Weil wir sonst unsere Reifen viel mehr abnützen als unsere Gegner."

Damit ist Glock automatisch Vierter, liegt 8,5 Sekunden vor Hamilton, 9,7 vor Vettel. Seine Reifenwahl scheint zunächst richtig, weil er drei Runden lang jeweils die schnellste Rennrunde dreht.

Nach der 68. Runde liegt Glock 9,7 Sekunden vor Hamilton, nach der 69. sogar 15,2. Und da fährt plötzlich Wunderknabe Vettel vorbei an Hamilton – Lewis also nur mehr an sechster Stelle.

„Du musst Vettel zurücküberholen!" befiehlt die McLaren-Box. „Ich kann nicht!" antwortet Lewis. Später erklärt er mir: „Ich hab weniger Downforce als die anderen, bin zwar schneller auf der Geraden, aber nicht in der Rundenzeit."

650 Milllionen TV-Zuseher in aller Welt halten den Atem an. Im englischen Beisl „Rose and Crown", dem Stammpub der Hamilton Family im kleinen Dorf Tewin bei Stevenage, ist der Teufel los. „Um Gottes willen, er vermasselts schon wieder – genau wie letztes Jahr", brüllt Harry Higgings, der Kneipenbesitzer, voller Verzweiflung. Und Phil Sisley, Chef der Kartbahn im Buckmore Park, wo Lewis als

Achtjähriger seine ersten Runden gedreht hat, stöhnt: „Wie nervenaufreibend!“ Doch dann passiert das Unglaubliche, Phantastische.

Es wird immer dunkler, rutschiger, gefährlicher. Und Hamilton zaubert „die zwei schwierigsten Runden meines Lebens.“ Im Gegensatz zu Glock, Vettel und dem überrundeten Kubica weiß er ganz genau, wie das Rennen steht.

Der „Professor“ Alain Prost hatte aufs Lenkrad immer die Position aufgemalt, die er brauchte, um Weltmeister zu werden – Hamilton hat sich die „5“ ins Hirn eingebrannt.

DAS DRAMA VON INTERLAGOS: DIE LETZTEN 6 RUNDEN

Runde	Glock	Hamilton	Vettel
66.	1,17,892 (6.)	1,26,282 (4.)	1,26,801 (5.)
67.	1,18,879 (4.)	1,38,860 (5.) x	1,39,016 (6.) x
68.	1,18,816 (4.)	1,19,998 (5.)	1,19,673 (6.)
69.	1,18,688 (4.)	1,24,612 (6.)	1,23,318 (5.)
70.	1,28,041 (4.)	1,25,567 (6.)	1.25221 (5.)
71.	1,44,731 (6.)	1,26,126 (5.)	1,25,984 (4.)

x = Boxenstop

Die Toyotas sind in der letzten Runde die langsamsten Autos im Feld: Glock 1:44,731, Trulli 1:44,800 – die schnellste Rennrunde dreht Kovalainen in 1:24,945 vor Webber und Vettel.

„Binnen zwei Runden“, fürchtet Hamilton, „hab ich die ganze WM weggeschmissen.“ Er versucht verzweifelt, Vettel zu überholen, quetscht den McLaren aus, analysiert: „Wo bin ich schneller, wo verlier ich Zeit?“ Aber die rennt ihm davon.

Und dann in Kurve 10 der Funkspruch von McLaren: „Lewis, Glock ist direkt vor dir. Er ist auf Slicks und hat Probleme. Wenn du ihn überholen könntest – das wäre großartig.“

Darauf Hamilton: „Ich weiß nicht, ob ich knapp genug dran bin... und ich hab ja nur noch zwei Kurven.“

In Kurve 11 sieht Hamilton, wie Vettel Glock überholt, als der Toyota gerade einlenkt. „Darauf zieh ich sofort nach innen – und bin am Toyota vorbei.“ In der letzten Runde, in der letzten Kurve, wie schon Jochen Rindt 1970 in Monte Carlo gegen Jack Brabham – 620 Meter vor der Ziellinie: Ist das der WM-Titel? „Muss es wohl sein.“ Aber Lewis hört keinen Jubel aus der McLaren-Box und gerät beinahe in Panik. Wie Niki Lauda 1984 in Estoril, als er Senna niederkämpft, glaubt, Zweiter hinter Prost zu sein – dann kommt das erschreckende Boxensignal: „minus 30 auf Mansell.“

In Interlagos müssen sowohl die McLaren- als auch die Ferrari-Box durch Himmel und Hölle. Sekunden ticken eine Ewigkeit. Um 19:47 Uhr und 14 Sekunden wird Felipe Massa als Sieger abgewunken. Riesenjubel bei Ferrari, lange Gesichter bei McLaren, denn Hamilton ist zu diesem Zeitpunkt nur Sechster. Aber noch einmal kippt diese unfassbare WM: 13 Sekunden danach, um 19:47:27 Uhr, überholt Hamilton Glock, weitere 13 Sekunden später, um 19:47:40 Uhr, fährt Lewis als Fünfter ins Ziel. Die Nerven zum Zerreißen gespannt, ungeduldig.

„Do I have it? Hab ichs geschafft?" Aber erst in der ersten Kurve, im Senna-S, kommt die Millionen-Nachricht seines Daten-Ingenieurs: „Lewis, you are World Champion!" Lewis, du bist Weltmeister!

Darauf unbeschreiblicher Jubel bei McLaren, Tränen bei Ferrari.

England hat 12 Jahre nach Damon Hill wieder einen Formel-I-Weltmeister. „Aber du wirst noch viele Titel gewinnen", applaudiert ihm Damon. „Fürs erste hast du die schwerste Prüfung überstanden, die man sich denken kann." Jackie Stewart, der fünf Jahre bis zum ersten WM-Titel gebraucht hat (1965-69): „Noch nie wurde ein Rennfahrer so professionell für seine große Karriere vorbereitet. Und er wird auch exzellent unterstützt." Ein echter Rennfahrer, weiß Stirling Moss, "lässt sich halt nie unterkriegen oder beirren."

Premierminister Gordon Brown: „Das ganze Land freut sich riesig über sein außergewöhnliches Talent. Wir alle sind stolz auf den inspirierenden Lewis Hamilton und das McLaren-Team. Und England hat ja nicht so viele Weltmeister..."

Für Oppositionsführer David Cameron ist Lewis „nun auch offiziell eine Sportlegende und ein Vorbild dafür, was man alles erreichen kann, wenn man seinem Traum folgt."

Lewis Hamilton – der „Golden Boy". „Er wird noch größer als David Beckham!", prophezeit Sport-Marketingexperte Max Clifford. „Weil er erst 23 ist und in der Formel I mehr Geld bewegt wird als im Fußball."

Hamiltons WM-Titel weist starke Parallelen auf zum Champions League Finale 1999 in Barcelona, als Bayern nach 90 Minuten schon als Sieger gefeiert wird – doch dann gewinnt Manchester United noch sensationell 2:1.

Als Niki Lauda 1984 das Titelduell gegen Alain Prost um einen halben Punkt gewinnt, steht als Dritter fast unbeachtet der junge Ayrton Senna auf dem Podest. Diesmal, nach dem 803. WM-Lauf der Geschichte ist es als Vierter der blutjunge Sebastian Vettel, definitiv ein Weltmeister von morgen. Und ohne Zweifel die große Entdeckung des Jahres, der außergewöhnlichsten Formel I-Saison seit 1950 – auch geprägt durch Fernando Alonsos Rückkehr zu Renault.

Die unglaubliche Formel I Saison 2008 beginnt natürlich schon im Winter. Neue Farben, neues Auto, neuer Helm – das große Comeback! Renault präsentiert in Paris seinen neuen R 28 – mit einem strahlenden, selbstbewussten „Heimkehrer" Fernando Alonso und einem stillen, eleganten Rookie mit Filmstar-Look: Nelson

Piquet Jr., dessen Vater als Lehrbub von Niki Lauda bei Brabham begonnnen hat – und dreimal Weltmeister wird. Eine faszinierende Zeitreise – nach dem sieglosen Jahr 2007.

Der Heimkehrer: Erst einmal hat ein Weltmeister, der zu seinem Team zurückgekehrt ist, nochmals die WM gewonnen: der unvergleichliche Juan Manuel Fangio mit Maserati 1954/1957.

Wie fühlst du dich, Fernando? Eine alte Story, in der du nur ein neues Kapitel aufschlägst?

Alonso: „Nein, ein neues Abenteuer mit einem neuen Team. Neue Farben und ein neuer Helm, den ich sogar selbst entworfen habe."

Der Red-Bull-Deal ist nicht am Geld (statt 20 sogar 28 Millionen Dollar), sondern an der Vertragsdauer gescheitert. Und angeblich hast du sogar bei Renault eine Fluchtmöglichkeit – wenn er nicht bis Jahresende zwei GP gewinnt. Aber das ist top secret – jetzt heißt es erstmal „alle Kraft voraus".

Alonso: „Wir werden zwei, drei Rennen brauchen, um zu sehen, wo wir wirklich stehen."

Und das Verbot der elektronischen Fahrhilfen, Fernando – wirklich zu gefährlich bei Regen?

Alonso: „Ach was, wir sind alle Profis. Das haben wir schon nach zwei Rennen alle vergessen..."

Der Rookie: Nach 15.000 Testkilometern kriegt Nelson Piquet Jr. die große Chance. „Und wird für Alonso sogar noch gefährlicher als Lewis Hamilton 2007!", prophezeit der berühmte Emerson Fittipaldi einen heißen Stallkrieg – was Flavio Briatore lächelnd runterspielt: „Völlig unmöglich. Ich habe zwei exzellente Fahrer. Nelson ist ein sehr schneller, aber auch sehr intelligenter junger Mann, der von Alonso lernen, daraus seine Vorteile ziehen wird – und ich bin schließlich auch ein ganz anderer Teamchef als Ron Dennis... Aber zwischen Fernando und mir hat sich nichts geändert. Wir sind immer noch die gleichen. Er ist wieder happy. Und er kommt mir sogar noch stärker motiviert vor als früher."

Das Auto: Der R 28 ist keine Weiterentwicklung des R 27 vom Vorjahr, sondern hat ein völlig neues aerodynamisches Konzept – nachdem die Franzosen 2007 am Reifenwechsel von Michelin zu Bridgestone gescheitert sind. „Wir brauchten fast die ganze Saison, um die Reifen zu verstehen. Das neue Design hat keine Ideen mehr vom Vorjahr, die ganze Frontpartie ist neu." Der große Trick bei allen Teams: viel mehr Gewicht nach vorn – wegen des Verbots der Traktionskontrolle.

Deutschland braucht neue Helden. Damit in der Formel I nach dem Rücktritt der Schumi-Brüder nicht das gleiche passiert wie im Boxsport nach Max Schmeling bzw. Bubi Scholz, im Tennis nach Boris Becker oder im Golf nach Bernhard Langer.

Aber den roten Teppich für Vettel, den Zimmermannsohn aus Heppenheim, hat keiner ausgerollt. Auch Wunderkinder müssen um ihre Karriere kämpfen.

Bereits als 11-jähriger fährt Sebastian, ganz allein, nur mit Zahnspange und seinem Album voll Fotos und Zeitungsausschnitten, zur Rindt-Show nach Essen, um sich potentiellen Sponsoren vorzustellen: „Ich bin der Kart-Fahrer Vettel, ich brauche Unterstützung, können Sie mir helfen?"

Aber die Schule bleibt in Pole-Position. „Das Wichtigste. Nur aufs Rennfahren zu setzen, ist mir zu gefährlich. Denn wenn damit nix wird, hab ich gar nix."

Er kommt wie eine Rakete und bricht alle Youngster-Rekorde im Autorennsport: Formel-BMW-Champion mit 18 Siegen bei 20 Starts – an seinem ersten Formel-I-Trainingstag gleich Bestzeit – in seinem ersten Rennen als Ersatz für Kubica in Indianapolis 2007 gleich ein WM-Punkt – mit 19 der Jüngste, der je Punkte geholt hat. In seinem fünften Rennen für Toro Rosso liegt er schon in Führung, im sechsten Rennen (Shanghai) wird er Vierter, von Gerhard Berger stürmisch beglückwünscht – danach fliegt er direkt nach Hawaii für ein paar Ferientage. Wie halt ein Vettel Zeit und Raum überbrückt.

Die Lobeshymnen auf Vettel werden schon seit langem gesungen.

Gerhard Berger findet den Hype auch vollkommen gerechtfertigt: „Er erinnert mich an den jungen Schumacher. Der hat beim Karting Vettels Talent entdeckt – und wurde voll bestätigt. Die beiden sind sich in vielem ähnlich."

Wie genau, Gerhard?

Berger: „In der ruhigen, systematischen Art, wie sie ein Rennwochenende angehen, sich kontinuierlich verbessern – und am Sonntag Nachmittag die Ergebnisse abliefern."

Ein Film, der irgendwann reißen muss, weil er zu schnell abläuft?

Berger: „Glaub ich nicht. Vettel erinnert sich an alles, was im Auto abläuft und macht für die Ingenieure gute Analysen."

Franz Tost: „Einer der besten Jungen, die wir je hatten. Ist erst 20, fährt aber schon seit 15 Jahren Rennen und ist deshalb sehr reif und sehr clever – sein Schlüssel zum Erfolg. Er ist halt auf viel höherem Level als viele andere – im Cockpit genau wie außerhalb. Wenn er das richtige Auto kriegt, kann er vorn mitfahren."

Dr. Helmut Marko: „Er ist wirklich etwas Besonderes und sehr reif für sein Alter. Kann im Rennauto sehr aggressiv sein, ist aber auch technisch versiert und gut trainiert."

Im November sitz ich mit Alex Wurz einen halben Nachmittag bei Kaffee und Torte im „Sacher". Wir analysieren seine ganze Rennkarriere – als plötzlich Ross

Brawn anruft: „Ich habe Ex-Ingenieure von McLaren und Williams, die alle nur dich wollen: Du wärst der beste Entwicklungspilot, schwören sie."

Die Lunte brennt. Rücktritt vom Rücktritt, schon wieder. „To go forwards, sometimes you have to go backwards first." Um voranzukommen, muss man manchmal zuerst einen Schritt rückwärts machen. Die Honda-Philosophie stimmt auch in der Formel I.

Das Verhältnis Brawn-Barrichello kennen wir von Ferrari 2000-2005.

Und was macht Ross mit Jenson Button? „Dem versuch ich, die Working Ethics von Michael Schumacher beizubringen." Worauf Jenson nur lächelt: „Ich arbeite lieber hinter als vor den Kameras, das ist mir wichtiger."

Dazu Ross Brawn: „Button muss einfach in der Früh als Erster auf der Rennstrecke sein und am Abend als Letzter gehen. Ich kenne Rennfahrer, die um 16 Uhr schon Richtung Hotel verschwinden. Das geht einfach nimmer."

Dass Rubens Barrichello seinem Vater sehr nahe steht, ist kein Wunder: gleicher Geburtstag (23. Mai), gleiche Frisur, gleicher Charakter.

Und alle sind neugierig auf die neue „Force India".Mit seiner „Kingfisher Airlines", einer Luxus-Fluglinie, ist Dr. Mallya eine Art „Richard Branson" der Inder.

Seine 98-Meter-Yacht – auf die er uns schon in Monte Carlo und Istanbul eingeladen hat – hat Dr. Mallya seinerzeit dem Filmstar Richard Burton abgekauft, der sie wiederum für die „schönste Frau der Welt", Liz Taylor, bauen hat lassen.

Seit Mallya als junger Austauschstudent in Salzburg gewesen ist („meine erste Auslandsreise"), schwärmt er von „Sound of Music." Und den Mozartkugeln.

Bei der Weltpremiere von „Force India" in Moombay (Bombay) bin ich als einziger Österreicher exklusiv dabei. Ein paar Tage voll von Gegensätzen. Geht man aus der Marmor-, Gold- und Glitzerwelt des „Taj Mahal"-Hotels auf die Straße, sieht man Menschen, die in Pappkartons leben, frieren und hungern müssen.

Im Ghandi-Museum wird das Leben dieses grandiosen Menschen mit dem Leinentuch in Miniaturen, die an die Salzburger Marionetten erinnern, nachgezeichnet. Auf einem dieser Kunstwerke schüttelt Ghandi dem englischen König (mit Anzug und Gilet) die Hand und fragt: Warum müssen sich so viele Menschen zweimal anziehen?

Die 3 Milliarden teure Show geht los: FIA-Präsident Max Mosley, der ranghöchste Autofahrer der Welt, im Interview über Geld und Technik, Power und Politik in der Formel I – und wer 2008 Weltmeister wird.

Max, droht uns ein neuer Spionage-Skandal?

Mosley: „Nein, damit ist Schluss. Alle wissen jetzt: wer spioniert, fliegt raus aus der WM. Papier oder Elektronik zu einem anderen Team mitzunehmen, ist verboten."

Auch die Windkanalstunden werden jetzt reduziert?

Mosley: „Weil sie überhaupt nichts bringen. Die Formel-I-Windkanäle brauchen ein bis zwei Megawatt Elektrizität – das reicht für mehr als tausend Häuser. Also müssen sie nicht 24 Stunden am Tag, 7 Tage die Woche arbeiten. Wir werden die Kosten begrenzen – der eine muss im Windkanal sparen, der andere an seinen Riesencomputern. Die meisten Teams sind dafür."

Die Budgets liegen zwischen 80 und 500 Millionen Euro pro Jahr?

Mosley: „Soweit wir wissen, stimmt das."

Und wieviel ist der ganze Formel-I-Zirkus wert? Ist eine Milliarde Euro Gesamtumsatz eine realistische Annahme?

Mosley: „Viel zu niedrig. Soweit ich von den Herstellern weiß, liegt allein der Umsatz für die Motoren deutlich über einer Milliarde Euro. Dazu kommen die Kosten fürs Chassis und duchschnittlich 800 Leute, nur um zwei Autos an die Startaufstellung zu bringen."

Max, wer wird heuer Weltmeister?

Mosley: „2007 gewannen nur zwei Teams, Ferrrai und McLaren. Ich glaube, heuer erleben wir fünf Teams, die mindestens ein Rennen gewinnen. BMW war schon 2007 sehr nahe dran, Renault wird wieder stark, für Honda ist es noch etwas zu früh – aber man kann Überraschungen nie ausschließen."

Auch bei der Formel Austria?

Mosley: „Toro Rosso kommt sicher noch an die Spitze. Ob sie jetzt schon stark genug auf allen Gebieten sind, um zu gewinnen, bezweifle ich – aber das wird kommen. Gerhard Berger ist mit seinen Fahrern sicher stärker geworden. Überhaupt: Das sind einige junge Riesentalente. Nur schade, dass viele nicht gleich in einem Spitzenteam anfangen können wie Hamilton."

Apropos: Wie wäre ein Duell Schumacher gegen Hamilton ausgegangen?

Mosley: „Schumi hätte gewonnen."

Melbourne
1:0 FÜR HAMILTON

Die neue Formel I – was ändert sich ab Melbourne für den TV-Zuschauer? Die Cockpitwände werden wegen der lebensgefährlichen Kollision Coulthard-Wurz 2007 in Melbourne 2008 *um 5cm hochgezogen* – das bedeutet schlechtere Sicht auf die Helme der Piloten.

Starts ohne die jetzt *verbotene Startkontrolle* bringen durchdrehende Hinterräder und Reifenrauch wie in den Pionierzeiten der Formel I. Besonders leiden darunter die Startraketen von Renault.

Mehr rutschende Autos – reifenschonende Fahrweise ist gefragt, das erspart vielleicht sogar den einen oder anderen Boxenstop. *Mehr Fahrfehler, mehr Dreher, mehr Überholmanöver.* Rekord: Die 29 Überholungen zwischen Jochen Rindt und Jackie Stewart 1969 in Silverstone.

Die wichtigsten Runden: gegen Ende jedes Stints, also kurz vorm Reifenwechsel. Weil die Bridgestone-Hinterreifen deutlich früher abbauen als die Vorderreifen, übersteuern die Autos in dieser Phase immer stärker.

Der größte Unterschied zeigt sich bei *Regenrennen* – zum ersten Mal in Malaysia.

„Die Silberpfeile haben sich vorgedrängt. Wir haben sie großzügig überholen lassen..." Grinsende Reaktion bei Red Bull auf die korrigierte Boxen-Choreographie in Melbourne: Lewis Hamilton (Nr. 22) und Heikki Kovalainen (Nr. 23) stehen nicht, wie angedroht, in der allerletzten Box Nr. 11 im Albert-Park, sondern in der Mitte der Boxenstraße: Box Nr. 5 – zwischen Williams und Red Bull! Allerdings mit der Toilette am Eck.

Startnummer 23 für Kovalainen: die mieseste eines McLaren-Piloten seit 1970, als McLaren die Fahrer ausgehen. Bruce McLaren in Goodwood tödlich verunglückt, Denny Hulme nach seinem Feuer-Crash in Indianapolis nicht einsatzfähig. Dan Gurney – Norbert Haugs Schwager – springt 1970 kurzfristig in Zandvoort ein: mit Nummer 32 nur 20. Startplatz, Defekt im Rennen. Mit der Kovalainen-Nummer 23 wird Peter Gethin 1970 in Zeltweg überrundeter Zehnter. Ein Jahr darauf gewinnt er auf BRM den Sensationssprint von Monza und wird 1984 bei Toleman Ayrton Sennas erster Teamchef in der Formel I.

Es gibt nicht viele, die Schumacher in einem Ferrari besiegt haben – aber Heikki hats 2004 im „Race of Champions" in Paris-Bercy geschafft.

Die 100-Millionen-Strafe vom Spätsommer hat McLaren-Mercedes weniger im Stolz getroffen als die Verbannung zu den Hinterbänklern Super-Aguri und Force

India. Bernie Ecclestone, um Hilfe ersucht, weiß Rat – dass Hamilton und Alonso 2007 ihre Fahrer-WM-Punkte behalten durften, ist sowieso sein Verdienst gewesen. Und jetzt: neue Nachbarn für die Silberpfeile in exakt gleich großen Boxen – links Ron Dennis bester Freund in der Formel I, Frank Williams, rechts Red Bull.

„Rein logistische Gründe", sagt McLaren-Mediendirektorin Ellen Kolby. „Weil wir für unsere LKWs und das Motorhome mehr Platz brauchen..."

Die Boxenverteilung von Melbourne – immer ein Motivationsschub für jeden Mechaniker, wenn sein Team vorrückt – bleibt fürs ganze Jahr aufrecht.

Ron Dennis übrigens auch.

„Ich hatte geplant, Ende 2007 zurückzutreten", verrät Dennis privat, „aber nach allem, was voriges Jahr passiert ist, konnte ich so nicht gehen." Also: Revanche und Wiedergutmachung, Image-Korrektur. Bereits bei der traditionellen McLaren-Strandparty im „Stokehouse Club" von St. Kilda, wo auch die Zukunft des Australien-GP diskutiert wird. Zum letzten Mal Melbourne? Sydney lockt mit einem Nacht-Rennen in Eastern Creek (wegen der europäischen TV-Fans), Melbourne kontert: „Dann fahren wir ab 2009 halt erst um 17 Uhr." Auf Bernies Wunsch.

Der erste Sieger von Melbourne: Lewis Hamilton. Der moralische Weltmeister 2007 gewinnt die Kajak-Promi-Regatta vor zwei Footballern und VIP-Rennfahrern – und macht seinen neuen Stallkollegen nass: Heikki Kovalainen wird Letzter, weil er sich in den Wellen verpaddelt.

Lewis, grinsend: „Der Beweis: Ich bin heuer noch stärker als voriges Jahr." Und da war er auf Anhieb sensationeller Dritter.

Dann posiert Hamilton mit der US-Popgruppe „The Kiss." Aber die Formel Austria hält dagegen. Nicht nur mit den Pop-Sisters Kylie und Dannii Minogue, auch mit dem Rapper „Common", Grammy-Gewinner, die es Freitag Abend bei der Red Bull-Eröffnungsparty bei den Docks richtig krachen lassen.

Heuer wirds noch richtig laut bei den Bullen. Max Mosley und Norbert Haug sagen mir, befragt, wem sie heuer die große Überraschung zutrauen, unplugged: „Toro Rosso!" Freut nicht nur Gerhard Berger, der den Australien-GP 1987 aus der Pole-Position gewonnen hat. Und sein Teamchef Franz Tost rechnet bei der Strandparty in St. Kilda vor: „Wir haben in der Fabrik in Faenza aufgestockt: Von 120 auf 160 Mann. Und beim Testen 7500 km abgespult: Kein einziger Getriebe-, nur ein Motorschaden in Jerez." Die Getriebe müssen heuer vier Rennen halten = 1600 km. Tost: „Bei uns liefen sie im Dauereinsatz 2500 km."

Der neue Toro Rosso kommt, strategisch sehr clever, erst in Istanbul.

Supertalent Sebastian Vettel hat in Barcelona einen Tag Zeit, auch den neuen Red Bull 350km lang zu testen.

Unterschied? „Der Red Bull ist momentan um drei Zehntel schneller als der Toro

Rosso", rechnet Tost. „Aber um die Startplätze entscheiden heuer oft Tausendstel Sekunden."

Der 500. Williams-Grand-Prix in Melbourne, die 500.000. Williams-Rennrunde später in Barcelona – das englische Traditionsteam hat seine Sternstunden. Die 2006/07 auch Alex Wurz als Testpilot und Nico Rosberg-Teamkollege vorbereitet hat: „Nico ist ein Beißer – der beste Qualifying-Pilot der ganzen Formel I!" verrät Wurz, „weil er 2007 als einziger fehlerlos geblieben ist!" Kündigt sich eine Sensation an?

„Rollstuhl-General" Frank Williams: „Nico hat definitiv das Talent, einmal Weltmeister zu werden. Und wenn es soweit ist, will ich unbedingt, dass er in meinem Auto sitzt!" Dabei wollte ihn im Winter schon McLaren als Alonso-Nachfolger angeln. Worauf Williams den Rosberg-Vertrag für 2008 korrigiert und einen neuen 2-Jahres-Kontrakt bis 2009 abschließt. Frank: „Ich freu mich, aber wundere mich selber, dass sich Nico so lange an mich gebunden hat..."

Der Weltmeistersohn, mit erst 22 Jahren schon Teamleader wie Lewis Hamilton bei McLaren, soll 2008 den großen Durchbruch schaffen, die große Williams-Renaissance einleiten: Seit 2004 (Montoya) kein Sieg mehr, letzter Stockerlplatz Wurz in Kanada. Aber jetzt: vorsichtiger Optimismus. Nico: „Ich glaube, dass wir BMW und Renault schlagen können – wenn wir die richtige Abstimmung treffen." Frank Williams: „Es wird schwer sein, wieder zu gewinnen – aber nicht unmöglich."

Wenn weiterhin die Startplätze stimmen.

Wurz hält Rosberg für den besten Qualifyer von allen – besser sogar als die Speed-Raketen Räikkönen, Massa, Hamilton, Webber? „Ja – weil sie alle irgendwann Fehler gemacht haben, aber Nico in keinem der 17 Qualifyings." Elfmal in den Top Ten, fünfmal in die zweite Phase vorgedrungen – und jetzt der große Angriff – sogar schon auf Ferrari und McLaren?

Niki Lauda: „Bei den Tests war Rosberg manchmal schon Dritter." Ein Kämpfer wie sein Vater Keke, Weltmeister 1982, der jetzt einen neuen Job hat – TV-Analytiker als kritischer Papa.

Kazuki Nakajima ist 2008 der dritte Rennfahrersohn neben Rosberg und Piquet. Und fast ein Spätstarter: „Ich habe erst mit 10 Jahren mit dem Go-Kart angefangen – und immer nur zum Spaß ein paar Rennen gefahren. Bis hinauf in die Formel Nippon." Ohne Druck vom Papa, Satoru Nakajima, der 1987 bei Lotus Teamkollege von Senna ist – und immerhin zweimal Vierter. Tips vom Daddy? „Only small things. Unsere Einstellung zum Rennsport ist verschieden..."

Weil die Familie nahe Nagoya lebt, war Suzuka die erste Adresse. Heute, als Test-, später Rennpilot von Williams, wohnt Kazuki (wie früher Alonso) in Oxford.

„Mit meiner japanischen Pop-Musik, genug Sushi-Bars und japanischen Studenten – nur sind die immer bald fertig, ziehen weg und machen Karriere."

Und ohne seinen Vater als „Eislaufmutter." Satoru kommt nur selten zu Grands Prix. Und wenn doch, wie in Malaysia, dann setzt er sich anonym auf die Tribüne.

Zuerst machen alle 22 Fahrer ihre traditionellen Helmfotos: von vorn, von beiden Seiten. Die meisten genießen die Show minutenlang. Nur einer macht sich schon nach 7 Sekunden aus dem Staub – Kimi Räikkönen. Dafür muss er abends nochmals zum Extra-Fotoshooting antreten. Wer Kimi kennt, der weiß: eine Qual für ihn.

40 Grad Hitze in Melbourne! Und die Temperatur steigt und steigt. Kein Schatten im Albert Park, kein Luftzug, kein Wölkchen am Himmel. Der WM-Auftakt wird eine mörderische Hitzeschlacht. Trockeneis für die Motoren, Trinkflaschen im Cockpit. Das Benzin darf um nicht mehr als 10 Grad gekühlt werden. Beim Interlagos-Finale 2007 irrten sich die Crews von Rosberg und Nakajima um ein paar Zehntel Grad – ihre Disqualifikationen hätten Lewis Hamilton vorrücken lassen und noch zum Weltmeister machen können!

Der farbige Superstar – genau ein Jahr nach seiner Sensationspremiere: zurück in die Zukunft. „Mein Traum lebt weiter, aber der wahnsinnige Hype hat nachgelassen. Jetzt wissen die Leute, was ich kann – also erwartet man von mir nichts, das man nicht eh schon kennt. Was nur stärker geworden ist: der Druck auf mich selbst. Ich will Weltmeister werden! 2007 ist vergessen, ich schau nur nach vorn. Trotzdem bin ich stolz auf alles, was ich erreicht habe."

Lewis redet offen und ehrlich über alles. Auch über seine Beziehung zu anderen Superstars, „die ich immer nur von unten angehimmelt hab. Als ich Roger Federer bei einer Ehrung traf, sagte der Tennisstar: Kann ich bitte ein Foto mit dir haben? Ich war total perplex und sagte nur: Ich wollte dich gerade um das gleiche bitten..."

Nur drei Themen sind tabu: Die idiotisch-rassistische Demo beim Testen in Spanien, die Folgen des Spionagekriegs und die privaten und politischen Probleme von Ron Dennis: „Tut mir leid, was ihm da passiert ist."

Frage an den Mclaren-Chef: Wann hat er sich wirklich gegen den Rücktritt, zum Weitermachen entschlossen?

Dennis: „Erst unmittelbar vor dem Abflug nach Melbourne. Da bin ich in der Fabrik vor mein Team hingetreten und hab allen gesagt: Ich führ euch auch weiterhin!"

Wie lange, Ron?

Dennis: „In der Formel I sagt man immer: ein Jahr."

Und dann?

Dennis: „Ich habe noch so viele Pläne, bevor ich sterbe – vor allem physische!"

Skifahren? Marathonlaufen? Weltumsegeln? Und schon tobt der Krieg der Worte. „Dennis vermisst Alonso. Ein ganz großer Fahrer", wird Ron zitiert. Dazu der mit ihm zerstrittene Spanier: „Mir wurscht. Wir haben bei Renault mehr zu tun, als darauf zu achten, was manche Leute sagen." Und Flavio Briatore behauptet angeblich: „Hamilton hat vorm zweifachen Weltmeister nicht genug Respekt gezeigt." Darauf Alonso: „Einmal hat Dennis was gesagt, einmal Briatore. Fragt ihn doch selber..." Aber als Nelson Piquet Jr. plötzlich bei der Renault-Party hereinschneit, ist Alonso wie der Blitz wieder draußen.

Die Formel-I-Piloten haben einen neuen Chef: Pedro de la Rosa ist der neue Präsident der Rennfahrergewerkschaft GPDA. Seine Direktoren: Fernando Alonso und Mark Webber.

Als ich nach der Abstimmung mit Wurz und de la Rosa durch den Albert Park zum Parkplatz gehe, grinst Alex: "Wir haben Pedro gewählt, weil spanische Gastarbeiter am billigsten sind..." Aber natürlich arbeitet der McLaren-Ersatzpilot unentgeltlich. Formel-I-Fahrer zahlen 2000 Euro Mitgliedsbeitrag und zusätzliche 200 Euro pro WM-Punkt.

Als Stirling Moss in den „Roaring Fifties" die GPDA gründet, sagt er: „Unsere wichtigste Aufgabe muss es sein, die Zuschauer zu schützen." Denn die Rennautos zerschellen oft genug an Bäumen. „Die Sicherheit hat weiterhin absoluten Vorrang", sagt mir de la Rosa. „Alles andere muss ich mir erst genau ansehen." Wie die von Max Mosley gewollte Budgetreduzierung um 40 Prozent – die sich auch auf die Fahrergagen auswirken muss. Droht ein Gagenstop?

„Darüber muss ich noch mit Max reden. Um genau zu wissen, wie er über all diese Dinge denkt." Der FIA-Präsident hat ja schon bei der Aufklärung des Ferrari-McLaren-Spionageskandals mit de la Rosa und Alonso eng zusammengearbeitet... Dafür fehlt McLaren in der Formel-I-Komission, der laut Statuten pro Land nur je ein Team angehören darf. Ferrari für Italien, BMW für Deutschland, Renault für Frankreich, Honda für Japan und – welch Zufall – Williams für England.

Aber wenigstens ist auch ein Österreicher dabei: Thomas Frank, der Chef des Ungarn-GP, als Rennstrecken-Repräsentant.

Zwei Austria-Piloten auf der Ersatzbank der Formel I: Alex Wurz (Honda) und Christian Klien (BMW). Aber ob sie 2008 je zum Rennfahren kommen?

„Glaub ich nicht", gibt Alex offen zu, „und ich rechne auch gar nicht damit, dass Button oder Barrichello einmal ausfallen. Die Chance liegt bei 1:100."

Die „Stunde X" für Reservepiloten: eine Stunde vorm Qualifying, danach ist laut Reglement kein Austausch mehr möglich. Aber die FIA muss jeden Fahrerwechsel bewilligen – warum auch immer.

„Das Schlimmste und Dümmste", weiß Wurz, „ist, wennst um 7 Uhr früh den Anruf kriegst. Sofort anziehen, du musst fahren! Das ist Davidson wegen Sato passiert, Gene wegen Ralf Schumacher."

Aber wieso 1:100? Realistisch und logisch: 22 Fahrer, 18 GP-Wochenenden =

396 Chancen. „Viermal im Jahr passiert im Formel-I-Zirkus etwas", rechnet Wurz, „öfter nicht."

Hakkinens Blinddarm, Jariers Fischvergiftung, Kubicas Montreal-Crash – klassische Ausfallgründe. Oder, wie Ron Dennis immer fürchtet: „Wenn mein Fahrer im Badezimmer auf der Seife ausrutscht." Wurz stürmt zweimal als Ersatzpilot aufs Stockerl: 1997 bei Benetton als Dritter in Silverstone – weil Gerhard Berger krank ist. 2005 bei McLaren im fünften (!) Wartejahr als Dritter in Imola – wegen Montoyas (offizieller) „Schulterverletzung beim Tennis." Und 2007 promoviert sich Wurz selbst bei Williams – Dritter in Kanada, als Klien im Silverstone-Training bei Honda kurz für Button einspringen darf – weil Jenson zum Arzt nach London muss...

Und umgekehrt? Österreicher werden fast nie ersetzt. Als Jochen Rindt 1969 nach seinem Barcelona-Heckflügelbruch wegen Gehirnerschütterung pausieren muss, setzt Colin Chapman in Monaco Dick Attwood in den Rindt-Lotus – der wird farbloser Vierter. Dagegen lässt Ferrari nach dem Nürburgring-Feuerdrama 1976 Laudas Cockpit in Zeltweg und Zandvoort frei – bis zu Nikis sensationellem Comeback in Monza. Als sich Niki 1985 in Spa das Handgelenk bricht, bekommt John Watson in Brands Hatch bei McLaren eine letzte Chance – sein Abschiedsrennen. Dafür kommt Ferrari 1989, als Berger nach seinem Imola-Feuerunfall für ein Rennen ausfällt, ausgerechnet nach Monte Carlo mit nur einem Auto. Heute undenkbar: Die Punkte, die Sponsoren, das Geld...

Dann lieber ein Ersatzpilot – aber wer?

Wer würde bei Ferrari (theoretisch) für Räikkönen oder Massa einspringen? Der neue Ferrari-Rennleiter Domenicali: „Daran will ich nicht einmal denken." Michael Schumacher sagt mir: „Ich bins nicht – das ginge auch gar nicht." Wirklich nicht? Und falls doch, dann sicher als Ersatzfahrer und nicht als Gegner von Räikkönen? McLaren hat den Wurz-Freund Pedro de la Rosa, Force India hat Tonio Liuzzi, Red Bull den jungen Sebastian Boemi, Toro Rosso keinen: „Brauchen wir nicht. Vettel und Bourdais sind gesunde junge Sportler."

Die Saga „Vom Mechaniker und Reservefahrer zum Europameister" hat nur einmal vor gegolten, vor 70 Jahren bei Mercedes für Hermann Lang. Im Restaurant bestellen die damaligen Renngötter Caracciola und Brauchitsch immer: „Für uns Champagner – für Herrn Lang ein Bier." Heute sind die „dritten Männer", weil notwendig, längst gleichberechtigt, voll eingebunden, hängen am Boxenfunk, checken die Computer, hoffen auf ihre Chance – oder auch nicht. Gespaltene Seelen im Egoistensport Formel I.

BMW-Chef Dr. Mario Theissen: „Die Ersatzpiloten sind eigentlich arme Teufel. Können die Autos nicht weiterentwickeln, können gar nicht zeigen, wie schnell sie sind – weil sie ja kaum zum Fahren kommen..."

„Pole-Position ist ja besser als Sex – und Gewinnen sogar noch schöner!"

Was Lewis Hamilton bei seiner ersten Trainingsbestzeit 2007 in Montreal loslässt, löst Applaus und Gelächter aus. McLaren-Chef Ron Dennis kontert: „Bei mir ist es umgekehrt. Aber ich bin ja auch schon 60."

In Melbourne strahlen sie wieder nebeneinander: Lewis in Pole-Position, ein selbstsicherer Favorit – sein Boss stolz und happy. Aber der Pole Robert Kubica von BMW ist die eigentliche Sensation des Rennens...

...und der große Pechvogel heißt Kimi Räikkönen: Der Weltmeister steht nur auf Startplatz 16 – weil ihn im Qualifying die Benzinpumpen-Elektronik im Stich gelassen hat. Der Ferrari schleicht im Schneckentempo an die Box – nur 20 Meter fehlen bis zum ominösen weißen Querstrich. Das gleiche Problem, das Schumacher und Barrichello schon bei Hitzerennen hatten. Aber Minuten später lacht Kimi („weil ich immer nach vorn schau") schon wieder – mehr als nach den meisten seiner Siege.

„Du hast nichts falsch gemacht", bescheinigt ihm Mercedes-Sportchef Norbert Haug. Und rät dem Finnen: „Überhol sie halt alle im Rennen..."

Hamilton-Kubica-Kovalainen auf den Plätzen eins bis drei – das erste Qualifying-Podest ohne Ferrari (und ohne Fernando Alonso) seit Budapest 2007.

Und um ein Haar die erste Pole-Position für Kubica und BMW: „Irgendwann müssen wir ja unsere Karten aufdecken." BMW-Chef Dr. Mario Theissen verrät: „Wir haben unser neues Auto mutiger und aggressiver konzipiert, weil wir näher an die Spitze müssen. Nicht nur ein Schritt, sondern gleich zwei auf einmal."

Darum ist die weiß-blaue Rakete beim Beginn der Wintertests schwierig zu fahren – aber haben Kubica und Heidfeld geblufft? Ein einziges Mal fahren sie mit wenig Sprit – und haben sofort Bestzeit.

Der beste Windkanal der Formel I in Hinwill, Spitzentechniker, zwei extrem ehrgeizige Piloten. Und Theissen hat seinem „Superhirn" Willi Rampf die Bitte der Chefetage weitergegeben: „Einen Grand Prix möchten wir heuer unbedingt gewinnen." Wo am ehesten? „In Montreal – diese Stop-and-Go-Strecke taugt unserem Auto am meisten. Uns ist Melbourne am ähnlichsten!" hofft BMW schon vorm Start auf eine Sternstunde.

Ein minimaler Fehler kostet Kubica die erste Pole: „Ich hab unnötig viel riskiert." Sein Ausflug in die Wiese, rechnet Dr. Theissen, „kostete ihn drei bis vier Zehntel." Zur Bestzeit fehlen ihm aber nur 0,15 Sekunden. Und was Kubica wundert: „Ohne Traktionskontrolle liegt der BMW beim Anbremsen viel stabiler." Machen Kubica-Heidfeld aus dem ewigen Duell Ferrari-McLaren einen tollen Dreikampf?

Als Lewis Hamilton vor einem Jahr in Melbourne debütiert, schreibt er endlos geduldig Autogramme. Daneben steht Vater Antony mit der Wasserflasche.

Hat er auch dann noch Zeit für die Fans, wenn er reich und berühmt ist? Die Frage prallte vom Daddy völlig ab: „Das schwör und garantier ich dir!"

Stimmt genau – Lewis ist unverändert freundlich. Ein Superstar zum Anfassen. „Nur nach der verlorenen WM musste ich ihn aus dem Tief rausholen. Da war er seelisch angeknackst. Aber der WM-Titel hätte ihm charakterlich nur geschadet – für einen 22jährigen eine Katastrophe!"

Der mir das sagt, ist der Mann hinter dem Boy-Wunder Hamilton: Der finnische Sportprofessor Aki Hintsa, geheime Schlüsselfigur der tollsten Karrieren. Von ihm betreute (oder wie Marathon-Weltrekordler Gebrselassie operierte) Sportler haben bei Weltmeisterschaften und Olympia schon über 100 Medaillen gewonnen. „Ich war in Kenia, bevor die Massaker an den Leichtathleten begannen. Und ich hab in Finnland ein Gesetz durchgebracht: Gedopte Sportler müssen alle Ausbildungskosten zurückzahlen. Einen Kugelstoßer hats schon erwischt."

Hintsas Maxime für Hamilton: „Fahr mit Kopf und Hirn, renn mit deinem Herzen und bleib fit!" Diese Balance hat 2007 perfekt gestimmt. „Nur in Shanghai nicht mehr. Da fuhr Lewis mit zu viel Herz und zu wenig Hirn." Und einem kaputten Hinterreifen, den ihn Ron Dennis nicht austauschen lässt...

Jetzt hat Dennis statt der letzten die fünfte Box – aber warum? „Meine einzige Antwort: Frag Bernie." Vielleicht, weil er dafür versprechen musste, Ende 2008 als McLaren-Boss abzutreten. Die gleichen Gerüchte besagen: Ron hat sich mit Mercedes über den Verkauf seiner Anteile (150 Millionen Dollar für 15 Prozent) noch nicht einigen können – darum ist er immer noch da.

Kein Gerücht, wo Hamilton mit Hintsa im Winter trainiert hat: Skilauf in Österreich, Langlauf in Finnland und Davos, Krafttraining in Genf. Und wo sich sein neuer McLaren-Teamkollege Kovalainen auf die Saison vorbereitet hat: auf Hamilton Island. Wäre Alonso nie eingefallen.

Die Choreographie in Melbourne ist jedes Jahr die gleiche: zuerst das Foto von Bernie mit dem um zwei Köpfe größeren Chef des Australien-GP, Ron Walker. Dann das „Klassenfoto" der Formel I mit den 22 Piloten – allerdings nicht platziert nach Rang- oder Hackordnung, sondern nach den Farben ihrer Overalls, Red Bull und Toro Rosso also getrennt. Ein Mannschaftsbild ohne Österreicher, aber erstmals mit fünf Deutschen: Heidfeld, Rosberg, Vettel, Glock und Sutil, der mir sagt: „Ich will am Saisonende nicht der Letzte von den fünf Deutschen sein."

Und schließlich paradieren die Pop-Sisters Kylie und Danii Minogue durch die Startaufstellung, mit 10 Metern Abstand voneinander, beide fast ängstlich bestrebt, der anderen ja kein Kamera-Spotlight wegzunehmen.

Und dann der Start ins neue Zeitalter, der Abschuss Richtung erster Kurve: erstmals ohne „Launch Control", ohne Traktionskontrolle, ohne elektronische Fahrhilfen.

Ein Siegerfoto ohne Ferrari – weil Felipe Massa (nach einem chaotischen Rennen) und Kimi Räikkönen (nach unbelohntem Angriff vom 15. Startplatz) beide Motorschäden haben. Bei 40 Grad überhitzen nicht nur Autos, sondern auch so mancher Kopf unterm Sturzhelm: Fahrfehler, unnötige Kollisionen. Nur sechs von zweiundzwanzig Fahrern im Ziel – so wenige wie nicht mehr seit Monaco 1996! Aber Hamilton bleibt cool: „Ein Saisonauftakt wie im Traum!"

Drei Safety-Car-Phasen zerreißen das Rennen. Die erste nach der befürchteten Startkarambolage, die zweite nach der Kollision Massa-Coulthard (26. Runde), die dritte nach einem Crash von Glock (44. Runde). Und dann reißen in der Honda-Box die Nerven: Barrichello wird (verbotenerweise) hereingeholt, bevor die Box noch offen ist, reißt beim Nachfüllen seinen Tankwart mit und fährt bei Rotlicht aus der Box – das bedeutet Disqualifikation! Hat der neue Honda-Teamchef Ross Brawn sein „Superhirn" bei Ferrari vergessen?

McLaren richtet – ohne Stallrivalität – seine Strategie total auf Hamilton aus. Ron Dennis: „Wir müssen vor jeder Safety-Car-Phase gefeit sein." Mit Boxenstopp immer dann, wenn das Rennen neutralisiert wird. Hamilton profitiert, wofür ihm sein Renningenieur Phew über Funk gratuliert: „Mach das bitte heuer noch 17-mal." Kovalainen und Alonso verlieren durch die Safety-Car-Phasen, ganz besonders aber Kovica, für den BMW die Strategie korrigiert. Dr. Theissen: „Wir hatten aber schon vorher besprochen: Wenn ab der Runde X das Safety Car rauskommt, holen wir dich an die Box, tanken dich auf und montieren dir weiche Reifen – damit du durchfahren kannst." Und ohne dritte Safety-Car-Phase? „Wäre Kubica aufs Stockerl gekommen." Das schafft Nick Heidfeld: für BMW bereits der fünfte Podestplatz. Ist der erste Sieg greifbar nahe? Vielleicht schon in Malayasia?

„Hängt davon ab, ob Ferrari wieder verwachst oder nicht. Aber Ferrari nicht in Form – das wird sich so schnell nicht wiederholen." Der Fehler von Kovalainen auch nicht: Er berührt auf der Zielgeraden irrtümlich den Speed-Limiter, sodass ihn Alonso überholen kann. Dessen neuer Teamkollege Nelson Piquet hat ein Desaster-Weekend, dafür gibts Sonderapplaus für Nico Rosberg: „Mein erster Podestplatz in der Formel I – ich bin überglücklich, kämpfe weiter um noch mehr und spüre schon, wie ich mit Williams noch wachsen kann!"

Lewis Hamilton umarmt Nico Rosberg wie einen alten Schulfreund: „Wie lange ist es her, seit wir zwei zum letzten Mal gemeinsam auf einem Podest standen? Acht Jahre – damals mit den Go-Karts!" Vor 325.000 Zusehern auf der Rennstrecke beginnt Lewis in Melbourne seine WM-Revanche mit einem perfekten Sieg – und der in Monte Carlo und Zell am See aufgewachsene Rosberg (Williams) bejubelt seinen ersten Stockerlplatz. Dazwischen: ein BMW als Zweiter – aber nicht Quali-Sensation Robert Kubica, sondern Nick Heidfeld.

Gerhard Berger fliegt mit Flavio Briatore von Melbourne nach Kuala Lumpur: an den Strand und zum Benzintratsch. Heiße Themen? Genug. Besonders Gerhards Formel-I-Neuling Sebastien Bourdais, der rundenlang vor dem Weltklassetrio Alonso-Kovalainen-Räikkönen herfährt – auf Platz 4 und mit 5 WM-Punkten vor Augen. Bis zwei Runden vor Schluss sein Getriebe eingeht.

Sepang
FERRARI GLEICHT AUS

In Melbourne mit 40 Grad der heißeste Spätsommer seit 40 Jahren, in Malaysia Nachmittagsregen und extrem hohe Luftfeuchtigkeit und beim Wüsten-Grand-Prix in Bahrain Sandstürme: Auch die Formel I kommt aus den verrückten Wetterkapriolen nicht heraus! Aber ein Regen-Grand-Prix in Sepang ohne Traktionskontrolle – wie gefährlich ist das wirklich? Die FIA hat nachgedacht – und reagiert!

„In Melbourne sind sie schon auf trockener Piste in der ersten Kurve wie Kamikaze-Fahrer auf mich zugeschossen", beschwert sich Giancarlo Fisichella.

David Coulthard fürchtet seit den ersten Tests ohne elektronischen Fahrhilfen: „Das wird bei Regen zu gefährlich – vor allem beim Start." Von „mehr Spaß" und „noch viel interessanter" redet kein Pilot mehr. Niki Lauda: „Das sind die 22 besten Autofahrer der Welt. Wenn sie das nicht können, müssen sie nochmals in die Fahrschule..."

FIA-Sicherheitschef Charlie Whiting: „Wenn wir wie in Fuji wegen Regen hinter dem Safety-Car starten sollten, müssen alle die grobstolligen, schweren Regenreifen montieren – dann sind Intermediates verboten!"

Ein „Kamikaze-Fahrer" wird wegen seiner Manöver in Melbourne bereits strafweise um zehn Plätze rückversetzt: der Japaner Kazuki Nakajima. Er war nicht nur in der ersten Kurve bei einer Massenkollision von vier Autos beteiligt, sondern schoss am Ende der letzten Safety-Car-Phase auch noch den schuldlosen Kubica ab. Ron Dennis fehlt „aus privaten Gründen, wegen derer ich lieber nicht in England sein möchte", zum ersten Mal bei einem Grand Prix – sein Nachfolger Martin Whitmarsh und Norbert Haug kommandieren die „Silberpfeile". Und Ferrari klaubt die Scherben auf: beide Autos wegen Motorschaden ausgefallen – das passierte zuletzt 1994 in Spa mit Gerhard Berger und Jean Alesi. Ursache: Ventilprobleme.

Kimi Räikkönens Trost: Er kauft sich in Malaysia für rund 500.000 Euro ein Strandhaus.

Gerhard Berger, umzingelt von dutzenden Kameras und Mikros, bemüht sich, den angekündigten Verkauf von Toro Rosso zu erklären – da stürmt sein alter Ferrari-Kumpel Jean Alesi in den Glaspavillon im Fahrerlager. „Jean, hast du einen Sponsor für unser Team?" ruft ihm Gerhard entgegen, worauf Jean grinst: „Ich nicht, aber mein Bruder!" Doch Berger dementiert: „Jean Todt oder sein Sohn Nicolas kaufen uns auch nicht!"

Mit dem Junior des zurückgetretenen Ferrari-Chefs hat Berger heiße Debatten –

ausgelöst durch italienische Medien: „Sebastian Vettel fährt 2009 statt Felipe Massa für Ferrari!" Der „Baby-Schumi" also quasi als später Nachfolger des echten Schumi? „Völlig unmöglich!" bestreitet Berger. „Vettel hat einen 3-Jahres-Vertrag mit Red Bull. Und mit Todt jr. hab ich nur als Manager von Sebastien Bourdais geredet – aber sicher nicht darüber, ob er unser Team kauft." Kompliziert: Nicolas managt auch Massa.

Die aktuelle Zeitbombe der Formel I – Didi Mateschitz' Ankündigung, seine 50 Prozent Anteile an Toro Rosso bis 2009 zu verkaufen – wird nicht entschärft. Wegen der bevorstehenden Regeländerung für 2010? Wegen eines ungelösten Rechtsstreits um zwei Teams mit ähnlicher Technik? Wegen des bevorstehenden Budgetlimits? Oder wegen des politischen Drucks – von der FIA oder den Konkurrenten? „Wir sind im Reglement", sagt Berger nachdenklich, „aber durch unsere Erfolge haben wir im Fahrerlager ein paar Freunde verloren." Frank Williams, zum Beispiel, „der alle drei Jahre Mühe hat, sich über Wasser zu halten. Aber die kleinen Teams (ohne großen Hersteller) raufen alle."

Rätselhaft bleiben aber nicht nur Mateschitz' Gründe, sondern vor allem auch sein Timing: am ersten Superwochenende der neuen Saison. Berger: „Ich hab in Melbourne Sonntag nach dem Rennen mit Didi telefoniert. Da war nix zu reden. Wir haben bestes Einvernehmen: jeder 50 Prozent Anteil, er für die Finanzen zuständig, ich fürs Sportliche. Und es gibt seine eindeutige Aussage: Er verkauft nur an jemanden, der einen ebenso guten Job fürs Team leistet. Und ich hab keinerlei Zweifel an Didis Worten." Wer das sein kann: Ein russischer Wodka-Milliardär ist in Melbourne in der Toro- Rosso-Box. Zufall? Berger: „Ein guter Freund von mir, der zufällig in Australien war – also hab ich ihn zum Rennen eingeladen." Gerhard will unbedingt weitermachen: „Aber das geht nicht mit den Preisgeldern allein." Mit einem Autogiganten? „Von denen, die draußen sind, will keiner in die Formel I – und die, die drinnen sind, wollen kein zweites Team." Wie gehts also weiter? „Ich muss aufs Geld schauen – aber ich liebe die Rennen..."

Jackie Stewart, der große Jochen-Rindt-Gegner, vergleicht Lewis Hamilton schon lange mit Tiger Woods oder mit Muhammad Ali: „Weil er auf die ganze Welt, nicht nur auf die Hardcore-Fans, einen so gewaltigen Eindruck macht und allen Respekt abverlangt."

Manche Formel-I-Piloten, die die höllisch heißen 56 Runden überstehen, sind nach einem Rennen wie in Malaysia so fertig wie Joe Bugner 1975 nach seinen 15 Runden gegen Muhammad Ali. Nur Hamilton nicht. Der hat von allen die größte Fitness.

Der finnische Sportprofessor Aki Hintsa, der Mann hinter dem WM-Favoriten, verrät mir ein paar Geheimnisse. Wieviel kann, soll, muss ein Rennfahrer vor einem Hitzerennen trinken, damit er nicht dehydriert?

Der erste englische Weltmeister seit Damon Hill 1996, der erste für McLaren und Mercedes seit 1999, der jüngste der Geschichte – und natürlich der erste Farbige. Lewis Hamilton: „Ich wollte 2008 unbedingt drei Rennen gewinnen: das erste in Melbourne, den Klassiker von Monte Carlo und natürlich Silverstone" (unten). Eine Demonstration im Regen.

Silverstone-Siegertrio. Hamilton mit Heidfeld und Barrichello (links oben). Das Bild, an das sich die Formel I gewöhnt hat: Hamilton als Sieger in der Auslaufrunde wie in Monte Carlo (rechts oben). Auch die Streckenposten wurden seine Fans – die Sportkommissäre dagegen eher etwas weniger. Das jahrzehntealte Duell McLaren gegen Ferrari wurde nicht nur auf den Pisten ausgetragen. In Istanbul kämpft Hamilton gegen Räikkönen, den er 2008 als Weltmeister abgelöst hat.

vodafone
22
Santander
vodafone
DIAGEO
BOSS
vodafone

Die Formel I braucht neue Helden. BMW-Pilot Robert Kubica fuhr als Bub mit einem Autobus aus Krakau zum ersten Mal zum Hungaroring – jetzt kämpft er dort gegen Hamilton. Rechts oben: Hamilton gegen Räikkönen. Vater Anthony Hamilton (links unten) hat die Karriere seines Sohnes

geschickt aufgebaut, aber vom großen Auftritt in der Fürstenloge von Monaco konnten alle nur träumen – bis 2008: Hamilton mit Fürst Albert und Ron Dennis. Lauter happy people. Und Lewis' Herzdame Nicole (links) ist die neue First Lady der Formel I.

Felipe Massa war 2008 Hamiltons großer Gegner, nicht nur beim Start. Dramatik jeden zweiten Sonntag. In Monaco führte Massa vor Hamilton, Räikkönen, Kubica und Alonso, hatte über weite Phasen der Saison mehr Pole-Positions und mehr Siege als Hamilton – und führte als erster

Brasilianer seit Ayrton Senna in der WM. Links unten: Felipes Boxendrama von Singapur. Rechts: Sein Ausrutscher in Monte Carlo, aber Michael Schumacher verteidigt ihn: „Wenn man Massa wegen Fehlern kritisiert, muss man auch seine tollen Siegesfahrten 2008 loben.“

Immer wieder: Rot gegen Silber. Erste Kurve in Barcelona: Räikkönen vor Massa, Alonso, Hamilton und Kubica, außen Kovalainen. Rechts: Geknickter Ferrari nach dem Crash im Regen von Spa, geknickter Räikkönen. „Dort hab ich die WM verloren." Nach seinem Sieg in Malaysia war noch alles so viel versprechend.

„8 bis 10 Liter jeden Tag!" befiehlt Hintsa seinem „schwarzen Prinzen." Und: „Nach 20 Uhr nichts mehr – sonst kann er nicht durchschlafen." Auch das Essen ist wichtig: Spezialpasta, viel Obst, Zusatzstoffe, „und jede Mahlzeit enthält 20-40 Gramm Proteine: Fisch, Huhn, Fleisch, Milchprodukte, Salz."

Am wichtigsten aber ist es, Lewis nach seinem Supersieg von Melbourne neu aufzubauen: „Formel-I-Piloten brauchen immer zwei, drei Tage Erholung, danach müssen wir sehr behutsam trainieren. Unser Stufenprogramm in Malaysia: Gehen, Joggen, Ergometer-Radfahren, zuletzt Gewichtstraining. Und dann alles noch einmal – in umgekehrter Reihenfolge."

Hamilton wird, wie alle, am Sonntag 3,5 Kilo verlieren, weiß Professor Aki. Sein erster Schützling Hakkinen sah nach Hitzerennen oft aus wie eine Wasserleiche. Alonso brauchte einmal, völlig dehydriert, einen Sessel vor der Siegerehrung.

Wehe, wenn das Trinksystem im Cockpit nicht funktioniert. Und wehe, wenn unterm Sitz – wie bei Jarno Trulli in Melbourne – die Batterie explodiert. Jarno sprang wie von der Tarantel gestochen aus dem Toyota: mit verbranntem Hintern. Wenn Helden leiden...

Gegen Ralf Schumachers 18-Millionen-Dollar-Gage bei Toyota verblasst Trullis Vertrag. Was aber niemand weiß: Der clevere Italiener hat sich horrende Prämien für jeden Podestplatz (wichtig für Automobilhersteller) garantieren lassen. In seinen ersten fünf Toyota-Rennen kletterte er dreimal aufs Podest – ein angehender Weltmeister? „Leider war es nur ein kurzer Traum."

Aber 2008 fährt er besser denn je. Teamchef John Howett: „Ein treuer Mensch, Jarno Trulli. Auch gegenüber seinen Hunden. Zuhause in Pescara hat er viele, in der Formel I einen neuen Teamkollegen. „Wenn mit der Rennfahrerkarriere nichts wird", grinst Timo Glock, „kann ich ja immer noch in der Gerüstfirma meines Vaters arbeiten..." Aber sein Ehrgeiz ist spürbar, wenn auch charmant verpackt. Im Sommer überrascht Glock mit der Ankündigung: „Ich will 2010 Weltmeister werden!" Ist das nicht eine Nummer zu groß – noch vorm ersten Podestplatz? „Nein. In diesem Geschäft musst du dir hohe Ziele setzen."

Als binnen 23 Minuten Coulthards Auto nach einem Crash in alle Teile zerflattert und Webbers Motor direkt vor den Boxen explodiert, fragen sich viele im Formel-I-Zirkus: Verkauft Didi Mateschitz das falsche Team – Toro Rosso statt Red Bull? „Du meinst: Das falsche Schwein geschlachtet?" reagiert Gerhard Berger mit Galgenhumor. Sagt aber auch sofort: „Das ist eine Frage an den Didi." Wie gehts wirklich weiter? Gerhard analysiert Konsequenzen und Zukunft.

Wie ist die Stimmung im Team?

Berger: „Natürlich eine traurige Geschichte. Alle 140 Mann sind extrem niedergeschlagen und angespannt. Aber ich bin sofort vor die Truppe hingetreten und hab allen gesagt: Ich bin überzeugt davon, dass Didi und ich zusammen die richtige Lösung finden werden. Ihr kennt alle die Red-Bull-Philosphie: dass es irgendwann eine Änderung geben kann – aber sicher so wachsam, dass keiner leidet."

Wann wird verkauft?

Berger: „Heuer passiert sicher nichts mehr, dann schauen wir weiter."

Verlierst du deine besten Leute?

Berger: „Viele andere Teams versuchen jetzt schon, bei uns die Besten abzuwerben. Aber ich glaub, das Thema kriegen wir unter Kontrolle."

Ein Zusammenschluss von Red Bull und Toro Rosso mit dir als Teamchef, Vettel als kommendem Champion – ist das eine Option?

Berger: „Nein, aber ich bin es gewohnt zu kämpfen – solange man sieht, dass ich trotzdem aus unserem Team machen kann, was unser Ziel ist. Trotz Neid und Eifersucht, die ich im Fahrerlager spür. Denn wir sind schon lang nicht mehr das Minardi-Team in der letzten Startreihe..."

In Sepang passieren zwar keine 33 Ausrutscher und Abflüge wie im Melbourne-Training, aber bei Hamilton und Kubica gibts Getriebewechsel und Räikkönen (Missverständnis zwischen Box und Telemetrie) geht auf der Strecke der Sprit aus. Ferrari verdurstet in der tropischen Hitze nicht: Massa und Räikkönen besetzen hinter Hamilton die Plätze 2 und 3 – und der junge Vettel, inmitten der Topstars, fährt sich auf Rang 5!

„Rundenzeiten sagen nicht immer die ganze Wahrheit", sagt der junge, erstaunlich reife Himmelstürmer, „aber wir sind ziemlich happy – speziell nach unseren Bremsproblemen im ersten Training." Außerdem gibt es beinahe eine Wiederholung von Webbers explodierter Bremsscheibe (1200 Grad) in Melbourne, als Mark Humor beweist: „Schade, dass Red Bull nicht auch Flugzeuge baut."

Coulthard hingegen stürzt ab: „Ich hab schon eine Kurve vorher etwas Komisches in der Lenkung gespürt." Dann reißt die Spurstange aus dem Chassis, beim Sturzflug über die Randsteine in der Schikane brechen die Räder weg – wie bei Geburtstagskind Timo Glock (26) in Melbourne. Bleibt Sebastien Bourdais. Berger, ehrlich: „Bei dem haben wir das Getriebe falsch zusammengebaut."

Requiem für Ayrton Senna: „Seit Senna und Roland Ratzenberger 1984 in Imola verunglückt sind, vor 14 Jahren, hat es in der Formel I keine tödlichen Unfälle mehr gegeben", rechnet Jackie Stewart in Malaysia vor – und ärgert sich gleichzeitig über englische Schlagzeilen: „Stewart rechnet noch heuer mit einer Katastrophe, weil die Traktionskontrolle verboten wurde."

„Hab ich nie gesagt", dementiert der dreifache Weltmeister mir gegenüber in den Boxen. „Mit dem neuen technischen Reglement hat das nichts zu tun." Aber er macht sich Sorgen: „Ich hoffe und bete, dass der heutigen Fahrergeneration erspart bleibt, worunter ich heute noch leide. Von den jetzigen Piloten hat keiner einen verunglückten Kameraden auf der Strecke liegen gesehen, hat niemals einer in einem fremden Hotelzimmer die Sachen für die Familie zusammenpacken müssen... ich hoff, dass sie das auch in Zukunft nicht tun müssen."

Aber, und da wird Jackies Stimme schärfer: „Die Fahrer müssen wieder mehr an ihre Sicherheit denken." Aktion Überleben – mit Hilfe der Rennfahrergewerkschaft GPDA: „Zu meiner Zeit waren alle voll dabei mit einer einzigen Ausnahme: Jacky Ickx. Heute weigern sich mehrere Piloten, mitzumachen. Vor allem Räikkönen und Hamilton – was ich überhaupt nicht kapier."

Fernando Alonso auch nicht: „Jeder hat seine Meinung, es ist ihre Entscheidung", kritisiert er Kimi und Lewis, „ aber wir arbeiten in der GPDA für die Sicherheit aller – bevor manche zu Kamikaze-Fahrern werden."

So hat Coulthard von Massa für die Melbourne-Kollision eine Entschuldigung verlangt – die Felipe verweigert: „Es war ein normaler Rennunfall, also kann ich nichts dafür. Aber vielleicht hat mich David nicht gesehen." Der wieder reduziert seine Vorwürfe an Massa: „Sorry für mein TV-Interview und meine Website-Sprüche – ich nehme meine obszönen Ausdrücke für Massa zurück." Ist ja auch Ostern, sogar in der Formel I.

Der kleine Felipe Massa, nach seinem miserablen Melbourne-Rennen heftig kritisiert und zerzaust, startet überlegen aus der Pole-Position – aber Niki Lauda prophezeit für die Hitzschlacht in Malaysia: „Heute gewinnt Kimi Räikkönen!" Ferrari hat jedenfalls zurückgeschlagen – und der Gegensatz könnte nicht größer sein: In der Ferrari-Box liegen acht Flaschen Champagner eingekühlt „für alle Fälle", dagegen läuft im McLaren-Pavillon die Air Condition auf Hochtouren – Temperaturen wie am Nordpol!

Voreilig freut sich Ron Dennis über die Startplätze 3 (Kovalainen) und 4 (Hamilton): „Solide Ausgangspositionen." Aber schon wieder sind die Silberpfeile unter Beschuss – haben Lewis und Heikki in ihrer Auslaufrunde Heidfeld und Alonso behindert? BMW-Chef Dr. Theissen: „Wir haben nicht protestiert – aber die FIA untersucht die Vorfälle von sich aus." Die beiden McLaren-Piloten werden jedenfalls zur Rennleitung befohlen – und zurückversetzt.

Was wirklich passiert ist: Zwischen Rang 3 (Kovalainen) und 8 (Webber) liegen nur 0,015 Sekunden – ein Wimpernschlag. So eng ging es noch nie zu! Und jeder sucht verzweifelt nach Tausendsteln. Nick Heidfeld ist „sehr enttäuscht. Da waren ziemlich viele Autos auf ihren Auslaufrunden extrem langsam unterwegs."

Deutlich zu hören ist im TV jedenfalls der Funkbefehl aus der McLaren-Box: „Lewis, du hast noch Sprit für zwei Runden. Mach damit, was du willst..." Eine verschlüsselte Aufforderung zur Blockade? Heidfeld: „Anscheinend hatten die keine Information, dass das Training noch läuft. Vor Kurve 4 rollten beide auf der Ideallinie. Ich konnte nicht dort fahren und dort bremsen, wo ich wollte. Das hat mich sicher zwei Zehntel gekostet – und damit gab es Platz 7 statt 3."

Außer Diskussion die erste Ferrari-Startreihe: Massa 0,5 Sekunden vor Räikkönen. Das freut auch Jean Todt, der im Privathemd in die Ferrari-Box zurückkehrt.

Niki Lauda analysiert: „Massa hat wenig Benzin, 0,5 Sekunden schneller als Kimi ist der sonst nie. Kimi hat das richtige Gewicht für den Sieg – mein Favorit ohne Tricks. Hamilton hat Probleme, sein Set-Up zu finden – aber Ferrari hat von allen den geringsten Reifenabrieb, braucht den wenigsten Gummi. Das war schon immer so!"

Und wenn es regnet – wie nach dem Qualifying? Dann gibt es einen Start hinter dem Safety-Car. Und falls abgebrochen werden muss, sammelt das Safety-Car die Autos in der Reihenfolge des Rennens wieder ein – zuletzt die Überrundeten. Die 2-Stunden-Regel gilt dann nicht – wie schon 2007 am Nürburgring.

„Endlich wieder ein Lauda bei einer Siegerehrung!" strahlt Niki Lauda in Malaysia. Sein Sohn Matthias (25) wird Dritter im Rennen der „Speedcars" (1300 kg, 600 PS) hinter zwei Grand-Prix-Siegern: Jean Alesi und Johnny Herbert.

Das Finish mit Rad-an-Rad-Duellen, Feindberührungen etc. ist atemberaubend. Sogar Bernie Ecclestone applaudiert.

Ein paar Boxen weiter gibt es bei Red Bull zur gleichen Zeit großes Aufatmen, als der technische FIA-Chef Jo Bauer mit beruhigenden News kommt: „Euer Auto ist in Ordnung, ihr dürft ins Qualifying." Ganz so sicher war das nach dem bösen Coulthard-Crash (beide Vorderräder weggebrochen) gar nicht.

Dr. Helmut Marko: „Da kam die FIA und sagte uns: Wir hätten gern eine Darstellung, wie es zu diesem Unfall kam. Darauf haben wir in Milton Keynes (England) nochmals den Crash simuliert – natürlich direkt vernetzt mit unserer Box in Malaysia."

Man kommt drauf. Schuld war ein Laminationsfehler der Spurstange – die sofort ausgetauscht wird: „Wir wechselten von Aliuminium auf Stahl." Gleichzeitig reparieren die Malayen alle Randsteine: Die 4cm-Stifte an der Rückseite, die Coulthards Radaufhängungen zerfetzt haben, werden während der Nacht total abgeflacht, am nächsten Tag können die Piloten gefahrlos drüberfahren.

Aber wie ist die Sicht? Das nächste heiße Thema sind die Rückspiegel, die sich bei Hitze- oder Regenrennen beschlagen – zusätzlich erschwert wird die Sicht auf die Spiegel durch die neuen, um fünf Zentimeter höheren Cockpit-Seitenwände.

Coulthard, in Melbourne von Massa abgeschossen, lässt seine Rückspiegel weiter nach außen setzen – Webber behält sie bei.

Quizfrage: Seit wann gib es überhaupt Rückspiegel im Rennsport? Meine Antwort: Der erste, der überhaupt welche montiert, ist Ray Harroun 1911 bei seinem Sieg im 500 Meilen-Rennen von Indianapolis. Der Grund: Er sitzt allein im Auto – alle anderen haben Beifahrer, die sich umdrehen können ... Die Rückspiegel bei unseren PKWs kaommen erst viel, viel später.

Die Formel I auf den Kopf gestellt – Ferrari schlägt zurück! Genau am fünften Jahrestag seines ersten Grand-Prix-Sieges (ebenfalls in Malaysia) und eine Woche nach der doppelten Ohrfeige von Melbourne gewinnt Kimi Räikkönen cool und locker. Felipe Massa schießt sich wieder einmal ins Abseits, Lewis Hamilton und Fernando Alonso retten gerade mal die kleinen Punkte – aber was bedeutet Malaysia für die weitere WM? Ein Geheimfavorit taucht aus dem Pulverdampf der Boxen – BMW!

Die Fragen, die vorm Wüsten-Grand-Prix in Bahrain in der darauffolgenden Woche alle Formel-I-Fans diskutieren: Wieso verliert Massa, im Qualifying eine halbe Sekunde schneller als Räikkönen und bis zum ersten Boxenstopp in Führung, das Stallduell mit dem Finnen? Weil Kimi die „rote Göttin" erst im Rennen richtig im Griff hat und fehlerlos bleibt – während Massa einen Randstein touchiert und rausfliegt. „Wir müssen überprüfen, ob auf den Kerbs etwas gebrochen ist. Beginnt für mich die WM halt erst in Bahrain."

Ist das Ferrari-Duell nach 2 von 18 Rennen schon entschieden? Ferrari liebt immer den schnelleren Piloten. Kimi: „Ich hab am Start nichts riskiert, weil ich wusste: Ich komm sowieso eine Runde nach Felipe an die Box – vorher greif ich voll an und schau dann, dass ich vor ihm wieder rauskomm."

Wo haben die Silberpfeile ihren Speed verloren? Nicht nur durch ihre Rückversetzung am Start. Hamilton ist nur wirklich schnell, wenn er freie Bahn hat – steckt er im Verkehr fest, wird der McLaren unruhig. Besser erwischt es Kovalainen. Waren überhaupt schon einmal zwei Finnen zusammen auf dem Podest? Nur in Fuji 2007 – Räikkönen und Kovalainen mit Hamilton. Am gleichen Tag fuhren Kimis und Heikkis Vater in Finnland ein Seniorenrennen mit alten Tourenwagen.

„Jedesmal, wenn wir zusammen essen, hat er ein Herz aus Gold", sagt Bernie Ecclestone über Kimi. „Aber wenn er beschwipst ist, ist er noch besser..."

"Welche vier Finnen haben die FIA-Weltmeistertrophy bekommen?" fragt McLaren in seinem populären Quizspiel. Vier Finnen? Keke Rosberg 1982, Mika Hakkinen 1998 und 1999, Kimi Räikkönen 2007 – und dazu Nina Rindt, Jochens Witwe, Tochter des finnischen Rennfahrers Kurt Lincoln, die 1970 in Paris Jochens posthum verliehenen WM-Pokal übernimmt: „Den einzigen, den Jochen jemals wirklich gewollt hat." Obwohl Ferrari-Genie Mauro Forghieri damals vorschlägt, die FIA solle Nina „ nur eine Medaille wie für gefallene Soldaten" schenken, den Pokal aber dem WM-Zweiten Jacky Ickx zuerkennen.

Ross Brawn ist überrascht: „Ich war sicher, dass Kimi von seinem ersten WM-

Titel so viel Kraft und Beschleunigung mitnimmt, dass er die ganze Saison dominiert und ihr den Stempel aufdrückt", wundert sich Ross nach den ersten Rennen.

Wird Robert Kubica ein neuer Siegfahrer? Der knallharte Pole, stark im Kopf und perfekt austrainiert, ist starker Zweiter – aber total abgemagert: „Ich hab 7 Kilo abgenommen, weil der BMW nur für schmächtige Fahrer ohne viele Muskeln konstruiert ist..." Ein Scherz oder bitterer Ernst? Sein Kampf gegen die Hitze: „Unser Auto war sehr heiß, die Trinkflüssigkeit kochte, dass ich mir fast den Mund verbrannt habe – nächstes Mal füll ich mir gleich heißen Tee ein."

Wie gut ist Jarno Trulli? Der Toyota-Pilot (4.) hält Hamilton hinter sich, ganz ohne „Trulli-Train" – also ohne ihn zu blockieren. Zu Platz drei fehlen nur sieben Sekunden – schade für Jarno, der in seinem Vertrag horrende Podestprämien garantiert hat. Jetzt lebt er wieder auf.

Wann kommt Alonso nach vorn? In Malaysia nur der achte Platz und der Befehl von Briatore („In 50 Prozent aller Rennen aufs Podest") ist schon korrigiert: „Jedes Mal in die WM-Punkte." Die neue Bescheidenheit der Formel I.

Alonsos bester Freund im Formel-I-Zirkus ist nie sein Teamkollege gewesen, sondern Robert Kubica, dem er öffentlich prophezeit: „Das wird der große Fahrer der nächsten Jahre." Die beiden spielen oft Poker miteinander – aber das kann Fernando ja auch bei seinen Transferverhandlungen.

Seit dem Frühjahr hat er einen neuen „Stallkollegen". Spaniens Nationaltorwart Iker Casillas bittet den Alonso-Manager Luis Garcia: „Könnten Sie sich bitte auch um meine Sponsorverträge kümmern?" Als Casillas im EURO-Viertelfinalschlager gegen Italien zwei Elfmeter hält, schnellt sein Marktwert noch höher. Aber Alonso hat richtig vorausgesagt: „Spanien kommt ins Finale!"

Aber wie weit kommt Piquet Junior?

Nelsinho hat sechs Brüder. Geboren wird er in Heidelberg, angeblich, weil seine Mutter Sylvia, die holländische Prinzessin, mit Nelson gerade beim deutschen GP in Hockenheim ist – als sie die Wehen überraschen. Kann nicht stimmen. Der GP 1985 findet auf dem Nürburgring statt.

Sein Vater, Nelson Piquet, hat seinen Lehrmeister Niki Lauda einmal mit der düsteren Prognose überrascht: „Ich bin sicher, dass ich meine Rennkarriere nicht überleben werde." Prompt braucht er bei seinem schwersten Unfall (Indianapolis) sehr viel Glück. Der Junior denkt nicht so pessimistisch, hat dafür aber viel von der Intelligenz seines Vaters. „Alain Prost glaubte immer, er sei der Gescheiteste", erinnert sich Gordon Murray, damals Brabhams Technikboss, „aber Nelson war noch viel ausgefuchster." Großvater Piquet war Indianer – Nelson daher immer auf Kriegspfad. Vor allem in finanziellen Fragen. Mit Flavio Briatore handelt er 1990/91 einen für damals unfassbaren Vertrag aus: 100.000 Dollar pro WM-Punkt; extra eine Million Dollar für jeden Sieg. Als Nelson Ende 1990, trotz Prost und Senna, hintereinander in Suzuka und Adelaide gewinnt, kassiert er binnen zwei Wochen 3,8 Millionen Dollar...

Ob sich Briatore daran erinnert, wie er mit Nelson Junior seinen Vertrag abschloss?

Nelsinho lebt in Monte Carlo, bis er acht ist, dann übersiedelt er zum reichen, berühmten Vater nach Brasilien. Nicht nur zum Go-Kart-Fahren, denn Nelson ist sehr strikt und besteht darauf: „Zuerst machst du die Schule fertig – erst dann denken wir ans Rennfahren!"

Keine Frage, die Schuhe des Papas sind groß.

Und was passiert wirklich? Nelson junior ist im inoffiziellen Training oft nah dran an Alonso, was nicht wirklich zählt – aber weit weg, wenn es wichtig ist. Und lange gibt es keine WM-Punkte, weswegen bald das Trommelfeuer der Medien beginnt. Doch Briatore gibt ihm Feuerschutz: „Nelsinho hat ganz unbestritten Talent. Er ist Teil des Teams und wir brauchen ihn, kein Zweifel."

Der Junior ist gutaussehend, intelligent und viel zu clever, um in Fallen hineinzutappen. Auf die wichtigtuerische Frage: „Dein Vater hat einmal behauptet, Nigel Mansells Frau wäre die hässlichste im ganzen Fahrerlager und Senna mag keine Frauen" antwortet Nelsinho lächelnd, aber cool: „Ich hab Nigels Frau nie gesehen. Und was Senna betrifft – die hatten ihre kleinen Fights und das war Teil seiner Strategie: ihn nervös zu machen. Da hat jeder Fahrer seine Methoden... auch heute, obwohl der Sport ernster und kontrollierter geworden ist. Wenns nötig ist, mach ich das genauso – aber noch nicht jetzt."

In Melbourne schneller als Ferrari, in Malaysia schneller als McLaren – BMW macht aus dem ewigen Gigantenduell dieses Jahr noch einen Dreikampf! Robert Kubica zum ersten Mal Zweiter, Nick Heidfeld erstmals mit der schnellsten Runde – BMW holt in Sepang gleich 11 WM-Punkte, soviele wie noch nie. Jetzt wartet alles auf den ersten Sieg der weiß-blauen Rakete mit den 20 Flügeln – und dem besten Windkanal der Formel I.

Die Bullen holen ihre ersten WM-Punkte: Mark Webber, in Melbourne nach 13 Sekunden abgeschossen, auf Platz sieben – David Coulthard, ungebrochenen Mutes, wird Neunter. Beide Toro Rosso scheiden aus. „Kein Rückschlag", sagt Berger ehrlich, „nur die Realität. Haltbarkeit ist noch unser Problem." Die Youngster fahren immer noch mit dem Vorjahresmodell. Der neue Toro Rosso wird erst später eingesetzt, noch nicht in Bahrain – wo Berger immer im Palast des Sultans wohnt.

Bahrain
MASSAS WÜSTENSTURM

„Ron Dennis gefeuert!" meldet die spanische Sportzeitung „Marca", aber Mercedes dementiert: „Stimmt nicht!" Noch nicht? Die Silberpfeile explodieren – auf und neben der Strecke!

Dass bald Mercedes die Herrschaft übers McLaren-Team übernehmen wird, zeichnet sich ab. Die Frage ist nicht mehr ob, sondern wann! Ein heißer Tip: beim dritten WM-Lauf im Millionärsparadies Bahrain am 6. April. Bei der letzten Transaktion ging es immerhin um 300 Millionen Dollar... Die aktuellen Besitzverhältnisse? Mercedes hält 40 Prozent, ein Araber-Konsortium in Bahrain 30, die McLaren-Chefs Mansour Ojjeh und Ron Dennis je 15 Prozent. Aber Dennis ist durch die dilettantisch verspielten WM-Titel und das falsche Krisenmanagement in der Spionageaffäre („Ich hab nie gelogen und werde auch nie lügen") ins Kreuzfeuer der Kritik geraten. Und Mercedes will das Team schon lange dominieren. Erstes Indiz: Die Präsentation des neuen MP 4/23 findet zum ersten Mal nicht in England statt, sondern in Stuttgart – im berühmten Mercedes-Museum.

Angeblich hat sogar Dennis davon erst aus der Zeitung erfahren. Niki Lauda: „Das halt ich für ein Gerücht. Dass Ron nicht gewusst hat, dass er nach Deutschland muss, kann ich mir nicht vorstellen... Aber es war eine logische Reaktion." Jedenfalls hält sich Dennis seither auffallend zurück. Sein Lieblingsfeind Max Mosley: „Ron behauptet immer, er liebt die Formel I. In Wirklichkeit liebt er es nur, wenn seine Fahrer in jedem Rennen Erster und Zweiter werden. Das ist eine andere Einstellung." Ron hasst es, zu verlieren. „Schon der zweite Platz ist eigentlich nur der erste der letzten." Jetzt wartet er seit 1999 auf einen WM-Titel und die Mercedes-Chefs werfen ihm schlechtes Management vor: „Wir hätten Alonso schon im Sommer rausgeschmisssen." Seit der Spanier sein Team verraten hat, um seine Haut zu retten, brodelt es im Formel-I-Zirkus. Mercedes will nach 53 Jahren wieder sein eigenes Silberpfeil-Team haben – wie 1955, als man sich mit zwei WM-Titeln (Juan Manuel Fangio) nach der Le Mans-Katastrophe vom Rennsport zurückzieht und erst 1988 mit Sauber zaghaft wiederkommt.

1995 dann die Elefantenhochzeit mit McLaren – die jetzt schon länger hält als die Ehe von Mercedes' erfolgreichstem Fahrer seit Fangio (Mika Hakkinen) oder die Ehe von Ron Dennis. Hat auch keiner geglaubt, diese Scheidungsaffären über Mika und Erja oder Ron und Liza. McLaren und Mercedes bleiben jedenfalls in einer Zwangsehe verbunden – vorläufig. Aber vielleicht ändern sich in Bahrain die Besitzverhältnisse bei den Silberpfeilen. Max Mosley: „Ich hab davon gehört – aber mehr weiß ich auch nicht.“

Vor Bahrain kriegt er noch ganz andere Probleme...

Beim dritten WM-Lauf riechen die ersten drei bei der Siegerehrung wieder seltsam, und zwar nach Rosenwasser anstatt nach Champagner – wegen des Alkoholverbots im Königreich Bahrain.

Quizfrage: Seit wann wird auf dem Podium mit Champagner gespritzt?

Seit 41 Jahren: Beim 24-Stunden-Rennen von Le Mans 1967 schenkt Henry Ford, ganz stolz auf seinen Sieg über die Ferrari, seinen Piloten Dan Gurney und A.J. Foyt eine Riesenflasche Champagner. „Aber weil wir nicht wussten, was wir, müde und verschwitzt, damit anfangen sollten, haben wir sie einfach verspritzt...“ Das Ritual hat sich auch in der Formel I durchgesetzt.

Außer in Bahrain trotzt nur ein einziges Rennen dem Champagner-Zeremoniell: Die 500 Meilen von Indianapolis, wo seit Jahrzehnten die Milchwirtschaft die Siegerehrung sponsert. Darum trinken die Indy-500-Sieger immer Milch aus dem Siegerpokal.

Solche Sorgen hat der elegante Zeremonienmeister der Formel I – der von den Grid Girls über das Safety-Car, von den Rahmenrennen bis zur Siegerehrung mit den passenden Hymnen alles regelt – nicht: David Warren (52), früher Mittelstreckenläufer, dritter Engländer neben Sebastian Coe und Steve Ovett im olympischen 800-Meter-Finale in Moskau 1980.

„Weil das Rennen so langsam war und jeder auf den Endspurt wartete, hab ich mein Herz in beide Hände gepackt und die Führung übernommen – erst 200 Meter vorm Ziel sind sie alle, einer nach dem anderen, an mir vorbei. Jedesmal ein Hammerschlag. Ovett gewann. Ich wurde Achter.“

Aus seinem kurzen Flirt mit einer Olympia-Medaille wird die Formel-I-Siegerehrung jeden zweiten Sonntag. Coe hat die Olympischen Sommerspiele 2012 nach London geholt, Ovett lebt heute in Brisbane an der australischen Goldküste – und ist auch bei der Formel I in Melbourne.

Aber Warren hat sich genau gemerkt, was Ovett damals zu Coe sagte: „Was immer im Rennen passiert – morgen früh geht die Sonne wieder auf.“ Auch über der Wüste von Bahrain.

Ein brisantes Qualifying – nach neuen Spielregeln: geändert bereits für den dritten WM-Lauf! Nach der McLaren-Strafversetzung von Malaysia, als Hamilton und Kovalainen in ihrer Auslaufrunde drei direkte Gegner – Alonso, Heidfeld und Kubica – behindert haben. Charlie Whiting trommelt alle elf Teamchefs zusammen: „Keiner darf mehr einen anderen bremsen oder blockieren!“ Im Schneckentempo auf der Ideallinie an die Box zu schleichen ist verboten – die Rundenzeiten dürfen um maximal 20 Prozent langsamer werden, sonst wird streng bestraft. In Malaysia wurden zuletzt mehr als 200 km/h Geschwindigkeits-Unterschiede gemessen...

Die „Silberpfeile", in Melbourne und Malaysia noch in Box Nr. 5, müssen wieder ans Ende der langen Boxenstraße – zurück zu den Armenhäuslern. Kleinere Boxen, weite Wege für die VIPs; noch schlimmer bei den Europa-Rennen, wenn die Boxen um einiges kleiner sind.

Keine offizielle Strafe der FIA, sondern die Quittung dafür, dass Ron Dennis nach der 100-Millionen-Strafe im Spionagekrieg versprochen hat: „Ich halt mich künftig zurück und bleib immer bescheiden im Hintergrund." Aber dann hüpft Ron nach Hamiltons Sieg in Malaysia aufs Siegerpodest – und dafür kommt prompt die Retourkutsche: Marsch zurück in die letzte Box.

McLaren oder Ferrari? 2007 holt Felipe Massa in Bahrain Pole-Position, Sieg und schnellste Runde – aber nach zwei verpatzten Rennen in diesem Jahr gerät er ins Kreuzfeuer. „Der muss jetzt aufpassen, darf sich das ganze Jahr keinen Fehler mehr leisten", prophezeit Niki Lauda fürs nächste Hitzerennen, „Bahrain wird nur um 5 Prozent weniger anstrengend als Malaysia. Und nach Räikkönens Sieg muss jetzt McLaren zurückschlagen – damit das Wechselspiel an der Spitze weitergeht!" Auch aus der letzten Box?

Die Wüste lebt – und die Kassen klingeln. In Bahrain, wo Benzin immer noch billiger ist als Wasser, steigt vorm dritten WM-Lauf ein vergoldetes Warm-Up: ein hochkarätiges Business-Event, bei dem Bernie Ecclestone, Flavio Briatore & Co über den sportlich-technisch-finanziellen Background der Formel I referieren und auch Fragen beantworten.

Das Interesse der Araber ist trotz der hohen Teilnahmegebühr (15.000 Dollar) gewaltig. Die Scheichs in Pole-Position stürmen die Sitze – leer werden keine bleiben. Große Namen, viel Geld. Max Mosley hat den Wert des Formel-I-Zirkus mit „drei Milliarden Euro" beziffert. Wobei die großen Hersteller allein eine Milliarde nur für die Motoren ausgeben. Bis zu 1000 Mann pro Team im Einsatz, nur um zwei Rennautos an den Start zu bringen – „eindeutig zu viel!" Genau wie die Teambudgets: bis zu 500 Millionen. Big Max: „150 Millionen genügen. Und die Teams können sich aussuchen, wofür sie dieses Geld ausgeben wollen: für Windkanalversuche, Computer oder Simulationen."

Oder Fahrergagen? GPDA-Präsident Pedro de la Rosa: „Darüber muss ich so bald als möglich mit Mosley reden..."

Bisher hören die Formel-I-Fans immer nur, wie viel die Stars verdienen. Von Schumis 50 Millionen bis Hamiltons 105 Millionen für seinen McLaren-Vertrag bis 2012. Aber nicht, was die Piloten, superreiche oder relativ arme, zahlen müssen, damit sie im teuersten Sportzirkus der Welt auftreten dürfen. Darum die Tabellen – in Euro, seit die FIA alle Gelder, bis zu den Schnellfahr-Strafen in den Boxen, von Dollar auf Euro umgestellt hat.

Und die Kosten für die Superlizenz dramatisch erhöht hat: von 2.470 Euro im Jahr 2007 plus 650 Euro für jeden in der vorigen Saison gewonnenen Punkt auf 14.600 Euro Grundgebühr plus stolze 3000 Euro pro Punkt. Macht für Weltmeister Räikkönen gleich einmal satte 230.000 Euro.

Dazu kommt für jeden Fahrer der Gewerkschaftsbeitrag: 2000 Euro Grundgebühr plus 200 Euro pro WM-Punkt. Diese 24.000 Euro ersparen sich Räikkönen und Hamilton allerdings, weil sie der GPDA nicht beitreten wollen – zum Ärger der anderen.

„Viel Glück für die Euro!" Eine von vielen SMS, die Josef Hickersberger besonders freut. Absender: Scheich Salman Ibrahim al Kalifa von Bahrain – aber nicht nur unser Fußball-Teamchef ist am Persischen Golf besonders populär, auch unser Formel-I-Teamchef. Jetzt hat der Kronprinz des Königreiches unseren Gerhard Berger, wie jedes Jahr, in seinen Privatpalast eingeladen – als Hausgast für die ganze Grand-Prix-Woche.

Kein Märchen aus 1001 Nacht, sondern eines aus 1001 Kurven durch die Wüste: 9 Rechts-, 6 Linkskurven, 57 Runden plus Qualifying.

„Gratulation und danke, Robert! Erste Pole-Position für BMW in der Formel I!", meldet sich Dr. Mario Theissen voller Begeisterung am Boxenfunk. Eine Sternstunde der Grand-Prix-Geschichte: erste Pole für einen Polen, erste für BMW im 38. Anlauf mit dem „reinrassigen" eigenen Auto nach den Triumphen mit Brabham und Williams. Aber Kubica bleibt cool wie immer: „Die Pole ist nichts Außergewöhnliches. Nach Melbourne war ich darauf vorbereitet..." Dort schrammt er nach einem minimalen Fahrfehler, der ihn 2 bis 3 Zehntel kostet, um nur 0,155 Sekunden am Startplatz 1 vorbei – diesmal kämpft er nach einem Flat-Spot (wegen Verbremser) mit einem Auto, „das immer zur Seite zieht", um die Bestzeit. Zu der ihm Fernando Alonso als erster gratuliert: „Ich sagte schon 2007: Kubica wird noch der große Rennfahrer der Zukunft."

Der Mann, der nie aufgibt. „Der im Kopf unheimlich stark ist", beschreibt ihn sein Salzburger Fitmacher Joseph Leberer. Der seinen alarmierenden Kanada-Unfall 2007 genauso gut weggesteckt hat wie Skistar Hermann Maier seinen „Crash des Jahrhunderts" 1998 in Nagano. In beiden Fällen bangen Millionen vorm TV-Apparat um das Leben der verunglückten Sportler. Beide kommen zurück – als Sieger. Nicht umsonst haben beide, der BMW-Pilot und der Ski-Star, am 7.Dezember Geburtstag – nur ist Kubica um 12 Jahre jünger als Maier.

Und um viele Kilo leichter. Mit gezielter Diät, Krafttraining und Muskelaufbau hat er sieben Kilo abgenommen. „Um das beste Gewicht für mich und mein Renn-

SOVIEL ZAHLEN SIE 2008 FÜR IHRE SUPERLIZENZ.....		...UND SOVIEL ALS GPDA-MITGLIEDSBEITRAG:	
Räikkönen	230.000	Räikkönen *	24.000
Hamilton	228.000	Hamilton *	23.800
Alonso	228.000	Alonso	23.800
Massa	198.000	Massa	20.200
Heidfeld	132.000	Heidfeld	14.200
Kubica	88.000	Kubica	9.800
Kovalainen	70.000	Kovalainen	8.000
Fisichella	52.000	Fisichella	6.200
Rosberg	50.000	Rosberg	6.000
Coulthard	38.000	Coulthard	4.800
Webber	30.000	Webber	4.000
Trulli	26.000	Trulli	3.600
Vettel	22.000	Vettel	3.200
Button	22.000	Button	3.200
Sato	18.000	Sato	2.800
Sutil	12.000	Sutil	2.200
Barrichello	10.000	Barrichello	2.000
Nakajima	10.000	Nakajima	2.000
Piquet	10.000	Piquet	2.000
Bourdais	10.000	Bourdais	2.000
Glock	10.000	Glock	2.000
Davidson	10.000	Davidson	2.000

*) zahlungsunwillige Nichtmitglieder

auto zu erzielen!“ Bekanntlich darf ein Formel-I-Auto nie, in keiner Phase des Rennens, das Mindestgewicht von 605 Kilo unterschreiten. Doch je leichter der Pilot ist, umso mehr Spielraum bleibt für die Techniker, um den Ballast unterzubringen – und damit das Fahrverhalten zu verbessern.

BMW gegen Mercedes – da lebt die deutsche Rivalität wieder auf wie in den 30er-Jahren zwischen Mercedes und Auto-Union. Aber die Stuttgarter haben für die Münchner nur Lob. Norbert Haug über BMW: „Das ist nicht das bescheidene kleine Team, die arbeiten mit allem Nachdruck auf ihr Ziel hin, das sie vor 10 Jahren angekündigt haben. Damals: Wir fahren mit Williams um den WM-Titel. Wir haben öfter um den Titel gekämpft, es auch nicht immer geschafft – aber viele andere, die angetreten sind, um die WM zu fahren, haben es überhaupt nie geschafft.“

Nein – der BMW-Angriff, das Duell mit Mercedes wäre „toll für den Sport. BMW hat gute Fahrer, ist gut aufgestellt“, sagt Haug anerkennend. Sein großer deutscehr Gegenspieler, die weiß-blaue Gallionsfigur heißt Dr. Mario Theissen: Der junge Ingenieur fängt 1977 in der Motor-Vorentwicklung bei BMW an, ist danach 10 Jahre lang mit verschiedenen Aufgaben betraut und baut ab 1999 mit Berger eine goldene Zukunft auf: Gerhard als sportlicher, Mario als technischer Direktor. Sensationell gleich der BMW-Triumph bei den 24 Stunden von Le Mans.

Marios Führungsstil ist nicht autoritär, aber total kompetent, cool und freundlich: „Kollege Direktor." Bevor er sich nach Renn-Erfolgen den Medien stellt, kippt er mit seiner Mannschaft immer zuerst ein Bier...

Speedig, fast schon jenseits von schnell, absolut furchtlos, total konkurrenzfähig: Kubica ist der Gegner, den Hamilton am meisten fürchtet. Und Alonso sagt schon lange über den Polen: „Der wird noch der große Superstar der Zukunft."

Kubica – wie unser Herminator.....

Der Pole in Pole-Position – für viele Formel-I-Fans die größere Sensation als ein Ferrari-Doppelsieg. Robert Kubica ist der Star des Wüsten-GP. Zehn Monate zuvor zittern noch Millionen um ihn, als er nach seinem Montreal-Crash wie leblos in seinem BMW-Wrack liegt und sogar der Rennarzt befürchtet, er sei tot.

Eine dramatische Parallele zu Hermann Maier und seinem „Jahrhundert-Abflug" in der Olympia-Abfahrt 1998 in Nagano und ein doppeltes Wunder: Beide überleben und kommen, knallhart und unheimlich stark im Kopf, zurück.

Aber viele rätseln vorm TV-Apparat: Warum hat Kubica soviel abgenommen – nach eigener Aussage 6 bis 7 Kilo? „Um aus mir und dem Auto das Letzte herauszuquetschen." Formel-I-Boliden müssen mindestens 605 kg wiegen, sind aber meist 40 bis 80 kg leichter. Die Differenz muss mit Ballast ausgeglichen werden. Nicht aus Eisen (in den engen Cockpits ist dafür zu wenig Platz), sondern aus Wolfram: platzsparend und genauso schwer wie Gold.

Diese Zusatzgewichte können die Superhirne dann je nach Bedarf verschieben. Und dafür hat Kubica unter Jo Leberer trainiert und abgenommen – weniger Spaghetti gegessen. In Budapest wird er 2006 wegen 1,5 Kilo Untergewichts als 7. disqualifiziert – der Feuerlöscher ist ausgeronnen... Wieder eine Parallele zu Hermann Maier und seiner Disqualifikation in Val d'Isere, weil er vor der roten Linie die Ski hochreißt. Sobald Kubica gewinnt, wird er hören: der Herminator der Formel I!

„Nein – ich sehe noch keine Chance, aufs Podest zu fahren. Ich bin nicht enttäuscht, nur realistisch!" Fernando Alonso, zweifacher Sieger von Bahrain, macht sich für den Wüsten-Grand-Prix keine Illusionen. „Ferrari, McLaren und BMW sind außer Reichweite. Ich kämpfe gegen Red Bull, Toyota und Williams. Wenn wir Pech haben, sind wir nur die Nummer 7." Der Renault-Heimkehrer im Wechselbad der Gefühle.

Alonso, der Misstrauische: Flavio Briatore verrät mir, wann er zum ersten Mal mit Fernando über eine Rückkehr zu Renault gesprochen hat: „2007 beim ersten Grand Prix in Melbourne, im Hotel – sogar noch vor dem Rennen!" Allzu überzeugt von seinem Wechsel zu den Silberpfeilen dürfte Alonso also nicht mehr gewesen sein...
Alonso, der Gebremste: Aufgrund eines „Gentlemen's Agreement" zwischen Ron Dennis und Briatore darf Fernando vor offiziellem Testbeginn am 15. Jänner nicht in die Renault-Fabrik in Enstone! Sitzprobe daher erst am ersten Testtag – mutwilliger, unnötiger Zeitverlust.
Alonso, der Freundliche: Schickt jedem der rund 800 Renault-Teammitglieder eine Magnumflasche spanischen Rotwein – auf gute Zusammenarbeit. Schon seine Renault-Abschiedsrede Ende 2006 hält der Spanier in perfektem Französisch.
Alonso, der Bohemian: Die ihm von McLaren aufgezwungene strenge Kurzhaarfrisur ist weg – Fernando präsentiert sich längst wieder so, wie er sich am wohlsten fühlt. Wuschelköpfig, unrasiert, als Bohemian-Typ. Und vor allem ohne Maulkorb – im Rückspiegel.
Über sein abgebrochenes McLaren-Abenteuer: „War für mich eine schwierige Situation. Aber aus Schwierigkeiten lernst du nur und wirst sogar noch schneller."
Über seine Probleme mit Lewis Hamilton, die ihm jetzt mit Nelson Piquet Jr. erspart bleiben: „Ich glaub nicht, dass ich Probleme mit Lewis hatte. Da wurde vieles in Spanien übertrieben. Bei jedem Interview kommen zwei, drei Fragen über Lewis – also sag ich lieber gar nichts, damit wir nicht aus einer Mücke einen Elefanten machen..."
Und seine Zukunftsvisionen? „Ohne Erfolge verlier ich igendwann die Geduld." Sein Traumteam, weiß man, ist Ferrari – wo Felipe Massa nach zwei verpatzten Rennen trotz 3-Jahres-Vertrages unter Druck gerät. Renault aber auch. Hat Fernando eine Performance- und Ausstiegsklausel im Vertrag?

Noch führt Alonso in der Siegerliste der aktuellen Piloten (19), aber für wie lange noch? Räikkönen (16) rückt näher, dann folgen Coulthard (13), Barrichello (9), Hamilton und Massa (je 5), Fisichella (3), Trulli und Button (je 1).

„Heut sag ich nix zu dir", flüstert Bernie Ecclestone vorm Start seinem Lieblingspiloten Massa, den er schon 2007 als WM-Favorit getippt hat, ins Ohr. Felipe grinst, hat nach zwei Nullnummern Kraft, Nerven und Klasse und gewinnt das Ferrari-Stallduell knapp, aber sicher. „Perfektes Rennen von dir", gratuliert auch Niki Lauda. „Wenn du vorn fahren kannst und fehlerlos bleibst, bringst schon was zusammen. Andererseits..."

Mit dem falschen Mann in der Box, flüstert ein Neutraler einem Ferrari-Chef, hätte das Ergebnis anders ausgesehen. Aber Todt-Nachfolger Domenicali lässt seinen beiden Superpiloten freie Bahn. Massa wiederholt seinen Vorjahressieg („meine liebste Strecke") und Räikkönen reißt die WM-Führung an sich...

...weil Lewis Hamilton ein total verpatztes Wochenende hat. „Unfall am Freitag, dann auf Alonso aufgefahren, er muss sich zusammenreißen, wenn er Weltmeister werden will", kritisiert Lauda. Und Jackie Stewart, der weise Guru: „Typisch für Lewis – das Zweite-Jahr-Syndrom eines jungen Superstars in der Formel I. Das muss er überwinden." Hamilton wird vom Rockstar Eric Clapton als Promi-Mann mit der Zielflagge als 13. abgewunken – das schlechteste Ergebnis, seit er Formel I fährt.

Dafür geht der BMW-Gipfelsturm weiter: Kubica Dritter, Heidfeld Vierter.

Die weiß-blaue Rakete aus München/Hinwill stürmt an die Spitze der Konstrukteur-WM: BMW liegt bei 30, Ferrari bei 29 Punkte. Für die Automobilgiganten ist ein solcher Erfolg Millionen wert. Dabei ist Pole-Position-Sensation Kubica sogar leicht grantig. „Durchdrehende Räder am Start. Und unnötig, dass ich den zweiten Platz gegen Kimi verloren hab. Niemand sagte mir, dass die Kurven 5 bis 8 ölverschmiert sind – da war ich fast sicher: ich hab einen Reifenschaden."

Das Öl kommt von Toro Rosso-Youngster Vettel, zusammen mit einigen Wrackteilen von Nahkämpfen. Gerhard Berger und seine Familie haben sich den GP in den Boxen anders vorgestellt – vor allem Tochter Heidi an ihrem 11. Geburtstag...

Aber der neue Toro Rosso kommt erst später, ein wesentlich umgemodelter Renault schon in Barcelona. „Das jetzige Auto ist shit", knurrt Flavio Briatore, als er mit mir auf die Rennstrecke kommt. Und Alonso? „Der fühlt sich bei Renault wieder sauwohl, nur das Auto ist miserabel. Bei McLaren voriges Jahr wars genau umgekehrt."

Die zündende Ferrari-Hymne nach dem Doppelsieg Massa/Räikkönen hängt noch in der Wüste von Bahrain – da ist Lewis Hamilton schon verschwunden: finsterer Blick, Kappl tief ins Gesicht gezogen, wortlos ab zum Flugplatz. Start verpatzt, dann Auffahrunfall gegen Alonso, bei jedem Überholversuch droht er mit der Faust – 13. Platz, die WM-Führung verliert er an Räikkönen.

Viele haben dich nach den ersten zwei Rennen für deine Fehler scharf kritisiert, vor allem in Italien, dann kamst du nach Bahrain, hast sofort in allen Trainings das Tempo gemacht und gewonnen. Woher das Selbstvertrauen? Wie kannst du unter so extremem Druck so erfolgreich sein, alles wegstecken, alles abschütteln?frage ich Felipe Massa

Massa: „Erinnere dich: Ich hatte schon viele schlechte Tage in meinem Leben, also war es nicht das erste, nicht das letzte Mal – vielleicht nicht unbedingt in der Formel I. Aber in der Formel Renault, als ich nur Geld für ein Rennen hatte und ohne einen Sieg kein zweites Rennen fahren konnte... und in der Formel I, als ich von Sauber gefeuert wurde."

Bahrain ist insgesamt dein sechster GP-Sieg und dein erster, seit du Raffaela im vergangenen Herbst geheiratet hast?

Massa: „Stimmt – sie ist mein großer Glücksbringer. Aber sie ist auch eine Frau mit einer eigenen, starken Karriere. Sie hat ihre eigene Fashionline in Brasilien."

Barcelona

DIE ANGST DER PILOTEN

David Coulthard hat vor acht Jahren im Privat-Jet nach Barcelona einen Flugzeugabsturz, bei dem beide Piloten starben, nur knapp überlebt. „Aber ich denk oft daran." Jetzt fliegt der Red-Bull-Pilot wieder nach Barcelona – mit Angst? „Nicht wirklich – nur ein bissl dann im Hubschrauber."

Lewis Hamilton hingegen fürchtet sich vorm weißen Hai: „Wir sehen ja immer im Discovery Channell, wie er nach oben schießt und alles schnappt. Ich mag nicht zu denen gehören, die er frisst..."

Um seine Angst zu besiegen, wagt sich Hamilton zwischen den ersten Überseerennen weit hinaus aufs offene Meer. „Ich hab beim Flaschentauchen meine Angst überwunden – und das war gut so!"

Die Ängste der Rennfahrer. Ein geheimes, diskretes, aber spannendes Kapitel. Jochen Rindt sagte mir einmal: „Alle Welt glaubt, wir seien mutiger als Westernhelden. Dabei kann ich mich genauso schrecken wie jeder andere auch." Unser erster Formel-I-Weltmeister zum Beispiel hatte panische Angst vorm Zahnarzt, Niki Lauda vor großen, nervösen Pferden – wie nach seinem ersten WM-Triumph 1975 in Monza, als er zwischen tobenden Fans eingekesselt wird von berittenen Polizisten. „Aber heute bin ich total furchtlos." Vor allem, seit ihn Freundin Birgit, eine geübte Taucherin, neulich auf den Malediven bis zu 15 Meter unter die Wasseroberfläche entführt hat. „Und beim Abendessen auf der Terrasse, direkt unterhalb des Restaurants, haben wir einer Haifischfütterung zugesehen..."

Das Haifischbecken Formel I hat Lauda immer geliebt. Gerhard Berger auch. Aber was keiner weiß: „Ich leide an Klaustrophobie. In geschlossenen Räumen fühl ich mich nicht wohl – und in geschlossenen Rennautos (mit Dach) schon gar nicht." Das wertet Gerhards BMW-Tourenwagensiege 1984 bis 86 noch mehr auf – vor allem die 24 Stunden von Spa.

Die kleinen Schwächen der großen Stars? Berger-Schützling Sebastian Vettel: „Ich fürchte mich vor Mäusen, die huschen so unheimlich über den Boden." Vanina Ickx, die flotte Tochter von Jacky Ickx, hat Todesangst vor Schlangen. Michael Schumacher, der Unzerstörbare, erklärte mir einmal, warum er so selten tolle Sportveranstaltungen außerhalb der Formel I besucht: „Große Menschenmassen machen mir Angst." Die Gefahren bei Auto- bzw. Motorradrennen dagegen nicht? „Höchstens zu einem Prozent. Die 99 anderen Prozent sind dominiert von Konzentration und Fokussieren."

Zwei Rennfahrer leiden an extremer Höhenangst. Nico Rosberg bekämpft sie mit mutigen Klettertouren – wie seinerzeit der französische Skiheld Jean-Claude

Killy, um seine Nerven zu schulen. Felipe Massa verrät: „Ich hab immer Angst vor der Höhe. Einmal auf dem Eiffelturm in Paris bekam ich alle Zustände – ich starb tausende Tode." Und die Petronas Twin Towers in Kuala Lumpur, Felipe? „Die waren nicht so schlimm."

Höhe schreckt auch den Allround-Sportsmann Mark Webber: „Müsste ich wie Felix Baumgartner mit dem Fallschirm aus dem Flugzeug springen – ich käme schon vorher vor Angst um."

Wie viele im Flugzeug oder Hubschrauber. Jenson Button: „Weil ich in der Luft nichts kontrollieren kann." Oder Jarno Trulli: „Im Hubschrauber bist du allem ausgeliefert." Olivier Panis spricht für viele: „Ich hab Fliegen schon immer gehasst, aber leider gehört das zu unserem Job." Frag nur Coulthard...

Und der Mutigste und Verrückteste von allen, Kimi Räikkönen? „Das einzige, wovor ich mich fürchte: eine Verletzung. Aber ich würde gern außerhalb der Formel I mehr riskieren: Bungee Jumping, Motocross, öfter Snowmobile-Rennen. Nur leider ist laut Vertrag das meiste verboten." Bleibt für den „Iceman" eine einzige, wirkliche Angst: „Dass ich zu wenig PS hab. Mir gehts nie schnell genug."

Giancarlo Fisichella dagegen immer – beim Tauchen: „Ich liebe das offene Meer, aber ich hasse die Strömung." Schließlich traute sich sogar der unvergleichliche Ayrton Senna nie mehr als 6, 7 Meter unter Wasser. Aber der hatte auch extrem empfindliche Ohren – und immer Probleme mit dem Druckausgleich.

Spanischer Bürgerkrieg in der Formel I oder das große deutsche Duell BMW gegen Mercedes? Hochspannung vor der europäischen Saisonpremiere auf dem Circuit de Catalunya in Barcelona.

BMW kommt zum ersten Mal als Führender der Konstrukteur-WM, Kimi Räikkönen (Ferrari) so früh wie noch nie in der Saison als WM-Leader – aber die „Silberpfeile" haben zuletzt in Bahrain beide Leaderpositionen verloren. Und Lewis Hamilton hat sich beim Team für seine jüngsten Fehler entschuldigt: „ich hab euch im Stich gelassen." Vielleicht unter dem Druck seines neuen Teamkollegen Heikki Kovalainen? Oder weil ihm die technische Rafinesse von Fernando Alonso bei der Autoabstimmung fehlt? Hamilton war es gewohnt, das Alonso-Setup zu übernehmen, nur zweimal ging der Sensations-Rookie eigene Wege. Es wurden seine schlechtesten Saisonrennen...

„Aber wir schlagen zurück", kündigt McLaren-Chef Ron Dennis an. „Keiner in unserem Team ist ein guter Verlierer." Der Boss schon gar nicht, als er die Herausforderung durch BMW herunterspielt. „Ich seh BMW nicht als beständige Gefahr für diese WM", prophezeit er lässig. „Wir respektieren den guten Job, den sie machen, einen besseren als je zuvor, aber unsere Entwicklungs- und Forschungsabteilung und der Speed, mit dem wir neue Teile produzieren können, werden einen merkbaren Unterschied ausmachen, sobald wir unsere Rennen in Europa fahren."

Ob er da nicht die cleveren Ingenieure in München, allen voran Technikchef Willi Rampf und den sensationellen Sauber-Windkanal in Hinwill unterschätzt? Schon im ersten Teil dieser Saison ist BMW ein gewaltiges Stück weitergekommen. Robert Kubica: „Seit dem Wegfall der elektronischen Motorbremse haben wir jetzt besseren Grip und stabilere Bremsen." Dazu kommt, dass BMW den Reifenverschleiß gegen Ende jedes Stints – bei den Wintertests noch ein Problem – perfekt in den Griff bekommen hat. Also alles Anzeichen für einen tollen Dreikampf der Superteams in Barcelona.

Am meisten gutzumachen hat Hamilton. Nach einer nahezu perfekten ersten FormeL- I-Saison häufen sich bei ihm die Irrtümer und Fehler. Wenn man die letzten fünf Rennen (China und Brasilien 2007, Australien, Malaysia und Bahrain 2008) addiert, hat Lewis gegen Räikkönen nicht weniger als 23 Punkte verloren.

Und Experten wie Niki Lauda sind davon überzeugt, dass der spanische Grand Prix den Trend für die nächsten vier, fünf Rennen vorgibt: „Weil alle Teams jetzt ihre Weiterentwicklungen auf Grund der Testfahrten nach Barcelona bringen können – danach gibt es wochenlang nichts Neues mehr. Erst bei den nächsten Testfahrten in Le Castellet – unmittelbar vor dem Klassiker von Monte Carlo."

Jetzt aber erstmal „Business as usual" in Europa. Ende der ermüdenden Flugreisen, die Fahrer und Mechaniker ausbrennen. Frank Williams sagt: „20 Rennen im Jahr sind das Limit – aber so viele sollten es schon sein." Und im Barcelona-Fahrerlager gibt es ein neues Wohnmobil, von 18 Tiefladern nach Spanien gebracht: eine Art „indischer Tempel" für Force India, das Team von Adrian Sutil und Fisichella.

Der ganz normale Wahnsinn der Formel I. Nach den Palmen-Paddocks in Asien und Arabien jetzt wieder die Burgschauspiele der Superteams im Fahrerlager. Alles orientiert sich an Red Bull – auch „Force India"-Multimilliardär Dr. Mallya mit seinem riesigen Mobilhome, das einem indischen Tempel nachempfunden ist.

In Barcelona trifft man die Stars von gestern, heute und morgen. Sebastian Vettel verrät erstmals, dass er im Winter ein tolles Angebot von McLaren bekommen hat – als Nachfolger von Alonso und Teamkollege von Hamilton! „Ein seriöses Offert. Ich hab darüber mit Red Bull und mit Mercedes gesprochen. Aber letztlich ist nix daraus geworden..."

Stefan Johansson, der immer gern mit Gerhard Berger in Le Mans fahren wollte, gibt zu: „Ich bin Frentzen in Bahrain absichtlich in die Kiste gefahren." Der Zorn der älteren Herren.

Und Jacques Villeneuve ist in der Ferrari-Box von Felipe Massa – obwohl sich die beiden früher nicht leiden konnten.

Massa: „Villeneuve hat junge Rennfahrer immer gehasst, sie auch immer und überall, bei allen Meetings, kritisiert. Mich besonders. Dann waren wir plötzlich

Teamkollegen bei Sauber. Er hat sich entschuldigt – und von da an arbeiteten wir gut zusammen."

Jetzt fährt Villeneuve im Peugeot-Team in Le Mans mit Wurz und Klien. Aber: keine zwei Landsleute im gleichen Auto – und in jedem Auto muss ein Franzose sitzen.

Auch Michael Schumachers spanische Motorrad-Eskapaden werden heiß diskutiert. Dreimal runtergefallen, dreimal hochgerappelt. „Das gehört dazu", sagt Niki Lauda cool. „Michael ist 39, fit, hat Spaß und Zeit fürs Rennfahren – warum nicht? Soll er doch machen, was er will." Niki war 52, als er 2001 in Valencia in den Formel-I-Jaguar klettert. „Aber das war kein Comeback. Nur eine Dienstfahrt für mein Team..."

2007 in Barcelona gewann Felipe Massa nach Boxduell mit Fernando Alonso in der ersten Kurve – auch in Barcelona ist der kleine, aber superschnelle Brasilianer mit Alonso auf Kollisionskurs. Renault-Teamchef Flavio Briatore: „Mich nerven die ewigen Fragen wegen Alonso und Ferrari." In Italien gibt Luca Montemolo Massa Schützenhilfe: „Alonso neben Räikkönen wäre nicht gut für Ferrari." Und Alonso selbst? Der schweigt und lächelt.

Felipe, was sagst du zu den Ferrari-Gerüchten um Alonso?

Massa: „Das gleiche wie immer – ich hab einen 3-Jahres-Vertrag mit Ferrari bis 2010."

Für viele bist du der schnellste Fahrer der Welt, wenn du allein vorn wegfahren kannst und wenn du dich nicht in hektische Duelle verstrickst?

Massa: „Sehr schön, das zu hören, danke. Aber zuletzt in Bahrain hätte ich, falls nötig, auch noch schneller fahren können. Vielleicht sogar um eine Sekunde."

Hat er schon oder hat er noch nicht? Natürlich hat Rubens Barrichello, der in Barcelona seinen 254. Grand Prix startet, den ewigen Weltrekord von Riccardo Patrese (256 Grands Prix) noch nicht gebrochen – aber Honda feiert seinen kleinen Brasilianer trotzdem mit einer Riesenparty im Königlichen Golfclub von Barcelona. Zwar ohne König Juan Carlos, dafür aber mit Jackie Stewart, mit Patrese, mit Jenson Button, Nick Frey, Ross Brawn – und vielen Promis. „Das ist nur ein Vorgeschmack. Offiziell feiern wir Rubens erst in 14 Tagen in Istanbul – und danach noch wochenlang, bei jedem Grand Prix." Und der Grund? „Die Statistik ist ja so ungenau, jeder hat andere Zahlen..."

Wenn ich aushelfen darf: Barrichello hat am Katastrophen-Wochenende von Imola 1994 zwar trainiert, muss aber nach einem fürchterlichen Crash im Spital übernachten – wo ihn noch Ayrton Senna besucht. Also: Nicht-Starter.

Dann ist Rubens 1998 in die Massenkarambolage von Spa verwickelt, als beide Stewart-Autos zerstört werden – aber Johnny Herbert humpelt schneller zurück zu den Boxen und springt ins Ersatzauto. Rubens muss zusehen. Neues Rennen, neuer

Start. Der teuerste Schrottplatz der Formel-I-Geschichte, aber offiziell hats das (erste) Rennen nie gegeben...

Bei Ferrari bleibt er 2002 zweimal in der Aufwärmrunde liegen, Barcelona und Magny-Cours. Zwei Runden lang versucht man in der Box, den Motor zu starten – aber wer nicht am Start steht, ist offiziell nicht gestartet.

Also „nur" 254 Starts – nachdem Bruce McLaren bei seinem hundertsten GP noch gestaunt hat: „100 Grands Prix sind ja mehr als ein Menschenleben." Barrichello lässt die aktuelle Formel-I-Buchhaltung kalt: „Ich komm sowieso noch auf 300 Grands Prix!" Ob Räikkönen und Alonso auch einmal den Weltrekord angreifen wollen? Kimi: „Glaub ich nicht". Und Fernando: „So lang fahr ich sicher nicht." In Barcelona fährt Alonso seinen 107., Räikkönen seinen 124. Grand Prix.

Und wo stehen die Austria-Piloten? Niki Lauda stand 172-mal im Fegefeuer der Formel I, Gerhard Berger 210-mal.

Bernies Töchter geben Vollgas! Tamara Ecclestone präsentiert aus Barcelona die Lifestyle-Sendung „Sky TV" – und Petra, eine Modedesignerin, stellt beim Grand Prix von Monte Carlo ihre neue Fashionline vor. „Form Clothes" – mit sündteuren, aber für Papa Bernie billigen männlichen Models: Weltmeister Kimi Räikkönen und „Beckham der Formel I" Jenson Button auf dem Laufsteg! Als der große Zampano vor ein paar Jahren mit seinen feschen Töchtern ins Wohnmobil kommt, fragt ihn Niki Lauda zum Spaß: „Bernie, könntest du dir vorstellen, mein Schwiegervater zu werden?" Ecclestone überlegt kurz, dann schüttelt er sich: „Um Himmels willen, nein!"

In Pole-Position ist Tamara mit dem TV-Mikro bereits bei der großen Eröffnungsparty des „Taj Mahal" im Fahrerlager dabei – so nennt die Formel I den indischen Tempel von „Force India". Alle Teamchefs, fast alle Piloten kommen. Für Istanbul und Monte Carlo bereitet Dr. Mallya schon die tollsten Yachtparties vor – auf der „Indian Empress". Bernies Yacht dagegen ist nach seinen Mädeln benannt: „Tampre."

Die Stars in zweiter Generation beherrschen das Training: Nelson Piquet Jr., Nico Rosberg, Kazuki Nakajima – alle drei liegen Freitag irgendwann in der Zeitenliste ganz vorn auf Platz 1. Ohne Daddys Hilfe. Nelson: „Sein Name hat mir geholfen, die Tür zur Formel I aufzustoßen – aber hineingehen musste ich schon allein."

Der junge Nakajima, dessen Vater Satoru mit Ayrton Senna bei Lotus fuhr: „Papa kommt bei den Rennen nie in die Boxen, damit ich nicht nervös werde – er versteckt sich immer auf der Tribüne."

Und Keke Rosberg, der für Premiere-TV analysiert, auf meine Frage, ob er jetzt auf den historisch einzigen Vater-Sohn-Doppelsieg hofft: „Der Vater von Hamilton hat ja auch nicht in Monaco gewonnen. Und der Vater von Alonso auch nicht..."

Und Jochen Rindts Tochter Natascha, professionelle Flugkapitänin, fliegt regelmäßig einen von Bernies vier Privat-Jets von London zur Formel I. Jochen wäre stolz auf sie.

Zielflagge für den Playboy-König der Formel I: Flavio Briatore (52), schon einmal kurz mit einem skandinavischen Top-Model verheiratet, danach von Naomi Campbell bis Heidi Klum mit den schönsten Frauen der Welt liiert, heiratet am 14.Juni seine Freundin Elisabetta – natürlich ebenfalls ein Supermodel! Der Termin ist privat, aber fix, der Ort bleibt ein Geheimnis. Nur soviel steht fest: Die Hochzeit findet in Italien statt. Macht Fernando Alonso seinem Teamchef gar ein verfrühtes Geschenk mit einem Sensationssieg in Barcelona? Mit einem völlig neuen, über Nacht aufgebauten Auto!

Briatores Heimkehrer-Superstar qualifiziert sich im Training für Platz 2, steht also in der erste Startreihe neben Räikkönen und vor Massa und Kubica. Aber schon vorher gibt es Aufregung um Renault: Trotz des tollen Freitag-Trainings (Platz 3) beklagt sich Fernando: „Ich fühl mich im Auto nicht richtig wohl." Zwar hat Hans-Joachim Stuck den doppelten Weltmeister ein bissl uncharmant als „Zicken-Fuzzi, der sich dauernd über irgendwas beschwert" kritisiert – aber Alonso ist bei seinen Forderungen unnachgiebig. Und Briatore entscheidet: „Wir wechseln ins andere Monocoque!"

Die Mechaniker schrauben, arbeiten und basteln die ganze Nacht, dann sind Motor, Getriebe, Radaufhängungen und alles andere aufs neue Chassis ummontiert. Um 9 Uhr früh checken die FIA-Ingenieure Alonsos „neue Waffe" – alles in Ordnung, grünes Licht fürs Qualifying.

Da drücken sich Reporter, TV-Kameraleute und Fotografen längst die Nasen platt am Toyota-Glaspalast. Drinnen hocken die 40 mächtigsten Männer der Formel I um einen Tisch. Alle Teamchefs plus Technische Direktoren. Es sieht nach Revolution aus. Eine Aktion für oder gegen Max Mosley? Gegen angeblich „flexible" Aero-Teile am Ferrari? Dazu Ecclestone: „Nein – wir diskutierten nur die Max-Idee vom Energiesparen. Passt sowieso nicht zur Formel I..."

In Barcelona debütieren viele technische Genieblitze: Das Loch in der Ferrari-Schnauze (viel diskutiert wie seinerzeit der Klammer-Lochski), die Haifischflosse am Renault (abgekupfert von Red Bull) und die Radabdeckungen – erfunden von Ferrari, kopiert von McLaren (daher der verpatzte Hamilton-Boxenstopp) und jetzt erstmals auch bei Red Bull. „Superhirn" Dr. Marko: „ Bringt fast ein Zehntel pro Runde – und macht über die Renndistanz 6 Sekunden Unterschied." So knapp kalkuliert heute die Formel I!

„A-lon-so! A-lon-so!" Wieder peitschen die Sprechgesänge der 140.000 Spanier durch die Arena, wieder rast die Welle über den Circuito de Catalunya. Wieder total verstopfte Zufahrtswege, wieder Fernando-Fieber! „Vielleicht riskiert Alonso eine 3-Stop-Strategie", analysiert Niki Lauda, der 1974 in Spanien (Madrid-Jarama) seinen ersten GP gewonnen hat. „Aber siegen wird er nicht. Kimi Räikkönen fährt vorn weg, dann kommt Massa. Also wieder ein Ferrari-Doppelsieg“ – wie 1974 mit Lauda und Clay Regazzoni...

Nikis Analyse: „Die Ferraris sind um 0,3 Sekunden schneller.“ Dabei hat Renault, verrät mir „Superhirn“ Pat Simmonds, mit seinen Weiterentwicklungen seit Bahrain 0,7 Sekunden gewonnen. Ewigkeiten in der heutigen Formel I. Aber Fernando versteht auch viel von der Autoabstimmung – gibt auch Felipe Massa zu: „Fernando weiß besser als Kimi und ich, wie ein Auto besser wird. Wenn er ein gutes Auto hat, kann er wieder gewinnen!“

Flavio Briatore, schon beim Warm-Up für seine Hochzeit: „Ich weiß noch nicht, wie viele Gäste ich einlade: nur drei oder gleich 2000...“

Kimi Räikkönen schnappt Alonso die spanische Pole-Position weg: „Zum ersten Mal überhitzen meine Reifen nicht mehr im Qualifying – ab jetzt kann ich bei jedem Grand Prix um die Pole-Position kämpfen!“ Kimi im doppelten Stress: „Mein eigenes Team hat in Barcelona debütiert – in der Formel BMW.“ Mit einem bunten Piloten-Mix: ein Finne, ein Kolumbianer, ein Engländer.

Und Lewis Hamilton – nach seinem Rückschlag beim Wüsten-GP in Bahrain und der scharfen Kritik wegen Start-Malheur und Unfällen? „Der ist jetzt ein völlig anderer Mensch“, sagt mir der legendäre finnische Sportprofessor Aki Hintsa, der Mann hinter der Hamilton-Traumkarriere. „Du musst ihm nur in die Augen sehen: ruhig, total konzentriert, nicht mehr das nervöse Flackern wie in Bahrain. Dort hatte ich böse Gefühle, schlimme Vorahnungen. Ich wusste, Lewis wird Fehler machen – weil er vorher keine Ruhe hatte.“

Zuviele PR-Zwänge, von einem PR-Termin zum nächsten gejagt, „weil die Leute irrtümlich glauben: Rennfahrer ist immer nur, wer gerade im Auto sitzt.“ Die WM 2008: auch eine Nervenschlacht.

„A-lon-so! A-lon-so!“ Wieder peitschen die Sprechgesänge der 150.000 spanischen Formel-I-Fans über den Circuit de Catalunya, wieder rast die Welle über die Tribünen. Das Comeback des zweifachen Ex-Weltmeisters und großen Renault-Heimkehrers in der ersten Startreihe wird enthusiastisch gefeiert – auch wenn Alonso (zu Recht?) bremst: „Für einen Podiumsplatz ist es noch zu früh, das ist nicht realistisch.“ Aber 2008 kommt Alonso – fünf Jahre lang in seinem Heim-GP immer unter den ersten vier – nicht einmal ins Ziel. „Vielleicht riskiert er eine 3-Stop-Strategie“, hat Niki Lauda vorm Start noch anaylsiert. „aber gewinnen kann Alonso nicht. Es gibt einen Ferrari-Doppelsieg Räikkönen vor Massa.“

Er soll Recht behalten.Trotzdem ist Alonsos Qualifying-Show grandios. Für ein paar wenige Sekunden hält er sogar Pole-Position. Wie ist das möglich mit einem Auto, von dem Teamchef Flavio Briatore noch in Bahrain sagt: „Es ist Shit“? Und an dem auch Alonso langsam zu verzweifeln scheint? Renault-Technikdirektor Pat

Simmonds rechnet vor: „Wir haben unseren R 28 seit dem letzten Rennen um 0,7 Sekunden schneller gemacht." Eine Ewigkeit für die Formel I. „Nur wissen wir natürlich nicht, um wieviel sich die Konkurrenz gesteigert hat."

Und die geheimen Ingredienzen? Die Vorderradaufhängung ist (bei gleich bleibendem Bodenabstand) wesentlich weicher, wodurch Alonso den R 28 wieder im alten Stil brutal in die Kurven werfen kann, dazu kommen gravierende aerodynamische Veränderungen, vor allem die neue Motorabdeckung: die von Red Bull übernommene Haifischflosse.

Aber den wesentlichen Unterschied macht wohl der Mann im Cockpit. „Fernando weiß besser als wir Ferrari-Piloten, um wieviel besser sein Auto geworden ist. Sobald er ein gutes Auto in der Hand hat, kann er wieder um Siege kämpfen", gibt Felipe Massa neidlos zu.

In Barcelona zeigt sich zum ersten Mal wirklich, wie sehr Renault von Alonsos Heimkehr profitiert, wie gut der Spanier in der Autoabstimmung ist – und wie sehr sein technisches Talent 2007 bei McLaren auch auf Hamilton abgefärbt hat. Der Sensations-Rookie übernahm immer das Alonso-Setup, nur zweimal ging er eigene Wege: in Silverstone und Shanghai. Es wurden seine zwei schlechtesten Rennen...

Alonso aber spürt im Freitagtraining, „dass ich mich in dem Auto nicht wirklich wohl fühle" – worauf Renault das Ersatz-Monocoque hervorholt. In stundenlanger Nachtarbeit wechseln die Mechaniker Motor, Getriebe, Radaufhängungen und alles andere von einem Chassis ins andere, um 9 Uhr früh checken die FIA-Ingenieure, geben ihr Okay – und Alonso rast in die erste Startreihe.

Michael Schumacher, der viermal hintereinander in Barcelona gewonnen hat, insgesamt sechsmal, ist in Spanien! Redet über den umstrittenen FIA-Präsidenten Max Mosley: „Das Private will ich nicht kommentieren, aber als Präsident hat er gute Arbeit geleistet und wir haben immer gut zusammengearbeitet." Über seine jüngsten Motorradabenteuer: „Es wird keine nächste Rennkarriere auf zwei Rädern geben – ich fahr nur zum Spaß." Und weil in den spanischen Medien die ersten Fotos seines Sohnes Mick als Go-Kart-Fahrer aufgetaucht sind, bittet Schumi: „Lasst meine Kinder in Ruh!"

Hollywood ist auch noch weit. Manager Willi Weber verrät „Es gab schon vor zwei Jahren mal eine Anfrage eines berühmten Regisseurs, ob Michael nach allem, was er erlebt hat, einen Film machen will – diese Frage kam jetzt wieder. Mehr ist nicht passiert. Es gibt keine fixen Pläne, noch kein Drehbuch usw."

Doppelter Stress dafür für Schumis Ferrari-Nachfolger Kimi Räikkönen in Barcelona – bei BMW! Nein, der finnische Iceman wechselt nicht von Ferrari zu den Münchnern, er hat sich nur einen neuen Job aufgebaut. Im Vorprogramm debütiert sein eigenes Formel BMW-Team mit einem bunten Piloten-Mix: ein Engländer, ein Finne, ein Kolumbianer. Gewonnen hat aber keiner der drei, sondern Patrick Tambay.

Das Rennen selbst bietet die erwartete Ferrari-Demonstration: Räikkönen vor Massa, mit runtergeschalteter Drehzahl. Und zwei Safety-Car-Phasen, die das Feld wieder zusammenschmelzen. Mark Webber nutzt die Gunst der Stunde und fährt einen sauberen 5. Platz heraus – sehr zur Freude des eingeflogenen Didi Mateschitz: „Schon 8 WM-Punkte, 8. Platz – das ist schön und gleichzeitig schwer genug." Vettel und Bourdais werden Kollisionsopfer, Coulthard wird 12.

132.600 Spanier weinen, als ihr Liebling Fernando Alonso aus seinem brennenden Renault klettert – Motorschaden. Aber Millionen TV-Fans bangen um Heikki Kovalainen nach dessen mörderischem Crash in der 22. Runde: mit zerfetztem Reifen und mit 230 km/h, voll im 6. Gang, gegen die Barriere! Das Wunder von Barcelona: Der Finn ist nur leicht verletzt – Ellbogenprellung, Gehirnerschütterung. Ferrari feiert einen Doppelsieg: Räikkönen vor Massa. Und Didi Mateschitz einen starken 5. Platz von Mark Webber im Red Bull!

„Mixed feelings" im Fahrerlager-Schloss von McLaren. Die ersten Nachrichten aus dem Krankenhaus beruhigen: „Kovalainen hat eine leichte Gehirnerschütterung und eine Ellbogenprellung. Aber er ist bei Bewusstsein und kann sprechen." Die Klinik: dieselbe, in die Jochen Rindt 1969 nach seinem Mörderunfall auf der Montjuich-Strecke (gebrochener Lotus-Heckflügel) eingeliefert wurde – ebenfalls mit Gehirnerschütterung. Jochen sagte mir damals, entmutigt: „Jetzt weiß ich, was Jim Clark bei seinem Unfall noch gefühlt hat – nichts. Das geht alles so schnell, du kriegst überhaupt nix mit..."

Die Unfallursache: eine gebrochene Felge links vorne – wahrscheinlich wegen eines eingeklemmten Steins oder Wrackteils. Kovalainen kann dazu überhaupt nichts sagen: totales Blackout. „Ich erinnere mich nur noch an die Runde davor – dann an nichts mehr." Typisch für einen solchen Unfall. Und die erste Frage von Kovalainen in der Klinik galt auch nicht seinem Sturz, sondern seinem Teamkollegen: "Welchen Platz hat Lewis Hamilton?" (Dritter).

Norbert Haug ruft Kovalainen schon sehr bald an: „Sorry, Heikki. Tut mir leid, was dir da passiert ist." Und dann beginnt Ron Dennis mit der Ursachenforschung: erschreckende Parallelen zu Kimi Räikkönens Crash am Nürburgring und Mika Hakkinens Reifendrama von Hockenheim.

Außer darauf, gesund zu werden, freut sich Kovalainen jetzt auch auf seine neue Heimat: und das Einrichten seiner neuen Wohnung. Unmittelbar vor seiner Spanien-Reise ist Heikki in die Schweiz umgezogen – in die Nähe von Genf. Jetzt steht das Duell der Formel-I-Exile Monte Carlo gegen die Schweiz 11:9 – nachdem Robert Kubica erst kürzlich nach Monaco übersiedelt ist.

Istanbul
RUBENS REKORD

„Rubens Barrichello hat entschieden: Er feiert seinen 257. Weltrekord-Grand-Prix am Wochenende in Istanbul!" freut sich Honda – inoffiziell ist bereits von einem sensationellen Pilotenwechsel die Rede: Barrichello zu den Indy-Cars, dafür Marco Andretti (Marios Enkel) zur Formel I. Dazu Rubens: „Meine Frau Silvana will nicht, dass ich Ovalrennen fahre – zu gefährlich!"

Ich habe mit dem Formel-I-Weltrekordler Riccardo Patrese, dem Barrichello den Weltrekord entreißt, gesprochen.

Riccardo, wie ist dir zumute?

Patrese: „Wenn du einen Rekord verlierst, ist es immer traurig. Aber ich bin auch stolz darauf, was ich geleistet habe: 17 Jahre, von 1977 bis 1993, in der Formel I – und ich hab mich immer an der Spitze gehalten."

Barrichello wertet in seiner Bilanz auch seine Startversuche, die offiziell nicht als Rennen gelten. Hast du bei seiner Rekordjagd mitgezählt?

Patrese: „Nein, außerdem gibt es verschiedene Statistiken. Aber ob ich jetzt ein, zwei oder drei Rennen früher meinen Weltrekord los bin, ist doch eigentlich wurscht."

Vize-Weltmeister 1992 hinter Nigel Mansell im unglaublichen Williams-Renault, sechs GP-Siege – welcher war dein schönster? Der erste in Monte Carlo?

Patrese: „Nein, Imola 1990. Sieben Jahre vorher war ich dort in Führung ausgeschieden und die Zuschauer tobten und jubelten, weil darum ein Ferrari gewann. Für mich fürchterlich. Darum war mein Sieg 1990 meine Revanche."

Barrichellos erste GP-Saison 1993 war deine letzte – euer gemeinsamer Nenner heißt Michael Schumacher als Teamkollege. Barrichello durfte gegen ihn 2000-2005 bei Ferrari oft nicht gewinnen, deine Karriere hat er 1993 bei Benetton beendet?

Patrese: „Ich war damals bereits 37 und schon ein bisschen müde. Irgendwie war das Feuer in mir verloschen. Wäre ich 10 Jahre jünger gewesen, ich hätte gegen Schumi ganz anders gekämpft!"

Jetzt fährt Michael zum Spaß Motorradrennen – und du Senioren-Skirennen. Was machst du sonst?

Patrese: „Wir brauchen halt immer unser Adrenalin... Ich bin auch Springreiter geworden, vor ein paar Wochen in der Nähe von Venedig mit einem neuen Pferd leider schwer gestürzt. Ich flog an einem Hindernis über das Pferd drüber und war stundenlang gelähmt. Gottseidank kehrt das Gefühl in den Händen schon wieder zurück."

Wird es reichen, um Barrichello zum Weltrekord zu gratulieren?

Patrese: „Natürlich. Ich weiß, was das heißt – 256 Grands Prix zu überleben."

Istanbul, der spektakuläre Grand Prix der Türkei, ist immer gut für Weltrekorde – nicht nur wegen Rubens Barrichello. 2006 hat Sebastian Vettel als 19-jähriger BMW-Freitagpilot mit sensationeller Trainingsbestzeit in der Formel I debütiert – am Sonntag kämpft er, letztmals mit dem Vorjahrs-Toro-Rosso, um seine langverdiente erste Zielankunft 2008. Und BMW hofft, dass die goldene Serie nicht abreißt: Zum 23. Mal hintereinander wollen Nick Heidfeld/Robert Kubica im Qualifying unter die ersten 10 – beim WM-Finale 2006 in Sao Paulo, in allen 17 Rennen 2007 und den ersten vier 2008. Das hat kein anderes Team geschafft.

„Von der Pace, also vom Renntempo her, sind wir auf einem Niveau mit Mercedes, nur Ferrari hat noch einen leichten Vorsprung", bilanziert BMW-Motorsportdirektor Dr. Mario Theissen vor dem 5. WM-Lauf zwischen Bosporus und Topkapi. „Aber unsere Getriebe haben – zum ersten Mal nach dem neuen Reglement – vier Rennen durchgehalten! Damit bin ich mehr zufrieden als mit unseren Positionen und bestandenen Zweikämpfen. Und wir hatten sehr wenige technische Probleme. Das ist ein Riesenschritt, speziell im Vergleich zum Jahresanfang 2007. Vielleicht sind unsere Starts noch nicht perfekt – aber daran arbeiten wir." Im Istanbul Park mit seinen extremen Startkurven besonders wichtig.

Und Theissen setzt auch noch gleich einen drauf: „Das Team ist unser Star, und ich bin nicht für irgendwas vorgesehen, sondern kämpfe um unsere Ziele – damit unser Team den WM-Titel erreicht..."

Neutrale Beobachtung von Niki Lauda: „Ferrari ist nach zwei Doppelsiegen in Istanbul Favorit, normal nicht zu schlagen – es sei denn, es passiert Außergewöhnliches. Bei BMW scheint Kubica zuletzt stärker geworden zu sein als Heidfeld – also muss Nick fest Gas geben, damit das Pendel wieder in seine Richtung ausschlägt." Und Lewis Hamilton, der für viele als WM-Favorit gilt? „Der fuhr in Barcelona endlich wieder ein fehlerloses Rennen", applaudiert Lauda, „und das war für ihn wichtiger als der dritte Platz." Seine Formkurve zeigt nach oben.

Aber die Silberpfeile fiebern vor allem dem Comeback von Heikki Kovalainen entgegen – knapp zwei Wochen nach seinem Horror-Crash von Spanien. Der Finne hat schon am Wochenende wieder trainiert und der vorgeschriebene Fitness-Check durch die FIA-Ärzte dürfte kein Problem sein. Zwar hat die FIA 2007 in Indianapolis Kubica nach dessen alarmierendem Kanada-Unfall den Start verweigert – aber der Pole hatte nur vier Tage Zeit, um sich zu erholen. Kovalainen hingegen fast zwei Wochen. „Da bleibt nichts zurück", ist auch Lauda überzeugt.

Weil Super-Aguri zusperrt, reduziert sich das Feld in Istanbul auf zehn Teams = 20 Autos. Durch den frühen Renntermin erübrigen sich Diskussionen um ein Pfingstsonntag-Hitzerennen, nicht aber um die spektakuläre Kurve 8, die eigentlich aus vier Scheitelpunkten besteht. Man kann diese Passage wie vier Kurven fahren – oder außen auf einem Strich durchziehen.

„Allah korusun – Gott schütze dich!" steht auf den türkischen Taxis. Wer sich durch die 12-Millionen-Stadt am Bosporus zum „Istanbul Park" durchkämpft, weiß warum.

„Es ist, wie es ist", heißt auch der Titel der David Coulthard-Biographie, die er zusammen mit einem Musical-Reporter geschrieben hat. Heuer ist der Schotte als einziger Top-Pilot noch punktelos – abgeschossen, dauernd in Kollisionen verwikkelt. Mark Webber hat mehr Glück: zweimal Siebenter, zuletzt in Barcelona sogar Fünfter – ergibt 8 WM-Punkte.

„Schön, aber gleichzeitig schwierig genug", analysiert Didi Mateschitz. „Wenn die drei Top-Teams durchkommen, gibts für alle anderen nur noch die Platzierungen ab sieben..."

Was den Oberbullen noch besonders freut: „Unser Getriebe hat vier Rennen lang gehalten!" Muss es auch laut neuem FIA-Reglement – nachdem die Bullen 2007 gerade mit dem Getriebe dauernd Probleme hatten. In Istanbul beginnt die nächste Getriebe-Serie.

Der kleine Bruder Toro Rosso aber muss noch warten: ein letztes Rennen mit dem alten STR 2. Gerhard Berger hat die für Istanbul geplante Weltpremiere des neuen STR 3 auf Monte Carlo verschoben: „Noch nicht genug Ersatzteile."

Ausgerechnet Monaco – wo die Rennautos besonders gequält werden, auch am öftesten ausfallen? Gerhard: „Da müssen wir durch. Das nächste Rennen wäre Kanada – und das ist von der Logistik auch nicht so einfach."

Alles schaut auf „Schumi-Baby" Vettel, der 2006 in Istanbul als BMW-Freitagfahrer mit sensationeller Trainingsbestzeit angefangen hat, 2007 bei Toro Rosso debütiert – und jetzt auf seine erste Zielflagge 2008 hofft.

Kein Geheimnis: Mercedes hat Sebastian schon im Winter angesprochen und als Alonso-Nachfolger angeln wollen. Berger weiß natürlich davon: „Ein alter Hut – aber mit mir haben die Silberpfeile nicht verhandelt."

Vettel – in der Formel I ein Juwel wie die Schätze aus dem Topkapi-Palast, ein Mix aus Schatzkammer, Hofburg und Schönbrunn.

„Schöne Stadt, schöne Rennstrecke – einer der Grands Prix, zu denen ich am liebsten fliege!" Niki Lauda in Istanbul – beim vierten GP der Türkei. Auf einer der spannendsten Formel-I-Strecken mit der besonders aufregenden Kurve 8, die vier Scheitelpunkte hat. Die Piloten können diese Passage fahren wie vier einzelne Kurven – oder außen in einem Strich durchziehen. Spektakel garantiert!

Niki Lauda, ist Ferrari im GP der Türkei unschlagbar?

Lauda: „Unschlagbar ist keiner, aber nach zwei Doppelsiegen ist Ferrari natürlich Favorit. Dahinter sind McLaren und BMW auf einem Niveau. Ab jetzt kommts drauf an, wer besser weiterentwickelt."

Kann Lewis Hamilton wieder gewinnen?

Lauda: „Der fuhr zuletzt in Barcelona endlich wieder ein fehlerfreies Rennen. Und das war für ihn wichtiger als der 3. Platz."

Sein Teamkollege Heikki Kovalainen feiert nach dem 250 km/h-Horror-Crash von Spanien sein Comeback. Ein Problem wie 2007 bei Robert Kubica, den die FIA-Ärzte nach seinem Montreal-Unfall in Indianapolis nicht starten ließen?

Lauda: „Kubica hatte damals nur vier Tage Zeit, sich zu erholen – Kovalainen hat eineinhalb Wochen. Wenn er gesund ist: kein Problem. Das steckt der Finne weg."

BMW hatte schon 23 Rennen hintereinander beide Autos in den Top 10 des Qualifying, verpasste aber zuletzt erstmals einen Stockerlplatz. Liegts an den Fahrern?

Lauda: „Kubica hat sich, wie es aussieht, in den letzten Rennen als der stärkere Pilot erwiesen. Heidfeld muss fest Gas geben, damit das Pendel wieder in seine Richtung schwingt."

Massa ist Schnellster im ersten Istanbul-Training – aber alles redet von Heikki Kovalainens Comeback: 12 Tage nach seinem Horror-Crash von Barcelona auf Platz 2! Stärker geworden durch den Unfall, Heikki? „Mental bin ich stark, und körperlich genau wie vorher." Angst? „Vor vielen Dingen... aber die verrat ich nicht. Zweifel hab ich jedenfalls keine, sonst wäre ich nicht da", sagt Kovalainen. Und sein Ziel für das Rennen? „So weit zu kommen wir nur möglich."

Kann der Finne den Türkei-GP sogar gewinnen? „Ja, er kann!", meint der Mann hinter Kovalainen, der finnische „Wunderdoktor" und Formel-I-Arzt Aki Hintsa – spannende Analyse der Beinahe-Katastrophe, Anatomie des Comebacks. Mit tiefem Blick in die Rennfahrerseele.

Professor, wie gefährlich war es für Heikki wirklich? 240 km/h bei einem Felgenbruch, mit 130 km/h und 27 g in die Reifenmauer? Mehr g als bei einem Kampfflieger, der sich mit dem Schleudersitz rauskatapultiert?

Hintsa: „Die Folgen hängen von so vielen Dingen ab. Ein Aorta-Riss oder ein Schädeltrauma – darum ist die Sicherheit der Autos so wichtig, weil beim Anprall schon ein Teil der Energie vernichtet ist. 27 g heißt also: für den Fahrer schon um einiges weniger."

Gerhard Berger hatte bei seinem Imola-Unfall 1989 an der Tamburello-Mauer, wo 1994 Ayrton Senna starb, ganz kurzfristig sogar 100 g auszuhalten, und die Crashtests beweisen: Formel-I-Autos können Anprallgeschwindigkeiten von bis zu 400 km/h absorbieren?

Hintsa: „Gottseidank. Wenn das nicht passiert, kann schon ein Unfall mit 60 km/h fatal sein."

Hattest du Zweifel daran, dass Heikki wieder fahren kann?

Hintsa: „Natürlich. Zwei, drei Tage nach dem Unfall habe ich geglaubt: Es geht nicht. Und ich hab ihm auch gesagt: Ich treffe die Entscheidung, als wärst du nicht unser Pilot, sondern mein Sohn oder Bruder. Wichtig für ihn war es, genau zu wissen: Er hatte an dem Unfall keine Schuld."

Wie war das Comebacktraining?

Hintsa: „Zwei Tage nach dem Unfall leichte Spaziergänge, kombiniert mit mentalem Training, also visuell und konditionell. Leichte Rechenaufgaben: wieviel ist 5x7, 8x7, 8x8 usw. Dann Stretching. Und vor allem Training in Finnland, 5 Stunden täglich, bis 190 Puls, alle Checks. Weil ich absolut sicher gehen wollte. Heikki musste hundertprozentig gesund sein."

Oft verändert ein schwerer Unfall einen Rennfahrer. Manche bekamen durch einen Feuerunfall einen sarkastischen Humor – sogar Niki Lauda. Und viele sagen, Robert Kubica ist durch seinen Montreal-Unfall 2007 stärker geworden. Kovalainen auch?

Hintsa: „Ich kenne solche Fälle. Wenn jemand an der Stirn schwer getroffen wird, verliert er die Angst, wird danach tapferer – sagt die Psychologie."

Heikki kann sich an den Crash nicht erinnern. Wird sein Gedächtnis je zurückkehren?

Hintsa: „Wahrscheinlich nicht, und das ist gut so. Ein gewisser Schutzmechanismus, den uns der Liebe Gott geschenkt hat. hat."

Kann Heikki nach all dem in Istanbul gewinnen?

Hintsa: „Ja, er kann! Kein Problem. Er ist mental sehr stark."

Tapfer lächelnd hält Heikki Kovalainen ein Bündel Papiere in die finnische TV-Kamera: Über 2500 Glückwünsche von Finnen und Auslandsfinnen – „bis Guatemala. Und wir hätten noch viel mehr bekommen, wäre uns nicht das Fax-Papier ausgegangen..."

Heikkis glückliches Überleben und sein Comeback beschäftigen alle Sportfans. Und jetzt weiß man auch, was den Horror-Crash ausgelöst hat: ein Produktionsfehler der linken Vorderradfelge – nach erst 20 Kilometern. McLaren: „Darum haben wir Lewis Hamilton auch nicht an die Box geholt, weil wir wussten: Seine Räder stammen aus einer anderen Serie".

Der gleiche Hamilton, den unser Steirer Andy Zuber vor genau zwei Jahren in einem superspannenden GP2-Rennen in Istanbul besiegt hat...

Getauscht hat Kovalainen dafür seinen Sturzhelm. Jener von Barcelona hat alarmierende Reifenabdrücke, weil die Reifen über Heikkis Kopf zusammenschlugen – der Helm ist nicht mehr zu gebrauchen. Der von Fernando Alonso auch nicht, allerdings aus ganz anderem Grund.

„Ich bin total abergläubisch", verrät mir Fernando, „was den Helm betrifft, den Overall, die Schuhe – alles. Nach meinem Motorschaden von Barcelona hab ich das komplette Zeug weggeschmissen. Will ich alles nimmer sehen. Höchstens beim Testen – aber im Rennen zieh ich das alles nimmer an!" Alonso liebt die Istanbul-Kurve 8 mit den vier Scheitelpunkten. „Eine der schwierigsten der ganzen Formel I. Du musst dich früh entscheiden: Fährst du jede Kurve für sich – oder rast du du auf einer Linie durch?" Das Dilemma, das jahrelang auch die Abfahrtsläufer in Gröden hatten: Die Kamelbuckel überspringen – oder nicht?

Formel I und Muttertag: eine rare Kombination. Ö-Ring-Chef Hans Geist lud 2002, weil der zweite Sonntag im Mai genau auf unseren Grand-Prix-Termin fiel, die Mütter der Formel-I-Piloten nach Spielberg ein. 18 kamen gern.

Als Nikis jüngerer Sohn mit dem Rennfahren anfängt, sagt Marlene Lauda: „Immer, wenn ich den Renn-Overall vom Mathias am Kleiderhaken hängen seh, muss ich weinen..." Weil sie an den Nürburgring denken muss.

Was wünscht Heikki Kovalainen seiner Mutter Sepo, die in einem Zuckerlgeschäft in Helsinki arbeitet, für das Rennen in Istanbul? „Dass sie nicht wieder einen schlimmen Anruf bekommt – wie vor 14 Tagen." Damals alarmiert der Vater mit den News: „Heikki hatte einen Unfall." „Okay", reagiert Frau Kovalainen unbewegt – erzählt uns der McLaren-Pilot lächelnd. „Aber als sie dann heimkam, sah sie den Unfall im TV – ein echter Schock. Doch jetzt hat sie sich wieder erholt."

Nico Rosberg könnte seiner Mutter Sina übers deutsche Fernsehen freundliche Muttertagsgrüße bestellen, winkt jedoch ab: „Meine Mama, die mit Keke früher mutig im Lightweight-Flieger über Sao Paulo herumturnte, steigt heute nicht einmal mehr in ein Flugzeug – und Formel I im TV schaut sie schon gar nicht."

Aber alle Stars von heute erinnern sich daran, was ihre Mütter für ihre Rennfahrerkarriere geopfert haben. Die Mutter der Schumacher-Brüder verkaufte auf der Kart-Bahn von Kerpen Würstel und Sandwiches, während Michael die ersten Schritte zum Weltruhm macht. Fernando Alonso: „Meine Mama machte in der Herren-Konfektionsabteilung des Corte Inglés in Oviédo oft Überstunden." Kazuki Nakajima: „Meine Mum hat mich als Bub täglich zum Go-Kart-Fahren chauffiert und wieder abgeholt" – wie eine echte Eislauf- oder Tennismama. Und Jenson Button: „Meine Mutter mag den Rennsport und ist ein echter Fan von mir – darum hab ich sie auch nach Monte Carlo eingeladen."

Sonderapplaus für Bette Hill, die Witwe von Graham Hill, der mit dem Flugzeug abstürzte: Sie muss alle Pokale verkaufen und wieder als Sekretärin arbeiten, um ihre drei Kinder durchzubringen. Ihrem Sohn schenkt sie zum 24. Geburtstag die Führerscheinprüfung und einen Rennfahrerkurs. 13 Jahre später ist Damon Hill Weltmeister.

Kann Kovalainen in Istanbul vielleicht seinen ersten Grand Prix gewinnen? Der Finne ist jedenfalls nicht langsamer geworden – eher im Gegenteil. Jahrelang gilt in der Formel I der Spruch: „Ein Unfall gegen die Tamburello-Mauer von Imola macht dich um eine Sekunde langsamer!" Stimmte bei Piquet, Alboreto und anderen –

auch 1989 bei Gerhard Berger? „Von der Rundenzeit her bin ich sicher nicht langsamer geworden. Ich hab nur meinen jugendlichen Überschwang ein bissl eingebremst... wer weiß, wozu es gut war."

Aber „das größte Comeback, das ich miterlebt habe", ist auch für den Toro-Rosso-Mitbesitzer unverändert Niki Lauda und Monza. Und erst ein einziger hat sein Comebackrennen gewonnen: der unvergessliche Jochen Rindt (siehe Statistik-Kasten).

DIE GROSSEN COMEBACKS

Jochen Rindt 1969: Gehirnerschütterung, Nasenbeinbruch in Barcelona, musste Monaco auslassen – gewann aber sein erstes Rennen danach, den Formel II-Grand Prix in Zolder.

Graham Hill 1969: Sehnenrisse und Knochenbrüche in Watkins Glen, bekam Heroin gegen die Schmerzen, humpelte ein halbes Jahr später in Kyalami an den Start und wurde Sechster.

Niki Lauda 1976: Feuerunfall am Nürburgring, musste in Zandvoort und Zeltweg pausieren, sass sechs Wochen später wieder im Ferrari und wurde sensationell Vierter in Monza.

Gerhard Berger 1989: Feuerunfall in Imola, kein Start in Monte Carlo, aber Comeback in Mexiko mit Startplatz 6.

Michael Schumacher: Beinbruch 1999 in Silverstone, kam erst sechs Rennen später wieder und schenkte dem Ferrari-Teamkollegen Eddie Irvine den Sieg in Malaysia.

Robert Kubica: Alarmierender Crash 2007 in Montreal nach Kollision mit Trulli, Startverbot in Indianapolis, danach 4. Rang in Magny-Cours.

„Dank dir für alles, was du die letzten zwei Wochen für mich getan hast." Liebenswürdig und höflich Heikki Kovalainen zu seinem guten Geist, dem finnischen Sportprofessor Aki Hintsa. Der wehrt grinsend ab: „Wieso? Du hast ja nicht einmal Pole-Position." Dafür erste Startreihe, die 77. für einen Finnen nach Hakkinen (39), Räikkönen (27) und Keke Rosberg (10). Und dann gleich ein Reifenschaden.

„Dass ich mir an Räikkönens scharfem Frontflügel den linken Hinterreifen aufgeschlitzt habe, hab ich gar nicht gemerkt", erzählt mir der Comeback-Hero nachher. „Das hat mir erst die McLaren-Box über Funk gesagt." Keine Schuldzuweisung: „Ein ganz normaler Rennunfall. Kann passieren..."

Nach dem Boxenstopp startet Kovalainen – 14 Tage nach dem Horror-Crash von Barcelona – die Aufholjagd des Jahres. Erst jetzt kann man seine Quali-Sensation richtig bewerten: „Ich hatte Samstag ein schweres Auto – für 5,6 Runden mehr Sprit als Hamilton." Und trotzdem schneller! Mindestens 15-mal hat er überholt, das Herz fest in beide Hände genommen, eher noch mutiger als vor dem Unfall. „Ich hab keinen Talisman oder Aberglauben, aber auch nie Angst", gesteht mir der in den finnischen Wäldern aufgewachsene und jetzt in die Gegend von Genf übersiedelte

Rennfahrer: „Ich lauf auch vor nichts davon. Im Gegenteil: In Finnland, nahe der russischen Grenze, flüchten die Bären und Wölfe, wenn sie mich sehen..."

Platz 12 für Kovalainen ist ein schwacher Trost. Hättest du in Istanbul gewinnen können? Keine Antwort, nur schmal zusammengepresste Lippen. Es tut weh. Aber McLarens dritter Mann Pedro de la Rosa spricht für ihn: „Ja – ich glaub, Heikki hätte gewonnen!" Oft unglaublich, die Psychologie der Formel I.

Der erste Ferrari-Pilot seit Schumacher, der den gleichen Grand Prix dreimal gewonnen hat! „Hier war mein erstes Mal – das wird immer mein Lieblingsrennen bleiben!" strahlt Felipe Massa in Istanbul. „Jetzt kann ich bald einen türkischen Pass beantragen..." Das Formel-I-Spitzenfeld schiebt sich vor dem Klassiker von Monte Carlo zusammen. „Die neue Fahrer-Generation", applaudiert Keke Rosberg, „lauter junge, erfrischende Piloten, keine Primadonnen mehr!"

Den neuerlichen Ferrari-Doppelsieg verhindert Lewis Hamilton nach verpatztem Qualifying mit einer aggressiven Strategie (drei Boxenstopps), zu der ihn freilich Bridgestone gezwungen hat. „Wahrscheinlich bis jetzt mein allerbestes Rennen", freut sich Lewis, „das Team hat wirklich einen Superjob getan." Räikkönen bleibt cool: „In der Formel I hast du solche und solche Rennen. Das war halt ein solches..."

Und Massa ist jetzt mittendrin im Kampf um den WM-Titel. Der frühere Pizza-Boy aus Sao Paulo, der noch 1997 in Interlagos für Gerhard Berger und Jean Alesi das Essen in die Benetton-Box gebracht hat, „bis sie mich rausschmissen. Ich hatte ja damals noch keinen Formel-I-Pass."

BMW liegt in der Team-WM immer noch vor den Silberpfeilen, aber Red Bull mischt sensationell mit: Das freut in der Box nicht nur „Superhirn" Adrian Newey, sondern auch dessen Ehefrau und Managerin Mary Gold, im Team nur genannt: „Die Gold-Marie."

Mark Webber zum drittenmal auf Rang 7, nach fünf Rennen mit 10 Punkten jetzt auch WM-Siebenter: „Soviele Punkte hatte ich 2007 das ganze Jahr. Aber ich hätte gern mehr mit Alonso gekämpft." David Coulthard ist frustriert: auf Rang 9 und schon wieder nur knapp an einem WM-Punkt vorbei.

Wenigstens kommt Super-Youngster Sebastian Vettel – 2006 in Istanbul mit 19 Jahren als jüngster der Geschichte in einem offiziellen Formel-I-Training gestartet – endlich ins Ziel. Zum ersten Mal 2008 und als 17. nach einem abenteuerlichen Rennen: „Reifenschaden links hinten gleich am Start, und beim ersten Boxenstopp kein Sprit im Tankschlauch. Darum musste ich gleich nochmals an die Box."

Abschied ohne Tränen vom alten Toro Rosso. Ab morgen läuft bei den Testfahrten in Le Castellet schon der neue STR 3 – für die Weltpremiere in Monte Carlo. Für die Gerhard Berger heuer sogar auf seine traditionelle exklusive Privatparty in Monaco verzichtet: „Mein Fest ist diesmal das neue Auto!"

Das erfrischendste neue Gesicht der Formel I und die Entdeckung des Jahres: Sebastian Vettel mit seiner unglaublichen Pole-Position und seinem sensationellen Sieg in Monza – als jüngster der Geschichte. Nach schwierigem Saisonstart kam die Wende ab Monte Carlo mit dem neuen Auto von Toro Rosso. Ein kommender Weltmeister.

„Pass auf den Sebastian Vettel auf, der wird bestimmt noch einmal ein ganz Großer!" sagte Michael Schumacher schon vor acht Jahren zu Gerhard Berger, den er zufällig bei Ferien auf Mauritius traf. Vater Vettel, ein Zimmermann, verkaufte sein Auto, um dem Buben die Go-Kart-Karriere

zu ermöglichen. In der Formel BMW gewann Sebastian 18 von 20 Rennen, dann stürmte er in die Formel I. „Er schaut aus wie ein Bub, hat aber die Reife eines 30-Jährigen. Dieser Mix macht Vettel zu einem außergewöhnlichen Rennfahrer", sagt Berger. Auch die Eltern sind stolz.

Red Bull

Red Bull verleiht wirklich Flügel. Vettel ist der erste Grand-Prix-Sieger, der aus dem Bullen-Stall kommt und in der Formel I sofort mitmischt. Hier kämpft er mit dem McLaren von Kovalainen. Das Mannschaftsfoto, das alle freut: Toro Rosso (früher Minardi), das sympathischste Team der Formel I, feiert den Premierensieg von Monza.

Erfolgsstory Marke Hollywood. In Montreal, wo er 2007 den schwersten Unfall seiner Karriere überlebt hat, gewinnt der Pole Robert Kubica 2008 seinen ersten Grand Prix. Für BMW wird es dank Nick Heidfeld sogar ein Doppelsieg. Die Bayern sind ihrer WM-Marschroute immer um ein paar Rennen voraus.

Ganz oben in der Formel I wird die Luft immer dünner: Hamiltons Reifenschaden links vorn in Ungarn, aber sein neuer Teamkollege rettet den Tag für die Silberpfeile: Heikki Kovalainen gewinnt vor Timo Glock und Kimi Räikkönen. Für den Automobilgiganten Toyota rückt der erste Sieg immer näher.

Premiere und Comeback: Renault-Heimkehrer Fernando Alonso – im Gegensatz zu seinen Rivalen mit weichen Reifen gestartet – gewinnt überraschend das erste Nachtrennen der Formel-I-Geschichte in Singapur vom 15. Startplatz – dank einer Safety-Car-Phase nach dem Crash seines Teamkollegen Piquet. Für Renault der erste Sieg seit 2006: Alonso vor Rosberg und Hamilton.

Der Spion, der aus den Boxen kam! Vor genau einem Jahr brach der größte Spionagekrieg der Formel I aus – mit dem Ferrari-Superhirn Nigel Stepney in der Hauptrolle. Danach war der Engländer wie vom Erdboden verschluckt. Jetzt werkt er in Essex, wo er in der Gigawave-Fabrik alle technischen und sportlichen Fäden zieht – auch für den österreichischen Rennfahrer Philipp Peter. „Aber die TV-Kameras, die Max Mosley filmten, sind nicht von mir...", sagt mir Stepney im Exklusiv-Interview.

Nigel, es ist genau ein Jahr vergangen seit dem mysteriösen Skandal, der Ferrari erschütterte, der McLaren die WM und 100 Millionen Dollar Strafe kostete. Ist die Affäre jetzt aufgeklärt?

Stepney: „Das ist noch lange nicht zu Ende! Da ist immer noch keine Gerechtigkeit getan. Das ist alles, was ich dazu sagen darf. Die ganze Story darf ich noch nicht erzählen – weil sie in Italien immer noch gerichtsanhängig ist."

Hat dir jemand eine Falle gestellt, in die du hineingestolpert bist?

Stepney: „Wahrscheinlich....aber frag diejenigen, die mir das angetan haben. Ferrari wollte jedenfalls nicht, dass ich das Team verlass."

Und der Ex-McLaren-Technikchef Mike Coughlan, dem du hunderte E-Mails geschickt hast, mit dem du zu Honda gehen wolltest – wo steckt der jetzt?

Stepney: „Keine Ahnung. Frag ihn selber. Wir haben keine Verbindung mehr."

FIA-Präsident Max Mosley hat doch gedroht, er würde euch beide für Jahre vom großen Motorsport aussperren?

Stepney: „Hat er nicht wirklich. Ich komm aber heuer sicher zu keinem Formel-I-Rennen. Kein Interesse, was dort vorgeht. Momentan nicht in meinem Plan. Was ich jetzt alles zu tun hab, ist viel interessanter: Seit 1.Jänner bin ich Technischer Direktor bei Gigawave, die FIA-GT-WM – mit Philipp Peter im Aston Martin waren wir beim ersten Rennen in Silverstone auf Anhieb Dritter. Ohne Safety-Car hätten wir gewonnen – Peter hatte 15 Minuten vor Schluss schon 40 Sekunden Vorsprung."

Und jetzt hofft ihr auf einen Startplatz in Le Mans?

Stepney: „Daraus wird heuer nix. Aber dafür 2009. Heuer schau ich mir Le Mans aus den Boxen an, ein alter Traum von mir. Genau wie früher die 500 Meilen von Indianapolis, als ich am Lotus-Projekt von Colin Chapman beteiligt war. Das Auto war fertig, leider ist es nie gefahren."

Und die anderen aktuellen Projekte?

Stepney: „Ich betreu technisch die Superliga, die neuen Rennautos in den Fußballfarben, und mach sehr viel Technologie, vor allem die TV-Kameras in der Moto-GP."

Viele Engländer sagen zum Spaß: Wahrscheinlich hat Nigel Stepney als Rache für die Spionage-Strafen für Max Mosley die versteckten TV-Kameras eingebaut...

Stepney: „Das fragen mich viele Freunde. Aber ich kann nur sagen: Meine Kameras wären besser gewesen. Viel präzisere und schärfere Bilder."

Monte Carlo

DER ABERGLAUBE

Niki Lauda, zweifacher Monte-Carlo-Sieger, fährt für die „Grand Prix Story" noch einmal eine schnelle Runde durchs Fürstentum.

Die erste Kurve heißt St. Devote und liegt neben der kleinen Kapelle der Schutzheiligen von Monaco. Nur 95 km/h Geschwindigket, aber für Lauda „für die Rundenzeit eine der wichtigsten Kurven überhaupt. Je schneller du rausbeschleunigst, umso rascher kommst du den Berg hinauf." Zentimetergenaues Anbremsen, sonst steckt man in den Leitplanken. „Da brauchst du ein perfekt balanciertes Auto."

Danach wirds irrsinnig eng. Die Straße ist eine Schlangenlinie, aber für die Piloten gehts mit 270 km/h geradeaus den Berg rauf. „Da schreckt sich beim ersten Mal jeder. Weil ihm plötzlich bewusst wird, wie nahe die Leitplanken stehen. Daran musst dich jedes Jahr neu gewöhnen."

Auf die Linkskurve Massenet (220 km/h), benannt nach einem Opernkomponisten, folgt die Rechtskurve am Casino (130 km/h). „Weniger hart als St. Devote, du musst es nur technisch richtig machen. Dann fährst den Berg runter." Die Mutpassage, in der Jochen Rindt 1970 bei seiner sensationellen Aufholjagd immer die meiste Zeit gutgemacht hat. Niki Lauda weiß: „Auf der linken Fahrbahnseite ist ein Buckel, über den darfst nur im Training drüberfahren – nie im Rennen. Da musst dich rechts halten."

In Mirabeau (90 km/h) muss die Anbremslinie perfekt stimmen. In der Haarnadel vorm Loews-Hotel (50 km/h) braucht man den vollen Lenkeinschlag. „Darum mussten wir bei Ferrari und McLaren immer die Lenkung umbauen. Und du darfst ja kein Untersteuern haben – sonst fährst dort gradaus weiter..."

Wir sind schon unten am Hafen – wo Ayrton Senna einmal sein berühmtes Blackout hat, in Führung liegend gegen die Leitplanken kracht. Auch die Kurve vorm Tunnel ist für Niki „eine der wichtigsten Kurven, weil du die volle Beschleunigung brauchst." Und der jahrelange Alptraum der Rennfahrer: eine Kollision im Tunnel – weil er früher finster war. Ölflecken etc. waren nicht zu sehen. „Aber heute ist er taghell beleuchtet, überhaupt kein Problem mehr."

Zwischen Tunnelausfahrt und Hafenschikane liegt die schnellste Passage des Kurses: 295 km/h. Dort wartet wieder eine Bodenwelle. „Über die fährst du voll durch und bremst erst danach. Die Schikane kannst voll fahren, aber das Auto muss gut liegen. Von außen siehst du dort die Unterschiede am deutlichsten."

Die Monaco-Schikane: hier rast 1955 der erste Ferrari-Weltmeister Alberto Ascari ins Meer, verunglückt Lorenzo Bandini 1967 und braucht Karl Wendlinger 1994 alle Schutzengel.

„In der folgenden Tabakskurve (160 km/h) hatte Hans-Joachim Stuck einmal einen Mörderunfall. Die Kurve war zu meiner Zeit noch viel enger, ist aber immer noch schwierig."

Auf die Kurven beim Swimmingpool mit knapp 200 km/h zuzufliegen, verlangt von vielen Piloten heute noch die meiste Überwindung. "Heute sind die Leitschienen nach hinten versetzt, die Kurven entschärft – aber man muss immer noch aufpassen." Niki ist am Swimmingpool jedes Jahr gestolpert, "weil mir immer der Fuß unters Bremspedal gerutscht ist." Stets die gleiche Szene: „Mit Gas über die Bodenwelle, die Fliehkräfte reißen mir den Fuss unters Bremspedal – und schon pick ich in den Leitplanken."

Dann folgt eine rutschige Passage – wo die Fischer das ganze Jahr ihre Fischernetze quer über die Strecke zu den Kühlhäusern ziehen. Und gleich darauf die Rascasse-Kurve (70 km/h). „Die hat mich jedes Jahr total fertiggemacht. Du bist gegen Ende deiner schnellen Runde ausgelaugt, völlig kaputt mit all deinen Problemen – und dann siehst du beim Vorbeirasen in der Rascasse, wie die Leute hinter dem Gitter Champagner trinken, lachen und plaudern und ihre Hetz haben. Diese Schizophrenie von Monte Carlo hat mich immer gestört. Wir müssen Höchstleistungen bringen – und gleichzeitig saufen sich die anderen an..."

In der Zielkurve heißt es: nicht gegen die Leitplanken krachen. „Und gleichzeitig die Boxensignale lesen – mühsam, wenn du noch in der Kurve bist." 78 Runden lang – das Auto-Roulette von Monte Carlo. Brutal, grausam und faszinierend.

„Ich freu mich, dass Sie es sind!" Fürst Rainier III. hat von Juan Manuel Fangio 1950 bis Kimi Räikkönen 2005 immer die gleich noblen Glückwünsche, wenn der Monaco-Sieger – verschwitzt, das Gesicht schwarz vor Russ, die rechte Hand blutig vom vielen Schalten – die samtbezogenen Stufen zur Fürstenloge hockletterт. Sein Sohn, der jetzige Fürst Albert, gratuliert individueller, mit eigener Formel. „Aber was ich wirklich sag, weiß ich immer erst nach dem Rennen..."

Ich habe ein Interview geführt mit Fürst Albert über den Background des teuersten und exklusivsten Einzelsportereignisses der Welt.

Wieviel Geld setzt der Märchen-Grand-Prix von Monaco jedes Jahr um, Hoheit?

Fürst Albert: „Zwischen 900 Millionen und einer Milliarde Euro."

Können Sie sich noch an Ihren ersten Monaco-Grand-Prix erinnern?

Fürst Albert: „Natürlich, sehr gut sogar, das war 1965. Gewonnen hat der lustige Engländer mit dem Schnauzbart – Graham Hill."

Und später, die Handküsse von Niki Lauda für Ihre Mutter in der Fürstenloge, 1975 und 1976?

Fürst Albert: „Die hab ich mit selbstverständlich gemerkt. Immer sehr charmant, euer Niki Lauda..."

Der Fürst kennt sie natürlich alle, die Stars im Grand-Prix-Zirkus – auch wenn viele aus dem Fürstentum weggezogen sind: die Schumis, Fisichella, Trulli...

Dafür hält Albert an seinen Traditionen fest: vor allem am exklusiven Rennfahrerempfang im zuckerlrosa Grimaldi-Palast Samstag abends mit kaltem Buffett – nur den Beginn hat er, weil die heutige Rennfahrergeneration zeitig schlafen geht, von 22 auf 20 Uhr vorverlegt. Und natürlich: das berühmte Galadinner im Sporting Club Sonntag Nacht: mit dem Sieger am Achtertisch des Fürsten, alle im Smoking.

Leider ohne Österreicher – obwohl der Fürst bei uns viele Freunde hat. „Er war oft bei uns auf der Bob- und Rodelbahn in Igls", erinnert sich Markus Prock an die rasende Karriere von Albert im Eiskanal. „Und hat sich in der Kantine ganz normal wie jeder andere mit dem Tablett zum Essen angestellt. Extrawürscht hat der Fürscht nie wollen."

Und Gerhard Berger verrät: „Wir gehen jeden Winter einmal zusammen Ski laufen. Entweder bei mir in Sölln, Tirol – oder, wie letzten Winter, Heliskiing in den Rocky Mountains." Als Berger einmal von Tirol mit dem Fahrrad nach Monte Carlo fährt, begleitet ihn der Fürst aber nicht...

Dafür fliegt Berger 2004 mit dem Fürsten im Privatjet von Monaco nach Gelsenkirchen zum Champions-League-Finale: „AS Monaco im Endspiel gegen den FC Porto – das hat sogar mich fasziniert. Alle im Fürstentum waren stolz. Leider verloren wir 0:3."

Während des Jahres sehen der Fürst und der Tiroler einander eher selten. „Viel zu tun." Majestät und Untertan unterhalten sich meist auf englisch, „aber er spricht auch sehr gut deutsch." Berger (der 1989 an die Cote d'Azur zieht und seine letzte Formel-I-Saison 1997 sogar mit Monaco-Lizenz bestreitet): „Ich bin hier seit 20 Jahren zuhause."

Und solange schon kennt er Albert, das hohe IOC-Mitglied: „Ein sehr netter, anständiger Mensch mit sehr viel Wissen über Sport. Besonders fasziniert ihn die Leichtathletik." Nicht nur Fußball, Bob-Rennen und die Formel I.

Ein Formel-I-Auto, das – Cockpit nach unten, Räder nach oben – mit 170 km/h auf der Zimmerdecke fährt: Kein Hokuspokus, sondern Realität. „Wir müssen in Monaco mit soviel Anpressdruck fahren, dass jeder Bolide mit 170 km/h an der Decke kleben würde", rechnet BMW-Superhirn Willy Rampf, der Mann hinter den 20 Flügeln an der weiß-blauen Rakete. „Und in Monte Carlo kommen sicher noch einige dazu – da wird noch einiges modifiziert."

Grip und Anpressdruck ist alles in dieser Kurvenorgie. „Dazu kommt eine komplett umgebaute Lenkung – in allen Teams. Von Anschlag bis Anschlag – für die zwei Haarnadelkurven Loews und Rascasse" (wo Schumacher 2006 seinen Ferrari geparkt hat, um Alonsos Ansturm auf die Pole-Position zu stoppen).

Und wenn der Lenkeinschlag nicht reicht, um die Haarnadelkurve zu schaffen? „Dann hilft ein Gasstoß – durchdrehende Hinterräder, Übersteuern – das dreht die Hinterachse."

Jahrzehntelang kriechen die Monaco-Helden mit blutenden Händen aus ihren Cockpits – blutig von den Schaltmanövern. Heute, mit den Schaltwippen am Lenkrad, ist das kein Problem mehr. Und oft sind auch die Getriebe (die jetzt vier Rennen halten müssen) ein goßes Problem. „Damals hat man auch noch die Radaufhängungen verstärkt – heute nicht mehr", weiß Rampf.

Bei unserem „Monaco-Gerhard" in Monte Carlo – und mit einem Doppelpass zum Fußball: „Meine erste Tochter Christina (29) sitzt im Innsbrucker Büro der Euro, arbeitet dort für die Organisation und Werbung!" verrät der Toro-Rosso-Mitbesitzer, der selbst viermal in der Fürstenloge stand – als Zweiter und Dritter des klassischen Grand Prix.

Seine beiden jüngeren Töchter spielen am liebsten mit den Buben von Thierry Boutsen, der in Monaco ein Business für Gebrauchtflugzeuge aufgebaut hat. Und die kleine Heidi geht mit Ion Tiriacs Sohn Karim zur Schule – genau wie früher Nico Rosberg und Nelson Piquet Jr. in der ersten Volksschulklasse nebeneinander gesessen haben...

„Ich leb hier richtig gern", sagt Gerhard Berger, „hab viele Freunde gefunden und ein schönes Leben. Das Appartement gleich beim Strand, das Büro im Hochhaus, das Fitnessstudio und die Bar Brasil" – wo er sich früher oft mit Ayrton Senna getroffen hat.

Und jetzt: Schatten im Paradies? Ein Riss in Bergers Traumwelt, Gefahr für sein Toro-Rosso-Team, das vielleicht verkauft wird?

„Wie es weitergeht, hängt total von Didi Mateschitz ab." Sein Wunsch? „Dass alles so bleibt, wie es ist, und sich das Team weiterentwickeln lässt – wie geplant. Wäre schön, wenn sich das eine Team in Italien genauso aufbauen lässt wie Red Bull in England – wenn Didi nicht die Lust verliert."

Fürchtest du, es könnte dir gehen wie Aguri Suzuki mit seinem Team, das zusperren musste?

„Weiss ich nicht. Aber für mich kommt kein anderer Partner in Frage. Entweder Red Bull oder ein mächtiger Hersteller. Ich hoff noch lang auf Red Bull. Aber ich kann verstehen, wenn sie keine zwei Teams mehr bedienen können."

Berger hat sehr viel Herzblut in sein Team investiert, wie ernst ist es wirklich? „Schauen wir mal..."

„Überall woanders zählt das Auto zu 80 Prozent und der Fahrer nur zu 20 – aber in Monte Carlo ist es genau umgekehrt! Dort kann auch ein schwächeres Auto mit einem Piloten mit viel Herz und Einsatz gewinnen!", analysiert Niki Lauda, selbst zweifacher Monaco-Sieger vor dem großen Klassiker – den seit Schumacher 2001 kein Ferrari mehr gewonnen hat! Also eine Chance für die „Formel Austria"? Springt Teamchef Christian Horner wieder nackt in den Swimmingpool?

Nicolas Cage in Pole-Position! Der Hollywood-Weltstar, Neffe des genauso berühmten Filmregisseurs Francis Ford Copolla, hat als Erster zugesagt: „Ja, ich komm vom Filmfestival aus Cannes sehr gern zur Formel I nach Monte Carlo!" Nicht als einziger VIP, aber quasi im Windschatten von George Clooney, Brad Pitt, Matt Damon und vielen anderen, die alle in den Boxen auftauchen.

Märchen, Mythen, Monte Carlo. „Dieser Grand Prix müsste zwei Wochen dauern", sagte „Mr.Pokerface" Graham Hill einmal. „Eine Woche fürs Training und Rennen – und eine Woche für die Parties..."

Die 2008 auf der Traumyacht des „Force India"-Teambesitzers Dr. Mallya beginnen. Dort trat vor genau einem Jahr Flavio Briatore (in Socken) auf Glasscherben und hinterließ an Deck eine Blutspur, die alle sahen – nur Flavio nicht...

Freitag Mittag werden im Yacht Club exklusive Formel-I-Kreuzfahrten präsentiert und am Abend steigt die große Charity-Party am Swimmingpool. 2007 versteigern dort Models aus der Slowakei eine wertvolle Brosche für 95.000 Euro. Ich sitze zwischen Bernie Ecclestone und Slavica, Briatore und seiner Braut Elisabetta und dem Model-Topmanager Philip. „Ihr habt doch soviel Geld, warum ersteigert ihr nicht dieses kostbare Schmuckstück? Einer von euch muss doch zugreifen!" ermuntern die Girls die Formel-I-Milliardäre – aber keiner beißt an. Bis Philip sagt: „Okay, ich spendier 50.000 Euro, lass die Brosche aber drin." Da kann Briatore nicht hintanstehen: „Ich zahl 30.000 Euro und lass auch den Schmuck bei euch." Worauf Bernie blitzschnell reagiere: „Ich zahl die restlichen 15.000 – und die Brosche gehört mir..."

Jetzt präsentiert Ecclestone-Tochter Tamara die neue Charity-Show im Fernsehen – und ihre Schwester Petra führt selbst ihre eigene Fashionline vor.

Mädels, Models und Moneten.

Samstag Abend lädt Williams auf ein exklusives Segelschiff. Gaststar an Bord: der vierfache Weltmeister Alain Prost, dessen Sohn Nicolas jetzt auch schon Rennen fährt.

Für den fünffachen Weltmeister Juan Manuel Fangio (+ 1995) wird im berühmten Restaurant „Rampoldi" immer noch der gleiche Tisch freigehalten, an dem er schon bei seinem Sieg 1957 gespeist hat: nach seinem Handkuss für Gracia Patricia in der Fürstenloge. Niki Lauda protestiert: „Ich war der erste in Farbe. Fangio hat höchstens in Schwarz-Weiß ihre Hand geküsst."

Nein, Niki, Fangio ist auf dem Film auch schon in Farbe zu sehen. Lauda: „Dann war er bestimmt nachkoloriert..."

Am Vorabend des Monaco-GP 1955 sitzt Ferraris erster Weltmeister Alberto Ascari im Kino. Ein Horror von Rennfahrerfilm, nichts als Unfälle, Blut und Feuer. Nach 10 Minuten sagt Ascari zu seinem Rennfahrerfreund und Gegner Gigi Villoresi: „Mir wird schlecht. Zu viele Unfälle. Ein böses Omen fürs morgige Rennen. Gehen wir..."

Tags darauf versagen bei Ascari – in Führung – unten am Hafen plötzlich die Bremsen.

Sein roter Rennwagen rast ins Meer und geht unter. Ascaris Glück: Es gab damals noch keine Sitzgurten. Froschmänner holen den Weltmeister aus dem Cockpit, ziehen ihn an Land. Ascari überlebt mit Gehirnerschütterung und Nasenbeinbruch. Vier Tage später stirbt er bei einer harmlosen Sportwagen-Testfahrt in Monza.

Damals saß der Tod oft als unsichtbarer Beifahrer auf dem Nebensitz – wie jetzt bei den meisten Rennfahrern der Aberglaube. Niki Laudas Ferrari-Cheftechniker Mauro Forghieri pflegte zu sagen: „Monte Carlo ist kein Autorennen, das ist ein Roulette!" Die japanischen Rennfahrer hassen ihre Todesnummer 4, die Italiener fürchten die 17 wie wir die 13.

Jochen Rindt feiert seinen Monaco-Triumph 1970 mit Bernie Ecclestone im berühmten Casino – wo Ayrton Senna jedes Mal seine Startnummer spielte: Jahrelang ist es bei Lotus und McLaren die Nummer 12, mit der er 1987 gewinnt, 1988 aber einen rätselhaften Unfall hat: in der Kurve vorm Tunnel in Führung gegen die Leitplanken gekracht – ein plötzliches Blackout. Danach kümmert sich seine Schwester Viviane, Psychotherapeutin und Mutter von GP-2-Star Bruno, um Ayrton. „Wahrscheinlich denkt er: Sein Glaube an Gott macht ihn unsterblich", mokkiert sich Senna-Rivale Alain Prost.

In die kleine Kapelle von St. Devote (erste Kurve) geht in Monaco jedenfalls kein Rennfahrer.

Michael Schumacher vertraute immer seinem Amulett, einem Geschenk seiner Frau Corinna. Als er es in Bahrain einmal im Hotel vergisst, muss ein Ferrari-Ingenieur ins Hotel zurückrasen – Schumi wäre sonst nicht gestartet. Und er stieg immer von der gleichen Seite (rechts) in seinen Ferrari. Sein Nachfolger Felipe Massa springt dafür, wenn er aus dem Ferrari-Transporter oder Wohnbus kommt, immer die letzten zwei, drei Stufen herunter. „So komm ich in meiner Karriere noch schneller voran."

Der abergläubischste aller Rennfahrer war aber Stefano Modena, 1989 Sensationsdritter in Monaco. Wer ihm vorm Start viel Glück wünschte, war sein Feind. Und wenn jemand gar sein Auto oder seinen Helm berührte, sprang der Italiener in Panik aus dem Auto und begann sein ganzes Startzeremoniell nochmals von vorn. Im Hotelzimmer stellte er alle Möbel um, bis sein Bett mit den Füßen zum Fenster zeigte, mit dem Kopf zur Tür. Und warum? „Weil sie in Italien die Toten mit den Füßen voran aus dem Zimmer tragen..."

Modena überlebte 70 Grands Prix, Jacky Ickx sogar 116, gehasst von vielen Hotelportiers. Der Belgier nahm beim Auschecken immer die Zimmerschlüssel mit – als Garantie, dass er die Saison überlebt und genau ein Jahr später wieder gesund zurückkommt.

Jacques Laffite trug 45 Jahre lang ein Amulett des Sonnenkönigs Montezuma, Juan-Pablo Montoya einen Glücksbringer seiner Frau Connie, Alex Wurz bei Benetton poppig einen roten und einen blauen Rennschuh, Nick Heidfeld an jedem Handgelenk eine Uhr... bei allen fährt der Aberglauben mit.

Bei Ferrari hat Niki Lauda 1977 einen Rennleiter namens Noseto, der schwört: „Niki, meine Glücksfarbe ist Grün – und nur mit Grün kannst du gewinnen." Und er stopft ihm – trotz massiver Proteste – einen grünen Stoffetzen ins Cockpit. Niki wirft ihn in der ersten Kurve aus dem Auto – und wird trotzdem Weltmeister.

Monte Carlo, die Kugel rollt! Und gleich doppelt: für Lewis Hamilton in der Kurvenorgie – Bestzeit vor Nico Rosberg und den Ferraris. Und für Max Mosley hinter den Kulissen. Zum ersten Mal kommt der umstrittene FIA-Präsident wieder zur Formel I, führte Geheim führt geheime Gespräche und verrät mir: „Ich bin ganz relaxed – aber morgen hab ich eine große Überraschung. Sehr interessant." Und der Agenten-Thriller mit dem Geheimagenten und seiner Frau, die angeblich die Orgie filmte? „Da gibts noch viel zu lachen..."

Monaco, 9.55 Uhr. Mosley kommt im dunklen Blazer und mit lila Hemd zum Rennleiterturm, klettert die Stufen hoch und lässt sich sein Büro aufsperren: „FIA-Präsident", runtergelassene Jalousien, vis a vis von Renndirektor Charlie Whiting und direkt unter dem Riesenstudio mit den 80 TV-Monitoren für die ganze Strecke. Keine Interviews, „weil mir die Anwälte dringend abgeraten haben" – aber er spricht mit mir. Verrät, dass er schon geheime Dialoge mit Ferrari-Sportchef Domenicali, dem langjährigen Ferrari-Konstrukteur Rory Byrne, Renault-Boss Briatore und dessen „Superhirn" Pat Symonds geführt hat. „Und noch mit ein paar anderen. Lauter interessante Sachen für die Zukunft der Formel I."

Max wirkt, als käme er direkt aus den Ferien, nicht mitten aus einem Medien-Trommelfeuer. „Ich bin ganz locker. Wenn sie wollen, dass ich bleib, dann bleib ich auch." Welches Ass hat er im Ärmel? Am 3. Juni entscheidet die FIA-Generalversammlung in Paris – rund 210 Stimmen. Und eine Hochrechnung ergibt 60 bis 75 Prozent für Mosley. Nur ein einziger Pilot nimmt Stellung gegen „Big Max": Mark Webber. „Die anderen sagen: kein Kommentar, weil das leichter ist." Seine traditionelle Zusammenkunft mit den Formel-I-Piloten in Monaco hat er schon vor sieben Wochen abgesagt. GPDA-Boss Pedro de la Rosa: „Wenn Max nicht will, können wir auch nichts tun. Nicht unser Problem." Aber Gerhard Berger gibt seinem Präsidenten Schützenhilfe: „Ich wusste gar nicht, dass in der Formel I lauter brave Engel sitzen, die nie etwas angestellt haben – Max gehört vor allem auch danach beurteilt, was er für unsere Sicherheit getan hat."

Er hat auch 2000 die Formel-I-Rechte um 390 Millionen Dollar für 100 Jahre (!) an eine Ecclestone-Firma verkauft. Jetzt kursiert ein langer, offener Brief von Mosley, den Bernie so kommentiert: „Ich glaub nicht, dass Mosley Krieg haben will. Aber wenn, kann ich mich bestimmt verteidigen."

Wie Hamilton im Qualifying seine Bestzeit im Training. Die „Silberpfeile" sind die Favoriten. Lewis: „Istanbul war das beste Rennen meines Lebens." Michael Schumacher, mit Kopfhörer auf der Mauer sitzend, beobachtet Massa und Räikkönen – die Verfolger: Felipe bezwingt seine übliche Monaco-Ablehnung. Und die üblichen Streifschüsse: Alonso und Piquet in St. Devote, Trulli zweimal am Swimmingpool, Sutil in Rascasse.

Speedige Doppelkonferenz! McLaren präsentiert im „Meridien"-Strandhotel seine zwei Heros: seinen letzten Weltmeister Mika Hakkinen (1999) und seinen Fast-Champion Lewis Hamilton: „Ich liebe Monaco und genieße jeden Meter auf der Strecke!" Das Geheimnis, wie man den Klassiker gewinnt? „Sicher die Pole-Position – und dann eine fehlerfreie Fahrt und perfekte Strategie!" Und Glück, denn Regen droht – eine Wetterlotterie!

Monte Carlo 2007 – da beginnt der Stallkrieg bei den Silberpfeilen. Zumal Ron Dennis zugibt: „In Monte Carlo musst du dich frühzeitig auf den Sieger festlegen, Safety-Car-Phasen einkalkulieren usw." Prompt siegt Alonso, worauf die englischen Medien Feuer spucken: „Wieso darf Hamilton nicht gewinnen?" Diesmal darf er, braucht aber gegen die Ferrari (Donnerstag: 400 Kilometer ohne Probleme) die Pole- Position.

Stallorder hört die FIA nicht gern. Aber seit 2004 (Trulli) gewinnt in Monaco immer der Mann von Startplatz 1. Und Dennis weiß: „Hier gibt es immer nur eine optimale Boxenstrategie." Wenns trocken bleibt...

Monaco, der trainingsfreie Freitag. Trotzdem rauchen die Köpfe der Superhirne. Daten werden analysiert – Spritverbrauch, Reifenverschleiß, Computer-Simulation. Und manche Teams lecken ihre Wunden: Beide Renault krachen in St. Devote gegen die Mauer, Alonso fliegt auf offener Strecke der gebrochene Heckflügel weg – fast ein Fallbeil für den dicht darauffolgenden Barrichello. Zu gefährlich? Die FIA verhört Alonso und untersucht die Geschehnisse, die Sportkommissare entscheiden: „Keine Strafe für Fernando."

Trulli küsst vor der Tunneleinfahrt die Mauer – Hinterradaufhängung gebrochen. Sutil (2007 Schnellster im Samstag-Regentraining) crasht in Rascasse. Mut haben Didi Mateschitz & Gerhard Berger: Weltpremiere für den neuen Toro Rosso TR 3 ausgerechnet in der Materialschlacht Monte Carlo – hat sich seit Bruce McLaren 1966 (!) keiner mehr getraut... Und der junge Vettel betet um Regen.

Die „Silberpfeile" – Hamilton und Kovalainen wie immer in Monte Carlo mit Diamantenhelm – sind die Favoriten. McLaren hat fünf der letzten zehn Monaco-Rennen gewonnen, total 14, Ferrari seit 1950 aber nur acht. Mit langen Pausen, Serien von Niederlagen, quälenden Durststrecken: 20 Jahre zwischen Maurice Trintignant 1955 und Niki Lauda 1975 – 16 Jahre zwischen Gilles Villeneuve 1981 und Michael Schumacher 1997 – und seit Schumis letztem Monaco-Triumph 2001 warten die Tifosi auch schon sieben Jahre!

Jetzt beobachtet Schumi auf der Boxenmauer. Ferraris ewiges Monaco-Problem – die engen, langsamen, buckligen Kurven – scheint mit ein paar Abstimmungs-Tricks gelöst.

Oder erleben wir wieder ein Regendrama mit Boxenchaos? Mit einem Sensationssieger wie 1972 Jean-Pierre Beltoise auf BRM? „Der fuhr uns davon, weil er als einziger richtige Regenreifen hatte", erinnert sich Stallkollege Dr. Helmut Marko (heute Red-Bull-Berater), damals Achter. „Aber dafür gabs leider noch keinen WM-Punkt." Am sehnlichsten wartet Toro-Rosso-Youngster Sebastian Vettel heute auf Regen: „Da fahr ich am allerliebsten. Ich gewann einmal ein Formel-III-Rennen, da stand das Wasser im Cockpit."

Irrtümer: nicht ausgeschlossen. 1997 stehen zwei Williams mit Slicks am Start, als rundherum der Himmel schon schwarz ist. Nach einer Runde schüttet es.

In Monaco ist immer alles möglich. Springt heute wieder ein Teamchef wegen einer Siegerwette ins Wasser? Wie bei Honda 1996, als Olivier Panis sensationell gewinnt? Mario Theissen nach Montoyas Williams-BMW-Sieg 2003? Und Red-Bull-Teamchef Christian Horner nach David Coulthards Stockerlplatz 2006?

Ein Geheimtipp ist Fisichella (200. Grand Prix), aber auch Nico Rosberg – der erste Vater-Sohn-Triumph in Monte Carlo? In der Villeneuve-Familie gewann nur Gilles, aber nie Jacques, Nelson Piquet hatte 1981 Pole-position, aber keinen Sieg – doch Keke Rosberg gewann 1983. Jetzt Nico? „Ach was", sagt Keke, achselzukkend. „Der Vater von Alonso hat ja auch nie in Monte Carlo gewonnen, und der Vater von Fangio auch nicht..."

Die halbe Formel I auf dem Catwalk – wo sonst sieht man schon die schnellsten Männer der Welt als Models als in Monte Carlo? Wie versprochen, präsentieren Lewis Hamilton, Jenson Button, Nico Rosberg, Nelson Piquet, David Coulthard, Mark Webber und Adrian Sutil am Swimmingpool des „Beach Plaza" exklusive Freizeitmode aus Kaschmir und teurem Leder – entworfen von Ecclestone-Tochter Petra, moderiert von seiner anderen Tochter Tamara.

Die stolzen Eltern, Bernie und Slavica, applaudieren. Neben Fürst Albert sitzt Liz Hurley. Die Show hat natürlich auch einen guten Zweck. „Force India"-Boss Dr. Vijay Mallya stiftet eine Ferienwoche auf seiner Mega-Yacht (Wert 800.000 Dollar), Sharon Stone eine Corvette, Elton John ein Piano für – die Aids-Hilfe.

Max Mosley steigert nicht mit, bleibt in seinem FIA-Präsidentenkammerl – er handelt insgeheim mit den Technikdirektoren der Teams das neue Motorenreglement ab 2012 aus. „Das möchte ich als mein Erbe überlassen..."

Monte Carlo: Bruno Senna gewinnt das GP-2-Rennen – auf den Tag genau 15 Jahre nach dem letzten Monaco-Sieg seines Onkels Ayrton. Am 23. Mai 1993, da war die Welt noch in Ordnung.

In den Boxen überschlägt sich die Prominenz: Lance Armstrong, die Real-Madrid-Stars Raul und Salgada, aus dem Ski-Zirkus Marco Büchel und Didier Cuche usw. und viele andere. Und ein Überraschungsbesuch in Red Bulls Energy Station: Plötzlich kommt Fernando Alonso mit einem Renault-Ingenieur, setzt sich an die Bar, trinkt einen Espresso und fachsimpelt mit Superhirn Adrian Newey. Als wäre plötzlich Putin im Weißen Haus aufgetaucht.

Aber wer Alonso kennt, der weiß: Aus Zufall passiert bei ihm nie etwas. Und sei es nur. weil er Renault ein bissl Dampf machen will.

Scherzfrage an Gerhard Berger: Könntet ihr euch Alonso leisten? Ein Grinsen als Antwort: „Ich weiß nicht. Du weißt: die Stallduelle. Wir haben ja schon Räikkönen..."

Märchenstunde vor der Operettenkulisse. Demnächst werden wir wahrscheinlich hören: Jean Todt lauert auf die Mosley-Nachfolge als FIA-Präsident und Flavio Briatore wechselt zu Ferrari. Fakt ist dafür: „Force-India"-Teamchef Dr. Colin Kolles war bei Red Bull in Salzburg. Offiziell, „um mir den Hangar 7 anzuschauen", in Wahrheit, um über den Streit um die Kundenautos zu verhandeln – außergerichtlich.

Leben gerettet – aber in der Startaufstellung um fünf Plätze zurückversetzt: die Logik der Formel I. Zuerst wird David Coulthard mit 2400 Euro bestraft, weil er in der Boxenstraße um 1,1 km/h zu schnell unterwegs ist. Aber als er im Qualifying bei knapp 300 km/h vor der Hafenschikane crasht, ist sein erster Gedanke: „Lieber Gott, lass es mir nicht so ergehen wie Karl Wendlinger 1994." Und später, aufatmend: „Ich hab großes Glück gehabt."

Die Hafenschikane: Dort hat nicht nur Alberto Ascari seinen berühmten Sturzflug ins Meer, dort stürzen – vor Wendlinger – auch zwei „österreichische" Sieger: Der Australier Paul Hawkins, der in Zeltweg das 1000-km-Sportwagenrennen gewann, geht unfreiwillig baden – und der italienische Ferrari-Pilot Lorenzo Bandini, Sieger des ersten Formel-GP in Zeltweg, kommt 1967 ums Leben.

Was den Coulthard-Unfall auslöste, bestätigt mir Red-Bull-Superhirn Adrian Newey: „Die Hinterbremsen haben blockiert." Und die Ingenieure sehen, als die den Wagen die halbe Nacht lang zusammenflicken: Beim heftigen Anprall sind nicht nur zwei Räder weggebrochen, sondern auch Differential und Getriebe k.o. gegangen. Und Getriebewechsel heißt eben: fünf Startplätze zurück. Von 10 auf 15.

Ist Coulthard schon einmal so ähnlich passiert: Als er mit McLaren Pole-Position hat, aber der Motor beim Start abstirbt. Darum: Marsch zurück in die letzte Startreihe.

Andere Teams (ohne Unfälle) brauchen an ihren Autos nichts zu korrigieren, dürfen auch nicht: Bei Regen dürfen lediglich Regenreifen aufgezogen und die Frontflügel etwas steiler gestellt werden – mehr nicht. Ein idiotisches, gefährliches Reglement – aber die Teams haben vorgesorgt, gehen schon mit „Regenabstimmung" ins trockene Training: Bodenabstand durchschnittlich um 2 cm erhöht, große Federwege, weiche Abstimmung.

Hätten alle absolut freie Hand, was hätte der Techniker noch geändert? „Mehr Gewicht auf die Vorderachse", verrät Luca Baldisseri von Ferrari.

Coulthard, Barrichello, Fisichella: Die drei Veteranen der Formel I. Zusammen 107 Jahre alt, 690 gefahrene Grands Prix, 25 errungene Siege, 1313 gewonnene

WM-Punkte – aber bisher 2008 alle drei noch ohne WM-Punkte, Barrichello sogar seit 22 Rennen. Bringt die „13" Glück?

Der Märchen-Grand-Prix vor der Operettenkulisse wird zum Thriller. Als hätte einer der Hollywood-Autoren das Drehbuch für den Rennverlauf geschrieben. Verfilmt von George Lucas, dem Genie hinter „Star Wars" oder „Indiana Jones".

Am Startplatz, vis a vis von der Fürstenloge, zwischen Bäumen und Tribünen: totale Verwirrung. Wie 1997, als Williams für Villeneuve und Frentzen Slicks aufzieht, obwohl rundherum schon alles schwarz ist. „Aber unser Wetterbericht sagt: ein Trockenrennen." Nach einer Runde schüttet es wie aus Kübeln...

Ein Fehler, wie er Williams jetzt im Jubiläumsrennen – der 600. Grand Prix – nicht mehr passieren darf.

Anno 2008 haben längst alle Teams ihre Meteorologen – aber mit verschiedenen Prognosen. Ferrari zieht für Räikkönen erst im allerletzten Moment die Heizdecken weg: Spätestens beim 3-Minuten-Signal müssen alle Räder montiert sein. Aber links hinten klemmt die Radmutter, Ferrari ist um einige Sekunden zu spät – wofür Kimi später eine Boxendurchfahrtsstrafe kassiert.

19 Autos starten auf den „Intermediates", nur einer riskiert die extremen, grobstolligen Regenreifen: Nelson Piquet. Kommt vom 17. Startplatz vor und spielt Versuchskaninchen für Alonso, der später auf die gleichen Reifen wechselt – nur zur falschen Zeit.

Wer zur richtigen Zeit auf den falschen oder zur falschen Zeit auf den richtigen Reifen setzt, entscheidet diesen Grand Prix. Und erstaunlich viele Fahrfehler passieren, was vor allem Niki Lauda kritisiert. „Bei Regenrennen ist es immer das gleiche: Zuerst rinnt dir das Wasser ins Cockpit, dann in den Helm, dann ins Hirn – und dann drehst du dich..."

Massa startet am besten. Hinter ihm trickst Hamilton Räikkönen aus, sprengt also das Ferrari-Duo, was die Taktik über den Haufen wirft und die Strategen in der Ferrari-Box zusätzlich verwirrt.

Der Außenseiter Sutil auf Platz 4: Ein Supertreffer für das Team und seine Sponsoren. Eine Sternstunde für den Piloten wie 1973 in Monaco von Niki Lauda, der mit dem schwachen BRM dem Ferrari-Star Jacky Ickx (4.) auf und davon fuhr – worauf Enzo Ferrari, vorm TV-Apparat, sofort beschloss: „Diesen Lauda muss ich haben"!

Jetzt hat auch Sutil einen Ferrari im Rückspiegel, sogar den Weltmeister. Aber Räikkönen kommt völlig unkontrolliert (Bremsprobleme?) aus dem Tunnel heraus, Richtung Hafenschikane, schlingert rechts-links – und kracht dem schuldlosen Sutil voll ins Heck.

Dr: Mallyia erstarrt zur Salzsäule. Dr. Kolles weint.

„Es geht uns ums Menschliche, nicht nur ums Geld." Nicht nur, aber schon auch. Das Tabellenende der Team-WM nach Monaco sieht so aus:

Und in der Konstrukteur-WM einen oder mehrere Plätze zu verlieren, kostet dem Team pro Rang 10 Millionen Euro. Daumen mal Pi, denn diese Summen bleiben ja geheim.

Warum schießt Räikkönen den armen, fast tragischen Helden Adrian Sutil (Rang 4) ab? Abstimmungs- oder Bremsprobleme sind keine Ausrede – Kimi fährt in der vorletzten Runde die schnellste des Rennens! „Tut mir leid für Adrian, weil er so selten die Chance hat, vorn mitzufahren." Vielleicht nie mehr wieder. „Force India"-Teamchef Dr. Kolles, ein rumänisch-deutscher Zahnarzt und Ex-Sportler, hat mit Big Boss Dr. Mallyia gewettet: „Wenn Adrian unter die ersten drei kommt, schwimm ich zwei Tage lang im Taucheranzug durch den Hafen – für die Charity..."

Warum kann das beste, schnellste Monaco-Auto nicht gewinnen? „Zu viele Fehler", stöhnt Luca Baldisseri, der Nachfolger von „Superhirn" Ross Brawn. „Von uns und von den Piloten." Ferrari in Monaco: schon so oft total verhext. Im Startplatz- und Wetterchaos wird Räikkönens rechtes ?? Vorderrad erst nach dem 3-Minuten-Limit festgeschraubt – darum später eine Boxendurchfahrtsstrafe. Und warum rutscht Massa in St. Devote aus? „Weil ich auf dem gelben Lackstreifen bremste – dadurch überholte mich Kubica." Aber es kommt für Massa noch schlimmer: „Für 20 Runden war mein Boxenfunk total ausgefallen. Ich wusste nie, was im Rennen los ist." Die Box korrigiert die 2-Stop-Strategie, tankt Massas Ferrari in der 33. Runde voll, damit er duchfahren kann, montiert aber wieder Regenreifen – weil die Wetterprognose lautet: in 20 Minuten wieder Regen. Der kommt aber nicht. Massa: „Wir hatten wilde, turbulente Diskussionen am Boxenfunk." Platz 3 schmeckt bitter.

Der erste farbige Monte-Carlo-Sieger! Lewis Hamilton brüllt, lacht, weint schon am Boxenfunk, sitzt beim Galadiner am Tisch von Fürst Albert – und spielt nachher bei der stürmischen McLaren-Party, wie versprochen, den DJ. „Diesmal zahlst du die Drinks", hat ihn sein Renn-Ingenieur angefunkt, aber Ron Dennis korrigiert: „Nein – heute geht alles auf mich!" Lewis: „Dieser Sieg bleibt für immer mein schönster."

McLaren-Mercedes feiert den sechsten Monaco-Triumph in den letzten elf Jahren – aber vier Tage nach dem „Rennen des Jahres" weiß man im Formel-I-Zirkus: BMW war dem ersten Grand-Prix-Sieg so nahe wie noch nie zuvor! „Lewis Hamilton hatte in seiner Auslaufrunde einen Reifenschaden rechts hinten", verrät McLaren-Teamchef Martin Whitmarsh, was die „Silberpfeile" zwei Tage lang geheim gehalten haben. „Passiert ist es höchstwahrscheinlich, als er nach dem Unfall von Nico Rosberg über einen Wrackteil des Williams drübergefahren ist."

Ein Reifenschaden links hinten nach dem Streifschuss in der Tabakskurve während der ersten Runde, ein Reifenschaden rechts hinten nach der Zieldurchfahrt – Hamilton hat bei seinem größten und bisher wichtigsten Sieg auch Glück: Wäre das Rennen wegen des 2-Stunden-Limits nicht nach der 76. Runde abgebrochen worden, sondern über die volle Distanz von 78 Runden gegangen, hätte Hamilton entweder das Tempo dramatisch reduzieren oder nochmals an die Boxen kommen müssen – und der um nur 3,064 Sekunden geschlagene Robert Kubica hätte dieses „Auto-Roulette“ gewonnen.

Und gar nicht unverdient: Der Pole, der nach Felipe Massas Ausrutscher in St.Devote die Führung übernimmt und gesamt 10 Runden lang vorn bleibt, ist der einzige von den Spitzenpiloten, der unter schwierigsten Bedingungen zwei Stunden lang keinen einzigen Fehler macht.

Das große Fragezeichen bei BMW ist momentan Nick Heidfeld, der schon im Qualifying-Saisonduell mit Kubica 0:6 zurückliegt und bitter enttäuscht Monaco verlässt: viermal überrundet, Kollision mit Fernando Alonso – für die der Spanier aber die Schuld auf sich nimmt.

In Monte Carlo hat Heidfeld schon öfter Geschichte geschrieben: Der letzte Formel-III-Sieger, der letzte Formel-3000-Sieger – was ist jetzt plötzlich mit „Quick Nick“ los? Dass er Probleme hat, seine Reifen auf optimale Betriebstemperatur zu bringen, ist kein Geheimnis. BMW-Teamchef Dr. Mario Theissen: „Nick wird mit unseren Technikern dieses Problem lösen, und wir alle helfen ihm dabei.“ 2007 hat der BMW besser zu Heidfeld als zu Kubicas aggressivem Fahrstil gepasst – dieses Jahr ist es offenbar genau umgekehrt.

Dr. Theissen erinnert sich: „Kubica hatte 2007 ein ähnliches Problem, das haben wir zusammen analysiert, definiert und behoben. Auch Nick wird wieder auf die Erfolgsspur zurückfinden. Ich hab ihn oft unter Stress und Druck beobachtet – da ist er am allerbesten!“

Der glücklichste Anrufer in Monaco ist Didi Mateschitz: Kaum sind Mark Webber (4.) und Sebastian Vettel (5.) im Ziel, gratuliert der Oberbulle schon am Handy. Der deutsche „Baby Schumi“ und Berger-Schützling hat in einem sensationellen Rennen (als einziger außer Kubica ohne Fehler) die meisten Überholmanöver: von 19 auf 5, um 14 Plätze verbessert – fast Rekord für Monte Carlo, Red-Bull-Teamchef Christian Horner: „Jetzt muss nur noch Coulthard endlich durchkommen, damit wir unser Ziel erreichen: WM-Rang 4, vor Renault! Momentan haben wir 6 Punkte Vorsprung.“

Montreal

KUBICAS REVANCHE

Quasi im Windschatten der FIA-Generalversammlung wegen Max Mosley startet die Formel I ins zweite Saisondrittel: Großer Preis von Kanada auf dem „Circuit Villeneuve“ in Montreal, malerisch gelegen auf einer Insel im Sankt-Lorenz-Strom. Lewis Hamilton, der Triumphator von Monte Carlo, hofft auf ein da capo: Er hat 2007 in Kanada aus seiner ersten Pole-Position seinen ersten Grand Prix gewonnen. Dagegen hofft Robert Kubica, der Zweite von Monaco, dass ihm um jeden Preis ein kanadisches da capo erspart bleiben möge.

Kollision mit Jarno Trulli durch ein Missverständnis, Unfall mit 280 km/h, Anprall gegen die Mauer mit immer noch 230 km/h im 30-Grad-Winkel und mit 75 km/h: Der Crash des Polen hat 2007 – ähnlich wie Heikki Kovalainens Unfall in Barcelona – ein Millionenpublikum erschreckt und den ganzen Formel-I-Zirkus alarmiert. Sogar Rennarzt Ronald Dennis gibt zu: „Ich fürchtete, der Pilot sei tot.“ Kubica-Manager Morelli beugt sich als erster ins Cockpit: „Robert, erkennst du mich?“ Gottlob – ja.

Heute sagt Kubica: „Trotz des Unfalls ist Montreal unverändert eine meiner Lieblingspisten!“ Er hat den Crash längst abgehakt und weggesteckt – wenn auch nicht vergessen. Und wie bei Kovalainen kann man feststellen: Er ist dadurch eher noch stärker geworden.

Aber damit sich das Drama von 2007 nicht wiederholt, haben die Kanadier die „Kubica-Mauer“ durch einen Sicherheitszaun soweit entschärft, dass ein „entgleister“ Formel-I-Wagen dort nur noch entlanggleiten, aber nicht mehr einschlagen kann.

Unverändert dramatisch ist die „Wall of the Champions“, in die 1999 gleich vier Weltmeister crashen: Schumacher, Hill, Villeneuve und auch der GT-Weltmeister Zonta.

Der „Stop-and-Go“-Kurs von Montreal mit seinen langen Geraden und schnellen Schikanen gilt als reifen- und bremsenmordende Strecke. Der Verschleiß an Gummi und Bremsbelägen ist dort höher als bei jedem anderen Grand Prix: 63 Prozent Vollgasanteil, Topspeed 323 km/h, 48 Schaltmanöver pro Runde, die größten Bremsbelüftungen und besonders standfeste Bremsscheiben – und mit einiger Sicherheit jede Menge Safety-Car-Phasen. Da sind nicht nur die Piloten, sondern auch die „Superhirne“ und Strategen in den Boxen gefordert.

Besonders Ferrari (letzter Montreal-Sieger: Schumacher 2004) hat nach den Blackouts von Monte Carlo einiges gutzumachen. Ist Massa oder Räikkönen oder Hamilton der erste, der 2008 drei Grands Prix gewinnt – oder erleben wir einen neuen

Sieger? Kovalainen, Kubica oder vielleicht sogar Heidfeld, der zwar im Qualifying-Duell gegen Kubica 0:6 zurückliegt, aber 2007 aus eigener Kraft Zweiter geworden ist? „Dieses Rennen gehört immer zu meinen Favoriten..." Und dass BMW puncto psychischer Fahrerbetreuung besser ist als manch andere Teams, wurde spätestens 2007 bewiesen. Kubica verrät: „Gleich nach meinem Unfall hat mir BMW bestätigt: Du bist auch nächstes Jahr unser Fahrer. Das hat mir viel Mut und Auftrieb gegeben."

Lunch mit Mark Webber im schicken Restaurant „Newtown" – Villeneuve auf englisch. Plötzlich schneit Jacques, der Chef, selbst bei der Tür herein und diskutiert mit Webber darüber, was ihn nächste Woche in Le Mans erwartet. Der Australier zeichnet mit der Hand ein paar Loopings in die Luft: „Ich hab mich dort zweimal rückwärts überschlagen." Villeneuve erschrickt kurz, dann grinsen beide. „Er ist immer noch ein Boy", sagt Mark.

Salto rückwärts – den kann auch Ferrari. Ist Luca Montezemolo zuerst über Max Mosleys Abstimmungssieg noch unzufrieden, so korrigiert er 24 Stunden später sein Statement: „Ich bin glücklich, dass Mosley wiedergewählt wurde, er hat exzellente Arbeit für die Formel I geleistet. Ob und wann er zurücktreten soll, entscheidet nur er ganz allein."

Aber die Zeit rennt. Noch in Paris haben sich 20 Rebellen – Präsidenten von Autofahrerklubs, die erfolglos gegen Mosley gestimmt haben – zu einem Verschwörer-Mittagessen zusammengerottet. Ihre Marschroute: zuhause mit ihren Verbänden alles abklären – und dann bei der FIA-Jahres-Hauptversammlung am 7. November einen Misstrauensantrag gegen ihren Präsidenten einbringen. Bis dahin will Bernie Ecclestone das neue Concorde-Agreement bis 2018, an dem er schon monatelang mit Mosley und den Anwälten bastelt, endgültig fixieren – wozu sollte er sich mit irgendwelchen Nachfolgern herumärgern?

Und das ist offenbar der lange geheim gehaltene Deal: Mosley bleibt bis 7. November im Amt – und tritt dann zurück. Will er aber plötzlich nimmer.

Ein FIA-Spitzenmann sagt mir seufzend: „Jetzt geht der Wirbel erst richtig los." Hoffentlich übertönt vom Motorengeheul in Montreal.

Die Formel I auf Kollisionskurs, jetzt sogar doppelt: auf der Strecke im traditionellen Crash-Grand-Prix auf dem „Circuit Villeneuve", die Nacht davor im Fahrerlager am Sankt-Lorenz-Strom. Bernie Ecclestone vergattert alle zehn Teamchefs, empfiehlt ihnen dringend, Max Mosley zum Rücktritt aufzufordern – neun sind dafür. Einzig und allein Ferrari hält dem FIA-Präsidenten weiterhin die Stange, nachdem Luca Montezemolo offiziell erst gegen ihn, dann für ihn spricht – nach einem Anruf von Mosley?

Also Ferrari im Formel-I-Machtkampf allein gegen alle – aber wer kann auf der

Rennstrecke außer Räikkönen und Massa gewinnen? Ich tippe: Sicher McLaren, aber auch BMW!

Und höchstwahrscheinlich nach einer Crash-Orgie. FIA-Sicherheitschef und Renndirektor Charlie Whiting rechnet mir vor: „Wir hatten schon 2007 vier Safety-Car-Phasen – nicht nur wegen Kubicas Unfall." Diesmal werden es bei diesem abenteuerlichen Spektakel – um Zentimeter neben den Mauern – kaum weniger sein.

Aber Whiting hat das Reglement geändert: „Das erste Rennauto hinter dem Safety-Car muss nicht mehr fünf Wagenlängen Abstand halten, sondern zehn." Um strittige Zwischenfälle und Kollisionen wie 2007 in Fuji zwischen Webber und Vettel (durch Hamiltons Rhythmuswechsel provoziert?) zu vermeiden. Am Steuer sitzt Bernd Mayländer, ein zweites Safety-Car steht vollgetankt startbereit.

An Abbruch denkt Whiting längst nicht mehr – auch nicht nach einer Massenkollision beim Start.

Chaos auf der Strecke? Bedrohung durch Regen? „In Montreal musst du jedes Jahr das Safety-Car in deine Strategie einbeziehen", weiß Weltmeister Kimi Räikkönen. „Ich kann mich an keinen Kanada-GP erinnern, bei dem kein Safety-Car rausgekommen ist..."

Im Freitagtraining hat Massas Ferrari ein plötzliches Blackout. „Alle Systeme versagten." Die Bergungsaktionen der Streckenposten sind mühsam. Alonso fliegt raus und steckt auf einem Randstein fest. Am mutigsten: Kubica, der völlig respektlos an seiner Unfallstelle von 2007 vorbeiteufelt. „Hab ich schon vergessen." Die Red-Bull-Autos sind zu tief gesetzt, schlagen durch, setzen pausenlos auf. Mark Webber: „Ich hab von jeder Bodenwelle Schürfspuren auf meinem Hintern..." Schnell und fehlerlos wieder der Monaco-Fünfte Vettel.

Heißt das Ferrari-Superteam 2010 Felipe Massa/Fernando Alonso? Erst der 7. von 18 WM-Läufen in Montreal, und schon dreht sich das Transferkarussell. Ausgelöst durch zwei öffentliche Aussagen von Kimi Räikkönen und Alonso, denn zum ersten Mal spricht der finnische Weltmeister über Rücktrittsgedanken:

„Ich höre auf, sobald die negativen Seiten die positiven Aspekte meines Rennfahrerjobs überwiegen – das kann Ende 2009 sein oder auch erst in vier Jahren. Jeder weiß ja, dass ich nur das eigentliche Rennfahren wirklich liebe. Und was ich alles nicht mag."

Ob Medienarbeit, zu viele PR-Auftritte oder seine sonstigen Verpflichtungen, das lässt Räikkönen lächelnd offen, bestätigt aber: „Mein Ferrari-Vertrag, der Ende 2009 ausläuft, ist wahrscheinlich mein letzter." Wahrscheinlich oder sicher, Kimi? „Wahrscheinlich..."

Fast gleichzeitig formuliert Alonso seine Ungeduld bei Renault: „Ich darf nicht zuviel Zeit verlieren." Dazu sein Manager Jose Garcia: „Fernando pusht halt sehr, sehr hart." Und auf Ferrari arbeitet er schon lange hin.

Aber wo außer bei Renault kann er für ein Jahr parken, bis ein Ferrari-Cockpit frei wird? Red Bull hat schon 2007 abgelehnt, Alonso für nur eine Saison zu engagieren.

Alonso ist der erste Spanisch sprechende Weltmeister seit Juan Manuel Fangio – und der ist offensichtlich sein Vorbild für die perfekte Karriere. Anders als die markentreuen Champions Schumacher, Hakkinen usw. schafft es Fangio immer, sich ins beste Auto zu setzen: Alfa Romeo, Mercedes, Ferrari, Maserati.

Und sein legendärer Manager Giambertone macht nur einen einzigen gefährlichen Fehler: als er auf der italienischen Autostrada mit einem LKW zusammenstößt. „Sie glauben wohl, Sie sind Fangio", schimpft der Chauffeur. Giambertone, unverletzt, bleibt cool: „Nein, Fangio liegt dort drüben im Straßengraben." Darauf fällt der LKW-Fahrer in Ohnmacht.

Alonso/Massa also – fast logisch – 2010 bei Ferrari. Sonst tut sich noch nicht viel. Heikki Kovalainen hat sich bei McLaren fest etabliert: „Ich fühl mich dort total wohl und hab das Ziel, bald einen Grand Prix zu gewinnen. Das ist möglich."

BMW wartet mit seinen Fahrerverlautbarungen immer so lang wie möglich. Unübersehbar: Robert Kubica, bereits 7:0-Qualifikationssieger über Nick Heidfeld, ist der große Darling im Deutsch-Schweizerischen Team. An „Quick Nick" wird es liegen, den Spieß umzudrehen – spätestens zu seinem Heim-GP in Hockenheim.

Die anderen Deutschen haben sich alle stabilisiert. Nico Rosberg – Schnellster im Samstagmorgentraining – gewinnt bei Williams immer mehr an Respekt. Frank Williams sieht seinen Entschluss, Rosbergs 1-Jahres-Vertrag gegen einen neuen 2-Jahres-Kontrakt auszutauschen, immer mehr bestätigt. Dass der Abstand zum jungen Nakajima geringer ist als erwartet, sagt nichts gegen Nico, sondern zeigt nur das Talent des Japaners.

Knapp an Jarno Trulli dran ist bei Toyota Timo Glock. In Montreal verpasst er die Qualifikation für die Top 10 nur um ein lächerliches Hundertstel – und durch ein paar Dreher und Ausritte. „Timo ist gut, warum sollten wir für 2009 etwas ändern?" fragt Teamchef John Howett. „Er muss nur Stress und Druck abbauen, relaxter fahren, dann kommen auch die Punkte."

Sebastian Vettel, der Monaco-Sensationsfünfte, muss nach einem Mauer-Crash im Training mit neuem Monocoque aus der Box starten – aber seine Karriere hat Beschleunigung genug. Für 2009 sieht man den Toro-Rosso-Youngster bereits im Hauptteam von Red Bull – an der Seite von Mark Webber. „Aber das wird einzig und allein Didi Mateschitz entscheiden", weiß Gerhard Berger. Und wo würde David Coulthard landen? Vielleicht in der NASCAR-Serie, wie sein USA-Ausflug vermuten lässt? „Nein, das war nur ein Ausflug für einen Tag. 400 Runden in einem Oval, ewig linksherum – das wäre zu viel für mich."

Bleibt Adrian Sutil, der mir schon bei der Force-India-Präsentation in Mumbai garantiert hat: „Der Letzte von uns fünf Deutschen will ich nicht werden!" Ihm winkt absolut eine zweite Saison an der Seite von Giancarlo Fisichella, auch, weil Dr. Mallyas Team nach den vielen Besitzerwechseln Stabilität braucht. Der verlorene 4. Platz von Monte Carlo tut immer noch weh. Räikkönens Auffahrunfall hat dem Team an Fernseh- und Sponsorgeldern bis zu fünf Millionen gekostet. „Aber ich bin Kimi nicht bös. Er hat sich dreimal bei mir entschuldigt." Die Dolchstoßlegende, Sutil wäre im Fall einer Zielankunft wegen Überholens unter gelber Flagge mit 25 Strafsekunden belegt worden, wird von der FIA vehement dementiert: „Vorbeifahren an einem stehenden Auto ist kein Überholen. Sutil hätte seinen 4. Platz behalten."

Das Bild des Kanada-GP – zum 40. Mal gesamt und zum 30. Mal auf dem Circuit Villeneuve – ist immer das gleiche: aufbrechender Asphalt, Streifschüsse an den Mauern, Dramen um Reifen und Bremsen und (seit Jahren) natürlich Safety-Car-Phasen. „2007 waren es vier", erinnert sich FIA-Renndirektor Charlie Whiting vorm Start. „und ich wette, diesmal werden es mindestens genauso viele."

Die großen Teams beziehen Safety-Car-Phasen längst in ihre Strategien für die Boxenstopps zum Reifenwechsel und Tanken mit ein – besonders in Kanada. Hatte Ferrari schon vor Jahren ein perfektes Computerprogramm, das in jedem Moment die Position aller Autos auf der Strecke zeigt, so geht Mclaren jetzt einen Schritt weiter:

Ron Dennis und Norbert Haug haben eine Art geheimer Schattenarmee zur Verfügung – über die mir der Teamchef zum ersten Mal erzählt.

„Wir haben zuhause in Woking eine spezielle Arbeitsgruppe, 15 bis 20 Mann, die sich nur mit der Möglichkeit der Safety-Car-Einsätze beschäftigt. Sie simulieren alle möglichen Boxenstopps, spielen jedes nur denkbare Szenario durch, sind mit unserer Box – egal ob in Europa oder Übersee – total vernetzt und übermitteln uns alle Daten in Nullzeit", verrät Ron Dennis. "Das ist kein übertriebener Aufwand. Durch Safety-Car-Einsätze verschieben sich die Fenster für die Boxenstopps. Das Safety-Car hat uns schon in Melbourne Platz 2 gekostet – das darf nicht mehr passieren. Unsere Spezialisten in Woking sehen alles..."

Offenbar bereits im Qualifying, weshalb Lewis Hamilton in einer einzigen Kurve (!) gegen Kubica und Räikkönen 6 bzw. 8 Zehntelsekunden gewinnt. Sein Trick: Aus Go-Kart-Zeiten? Weil er eine andere Linie wählt? „Sag ich alles nicht. Mein Geheimnis."

Und auch Dennis behält den Namen seines Kommandanten der Schattenarmee für sich. „Sonst werden Headhunter auf ihn aufmerksam und schnappen ihn uns noch weg. Wäre schlimm für uns. Weil wir jetzt wissen: Die Safety-Car-Phasen können die WM entscheiden!"

Als Lewis Hamilton nach Montreal kommt, lächelt er: „Ich muss besonders aufpassen, dass es mir nicht so geht wie Montoya, Fisichella und Massa. Die wurden alle disqualifiziert, weil sie bei Rotlicht aus der Box gefahren sind." Offfenbar ein besonderes Problem auf dem „Circuit Villeneuve" – entweder im Sprühregen oder gegen die Sonne.

Aber genau das passiert Hamilton in der 19. Runde, nachdem das Safety-Car wegen Adrian Sutils gestrandetem, glosenden Force India ausgerückt ist – und das halbe Feld zum Nachtanken und Reifenwechsel in der Box ist.

Später fragen Millionen Formel-I-Fans: Warum ist die Boxeneinfahrt offen, gleichzeitig die Boxenausfahrt aber geschlossen? Das Reglement sagt ganz klar: In einer Safety-Car-Phase schaltet die Ampel bei der Boxenausfahrt erst dann von rot auf grün, wenn der letzte Wagen dieses Zuges die Boxenausfahrt passiert hat.

In Montreal warten neun längst abgefertigte, ungeduldige Piloten aufs Grünlicht: Kubica, Räikkönen, Hamilton, Rosberg, Alonso, Massa, Piquet, Kovalainen, Button – in dieser Reihenfolge. Die zehn anderen müssen – angeführt von Bernd Mayländer – in verlangsamter Fahrt einen längeren Weg zurücklegen als die Tankenden, weil in Montreal der Weg durch die Boxenstraße 200 Meter kürzer ist als über die Rennstrecke. Übrigens genau wie in Spa, wo jeder bei einem Boxenstopp die erste, langsame Kurve (La Source) abkürzt.

Also steht in Montreal die Ampel lang auf Rot, weil alle warten müssen, bis der Zug hinter Mayländer die Einfädelstelle nach den Boxen passieren muss.

Und die Faustregel sagt: Wenn du in einer Safety-Car-Phase als Erster zum Tanken reinkommst, ist die Wahrscheinlichkeit sehr groß, dass das Feld noch nicht durch ist, wenn du an der Boxenausfahrt schon lang wieder fahrbereit bist.

In einem Cockpit, das immer unangenehmer heiß wird, mit Reifen, die abkühlen. Und mit Nerven, die fast zerreißen.

„Wir stehen bei der Boxenausfahrt und warten", erinnert sich Robert Kubica. „Ich neben Räikkönen. Plötzlich ein Riesenlärm – und ein Riesenunfall. Dann seh ich, wie der Ferrari verschoben wird, und weiß: Das ist Hamilton. Ich danke ihm, dass er sich Räikkönen ausgesucht hat und nicht mich..."

Die McLaren-Box schreit: „Rotlicht, Lewis!" Der will links ausweichen – aber da steht schon Räikkönen.

Und dann kommt noch Rosberg mit dem Williams und springt auf den McLaren und den Ferrari förmlich drauf. Drei Autos out. Nachher klopft Kimi nicht unfreundlich, aber bestimmt Lewis auf die Schulter und zeigt auf die Ampel: „Dort drüben wars."

Hamilton: „Die zwei vor mir haben plötzlich gestoppt – und dann wars zu spät für mich, den Anprall zu verhindern." Die FIA reagiert gnadenlos. Hamilton wird, wie Rosberg, beim nächsten GP in Magny-Cours um 10 Startplätze rückversetzt.

Was McLaren natürlich nicht schmeckt: „Als Räikkönen in Monte Carlo Sutil abschoss, wurde er nicht bestraft – wieso dann wir?"

„Weil es ein Unterschied ist", sagt Räikkönen, „ob du bei 200 km/h einen Fehler machst oder in ein Auto hineinkrachst, das wegen Rotlichts stehengeblieben ist."

Nico Rosberg telefoniert am Abend mit Keke. Und was hat dir der Weltmeister-Papa zur Boxenkollision gesagt, Nico? „Er hat gesagt: Ja bist denn du deppert..."

Im Montreal-Thriller führen sieben Piloten, soviele wie nie mehr seit der legendären Regenschlacht von Silverstone 1975 – Hamilton, Heidfeld, Barrichello, Trulli, Glock, Kubica. Und für eine Runde auch David Coulthard – im Ziel Dritter.

Vom Rettungshubschrauber aufs Siegespodest – die unglaubliche Montreal-Story von Robert Kubica! Als er nach Kanada kommt, sagt er: „Nein, das Krankenhaus von 2007 werde ich nimmer besuchen. Kein so schöner Ort." Dafür schreibt er Sportgeschichte. Als er auf der BMW-Terrasse im Fahrerlager mit Freunden, noch ganz schlicht, seinen ersten Formel-I-Triumph feiert: Plötzlich ein Massenaufschrei aus der BMW-Box vorm Fernseher. Podolskis 2:0 gegen Polen. Aber Robert versöhnt seine Landsleute.

„Österreich-Polen am Donnerstag? Nein, dafür nach Wien kommen kann ich nicht. Testen in Magny-Cours. Und dann die große BMW-Show in Warschau."

Er ist müde, aber auf seine ruhige Art happy. Und in seinen (sonst sehr harten) Augen flackert noch das 70-Runden-Drama. Wie er seinen starken Teamkollegen Nick Heidfeld, der 41 Runden nonstop durchgefahren ist, schlagen konnte: „Mein Renn-Ingenieur funkte: Du musst in sieben oder acht Runden 20 Sekunden Vorsprung herausholen, sonst haben wir keine Chance. Darauf fuhr ich wie im Qualifying." Das hat man oft bei Ferrari und Schumi gehört. Robert nimmt das Messer zwischen die Zähne: „Jede Runde am Limit. Ich hab 24 Sekunden gewonnen – und war beim Boxenstopp vor Heidfeld wieder auf der Piste." Im Finish kommt der beruhigende Funkspruch: „Robert, bring it home. Fahr den Sieg nach Hause."

Den ersten für BMW mit dem eigenen Auto, den ersten für einen kompletten deutschen Formel-I-Boliden seit Dan Gurney 1962 für Porsche in Rouen gewonnen hat! Aber damals spielt die Formel I noch keine Nationalhymnen.

Und jetzt die dreifache Sternstunde: für BMW, Kubica und Polen, das Land ohne echte Formel-I-Tradition. Aber der legendäre Abenteurer Graf Louis Zbarowki mit seinem roten Bugatti ist vor 100 Jahren immerhin das Vorbild für den Chitty-Chitty-Bang-Bang-Film aus Hollywood, der Pole Sobieslaw Zasada 1967 Tourenwagen-Europameister mit dem kleinen Puch – und ein geheimnisvoller polnischer Kriegsgefangener baut unter dem Pseudonym „Alf Francis" für den berühmten Stirling Moss die schnellsten Rennautos mit dem besten Getriebe.

Und jetzt führt Robert Kubica in der WM. Und denkt dran, vorn zu bleiben, „wenn mich BMW unterstützt. Unser erstes Ziel war: heuer ein Sieg. Das haben wir geschafft." Entsprechend ist die Siegerparty. Sogar Ferrari-Star Felipe Massa (Ex-Sauber-Pilot) kommt vorbei, um zu gratulieren. Der Salzburger Physiotherapeut Josef Leberer, jahrelang der Mann hinter Ayrton Senna, jetzt hinter Kubica, ist nass – vom Champagner und den Freudentränen. „Robert ist im Kopf unheimlich stark: sein großer Vorteil." Der Unzerstörbare.

Beim ersten Grand-Prix-Sieg gleich ein Doppelsieg, das haben auch schon Mercedes 1954 in Reims (1. Juan-Manuel Fangio, 2. Karl Kling) und Jordan 1998 in Spa geschafft – damals Damon Hill vor Ralf Schumacher vor Damon Hill. Der Deutsche ist der Schnellere, aber der Engländer hat in seinem Vertrag stehen: Bei einem Doppelsieg muss er gewinnen. Ralf ist sauer, Michael ein guter großer Bruder und redet offen mit Eddie Jordan, seinem ersten Teamchef in der Formel I.

David Coulthard wird überraschter, aber stolzer Dritter. „Und mein 62. Stokkerlplatz", hat er genau gezählt. Dazu lädt er beide Teams, Red Bull und Toro Rosso, zur Feier auf die Hotelterrasse und in eine Disco ein: mittels blitzschnell gedruckter Einladung. Der britische Gentleman – kein Verkehrsrüpel.

BMW hat neue Idole. Nicht mehr den abtrünnigen, zu VW desertierten „Striezel" Stuck, dem Mario Theissen bei der Abschiedsparty grinsend einen Stadtplan von Wolfsburg schenkt, sondern Heidfeld und Kubica. Der Pole wird mit seinem Montreal-Crash noch viele Jahre leben müssen.

Kubica: „Wenn ich meinen Sturz auf Video seh, wundere ich mich jedes Mal: Wieso hab ich keine Schmerzen? Mit einem Bein ganz heraußen?"

In Polen ist Robert noch immer nicht „Sportler des Jahres", außerhalb der Landesgrenzen aber weltbekannt. „Weil wir ein Land ohne Formel-I-Kultur und -tradition sind." Als Bernie Ecclestone einmal zum World-Council-Meeting nach Warschau kommt, fragt er: „Polen – wie viele Einwohner?" 37 Millionen, Bernie. „Und wieso haben sie dann noch keinen Grand Prix?" Polens letzter Bezugspunkt zur Formel I war Juzy Vycikowski – Emerson Fittipaldis Mutter, die mir einmal erzählt hat: „Meine Familie musste, als wir in den 30-er-Jahren nach Brasilien flüchteten, eine Maschinenfabrik in Warschau zurücklassen."

Eine Stunde nach dem Rennen hat Theissen schon 85 Glückwunsch-SMS erhalten, aber vom WM-Titel träumt der BMW-Chef noch nicht, zumindest nicht offiziell. „Wir denken von Rennen zu Rennen." Und selbstverständlich werden beide Fahrer weiterhin gleich behandelt, „vom Auto und vom Team her. Dann sehen wir, was Robert und Nick im Qualifying können – und danach werden wir entscheiden. Aber von Wenn und Aber brauchen wir jetzt noch nicht reden. Wir haben nur eine Regel bei BMW: Fahrt euch ja nicht gegenseitig ins Auto!"

Die Siegesfeier in Montreal – mit viel Stil und Herz – ist improvisiert, aber rasch organisiert. Und die verschiedenen Strategien (Kubica zwei, Heidfeld ein Boxenstopp)? Wie Kubica in sieben, acht Runden 20 Sekunden Vorsprung herausfahren muss, um nach dem Boxenstopp vor Heidfeld zu bleiben, ist genauso ein Thema wie Heidfelds tolle Fahrt: „Nick wusste, er muss 43 Runden mit vollen Tanks fahren, und er schaffte die zweitschnellste Rennrunde“, lobt Dr. Theissen.

Ich bewundere den fairen, sportlichen Heidfeld, der Montag früh am Flugplatz von Montreal mit seiner Familie ganz cool und sachlich nach Zürich eincheckt – mit Patricia und den Kindern Joda und Juni: „Ich hätte nichts dagegen, jetzt auch einmal zu gewinnen“, sagt mir Nick, „ am schönsten natürlich in Hockenheim.“ Da würde auch Frido, der Appenzeller-Labrador-Mischling, freudig wedeln.

HAMILTON: Sein Auffahrunfall gegen Räikkönen in der Box kann noch WM-entscheidend sein. „Mir darf nicht passieren, was Montoya, Fisichella oder Massa schon widerfahren ist: bei Rotlicht aus der Box zu fahren“, hat der McLaren-Star angekündigt, als er nach Kanada kommt. Dann erwischts auch ihn. Die Montreal-Box hat ein spezielles Problem – das sich im September in Spa wiederholen wird: Auch dort ist die Fahrt durch die Boxengasse um rund 200 Meter kürzer. Und wenn in einer Safety-Car-Phase der Führende als erster zum Tanken und Reifenwechsel hereinkommt, ist es sehr wahrscheinlich, dass der von Bernd Mayländer angeführte Zug noch nicht durch ist, wenn er wieder auf die Strecke will – daher das Rotlicht, das Hamilton irritiert. Kubica, sarkastisch: „Danke, dass du dir Räikkönen für den Anprall ausgesucht hast und nicht mich...“

Die strafweise Rückversetzung von Hamilton und Rosberg um 10 Startplätze in Magny-Cours ärgert deren Teams und eröffnet BMW eine neue große Chance, wird aber von Dr.Theissen nicht schadenfroh kommentiert: „Sicher eine Hypothek fürs nächste Rennen, aber ich seh es wie ein Schiedsrichter: Tatsachenentscheidung ... Gestraft sind beide genug.“

Bei den Barcelona-Testfahrten probiert FIA-Renndirektor Charlie Whiting ein neues System, wie sich überrundete Fahrer hinter dem Safety-Car auffädeln. „Wenn es klappt, setzen wir das schon in Magny-Cours ein.“

Große Überraschung, als das Siegerteam BMW-Sauber Dienstag früh in Zürich ankommt: Da steht ein floppiger Gratulant am Flugplatz – Peter Sauber mit blondgefärbten Haaren.

Magny Cours

BONJOURS ALAIN

Vive la France – oder nicht? Der französische Grand Prix zum letzten Mal in Magny-Cours? Oder bald in Paris? Was bleibt von der „Formel France" übrig? Frankreichs vierfacher Formel-I-Weltmeister Alain Prost, der sich seit seinem Rücktritt sehr rar macht und kaum mehr öffentlich in Erscheinung tritt, im Exklusivinterview in Paris – privat und über alle aktuellen Probleme der Formel I.

Alain, was wird mit dem französischen GP?

Prost: „Der muss bleiben. Frankreich veranstaltete 1906 den ersten GP überhaupt, wir waren jahrelang die Nummer 1 der Formel I, mit 13 bis 15 GP-Piloten – und jetzt ist die Frage: Soll man Magny-Cours ausbauen oder nach Paris wechseln? Ein großes Projekt. Aber das muss man sehr vorsichtig angehen."

Du kommst nur noch ganz selten zur Formel I – kein Interesse mehr?

Prost: „Ich bin vor 10 Jahren zum letzten Mal in einem Formel-I-Auto gesessen, in einem McLaren in Silverstone. Aber ich fahr jeden Winter Eisrennen für Toyota."

Verstehst du Schumacher, dass er jetzt Motorradrennen fährt?

Prost: „Warum fragst du nicht, warum er Fußball spielt? Natürlich – weil das nicht gefährlich ist. Aber wir alle brauchen unser Adrenalin. Und Michael hat mir verraten: Er fuhr schon während seiner großen Karriere immer wieder heimlich Go-Kart-Rennen."

Und du dafür: Die Tour de France für Hobbyradrennfahrer?

Prost: „Ja, auch heuer wieder. Zum 13. Mal seit 15 Jahren. Ich trainier fleissig und freu mich drauf."

Dein Freund aus deinen Fußballerzeiten bei St. Etienne, Michel Platini, ist jetzt als UEFA-Präsident bei der Euro in Wien. Hast du keine Ambitionen, FIA-Präsident zu werden, als Nachfolger von Max Mosley?

Prost: „Nein. Ich bin Sportler, kein Politiker, obwohl Nigel Mansell immer behauptet hat: Der Prost muss in die Politik gehen..."

Du bist mit deinem eigenen Team gescheitert, wie jetzt Super-Aguri. Hat kein Privatteam mehr eine Chance, zu überleben?

Prost: „Nein. Ohne einen großen Hersteller oder starken Partner aussichtslos. Erinner dich, wie verzweifelt ich 30 Millionen für die Motoren gesucht hab. Gleichzeitig auch das Team zu führen, ist mühsam."

Alain – vier WM-Titel, 51 Siege, 199 GP – und 1999 wurdest du in der Wiener Staatsoper als „Motorsportler des Jahrhunderts" ausgezeichnet. Wer waren deine größten Gegner?

Prost: „Niki Lauda in unseren zwei Jahren bei McLaren, Ayrton Senna über längere Zeit."

Was denkst du jetzt, wenn du seinen Neffen Bruno in Monaco gewinnen siehst?

Prost: „Überrascht mich. Ich war früher nicht überzeugt davon, dass er hart genug ist."

Dein Sohn Nicolas (26) ist ja auch Rennfahrer geworden?

Prost: „Der hat Business studiert, in einer Bank gearbeitet und fährt erst jetzt Rennen. Heuer muss er die Euro 3000 gewinnen. Von der Formel I reden wir nicht, nur von Langstreckenrennen – aber 1000 km, nicht Le Mans."

Professor Prost, wer wird heuer Weltmeister?

Prost: Ein Vierkampf bis zum letzten Rennen. Momentan kämpft Massa immer ums Gewinnen, Räikkönen fährt eher Richtung WM – aber vielleicht ändert er ab jetzt seine Strategie.

Adieu, Magny-Cours. Ein Abschied ohne oder mit Tränen – wie 2003 in Spielberg? Der französische GP ist der älteste mit den meisten Schauplätzen. Alle mit Österreich-Bezug:

Reims: Hier besiegt Jochen Rindt bei seiner Premiere 1964 in der Formel II alle Weltmeister von Jim Clark bis Graham Hill.

Rouen: Rindts erste Formel-I-Pole-Position 1968.

Le Mans: Drei Austria-Siege im 24-Stunden-Klassiker durch Rindt, Marko und Wurz.

Clermont-Ferrand: Markos Schicksalsrennen 1972. Auf dem Weg ganz nach oben durchschlägt ein Stein, aufgewirbelt von Ronnie Peterson, sein Visier – seither ist der Grazer auf einem Auge blind, hat aber weder Einsatzwillen verloren noch Lebensfreude.

Le Castellet: Viele Duelle Niki Lauda gegen James Hunt. Einmal kommen die beiden direkt von einer langen Party aus Salzburg zum Testen angeflogen – total übermüdet. Lauda wird bald durch einen Motorschaden erlöst und geht schlafen. Aber Hunt ist unauffindbar, bis man seinen McLaren auf der 1,8 km langen Mistral-Geraden geparkt entdeckt. Der Pilot: friedlich entschlummert.

Dijon: Wichtiger Lauda-Sieg auf dem Weg zum WM-Titel 1984. Patrick Tambay drängt ihn bei 300 km/h gegen die Boxenmauer, aber Lauda bleibt beinhart am Gas. „Rechts und links waren nur Zentimeter Platz. Die Mechaniker rissen entsetzt ihre Boxentafeln hoch...."

Magny-Cours: Die lustigsten Berger-Senna-Streiche. Einmal bindet Gerhard das Senna-Leihauto mittels Seil am Fensterkreuz des Hotels fest. Als Ayrton aufs Gas steigt, wackelt die ganze Hotelfassade. Die Fahrer flüchten, die Gendarmen jagen mit Motorrädern hinterher, immer im Kreisverkehr – das war Louis de Funes in der Formel I.

1996 kommt er als elfjähriger Bub mit einem polnischen Autobus aus Krakau zum ersten Mal zu einem Grand Prix, nach Budapest – zwölf Jahre später fliegt er als WM-Führender zum französischen GP nach Magny-Cours! Robert Kubica, schmal, kantig, dunkelhaarig, ist der Sensationspilot der Formel I. Aus einem Land ohne Rennstrecken, ohne Formel-I-Kultur oder -Tradition, aber nicht ohne Historie: Reiche adelige Herrenfahrer wie Vater und Sohn Zborowski oder Graf Czaykowski kämpfen vor 80 bis 100 Jahren mit – zweivon ihnen verunglücken in Monza. Wo Kubica 2006 als Dritter zum ersten Mal aufs Stockerl braust!

„Wenns mit dem Rennfahren nix wird, kann er wieder in Polen Traktor fahren", hat ihm Gerhard Berger prophezeit. Und viele erinnern sich an den blutjungen Robert, wie er zu seinen ersten Rennen zigeunerte: Go-Kart aufs Autodach geschnallt – ein Tatra? Trabi? Moskwitsch? Kubica lächelt: „Nein, keine Exoten, schon echte Autos. Wir hatten zuhause zwei: einen BMW und einen alten Mercedes. Und ich konnte schon mit acht Auto fahren – aber immer nur im Hinterhof oder auf Parkplätzen. Denn Rennen darfst du in Polen erst bestreiten, wenn du schon zehn bist", verrät mir Kubica die Geheimnisse seines Aufstiegs.

Danach chauffiert ihn Vater Artur zu den ersten Rennen – meist 100 km von Krakau entfernt. „Mein Vater hat zuhause eine kleine Druckerei, die Mama macht ihm die Buchhaltung und hat eine kleine Computerfirma." Aber der Bub zieht bald – allein – nach Italien, testet für Kart-, Helm- und Reifenfirmen. „So verdiente ich mein Geld fürs Rennfahren. Das hat mich gerettet, aber auch härter, erwachsener gemacht. Denn einen wirklichen Sponsor hatte ich nie."

Ein brutal steiniger Weg nach oben – bis zum Kart-WM-Titel und dem Sieg in der World Series by Renault. Da hat ihn Flavio Briatore schon unter Vertrag, lässt den Goldfisch aber durch seine Finger schlüpfen: „Der einzige Fehler, der mir je passiert ist." BMW-Chef Dr. Mario Theissen greift umso rascher zu, als er Kubica 2005 in Macao sieht. Als BMW-Testpilot mit sensationellen Rundenzeiten beendet Kubica die Formel-I-Karriere von Villeneuve.

Nach 15.000 Testkilometern ist der Pole reif für die Formel I: Debut in Budapest auf Platz 7, leider disqualifiziert, erste Pole in Bahrain, erster Sieg in Montreal – wo er 2007 dem Tod von der Schaufel sprang. Aber das hat ihn nur härter gemacht – und schneller.

Der Unzerstörbare – wie Hermann Maier. Der Salzburger Physiotherapeut Joe Leberer, der Mann hinter Kubica: „Ich kenn keinen, der im Kopf stärker ist. So hart trainiert. Der nie aufgibt und für sein großes Ziel alles tut." Und Fernando Alonso lobt: „Der große Fahrer der Zukunft ist Kubica." Im Fahrstil dem Spanier sogar ähnlich: „Ich bin extrem aggressiv am Lenkrad, brems tief in die Kurven rein, schmeiß das Auto wild ums Eck – ich mag Action auf der Rennstrecke. Mit knallharten Brenmsmanövern und kurzen engen Kurven."

Wegen Kubica explodieren die TV-Quoten in Polen, rollen Autobuskolonnen zu jedem Grand Prix – nur die Eltern bleiben zuhause, kommen nie. Aber dafür die zwei jungen polnischen Reporter, die Robert von Anfang an um ihr eigenes Geld in die große Welt begleiten – erinnert mich an die erste Zeit mit Jochen Rindt... Die haben bei Robert immer Pole Position.

Doch der Held der Nation bleibt fast emotionslos, aber nicht unbescheiden: „Ich will heuer Weltmeister werden, wenn mich BMW weiter so unterstützt!" Der erste Champion, der aus dem Osten kommt. Und mit dem Foto des polnischen Papstes Wojtyla auf dem Helm, aber im Innenfutter, nicht außen, „denn das ist zu persönlich." Kubica privat? Computerspiele, Bowling, Lieblingsessen Pasta, keine Models in der Box. 2007 reist ihm die Miss Polen nach Australien nach, fliegt aber (allein) wieder zurück. Der WM-Traum verlangt Opfer.

„Robert, die neue Nummer 1!" Oder: „Kubica wird Weltmeister!" Sprech-Chöre und Transparente von 170.000 Polen knallen dem Formel-I-Sensationspiloten bei der großen BMW-Party in Warschau um die Ohren. In Magny-Cours verteidigt Kubica erstmals seine WM-Führung. Als einziger Pilot, der heuer noch keine Fehler gemacht hat. „Und das soll so bleiben! Ich will in der WM vorn bleiben! Aber ohne Taktik, Rechnen und Spekulieren – sondern mit dem Gasfuß!"

4 Punkte Vorsprung auf Hamilton und Massa, 7 auf Räikkönen, das heißt: Wenn Lewis oder Felipe gewinnt, genügt Robert ein 3. Platz, um vorn zu bleiben. Heißt der Sieger aber Kimi, reicht ihm schon ein 7. Rang. „Aber so kannst du nicht rechnen", bremst Kubica. „Die WM ist noch sehr lang. Wichtig ist, wie sie nach dem letzten Rennen steht. Ich will mich gar nicht mit Punkterechnungen belasten, ich steh um 14 Uhr am Start wie immer: Gut fahren und wenn möglich wieder gewinnen!"

Kubica und BMW: die einzige Kombination, die heuer noch nie gepatzt, keinen einzigen Fehler gemacht hat. Aber Prognosen? „Keine. Unmöglich, etwas vorauszusagen. Aber vom Gefühl her: Es wird ein großer Kampf gegen die Ferrari. Denn Hamilton hat arg zu kämpfen." Durch seine strafweise Rückversetzung um 10 Startplätze wegen des dummen Boxen-Crash in Kanada – den gleichen Penalty bekommt Nico Rosberg aufgebrummt. Nico: „Versteh ich nicht ganz. Ich bin erst nach Hamilton aufgeprallt – aber da war Räikkönens Ferrari ja schon aus dem Rennen."

Ferrari hat den besten Rekord in Magny-Cours, McLaren-Mercedes hat seit 2000 (mit Coulthard) hier nicht mehr gewonnen. Norbert Haug hofft auf eine Trend-Umkehr: „Wir waren schon in Kanada sehr schnell unterwegs." Tradition spielt mit. Bei der Fahrerparade steuern Hamilton und Kovalainen jenes historische Auto um den Kurs, mit dem Christian Lautenschlager vor genau 100 Jahren den ersten GP für Mercedes gewonnen hat: 4 Zylinder, 12,8 Liter, 135 PS. Also: ein Sieg zum Jubiläum?

Fernando Alonso sieht sich trotz Freitag-Bestzeit nicht auf dem Podium: „Ein 5. Platz ist für heute mein Ziel. Und wir kämpfen gegen Red Bull um den 4. WM-Rang."

Dann aber fiebern Alonso und alle Ferraristi dem Viertelfinalschlager Spanien-Italien entgegen. In der Formel-I-Fußballmannschaft bildet Alonso mit Schumacher und Fisichella ein magisches Trio. Welcher Italiener ist für Fernando am gefährlichsten? „Pirlo – aber der ist ja gesperrt." Und sein spanischer Lieblingsspieler? „Unser Tormann Iker Casillas – aber den heben wir uns fürs Finale auf..."

Traumhochzeit mit der bildhübschen Elisabetta – dafür Scheidung von Fernando Alonso? Renaults gezähmter Macho-Teamchef Flavio Briatore glänzt vorm französischen Grand Prix in Magny-Cours in Pole-Position. „Ich war aufgeregt wie bei einem Formel-I-Start", erzählt er über die „Hochzeit des Jahres" in Rom, nahe des Vatikan, mit langer Promi-Liste – ein Mix aus Fußball und Formel I: Bernie Ecclestone, Silvio Berlusconi, José María Aznar, Marcello Lippi, Fabio Capello, Gerhard Berger, Jean Todt und viele andere.

Fernando Alonso im grauen Maturanten-Anzug chauffiert Flavio & Elisabetta ohne Boxenstopp zur Hochzeitsparty im Castello di Torcrescenza, Duran Duran machen die Show, das rauschende Fest kostet zwei Millionen Euro. Die Fotorechte werden für eine Charity-Aktion verkauft.

Renaults Formel-I-Bilanz ist kein Thema, auch wenn der vielkritisierte Nelson Piquet Jr. am letzten Tag der Barcelona-Testfahrten Bestzeit markiert. Aber Renault-Heimkehrer Alonso ist nicht happy: „Sieben Rennen, nur 9 Punkte, nur WM-Neunter – das ist kein gutes Jahr. Schlechter, als ich erwartet habe. Noch kein Podestplatz, von einem Sieg sind wir weit entfernt. Ich weiß noch nicht, ob ich 2009 bei Renault bleibe. Ich entscheide mich gegen Jahresende, wenn ich sehen kann, wie weit wir heuer gekommen sind..."

Der übliche Alonso-Poker, um Druck zu machen. Denn er sagt auch: „Unser Auto ist verbessert, wir haben einen Schritt vorwärts getan, wir sind auf der richtigen Spur – und ich fühl mich in Magny-Cours zuhause wie in Barcelona."

Aber heißt 2009 seine neue Adresse Honda? Als ich Honda-Chef Nick Fry über sein Interesse an David Coulthard befrage, dementiert er lächelnd: „Nein, wir wollen höher hinaus!" Gemeint ist Alonso, der eine Performance-Klausel in seinem Vertrag hat: Ist der Renault nicht gut genug für soundsoviele WM-Punkte, kann er gehen.

Und Alonso braucht noch ein Jahr, bis ein Ferrari-Cockpit frei wird. Red Bull hat schon abgelehnt: „Für nur ein Jahr wollen wir Alonso nicht." Aber vielleicht Honda?

„Die Fehlerquoten sind schrecklich!" stöhnt Niki Lauda. „Zuviel passiert momentan bei den Formel-I-Superstars." Lewis Hamilton beim französischen GP um 10 Startplätze zurückversetzt – Strafe für seinen Auffahrunfall bei Rotlicht in Montreal. Aber soviel Boxenchaos darf sich nicht wiederholen: Die Piloten testen in Magny-Cours geheim ein neues elektronisches Sicherheitssystem!

Nur ein Versuch? Oder eine Revolution? Pedro de la Rosa, der Präsident der Rennfahrergewerkschaft GPDA, hat sie bereits letzte Woche bei den Barcelona-Tests ausprobiert: Sobald die ganze Strecke „gelb" ist, das Safety-Car rausfährt, wird durch eine neue Software in den Elektronikgehirnen aller Autos die Geschwindigkeit eingebremst! „Damit verhindern wir Unfälle, weil bis jetzt jeder Gas gibt, um so schnell wie möglich an die Box zu kommen, bevor die Boxenzufahrt gesperrt ist. Aber dann sind die Boxen gefährlich überfüllt, wenn hinter dem Safety-Car alle gleichzeitig reinkommen – und wenn die Boxengasse noch dazu so kurz ist wie in Montreal. Oder jetzt in Magny-Cours. Oder später in Spa."

Der Hamilton-Rosberg-Räikkönen-Crash hat alle aufgerüttelt. De la Rosa: „Mit dem jetzigen Safety-Car-System ist keiner happy. Da entscheidet oft das Glück, wer gewinnt – und wir wollen alle nicht, dass die Rennen durch Glück entschieden werden."

Hamilton ist durch seine Rückversetzung genug bestraft, „aber darüber denk ich gar nicht nach. Ich konzentrier mich aufs Rennen – wie immer. Aber natürlich werde ich das für meine Strategie berücksichtigen – denn es gibt nicht viele Überholmöglichkeiten."

Die Toyotas, zuletzt in Kanada sehr stark, starten mit Trauerflor – und einer schwarzen Schleife ums Cockpit. Ove Andersson, die ewige Toyota-Legende, ist bei einer Oldtimer-Rallye schuldlos ums Leben gekommen. Jarno Trulli verspricht: „Wir fahren am Sonntag alle für Ove. Er hat den Motorsport geliebt, leidenschaftlich gearbeitet und aus dem Nichts die Toyota-Rennfabrik gebaut. Wer weiß: Ohne ihn wären wir vielleicht gar nicht in der Formel I."

Bei der Euro gegen Italien rausgeflogen, in Le Mans vom deutschen Audi besiegt – die „Grande Nation" fährt im Rückwärtsgang! In „Magny-Kuh" (Copyright: Niki Lauda) oder „Manekür" (wie Boxenluder sagen) droht gegen die Azzurri (Ferrari) und Deutschen (BMW, Mercedes) die nächste Niederlage.

Das jahrelange heimliche Tricolore-Nationalteam Renault ist momentan nicht stockerlfähig. Und nur ein einziger Franzose mischt im 20-Piloten-Feld mit: Sebastien Bourdais, Brillenträger. „Ich nehm immer nur Fahrer mit Brillen", hat der legendäre Carlo Abarth früher gesagt. „Die sehen schlechter und bremsen darum später..."

Bis einmal beim Tourenwagen-EM-Lauf in Monza alle bebrillten Abarth-Piloten – de Adamich, Stommelen & Co – in der ersten Startreihe stehen, sich aber in der ersten Kurve alle verbremsen, was eine Massenkollision mit Rennabbruch auslöst.

Sebastien Bourdais – Brillenträger, aber im Gegensatz zu Ralf Schumacher im Renneinsatz nie mit Linsen – sieht auch mit 28 noch aus wie ein strebsamer, hochintelligenter Mit-

telschüler, kurz vor der Matura. Schon der legendäre Carlo Abarth hatte immer geschworen: „Ich nehm nur Rennfahrer mit Brillen – die sehen schlechter und bremsen daher später." Rolf Stommelen, Andrea de Adamich usw. standen einmal im Monza-Tourenwagenrennen nebeneinander in der ersten Startreihe, verbremsten sich prompt in der ersten Kurve – und legten das ganze Starterfeld aufs Kreuz.

Bourdais Mutter ist tatsächlich Volksschulehrerin, sein Vater Patrick managt eine Baufirma und wollte immer Rennen fahren, was aber am strikten Nein des Opas scheiterte. Doch als Vater Bourdais genug eigenes Geld hatte, gabs kein Halten mehr. Er fuhr alle französischen Tourenwagen-Cups, einmal auch den Clio-Cup in Le Castellet, und dort sah sein Sohn Sebastian, damals 12, sogar den großen Ayrton Senna: „Schon immer mein Idol."

„Seb" bekam bereits als Dreijähriger eine 50-ccm-Yamaha. „Mit der fuhr ich sofort 60 km/h – ohne jede Angst..."

Obwohl er zweimal ??? den Formel-III-Klassiker von Monte Carlo gewann, blieb die Tür zur Formel I lang zugenagelt. „Ich wusste, ich bin gut genug, weiß aber auch, wie sophisticated das Business ist – und ich kenn die Spielregeln." Ausser einem Arrows-Test passierte nichts. Nicolas Todt managte ihm den Sprung nach Amerika, ersten Kontakt mit Toro Rosso in Indy 2006 – und eine Testfahrt am 2.Dezember 2006 inmitten der totalen privaten Hektik: „An dem Tag kam gerade meine Tochter Emma zur Welt."

Aber Bourdais hatte mit Berger längst vereinbart: „We stay in touch." Und plötzlich ist er der erste Formel-I-Franzose mit einem Stammcockpit seit Jean Alesi und Olivier Panis – nachdem die „Grande Nation" in der Prost-Ära noch bis zu 14 GP-Piloten zählte. Bist du stolz drauf, Sebastian? Spürst du Druck? „Natürlich, Aber den machst du dir selber. Ich will nicht bloss das Startfeld komplettieren – ich will WM-Punkte. Ein paar sind realistisch – wenn bei uns alles passt."

Deine Hobbies? „Jeder Sport! Am liebsten Fussball, Tennis, Radfahren, Mountainbike, Kajak – in den USA bin ich stundenlang die Küsten entlanggepaddelt." Bist du wirklich so sanft, wie du wirkst? „Ich bin ein ziemlich normaler Kerl, wenn ich nicht im Rennauto sitz. Dann werde ich total aggressiv, aber das musst du sein: Dir nehmen und erkämpfen, was es nur gibt."

Der abgeblasene Fahrerstreik und das erste Aufeinandertreffen von Lewis Hamilton und Kimi Räikkönen seit der dümmsten Boxenkarambolage der Formel-I-Geschichte: Die zwei heißen Themen in Magny-Cours, wo Ferrari nach seinen zwei traditionell schwächsten Rennen (Monaco und Montreal) zurückschlagen muss! Pole-Position-Jäger Felipe Massa wird fürs Qualifying 3:1 gewettet, Kimi Räikkönen für den Grand Prix 2:1. Alonso 30:1 – und Rosberg sogar 100:1!

FAHRERSTREIK. In der Geheimsitzung der GPDA abgewürgt. „Weil wir auch nie einen einstimmigen Beschluss zustande bringen", weiß Räikkönen. „Irgendwer würde immer abspringen." Es geht um die horrenden, von der FIA drastisch angehobenen Superlizenz-Gebühren, die von den Fahrern selbst bezahlt werden müssen. 2007 zahlten sie noch 1725 Euro Jahresgebühr – heuer aber plötzlich 10.000 Euro. Und pro WM-Punkt des vorigen Jahres zusätzliche 456 Euro – die jetzt auf 2000 Euro angehoben worden sind. Macht für Räikkönen 230.000, für Hamilton und Alonso je 228.000. Wofür? „Damit wir die Sicherheit verbessern können", argumentiert die FIA. Die Spitzenfahrer betonen gern: „Wir fahren sowieso nicht fürs Geld." Zehn von ihnen verdienen über 10 Millionen Dollar im Jahr. Kubica: „Aber meine Einstellung ist die gleiche wie im Kart-Sport, damals hab ich nix gekriegt." Und Räikkönen: „Wir riskieren immer noch unser Leben. Aber wenn die Leute glauben, wir wären nicht soviel wert, würden sie auch nicht soviel zahlen."

Also keine offene Rebellion. Jetzt hofft man auf irgendeine elegante Lösung. Mark Webber: „Wir müssen halt einmal mit Bernie reden..."

VERSÖHNUNG. Hamilton und Räikkönen haben den saublöden Auffahrunfall schon in Montreal kurz diskutiert. Der Vorwurf italienischer Zeitungen („dieser Teufel hat sich nicht einmal entschuldigt") ist falsch. Aber Alonso sagt über seinen Ex-Stallkollegen: „Ich wundere mich über Fehler von Lewis nicht mehr..." Dazu Hamilton: „Wenn ich draußen auf der Strecke einen Fehler mach, würde ich alles genau analysieren. Aber was mir in Kanada passierte, ist zu blöd – dafür muss ich in keine Fahrschule gehen, da brauch ich auch nimmer nachzudenken." Für Räikkönen in Ordnung: „Ich hab das schon vergessen."

Der Finne spürt wieder großen Siegeshunger – der von der FIA bestrafte Brite, in der Startaufstellung 10 Plätze rückversetzt, will mit einer speziellen Strategie aufs Podest stürmen. Aber Außenseiter Kubica lauert.

In einer falschen Ferrari-Statistik aller Ferrari-Siegpiloten erscheint der BMW-Pilot hinter Schumacher (72), Lauda (15) und Ascari (13) bereits mit einem Sieg – ein Vorgriff auf die Zukunft des Polen? Aber es heißt in Magny-Cours plötzlich auch: Im September unterschreibt Alonso für BMW...

Um 5 Uhr früh ist Niki Lauda in Ibiza aufgestanden, um bereits um 7 Uhr in Magny-Cours zu sein – und sieht am Himmel die schwarzen Wolken. „Gut, wenns regnet! Dann können die zwei Ferrari vorn nicht spazieren fahren – weil hinter ihnen einiges los ist."

Und dann diskutieren wir die Penalties, die Rückversetzungen in der Startaufstellung von Hamilton, Rosberg, Kovalainen.

Plötzlich fragt er mich: „Die Quote an Fehlern und Irrtümern ist schrecklich. Massa am Saisonanfang, Räikkönen in Monte Carlo, Hamilton zuletzt in Montreal... Haben wir, also meine Generation, früher auch so viele Blödheiten gemacht?" Nein,

Niki. Für Ausfälle sorgte damals schon die Technik – mit Defekten in jedem dritten oder vierten Rennen.

Lauda: „Aber darum gehts ja nicht. Ein Ayrton Senna war perfekt, wurde von Rennen zu Rennen besser. Außer einmal in Monte Carlo, wo er vorm Tunnel eingeschlafen ist... aber die Herren von heute vergessen oft, dass sie um die Weltmeisterschaft fahren."

Wobei zweite oder dritte Plätze oft wichtiger sind, als mit Risiko gewinnen zu wollen. „Massa fährt immer um den Sieg, Räikkönen auf den WM-Titel. Aber vielleicht ändert er seine Strategie für die zweite Saisonhälfte", hat mir Alain Prost neulich gesagt.

Und Bernie Ecclestone ist alles recht, wenns spannend bleibt und die Show belebt wird. Wie bei der Euro 2008, als er das Elferdrama Türkei-Kroatien live im Happel-Stadion erlebt. „Versteh ich heute noch nicht. Die Kroaten hätten sich ja nur noch ein paar Sekunden die Bälle zuschieben müssen. Meine Frau Slavica hat zu mir gesagt: Du hättest mitspielen können – das hättest sogar du zusammengebracht... Aber ich hab das schon einmal erlebt: in Barcelona 1999, beim Champions-League-Finale Manchester United gegen Bayern München."

Bernie kennt sich aus, auch im Fußball. Kein Zufall: Ihm gehört ja ein Drittel der Queens Park Rangers. „Aber bei ihren Matches war ich heuer nur drei- oder viermal – viel zu wenig." Und vorher saß Bernie gelegentlich bei Chelsea-Spielen neben Roman Abramowitsch.

Die Russen-Sensation gegen Holland wird auch in Magny-Cours den halben Tag diskutiert. Niki Lauda: „Unglaublich, welche Tore die geschossen haben. Zum Finale komm ich wieder." Bernie vielleicht auch: „Kein Chaos, die Euro ist perfekt organisiert – 25 Minuten nach dem Kroatien-Match war ich schon wieder im Hotel."

Andere Verkehrsideen in Magny-Cours. Das Jordan-Team lebte früher auf gecharterten Hausbooten. Die Bridgestone-Techniker in Wohnwägen zwischen Kuh- und Schafherden. Und Williams-Technikdirektor Patrick Head braust wie jedes Jahr mit seinem BMW-Motorrad von England ins Burgund.

Ohne Reifenprobleme. Die haben nur Kubica und Heidfeld im Qualifying. Dr. Mario Theissen löst das Rätsel: „Mit den weichen Pneus bewegen sich unsere Autos zu viel, mit den harten haben wir zu wenig Grip."

Für Ferrari heißt es nach der 200. Pole-Position: „Magny-fique." Zumindest bis zum Abendmatch Italien-Spanien. Wozu Alonso-Teamchef Briatore seufzt: „Mein ewiges Schicksal – ich kämpf immer gegen Ferrari." Tagesbefehl bei der Squadra Azzurra: „Unsere Motorhomes erst nach dem Schlusspfiff abbauen..."

Um die große Sensation zu zelebrieren. Denn zum ersten Mal seit Ayrton Senna 1993 in Monte Carlo führt wieder ein Brasilianer in der Formel-I-WM – Felipe Massa! Aber Schumis „kleiner Bruder" bei Ferrari braucht dazu das Pech von Kimi

Faszinierende Zeitreise: Wie vor genau 20 Jahren – Gerhard Berger als Sieger von Monza. 1988 als Ferrari-Pilot gegen die übermächtigen McLaren-Honda, 2008 als Team-Mitbesitzer von Toro Rosso. „Schön, dass ein österreichisches Team einen Grand Prix gewinnen kann“, freut sich Didi Mateschitz mit Vettel. Nur „der andere Seb“ (Bourdais) hat oft Pech.

Formel I backstage: Christian Klien auf der BMW-Ersatzbank. BMW-Motorsportchef Dr. Mario Theissen mit Niki Lauda – Red-Bull-Berater Dr. Helmut Marko mit Toro-Rosso-Teamchef Franz Tost – Honda-Trio Jenson Button, Rubens Barrichello, Alex Wurz.

„Rubinho“ hat 2008 Riccardo Patrese (256 Starts) als Grand-Prix-Weltrekordler abgelöst – und sogar einmal dessen Auto probiert.
Großes Bild: Mark Webber in Magny-Cours.

Schrecksekunde beim Heim-Grand-Prix: Timo Glock bricht in Hockenheim die Hinterrad-Aufhängung, was ihn aber keineswegs entmutigt: In Budapest wird der Deutsche Zweiter und von Toyota stürmisch gefeiert. „2010 möchte ich Weltmeister werden", sagt Glock, „denn als Rennfahrer musst du dir immer Ziele setzen." Probleme im Qualifying, die Reifen auf Temperatur

zu bringen, aber wie immer starke Rennen: Nick Heidfeld musste auch nicht wirklich zittern, sein BMW-Cockpit für 2009 zu verlieren. „Aber sicher kannst du in der Formel I nie sein." Auffällig beim BMW waren die vielen Flügel und Flossen (bis zu 25 in Monte Carlo), bei „Quick Nick" der Bart.

Wie die ersten Flutlicht-Matches im Fußball-Europacup und die ersten Nachtslaloms im Skiweltcup: Das erste „Nightrace" der Formel I in Singapur – in Europa natürlichzur besten Fernseh-Sendezeit – war ein Hit.

Nur die Teamchefs, Piloten, Ingenieure und Mechaniker mussten sich an die Zeitumstellung erst gewöhnen. McLaren bluffte zum Spaß: „Wir haben auf unseren Autos Scheinwerfer getestet."

Monte Carlo in Spanien oder doch eher ein Kurs wie Montreal? Am Hafen von Valencia entstand ein neuer, stilvoller Grand Prix. Die alten Markthallen dienten als Boxen, die Randsteine hatten Hamilton & Co bald im Griff. Links: Fernando Alonso bat um eine Trauerminute der Formel I für die 151 Opfer des Flugzeugunglücks von Madrid.

Räikkönen: Dem Finnen bricht, in Führung, ein Auspuffrohr weg – er schleppt den angeschlagenen Ferrari auf Platz 2 ins Ziel. „Sonst hätte ich nicht gewonnen", gibt Massa zu. Und Kimi stöhnt: „Noch Glück gehabt – wenigstens 8 Punkte."

DAS FERRARI-DRAMA. Der Pole-Position-Wagen hätte auch abbrennen können. Schumacher verlor 2000 ein Monaco-Rennen wegen des gleichen Defekts – die Radaufhängung schmilzt in den Auspufflammen. „Aber ich verlor viele PS und Speed, auf der Geraden und beim Rausbeschleunigen aus den engen Kurven."

DER MASSA-SIEG: Der erste, der 2008 drei GP gewann – und jetzt sogar WM-Führung. Was Barrichello nie geschafft hat: der durfte, wenn überhaupt, immer erst ab Sommer gewinnen. Nach einem turbulenten Saisonauftakt ist Felipe jetzt beständig und fehlerlos.

KUBICAS PROBLEM: Mit Platz 3 hätte der Pole seine WM-Führung gerettet, er wird Fünfter. „Haben wir geahnt", gibt Dr. Mario Theissen zu. „Unser Paket hat das ganze Wochenende nicht gepasst." Mit den weichen Reifen bewegt sich der BMW auf dem berüchtigten schwarzen Asphalt zu viel, mit den harten hat er zu wenig Grip.

McLARENS OHRFEIGEN: die Silberpfeile kommen aus den Strafen nicht heraus. „WM-entscheidend!" ärgert sich Norbert Haug. „Normal wären wir Zweiter und Dritter geworden." Nach den Startplatz-Rückversetzungen bekommt Hamilton noch eine Boxendurchfahrtsstrafe aufgebrummt – weil er Vettel neben der Piste überholt. Nur Rang 10. Dafür kämpft sich Kovalainen von 10 auf 4 vor – der Mann des Rennens.

TOYOTAS COMEBACK: Jarno Trulli, ein sehr kämpferischer Dritter. „Wie versprochen: Unser Tribut an Ove Andersson, der in Südafrika verunglückt ist. Wer weiß, ob Toyota ohne ihn in die Formel I gekommen wäre." Toyotas erster Podestplatz seit Melbourne 2006 ist für Trulli Millionen wert – Vertrag mit Sonderprämien.

FORMEL AUSTRIA. 6. Webber, 9. Coulthard, 12. Vettel, 17. Bourdais – alle vier im Ziel!

Magny-Cours, nach dem Rennen. Bei McLaren eine Stimmung wie am Aschermittwoch. Anthony Hamilton sitzt vor einem leergegessenen Gulasch-Teller und starrt wortlos vor sich hin. „Diese paar Punkte haben wir in zwei, drei Rennen schon wieder aufgeholt. Kein Problem", sagt er zu mir. Räikkönen bei Ferrari ist ein indifferenter Zweiter. Und Trulli ein überraschend gar nicht überschäumender Dritter. Auf dem Weg zum Toyota-Mobilhome läuft ihm das holländische TV-Team über den Weg.

„Sorry, dass eure Fußballer ausgeschieden sind", tröstet Euro-Fan-Trulli. „Aber die Russen haben besser gespielt..."

Silverstone

REGENKÖNIG LEWIS

Sir Stirling, Sir Jack, Sir Jackie, Sir Frank – und jetzt auch Sir John. Nach den Formel-I-Evergreens Moss, Brabham, Stewart und Williams hat Königin Elizabeth II. gerade rechtzeitig vor dem britischen Grand-Prix-Klassiker in Silverstone jetzt auch „Big John“ Surtees in den Adelsstand erhoben: immer noch der einzige Weltmeister auf zwei und auf vier Rädern. Zuerst siebenmal mit der MV Agusta, 1964 mit Ferrari. Bernie Ecclestone steht immer noch auf der Warteliste der Queen. Wegen einer missverstandenen Million-Pfund-Spende an die Labour Party in der kritischen Zeit der Tabakwerbungs-Diskussionen – außerdem längst an Bernie zurückgezahlt.

Wann aber hören wir von „Sir Lewis“? Hamilton ist der erste, der 2008 in Silverstone einen Sonderpokal kriegt: Die „Mike Hawthorn-Trophy“ zur Erinnerung an Englands ersten Formel-I-Weltmeister 1958, die jedes Jahr dem in der WM bestplatzierten britischen Piloten übergeben wird. Und da ist Hamilton konkurrenzlos.

Aber auch am Sonntag in seinem großen Heim-Grand-Prix? 2007 hat sich seine Traumkarriere ausgerechnet in Silverstone zum ersten Mal verdunkelt: von den Fans vergöttert, aus der Pole-Position gestartet, aber den ersten Boxenstopp verpatzt – nur Dritter hinter Räikkönen und Alonso. Damit beginnt seine schwarze Serie.

Trotzdem bleibt Lewis WM-Leader. Jetzt aber kommt er mit 10 Punkten Rückstand nach Silverstone. „Doch keine Sorge. Ich garantier dir: Die hat er in ein paar Rennen wieder aufgeholt“, sagt mir Vater Antony in Magny-Cours.

Mit familärer Unterstützung? „Natürlich – unsere ganze Familie ist in Silverstone live dabei. Wahrscheinlich kommt sogar der Opa aus Grenada.“

Und wo schläft der ganze Hamilton-Clan? „In einer Wohnwagen-Burg neben der Strecke oder im Hotel – haben wir noch nicht entschieden. Lewis war 2007 im Hotel: nicht so optimal. Aber heuer fährt er jeden Tag nach dem Training zum Schlafen nach Hause nach Stevenage – sind ja nur 30 km.“

Ohne das Wunschkennzeichen „LEWIS 200“, das ihm englische Reporter angedichtet haben – für ein paar tausend Pfund. Lewis dementiert, kopfschüttelnd: „Für ein blödes Nummernschild zahl ich nicht einmal 100 Pfund.“ Wichtig ist ihm nur die Nummer 1, sonst keine. Momentan hat er 22.

Bei den Silverstone-Tests, schon bei typisch englischem Grand-Prix-Wetter, windig und regnerisch, war Hamilton der Schnellste. Fisichella muss nach einem Unfall zum Check ins Streckenspital, Coulthard crasht wegen Timo Glock in Stowe.

„Der Deutsche hat sich sofort entschuldigt“, meldet das Red Bulletin, „aber bei der Reparatur mitgeholfen hat er nicht.“

Fernando Alonso hat einen neuen Stallgefährten! Nein, Nelson Piquet Jr. wird von Renault nicht ausgetauscht – Spaniens Wundertormann und Elfmeter-Held Iker Casillas kommt neu dazu. Noch kurz vor der Euro hat er den cleveren Alonso-Manager Luis Garcia angesprochen: „Kannst du dich ab sofort auch um meine Sponsorverträge kümmern?"

Luis Garcia kann: Warum sollte der populäre Doppelpass Fußball/Formel I ausgerechnet in Spanien nicht funktionieren? Zumal Alonso im Rennfahrer-Nationalteam schon seit Jahren ein „magisches Trio" mit Schumacher und Fisichella bildet. Und er schon im Winter, gleich nach der Euro-Auslosung prophezeit hat: „Spanien kommt in Wien ins Finale!"

Natürlich kennt Alonso alle Heroes im gelben Nationaldress. „Auch Xavi Alonso – aber den hab ich nur einmal getroffen. Er spielt ja in Liverpool."

Alonso kann stundenlang über Fußball diskutieren – nur nicht mit seinem besten Freund im Formel-I-Zirkus: dem Polen Robert Kubica, der mit Fußball wenig am Hut hat. Die beiden haben ein Lieblingsspiel: Sie spielen im Fahrerlager, wann immer möglich, leidenschaftlich Poker. Vorher hat Alonso den Formel-I-Zirkus jahrelang mit seinen Zaubertricks und Kartenkunststücken unterhalten. „Hab ich alles schon als Kind von meinem Opa gelernt – und von ein paar älteren Freunden."

Aber jetzt ist Poker in Pole-Position. Nicht nur für seinen Vertrag 2009. Aber wann immer Alonso bei BMW oder Kubica bei Renault auftaucht, sind gleich alle alarmiert: „Sensationstransfer!" Dabei wollen die beiden nur die Karten mischen.

Die Formel I in Silverstone – und im Fahrerlager und in den englischen Medien hört und liest man immer lauter den Vorschlag: „Gerhard Berger soll neuer FIA-Präsident werden – ab Herbst 2009 als Nachfolger von Max Mosley!" Dazu der Tiroler, Rennfahrer, Teamchef, Businessman: „Hab ich auch schon gehört, vor allem aus England – aber momentan hat mein Team Toro Rosso für mich Priorität. Und man soll sich keine zu großen Schuhe anziehen!"

Gerhard, du bist 48. Ist ein FIA-Präsident Berger denkbar?

Berger: „Was mich am Rennsport interessiert, sind die Teams, Fahrer, Rennabläufe – eine politische Situation kann ich mir weniger vorstellen. Ich bin glücklich mit dem, was ich momentan hab und mach. Alles andere werden wir sehen..."

Wer will dich als FIA-Präsident?

Berger: „Es ehrt mich sehr, dass mich wichtige Leute in dieser Position sehen können – aber momentan hat Toro Rosso bei mir Vorrang. Für andere Projekte bin ich nicht einmal gesprächsbereit. Außerdem haben wir den richtigen Präsidenten, und wenn er zurücktritt, wird er sicher den richtigen Nachfolger finden."

Und du – hast du schon einen Käufer für deine 50 Prozent Toro Rosso gefunden?

Berger: „Momentan ist es eher ruhig. Wir konzentrieren uns auf die Rennen, die letzten waren gut für unsere Möglichkeiten – und das wollen wir bis Jahresende beibehalten. Im Qualifying wieder beide Piloten, Vettel und Bourdais, in die zweite Phase bringen, zu Renault, Honda usw auf Schlagdistanz bleiben. Und immer Gewehr bei Fuß, um Punkte zu holen, wenn andere ausfallen."

Wie vielleicht in Silverstone?

Berger: „Die Tests waren gut, wie schon Magny-Cours. Unser Auto von der Red-Bull-Technologie hat eine sehr gute Basis. Jetzt probieren wir neue Modifikationen, u.a. bei der Radaufhängung."

Silverstone war schon immer eine extreme Mutstrecke?

Berger: „Ja, und eine der anspruchsvollsten Fahrerstrecken überhaupt, mit irrsinnig schnellen Kurven. Die erste Kurve, Copse, mit ganz leichtem Gaswegnehmen, aber es gab auch schon Jahre, da ging sie absolut voll – im Qualifying. Bei den letztenTestfahrten natürlich nicht."

Wie hast du die EURO erlebt?

Berger: „Mit Spannung! Bei einem Match, Russland-Schweden, in Innsbruck auf der Tribüne. Meine älteste Tochter Christina hat dort im OK gearbeitet."

„Silverstone – the home of British Motor Racing!" Und das Herz der Formel I, seit dort am 13 .Mai 1950 die Formel-I-WM begonnen hat – der erste von inzwischen bereits 793 WM-Läufen. Die Bilder vom früheren RAF-Kriegsflughafen, leicht verblasst: König Georg VI. begrüßt die Piloten in den weißen Overalls, neben ihm die jungen Prinzessinnen Elizabeth und ihre Schwester Margret – Vorkriegsrennfahrer Earl Howe stellt den Majestäten die Fahrer vor, seine Tochter Sally heiratet später den jungen Formel-I-Star Piers Courage aus der Bierbrauerdynastie, der auch Jochen Rindts bester Rennfahrerfreund ist.

Das Fahrerfeld anno 1950: Ein bunter Mix. Vorkriegsstars wie Nino Farina oder Luigi Fagioli, der neue Champion Juan-Manuel Fangio mit ihren Alfas, reiche Herrenfahrer und Exoten wie der siamesische Prinz Bira (Maserati), RAF-Kampfflieger und englische Kriegshelden wie Captain Tony Rolt, der Eroberer von Calais, oder Colonel Hoare, der Gegenspieler von Rommel in Nordafrika... und mittendrin im Fahrerlager der 19-jährige Bernie Ecclestone, dessen Vater sein Geld mit einem Fischkutter verdient.

John Surteess erinnert sich: „Bernie hat mir damals, sehr geschäftstüchtig, schon ein Motorrad verkauft. Ich war noch in kurzen Hosen – und Bernie auch noch nicht lange aus ihnen draußen..."

Später kauft Bernie ein kleines englisches Team namens Connaught, will sich mit seinem eigenen Auto im GP 1958 qualifizieren, scheitert aber, obwohl sich damalige Starpiloten wie Stirling Moss und Tony Brooks im Ecclestone-Helm ans Steuer setzen, um ihren Freund in die Startaufstellung zu bringen... Aber die Sportkommissäre lassen sich nicht austricksen. Seither heißt es in der ewigen Statistik: Bernie Ecclestone, Non-Qualifier.

Das erste Rennen, 1950, gewann Farina, der große Fangio rutscht in die Strohballen und demoliert eine Ölleitung – sogar ihm passiert so etwas.

Nirgendwo anders mischen sich Tradition und Aktualität wie in Silverstone. Williams feiert heuer sein 30-Jahr-Jubiläum – ohne viel Hoffnung auf den ersten Saisonsieg. Der Vater von Frank Williams, ein RAF-Pilot, ist oft von Silverstone aus gestartet – und einmal nicht zurückgekehrt. Darum ist für Frank der erste Grand-Prix-Sieg ein besonders emotioneller: 1979 mit Clay Regazzoni – in Silverstone.

„Die ersten 30 Sekunden in Silverstone sind die aufregendsten der ganzen Formel I – sogar schwieriger als die Eau-Rouge von Spa oder die R-130-Kurve von Suzuka!", verrät David Coulthard, Sieger von 1999 und 2000, der also weiß, wovon er spricht. „Vier Kurven, in denen du nicht bremst – nur manchmal einen Gang zurückschaltest. Das findest du heute auf keiner anderen Rennstrecke!" Die maximale Mutprobe für die Formel-I-Piloten.

Die Copse-Rechtskurve nach Start und Ziel wird mit 309 km/h angefahren. Der Fahrer sieht weder den Scheitelpunkt noch den Kuvenausgang. Trotzdem bremst keiner wirklich, höchstens ganz kurz, um das Auto zu stabilisieren. Ansonsten: nur ein kurzes Lupfen (Gaswegnehmen), ehe es in die aufregendste Dreierkombination geht: Maggotts, Beckets und Chapel, drei atemberaubende Richtungswechsel – laut Telemetrie bei Geschwindigkeiten von 290, 302 und 263. „Und binnen weniger Sekunden musst du 20 g aushalten", weiß Jenson Button. Hier werden Rennfahrer zu Astronauten. Die größte Gefahr ist der Wind. „Je nachdem, von welcher Seite er kommt, kannst du auf einer schnellen Runde bis zu 2 Sekunden gewinnen – oder 2 Sekunden verlieren."

Danach wartet die Hangar-Gerade: Vollgas ohne Ende. Jahrzehntelang liegt Silverstone im Duell mit Zeltweg um die schnellste Grand-Prix-Strecke der Welt. Im Juli ist es meist Silverstone, im August der Österreichring. Historisch sind die 1,05,591 von Keke Rosberg (Williams-Honda) im Qualifying 1985 – die erste Runde über 160 Stundenmeilen (259 km/h). Bei gespenstischem Szenario: Dunkle Wolken am Himmel, die ersten Regentropfen auf dem Visier – aber Keke dreht den Turbo-Ladedruck voll auf, blieb am Gas und fuhr die bis dahin schnellste Formel-I-Runde aller Zeiten!

Frage an Nico Rosberg: Hat dir dein Vater je von seiner Heldentat erzählt? Antwort: „Ja – eine halbe Stunde lang..."

Inzwischen ist die Strecke mehrmals umgebaut worden – aber Österreicher haben dort nie gewonnen. Niki Lauda zwar dreimal in Brands Hatch, aber nie in Silverstone: immerhin viermal Zweiter. Gerhard Berger hat 1988 mit dem Ferrari-Turbo gegen die damals unschlagbaren McLaren-Hondas Pole-Position und führt auch, „bis mir der Sprit knapp wurde." Wie 1969 bei Jochen Rindt, der auf dem Weg zum ersten Lotus-Sieg an die Boxen muss, um nachzutanken – qualvoll lange aus einem normalen Benzinkanister... mitzuerleben in alten Schwarz-Weiß-Filmen.

Streik in der Formel I abgeblasen – aber nur vorläufig! In Silverstone trommelt die GPDA wieder die Piloten zusammen, allediskutieren, wie sie auf die horrenden Zahlungsbefehle der FIA reagieren sollen. Früher drohten die Fahrer öfter mit Streik, wenn Leitplanken wackelten, der Asphalt aufbrach usw – aber sobald der erste Gas gab, stiegen auch alle anderen ins Cockpit.

Jetzt gehts ums Geld. Wie schon 1982 in Kyalami – beim berühmtesten Fahrerstreik der Sportgeschichte. Ich bin damals live dabei. Zuerst schickt die FISA (Sportabteilung der FIA) allen Piloten „Superlizenzanträge" zu: Offenlegung aller Verträge, Kritik- und Klageverbot. Aber vor allem ist die Superlizenz ans jeweilige Team gebunden. Und die FISA droht: „Wer nicht unterschreibt, darf beim GP Südafrika nicht starten!"

Fast alle unterschreiben, nur ein einziger wittert die Gefahr: Niki Lauda, nach zweieinhalb Jahren Pause in die Formel I zurückgekehrt: „Wir sind keine Sklaven – das sind ja Leibeigenen-Verträge. Jedes Team kann seinen Fahrer kaltstellen oder verkaufen – wie beim Fußball", schlägt Niki Alarm. Da hilft nur eines: „Wir Fahrer müssen zusammenhalten!"

Darum Laudas geniale Idee. Er chartert in Kyalami einen Autobus und fährtmit dem ganzen Starterfeld ins „Sunnyside Park"-Hotel von Johannesburg. Während der damalige GPDA-Präsident Didier Pironi mit dem Hubschrauber zwischen Hotel und Rennstrecke, zwischen Bernie Ecclestone und FIA-Präsident Balestre hin und her flattert, hält Lauda die Formel-I-Egoisten im Ballsaal des Hotels zusammen – 24 Stunden lang.

Heute unvorstellbar, was sich da abspielt: Elio de Angelis und Gilles Villeneuve spielen Klavier, Jacques Laffite produziert sich als Clown, Bruno Giacomelli imitiert, wie man die Formel-I-Teamchefs erschießen könnte („aber nur eine Patrone für jeden, verschwendet keine mehr"). Draußen trommeln die erbosten Teamchefs an die Fensterscheiben, einer von ihnen (Mo Nunn) organisiert sogar einen Schlägertyp, um die Tür aufzubrechen. „Schiebt das Klavier vor die Tür!" befiehlt Niki Lauda. Abends werden Matratzen aufgebreitet. Die schnellsten Rennfahrer der Welt, Luxushotels und Villen gewohnt, schlafen wie in einem Flüchtlingslager.

Lauda: „Ich hab mich neben Riccardo Patrese gelegt. Weil der als Bernie-Pilot am ehesten gefährdet war, abzuspringen." Den Schlüssel fürs WC muss jeder auf einen Porzellanteller zurücklegen. Niki: „Sobald es klickte, gingen jedes Mal 24 Köpfe hoch – wer war das?"

Aber die Einigkeit zahlt sich aus. Um 10 Uhr früh gibt die FISA nach, haben Niki Lauda und die anderen Fahrer gewonnen – die Sklavenverträge werden zerrissen. Und der FISA-Präsident Balestre sagt mir stöhnend: „Kaum ist der Lauda zurück, gibts schon wieder einen Wirbel – typisch Niki."

Massa mag man eben: Zum ersten Mal geht der kleine Brasilianer als WM-Leader in den klassischen Silverstone-Grand-Prix. Wie lang kann sich Felipe ganz oben halten? „Hoffentlich bis zum letzten WM-Lauf in Interlagos! Das war immer schon mein Traum: mit einem Sieg im Heimrennen die WM zu gewinnen!“ Mit seinen drei Saisonsiegen (Bahrain, Istanbul, Magny-Cours) hat der Ferrari-Pilot den Vierkampf an der Spitze gesprengt.

Momentan liegt nur Kubica (2 Punkte) zurück, zu Massa auf Schlagdistanz, Räikkönen hat schon 5, Hamilton 10 Punkte Rückstand. „Sagt alles nichts“, weiß Kimi, „voriges Jahr hatte ich zwei Rennen vor Schluss noch 17 Punkte Rückstand – und wurde trotzdem Champion.“ Aber heuer ist die Fehlerquote der meisten Spitzenpiloten erschreckend. Massa patzt am Anfang, Räikkönen dazwischen, Hamilton zuletzt – nur der Pole Kubica bleibt als einziger ohne Fehler. Bis jetzt.

Ab Silverstone gilt: Fehler verboten! Weil alle wissen: Der kleinste Irrtum kann die WM kosten. „Unsere Startrückversetzungen“, rechnet McLaren-Chef Ron Dennis, „können WM-entscheidend sein.“ Oder wie Heikki Kovalainen sagt: „Wir haben Fehler gemacht – und dafür schwer bezahlen müssen.“ Norbert Haug nickt: „Allein Heikki hat heuer schon mehr Punkte verloren als er gewonnen hat...“

McLaren ist überhaupt abgestürzt in den letzten zwei Rennen: nur 5 WM-Punkte – gegen je 22 von Ferrari und BMW, erstaunliche 14 von Toyota, starke 9 von Red Bull. Das plötzlich entflammte Duell um Platz 4 in der Team-WM steht 24:23 für die Bullen.

Lewis Hamilton hat sich für 2008 geschworen: „Ich will den ersten WM-Lauf in Melbourne gewinnen, den Klassiker von Monte Carlo – und mein britisches Heimrennen in Silverstone. Melbourne und Monaco hab ich geschafft. Jetzt freu ich mich auf Silverstone – mit der Extra-Unterstützung meiner Familie und Fans.“ Nach 1285 problemlosen Testkilometern der Silberpfeile.

Bring your Family: jedes Jahr das Motto von Silverstone! Eddie Jordan am Schlagzeug, Damon Hill mit der Gitarre – diesen Fahrerlager-Hit gibts leider nicht mehr. Aber ein Familientreffen ist der British GP unverändert. Die „Force-India“-Teammitglieder müssen (aus der früheren Jordan-Fabrik) nur über die Straße gehen.

McLaren hat über 1500 Mitglieder vom Technikzentrum Woking und der Motorenschmiede Brixworth nach Silverstone eingeladen – vom Gesundschrumpfen der teuren Formel I redet niemand mehr...

Red Bull holt 300 Teammitglieder von der 30 km entfernten Fabrik in Milton Keynes zu einem Extra-Partyabend nach Silverstone – die werden vom Teamkoch Sigi in der Energy Station verwöhnt. „Damit sie auch einmal sehen können, wofür wir alle arbeiten...“

Genau genommen: Um WM-Platz 4, den sich Didi Mateschitz wünscht. Aber Toyota hat zuletzt stark aufgeholt. Das Duell Red Bull – Toyota um Platz 4 steht plötzlich 24:23. Dafür ist David Coulthard der einzige Zweifachsieger von

Silverstone (1999 und 2000). Die Heroes der drei letzten Jahre: Montoya, Alonso, Räikkönen.

Noch nicht Massa, der aber heute schon für viele als der schnellste Mann der Formel I gilt – wenn er allein vorn wegfahren kann, ohne sich in Randstein-Akrobatik und hautnahe Duelle zu verwickeln.

Als sein Vorbild nennt er gern Nelson Piquet, nicht Ayrton Senna, weil er nicht den Fehler von Barrichello wiederholen will: Rubens wollte mit aller Gewalt dem großen Ayrton nacheifern und lud sich damit zu viel Stress auf.

125:1 – wer wird reich mit Sebastian Vettel? Der Red-Bull-Youngster und Gerhard Berger-Schützling startet bei den Buchmachern als krasser Außenseiter ins Chaos-Rennen von Silverstone, bei dem alles mit Regenschauern, vielleicht sogar Wolkenbruch rechnet. Aber Vettel gilt als Regenspezialist. „Ich mach heute wieder meinen Regentanz – und bete um Regen!" Räikkönen wird 6:4 gewettet, Hamilton 2:1, Massa 11:4, Kovalainen 8:1, Kubica 12:1, Heidfeld 28:1, Alonso nur 40:1!

Worauf müssen die TV-Zuseher bei einem Regenrennen achten – was sind die (großteils geänderten) Spielregeln? Spätestens 3 Minuten vor Start müssen die Reifen montiert sein, sonst straft die FIA – wie bei Kimi Räikkönen und Ferrari in Monte Carlo. Das 5-Minuten-Signal ist also überholt.

Und wenn Charlie Whiting den GP offiziell zum „Wet Race" (Regenrennen) erklärt, müssen alle die grobstolligen extremen Regenreifen drauf haben – auch da ist Ferrari anfällig! 2007 in Fuji starten Räikkönen/Massa als einzige mit den „Intermediates", „weil wir nicht auf den Laptop schauten und daher vom FIA-Befehl nichts wussten", entschuldigt sich Ferrari.

Die FIA zwingt Kimi und Felipe zum Boxenstopp, sie müssen auf die extremen Regenreifen umwechseln. Fuji 2007 – das wäre das Superrennen der „Bullen" Webber und Vettel gewesen – bis zu deren Kollision. Aber jetzt führt Vettel wieder seinen Regentanz auf. „Ich bete um Regen – da fahr ich am allerliebsten!"

Und bei wechselhaftem Wetter? Dann ist die Reifenregel (alle müssen die weichen UND die harten Trockenreifen verwenden) außer Kraft gesetzt. Aber was, wenn die Sintflut kommt und das Rennen abgebrochen werden muss? Bei 75 Prozent zurückgelegter Distanz (45 Runden) gibt es volle Punkte, bei einem Abbruch zwischen der 2. und der 44. nur halbe Punkte.

Aber vorher diskutiert die GPDA in ihrer stürmischen Geheimsitzung das Freitag-Chaos – noch bei trockenem Wetter. Massa auf Alonsos Öl ausgerutscht, „weil fünf Minuten lang keinem die riesige Öllacke aufgefallen war. Es gab auch keine gelben Flaggen." Jarno Trulli bricht auf der Hangar-Geraden bei rund 300 km/h der Toyota-Heckflügel weg. „Und liegt zwei Runden lang da, bevor sich jemand drum kümmert", kritisiert Coulthard.

Positiv: Max und Bernie haben sich bei einem privaten Meeting geeinigt – Mosley und Ecclestone sind wieder, wie früher, die besten Freunde. Darauf gibt Mosley das FIA-Statement zum Wechsel des British GP von Silverstone nach Donington bekannt – und dann darf auch Ecclestone dazu etwas sagen.

Endgültiges Good-Bye für den früheren Royal-Airforce-Kriegsflughafen? Was ist schon endgültig in der Formel I? Ich erinnere mich an eine Brands-Hatch-Aussendung von 1999: „Ab 2001 wird der British GP wieder in Brands Hatch gefahren..." Dorthin ist er nie mehr zurückgekehrt.

Der einzige Pilot im Starterfeld, der in Silverstone zweimal gewonnen hat, steht schon in der Abenddämmerung seiner Karriere: David Coulthard (37). „Nie werde ich vergessen, wie verzweifelt Damon Hill den Kopf in beide Arme gestützt und zu sich selbst gesagt hat: Nein, ich will nimmer, ich kann nimmer" – aber er musste weiterfahren: Vertrag ist Vertrag. Da schwört sich Coulthard: „So will ich sicher nicht aufhören!"

Red Bull weiß das auch schon länger. Dr. Marko: „Wir diskutieren amikal, was David für uns tun kann: Ein bissl PR-Arbeit, ein bissl Testfahrten, um seine Aussagen den Eindrücken unserer Stammpiloten gegenüberzustellen." Also ein „fahrender Ingenieur" wie seinerzeit Alain Prost bei McLaren? „Nein, weil viel testen kann er wegen der 30.000-km-Beschränkung sowieso nicht." Und Ersatzpilot, falls Webber & Co einmal kurzfristig ausfallen sollten? „Nein, auch das nicht."

In Silverstone – bei seinem 237. und seinem letzten British GP – will Coulthard abtreten wie ein Gentleman. Aber bevor irgendetwas offiziell wird, ruft er Barrichello an: „Rubens, ich hör auf!" „Das kannst du nicht tun", antwortet Barrichello, „du kannst mich doch nicht mit den ganzen Kids und Youngsters allein lassen..."

Später, in den letzten Runden des England-GP, schickt Coulthard dem Drittplatzierten Rubens sogar ein paar Glückwunsch-SMS – die der Brasilianer aber natürlich nicht lesen kann...

Die große Frage bleibt: Wann soll ein Formel-I-Pilot aufhören? „Früher sind die Fahrer alle mit rund 30 ausgestiegen", erinnert sich Gerhard Berger, „vor lauter Freud, dass sies überlebt haben..."

Die Entscheidung, aufzuhören – die schwierigste im Leben eines Rennfahrers. Aber die magische Grenze hat sich nach oben verschoben: Niki Lauda hört mit 30 zum ersten Mal auf, mit 36 dann endgültig, Scheckter mit 30, Hunt mit 32, Hakkinen mit 33, Ickx, Stewart und Fittipaldi mit 34, Damon Hill mit 36, Schumacher, Alesi und Irvine mit 37, Prost, Rosberg und Berger mit 38, Piquet und Patrese mit 39, Arnoux, Reutemann und Jones mit 40, Andretti mit 42, genau wie Mansell, der aber heute noch schwört: „Ich bin nie zurückgetreten!"; Brabham mit 44, Graham Hill mit 46, wie der große Fangio, der aber erst mit 38 in der Formel I angefangen hat.

Manche haben zu früh aufgehört, manche zu spät, aber zumindest einer genau richtig: Gerhard Berger. Ohne Bedauern, ohne Ungeduld. „Es war genau der richtige Zeitpunkt." Früher ist das Überleben die große Kunst der Formel I. Jetzt: den besten Absprungtermin zu erwischen.

Entweder öffentlich wie Coulthard oder geheim wie Jackie Stewart, der seine Entscheidung 1973 ein ganzes Jahr mit sich herumschleppt. „Ich hab nicht einmal meiner Frau Helen etwas davon gesagt."

Noch 1969 liefern sich Stewart und Jochen Rindt in Silverstone ein historisches Duell: „Wir haben uns gegenseitig 29-mal überholt, aber immer fair, ohne uns auch nur ein einziges Mal zu berühren!" Und ihre Nachfolger – jetzt in Silverstone?

Seine große Liebe Karen – eine Belgierin, die als Boxenreporterin beim französischen TV in die Formel I gekommen ist – weiß seit dem Frühjahr, dass sie ein Baby erwartet: sicher auch ein Grund für den Coulthard-Rücktritt.

Und für die nettesten Worte, die je ein abtretener Grand-Prix-Sieger gefunden hat. Vertrauliches Gespräch von Coulthard mit Ecclestone, noch in Silverstone: „Bernie, ich danke dir von ganzem Herzen und im Namen meiner künftigen Kinder und deren künftiger Kinder, dass ich Formel-I-Fahrer sein durfte!" Ein Gentleman sagt Adieu.

Die doppelte Silverstone-Premiere: Heikki Kovalainen zum ersten Mal in Pole-Position – womit er nach Rosberg, Hakkinen und Räikkönen als vierter Finne auf einer Strecke Trainingsbestzeit aufgestellt hat, fast mit Rekordvorsprung von einer halben Sekunde.

Red Bull steht dank eines exzellenten Mark Webber zum ersten Mal in der ersten Startreihe. Und Sebastian Vettel bei seinem ersten Formel-I-Auftritt in Silverstone sensationell im der vierten Reihe – vor den beiden letzten Grand-Prix-Siegern Massa (Magny-Cours) und Kubica (Montreal)!

Über der Silverstone-Ausfahrt hängen große Transparente: „Seh euch alle noch einmal 2009 in Silverstone." Klingt schon wie das Hollywood-Kriegsmelodram „Abschied auf Waterloo Bridge". Dann wechselt der klassische British GP nach Donington – wirklich notwendig? Bernie Ecclestone sagt mir im Regen und Schlamm von Silverstone: „Für nur 0,002 Prozent des Olympiabudgets von London 2012 hätten die Engländer ein Weltklasse-Event haben können – aber die Regierung wollte leider nicht."

Wehmut kommt auf, als Silverstone-Chef Damon Hill zum Gala-Abend des „British Racing Drivers" lädt – fast schon eine Farewell-Party. Ex-Pilot Martin Brundle, jetzt Coulthard-Manager und TV-Kommentator, stellt auf der Bühne die Fahrer vor.

Und Derek Warwick, auch ein populärer GP-Pilot, staunt, als Martin den jungen Sebastian Vettel den Gästen präsentiert: „Ich hab den Eindruck, Vettel wird gar nicht interviewt – der interviewt in Wahrheit den Entertainer. So etwas hab ich bei einem jungen Sportler noch nie erlebt."

Ein Rohdiamant, und was für einer! Vettel bei seinem allerersten Silverstone-Auftritt gleich in der vierten Startreihe – direkt vor den beiden letzten Grand-Prix-Siegern Massa (Ferrari) und Kubica (BMW)! Noch nie dagewesen, genau wie die anderen Silverstone-Premieren: Seit 2008 die einzige Strecke, auf der alle vier Formel-I-Finnen Pole-Position hatten, nach Rosberg, Hakkinen, Räikkönen jetzt auch Kovalainen. Und das erste Rennen mit einem Red Bull in der ersten Startreihe! „Silverstone hat mir immer Glück gebracht", gesteht Mark Webber. „Da fuhr ich mein erstes Rennen, nachdem mich mein Daddy aus Australien rüberschickte – und hatte gleich Pole-Position in der Formel Ford. Dann gewann ich hier Formel III, Formel 3000 – und jetzt fuhr ich den Red Bull erstmals in die erste Startreihe!"

Eine Sensation, die Webber-Freundin Ann fast verpasst. Sie flitzt vorm Qualifying schnell aus den Silverstone-Boxen heim, um den Hund rauszulassen – und zu Marks Superrunde gerade noch rechtzeitig zurückzukommen. Mark Webber, die menschliche Startnummer 14 der Formel I.

Seine Autobiographie „It is what it is" verkaufte Coulthard rund 20.000-mal. "Ich schick dir ein Exemplar, natürlich mit der üblichen Widmung: I could not have done it without you..."

Dass die seitlichen Cockpitwände 2008 aus Sicherheitsgründen um fünf Zentimeter höher werden, raubt den Piloten teilweise die Sicht. Darum rückt Coulthard seine Außenspiegel weiter nach außen – Webber nicht. Verschlechtert die Aerodynamik und kostet jede Runde ein Zehntel.

Helmut Marko weiß noch einen anderen Vergleich: „Webber fährt immer mit allem, was er hat, und bringt seine Leistung. Bei Coulthard muss mit dem Material und dem Setup immer alles stimmen, damit er sich wohl fühlt und ans Limit geht."

Für mich ist er von allen Formel-I-Piloten der normalste. Bodenständig, down to earth, kein Bullshitter – wie es im Racing English heißt. Webber hat seine Meinung und traut sich auch, sie zu sagen.

Wenn er sagt: „I can outdrive those in front of me", meint er: „Ich kann besser rennfahren als viele, die vor mir klassiert sind." Hätte er nur nicht immer so viel Pech: die Bullen-Stallkollision mit Vettel 2007 in Fuji, die vielen Getriebe- und Differentialschäden usw – bislang nur zwei dritte Plätze in Monaco 2005 (mit Williams) und am Nürburgring 2007 (mit Red Bull).

„Aber ich bin ja erst 31 – und Damon Hill hat erst mit 36 seinen WM-Titel gewonnen", nimmt Webber den Engländer als Aufstiegshilfe. „Also hab ich noch fünf Jahre Zeit. Und so lang möchte ich auf meinem Niveau fahren, später auch noch bis 40.

Webber hat keine Glücksbringer, keinen Aberglauben, keine Angst. „Nur als Kind hab ich mich gefürchtet, wenn es finster war."

2008 fährt er „in der Form seines Lebens", freut sich auch Teamchef Christian Horner. Nach fünf Rennen schon 10 WM-Punkte, genauso viel wie 2007 im ganzen Jahr. Nach sechs Rennen sogar 15, so viele wie Kovalainen. Da hält der Kollege noch bei Null.

„Coulthard hat seine Spezialstrecken", beobachtet Dr. Marko, „aber Webber ist überall gut."

Als sich Vettels Wechsel von Toro Rosso zu Red Bull abzeichnet, beginnt das interne Duell Webber-Coulthard. Einer bleibt, einer muss wohl gehen. Beide haben starke Manager: Martin Brundle, Ex-Formel-I-Pilot, jetzt TV-Kommentator, ist fürs Red Bull-Image in England wichtig – und Flavio Briatore kümmert sich um Webber, seit ihm Marks Freundin und Managerin Ann die Geschäfte übertragen hat: „Bis zur Formel 3000 und zum Testpilotenjob war alles okay, aber im knallharten Formel-I-Macho-Business hast du als Frau keine Chance..."

„Mein schwerstes Rennen – aber mein schönster Sieg!" Lewis Hamilton hat während der letzten Silverstone-Runde „nur noch gebetet, dass ich ins Ziel komm, dass nichts passiert – und jetzt hab ich alles erreicht, was ich mir für heuer so sehnlich gewünscht hatte: Sieg im ersten Saisonrennen in Melbourne, Sieg im Klassiker von Monaco – und jetzt der große Heimsieg in Silverstone!"

Sogar mit 1:08 Minuten Rekordvorsprung, die Ferraris überrundet – und alle besiegt: Die gefährlichen Gegner, die aufkommende Kritik – und das Regenwetter! In der WM liegen jetzt Hamilton, Massa und Räikkönen Kopf an Kopf!

Hamilton – die Formel-I-Version von Gene Kelly: „Singing and dancing in the rain". Akrobatisch balanciert er seinen McLaren durch die Wasserlacken und Bodenwellen, bei ständiger Acquaplaning-Gefahr, „aber am Ende hab ich in meinen Helm gesungen."

Von außen unvorstellbar, was in dieser (angekündigten) abenteuerlichen Regen-Feucht-Trockenschlacht, im Kampf gegen Spray und Gischt, alles passiert. „Mein Visier ist rechts beschlagen", verrät Lewis nach dem Rennen. „In der Copse-Rechtskurve seh ich meine Gegner nicht, also muss ich genau hinhören: Läuft da nur mein Motor – oder ist das schon ein zweiter...?" Die Box gratuliert und beruhigt während der Auslaufrunde: „Das Visierproblem kriegen wir bis Hockenheim schon in Ordnung..."

Hamilton hat bittere Wochen hinter sich: Wegen der Boxenkarambolage in Kanada verspottet, für seine zwei letzten Nullnummern schon von der Kritik zerzaust, Privatflüge zu seiner Freundin nach den USA bemäkelt, bei einer Segel-Regatta mit einer anderen Yacht kollidiert, beim Training für einen Charity-Triathlon mit Button leicht verletzt, dann vom Start zurückgezogen – höchste Zeit, dass Hamilton zurückschlägt. Und es allen zeigt. Norbert Haug: „Er fuhr in einer eigenen Liga – eine Minute schneller als alle anderen! Ich hätte nie geglaubt, dass es so etwas gibt."

Auch perfekt ferngesteuert von der Box, weil McLarens „Schattenarmee“ Regenwolken, Wetter und Boxenstopps genau analysieren kann. McLaren agiert fehlerlos; Ferrari patzt in diesem Rennen, bei dem es drauf ankommt, zur richtigen Zeit auf den richtigen Reifen zu sein, fürchterlich: Bei Räikkönen (4.) und Massa (Letzter) nur nachgetankt, aber keine Reifen gewechselt – was sich bitter rächt, als der Regen stärker wird. Gepokert und verloren.

Bei BMW taktiert Dr. Theissen genau richtig, wechselt als einziger auf neue Intermediates – was Heidfeld auf Platz 2 vorspült. „Leider fliegt Kubica während der letzten Regenphase raus.“

Und „Superhirn“ Ross Brawn bringt Barrichello nach drei Jahren Pause (!) wieder aufs Siegerpodest. „Mein Sohn Eduardo hat für mich um Regen gebetet“, verrät Rubens. Aber freilich, Nick Heidfeld liegt vor dem Weltrekordler der Formel I.

Damon Hill, Du bist immer noch Englands letzter Formel-I-Weltmeister von 1996 – siehst Du Lewis Hamilton schon als Deinen Nachfolger?

Hill: „Sieht so aus. Lewis ist auch total verschieden zu fast allen Rennfahrern im UK. Jeder Rennfahrer mag einzigartig sein, aber Hamilton ist etwas Besonderes, so, wie er seine Rennen angeht. Ich geh sogar weiter. Lewis ist jetzt schon ein Mix aus Ayrton Senna und Michael Schumacher!“

Was hat er von Ayrton, was von Michael?

Hill: „Er ist total zielorientiert und focussiert – das hat er von Senna. Von Schumi die Professionalität und seriöse Vorbereitung auf die Rennen. Diese Eigenschaften kombiniert ergeben Hamilton, den Superstar von heute – damit sind schon alle Fragen beantwortet. Er ist vollkommen selbstsicher, mit Selbstvertrauen vollgepumpt – er muss einfach gewinnen, um glücklich mit seinem Leben zu sein. Diesen Siegeshunger hat er im Blut, Siege sind für ihn alles – ein wichtiger Teil seines Charakters.“

Hamilton sicher nicht. Wie siehst Du die künftige Rolle des angehenden Weltmeisters?

Hill: „Der wird die Formel I über lange Sicht beherrschen. Ich würde sagen: die nächsten 5, ja sogar 10 Jahre.“

Jeder Sport lebt von den großen Rivalitäten. Du und Michael Schumacher, davor Alain Prost und Ayrton Senna – das lieben die Fans. Wer könnte Hamilton nahe kommen oder gar sein großer Gegenspieler werden?

Hill: „Interessante Frage. Ich tippe auf Fernando Alonso in einem Ferrari. Dann ist da Heikki Kovalainen, der schon länger angeklopft hat. Ich sagte schon vor seinem Sieg in Budapest: Der Finne ist gar nicht weit weg von seinem McLaren-Stallkollegen. Das könnte noch interessant werden. Und Robert Kubica ist auch sehr stark.“

Hast Du die aktuellen Ferrari-Piloten vergessen?

Hill: „Nein, Ferrari ist immer eine Kokurrenz. Aber ich wundere mich über Kimi Räikkönen. Der erstaunt und verwirrt mich, ich kann ihm direkt ansehen, dass er demotiviert ist, weiß aber nicht, was er vorhat – und worum es ihm geht."

Seine Strategie, wie er selber sagt, ist es, in der ersten Saisonhälfte Punkte zu sammeln, um dann in der zweiten zu attackieren und Rennen zu gewinnen?

Hill: „Ich versteh nicht, was das für eine Strategie sein soll. In der Formel I musst du immer arbeiten und angreifen, die Formel I ist immer eine Lotterie. Also, ich kenn mich mit Kimi nicht aus."

David Coulthard, der fleißigste Punktesammler unter den britischen Piloten, beendet mit Jahresende seine Karriere. Er hat gesagt: „Ich seh immer noch Damon vor mir, wie er seinen Kopf in beide Arme stützt und sagt: Ich will nimmer, ich kann nimmer – und so kann ich nicht aufhören." Geht er zu früh oder zu spät?

Hill: „Er muss das tun, von dem er glaubt, dass es für ihn das Richtige ist. Aber es geht ihm besser, er hat mehr herausgeholt als die meisten anderen Rennfahrer – und er hat überlebt. Wie Gerhard Berger. Der war zwar auch nie Weltmeister, aber er hat seine tolle Position in unserem Sport."

Bei aller Aufregung um die Mosley-Affäre hat man ganz vergessen, dass Du einmal Gitarrist in einer Band warst, die sich „Sex, Hitler and the Hormons" nannte. Offenbar eine Jugendsünde?

Hill: „Ja, 1979, da war ich noch jung und dumm. Unsere Studentenband hat auch nur zwei Wochen gehalten. Heute wäre eine Popgruppe mit diesem Namen unmöglich. Ja, und die „Sex Pistols" hats ja damals auch noch gegeben."

Letzte Frage, Damon. Wann hast Du Deinen einstigen großen Rivalen Schumacher das letzte Mal gesehen?

Hill: „Weiß ich gar nicht. In letzter Zeit ist er ja fleißig damit beschäftigt, Unfälle zu bauen. Aber wenn Du ihn triffst: Sag ihm Hallo von Damon."

Barrichello meldet sich in Silverstone mit einem dritten Rang zurück – auch der erste Stockerlplatz für Hondas neuen Teamchef seit seiner Ferrari-Ära.

Abendessen mit Ross Brawn – Techniker und Genussmensch. „Wenn dir der Wein nicht mundet, hab ihn nicht ich ausgesucht – wenn er dir schmeckt, ist er von mir." 2000 Flaschen hat er im Keller seines Hauses nahe der Regatta-Stadt Henley. „Die älteste von 1954. Portwein solltest du immer einlagern, wenn dein Kind oder Enkel auf die Welt kommt – sobald es mit der Schule fertig wird, ist auch der Wein am besten..."

Wie früher Samstag Abend bei den Sportwagenrennen, als Brawn zum Weinkenner wird Wie Mario Andretti, Jean Alesi, Jarno Trulli – alles clevere Nobel-Weinbauern. „Aus Österreich mag ich den Veltliner. Am Wochenende trinken wir immer eine Flasche in der Küche..."

Und die Hunde jaulen. Luca, der kleine Pudel, ist Chef im Haus und jagt Susy, die Rottweiler-Lady. Dass „Superhirn" Brawn auch fischt und Rosen züchtet, ist bekannt. Dass er im November Großvater wird, weniger. Sein Sabbatical nach den Ferrari-Titelserien verbringt er vornehmlich in Fischerstiefeln. „Ich wollte erst innerlich mit Ferrari komplett abschließen, bevor ich was Neues anfang. Nur nichts überlappen. Aber auf Honda hab ich immer mit einem Aug geschaut – aus der Distanz." Nick Fry ruft ihn dauernd an, sobald er spürt: Ross ist anfällig.

Eines Tages sagt Nick zu Ross: „Du hast eine großartige Schwiegermama. Ich hab mich am Telefon glänzend mit ihr unterhalten – gut eine halbe Stunde lang."

„Schon möglich", grinst Ross Brawn, „aber meine Schwiegermutter ist vollkommen taub..."

Brawn fasziniert bei Honda sofort zweierlei: „Die Tradition und die technischen Möglichkeiten. Da ist tolles Potential. Aber das alles braucht Zeit – es gibt keine Abschneider im Rennsport. Das Team musste in sechs Monaten zusammenwachsen. Da war nicht jeder am richtigen Platz. 12 neue Leute kamen dazu – jetzt hab ich 700. Plus die Japaner, die rotieren. Aber die bleiben nicht mehr nur für ein halbes Jahr, ehe sie zurückgeschickt werden, sondern länger."

Den großen Schumi, den er zu so vielen Siegen bei Benetton und Ferrari dirigiert hat, trifft er in Hockenheim wieder. „Michael stands out" – in seinem persönlichen Ranking. „Dann kommen Barrichello und Irvine. Button ist eine interessante Figur. Wie er den den Rennsport angeht, ist anders als bei allen anderen. Smooth, nicht aggressiv. Kein anderer ist zum Auto so sanft wie er."

Und Alonso? „Den will doch jedes Team! Phantastischer Fahrer, Weltmeister. Den hätte ich gern. Meine Tür ist immer offen... ob auch seine, weiß ich nicht."

Und in Zukunft, Ross? „Da heißen die drei großen Piloten Vettel, Kubica und Rosberg."

Und die neuen Siegerautos nach der neuen Formel? Gibts Überraschungen? „Da wird sich nicht viel ändern. Die gleichen Teams, die gleichen Ingenieure – jeder arbeitet verschiedene Lösungen aus. Aber bald sehen ja alle, was die anderen tun..." Honda ist zumindest mit der Energie-Rückgewinnung im Serienauto allen anderen schon einen Schritt voraus.

Wie der böse Geist, der sich, einmal entwichen, nicht mehr durch den Flaschenhals zurückzwängen lässt – das ist der Kampf der Formel I mit dem für 2009 erlaubten kinetischen Energie-Rückgewinnungssystem „Kers". Denn die gefährlichen Situationen häufen sich. Angst in den Boxen: Fahrer und Teams schlagen Alarm!

Erinnert mich an Zeiten, da jeder Ferrari-Mechaniker gezwungen war, täglich zwei Liter Milch zu trinken – als Schutz vor drohenden Leberschäden. Schuld daran: die giftigen Treibstoffzusätze, die mehr PS bringen, aber die Gesundheit gefährden können. Gerhard Berger wird vom Benzindunst manchmal übel, Heinz-Harald Frentzen genauso. Und ein finnischer Formel-I-Pilot hat mir einmal Röntgenbilder seiner Lunge gezeigt: schwarz vom Blei, inoperabel, aber zum Glück nicht lebensgefährlich.

Heute sind diese Additive längst verboten – die Formel I rollt mit Superbenzin von der Tankstelle.

Dafür ist ein neues Gespenst aufgetaucht. Kers – das „Kinetische Energie-Rückgewinnungssystem" für kurzfristige Raketenbeschleunigung, etwa beim Überrunden. Dank einer 40 Kilo schweren Zusatzbatterie rund 80 PS mehr – aber immer nur für wenige Sekunden pro Runde.

Die ersten News alarmieren: Vor Hockenheim explodiert in der Red-Bull-Fabrik in Milton Keynes bei einem Funktionstest auf dem Prüfstand eine Batterie. Dämpfe strömen aus, Teamchef Christian Horner lässt die Fabrik sofort evakuieren.

Dann, beim Testen in Jerez, trifft einen BMW-Mechaniker am Auto von Christian Klien ein Stromschlag, als er das Auto nach der Rückkehr zu den Boxen angreift – die Folge sind Brandwunden am linken Arm.

Kers – ein lauernder Feind, den niemand richtig einschätzen kann. Gleichstrom statt Wechselstrom: Das macht die Sache noch gefährlicher.

„Für uns Fahrer das große Fragezeichen, die große Unbekannte, weil keiner von uns wirklich weiß, wie Kers funktioniert – und es noch keiner auf der Strecke probiert hat", sagt mir

Sebastian Vettel. „Uns allen fehlt der Überblick. Das Problem ist, dass die Batterie so schnell aufzuladen ist."

Und die Piloten – wie die Mechaniker – zu Testpuppen degradiert werden? Honda-Chef Ross Brawn (früher Ferrari) weiß: „Wir haben Arbeitsgruppen, die sich in alle Situationen hineindenken: Wie wir die Streckenposten und Mechaniker erziehen können, was sie wann und wie am Auto tun dürfen – und was nicht." Sonst wird die Formel I noch zur Formel Elektroschock

DIE 10 BERÜHMTESTEN REGENRENNEN

Regen in Hockenheim! Die Wetterprognose verheißt Schlechtwetter – wie 1982, als Didier Pironi nach Kollision mit Alain Prost im Warm-Up „so hoch aufstieg, dass ich die Bäume im Motodrom von oben sah." Oder wie 2000, als Rubens Barrichello mit Slicks im Regen seinen ersten GP gewinnt. Jetzt jubelt Lewis Hamilton, der Regenheld von Silverstone. Für die Formel-I-Fans: Die 10 berühmtesten Regenrennen der Formel I – durchs beschlagene Visier der österreichischen Piloten und der „Formel Austria".

Spa 1966: Angst und Chaos, als das Feld in der Burneville-Kurve mit 300 km/h in eine plötzliche Regenwand hineinrast. Neun Autos fliegen von der Strecke, Jochen Rindt dreht sich neunmal. Als seine Cooper-Schnauze wieder nach vorn zeigt, gibt er Gas und führt bis kurz vor Schluss – dann wird er Zweiter hinter John Surtees. Die dramatischen Szenen sind im John-Frankenheimer-Film „Grand Prix" eingefangen.

Nürburgring 1968: Jackie Stewarts größter Sieg bei Regen und Nebel: 4 Minuten Vorsprung auf Graham Hill und Jochen Rindt: „Mit Vernunft kannst da net überholen."

Monte Carlo 1972: Jean-Pierre Beltoise (BRM) gewinnt, „weil er als einziger richtige Regenreifen hat", erinnert sich Dr. Helmut Marko (damals 8.).

Zeltweg 1975: „Abbrechen, bevor es Tote gibt!" brüllt Brabham-Boss Bernie Ecclestone – bis endlich die rote Flagge rauskommt. Sensationssieger Vittorio Brambilla (March) nimmt jubelnd die Hände vom Lenkrad – und kracht voll gegen die Boxenmauer.

Fuji 1976: Niki Laudas berühmter „Mut zur Angst", als er nach einer Runde im Regen und Nebel aufgibt und James Hunt kampflos den WM-Titel überlässt.

Estoril 1985. Ayton Senna, Gerhard Bergers bester Rennfahrerfreund, gewinnt mit dem schwarz-goldenen Lotus seinen ersten GP.

Adelaide 1989: „Bei weitem das grauslichste Regenrennen!" Gerhard Berger spürt heute noch Gänsehaut. „Massenkarambolage auf der Geraden, Abbruch, neuer Start." Was meinst du? fragt Ecclestone. Bergers Antwort: „Wenn wir fahren, gibt s mindestens fünf Tote." Darauf Bernie zu Charlie Whiting: „Schalt die Ampel auf grün…." Aber nur ein einziger steigt nach einer Runde aus: Alain Prost. „Dass nichts passiert – reines Glück."

Donington 1993: Senna, von Willi Dungl betreut, deklassiert alle Weltmeister schon in der ersten Runde: sein größter Sieg.

Barcelona 1996: Michael Schumacher, vom „Piccolo Commendatore" Niki Lauda nach Maranello geholt, feiert seinen ersten Ferrari-Sieg, der seine Legende als Regenkünstler begründet: „Der Mann, der übers Wasser gehen kann und aus Regen Champagner macht."

Fuji 2007: wieder Gischt, Spray und Streit. Hamilton irritiert hinter dem Safety-Car mit Tempo- und Rhythmuswechseln die „Bullen" Mark Webber und Sebastian Vettel auf Platz 2 und 3 – was deren Kollision heraufbeschwört. Heute noch jammerschade!

Hockenheim

FEHLER VERBOTEN!

„Jetzt beginnt die heiße Phase dieser WM. Ab sofort gilt: Fehler strengstens verboten! Denn wer jetzt auch nur den geringsten Fehler macht, hat schon verloren – der kann die WM nicht mehr gewinnen!“ Coole Analyse von Niki Lauda vor dem 10.WM-Formel-I-Lauf in Hockenheim: Explosive Pattstellung mit drei Piloten Kopf an Kopf – dem Silverstone-Regenhelden Lewis Hamilton, dem vom Pech verfolgten Titelverteidiger Kimi Räikkönen und dem Qualifying-König Felipe Massa mit je 48 Punkten. Und dem Polen Robert Kubica (BMW) nur zwei Punkte zurück.

Dass sich die Spitze wie beim Fotofinish im WM-Finale 2007 in Brasilien derart zusammengeschoben hat – sensationell. „Das Glück ist, dass sie bisher alle Fehler machten, die sich gegenseitig aufhoben – dadurch sind sie ab jetzt alle wieder gleich unterwegs“, sagt Lauda. „Aber jetzt darf nichts mehr passieren. Die Piloten müssen fehlerlos bleiben, die Teams müssen alles perfekt hinkriegen: Abstimmung, richtiges Einsatz der Reifen, das Timing für die Boxenstopps, Strategie usw. Die Belastung steigt!“

Verschlimmert durch das für Hockenheim angesagte Regenwetter, das sicher Hamilton und McLaren beflügeln wird. „Der beste Regenfahrer dieser Generation!“, lobt der dreifache Weltmeister Jackie Stewart, der selbst 1968 bei Regen und Nebel in der Eifel mit 4 Minuten Vorsprung triumphiert hat, die Hamilton-Glanzvorstellung von Silverstone – nach leichter Kollision mit Teamkollegen Kovalainen eine einsame Solofahrt trotz beschlagenen Visiers, während Ferrari wegen falscher Reifenstrategie total untergeht. „Sonst hätten wir gewinnen können“, trotzt Kimi Räikkönen. Und Felipe Massa, zerknirscht nach sechs Drehern: „Manches ist halt schwierig zu erklären...“

Niki Lauda bezweifelt, ob Ferrari im Motodrom zurückschlagen kann: „Ich seh nach den Testfahrten Vorteile für Mclaren. Ferrari hat vorige Woche, aus welchem Grund auch immer, nicht viel gezeigt.“ Auch wenn Luca Montezemolo befohlen hat: „Wir müssen wieder bei jedem Wetter, unter allen Bedingungen, total konkurrenzfähig sein.“

Sein WM-Titelverteidiger Räikkönen kämpft wieder einmal gegen seinen „Fluch von Hockenheim“, der ihn schon früher bei Sauber und McLaren-Mercedes verfolgt hat, auch wenn er seit 2004 immer noch den Rundenrekord hält. Kimis Hockenheim-Ausfallliste liest sich wie eine Serie von Attentaten: Beim Debüt 2001 gebrochene Halbwelle. 2002 platzt in der letzten Runde bei 300 km/h ein Hinterreifen, weil McLaren wegen der Michelin-Garantie („die Pneus halten auch 120 Runden“)

auf einen Reifenwechsel verzichtet hat – ähnlich wie 2007 in Shanghai bei Hamilton. 2003 kollidiert der Finne schon in der ersten Kurve mit Rubens Barrichello, dem er außen vorfahren will. 2004 bricht ihm, an dritter Stelle liegend, auf dramatische Weise der Heckflügel. 2005 lässt ihn, aus der Pole-Position gestartet und in Führung, nach 36 Runden die Hydraulik im Stich – weil ein Mechaniker vergessen hat, eine Schraube festzuziehen.

Eine deprimierende Serie, die erst 2006 abreißt: da wird Räikkönen Dritter hinter Michael Schumacher (letzter Heimsieg) und Felipe Massa, der zuvor über die Hockenheim-Platzierungen 7, 13 und 8 nicht hinausgekommen ist. Jetzt kommt Massa als Pole-Position-König (3:2 gegen Räikkönen) zurück ins Motodrom, aber Räikkönen hat seit Beginn der eurpäischen Saison in jedem Grand Prix die schnellste Rennrunde hingeknallt – sechsmal ohne Unterbrechung! Dafür hat Kimi von allen WM-Favoriten die längste Durststrecke: seit Barcelona im Frühjahr ohne Sieg. Aber wie er mit gebrochenem Auspuff in Magny-Cours bewiesen hat, schleppt er auch einen angeschlagenen Ferrari noch mit einem Podestplatz ins Ziel. „Wie schon 2007 kann jeder Punkt über den WM-Titel entscheiden."

Anders 1982, im Jahr der außergewöhnlichsten WM-Entscheidung, als elf Piloten (!) aus sieben Teams sich die Siege aufteilen – Weltmeister wird damals Keke Rosberg (Williams) mit einem einzigen Sieg. 2008 gilt eine ganz andere Formel-I-Arithmetik.

Lewis Hamilton und Robert Kubica fahren beide zum ersten Mal den Grand Prix in Hockenheim. „Den Auftakt in Melbourne, dann Monte Carlo und meinen englischen Heim-Grand-Prix in Silverstone gewinnen", hat sich Hamilton für 2008 vorgenommen. Hockenheim wäre für den Superstar ein höchst willkommener Bonus.

Für Kubica schließt sich bald ein Kreis, denn im Rennen unmittelbar nach Hokkenheim (Budapest) hat 2006 seine Formel-I-Karriere begonnen. Die noch größere Sensation wäre aber ein totaler Heimsieg für den wiedererstarkten Nick Heidfeld in seinem bereits 142. GP – nicht nur, weil er der „späteste" aller GP-Sieger sein könnte: Ein deutscher Fahrer, der mit einem deutschen Auto und deutschen Motor den deutschen Grand Prix gewinnt – das hat es seit Rudolf Caracciola 1939 auf dem alten Nürburgring nicht mehr gegeben. Ralf Schumacher schafft 2001 in Hockenheim mit dem Williams-BMW wenigstens einen halben deutschen Sieg.

Ex-Formel-I-Pilot Marc Surer, jetzt Premiere-Kommentator, analysiert für die Grand Prix Story die Situation der fünf Deutschen vor ihrem Heim-Grand-Prix:

HEIDFELD: Nick zu beschreiben, das ist seit seinem 2. Platz von Silverstone ein bissl einfacher geworden. Er hat eine schwere erste Saisonhälfte hinter sich. Der BMW passt nicht zu seinem Fahrstil, der sehr rund ist – offensichtlich muss er jetzt sein Auto härter hernehmen, damit er die Reifen auf Temperatur kriegt. Dieses Problem hat ihm lange zu schaffen gemacht, vor allem im Qualifying – darum auch das 8:1 für Kubica im Stallduell.

Vielleicht hat es aber auch ein bisschen mit dem Wegfall der elektronischen Fahrhilfen zu tun, die Heidfeld als moderner Fahrer immer sehr gut einschätzen konnte. Die fehlen jetzt natürlich. Aber er hat offensichtlich dran gearbeitet, ist in Magny-Cours und Silverstone an Kubica näher dran, in England sogar vor dem Polen, hat aber technische Probleme. Keine Frage, Heidfeld hat aufgeschlossen.

Dazu kommt, dass ihm Regen – wie zuletzt in England – sicher Auftrieb gibt. Und Silverstone war bestimmt der richtige Schub für Nicks wiedergefundenes, neues Selbstvertrauen. Im Regen ist der Fahrer immer wichtiger als das Auto. In Prozenten, 60:40 oder 40:60 oder wie auch immer, ist das nicht auszuzdrücken. Aber es ist immer das gleiche: Wenn der Pilot einen Fehler macht, ist er zu 100 Prozent schuld – und wenn das Auto kaputtgeht, das Team.

ROSBERG: Für alle ist unbestritten, dass Nico Rosberg der Mann der Zukunft ist. Allerdings fährt er für ein Privatteam (Williams), das mit der Entwicklung der Werkteams nicht Schritt halten kann. Rosberg ist unverändert voll motiviert, immer noch das Beste aus dem Auto herrauszuholen. Doch oft spielt ihm jetzt die Technik einen Streich und ein paar Mal ist das Team auch nicht gut genug, um ihm ein richtig gutes Auto hinzustellen. Somit wird Nico oft unter seinem Wert geschlagen.

Aus seiner Perspektive muss jetzt entweder das Team besser werden oder er muss versuchen, in ein Top-Team zu kommen. Denn lange hält das kein Fahrer aus. Man kannt nicht immer nur mit der Befürchtung leben, seine Fähigkeiten nicht voll zeigen zu können. Der Weg der Weltmeister, ob der aktuellen oder auch in der Vergangenheit, geht immer nach oben, aber im Moment ist Nico stehengeblieben – das kann gefährlich sein.

Und noch eins ist in seiner Situation wichtig: Dass Nico nicht verzagt, sondern voll motiviert bleibt. Sonst könnte es passieren, dass er einmal zu jenen Fahrern zählt, von denen man sagt: Sie hätten eigentlich sollen oder können oder müssen – was sie nicht ganz geschafft haben.

GLOCK: Timo robbt sich immer näher an Jarno Trulli heran und man darf nicht vergessen: Sein Teamkollege ist derjenige, der die Formel-I-Karriere von Ralf Schumacher beendet hat. In anderen Worten: ein sehr harter Knochen! Doch Timo Glock scheint den Italiener langsam in den Griff zu kriegen, was dann bedeutet: Er wird auch an Jarno Trulli gemessen. Und wenn er ihn wirklich bis Jahresende packen kann, dann ist die Formel-I-Zukunft von Timo Glock gesichert. Er ist auch intelligent genug, um das zu schaffen. Timo musste seinen Fahrstil ändern, an den Toyota anpassen, weil dieses Auto immer noch eine Tendenz zum Untersteuern hat, womit zwar Jarno klarkommt, Timo aber so seine Probleme hatte. Diese Korrekturen erreicht man mit dem Setup – und eben mit dem Fahrstil. Es spricht für Timo, dass er mit genauen Analysen, viel Fleiß und Denkarbeit feststellen konnte, was zu ändern ist, damit er mit dem Auto klarkommt.

VETTEL: Sebastian Vettel hat die Saison relativ bescheiden angefangen, nicht nur von den Resultaten her, sondern auch von der Performance. Er war ein paar Mal langsamer als Bourdais, was mich überraschte, weil ich dachte, er hat den Franzosen locker im Griff. Jetzt mit dem neuen Auto und seit dem guten Ergebnis von Monte Carlo (5. Platz) geht es irgendwie besser, ist da wieder die Tendenz, oben zu sein. Jetzt fährt Vettel mit dem neuen Auto so, wie ich es erwartet habe. Mit seinen Leistungen aus dem Hinterfeld, aus dem Schatten von Bourdais herausgetreten, wie der Quali-Platz 8 von Silverstone beweist, bestätigt sich, was wir alle erwartet und auch gewusst haben: Dieser Vettel ist ein Supertalent. Er kriegt es nur noch nicht immer hin, er ist auch sehr jung, schwankt noch ein bisschen – die Tendenz ist jedenfalls sehr positiv.

Vettel ist also hochtalentiert, aber dazu auch noch sehr intelligent. Ich kenn keinen anderen jungen Mann, der immer so offen und aufgeschlossen Auskunft geben kann. Diese Kombination ist sehr selten in der Formel I, seine Aussagen sind immer gleich druckreif und dazu fährt er noch gesegnet schnell Auto – also bei Vettel passt einfach alles.

SUTIL: Für Adrian hat die Saison sicher mit einem Schock angefangen. Nachdem er in der Vergangenheit alle seine Teamkollegen, ob Christijan Albers oder andere gestandene Piloten, in Griff hatte, traf er nun auf Giancarlo Fisichella, der ihn in Grund und Boden gefahren hat. Und zwar nicht nur, weil der Italiener, immerhin dreifacher Grand-Prix-Sieger, schneller fahren kann, sondern weil das Team voll und ganz, mit allen Leuten, hinter ihm steht. Als deren großer Hoffnungsträger, dass er das Team nach vorn bringt. Sutil war also ab sofort die Nummer 2, ob jetzt offiziell oder inoffiziell. Es spricht für ihn, dass er sich davon nicht unterkriegen lässt.

Sicher hat Sutil auch Schwächen, dass er oft zu viel will, zu viel riskiert und deswegen in der ersten Runde schon ausscheidet. Aber wenn er auf der Strecke bleibt, zeigt er ganz gute Ansätze und ist in den letzten drei Rennen schon zweimal schneller gewesen als Fisi. Also ist er auf dem richtigen Weg, weil die Formel I sehr kurzlebig ist, wir schon Halbzeit haben – und wenn Sutil in der zweiten Saisonhälfte öfter vor Fisichella sein kann, wird er auch in der Formel I bleiben.

Dann müssen wir natürlich von Monte Carlo reden, wo er kurz vor Schluss durch den Auffahrunfall von Räikkönen seinen 4. Platz verloren hat. Gerade Sutil kann in der Regel nur im Regen zeigen, was er kann. Für einen Fahrer in einem langsamen Auto ist Regen die einzige Chance, auf sich aufmerksam zu machen – und das hat er in Monaco geschafft. Aber es geht auch um die Trainingsduelle, gerade weil Sutil an Fisichella gemessen wird. Ein Highlight allein genügt nicht – er muss ihn in der zweiten Saisonhälfte öfter schlagen. Fisichella ist sein Maßstab, ihn muss er schlagen, weil er mit einem langsamen Auto gar keinen anderen besiegen kann außer den Teamkollegen.

Zweimal, 1994 und 1997, hat Gerhard Berger selbst in Hockenheim gewonnen, 1996 nur durch Motorplatzer in der vorletzten Runde verloren – schenkt ihm sein Lieblingsschüler Sebastian Vettel jetzt den ersten Stockerlplatz als Formel-I-Chef? „Das Motodrom ist Vettels Hausstrecke", rechnet Berger, „und das allein ist schon gut zwei Zehntel wert!"

Vettel spielt bereits die Nestroy-Rolle in „Der Zerrissene": Schon auf dem Sprung zum „großen Bruder" Red Bull. „Warum nicht?" grinst „Baby Schumi" zurück. „Ich kenne den großen Boss, das wird helfen. Ich weiß, dass ich das gleiche kann wie die Piloten von Ferrari und McLaren, sie haben nur mehr Erfahrung – und ich bin mit 21 noch sehr jung. Aber ich lerne schnell, bin bereit, um alles zu kämpfen – sonst könnte ich ja gleich zuhause bleiben. Mein Ziel: unbedingt in ein konkurrenzfähiges Auto zu kommen."

Der „große Bruder" Red Bull rangiert derzeit auf WM-Rang 5, zuletzt in Silverstone von Toyota 25:24 überflügelt. Die Strategie: Webber (2. Startplatz) kommt früher an die Boxen als Coulthard. Aber dann rutscht Mark auf dem glatten Lackstreifen aus, und David kollidiert in der ersten Runde mit Vettel – ausgerechnet.

Der heiße Formel-I-Transfersommer – und schon wieder hält ein Superstar alle Schlüssel in der Hand: Fernando Alonso! Wie 2007 pokert der Spanier, die Karten eng an der Brust. Eine Geheimklausel in seinem Comeback-Vertrag mit Renault besagt: Wenn sich sein Team nicht unter den drei WM-Ersten platziert, ist Alonso frei und kann gehen, wohin er möchte – wenn man ihn dort will und auch bezahlen kann.

„Momentan haben wir keine Chance, um Podestplätze zu kämpfen", hat Alonso, momentan nur WM-Neunter mit mageren 13 Punkten, schon öfter betont. Ein sanfter Hinweis auf den kritischen 3. WM-Rang. Und jetzt, Fernando? „Haben wir die Sommerrennen, dann die Sommerpause, dann die Klassiker Spa und Monza – sehr wichtige Rennen für uns, um den 4. Platz der Konstrukteur-WM zu erkämpfen... und erst danach hab ich Zeit, über meine Möglichkeiten für 2009 nachzudenken."

BMW? Ein heißer Tip. Die Münchner müssen 2009 schon um den WM-Titel fahren, und Alonso outet sich als echter Kubica-Fan: „Der große Fahrer der nächsten Jahre." Da tut sich Heidfeld schwer, vorne mitzufahren. Aber seine Aktien ziehen seit dem 2. Platz von Silverstone wieder nach oben. BMW wird sich in den nächsten Rennen Heidfeld noch genauer ansehen, ob man ihn austauscht oder nicht.

Honda? Dort gibt man privat das Interesse an Alonso zu – offiziell will Ross Brawn aber „zuerst das Auto nach vorn bringen." – „Ich rede nicht mit Honda", sagt Alonso, „ich red momentan mit überhaupt keinem..."

Red Bull? Didi Mateschitz hat schon oft klargemacht: „Für nur ein Jahr wollen wir Alonso sicher nicht" – weil der ganze Formel-I-Zirkus spürt: Alonso wartet nur darauf, dass ein Cockpit bei Ferrari frei wird. Vielleicht 2010. Aber bis dahin redet er, offiziell oder nicht, mit allen Teams – und blockiert damit den Transfermarkt.

Wie früher Juan Manuel Fangio hat Alonso das Talent, sich mit allen Tricks immer ins beste Auto zu setzen.

Fangio gewinnt die WM mit insgesamt vier verschiedenen Teams: Alfa Romeo, Mercedes, Ferrari und Maserati. Alonso wird irgendwann der achte Formel-I-Pilot nach Jack Brabham (Cooper, Brabham), Emerson Fittipaldi (Lotus, McLaren), Graham Hill (BRM Lotus), Niki Lauda (Ferrari, McLaren), Alain Prost (McLaren, Williams), Nelson Piquet (Brabham, Williams) und Michael Schumacher (Benetton, Ferrari) sein, der mit zwei Teams die WM gewinnt. Mindestens...

Feuer und Wasser in der Formel I: Zum 40. Jahrestag des Nürburgring-Regendramas von 1968 gewinnt Lewis Hamilton auf regennasser Hockenheim-Piste das erste Training – und in Milton Keynes (England) fliegt beinahe das Red-Bull-Headquarter in die Luft! Bei Tests für die neue Energie-Rückgewinnungsformel explodiert eine Batterie. Daraufhin Feueralarm, Hubschrauber im Einsatz – und das ganze Formel-I-Personal muss evakuiert werden!

Danach machen Mark Webber und Coulthard-Nachfolger Vettel in Hockenheim das Tempo. „Jung und hungrig!", freut sich Teamchef Christian Horner schon auf Sebastian. „Die optimale Lösung." Transfer Nr.2: Der indische Fitness-Guru Balbir Sing, jahrelang der geheimnisvolle, wichtige Mann hinter Schumacher, kümmert sich ab sofort um Fisichella und Sutil bei Force India.

Insider wissen, dass er seine Fahrer nicht nur massiert und bekocht, sondern sie auch mental betreut hat – mit fernöstlichen Konzentrationsübungen.

Comeback von Niki Lauda (59) in Hockenheim! Sein erstes Rennen, seit er 1985 in Adelaide aus dem McLaren gestiegen ist – und gleich sein erster Sieg. Der dreifache Weltmeister als Superstar im Procar-Nostalgie-Rennen mit de BMW M 1 – 500 PS, 270 km/h, damals eine Million Schilling teuer, heute 250.000 Euro wert.

Das letzte Rennen vor dem „halben österreichischen Heim-Grand-Prix" in Budapest, das letzte vor der großen Sommerpause – sicher ein Schlüsselrennen für die WM! Geht der tolle Vierkampf weiter – oder gelingt jemandem die Soloflucht? Spannende Ausgangslage: McLaren-Mercedes hat seit 1998 (Hakkinen) in Hockenheim nicht mehr gewonnen – britische Piloten sind seit 1999 in Deutschland sieglos – BMW tut alles für den ersten Heimsieg – und Alonso kündigt an: „Renault muss in der zweiten Saisonhälfte doppelt so viele WM-Punkte machen wie in der ersten." Und Kimi Räikkönen kämpft gegen seinen Fluch von Hockenheim!

Seit 2001 immer vorn, aber bis 2006 nie im Ziel. Die Negativbilanz von Räikkönen liest sich wie eine Serie von Attentaten: gebrochene Halbwelle, Reifenplatzer in der letzten Runde, Startkollision mit Barrichello, weggebrochener Heckflügel, 2006 ein Hydraulikschaden, weil ein Mechaniker vergessen hat, eine Schraube festzuziehen – Kimis unglaubliche Pechserie. Erst 2006 sein erstes Resultat: Dritter hinter Schumacher und Massa.

Und jetzt laufen plötzlich alle Transferfäden bei Räikkönen zusammen. „Ich kann noch nicht sagen, wann ich an Rücktritt denken werde." Bis Monza muss er Ferrari verraten, ob er aufhören oder weiterfahren will. Im ersten Fall kommt Fernando Alonso von Renault zu Ferrari (sein brennender Herzenswunsch), aber dann bleibt in der Formel I kein Stein auf dem anderen. Renault könnte Kovalainen von McLaren zurückverlangen – und McLaren würde trotz aller Dementis versuchen, Nico Rosberg von Williams wegzuangeln: „Aber wir sprechen nicht mit Rosberg – nicht für 2009."

Red Bull ist mit Webber/Vettel bestens bedient. Alonso ist – von der Philosophie her – für Toro Rosso schwer vorstellbar. Und Bruno Senna? Ob Regen in Hokkenheim oder nicht – ein heißer Formel-I-Sommer ist garantiert. Nur im Krieg Ferrari-McLaren ist momentan „Feuer aus", seit McLaren alle Spionage-Gerichtskosten bezahlt hat. Und Rennleiter Domenicali und Mediendirektor Collajanni kommen sogar zur Mclaren-Grillparty hinter der Mercedes-Tribüne im Motodrom...

„Tut uns leid, Lewis, dass wir es dir so schwergemacht haben... aber es ging nicht anders!" Gratulation und Sorry am McLaren-Boxenfunk für Lewis Hamilton, der in 23 Runden 23 Sekunden aufholen muss, um den Sensations-Piloten Nelson Piquet jr. (Renault) noch zu schlagen – 6 Runden vor der Zielflagge. Ein Hockenheim-Drama wie so oft, ausgelöst durch einen alarmierenden Crash von Timo Glock (Toyota) – und das Safety-Car spielt Schicksal!

35. Runde im Motodrom, Hamilton sichere 16 Sekunden vor Felipe Massa, als plötzlich der Blitz einschlägt: Glocks rot-weißer Toyota (Platz 3) in der Zielkurve neben der Piste, im Gras hochgeschleudert wie schon in Melbourne und Silverstone – und sofort Alarm fürs Safety-Car. Was wie ein Radaufhängungsbruch aussieht, wird von Toyota-Rennchef Jim Howett anfangs nicht bestätigt: „Müssen wir erst analysieren. Die Hockenheim-Piste ist sehr, sehr rauh." Doch die Zeitlupe klärt alles: gebrochene Spurstange.

Während Glock vom Medical Center zum Check ins Krankenhaus gebracht wird, sammelt das Safety-Car die Autos ein – Hamiltons Vorsprung auf Massa ist dahin.

Die Renault-Box hat bei Piquet kurz zuvor die Reifen gewechselt und aufgetankt – und die 1-Stop-Strategie ist Gold wert. Es geht knapp an einer Sensation vorbei – die nur Hamilton mit seiner irren Aufholjagd verhindert. „Eine Sonntagnachmittags-Spazierfahrt im Park war das sicher nicht. Ich hätte es auch lieber angenehm gehabt – ich war meist überm Limit."

Aber auch McLarens Boxenstrategen sind in Form. Dass Stallkollege Kovalainen den WM-Leader kampflos vorbeilassen muss – eine Opfertat fürs Team. Aber glücklich ist Heikki nicht...

Lewis schreibt wieder einmal Rennhistorie: der erste McLaren-Mercedes-Sieg in Hockenheim seit Hakkinen 1998 – und der erste Brite seit Irvine bzw. Herbert 1999, der in Deutschland gewinnt. Und mit Piquet jr. und Massa klettern zum ersten Mal seit Spa 1991 (Senna und Piquet sr.) zwei Brasilianer aufs Siegerpodest.

4. Heidfeld, 7. Kubica – kein BMW auf dem Stockerl. Schon Papa Piquet schrammt 1982 (mit Brabham-BMW) knapp am deutschen Heimsieg vorbei: in Führung beim Überrunden von Salazar abgeschossen – und darauf Fußtritte und Boxhiebe, live im Fernsehen...

Derzeit sind die Silberpfeile die Nummer 1 – in den letzten Wochen noch stärker geworden! „Besser in den schnellen Kurven, Ferrari dafür in den langsamen", beobachtet Testpilot de la Rosa. Aber vor allem: McLaren hat neuerdings einen neuen Sprit, verbesserte Schmierstoffe usw. PS-Gewinn: 0,5 Prozent oder rund 4 PS. Ferrari (3. Massa, 6. Räikkönen) will in Budapest zurückschlagen.

„Gratulier dir, Sebastian! Tolles Rennen, Superduelle, keine Fehler gemacht – ein wichtiger Punkt für uns!" Kaum ist Sebastian Vettel als Achter aus dem Toro Rosso geklettert, meldet sich schon Big Boss Didi Mateschitz bei Gerhard Berger am Handy. So toll Hamilton, so clever Piquet fahren – der österreichische „Man of the Race" heißt Vettel.

Wie er sich – beinhart, aber korrekt und fair – mit den Weltmeistern anlegt, verdient Applaus. Webber schnappt er sich schon in der ersten Runde. „Ich wollte gleich auch Räikkönen überholen, leider hats nicht geklappt." Das erste Duell mit Fernando Alonso gewinnt er in der Box. „Absolut fair, im 2. Gang, mit frischen Reifen aus der Box gerutscht – da musste schon aufpassen. Es war eng, aber fair."

Und warum kommt dann Alonsos Hand aus dem Cockpit? „Vielleicht wollte er mich grüßen..." Obwohl der Spanier über die äußere weiße Linie gerät – keine Strafe von der FIA. Und die Duelle auf der Strecke mit Alonso? Vettel: „Da hab ich die Euro-Schmach unserer Fußballer gegen Spanien wettgemacht." Für die Österreicher oder die Deutschen? „Für beide..." Und zum Drüberstreuen schnappt sich Vettel kurz vor Schluss auch noch Trulli.

Gerhard Berger umarmt seinen „Baby-Schumi" und Teamchef Franz Tost analysiert: „Sein bestes Rennen bis jetzt! Sein Fight gegen Alonso war beste Unterhaltung. Und er hat seine Position fantastisch verteidigt."

„Wir haben gewonnen, obwohl wir alles falsch gemacht haben!" Ein Stoßseufzer mit lächelndem Kopfschütteln, von einem der gewichtigen Bosse von McLaren-Mercedes bei der stürmischen Siegerparty in Hockenheim. Den Befehl an Lewis Hamilton („Du hast 7 Runden Zeit, um 23 Sekunden herauszuholen") haben noch viele in den Ohren, auch die verwunderte Reaktion des Superstars: „Ich seh auf der riesigen Videowall, wie alle anderen an die Box kommen, und frag noch extra nach: Warum nicht auch ich – seid ihr wirklich sicher?"

Nachher kommen Sorry und Glückwunsch an den Sieger gleichzeitig: „Tut uns leid, dass wir es dir so schwierig gemacht haben..." Hamilton, aufatmend: „Eine Sonntags-Spazierfahrt im Park war das wirklich nicht."

Die Diskussionen an der Boxenmauer der Silberpfeile: Immer ein heißes Thema. Wie schon beim katastrophalen Fehler 2007 in Shanghai, als Hamilton trotz abgefahrener Reifen nicht hereingeholt wird – oder 1999 im unübersichtlichen Rennen am Nürburgring, als McLaren-Chef Ron Dennis dem Mercedes-Sportchef Norbert Haug befiehlt: „Get out of my radio, verschwind aus meinem Boxenfunk."

Das Fernsehen hat das aufgegriffen, aufgezeichnet, auch gesendet – der unfreundliche Dialog hat später eine Gegenüberstellung, fast ein Kreuzverhör im TV zur Folge.

Dafür ist jetzt das Verhältnis McLaren-Ferrari etwas entspannter. Bei der Hokkenheim-Grillparty hinter der Mercedes-Tribüne sitzt Norbert Haug auf einer Holzbank, umringt von drei Ferrari-Signori in roten Overalls: Sportchef Domenicali, Mediendirektor Collajani und ein paar Ingenieure „Wieso sitzt du beim Feind?", fragt Ron Dennis, der etwas später dazukommt, mit britischem Sarkasmus.

Wahrscheinlich liegen ihm die 13 Millionen Euro im Magen – diese Summe, offiziell streng geheimgehalten, müssen die Silberpfeile an Ferrari für deren Gerichts- und Anwaltskosten in der Spionageaffäre Stepney-Coughlan zahlen.

Technisch ist im Duell McLaren-Ferrari klar geworden: Die Silberpfeile sind in den schnellen Kurven und in den Bremszonen besser als die Italiener – deren Stärke sind jetzt plötzlich die langsamen, engen Kurven. Also ideal für den Hungaro-Ring – dort hofft Ferrari im nächsten Rennen zurückzuschlagen. Dafür hat McLaren seit Silverstone durch neuen Sprit und neue Schmierstoffe 0,5 Prozent Leistung dazugewonnen, immerhin 4 PS. Und das bestätigen auch die Sound-Checks der Konkurrenz.

Eingefroren wie die Motoren ist momentan auch der Transfermarkt. Ferrari ersucht Kimi Räikkönen: „Sag uns bis Monza, ob du 2009 weitermachen willst oder nicht", aber der Finne sagt Ferrari schon in Hockenheim definitiv zu: „Ich fahr auch 2009 für euch!" Damit ist Fernando Alonsos Ferrari-Traum vorläufig geplatzt. Aber Honda-Teamchef Ross Brawn hat dem Spanier ein bombastisches Angebot gemacht, „weil ich sicher bin: Sobald Alonso wieder in einem Siegerauto sitzt, beginnt eine neue grosse Ära in der Formel I – wie mit Schumi und Ferrari." Dass Honda sein Fahrerduo Barrichello-Button halbherzig bestätigt, soll momentan nur Ruhe ins Team bringen – sonst nichts.

Comeback von Gerhard Berger – in seinem eigenen Formel-I-Wagen! Schon zum viertenmal 2008 WM-Punkte, bereits 8 gesamt – aber im Windschatten des starken Hockenheim-Rennens steigt der Toro-Rosso-Mitbesitzer jetzt selbst zurück ins Cockpit. Stille Sensation: Unser letzter Grand-Prix-Sieger (Hockenheim 1997) fährt unmittelbar vor seinem Lieblings-Grand-Prix in Ungarn seinen eigenen Toro-Rosso mit Ferrari-Motor!

DIE FAHRER MIT DEN MEISTEN GP-STARTS – OHNE SIEG

Andrea de Cesaris	208
Martin Brundle	158
Nick Heidfeld	150
Derek Warwick	147
Jean-Pierre Jarier	135
Eddie Cheever	132
Mark Webber	121
Pierluigi Martini	119
Mika Salo	110
Philippe Alliot	109
Jos Verstappen	107

„Einmal Rennfahrer, immer Rennfahrer" – wie schon bei Niki Lauda und seinem gewonnenen Demonstrationsrennen mit dem Supersportwagen M 1 von BMW. Aber seinen eigenen Formel I hat seit Lotus-Chef Colin Chapman keiner mehr ausprobiert. Berger pilotiert beim „Warm-Up" für den halben Heim-GP der Österreicher auf der gesperrten Straße neben dem Plattensee den TR 3 – vor tausenden Fans!

„Ich will das schon länger machen – jetzt passt das Timing endlich ganz genau. Den Helm hab ich schon bereitgelegt, die flammensichere Unterwäsche und die Rennschuhe auch – nur mein alter Overall macht mir noch Sorgen. Ob ich da noch reinpass?", grinst Berger.

Österreichs 10-facher Grand-Prix-Sieger – mit 12 Pole-Positions und 21 schnellsten Runden, mehr als Ayrton Senna, ist seit seinem Rücktritt in Jerez 1997 schon dreimal rückfällig geworden – aber immer in fremden Boliden!

Lotus vertraut ihm in Imola den schwarz-goldenen Boliden an, mit dem Ayrton Senna seinen ersten GP gewonnen hat – Honda setzt ihn bei der großen Jubiläumsfeier in Suzuka für zwei Runden in den legendären McLaren-Honda – und sogar Ferrari bittet ihn vorm ersten China-GP 2004, das Weltmeister-Auto von Michael Schumacher ein paar Runden in Shanghai zu fahren. „Wir erklären dir alle technischen Geheinmnisse, die du wissen musst – aber bitte, behalt sie für dich."

Budapest
ZUR HÖLLE & ZURÜCK

Das Ferrari-Stallduell Massa-Räikkönen steht 54:51, ist also völlig offen, zumal Luca Montezemolo immer befohlen hat: "Keine Teamorder!" Anders die Situation bei McLaren: Hamilton führt gegen Kovalainen 58:28 – doch nach Lewis (befohlenem?) Überholmanöver in Hockenheim ist der Finne zwei Stunden unansprechbar. Alles kein Vergleich zu Budapest 2007.

Berger-Comeback, Schumacher-Unfälle, Transfer-Sensationen, Streit und Intrigen – die Formel I bietet auch im letzten Rennen vor der Sommerpause volles Programm! Im Schatten des Teamchef-Meetings in Maranello, bei dem alle Bosse das neue Reglement diskutieren, aber nichts beschließen. Flavio Briatore, polternd: „Das einzige Team, das derzeit alle Regeln im Geist der Gesetze befolgt, ist Renault!" Also weder McLaren noch Ferrari...

...die in einen Power-Krieg verwickelt sind. Die Motoren sind bekanntlich von der FIA eingefroren – also suchen die Superhirne in der Puszta-Gluthölle nach neuen Lösungen. Zusätzliche PS gewinnen durch Treibstoff und Schmiermittel. McLaren-Mercedes hat die Leistung schon um 0,5 Prozent = 4 PS steigern können, am Hungaro-Ring erwartet alles die Revanche von Ferrari.

Die „Silberpfeile" fahren schon Richtung 2009: „Heikki Kovalainen bleibt auch nächstes Jahr bei uns!", verlautbart McLaren einen Tag vor Trainingsbeginn offiziell.

Der Finne, als ich ihn beim Mittagessen treffe: „Ich versteh nicht, warum mir alle gratulieren. Für mich war immer schon klar, wie es weitergeht." Hamilton und Kovalainen, eine Kombination wie Feuer und Eis: Der Finne startet also 2009 sein zweites McLaren-Jahr, der Brite das erste seines neuen 5-Jahres-Vertrags.

Im Mittelpunkt stehen auf dem Hungaro-Ring aber auch Fernando Alonso und Jenson Button. Der Spanier hat hier 2003 seinen ersten GP gewonnen – der Engländer 2006 seinen einzigen. Kreuzen sich jetzt wieder ihre Wege?

„Ich nehm Alonso notfalls auch für ein Jahr!", überrascht mich Honda-Boss Ross Brawn, „weil ich weiß, wo er danach hin will" (zu Ferrari). „Und weil ich sicher bin: Er wird der große Dominator der nächsten Ära – wie früher Schumacher." Aber wer müsste dann bei Honda über die Klinge springen? Eher nicht Barrichello, mit dem Brawn seit Ferrari-Zeiten gut zusammenarbeitet, sondern Button: „Dem müsste ich noch die Arbeits-Ethik von Schumi beibringen. Der kam immer als Erster und ging als Letzter."

Apropos: Schumi alarmiert momentan durch zwei Unfälle. Auf der Nürburgring-Nordschleife (fast am Jahrestag des Lauda-Dramas) mit einem Ferrari 430, aber die Scuderia schwört: „Da saß nicht Michael am Steuer, sondern der Testpilot." Und jetzt in England der nächste Crash, schuldlos, weil ein Brite auf einer Landstraße Schumis Vorrang missachtet.

Gerhard Bergers exklusives Abenteuer im eigenen Toro Rosso – 12 km neben dem Plattensee – ist aufregend und unfallfrei.

Wieder gesund ist der vom Stromschlag getroffene BMW-Mechaniker, allerdings ist er nicht am Hungaro-Ring anzutreffen, „weil er zur Testtruppe gehört, nicht zur Rennmannschaft." Wieder fit nach seinem bösen Hockenheim-Crash ist auch Timo Glock. Toyota: „Wir tauschen die Radaufhängungsteile ab jetzt früher aus – aber wir hatten nach Silverstone keinen Verdacht auf einen Defekt in Hockenheim."

Die fantastische Zeitreise des Gerhard Berger! Mit Vollgas in die Vergangenheit – und zurück in die Zukunft. Binnen weniger Tage fährt er sein Traumauto, Jochen Rindts Lotus von 1970, und erstmals seinen eigenen Toro Rosso – und beim geheimen großen Teamchef-Meeting in Maranello ist er auch.

Berger vor seinem Lieblingsrennen in Budapest, wo er selbst dreimal aufs Stockerl gebraust ist: offenherzig, positiv, cool.

Gerhard, wie war Maranello, wo du ja sechs Jahre lang als Ferrari-Pilot zuhause warst?

Berger: „Weckt immer schöne Erinnerungen – aber die Konferenzsäle sind jetzt anders als früher."

Manche reden schon von einer Revolution in der Formel I?

Berger: „War es nicht. Die Teamchefs haben sich zusammengeschlossen, um einiges zu ändern, was für die Formel I und die Teams wichtig ist: Technisch – sportlich – finanziell. Also eine Vereinigung der Formel-I-Teams..."

Die FOTA heißen und die alte Formula-One-Constructeurs-Association ablösen soll?

Berger: „Die FOCA war ja nie wirklich aktiv. Jetzt wurde beschlossen, dass es neben der FIA und der FOM, also dem Formel-I-Management, auch eine Vereinigung der Teams geben soll."

Um mehr Geld zu verdienen, um von den Formel-I-Einnahmen (800 Millionen Euro) künftig nicht 50, sondern 80 Prozent zu kassieren? Weil ja, wie Luca Montezemolo sagt, auch in Hollywood die Filmstars den Löwenanteil bekommen, nicht die Verwalter?

Berger: „Das steht noch nicht auf der Tagesordnung, ist auch noch kein Anspruch. Nur, dass sich die Gruppe der Teams künftig trifft, um alle wichtigen Punkte durchzugehen."

Bernie Ecclestone war beim 5-Stunden-Meeting auch dabei. Und Luca Montezemolo wurde zum Vorsitzenden der Gruppe gewählt?

Berger: „Ja, für ein Jahr, dann übernimmt jemand anderer den Vorsitz."

Vielleicht du, nachdem dich viele schon als FIA-Präsident sehen wollen?

Berger: „Ich sicher nicht. Ich bin nur ein Teil der Gruppe – mit unserem Team Toro Rosso."

Du hast dein Auto vor tausenden Fans am Balaton zum ersten Mal gefahren – was für ein Erlebnis?

Berger: „Ein tolles. So etwas bringt nur Red Bull zustande. Von einer Kirche auf einem Hügel runter zum Plattensee – insgesamt 30 km, anfangs sehr ungewohnt. Ich hab mir auch schwer getan: erstmals ohne Kupplung, links bremsen, der linke Fuß sucht immer die Kupplung, dazu die Schaltwippen am Lenkrad... ein Auto voll Elektronik."

Was für ein Gegensatz zu Jochen Rindts altem Lotus, den du in Gröbming gefahren bist?

Berger: „Ich war immer ein Rindt-Fan und hab mir gewünscht, einmal sein Auto fahren zu dürfen. Drei Pedale, Schalthebel, zwei oder drei mechanische Verstellungen – das wars."

Hat-Trick für Hamilton, den Sieger von Silverstone und Hockenheim? Lewis wird bei den Buchmachern für Budapest 2:10 gewettet, Räikkönen 3:5, Massa 4:5, Kovalainen 15, Kubica 20 – und Ferrari hat seit 2004 den Ungarn-GP nicht mehr gewonnen. Aber das letzte Rennen vor der großen Sommerpause wird ein freundliches.

Als Ron Dennis für das große Teamchef-Meeting mit einem dunkelblauen Maserati vom Flugplatz abgeholt wird, flötet er: „Ich bin immer gern bei Ferrari, ich fühl mich hier besonders wohl..." Wie hätte er vor einem Jahr geschimpft?

Kimi Räikkönen kommt zu spät zur FIA-Talkshow angeflogen, „weil der Luftraum über Österreich blockiert war", entschuldigt er sich. Keine Strafe.

Dafür das große Promi-Treffen auf dem Hungaro-Ring: Zum Rennen kommt Placido Domingo, tags darauf singt Paul Anka „My Way". Passt auch für Max Mosley, der gerade in Südfrankreich Ferien macht: „Ich komm erst im September nach Monza." Außerdem stellt er klar: „Ich kandidiere im Herbst 2009 nicht mehr. Jeder glaubt, der FIA-Päsident muss nur einen Blazer anziehen und die Armschleife überstreifen – in Wahrheit ist das tägliche Knochenarbeit..."

Fernando Alonso feiert seinen 27. Geburtstag. Beim Frühstück mit Honda-Chef Ross Brawn kommt die unvermeidbare Frage nach Fernando. „Meine Tür ist immer offen", verrät mir der frühere Ferrari-Zauberer. Alonso hat unruhige Sommerferien. Wo er sie verbringt? „Das entscheidet meine Frau." Darauf Heikki Kovalainen: „Ich fahr, wohin ich will – in die einsame Gegend des Polarkreises und nicht dorthin, wo meine Freundin hin will. Wir haben zuhause ganz klare Stallorder."

Worauf Alonso grinst: „Wart nur zwei Jahre, Heikki..."

Niki Lauda analysiert Rundenzeiten, Spritmengen und Reifen und bleibt dabei: „Hamilton ist Favorit – aber keiner darf Ferrari unterschätzen!" Allerdings auch nicht die Fehlerquote der Top-Teams. Norbert Haug (Mercedes): „Wir haben in Hokkenheim alles falsch gemacht – und trotzdem gewonnen." Weil Hamilton das Wunder schafft, in 7 Runden 23 Sekunden Vorsprung herauszufahren. Erinnert an Schumacher, dem Ross Brawn 1998 in Budapest den Befehl funkt: „Du musst in 19 Runden 25 Sekunden gewinnen – mach das!"

Zur Hölle und zurück! Anders kann man den Ungarn-GP nicht beschreiben. Staubig, schmierig, eine Kurve geht in die andere über – das bedeutet pausenloses Kurbeln am Lenkrad. Und je heißer es wird, umso mehr übersteuern die Autos. Die McLaren sind zu den Reifen aggressiver, kommen also problemlos auf Temperatur – die Ferrari sind reifenschonender, trauen sich aber zum Beispiel im Hockenheim-Finish nicht, die weichsten Reifen zu nehmen. Und werden unter Wert geschlagen.

Eine Hitzeschlacht fast mit Überholverbot – wer ungeduldig wird, riskiert Kollisionen. Muss das Safety-Car raus – und stellt den Ungarn-GP auf den Kopf? Eine Neutralisation hilft immer den Langsamen – und schadet den Schnellsten. Darum diskutiert die GPDA eine volle Stunde lang mit Charlie Whiting. Resümee: „Das jetzige System ist nicht ideal, wir müssen es ändern – aber erst für 2009."

Sehr tapfer schlägt sich Sebastian Vettel, der am Freitag nur 5 Runden drehen kann – defekte Hydraulik, Kupplungsschaden. Die Red-Bull-Autos, bei allen Speedmessungen hinten, passen nicht auf den Hungaro-Ring: keine schnellen Kurven. Coulthard verlangt nach dem Glock-Crash von Hockenheim wegen gebrochener Spurstange: „Die FIA muss die Sicherheit bei Toyota überprüfen." Wie oft werden die Teile ausgetauscht? Teamchef John Howett: „Manche halten ein ganzes Jahr – aber wir testen jetzt mit Ultraschall."

Die Formel I am Limit. Renault bestätigt den Selbstmord seines Entwicklungsingenieurs William Miller (54), der sich im Formel-I-Headquarter in Enstone erschossen hat. Grund: „Zu viel Stress und zu hoher Leistungsdruck." 2005 stürzt in Budapest McLaren-Teammitglied Daniel Hawker aus dem Fenster.

2008 crashen zwei GP-2-Teamautos auf der Autobahn Richtung Rennstrecke – Hubschrauber, Rettungswagen, Polizei im Einsatz, aber zum Glück keine Schwerverletzten.

Ungarn wird ein Rekord-Grand-Prix: 50.000 Fans schon am Freitag, 60.000 am Samstag und am Renntag – davon wie immer 10.000 Österreicher, 20.000 Finnen – und 40.000 aus Polen, um Robert Kubica anzufeuern: den Supermann, der kein Superstar sein will. „Mich interessiert nur das Rennfahren, nicht der ganze Ruhm und Glamour."

Als 11-jähriger Bub ist Robert, mit einem Autobus aus Krakau gekommen, erstmals am Hungaro-Ring, 2006 debütiert er hier. Jetzt kämpft er um die WM – mit gemischten Gefühlen: „Manchmal glaub ich, ich habe eine Chance – manchmal nicht." Robert, im Zwiespalt der Gefühle.

Energie, Kraft und Ehrgeiz hat er genug. Aber Hamilton-Sportprofessor Aki

Hintsa erinnert mich: „Ich hab dir zu Saisonbeginn gesagt: Keiner ist körperlich und mental stärker als Lewis! Das werden in Ungarn alle sehen!“

Um Hamilton und Kovalainen zu betreuen, verzichtet Aki, der Professor mit über 100 Goldmedaillen, zum ersten Mal auf Olympia. „Obwohl jetzt viele finnische Sportler auf mich bös sind, weil ich nicht nach Peking mitkomm. Aber Lewis und Heikki sind mir wichtiger.“

Nach dem Ungarn-GP brauchte Alonso einmal einen Sessel zum Ausruhen – und Mika Hakkinen sah auf dem Siegerpodest aus wie eine Wasserleiche.

„Seine Zeit kommt sicher! Er wird noch öfter für McLaren gewinnen“, prophezeit Ron Dennis, als er Heikki Kovalainens Vertrag um ein Jahr verlängert. Immer schon der Wunsch des Finnen: „ich möchte, solange ich Rennen fahr, immer bei McLaren sein.“ Und jetzt ist er der Jubiläumssieger der Formel I: Der Mann, der den 100. Grand Prix der Geschichte gewinnt.

Kovalainen – kein Langeweiler wie Kimi Räikkönen, sondern immer lustig, gut aufgelegt, positiv. Sein Vater fährt mit dem Bus Touristen von Nordfinnland über den Polarkreis, Richtung Nordkap – seine Mutter schaut zuhause selten fern. Als Vater Kovalainen 2008 im Mai alarmiert zuhause anruft: „Heikki hatte in Barcelona einen schweren Unfall“, da reagiert sie sehr gelassen: „Ach so.“ Erst als sie den Fernseher aufdreht, kommt der Schock...

Kovalainen wurde schon vor vier Jahren bekannt. Als er, der kleine Formel-III-Pilot, beim „Race of the Champions“ in Paris den berühmten Schumacher besiegt. Dadurch hat sich sein Leben schon verändert – aber jetzt? „Bleib ich der gleiche wie immer. Das ist nur einer von vielen Siegen, die noch kommen“, lacht Heikki.

Er ist nicht abergläubisch, hat keine Angst, „ist superschnell und dazu ein richtiger Teamplayer“, skizziert ihn Ron Dennis – was für ein Unterschied zum Team Hamilton-Alonso 2007.

In Fuji 2007 stehen zum ersten Mal zwei Finnen auf einem Formel-I-Siegerpodest: Kovalainen und Räikkönen. Und gleichzeitig fahren beide Väter in Finnland ein Rennen mit alten Tourenwagen.

Die Finnen, die spinnen – ein alter Spruch im Motorsport. Aber: Bravo, Heikki!

Bernie Ecclestone nimmt dem ungarischen Funkstreifen-Polizisten die Handschellen weg und fesselt damit den weltberühmten Zauberer David Merlini – aber der kann sich binnen 30 Sekunden selbst befreien. Diese Fahrerlager-Aktion, im Kamera- und Blitzlichtgewitter, ist die lustigste Szene des Ungarn-GP. Und die bittere Enttäuschung Felipe Massas – ein Motorschaden stiehlt ihm zwei Runden vor der Zielflagge den Sieg – die traurigste des Rekord-Grand-Prix in der Puszta.

Zum ersten Mal seit Fuji 2007 stehen beide McLaren in der ersten Startreihe.

Klassenfoto: Obere Reihe: Bourdais, Vettel (Toro Rosso), Sato, Davidson (Super Aguri), Fisichella, Sutil (Fiorce India), Rosberg, Nakajima (Williams). – Mittlere Reihe: Trulli, Glock (Toyota), Webber, Coulthard (Red Bull), Button, Barrichello (Honda). – Untere Reihe: Heidfeld, Kubica (BMW), Massa, Räikkönen (Ferrari), Hamilton, Kovalainen (McLaren), Alonso, Piquet (Renault). Und einmal applaudierten Massa und Heidfeld dem falschen Sieger: In Spa wurde Hamilton durch eine 25-Sekunden-Strafe auf Rang 3 zurückversetzt.

PASTOR
IMMOBILIER
YOUR REAL ESTATE AGENCY
IN MONACO
WWW.PASTOR-IMMO.MC
CONSTRUCTION
AND
PROPERTY RENOVATION
J.B. PASTOR & FILS
MONACO
HELIX
ING
MARTINI
MARTINI
AMG

ING
vodafone

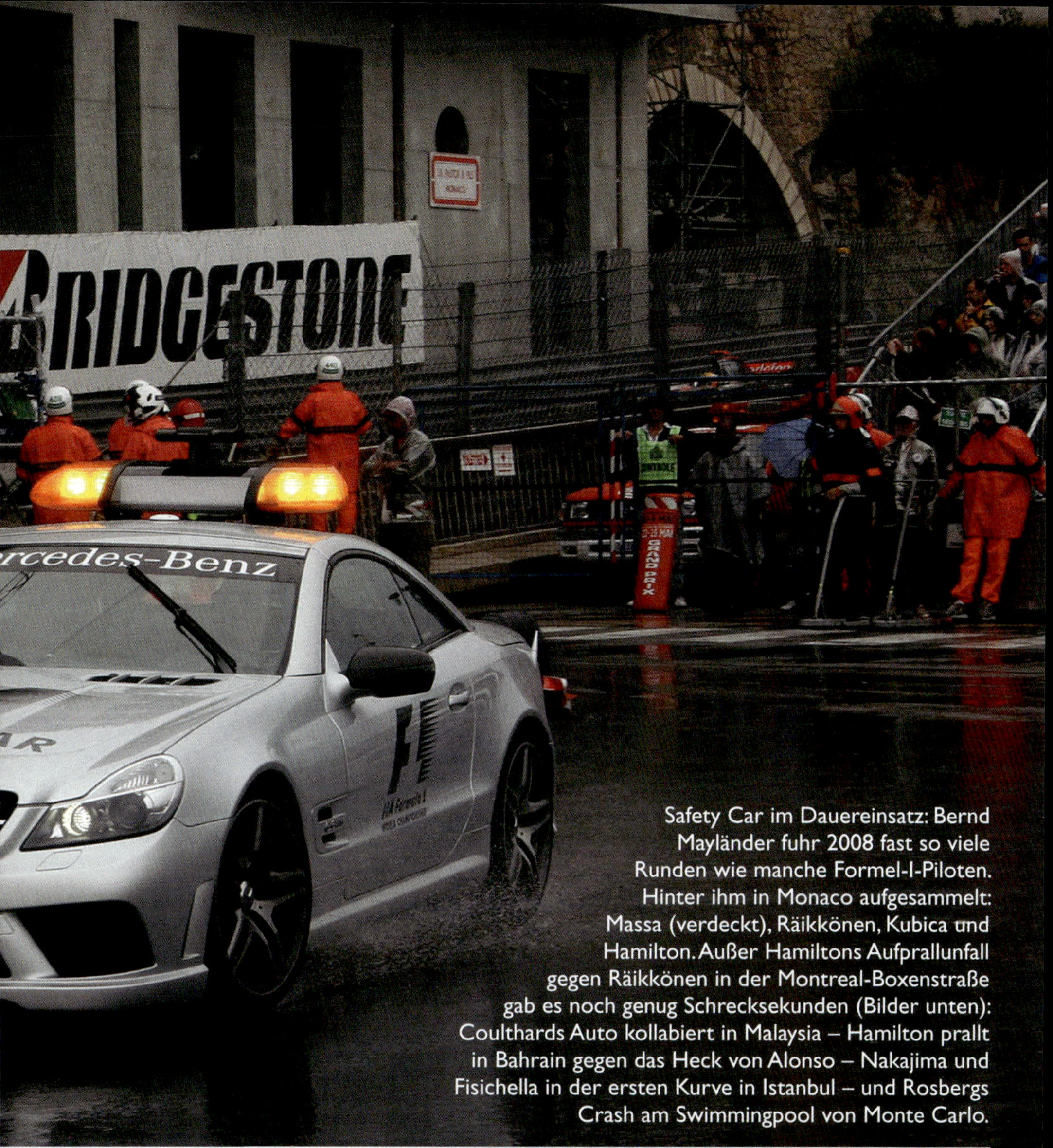

Safety Car im Dauereinsatz: Bernd Mayländer fuhr 2008 fast so viele Runden wie manche Formel-I-Piloten. Hinter ihm in Monaco aufgesammelt: Massa (verdeckt), Räikkönen, Kubica und Hamilton. Außer Hamiltons Aufprallunfall gegen Räikkönen in der Montreal-Boxenstraße gab es noch genug Schrecksekunden (Bilder unten): Coulthards Auto kollabiert in Malaysia – Hamilton prallt in Bahrain gegen das Heck von Alonso – Nakajima und Fisichella in der ersten Kurve in Istanbul – und Rosbergs Crash am Swimmingpool von Monte Carlo.

FLY KINGFISHER

Timo
YOU WINGS
S.BOURDAIS

Charity-Party in Monte Carlo, bei der die Ecclestone-Töchter Petra und Tamara talentiert und beherzt mitmischen: Die eine präsentiert ihre eigene Fashion Line, die andere moderiert mit Mikro und Kamera. Jenson Button ist kein potentieller Bernie-Schwiegersohn. Rechts: Felipe Massa mit seiner Frau Raffaela. Und Lothar Matthäus beweist: Fußball und Formel I vertragen

sich gut. Immer heiß: Naomi Campbell bei der Monaco-Party. Zwischen Regen und Traufe: FIA-Präsident Max Mosley. Die Formel I organisiert sich neu: Flavio Briatore ist der Vorsitzende der kommerziellen, Ross Brawn Chef der technischen Kommission der FOTA – und Liz Hurley (rechts unten) ist bei der Monaco-Party in Pole-Position.

Der Bob Marley der Formel I: Hobby-Schlagzeuger Lewis Hamilton, der erste Formel-I-Weltmeister mit afro-karibischen Wurzeln, verteidigt 2009 seinen WM-Titel. Und Sebastian Vettel, die Entdeckung des Jahres, muss sicher nicht Defekte oder Sekunden suchen. Die „Formel Austria“ gibt Gas.

Und die einzige Sorge bei den Silberpfeilen: Feindberührung. In Silverstone touchieren Hamilton und Kovalainen (Fotobeweise), in Hockenheim kommt der klare Funkspruch: „Heikki, Lewis ist schneller als du." Ein verschlüsselter Geheimbefehl: Lass den anderen überholen.

Für Niki Lauda ist vorm Start klar: „Hamilton wird gewinnen – problemlos, wenn Kovalainen hinter ihm Zweiter wird. Aber wenn Massa auf Platz 2 vorkommt, wirds ein bissl schwieriger." Und dann überrascht Massa mit einem Superstart beide Silberpfeile und schießt sofort in Führung – die er bis zum Ausfall hält. Der große Umsturz in der WM?

Bei den Boxenstopps gibt es Feuer-Schocks beim Nachtanken der Autos von Bourdais, Nakajima und Barrichello – nur bei Ferrari scheint alles perfekt zu laufen, trotz 120 Grad Wasser- und 145 Grad Öltemperatur. Bis 3 Runden vor Schluss alle Massa-Hoffnungen in einer riesigen Rauchwolke platzen.

Ferrari reagiert sofort und bremst Räikkönen ein: „Nichts mehr riskieren, runter mit der Drehzahl." Deshalb gibts nur Platz 3.

Da bleiben auch für Hamilton nur noch die kleinen Punkte: Reifenschaden links vorn, genauer gesagt: „schleichender Patschen." Hervorgerufen durch einen Stein auf der Fahrbahn? Oder einen Trick mit gesenktem Reifendruck – wie das schon früher gelegentlich passiert ist? Plötzlich kämpft Hamilton gegen Coulthard um den 10. Platz, rettet am Ende wenigstens Rang 5.

Sensation des Rennens ist der Deutsche Timo Glock im besten „Hitzeauto", Toyota: zweiter Platz, erstmals auf dem Stockerl. Es ist das Rennen glücklicher Crash-Piloten: Kovalainen nach seinem Barcelona-Crash, Glock nach seinem Hockenheim-Unfall. Solche Missgeschicke machen Piloten nur noch stärker. Niki Lauda applaudiert: „Glock ist besser, als er ausschaut."

Timos Sturmlauf in die dritte Startreihe und sein noch sensationelleres Rennen hat noch eine Erklärung: der Toyota ist das beste „Hitzeauto" der Formel I. Kein anderer Bolide reagiert so unempfindlich auf hohe Temperaturen – wie man auch jedes Jahr in Malaysia sieht. „Eine Frage der Geometrie und natürlich der Kühlung." Der Toyota-Trick? Die Auspuffrohre werden freigelegt, allerdings auf Kosten der Aerodynamik.

Zur Hölle und zurück – anders kann man den Ungarn-GP nicht beschreiben. 110 120 Grad Wasser-, bis zu 145 Grad Öltemperatur, dazu kommen Temperaturen wie in der Sauna in den Cockpits. Die BMW-Piloten werden sogar mit je zwei Trinkflaschen ins Rennen geschickt: zu je 1,5 Liter Wasser, angereichert mit Vitaminen und Mineralstoffen. Das macht ein Umkonstruieren des Bordmikros notwendig: Das Mikrofon von Heidfeld und Kubica zum Beispiel wird direkt in die Balaklava, den flammensicheren Gesichtsschutz, montiert.

Ein Rennverlauf wie ein Hitchcock-Film – oder wie ein Forsythe-Thriller! Lewis Hamilton fährt in der Hitzeschlacht am Hungaro-Ring einem sicheren Stockerlplatz entgegen – da hat er links vorne einen Reifenschaden. Felipe Massa sieht wie der sichere Sieger aus, als drei Runden vor Schluss sein Motor platzt – herzzerreißend. Der Ausfall der beiden macht einen Sensations-Zieleinlauf möglich:

Heikki Kovalainen vor Timo Glock und Kimi Räikkönen – für Ö3 liest sich das Ergebnis des Ungarn-GP „wie die Regalbeschriftungen in der Selbstbedienungsabteilung von Ikea..." Ungewohnt jedenfalls. Aber: „Die Finnen, die spinnen" ist ein alter Spruch im großen Motorsport – mit Respekt.

Kovalainen – der fünfte Sieger 2008, der zweite neue nach Kubica – feiert seine Siegpremiere am Polarkreis: mit Eltern und Freunden zuhause in Suomussalmi, wo einander die Bären und Füchse gute Nacht sagen. „In meinem Heimatdorf veranstalte ich schon seit fünf Jahren jeden August ein großes Go-Kart-Rennen – da kommt mein Sieg in Budapest gerade richtig."

2007 hat Heikki sein eigenes Rennen gewonnen – genau wie Michael Schumacher früher immer sein Ferrari-Team auf seine Rennbahn in Kerpen eingeladen hat. Heuer darf Kovalainen nicht mitfahren. „Zu gefährlich", bremst McLaren.

Timo Glock holt für Toyota im 117. GP das bisher beste Ergebnis heraus – trotz böser Magenverstimmung: „Jedesmal, wenn ich an der Trinkflasche saugte, wurde mir schlecht." Sein Landsmann Heinz-Harald Frentzen fährt die Hitzeschlacht von Budapest sogar einmal mit Lebensmittelvergiftung. Timo lässt zwei Weltmeister (Räikkönen und Alonso) hinter sich – auch dank verblüffend guter Starts. „Ich hab sehr fleißig an meiner Reaktionszeit gearbeitet. Wie, bleibt mein Geheimnis."

Glock – ein speediger Name für einen Formel-I-Piloten. Aber auch ein gefährlicher. Als Timo zum ersten Mal nach Amerika fliegt, fragt ihn ein misstrauischer Flughafenpolizist: „Haben Sie etwas mit der Glock-Pistolenfabrik zu tun?" Natürlich nicht. Ein Herr Kalaschnikow fährt ja auch keine Formel-I-Rennen.

Also dann – schöne Ferien für den Hungaro-Ring-Zweiten in Los Angeles.

Der Hungaro-Ring später, am Nachmittag. Gemischte Gefühle bei McLaren – Jubel um Heikki, Schadensbegrenzung bei Lewis. Aber bei Ferrari herrscht Weltuntergangsstimmung. Massa in Trä-

DIE DEUTSCHEN PODEST-FAHRER:

Karl Kling
Hans Herrmann
Graf Berghe von Trips
Jochen Mass
Hans-Joachim Stuck
Rolf Stommelen
Stefan Bellof
Michael Schumacher
Ralf Schumacher
Heinz-Harald Frentzen
Nick Heidfeld
Nico Rosberg
Timo Glock
Sebastian Vettel

nen, die Ingenieure ratlos – der erste Motorschaden seit langer Zeit. „Nicht einmal beim Testen ist so etwas passiert“, analysieren die Ferraristi leise. Felipes Motorplatzer trifft ganz Italien ins Herz. So ist die Formel I: hart, aber ungerecht.

„Felipe fuhr das beste Rennen seiner ganzen Karriere! Er hätte sich den Sieg hochverdient“, trauert Ferrari-Rennleiter Domenicali. In Maranello und Fiorano rauchen jetzt die Köpfe, um den teuren Motorschaden zu analysieren. „Unser erster seit Melbourne – aber bei den Tests ist nie etwas passiert.“ Massa, mit feuchten Augen: „Ich fühl mich ganz mies. Ein perfekter Start, ein sehr gutes Rennen, der Defekt war nicht mein Fehler. Aber so ist der Sport. Doch in Valencia greif ich wieder voll an!“

Sieger Kovalainen gibt zu: „Ich versuchte, Massa aus einem 10-Sekunden-Rückstand anzugreifen, in einen Fehler oder Defekt zu hetzen – aber ehrlich: Jetzt tut er mir leid.“

Geht Ferrari, provoziert durch den PS-Gewinn von McLaren-Mercedes, übers Limit? Niki Lauda: „Jetzt kann jeder einzelne Fehler die WM entscheiden.“

Warum stehen in Budapest drei Autos – Bourdais, Barrichello, Nakajima – beim Boxenstopp in Flammen? Alle Teams verwenden die Tankanlagen der französischen Firma „Intertechnique“. Daran wurde nichts geändert. Also muss die FIA jetzt untersuchen – bis zum nächsten Hitzerennen in Valencia.

Die Formel I hat einen neuen Sieger, sogar einen besonderen: den hundertsten in der Geschichte seit 1950 von insgesamt 796 Rennen.

„Welcome in the world of winning, Heikki!“ Willkommen in der Welt der Sieger. Ron Dennis gratuliert am Boxenfunk cool und scheinbar emotionslos – in klarer, bester Tonqualität, als würde er in einem Studio sitzen.

Kovalainen ist der zweite neue Sieger 2008 nach Kubica und der bereits vierte finnische. Nur: So eilig wie Heikki hatte es noch keiner. Rosberg hat 49 Grands Prix gebraucht, um einen zu gewinnen, Hakkinen sogar 96, Räikkönen immerhin 36 – Kovalainen schafft es schon im 28. Anlauf. Und: Bis auf Rosberg (Williams) haben alle ihre Premierensiege mit McLaren!

ALLE 101 GP-GEWINNER & IHRE ERSTEN SIEGE

1950 Dr. Nino Farina – Silverstone
Juan Manuel Fangio – Monaco
1951 Froilan Gonzalez – Silverstone
Alberto Ascari – Nürburgring
1952 Piero Taruffi – Bremgarten
1953 Mike Hawthorn – Reims
1955 Maurice Trintignant – Monaco
Stirling Moss – Aintree
1956 Luigi Musso* – Buenos Aires
Peter Collins – Spa
1958 Tony Brooks – Spa
1959 Jack Brabham – Monte Carlo
Joakim Bonnier – Zandvoort
Bruce McLaren – Sebring
1960 Phil Hill – Monza
1961 Berghe von Trips – Zandvoort
Giancarlo Baghetti – Reims
Innes Ireland – Watkins Glen
1962 Graham Hill – Zandvoort
Jim Clark – Spa
Dan Gurney – Rouen
1963 John Surtees – Nürburgring
1964 Lorenzo Bandini – Zeltweg
1965 Jackie Stewart – Monza
Richie Ginther – Mexico City
1966 Ludovico Scarfiotti – Monza
1967 Pedro Rodriguez – Kyalami
Denis Hulme – Monte Carlo
1968 Jacky Ickx – Rouen
Jo Siffert – Brands Hatch
1969 Jochen Rindt – Watkins Glen
1970 Clay Regazzoni – Monza
Emerson Fittipaldi – Watkins Glen
1971 Mario Andretti – Kyalami
Peter Gethin – Monza
Francois Cevert – Watkins Glen
1972 Jean-Pierre Beltoise – Monaco
1973 Ronnie Peterson –Le Castellet
Peter Revson – Silverstone
1974 Carlos Reutemann – Kyalami
Niki Lauda – Jarama
Jody Scheckter – Anderstorp
1975 Carlos Pace – Interlagos
Jochen Mass – Montjuich
James Hunt – Zandvoort
Vittorio Brambilla – Zeltweg
1976 John Watson – Zeltweg
1977 Gunnar Nilsson – Zolder
Jacques Laffite – Anderstorp
Alan Jones – Zeltweg
1978 Patrick Depailler – Monte Carlo
Gilles Villeneuve – Montreal
Jean-Pierre Jabouille – Dijon
Rene Arnoux – Interlagos
Nelson Piquet – Long Beach
Didier Pironi – Zolder
Alain Prost – Dijon
Ricardo Patrese – Monte Carlo
Patrick Tambay – Hockenheim
Elio de Angelis – Zeltweg
Keke Rosberg – Dijon
Michele Alboreto – Las Vegas
1985 Ayrton Senna – Estoril
Nigel Mansell – Brands Hatch
1986 Gerhard Berger – Mexico City
1989 Thierry Boutsen – Montreal
Sandro Nannini – Suzuka
1992 Michael Schumacher – Spa
1993 Damon Hill – Budapest
1995 Jean Alesi – Montreal
Johnny Herbert – Silverstone
David Coulthard – Estoril
1996 Olivier Panis – Monaco
Jacques Villeneuve – Nürnburgring
1997 Heinz-Harald Frentzen – Imola
Mika Hakkinen – Jerez
1999 Eddie Irvine – Melbourne
2000 Rubens Barrichello – Hockenheim
2001 Ralf Schumacher – Imola
Juan-Pablo Montoya – Monza
2003 Kimi Räikkönen – Sepang
Giancarlo Fisichella – Interlagos
Fernando Alonso – Budapest
2004 Jarno Trulli – Monte Carlo
2006 Jenson Button – Budapest
Felipe Massa – Istanbul
2007 Lewis Hamilton – Montreal
2008 Robert Kubica – Montreal
Heikki Kovalainen – Budapest
Sebastian Vettel – Monza

**) Luigi Musso übergibt 1956 in Buenos Aires seinen Ferrari an Fangio, der dann das Rennen gewinnt. Fahrerwechsel sind damals erlaubt, die Punkte werden geteilt.*

Die FIA rechnet in den Jahren 1950-1960 zu den Grand-Prix-Siegern auch die amerikanischen Piloten, die die 500 Meilen von Indianapolis gewinnen, um der WM einen globalen Anstrich zu geben. In unserer Statistik werden sie ausgelassen, weil die Indy-Rennen nach völlig anderem Reglement gefahren werden. Die Sieger 1950-1960: Johnny Parsons, Lee Wallard, Troy Ruttman, Bill Vukovich (2 x), Bob Sweikert, Pat Flaherty, Sam Hanks, Jimmy Bryan, Rodger Ward, Jim Rathmann.

Valencia
DIE NEUEN KURVEN

Als brächten sie während einer Grand-Prix-Saison nicht genug Flugkilometer zusammen, werden die Formel-I-Piloten offenbar auch während der jährlichen Sommerpause mit Renn- und Testverbot vom Fernweh gepackt. Aber die meisten halten ihre Ferienziele geheim.

Der Ungarn-Sensationszweite Timo Glock fliegt nach Los Angeles. „In Monterrey fahr ich einen Toyota-Sportwagen bei einem großen Oldtimer-Event. Dann mach ich vier, fünf Tage Urlaub in L.A."

„Baby-Schumi" Sebastian Vettel schnappt sein Mountainbike und düst ab nach Skandinavien.

„Geh nach Lugano", hat Jarno Trulli seinem früheren Renault-Teamkollegen Fernando Alonso geraten. „Tolle Stadt und schönes Wetter." Und der Spanier ist auch dort, „aber Ferienhaus hab ich keins gekriegt, nur ein Hotelzimmer, und nach zwei Tagen war ich schon wieder weg." Und wohin diesmal, Fernando? „Nicht nach Lugano, nicht nach Italien. Ich weiß noch nicht."

Ganz präzise hingegen ist das Ferienziel von Heikki Kovalainen, dem 100. Sieger der Formel-I-Geschichte: „Ich flieg heim nach Lappland – das einzige Mal außer zu Weihnachten. Ich will meine Eltern besuchen, ein bissl fischen, ansonsten stundenlang durch die finnischen Wälder wandern. Da treff ich Rentiere und sogar Bären und seh keinen Menschen außer mir." Und seiner Freundin? „Ich weiß nicht, was sie vorhat, aber das sind meine Ferien und in meiner Familie entscheide ich, wohin ich will."

Darauf Alonso: "Wart zwei Jahre..."

Kovalainen beharrt: „Wir haben zuhause eine klare Stallorder – und da bin ich in einer guten Position."

Alex Wurz wird, wie immer, viel Mountainbike-Fahren und Kite-Surfen. Christian Klien fliegt nach Sardinien, wo er weitertrainiert – für 2009.

Sechs Städte hatten in der Sportgeschichte schon das „goldene Double": als Gastgeber von Olympischen Sommerspielen und Veranstalter von Formel-I-Grand-Prix-Rennen. Los Angeles 1932 und 1984 mit Long Beach, Berlin 1936 mit der legendären Avus, Melbourne 1956, Mexico City 1968, Montreal 1976 und Barcelona 1992 – als Bernie Ecclestone gern einen „Olympia-Grand-Prix" organisiert hätte.

Die FIA ist dafür, das IOC dagegen. Dafür dreht sich bei der Eröffnungsfeier 2006 in Sestriere ein Formel-I-Ferrari auf der Bühne. Fahrer: anonym. Schumacher, wie viele glauben, ist es nicht, sondern der Testpilot Luca Badoer.

Der Respekt zwischen Hochleistungssportlern ist immer da. Und auch die Formel-I-Stars sitzen, egal wo sie urlauben, im August fasziniert vorm Fernseher.

Allround-Sportler Fernando Alonso, der mit Vater und Manager den EURO-Triumph seiner spanischen Kicker in Wien live gefeiert hat, dessen erster Heroe der Tour-de-France-Sieger Miguel Indurain war: „Ich schau vor allem Tennis mit Rafa Nadal (der prompt Olympiasieger wird), dann die Radrennen, bei denen wir aussichtsreiche spanische Athleten haben – weniger Leichtathletik, weil wir dort nicht gut genug sind."

Felipe Massa ist traurig, als Brasiliens Fußballer das Olympiafinale gegen den Erz-Rivalen Argentinien verlieren. „Also muss ich das jetzt mit einem Sieg in Valencia wieder gutmachen..."

Heikki Kovalainen folgt der großen finnischen Tradition: „Unser Speerwerfer Tero Pitkämäki war 2007 Weltmeister, also tu ich mein möglichstes, um ihn moralisch zu unterstützen. Er gewinnt aber nur die Bronzemedaille."

Timo Glock freut sich vor allem auf die Radrennen. Und groß ist die Überraschung, als im Olympia-Velodrom plötzlich auch Bernie Ecclestone auftaucht. „Ich hab immer viel Respekt vor den großen Performers und deren Leistungen – egal ob Sport oder Pop."

Ich werde oft gefragt: Hat schon jemals ein Formel-I-Pilot aktiv an Olympischen Spielen teilgenommen? Natürlich, allerdings zuletzt vor einem halben Jahrhundert. Der Berühmteste von ihnen ist der spanische Abenteurer Marquis Alfonso de Portago, der in direkter Linie von den spanischen Eroberern des 16. Jahrhunderts abstammt. Der Prototyp des unrasierten „Latin Lovers", Ladykiller und Allround-Sportsmann, Polospieler, Rennreiter, französischer Jockey-Amateur-Champion, Teilnehmer am Grand National – und vor allem Ferrari-Werksfahrer in der Formel I.

Sein größter Erfolg: Zweiter im GP von England 1956 in Silverstone, zusammen mit Peter Collins – fünf Monate, nachdem er bei der Toni-Sailer-Olympiade in Cortina mit dem spanischen Zweierbob sensationell auf Platz 4 gerast ist – um nur zwei Zehntel an der Bronzemedaille vorbei. 1957 verunglückt de Portago bei der Mille Miglia wegen eines Reifenplatzers tödlich.

Überlebt hat der Engländer Robin Widdows: Auch er Bob-Olympiateilnehmer und 1968 beim britischen GP in Brands Hatch am Start, aber wegen Zündungsdefekt an seinem Cooper ausgefallen.

Und dann ist da noch die Story von Jackie Stewart: Juniorenweltmeister im Tontaubenschießen, 1964 in Tokio Ersatzmann im britischen Olympiateam. „Aber weil ich damals schon so viel Geld in der Formel III verdiente, hab ich darauf verzichtet..."

Die Formel I, wie jedes Jahr im August, auf Boxenstopp in Ibiza – und Lewis Hamilton in Pole-Position. Was für ein Traumfoto für die Paparazzi: Der WM-Leader mit seiner Freundin Nicole Scherzinger und deren „Pussycats Dolls" in einem marokkanischen Restaurant in San Raffael – mit einer Schlange um den Hals!

Da erstarren die Bodyguards der Pop-Gruppe, aber auch deren deutscher Manager. Und wie immer, wenn Hamilton und die „Pussycats Dolls" zusammentreffen, ist auch Force-India-Pilot Adrian Sutil, der frühere Kumpel aus der Formel III, nicht weit, der zuletzt sogar bis Los Angeles nachgeflogen ist.

Dabei wollen die Freunde in Ibiza nur gemütlich essen gehen. Schon beim Restaurant-Eingang grüßt ein lebendes Kamel. Als dann der Chef mit seiner Schlange durchs Lokal geht, flüchtet Hamilton ins hinterste Eck. Doch als sich Nicole tapfer die Schlange um den Hals legen lässt, darf auch Lewis nicht feig sein...

Er übersteht die Mutprobe – wie zuletzt den bitteren Reifenschaden in Budapest. „2008 ist eine total andere WM als 2007", vergleicht der McLaren-Pilot. „Damals sind wir alle immer ins Ziel gekommen. Zuverlässigkeit war alles. Heuer hatte jeder Pilot, der einen Grand Prix gewann, schon mindestens zwei Ausfälle. Also sind Top-Ergebnisse noch wichtiger."

Eine Prognose fürs Valencia-Rennen, Lewis? „Unmöglich. Erinner dich daran, was Felipe Massa in Budapest passiert ist. Darum keine Voraussagen mehr – aber gerade diese Unsicherheit macht unseren Sport so faszinierend."

Genug Diskussionsstoff für die flotten Ibiza-Urlauber: Niki Lauda, der für einen Sprung vorbeikommt auf die Balearen-Insel. Alex Wurz, der mit Pedro de la Rosa bei glühender Hitze stundenlang auf dem Mountainbike trainiert. Giancarlo Fisichella, der mit eigener Yacht gesegelt kommt. Und alle anderen – mit oder ohne Schlangenbeschwörer.

Im Windschatten von Sebastian Vettel & Co – und auf Niki Laudas Spuren: Einen Tag, bevor die Formel-I-Action voll losgeht, darf ich als einziger österreichischer Journalist an einem Formel-BMW-Training teilnehmen – aber nicht auf dem neuen Stadtkurs am Hafen von Valencia, sondern 30 km entfernt auf dem berühmten „Circuito Ricardo Tormo." Schauplatz der wildesten Moto-GP-Rennen und des legendären Lauda-Comebacks – als Niki 2001 mit seinem Formel-I-Jaguar erstaunlich schnelle Runden dreht.

Dort borgt er sich von Flavio Briatore auch einen blutjungen Spanier aus, um ihn heimlich zu testen: Fernando Alonso, der um eine ganze Sekunde schneller fährt als alle anderen. Doch Flavio lässt ihn nicht mehr aus den Händen... Lauda: „Ich musste ihm nur in die Augen schauen um zu erkennen, welches Feuer da brennt. Ich wusste: Alonso wird einmal Weltmeister."

Ich bestimmt nicht. Doch einen halben Tag lang das beste und sinnvollste Nachwuchs-Rennauto auf einer echten Rennstrecke zu fahren, das ist ein tolles Erlebnis.

„Sei vorsichtig", hat mich Alex Wurz zuvor gewarnt. Carbonfiber-Chassis, 400 kg schwer, robustes unsensibles Formel-III-Getriebe zum Durchreißen, 4-Zylinder-Motorrad-Motor der BMW K 1200 RS – 140 PS. Und mit Slicks wie bei den echten Rennwagen. Es ist die weißblaue Rakete, die Christian Klien seinerzeit nach oben katapultiert hat. Und außer Nick Heidfeld auch alle anderen Deutschen, die in die Formel I wechseln – von Ralf Schumacher

über Rosberg, Glock, Sutil bis zu Vettel, dem „Baby-Schumi", der in der Formel BMW alle Rekorde bricht: 18 von 20 Rennen gewonnen!

BMW-Motorsportchef Dr. Mario Theissen hat 100 Autos bauen lassen, eine Rennsaison kostet 300.000 Euro. Das ideale Gerät, um mit dem Rennsport anzufangen – vergleichbar mit der Formel Vau zu Jochen Rindts Zeiten.

Ich bin schon viele Rennwagen gefahren – oder besser: die Rennwagen mit mir. Formel-Vau und Formel-Ford, klar, aber auch Alain Prosts berühmten Renault-Turbo mit 1500 PS, auf regennasser Strecke in Le Castellet. Vor allem aber auch Juan Manuel Fangios unbezahlbaren Mercedes-Silberpfeil, das Weltmeisterauto von 1954/55.

Der BMW ist ein Sportgerät, das unendlich viel Spaß macht – und total ungefährlich ist. Vettel, grinsend: „Na, was hab ich dir gesagt?" Dr. Theissen: „Vor ein paar Jahren bin ich in Valencia sogar gegen Max Mosley gefahren..." Für die jungen Himmelstürmer: Der erste Schritt zur Formel I. Der Lohn für den Gesamtsieger jedes Jahres: Eine Formel-I-Testfahrt im November. Die bekommt jetzt der Salzburger Philipp Eng. Ich werde ihm applaudieren.

Bei Ferrari schrillen die Alarmglocken! Felipe Massas Motorschaden in Ungarn – zwei Runden vor Schluss – hat die Squadra Azzurra nicht nur einen sicheren Sieg gekostet, sondern auch die „Ferragosta"-Ferien gründlich verpatzt. Der bitter enttäuschte Massa: „Wir können es uns nicht mehr leisten, Punkte wegzuschmeißen!" Aber wer ist schuld am Ausfall in Ungarn, der den WM-Titel kosten kann?

Die Österreicher nicht – soviel steht fest. Denn die Titan-Pleuel für den Ferrari-Motor werden zwar bei Pankl in Bruck/Mur erzeugt, die Kurbelwelle (aus Stahl und Wolfram) ist jedoch eine Ferrari-Eigenfertigung. Die Steirer: „Wir haben tausende Pleuel aus dem gleichen Material geliefert, Ferrari ist damit Weltmeister geworden – eher unwahrscheinlich, dass der Defekt von dort ausging. Wenn ein Motor auf dem Prüfstand k.o. geht, bleibt er sofort stehen. Aber auf der Strecke wird soviel Energie frei, dass alles zerbricht: Kurbelwelle, Pleuel, Zylinder."

Jetzt laufen überall die Analysen: bei Ferrari, bei Pankl, bei allen Zulieferern.

Ferrari-Rennleiter Domenicali tröstet Massa: „Das beste Rennen, das du je gefahren bist!" Der kleine Brasilianer selbst: „Sagen wir so: In einer ganz wichtigen Phase dieser WM eines meiner besten Rennen – aber im Gegensatz zu den anderen ist es leider unbelohnt geblieben. Der Motorschaden – wie ein ganz böser Alptraum. Ich habe nur gehofft, aufzuwachen – aber ich war ja schon munter..." Galgenhumor á la Felipe.

Jetzt steigt der Druck noch mehr – zwei Rennen vor Ferraris großem Heim-GP in Monza. Darum ein exklusiver Blick hinter die Ferrari-Kulissen: Was spielt sich bei den Roten wirklich ab? Die Technik-Chefs sind nicht ganz überzeugt davon, dass Räikkönen/Massa den Ferrari wirklich optimal abstimmen können – manche weinen schon dem „Luxus-Tester" Schumacher nach. Aber der ist mit seinen Motorradrennen voll beschäftigt.

Und weil McLaren ganz auf Hamilton setzt, Ferrari aber beide Piloten gleich behandelt, ein Wort zum Thema Stallorder: Ferrari kann nicht sagen: „Räikkönen ist unsere Nummer 1“, wenn Massa der schnellere Pilot ist.

Keine gemütliche Spazierfahrt am Hafen und Meeresstrand – sondern eher wie Silverstone oder Monza in der Stadt! Der neue Formel-I-Kurs von Valencia ist schneller, als alle glauben.

Die Computer-Simulation ist bei einer neuen Strecke extrem wichtig – aber wie funktioniert sie wirklich? Zuerst berechnen die Techniker Getriebeabstufungen, Drehzahlen, Gangwechsel – als Basis für die Prüfstandarbeit. Dann finden sie das optimale Ansprechverhalten des Motors und optimieren dementsprechend die Kalibrierung, um den Anforderungen des Kurses und den Bedürfnissen der Piloten zu entsprechen.

„Gerade auf neuen Kursen, für die keine Daten von Tests oder Rennen vorliegen, ist die Computer-Simulation extrem wichtig.“

Kein Stierkampf, dafür gibts Paella, den America's Cup der Segler, die Fußballegende Alfredo di Stefano – und sogar das „Valenciano“ als eigene Sprache. Der erste der zwei aufregenden neuen Grands Prix: am 24. August im Hafen von Valencia, bevor am 28. September das erste Nachtrennen in Singapur startet.

Lauter sensationelle Premieren, gefolgt vom zweiten Wüsten-Grand-Prix in Abu Dhabi 2009 und vom GP in Indien 2010 bei Neu Delhi, wie Force-India-Boss Dr. Vijaj Mallya bestätigt – und dann irgendwann von einem GP in Russland!

In Pole-Position aber momentan: Der „Große Preis von Europa“ in Valencia. „Um den Hafen herum“, verrät Bernie Ecclestones Streckenarchitekt Hermann Tilke, „ und cirka 5 km lang – dazu für einen Stadtkurs ungewöhnlich schnell. Hohe Geschwindigkeiten, gemessen am Rundenschnitt, viele Geraden. Es gibt aber auch scharfe Kurven, nicht direkt Spitzkehren – um die Autos runterzubremsen. Schnell und anspruchsvoll“, resümmiert Tilke.

Und ist stolz auf zwei besondere Merkmale. Wie die Windtürme von Bahrain, die nachgebaute Karawanserei von Istanbul, die chinesischen Symbole von Shanghai hat auch Valencia ganz typische Bilder: die Boxen in der Markthalle und eine Schwenkbrücke. Keine „Tower Bridge“ wie auf der Londoner Themse, sondern, wie Tilke erklärt: „Die Schwenkbrücke muss sein, damit der Hafen nicht vom Meer abgeschlossen wird – wir haben sie nur an eine andere Stelle gesetzt. Nicht nur wegen des Grand Prix. Von dort siehst du den Hafen, die Schiffe – und bist trotzdem mitten in der Stadt.“

Das Glanzstück aber ist die offene Markthalle, in der die Boxen untergebracht sind. „Eher klein, aber fein“, lächelt Tilke. „Sehr schön, nach allen Seiten offen und als Dach ein schmiedeeisernes, sehr kunstvoll verziertes Gitter.“

Ein „spanisches Monte Carlo" ist Valencia sicher nicht. „Mit Monte Carlo überhaupt nicht zu vergleichen – eine ganz andere Charakteristik." 100.000 Zuschauer können sich ein perfektes Bild machen, also etwa dreimal soviel wie jedes Jahr in Monaco – und die Formel-I-Teams machen dasselbe mit ihren Simulationen.

Wie lernen Formel-I-Piloten neue Rennstrecken? Grundsätzlich: zu Fuß oder mit dem Scooter. Sebastian Vettel schaut in der Energy Station noch voller Spannung dabei zu, wie Bolt in Peking auch über 200 Meter die Goldmedaille gewinnt, dann marschiert er los – in glühender Hitze.

Unterwegs trifft er Coulthard, der seinen Scooter herunterbremst. Kurze Fachsimpelei. „Du zählst deine Grand-Prix-Rennen noch rauf, ich zähl meine schon längst runter", sagt David. Als er seinen ersten Grand Prix fuhr, war Sebastian erst sechs. Heute lernt er einen neuen Kurs schneller als die meisten. Trulli, als wir im Motorboot vom Strand ins Fahrerlager am Hafen zischen: „Fünf Runden genügen, dann hast du alle 25 Kurven intus." Lokalheld Alonso tags darauf offenbar nicht: „Ich verwechsle immer noch manche Kurven. Nummer 12 zum Beispiel ist Nummer 17 sehr ähnlich, jeweils nach einer langen Geraden. Da erwisch ich immer den falschen Scheitelpunkt."

Wir kennen die alte Rindt- oder Lauda-Kurve in Spielberg, die Lauda-Kurve in Zolder, die Unglückskurven Tamburello in Imola bzw Parabolica in Monza usw – viele sind benannt nach früheren Champions. Auf einem Straßenkurs haben die Kurven – außer in Monte Carlo – nie spezielle Namen. „Ich kenn sie sowieso kaum", sagt Robert Kubica pragmatisch, „ich könnte dir sogar aus Silverstone nur höchstens zwei Kurven aufzählen. Ich sag immer nur die Nummern – auch beim Briefing mit meinen Ingenieuren."

Worauf Dr. Mario Theissen vorschlägt: „Vielleicht sollte man auf neuen Strecken jede Kurve nach dem Piloten benennen, der dort als erster crasht..."

Zwei Tatsachen bleiben in Valencia zunächst streng geheim: Lewis Hamiltons gesundheitliche Probleme und Ferraris Angst um Kimi Räikkönens Motor.

Seit Lewis in Valencia angekommen ist, hat er die Grippe. „Ein ganz miserables Wochenende. Jeden Tag Fieber und keine Energie." Als er Samstag früh aufwacht, tut ihm auch der Hals weh: „Schmerzen, Muskelverspannungen. Ich bin nahe dran, überhaupt nicht zu fahren." McLaren befiehlt Pedro de la Rosa für alle Fälle: „Mach dich fertig. Kann sein, dass du für Lewis einspringen musst."

Ferrari wiederum spürt eine andere Angst im Nacken. Massa fährt natürlich mit einem anderen Motor, aber sein Defekt von Budapest alarmiert, weil Räikkönen praktisch den gleichen Motor hat – Titan-Pleuel aus derselben schadhaften Serie. Offenbar ein Fabrikationsfehler.

Und warum wird sein Motor aus Sicherheitsgründen nicht gewechselt? „Wegen der Rückversetzung um zehn Startplätze – das wäre auf diesem Kurs, auf dem du kaum überholen kannst, für Kimi ein zu großes Handicap."

Und was ist mit dem „Joker"? 2008 müssen die Motoren weiterhin über zwei Rennen halten, die Getriebe sogar über vier – dafür gesteht die FIA jedem Fahrer einen „Gratis"-Motorwechsel zu. Einmal in der Saison darf jeder Pilot sein Triebwerk frühzeitig tauschen. Doch diesen Joker zieht Räikkönen schon, als er nach Magny-Cours für Silverstone einen frischen Motor bekommt. Ferrari hatte Angst, Kimis V-8 sei durch den abgebrochenen Auspuff schon zu sehr malträtiert, um noch ein Rennwochenende zu überleben.

Um den Motor zu schonen, fährt Räikkönen am Samstag nur wenige Runden und wird von Massa wie zu erwarten überstrahlt: Felipe in Pole-Position, Kimi auf Platz 2, Hamilton macht Massa ein Kompliment: „Im ersten Sektor hast du uns alle zerstört!"

Trotz des WM-Titelkampfes heißt die Sensation von Valencia Sebastian Vettel. Sechster Startplatz, der bisher beste für ihn und Toro Rosso. Michael Schumacher und Niki Lauda loben ihn überschwenglich, Norbert Haug kommt breit grinsend auf ihn zu: „Dritte Startreihe – davon hast du wohl selbst nicht geträumt?"

Doch, korrigiert Vettel den Mercedes-Sportchef. „Ich träum immer vom Podest, von der Pole-Position." Die in Valencia nach Freitags- und Samstags-Bestzeiten gar nicht unmöglich ist – bis zum Verbremser im mittleren Sektor, „weil ich immer länger am Gas bleiben will."

„Hat dich 4, 5 Zehntel und eine Startreihe gekostet", rechnet ihm Teambesitzer Gerhard Berger vor. Dem Vettel heuer noch so gern einen Podestplatz schenken möchte. „Denn hätte ich keine klaren Ziele, wäre das alles Zeitverschwendung."

Und seine Ziele hat der 21-jährige in Valencia erstmals klar formuliert: „Ich weiß genau, wo ich hin will, was ich erreichen möchte, aber ich hab dafür keinen Zeitplan. Ich leb jetzt und heute, nicht morgen." Dann räumt er doch ein: „Zuerst will ich Rennen gewinnen, dann um die WM kämpfen und schließlich Weltmeister werden!"

Was bei vielen arrogant klingen würde – zu Vettel passt es. Sein Vater, der Zimmermann aus Heppenheim, hat zuhause ein Video vom kleinen Sebastian in seinem ersten Go-Kart – in dem er wie eine Puppe im Spielzeugauto wirkt.

Dass er 2009 mit dem Renault-Motor 30 bis 40 PS weniger haben dürfte als jetzt mit dem Toro-Rosso-Ferrari, tut Vettel noch nicht weh: „Zuerst muss ich bei Toro Rosso das Maximum herausholen. Aus mir, dem Auto, dem Motor, dem ganzen Team."

Und für Gerhard Berger: Ist Valencia schon der schönste Tag seiner zweiten Karriere? Ein Achselzucken, ein Grinsen und ein Blick voraus auf die nächsten sechs Rennen. „Schauen wir einmal..."

Barrichello, nach endlosen Bremsproblemen nur in der letzten Startreihe, sowie Sutil starten aus der Box. Massa kommt perfekt weg, dahinter Hamilton. Aber im Mittelfeld krachts. Nakajima knallt in der vierten Kurve ausgerechnet dem spanischen Lieblingspiloten Alonso ins Heck. Zuviel gebrochen: die Renault-Mechaniker können nichts mehr reparieren. „Dabei wollte ich ein ganz besonderes Rennen fahren."

Massa glaubt: „Hamilton hat Sprit für eine Runde mehr als ich, höchstens für zwei." Felipe kontrolliert das Tempo, kann Lewis aber nicht wirklich davonlaufen: Er liegt nur knapp 5 Sekunden vor Hamilton. Die einzige Chance, Massa zu überholen, hat Lewis in der 15. Runde beim Boxenstopp – doch dazu fehlt ihm eine Sekunde. Als Hamilton zwei Runden später tankt und Reifen wechselt, kommt er erst hinter Massa wieder raus.

Die gewohnten Strategien und Choreographien. Was alle wundert: Bernd Mayländer im Safety-Car hat einen freien Nachmittag. Auf der Strecke ist viel weniger los als in den Boxen in den alten Markthallen. Dort bleibt den Ferrari-Fans zweimal das Herz stehen.

37. Runde: Massas zweiter Boxenstopp. Bei der Ausfahrt liegt er in der engen Boxenstraße plötzlich neben dem Nachzügler Sutil – eindeutig zu früh ins Rennen zurückgeschickt. Kollisionsgefahr – wer hat da nicht aufgepasst?

„Fehler der Box", notiert Niki Lauda, „aber den gleicht Massa zum Glück noch aus." Weil er cool bleibt, vom Force India weglenkt und ohne einen Kratzer im Rennen bleibt.

Massa liegt damit 13,4 hinter Hamilton, aber „nach Verlustpunkten" (Fußballersprache) trotzdem in Führung, weil Hamilton eine Runde später tankt und Reifen wechselt.

Es wird noch einmal dramatisch.

43. Runde: Kovalainen und Räikkönen, nur um 1,1 Sekunden getrennt – gleichzeitig an der Box. Michael Schumacher, auf dem Ferrari-Kommandostand, erlebt ein Déjà-vu. Im Barcelona-GP 2000 reißt er beim Tankstopp seinen Mechaniker Nigel Stepney, den Mann mit dem schweren Benzinrüssel, mit, ohne dass jemand etwas dafür kann. Stepney erleidet einen Beinbruch, humpelt ab Monte Carlo mit einem Gipsbein durch die Boxen und wird ab dem Nürburgring 2000 durch Pietro Timpini ersetzt.

Seither hält Pietro den 30-kg-Tankschlauch, auch in Valencia für Räikkönen. Ferrari arbeitet nicht mehr mit dem alten „Lollipop"-System, bei dem der Mechaniker an der Wagenschnauze einen riesigen „Zuckerschlecker" ans Cockpit hält, sondern mit einer Signalampel: Rot-Gelb-Grün.

Und Räikkönen, nervös und ungeduldig, fährt schon bei Gelb los: „Mein Fehler. Aber ich hab auch ein kleines Problem mit der Kupplung."

Und so wiederholt sich die Stepney-Story: Pietro wird umgerissen, fast überrollt, hat aber Glück und kommt mit Prellungen und Schürfwunden davon.

Der alte Spruch „Wenn der Teufel kommt, kommt er zweimal“ bewahrheitet sich: Drei Runden später zerreißt Kimis Motor – wie befürchtet durch den gleichen Pleueldefekt wie bei Massa in Ungarn.

Dem kann nichts und niemand mehr diesen Sieg stehlen.

Massa kann man nicht bestrafen, flüstert mir die FIA; Ferrari schon. Um 16.25 Uhr, eine knappe Stunde nach dem Schwenken der Zielflagge, das einhellige Urteil: 10.000 Euro Strafe für Ferrari wegen unsicherer Freigabe nach dem Boxenstopp, „auch wenn kein sportlicher Vorteil daraus gezogen wurde.“

Wie sind deine letzten elf Runden, Felipe? „Du weißt, dass dem Teamkollegen in Budapest der Motor zerplatzt ist, aber nicht genau, warum? Du musst dich voll konzentrieren, auf sicheres Ankommen fahren, darfst aber nicht zu viel nachlassen.“

Drei Wochen nach Budapest holt sich Massa den gestohlenen Sieg zurück: mit einem perfekten Rennen. Holt aber gegen Hamilton nur zwei Punkte auf. Dritter ist Kubica – endlich wieder auf dem Podest. Chaos in der Ferrari-Box – und danach das große Zittern!

Als Massa in Valencia als Sieger über die Ziellinie rast, fallen Felipes Eltern in der Box einander triumphierend in die Arme – nur Felipe selbst zeigt erstaunlich wenig Reaktion.

DIE NEUEN GRAND PRIX

Land	seit / ab
Sepang/Malaysia	1999
Bahrain	2004
Shanghai	2004
Istanbul	2005
Valencia	2008
Singapur	2008
Abu Dhabi	2009
Neu Delhi	2010
Moskau	2011
Korea	2012

Die Formel I fährt mit Vollgas ins letzte Saisondrittel. Im Autodrom von Monza laufen die Testfahrten für die beiden High-Speed-Rennen in Spa und in der darauffolgenden Woche in Monza. Bei Ferrari schrillen jetzt wirklich alle Alarmglocken: Kosten die zwei kapitalen Motorschäden beide WM-Titel? Und wie reagiert die Scuderia auf die zwei Schock-Defekte binnen dreier Wochen – bei Felipe Massa in Budapest und Kimi Räikkönen in Valencia?

Vorweg: Es ist zweimal derselbe Defekt – ein Pleuelschaden. Und offenbar aus der gleichen schadhaften Serie – also der Fabrikationsfehler einer Zulieferfirma. „Wir wussten das und wir machten uns nach Massas Ausfall in Ungarn große Sorgen, ob Kimis Motor in seinem zweiten Rennen halten würde“, gibt Ferrari-Rennchef Stefano Domenicali jetzt zu. „Es war ein Risiko!“ Und warum hat Ferrari dann den verdächtigen Motor nicht ausgetauscht? „Hätte Räikkönen 10 Startplätze gekostet, auf einer Strecke, von der wir wussten:

Dort wird Überholen schwierig, fast unmöglich." Und den „Joker" – einmal in dieser Saison darf jeder Fahrer unbestraft seinen Motor wechseln – hat Räikkönen schon in Silverstone – nach dem abgebrochenen Auspuff in Magny-Cours – gezogen.

Räikkönen ist bereits seit 8 Rennen ohne Sieg, liegt im Pole-Position-Duell mit Massa 2:4 zurück und 13 Punkte hinter dem WM-Leader Hamilton. Die Gerüchte häufen sich, werden aber von Domenicali dementiert: „Wir haben keine Zweifel an Kimis Fähigkeiten und Motivation. Ferrari steht weiter 100-prozentig hinter ihm. Und er kommt bestimmt als Sieger zurück."

Aber die Motorprobleme wischt auch Domenicali nicht weg: „Es stimmt, wir schlafen derzeit schlecht." Renault-Chef Flavio Briatore auch, allerdings aus einem anderem Grund: Dem Alonso-Team fehlen – laut Soundchecks der Konkurrenz – mindestens 30 PS auf die Top-Teams. „Weil wir das einzige Team sind, das das Reglement nicht nur dem Wortlaut nach einhält, sondern auch im Sinne des Gesetzes", hat Briatore schon vor Wochen alle aufgerüttelt, wird aber vom neutralen Experten Niki Lauda korrigiert: „Als die FIA vor einem Jahr bekanntgab, dass Ende Oktober alle Motoren eingefroren werden müssen, hat Renault sofort die Weiterentwicklung eingestellt. Alle anderen haben bis zur letzten Minute gearbeitet. Das haben die Franzosen verschlafen." Und nachträgliche Motoränderungen sind nur möglich, wenn sie a) keine Leistung steigern, b) die Zuverlässigkeit verbessern, c) von der FIA genehmigt werden und d) alle anderen Teams damit einverstanden sind.

Spa

ARDENNEN-DRAMA

Niki Lauda kann die Gerüchte über einen Räikkönen-Rücktritt nicht mehr hören: „Er hat Vertrag bis Ende 2009. Also fährt er auch nächstes Jahr für Ferrari, basta!"

Aber was auch Lauda beschäftigt: Der plötzliche Unterschied zwischen den Teams Red Bull und Toro Rosso. „Das ist nicht nur Gerhard Berger, der seine kleine Truppe so toll motiviert, sondern auch der Unterschied zwischen dem Renault- und dem Ferrari-Motor." Vielleicht nur 15 bis 20 PS, „und die bringen auf einer normalen Rennstrecke vielleicht ein Zehntel", überlegt Lauda.

„Aber diese interne Competition ist sehr spannend."

Vor allem in Spa und Monza. Die Überlegung bei der Formel Austria: Der kleinere Renault-Motor ist aerodynamisch günstiger, weil er weniger Kühlung braucht – also geht er an Red Bull. Und an das italienisch angehauchte Toro-Rosso-Team der Ferrari-Motor. „Seit Monte Carlo", beobachtet Lauda, „kommt Bergers Team Schritt für Schritt nach vorn."

Während dieser Testfahrten stirbt in Santa Monica, dem Villenvorort Hollywoods, ein 81-jähriger Gentleman, für den Monza und Spa Schicksalsstrecken waren: Phil Hill, der Ferrari-Weltmeister von 1961 im tragischen Stallduell mit Wolfgang Graf Berghe von Trips. Die Monza-Schlagzeile: „Trips tot, Hill Weltmeister" erschüttert die Sportwelt. Und „Filippo", wie sie ihn in Italien nennen, hat mir oft gesagt: „So habe ich den Titel nicht gewollt." Das Szenario ist auch ein anderes als beim tödlichen Rivalenkampf Villeneuve-Pironi 1982.

Hill ist der Sohn des Postmeisters von Santa Monica, kauft als 12-jähriger für 100 Dollar die berühmte „Blechliesl", das Modell T von Ford, bastelt nächtelang dran herum. Er liebt aber nicht nur Oldtimer, sondern auch klassische Musik und pfeift sämtliche großen Opernarien auswendig. Zu Hause hat er drei Klaviere. Yehudi Menuhin bescheinigt ihm „das feinste Gehör, das ich je bei einem nicht-professionellen Musiker entdeckt habe."

Phil spielt auch im ersten wirklich guten Rennfahrerfilm mit, „Der Favorit" mit Kirk Douglas, Michaels Vater. Er mimt darin einen jungen Rennfahrer, der die Freundin des großen Favoriten zum Tanz auffordert. Kirk Douglas schickt ihn weg: „Kommen Sie wieder, wenn Sie ein großer Rennfahrer geworden sind."

Hill (verbissen): „Ich werde ein großer Fahrer!"

Zunächst mit Sportwagen. Hill ist der Letzte, der mit James Dean vor dessen Porsche-Unglücksfahrt spricht. Die beiden teilen sich eine Rennwagengarage.

Ferrari zahlt ihm später 150.000 Lire im Monat. „Aber das brauchte ich allein fürs Hotelzimmer in Modena." Und das Preisgeld? „Wir bekamen Prozente, wussten aber nie, wie hoch die Preisgelder wirklich sind..." Hill gewinnt zweimal in Monza, einmal in Spa. Dann grollt ihm Enzo Ferrari nach: „Bilde dir auf deinen WM-Titel nur ja nicht zu viel ein." Sein letztes Formel-I-Jahr ist das Jahr 1964 bei Cooper. Als in Zeltweg sein Auto an den Strohballen ausbrennt, beschließt John Cooper: „Hill kostet mich zu viel Geld. Ich nehm für 1965 Jochen Rindt!"

1966 begegnen sie einander noch einmal dramatisch. Im Regenrennen von Spa fährt Phil Hill – aus der letzten Startreihe und außer Konkurrenz – das Kameraauto für John Frankenheimers Film „Grand Prix" – und der wird zum Klassiker. Das Feld rast in eine plötzliche Regenwand. Die neun Unfälle (!), das auf einem Felsen balancierende Bonnier-Auto, die neun Dreher von Jochen Rindt, ehe er in Führung schießt und bis zur vorletzten Runde vorn bleibt – Phil Hill zeichnet alles auf. Als er nach der ersten Runde an die Box kommt, um die Kamera abzumontieren, zittern seine Hände.

Später sieht er aus wie ein älter gewordener „Indiana Jones" auf Europatrip, wenn er US-Formel-I-Touristen nach Monza begleitet. Nach Spa kommt er nicht mehr.

Das nächste Superduell in der Formel I: Nicht nur Lewis Hamilton gegen Felipe Massa um den WM-Titel 2008, sondern auch Fernando Alonso gegen Robert Kubica um ein Ferrari-Cockpit für 2010! Aber wenn sich der Spanier und der Pole (die gut miteinander befreundet sind) fast jeden Abend im Fahrerlager treffen, gehts nicht darum, den anderen auszuhorchen – sondern darum, ein paar spannende Partien Poker zu spielen. Freilich mit limitiertem Einsatz.

„Als Bub wollte ich immer Detektiv werden", hat der Anti-Star aus Krakau einmal verraten. „Ich liebe es, die Züge meiner Gegner vorauszuahnen..." Das ist im Poker momentan fast leichter als im Millionenspiel auf dem Formel-I-Transfermarkt. Beide, Alonso und Kubica, wissen genau: Ende 2009 läuft Kimi Räikkönens Ferrari-Vertrag ab und beide spitzen auf die rote Rakete für 2010 – neben Teamkollegen Massa. Kimi macht schon jetzt keinen besonders motivierten Eindruck.

Wo Alonso 2009 fährt, ist noch völlig ungewiss: Weiter bei Renault? Für viel Geld bei Honda? Oder vielleicht gar bei BMW? Kubicas unmittelbare Zukunft ist klar: BMW hat auf ihn eine Option für 2009 und zieht sie natürlich auch. Dr. Mario Theissen will den Polen nach dessen 3. Platz in Valencia länger an die Weiß-Blauen binden, aber da legt Kubica den Retourgang ein. Offenbar will er abwarten, ob BMW wirklich schon nächstes Jahr ein Auto aufstellen kann, das die WM gewinnen könnte.

Allen ist aufgefallen, dass BMW – anders als Ferrari und McLaren – jetzt schon intensiv am neuen Auto für 2009 arbeitet – auf Kosten der Weiterentwicklung am aktuellen Auto? Seit seinem tollen Sieg in Kanada hat Kubica nur 13 WM-Punkte geholt: „Soviel aufzuholen, ist schwierig. Aber solange du noch eine mathematische Chance hast, musst du alles dafür tun." Trotz der 15 Punkte Rückstand.

Dr.Theissen weiß, was er braucht – zumindest für 2009: „Wenn du die WM gewinnen willst, musst du dafür auch einen Fahrer haben, der das kann. Das ist das allerwichtigste." Kubica, ohne Zweifel, kann das. Heidfeld auch? Nach seinem 9. Platz von Valencia („mein schlechtestes Rennen") kommt wieder Kritik auf. Kriegt „Quick Nick" in Spa genug Temperatur in die Vorderreifen? „Es muss besser werden – und es wird besser!"

Die Eau Rouge! Allein der Name jagt Rennfans eiskalte Schauer über den Rükken. Die berühmteste, spektakulärste Kurve der Formel I – jahrzehntelang auch die gefährlichste. Ab Freitag jagen die Piloten wieder durch diese Teufelskurve, und zum ersten Mal nach Jahren wieder ohne Traktionskontrolle. „Kein Problem", glaubt Fernando Alonso. „Durchdrehende Räder hätten wir dort nur mit 3000 PS. Und wir freuen uns schon – alle Fahrer lieben die Eau Rouge!"

Trotz der früheren Unfälle – denn jetzt ist diese abenteuerliche Kurve entschärft und verbreitert. Der Nervenkitzel bleibt dennoch. Ayrton Senna sagte mir einmal: „Wenn ich in die Eau Rouge einfahre, bete ich jedes Mal, dass ich am anderen Ende wieder lebend herauskomm." Die „Eiger Nord der Formel I" – diese Bezeichnung kommt nicht von ungefähr.

Im 7. Gang, aus der Startkurve La Source kommend, gehts die abschüssige Gerade hinunter zur Senke. Gerhard Berger, der in Spa oft Freitag-Bestzeit fährt: „Du musst dir schon vorher überlegen, ob du die Eau Rouge voll fahren willst oder nicht. Spätere Korrektur ist unmöglich." Wie eine Gewehrkugel, die aus dem Lauf ist – und nur noch ballistischen Gesetzen folgt.

„Der Fuß zuckt", grinst Sebastian Vettel. „Geb ich Vollgas oder nicht?" Oder, wie Berger es ausrückt: „Das Herz sagt immer ja, aber das Hirn sagt nein..."

In der Senke schlägt das Auto durch, wird von der Federung voll zusammengestaucht. Und dann, am tiefsten Punkt, der Richtungswechsel. „Die Fliehkräfte reißen dir die Füße von den Pedalen. Und plötzlich baut sich vor dir eine Wand auf – eine Steigung von 15 Prozent. Dann siehst du nur noch den Himmel – blau oder grau."

Ein Gefühl wie im Starfighter. Oder auf einer Hochschaubahn – multipliziert mit 100. Zur Hölle und zurück – anders kann das kein Pilot empfinden, wenn er auf der folgenden langen Geraden verschnauft. Und zwei Minuten später wieder die „Eau Rouge" (so genannt wegen ihres roten Quellwassers) attackiert.

Dort macht der hochtalentierte Deutsche Stefan Bellof („der Vor-Schumacher") 1985 den tödlichen Fehler, im Sportwagen-WM-Lauf den belgischen Rennheroe Jacky Ickx zu überholen – eine Selbstmordaktion. Genauso mutig, aber mit mehr Glück: Felipe Massa, 2004 noch Sauber-Pilot, als er in der Eau Rouge den bekannt furchtlosen Juan-Pablo Montoya überholt. In der Box trauen sie ihren Augen nicht, als der Montoya-Williams langsam aus dem Blickfeld von Massas Onboard-Kamera verschwindet... Wenn das Felipe 2008 wieder gelingt: der wahre Weltmeister!

Jacques Villeneuve wettet mit seinen Mechanikern: „Ich fahr als erster die Eau Rouge, ohne das Gas wegzunehmen." Die brutale Antwort: „Probiers ruhig, wir kratzen dein Auto nachher von den Leitplanken herunter." Prompt überschlägt sich Villeneuve, ist aber nachher auf seinen Teamkollegen Ricardo Zonta fast eifersüchtig: „Ich hab gehört, dessen Salto war noch spektakulärer als meiner?"

Die Tyrrell-Piloten Streiff und Palmer kollidieren ausgangs von Eau Rouge. Es sind viele, die Formel-I-Professor Sid Watkins schon aus ihren demolierten Boliden ziehen musste. „Alex Zanardi hat am lautesten nach seiner Freundin gerufen..."

Eine wahre Mutprobe vor dem großen Abenteuer Spa absolviert Adrian Sutil: als Stuntman für die TV-Serie „Cobra 11." Der Force-India-Pilot muss gleich dreimal aus 12 Metern (ohne Fallschirm) abspringen und will sogar auf 16 Meter steigern. Doch da ist sein Manager Zimmermann strikt dagegen. „Vergiss nicht, morgen ist Training in Spa!" Sutil: „Ich wollte immer schon so etwas Wildes machen. Stuntman wird mein zweiter Beruf."

Zwei Ferrari-Motorschäden binnen drei Wochen, die Massa in Budapest den sicheren Sieg und Räikkönen in Valencia kostbare WM-Punkte kosten – und das Training auf der mörderischen Motorstrecke von Spa läuft. 25 Sekunden Vollgas, zwei Kilometer lang -mehr als auf jeder anderen Formel-I-Strecke! „Wir schlafen schlecht", gibt Ferrari-Sportdirektor Stefano Domenicali, der Todt-Nachfolger, zu.

„Die Zuverlässigkeit entscheidet heuer, wer Weltmeister wird!", behauptet Lewis Hamilton. Und vielleicht auch Räikkönens Motivation? „Ferrari hat keinen Zweifel an Kimis Motivation", trompetet Domenicali, „wir stehen 100-prozentig hinter ihm. Und er kommt schon bald als Sieger zurück!"

Mit einem neuen Tankwart: Pietro Timpini, beim chaotischen Boxenstopp in Valencia verletzt, fällt für einen Monat aus – in Spa und Monza hält Fabio Miani den 40 kg schweren Tankrüssel für Kimi.

Wenn Räikkönen am Sonntag gewinnt, erreicht er den Super-Rekord von Jim Clark und Ayrton Senna: Beide haben je viermal hintereinander in Spa gewonnen. „Trotzdem hasse ich diese Strecke", hat mir Jim Clark einmal verraten, „weil ich hier meine besten Freunde verloren hab." Und Senna hat seine Angstgefühle in der gefürchteten Eau Rouge nie verheimlicht.

Michael Schumacher hat Spa immer geliebt: Erster GP 1991, erster Sieg 1992 – sein Wohnzimmer. Und jetzt der große Abwesende. Was macht Schumi heute – abgesehen von seinen Motorradabenteuern? Und seiner nächsten Leidenschaft – Fallschirmspringen?

Er fährt, wie schon während seiner Formel-I-Karriere, Go-Kart – auf seiner eigenen Piste in Kerpen bei Köln. Aber abseits von den anderen Speed-Teufeln, mit eigener Box, eigenem Spind. Und, wie „Spione" berichten, professionell wie eh und je: „Zweimal hat er seinen Reifendruck korrigiert. Darauf war er prompt um zwei Zehntel schneller" – laut seiner eigenen Zeitmessanlage.

Er fährt sogar bereits mit seinem Sohn Mick (8). Und auch Opa Rolf, der früher in Kerpen kaputte Karts repariert hat, ist bei diesem Debüt dabei. Drei Generationen Schumi. Da hat nur Bruder Ralf gefehlt.

Der hat in der Toyota-Fabrik in Köln-Massdorf unauslöschliche Spuren hinterlassen. In der Composite-Abteilung hängen alle Karosserieteile von seinen Unfällen an der Decke – mit Datum, Strecke und den Original-Autogrammen von Schumi II. Souvenirs einer nicht ganz vollendeten Karriere. Die „Toyoten" verraten: Timo Glock ist viel öfter in der Fabrik als früher Ralf. Nicht nur zum Unterschreiben.

Toyota-Party in Spa – mit Bernie Ecclestone in Pole-Position. Er hat jahrelang ein eigenes Hotel an der Rennstrecke, direkt neben der Startkurve „La Source". „Hab ich aber jetzt verkauft", verrät mit Bernie. Er hat auch, bevor er nach Belgien kommt, Max Mosley in London zum Lunch getroffen. Der denkt nicht an Rücktritt. „Max sollte FIA-Präsident bleiben", sagt Bernie, „er ist einfach der beste Mann für diesen Job." Nächste Woche ist Mosley in Monza – sein Comeback in der Formel I.

Auch Kimi Räikkönens Ehefrau Jenni, die sich heuer noch nicht gezeigt hat, kommt nach Monza – da nimmt die Hobby-Reiterin Ferien von ihren Springpferden. Um Kimi moralisch aufzurüsten, sind auch seine Eltern da – und schlafen in einem Privathaus neben der Strecke.

Gerhard Berger trifft BMW-Chef Dr. Mario Theissen. „Geheimgespräche wegen Fahrerwechsel", grinst Gerhard. „Ich geb ihm Bourdais, er gibt mir dafür Kubica..." Dass Vettel in zwei Wochen zwei Tage lang Red Bull testet, bedeutet keinen vorgezogenen Einsatz im größeren Team. Berger: „Er fährt die Saison bei Toro Rosso fertig."

McLaren feiert „40 Jahre Siege in der Formel I", beginnend mit Bruce, dem Firmengründer, 1968 in Spa. Darum hängen im McLaren-Palast 40 Fotos. Darauf abgebildet: 40 von insgesamt 161 McLaren-Siegen, darunter acht von Niki Lauda und drei von Berger. Frage an Ron Dennis: Weißt du bei allen Fotos, wer wann und wo für McLaren gewonnen hat? Ron nickt: „Ich nehm jede Wette an." Aber bei 161 Siegen kann man leicht die Übersicht verlieren.

Dr. Theissen ist „Heimschläfer" beim belgischen GP: „Ich wohn zuhause in Monschau – das sind 30 Minuten mit dem Auto." Bernies Rennstreckenarchitekt Hermann Tilke kommt dafür jeden Tag aus Aachen. Gerüchte von einer Streckenverkürzung verstummen. GPDA-Präsident Pedro de la Rosa: „Im Fahrermeeting war davon keine Rede. Wir sind nur alle froh, dass die gefährliche Boxeneinfahrt entschärft wurde."

Pedro chauffiert Hamilton jeden Tag zur Strecke. „Lewis ist wieder komplett gesund." In Valencia hatte er hohes Fieber – Ersatzfahrer de la Rosa hatte schon den Overall angezogen.

Das große Spektakel von Spa: eine gigantische Motorenschlacht in den Ardennen, jede Runde 25 Sekunden Vollgas! Laut geheimer Infos und raffinierter Soundchecks hat Mercedes den aktuell stärksten Motor, knapp gefolgt von Ferrari – aber mit der Faust zweier Motorschäden im Nacken. Das aktuelle PS-Ranking: 1.Mercedes, 2. Ferrari, 3. BMW, 4. Toyota, 5. Renault, 6. Honda.

Fast 240 km/h Schnitt, unheimliche Fliehkräfte – 4,5 g in der gefürchteten Eau Rouge, 5 g in der blind angefahrenen 310 km/h-Kurve von Blanchimont. „Aber das größte Problem von Spa", sagt BMW-Technikdirektor Willi Rampf, „bereiten weder Eau Rouge noch Blanchimont, sondern das Wetter..."

Alles schon dagewesen in Spa – und alles kann sich wiederholen! Start wegen Hagelgewitters hinter dem Safety-Car. Die größte Massenkollision der Formel-I-Geschichte mit 13 kaputten Autos (!) nach der ersten Kurve. Eine Dreierkollision in La Source wie zwischen Senna, Prost und Berger. Oder das Heldenstück von Jochen Rindt, der sich 1966 in einem plötzlichen Wolkenbruch neunmal (!) dreht, aber die Führung übernimmt – bis kurz vor Schluss. Und der Auffahrunfall von Schumacher gegen Coulthard mit dem Vorwurf: „Du hast mich auflaufen lassen!" Ein wütender Schumi versucht danach, den Schotten in der Box zu verprügeln.

Dazu die Dramen in der Eau Rouge, der „Eiger Nord" der Formel I. Massas tapferes Überholmanöver gegen Montoya. Und, natürlich, die unglaubliche Show von Hakkinen, der Schumacher auf der langen Kemmel-Geraden bei 320 km/h überfallsartig überholt – mit dem überrrundeten Zonta mittendrin. Drei Autos nebeneinander! „Von einem solchen Manöver", verrät Heikki Kovalainen, „hab ich immer schon geträumt. Das möchte ich heute auch versuchen. Mit so etwas kommst du in die Geschichtsbücher."

Die Formel-I-Finnen wissen: „Seit seinem Valencia-Sieg hat Felipe Massa ein Selbstvertrauen wie John Wayne in ‚Rio Bravo'!"

DER ZIELSPRINT VON SPA: DIE LETZTEN 4 RUNDEN

1.	Heidfeld	8:15,562
2.	Kubica	8:19,376
3.	Vettel	8:21,507
4.	Glock	8:23,003
5.	Webber	8:23,157
6.	Bourdais	8:25,118
7.	Alonso	8:32,937
8.	Hamilton	8:43,944
9.	Massa	8:52,395

Gestartet wird der Thriller von Spa auf teils feuchter Strecke. Chaos zu Beginn, Chaos zum Schluss. Räikkönen führt, Hamilton weiß: „Auf trockener Straße könnte ich den Ferrari nie überholen. Ich betete im Cockpit wirklich um Schlechtwetter: Bitte, lieber Gott, lass es regnen." Lewis Wunsch wird erhört – er kämpft sich an den Ferrari heran, stellt ihn zum offenen Kampf. Rad-an-Rad-Duell, haarscharf an der Grenze zur Kollision, ein wildes Auto-Rodeo wie das berühmte Duell zwischen Senna und Prost.

Und die Schlüsselszene, die vielleicht die ganze WM entscheidet – 42. Runde: Hamilton kämpft sich an den führenden Räikkönen heran, attackiert ihn in der Bus-Stopp-Schikane. Plötzlich gibts Stahlgewitter. Um eine Kollision zu vermeiden, lenkt Lewis in die Auslaufzone, kürzt die Schikane ab, ist vor dem Ferrari wieder auf der Strecke, überholt Räikkönen, muss ihn aber laut Reglement vorbeilassen – ihm seine Position also wieder zurückgeben.

Als die beiden zur Startlinie kommen, nimmt Hamilton Gas weg, lässt den Finnen kurz vorbei, wechselt danach die Fahrspur, taucht damit in Räikkönens Windschatten und überholt ihn damit endgültig – indem er ihn vor der La-Source-Haarnadel ausbremst. Zu früh, zu rasch nach seinem Fehler in der Schikane – den er nur zum Teil wieder gutgemacht hat. Was die FIA-Sportkommissäre sofort untersuchen. Räikkönen: „Wer etwas falsch macht, gehört bestraft."

Die Regel ist klar: Eine Boxendurchfahrtsstrafe (ohne Reifenwechsel oder Tanken) muss binnen drei Runden verbüßt werden – aber in den letzten 5 Runden gibt es keine Boxendurchfahrtsstrafe mehr, sondern nur noch 25 Strafsekunden, die zur Totalzeit addiert werden. Und Lewis Vorsprung (14,4 auf Massa, 23,8 auf Heidfeld) ist zu klein, um den Sieg zu retten...

Die Helden der letzten Runden sind Heidfeld und Alonso. Beide schießen – ihre eigene spontane Entscheidung – an die Box, um ihre Intermediates gegen Regenreifen zu tauschen. Und holen damit über eine halbe Minute auf.

Auf Kosten der Toro-Rosso-Piloten. Bourdais, nach einem sensationellen Rennen auf Podestkurs, fällt genauso zurück wie Vettel, den sich Alonso erst auf der Ziellinie schnappt – um eine Zehntelsekunde! „Und für mich war das Rennen eine Runde zu lang", trauert Bourdais, den Tränen nahe, von Berger getröstet.

Der Thriller von Spa – mit einem Finish wie in einem Hollywood-Krimi! 100.000 Belgier und Millionen TV-Fans freuen sich nach der abenteuerlichen Ardennenschlacht über den Sieg von Lewis Hamilton – aber drei Stunden später, um 18.10 Uhr, hat Felipe Massa gewonnen! Der mit Action gespickte belgische GP hat nämlich noch eine 45. Runde: 25 Strafsekunden für Hamilton, weil er in der Schikane abgekürzt hat.

Damit lautet statt des ursprünglichen Zieleinlaufs „1. Hamilton, 2. Massa, 3. Heidfeld" das echte Schlussergebnis: 1. Massa, 2. Heidfeld, 3. Hamilton. Kann für die superspannende WM entscheidend sein. Denn statt 80:72 steht das Titelduell Hamilton-Massa vor dem Monza-Klassiker nur noch 76:74. Aus dem Titelrennen ist nur Kimi Räikkönen, der in Spa seinen großen Comebacksieg zum Greifen nahe hat – bis er drei Runden vor Schluss gegen die Mauer crasht. Im traditionellen Spa-Regen – punktgenau für die letzten 4, 5 Runden vorausgesagt. Sonst hätte Kimi gewonnen. Im ersten Moment ist er bitter enttäuscht, „aber dann blickte ich nur nach vorn. Hoff ich halt jetzt auf Monza."

Eine absolute Fehlentscheidung. Ich versteh das Urteil überhaupt nicht." Noch 24 Stunden, nachdem die FIA Lewis Hamilton in Spa vom 1. auf den 3. Platz rückversetzt hat, ärgert sich Niki Lauda über die „belgische Affäre", die das Klima vorm Klassiker in Monza vergiftet. Lauda: „Wenns einen Lieben Gott gibt, wird er irgendwann auch Ferrari bestrafen..." Und McLaren kündigt bereits Protest an: „Wir haben keine andere Wahl, als zu berufen." Aber Lauda zweifelt. „Ich glaub nicht, dass man überhaupt protestieren kann?"

McLaren hat alle Daten analysiert und der FIA gegeben. „Sie beweisen, dass Lewis – weil er Gas wegnahm – 6 km/h langsamer war als Räikkönen, als beide die Start-Ziellinie passierten." Und weiter im Protesttext: „Nachdem Lewis die Führung an Räkkönen zurückgegeben hatte, hat er sein Auto neu positioniert, ist auf die rechte Spur, hinter Kimi rübergewechselt und hat ihn in der Haarnadel ausgebremst."

Ein klarer Fall – auch für Lauda: „McLaren war deutlich schneller als Ferrari, sonst hätte Hamilton nicht binnen 2 Runden 5 Sekunden auf Räikkönen aufgeholt. Hätte Lewis nicht in der Schikane abgekürzt, er hätte mit seiner besseren Beschleunigung den Ferrari dann sowieso überholt."

Es wäre nicht das erste Mal, dass eine Strafe (oder Nicht-Strafe) eine Formel-I-WM entscheidet. Eine Zeitreise durch FIA-Paragraphen und Millionenstreits.

Oporto 1958: Mike Hawthorn (Ferrari) fährt nach einem Dreher gegen die Fahrtrichtung, Disqualifikation droht, aber ausgerechnet sein großer Rivale Stirling Moss rettet ihn mit der Aussage: „Mike hat nichts Unrechtes getan." Am Saisonende ist Hawthorn mit einem Punkt Vorsprung Weltmeister. Andere Zeiten, andere Charaktere.

1976 der Krieg Ferrari-McLaren – mit den Piloten Niki Lauda und James Hunt. Streit, Proteste, Disqualifikationen – teils wieder zurückgenommen. In Jarama wird Sieger Hunt disqualifiziert, weil sein McLaren-Heck um 1,8 cm zu breit ist – später wird er rehabilitiert. In Brands Hatch das gleiche – weil er ohne Erlaubnis mit dem Ersatzauto gestartet ist. Lauda wird zum Sieger erklärt. Am Ende entscheidet ein einziger Punkt für Hunt: 69:68 – Weltmeister.

1989 das Duell Senna gegen Prost. In Suzuka tappt Ayrton, zum Angriff herausgefordert, in die Falle und kracht dem Franzosen ins Heck, kürzt die Schikane ab, wird angeschoben – und später als Sieger disqualifiziert. Prost wird damit zum Weltmeister.

1994 bleibt Schumachers Rammstoß gegen Damon Hill in Adelaide ungeahndet – nach heutigen Gesetzen wäre er nicht ohne Strafe davongekommen. Damals erfährt er seinen ersten WM-Titel – 92:91 für den Deutschen.

Beim WM-Finale 1997 in Jerez das gleiche Bild. Nur heißt es Schumacher gegen Villeneuve – Michael wird disqualifiziert, die FIA wirft ihm Absicht vor und schließt ihn nachträglich von der ganzen WM aus.

Später verlangt die FIA alle Funksprüche zwischen Villeneuve und den McLaren-Piloten

Hakkinen und Coulthard, aus denen klar der Nichtangriffspakt hervorgeht – die heute verbotene Stallorder, damals aber erstmals zwischen zwei Teams.

Und 1999 hat die FIA noch mehr Einfluss, sogar ihre eigene Stallorder, als sie die Ferrari-Piloten Schumacher und Irvine (wegen zu großer Windabweiser in Malaysia disqualifiziert) begnadigt – allerdings unter einer (inoffiziellen) Bedingung: Sie dürfen den McLaren-Fahrer Hakkinen im Finale in Suzuka nicht in die Zange nehmen, weder abdrängen noch von der Strecke schießen. Beide sind lammfromm und Hakkinen wird Weltmeister. Es ist der bisher letzte Titel für die Silberpfeile.

2007 in Interlagos kühlen Rosberg (4.), Kubica (5.) und Heidfeld (6.) ihr Benzin zu stark ab, um mehr als 10 Grad unter der Außentemperatur, bleiben aber in der Wertung. McLaren protestiert vergeblich gegen deren Nicht-Qualifikation – Hamilton (7.) wäre vorgerückt und noch Weltmeister geworden.

„Well done!", hat Bernie Ecclestone schon öfter das Toro-Rosso-Team gelobt – als bestellte er ein Steak im Restauraunt. Flavio Briatore nickt anerkennend. Und Frank Williams und sein „Superhirn" Patrick Head fürchten längst: „Ihr werdet für uns noch gefährlich!" In Spa ist das Unglaubliche passiert: Toro Rosso – mit seinen 197 Teammitgliedern, einem Fünftel der Mannschaften von Ferrari oder McLaren – gewinnt sechs WM-Punkte, hat jetzt 17, überholt Honda (14) und zieht gleich mit Williams!

Das verdient Respekt und Applaus. Der deutsche und der französische „Seb" (Vettel und Bourdais) schrammen in Spa nur haarscharf am ersten Podestplatz vorbei. Erst in der vorletzten Runde fahren Nick Heidfeld und Fernando Alonso an die Boxen, um auf Regenreifen umzurüsten – mit denen Heidfeld 40 Sekunden aufholt und sieben, acht Autos schluckt. Und Alonso, immerhin Doppelweltmeister, überholt Vettel erst 20 Meter vor der Ziellinie!

„Aber das passt schon", trauert Vater Vettel, der Zimmermann, in Gerhard Bergers „Baumhaus", dem gemütlichen Teamquartier, dem Stockerlplatz nicht lange nach. „Der kommt schon noch." Der Vettel-Nachfolger auch. In allen Medienaussendungen von Toro Rosso taucht die Zeichnung vom belgischen „Mäneken Pis" auf – mit Sturzhelm, halbem Overall und Rennschuhen. „Einer unserer jungen Kandidaten für die Vettel-Nachfolge..."

In Spa überlässt Berger seinen beiden Piloten den ganzen Glanz und Glamour: Er hat schon um 16.20 Uhr seinen Heimflug, bevor der ganze Wirbel wegen der Hamilton-Bestrafung losgeht.

Monza

VETTELS STERNSTUNDE

In England redet man bereits von einer „Ferrari-Mafia", obwohl Ferrari überhaupt nicht protestiert hat. Spannende Aussagen auch von Mercedes-Sportchef Norbert Haug:

Norbert, mit welchem Gefühl kommst du nach Monza?

Haug: „Nicht verbittert oder böse. Wir tragen unseren Ärger nicht im Gesicht. Weil wir wissen: Wir sind die Sieger von Spa."

Aber es gab merkwürdige Funkdialoge mit der Rennleitung in Spa, nachdem Hamilton durch seinen Abschneider in der Schikane Räikkönen überholt hatte, sich aber wieder zurückfallen ließ?

Haug: „Wir haben zweimal beim Kontrollturm nachgefragt: War das okay? Und die Antwort war zweimal: Nach unserer Einschätzung ist das okay. Wäre es nicht okay gewesen, hätte sich Hamilton noch einmal hinter Räikkönen zurückfallen lassen – und ihn halt später nochmals überholt. Lewis sagt ja selbst: Er hätte den Ferrari an jeder beliebigen Stelle überholen können."

Dafür habt ihr Beweise?

Haug: „Lewis war auf dem Zielstrich um 5,6 km/h langsamer als Räikkönen, hat ihn aber 220 Meter später, nach der Haarnadelkurve, überholt. Durch mehr Grip, späteres Bremsen. Dafür braucht es keinen Windschatten."

Arrivederci, Europa! Die Formel I verabschiedet sich für 2008 von den klassischen Grand-Prix-Strecken, ehe sie nach Asien überwechselt, mit einem Superhit: Monza! Markstein: Die 351,7 km/h Spitze, erzielt von Robert Kubica 2007 mit der weiß-blauen BMW-Rakete. Und schon gibts ein gewaltiges Rauschen im italienischen Blätterwald: „Der Pole würde viel besser zu Ferrari passen als Alonso..."

Das ist – abgesehen von Hamiltons idiotischer Rückversetzung in Spa – das heiße Thema im Monza-Fahrerlager: Wen holt Ferrari 2010, vielleicht sogar schon 2009?

Niki Lauda gießt Öl ins Feuer: „Wäre ich Ferrari, ich würde in Zukunft Vettel nehmen – wenn Sebastian so weiterfährt wie in Valencia und Spa. Und unterschätzt ja nicht die Preisfrage: Wenn Vettel gleich schnell ist wie Alonso, aber viel billiger – wen würdest du dann engagieren?" Der Unterschied liegt zwischen 3 und 18 Millionen Euro...

Training in Monza – da fährt viel Sentimentalität mit. Enzo Ferrari hat immer gesagt: „Ein Sieg im Autodrom ist für mich genauso viel wert wie ein WM-Titel!" Weltmeister und Monza-Sieger im gleichen Jahr – das haben seit 1950 schon 19 Piloten geschafft, 1984 auch Niki Lauda. Der bisher letzte ist Schumacher 2003. Felipe Massa weiß: „Ich trau mir am Sonntag alles zu – Monza gewinnen und den entscheidenden Schritt machen für den WM-Titel beim Finale in Interlagos!" Worauf McLaren für 14:30 Uhr blitzschnell eine Hamilton-Medienshow organisiert...

Ferrari gegen die „terribili Mercedes" – eine Motorenschlacht wie schon immer in Monza. Die echten PS-Zahlen für die 2,4-Liter-V-8-Motoren (laut geheimer Soundchecks und Tests): Mercedes und Ferrari (je nach Motor-Mapping) 740-750 PS, BMW 730-735, Renault 725-730, Toyota 730, Honda 725 PS. Aber 20 PS machen im Monza-Autodrom in der Rundenzeit nur zwei Zehntel Unterschied aus.

70 Prozent einer Runde wird mit Vollgas gefahren, die Reifen sind die gleichen (hart und mittelhart) wie in Spa, weil die weicheren Pneus voriges Jahr zerbröselt sind. Oder wirft die Wetterprognose alles über den Haufen? Fürs Qalifying ist Regen angesagt, fürs Rennen ist er möglich.

Toro Rosso – die zweite Liebe der italienischen Tifosi nach Ferrari! Dem blauroten Transporter wird auf der Straße zugewunken, in der Fabrik in Faenza stapeln sich die Glückwünsche. Und Anfragen: „Können wir schon auf einen Stockerlplatz in Monza wetten?"

Warum nicht, auch wenn der Tiroler Teamchef Franz Tost – ein Gschnitztaler wie Slalom-Ass Manfred Pranger – bremst: „Nicht übermütig werden! Noch haben wir vier Autos von uns. Solang wir nicht Erster und Zweiter sind, brauchen wir uns gar nix einbilden. Aber stimmt schon: Unser Ansehen ist gewaltig gestiegen. Die Sympathie auch."

„Einer meiner Heim-Grand-Prix", sagt Vettel über Monza, wo er schon die „World Series by Renault" gewonnen hat. „Aber ich hab als Deutscher in einem österreichisch-italienischen Team viele Heimrennen. In Bayern daheim, in der Welt zuhause – wie in der Bierwerbung..."

Berger und Senna – das ist das Monza-Drama vor genau 20 Jahren. Die Saison, in der die McLaren-Honda alles gewinnen außer Monza. Das erste Rennen nach dem Ableben von Enzo Ferrari. Weil Ayrton Senna, in Führung, beim Überrunden mit Jean-Louis Schlesser (Ersatzpilot bei Williams) kollidiert, gewinnt Gerhard im Ferrari das Sensationsrennen. Aber ein Geheimnis, nach 20 Jahren gelüftet: Berger hätte auch ohne Senna-Kollision gewonnen – Ayrton wäre wegen des scharfen Tempos der Sprit ausgegangen...

Marco Materazzi ist in der Red-Bull-Box – und auch José Mourinho, der von Chelsea zu Inter gewechselte Startrainer, kommt nach Monza. Und wird sich mit Bernie Ecclestone und Flavio Briatore über die Queens Park Rangers unterhalten.

In Pole-Position bis dahin: David Coulthard. Seine Farewell-Party in der Energy Station – vor seinem letzten Rennen in Europa – ist ein Hit. Die heißeste Musik, die nettesten Girls – und alle Fahrerkollegen und Teamchefs sind da.

Norbert Haug schenkt Coulthard ein Gemälde von seinem ersten McLaren-Mercedes-Sieg. An den Wänden hängen 40 riesengroße Fotos: Stationen aus 15 Jahren Formel I.

„Welches ist dein liebstes Bild?“, frage ich David.

„Monte Carlo, wo ich gerade aus dem Tunnel herausschieße. Und dann das, auf dem mich Schumacher und Hakkinen als Sieger auf den Schultern tragen – meine zwei größten Gegner.“ Und das Foto, bei dem Ron Dennis eiskalt neben dir steht? „Manchmal war er freundlich – aber oft hat er durch mich durchgeschaut...“

Wie 1997 in Jerez, als Coulthard beim WM-Finale in Führung liegt, bis der Funkbefehl aus der McLaren-Box kommt: „Wenn du jetzt nicht Mika vorbeilässt, bist du draußen! You are out!“ Für die Silberpfeile zu fahren: offenbar nicht immer das Paradies auf Erden.

Aber fair und korrekt bedankt sich Coulthard in Monza bei allen: Gegnern, Teamchefs, Ingenieuren, Mechanikern. „Natürlich wäre ich gern einmal Weltmeister geworden, aber ein 2. Platz hinter dem Rennfahrer, der Geschichte geschrieben hat (Schumacher) – das ist ja auch keine Schande.“

Gelächter und Applaus vom ganzen Formel-I-Zirkus. Als sich Coulthard ganz speziell beim großen Formel-I-Zampano bedankt, hört niemand zu. David, dankbar zu Ecclestone: „Bernie, ich dank dir ehrlich und aufrichtig, auch im Namen meiner kommenden Kinder und Enkelkinder, dafür, dass ich Formel-I-Fahrer sein durfte.“

Sogar in Monza, wenn es regnet.

„Ich hab Kimi Räikkönen in Spa überholt, weil er nicht den Mut hatte, später zu bremsen!“ Ein Giftpfeil von Lewis Hamilton, locker und mit einem Grinsen abgefeuert – der den Ferrari-Piloten mitten ins Herz treffen soll. Der amtierende Weltmeister – zu feig im Zweikampf? Alle, die das hören, schauen einander an. Aber Kimi, natürlich sofort informiert, lässt den Vorwurf lässig an sich abprallen: „Was Hamilton über mich sagt, interessiert mich nicht!“ Ein neues Hassduell in der Formel I – wie jahrelang Senna gegen Prost?

Schon vorm ersten Monza-Training – und natürlich als Nachwirkung auf seinen gestohlenen Sieg von Spa – wirft Hamilton den Fehdehandschuh. Das strittige Überholmanöver (und die 25 Sekunden Zeitstrafe) sind auch Thema Nummer 1 in der gestrigen GPDA-Sitzung ab 18 Uhr. Interessant: Wenn man mit ihnen privat spricht, sind die meisten Piloten auf Hamiltons Seite – offiziell geben sie der FIA recht.

Dazu Lewis: „Es ist sehr einfach, eine Meinung zu haben, wenn man nicht gewonnen hat... Ich hab mir das Herz aus dem Leib gefahren, um in Spa zu gewinnen. Es wäre mein Traumrennen gewonnen.“ Und sogar „Checkpoint Charlie“ (Renndirektor Whiting) hat Lewis grünes Licht gegeben...

Frage an Hamilton: Wirst du dich am Sonntag in Monza zurückhalten? Deinen Fahrstil ändern?

Hamilton: „Auf keinen Fall. Ich fahr genauso aggressiv wie in den letzten zwei Rennen – ich bin immer so gefahren. Darum gehts ja im Motorsport. Überholen, wo es nur möglich ist."

Hattest du mehr Grip als Räikkönen?

Hamilton: „Nein, genau gleich. Aber die Frage ist halt, wie er fährt. Ich hab Grip gefunden – und ich hab genug getan fürs Rennen."

Denkst du in Monza an Revanche?

Hamilton: „Ich denk nie an Rache. Ich fahr nur immer so, wie ich aufgewachsen bin."

Statt 80:72 gegen Massa jetzt 76:74 – kann das Spa-Urteil die WM entscheiden?

Hamilton: „Ich hoff nicht. Wir haben heuer eine großartige Formel-I-Saison. Und Ferrari ist ein phantastisches Team!"

Dein Trick – wo und wie willst du am Sonntag überholen?

Hamilton: „Durch die Parabolica so knapp wie möglich hinter dem Vordermann bleiben. Im Windschatten die ganze Start-Zielgerade herunterrasen. Dann in der ersten Kurve innen überholen – die beste Chance. Oder: Aus der ersten Schikane super herausbeschleunigen, dann in der zweiten Schikane innen ausbremsen – aber das ist viel schwieriger!"

MONZA – BREMSPUNKTE:

1. Schikane: 344 auf 84 km/h, 150 Meter in 2,95 sec, Verzögerung 5 g, Bremsscheibentemperatur 984 Grad, 138 kg.

Variante della Roggia: 339 auf 106 km/h, 140 Meter in 2,64 sec, Verzögerung 4,5 g, Bremsscheibentemperatur 859 Grad, 130 kg.

1. Lesmo-Kurve: 270 auf 176 km/h, 93 Meter in 1,57 sec, Verzögerung 3 g, Bremsscheibentemperatur 879 Grad, 87 kg.

2. Lesmo-Kurve: 270 auf 170 km/h, 114 Meter in 1,71 sec, Verzögerung 4,8 g, Bremsscheibentenmperatur 1000 Grad, 134 kg.

Ascari-Variante: 343 auf 170 km/h, 114 m in 1,7 sec, Verzögerung 4,8 g, 131 kg, Bremsscheibentemperatur 1000 Grad.

Parabolica: 345 auf 185 km/h, 135 m in 2,03 sec, Verzögerung 4,5 g, Bremsscheibentemperatur 860 Grad, 126 kg.

Soweit Hamilton, aber das lässt Räikkönen – und seine nach Monza gekommene Frau Jenni – kalt. Im ersten Training ist überraschend Sutil voran. Aber viele fragen sich schon: Erlebt die Formel I ein neues Hassduell wie früher Senna-Prost bei McLaren oder Piquet-Mansell bei Williams, nur erstmals nicht zwischen Teamkollegen? Der enorme Speed macht Monza gefährlich. Der Weltrekord von Mark Webber (373 km/h) bleibt, aber Robert Kubica fährt 2007 schon 351,7 km/h Spitze. Und jede Runde gehts runter von 350 auf 100 km/h binnen drei Sekunden. "So rasend schnell, dass dein Hirn gar nicht mitkommt", geben die Piloten zu.

Monza, das bedeutet erdgebundenes Fliegen mit atemberaubend kurzen Bremswegen: 110 Meter für die erste Schikane, 80 für die zweite und die Ascari-Kurve, 80 für die Parabolica. Das heißt: Fliehkräfte bis zu 5,5 g! „Beim Bremsen treten dir die Augen aus dem Kopf."

Die schlimmste Situation, um eine Kollision zu riskieren. Auch wenn es im TV immer so aussieht, als fahren die Formel-I-Boliden wie auf Schienen.

Vizepräsident Gerhard Berger – um ein Haar hätte unser Tiroler das zweitwichtigste Amt im Formel-I-Zirkus bekommen! Bei der geheimen Gründungssitzung der FOTA (Vereinigung der Teams) schlägt Präsident Luca Montezemolo seinen früheren Ferrari-Piloten als Stellvertreter vor.

Alle sind dafür, bis Frank Williams draufkommt: „Zwischen den Teams von Präsident und Vize darf kein Zusammenhang bestehen – und Toro Rosso fährt ja mit Ferrari-Motoren!" Stimmt – und noch dazu haben Williams und Toro Rosso momentan gleichen Punktestand. So wird John Howett (Toyota) Vize neben Montezemolo, der noch genau weiß, wie Gerhard 1988 in Monza ein unvergessliches Rennen gewonnen hat – gegen die unschlagbaren McLaren-Honda.

Jetzt hat Montezemolo – nach einem Treffen mit Fernando Alonso – den Räikkönen-Vertrag bis 2010 verlängert. Damit ist der Spanier blockiert. „Überrascht? Enttäuscht?", frage ich Vater Alonso. Der zuckt mit den Achseln, dann sagt er: „C'est la vie."

Renault-Technikboss Pat Symonds garantiert: „Alle bei uns lieben Alonso und tun alles dafür, dass er ein Weltmeisterauto bekommt." Und wenn nicht? Dann wird Honda-Boss Ross Brawn aufjubeln. BMW hat den angeblichen 3-Jahres-Vertrag mit Alonso dementiert. Dr. Mario Theissen: „Wir beteiligen uns nicht an Spekulationen." Und wann gibt BMW sein Team für 2009 bekannt? „Zwischen jetzt und Saisonende."

Die Frage ist mutig, aber logisch: Warum parkt Alonso seine Karriere nicht für zwei Jahre, bis ein Ferrari-Cockpit frei wird, beim Aufsteigerteam des Jahres – Toro Rosso? Wo er sich an den Ferrari-Motor gewöhnen kann, auf Händen getragen wird – und jedes Ergebnis ein Erfolg ist. Gerhard Berger nickt: „Klar, daran hab ich auch schon gedacht. Aber wir können uns Alonso nicht leisten. Letzlich wird Didi Mateschitz eine Kandidatenliste bekommen – und dann entscheiden."

Aber was passiert am Start? Oder später, wenn jemand im Regen (oder aus Übermut) die Schikane abkürzt – was im Freitagtraining gut 20-mal passiert? „Checkpoint Charlie" (Sicherheitschef und Renndirektor Whiting) redet den Piloten eindringlich ins Gewissen: „Wer morgen durch einen Abschneider überholt, muss dem Gegner selbstverständlich seine Position zurückgeben, wie ihr wisst, darf ihn aber nicht gleich in der nächsten Kurve dank seiner besseren Beschleunigung schon wieder überholen." Und wann? „Das sagt ihm der gesunde Menschenverstand. Aber der Abstand muss der gleiche sein wie davor."

Irgendwann schneit FIA-Präsident Max Mosley – erstmals seit Monaco wieder in der Formel I – in die geheime Fahrerkonferenz. Macht aber keine FIA-Wahlwerbung für sich und spielt auch nicht den Oberlehrer für die FIA-Berufungsverhandlung am 22. September in Paris. Und die Meinung der Piloten – für oder gegen Hamilton? Fast alle empfinden die Strafe von Spa als „hart, aber gerecht." In diesem Sinne gehts im Autodrom ins schnellste Rennen des Jahres.

„Nicht die 350 km/h Topspeed sind in Monza das Problem, sondern die 5 und mehr g Verzögerung beim Bremsen", weiß Gerhard Berger. Wie bei Astronauten im Weltall – nur ohne Druckanzug. Sein Schützling Vettel ist noch nicht so abgebrüht, um den Unterschied zwischen 300 und 350 km/h nicht zu spüren: „Manche fahren auf der Autobahn 120 und fühlen sich wie der King of the Road. In der Formel I brauchst du ein anderes Gefühl für den Speed. Die Windgeräusche sind ziemlich laut. Und du musst soweit vorausschauen wie du nur sehen kannst: bis 350 Meter." So weit wirkt sogar der Windschatten.

Bernie Ecclestone hat mir einmal gesagt: „Vergiss alles über die Tapferkeit der Rennfahrer, auch über Niki Laudas „sensiblen Hintern" – das wichtigste für Rennfahrer sind die Augen. Und da war Jochen Rindt unschlagbar – er konnte fast kilometerweit sehen wie ein Raubvogel."

„Natürlich hoff ich, länger vorn zu bleiben und die großen Stars ein bisschen zu ärgern!", grinst Sebastian Vettel nach seiner sensationellen Pole-Position in Monza – womit er zu all seinen Youngster-Weltrekorden den bisher wichtigsten hinzufügt: Der jüngste Pilot, der je einen Grand Prix aus der Pole-Position gestartet hat. Vettel ist bei seiner Sternstunde im Autodrom genau 21 Jahre, 2 Monate und 10 Tage alt – und damit fast ein halbes Jahr jünger als Fernando Alonso 2003 in Malaysia.

Und er schafft seine Pole-Position-Premiere (beim 22. Versuch) auch schneller als Michael Schumacher, der vom Ferrari-Kommandostand aus die Sensation live erlebt. Und der zu Gerhard Berger schon immer gesagt hat: „Pass auf den Vettel auf, du wirst sehen, der wird noch einmal ein ganz Großer!" Wo Schumi 2006 – nach seinem letzten Ferrari-Sieg – seinen Rücktritt erklärt hat, steigt 2008 der Stern von Vettel auf.

Vater Norbert sitzt, wie immer, in Sebastians kleinem Büro bei Toro Rosso, Kopfhörer aufgesetzt, den Computer vor sich. „Mein Herz schlug vor Aufregung bis zum Hals." Bis er weiß: „Die Pole-Position haben wir jetzt, das ist ein Erfolg, den kann uns keiner mehr wegnehmen. Genau wie früher, als Sebastian als 8-jähriger in der Bambini-Serie seine erste Kart-Trainingsbestzeit hatte." Und in Monza? „Hat er sich in der ‚World Series by Renault' mit seinem Teamkollegen parallel von der Strecke gedreht..."

Diesmal läuft für Sebastian alles perfekt: „Ich brauch nur noch ein wenig, um das alles zu begreifen. Es war immer mein Traum, Formel I zu fahren, und auch wenn es mein Ziel war, um Pole-Positions und Siege zu kämpfen – in Monza hab ich es noch nicht erwartet. Aber es ist phantastisch, speziell in Italien. Es gibt zwei italienische Teams, alle lieben Ferrari – aber jetzt weiß man, dass es auch Toro Rosso gibt."

Die Jubelszenen in der Box, live im TV, sind überwältigend. Jackie Stewart klettert die Treppen hoch, um zu gratulieren. Giancarlo Minardi, der sein Team an Red-Bull-Besitzer Didi Mateschitz verkauft hat, ehe später Gerhard Berger als 50%iger-Eigentümer dazu kommt, ist voll Staunens, „was ihr aus meinem früheren Team gemacht hat." Und alle Freunde – bis zu Jean Alesi – machen Vettel Komplimente.

Bonusgelder? Prämien für die erste Pole? „Gibts bei uns nicht: kein Budget", sagt Berger über seine 180-Mann-Truppe. Und über Vettel: „Wenn man ihn ansieht, wirkt er noch wesentlich jünger als 21 – aber wenn man ihm beim Reden zuhört, glaubt man, er ist über 30. Das ist der tolle Mix bei diesem Burschen. Wir haben ihm ein gutes Auto hingestellt – und er hat alles perfekt umgesetzt."

Mit seiner Bestzeit gleich am Anfang. „Es war richtig, ein paar schnelle Runden zu drehen, statt sich auf einen einzigen Versuch zu konzentrieren." Es ist dunkel im Autodrom von Monza, nass und sehr schwierig. Alle Fahrer tun ihr Möglichstes, um Unfälle zu vermeiden. „Wir haben das Auto um vieles verbessert, und wenn du dich im Cockpit wohl fühlst – dann ist das der Schlüssel." Sagt die „Entdeckung des Jahres" vom „Aufsteigerteam des Jahres" Toro Rosso, das plötzlich alle Prognosen über den Haufen wirft.

Giorgio Ascanelli, der Technikdirektor, der schon Berger 1988 als Ferrari-Renningenieur zum Monza-Triumph geführt hat, rechnet mit Startplatz 3. „Weil Hamilton und Räikkönen zurückfielen, wurden wir eben Dritte. Und Platz 3 ist auch unser Maximum im Rennen." Dort fährt Vettel mit einer „trockenen Abstimmung" (weniger Flügel, daher Topspeed auf fast allen Monza-Geraden), Bourdais mit mehr Flügel – in Hinblick auf möglichen Regen.

„Es gibt kein Geheimnis, warum wir jetzt so gut sind", anaylsiert Vettel. „Das Team ist stärker geworden und wir schöpfen unsere Möglichkeiten aus. In Valencia und Spa hatte ich nicht erwartet, dass es so gut läuft." Und dann kommt Monza mit seinen horrenden Topspeeds. „Die Windgeräusche sind ziemlich laut, sonst aber ist es wie auf allen Geraden. Ob du 300 oder 370 km/h fährst, ist egal. Du brauchst nur ein gutes Gefühl für den Speed. Wer auf der Autobahn 120 fährt, glaubt oft schon, er sei der King of the Road. In Monza schaust du 350 Meter voraus, was passiert – soweit du eben sehen kannst."

Start im Regen hinter dem Safety-Car: Auch dafür haben Berger und Teamchef Franz Tost vorgesorgt, Vettel und Bourdais mit verschiedenen Strategien ins Rennen geschickt. Den Deutschen mit Trocken-, den Franzosen mit Regenabstimmung. Leider bleibt Bourdais mit einem elektischen Defekt am Lenkrad stehen – damit ist die Sorge, die drei Red-Bull-Autos in den ersten zwei Startreihen könnten sich gegenseitig aus dem Rennen schießen, überflüssig. "Fahrt euch nicht gegenseitig ins Auto", ist Mateschitz' einzige Bitte.

Als es richtig losgeht, fährt Vettel souverän und in keinem Moment gefährdet. Erster Boxenstopp: plangemäß in Runde 17. „Aber den zweiten Boxenstopp haben wir um ein paar Runden vorgezogen, als wir sahen: Alonso, der von den schweren Regenreifen auf Intermediates gewechselt hatte, fuhr die schnelleren Runden", verrät Franz Tost.

Die Entscheidung ist goldrichtig und bringt Vettel den sicheren Sieg – vor Kovalainen und Kubica, während die WM-Favriten abgeschlagen im Mittelfeld ankommen. Hamilton, Massa, Räikkönen – sie alle werden überstrahlt von Vettel, einem kommenden Weltmeister? Auch Jackie Stewart hat 1965 seinen ersten Grand Prix in Monza gewonnen...

In der Team-WM stürmt Toro Rosso weiter nach oben – jetzt auch schon an Williams, Honda und dem Schwesternteam Red Bull vorbei. „Baby Schumi" macht alles möglich.

Die angesagte Sensation – und eine doppelte Sternstunde. Erster Sieg für den „Wunderknaben" Sebastian Vettel in seinem erst 22. Grand Prix und erster Sieg für das österreichisch-italienische Team Toro Rosso von Didi Mateschitz und Gerhard Berger in Monza! Die sympathischste Truppe der Formel I hat gewonnen – und Millionen Fans haben einen neuen Publikumsliebling. Vettel – 21 Jahre und zwei Monate alt, der Superstar von morgen.

„Ein Tag, den ich nie in meinem Leben vergessen werde", sagt der Zimmermannsohn aus Heppenheim, während sein Vater Norbert die Freudentränen mühsam unterdrückt. Er sitzt im kleinen Zimmer seines Sohnes in der Team-Station und spürt „das Herz klopfen bis zum Hals." Sebastian bedankt sich über TV weltweit bei allen, die ihm zu seiner Sensationskarriere verholfen haben – seine eigene gigantische Leistung unterspielt er fast. Kein Freund großer Töne, sondern großer Taten.

„Ein perfektes Rennen von Sebastian, er hat keinen einzigen Fehler gemacht." Von Schumacher über Lauda bis zu allen heutigen Stars und seinem Team sind alle einer Meinung. Der junge Deutsche, ist in Monza unschlagbar. Im spannendsten, schwierigsten Rennen des Jahres.

Ob Berger zum „Baby-Schumi", den ihm der großem Michael ans Herz gelegt hatte, eine Art Vater-Sohn-Beziehung entwickelt hat?

Berger: „Das nicht – aber ich hab ihm von Anfang an gesagt: Du hast allen Zugang zu meinem Wissen und meinen Erfahrungen aus 20 Jahren Rennsport."

Vettel und die 180 Mitarbeiter von Toro Rosso, die hinter dem Supertriumph stehen – kriegen sie jetzt eine Extraprämie?

Berger: „Dafür haben wir kein Geld, kein Budget."

Aber was ist schon Geld gegen die ungeheuren Emotionen, die in Monza bei Toro Rosso frei werden? Als in Malaysia erste Meldungen durchkommen, dass Didi Mateschitz aufgrund der FIA-Bestimmungen sein Team verkaufen würde – die große Traurigkeit. Aber wie Berger seine Mannschaft wiederaufrichtet, moralisch und menschlich – das ist sensationell.

Pole-Position und Sieg für das kleinste Team der Formel I im erst 49. Grand Prix – das erinnert auch an Hockenheim 1997, Bergers letzten Sieg.

Giorgio Ascanelli hat Berger 1988 in Monza zum Sensationssieg geleitet, Vettel prophezeit er: „Maximal 3. Platz, mehr ist nicht drin." Zum Glück hat sich der jetzige Technikboss geirrt. Toro-Rosso-Prinzip: Mehr Sein als Schein. Bravo!

Eine Stunde nach Vettels Sensationssieg: Private Siegerparty in der Energy Station von Red Bull. Didi Mateschitz, am Vortag nach Monza eingeflogen, mit Gerhard Berger, Franz Tost, Helmut Marko, Burghard Hummel und Markus Friesacher – den Gründungsmitgliedern von Red Bull Racing. Da hat Mateschitz schon 30 SMS-Glückwünsche gespeichert – und gerade kommt das 31. SMS von Pamela Anderson aus Hollywood.

„Alle haben sich gefreut und mir gratuliert", sagt Didi Mateschitz – der als Bub Jochen Rindt heiß verehrt hat. „Besonders herzlich war Peter Sauber." Berger hat ähnliche Reaktionen schon nach Sebastians Pole-Position gespürt: „Die meisten haben sich gefreut. Alle nicht." Nämlich diejenigen, denen Toro Rosso in der Team-WM schon auf und davon gefahren ist...

Der berühmte Spruch von Lotus-Chef Colin Chapman: „Gewinn einmal, und alle gratulieren und freuen sich mit dir. Aber gewinn zweimal – und alle hassen dich!"

Von Neid ist Toro Rosso, das beliebteste Team im Fahrerlager, weit entfernt. „Bisher hatten die Italiener nur Ferrari – jetzt wissen die Tifosi, dass es auch uns gibt", sagt Sebastian Vettel. Für Statistiker: Es ist der erste Formel-I-Sieg eines italienischen Teams, das nicht Ferrari heißt, seit 1957 – als Maserati mit Juan Manuel Fangio gewinnt. Darum wird in Monza auch die italienische Hymne gespielt.

Toro Rosso – ganz italienisch? Die Heimat ist natürlich Faenza, aber das Herzblut österreichisch: durch Mateschitz, Berger und Tost. Also kann man sagen: auch ein Sieg für Österreich? Auf der Strecke, auf der Österreich 1954 seinen ersten Motorradweltmeister Rupert Hollaus und 1970 seinen ersten Formel-I-Weltmeister Jochen Rindt verloren hat?

Jetzt ist Vettel der erste Superstar aus dem Red-Bull-Youngster-Programm – also auch Applaus für Helmut Marko.

In Monza stehen alle drei neuen Grand-Prix-Sieger dieser Saison gemeinsam auf dem Siegerpodest: Sebastian Vettel, der jüngste und sympathischste, flankiert von Heikki Kovalainen und Robert Kubica. Und dann stürmt Gerhard Berger, der Mitbesitzer des sensationellen Aufsteigerteams Toro Rosso, aufs Podium, um den Konstrukteurpokal entgegenzunehmen. Genau wie vor 20 Jahren, als er für Ferrari das erste Rennen nach dem Ableben Enzo Ferraris gewonnen hat – diesmal aber feiert er eine doppelte Sternstunde. Erster Sieg für Vettel, erster Sieg für Toro Rosso.

Gerhard, hast du diesen historischen Monza-Sieg genauso erlebt wie Deinen eigenen 1988?

Berger: „Ja, ganz genau so. Ich seh das Bild heute noch vor mir: Die niedergerissenen Zäune, die 200.000 Zuschauer unter mir... Ich kann sagen: Monza 1988 und Monza 2008 – ganz bestimmt zwei der allerschönsten Tage in meinem Leben."

Und beide Male gegen alle Wetten: 1988 galten die McLaren-Honda als unschlagbar, diesmal wollte Vettel „nur eine Zeitlang vorn bleiben und die großen Stars ein bisschen ärgern"?

Berger: „Ich habs fast nicht glauben können, nicht einmal ich, dass wir mit Toro Rosso schon ein Rennen gewinnen, als Sebastian da vorn weggefahren ist. Weil ich weiß, wie lang ein Rennen dauern und was alles passieren kann – also war dieser Sieg von Vettel schon etwas ganz besonderes."

Wie dein eigener erster Sieg in Mexico City 1986?

Berger: „Komisch – aber daran hab ich während Vettels Siegesfahrt auch gedacht. Mein erster Sieg beim 36. Start – und jetzt hab ich mit Toro Rosso eine ähnliche Größenordnung. Auch in Mexiko hat mir keiner zugetraut, dass ich gewinn."

Sebastian testet diese Woche schon den Red Bull, sein Auto für 2009 – tut es Dir nicht leid, dieses Supertalent an den „großen Bruder" zu verlieren?

Berger: „Das entscheidet Didi Mateschitz. Für uns ein Verlust, gar keine Frage. Aber erstens bleibt Sebastian ja in der Red-Bull-Familie – und was immer für Red Bull das Beste ist, machen wir."

Michael Schumacher hat aus der Ferrari-Box live miterlebt, wie „Baby-Schumi" Vettel seinen ersten Grand Prix gewann. Er war es ja auch, der Dir Vettel schon als Kind als kommenden Champion vorgestellt hat?

Berger: „Das war vor 8, 9 Jahren auf der Ferieninsel Mauritius, wo ich den Michael zufällig getroffen hab. Sebastian war damals vielleicht 12 Jahre alt. Michael sagte mir: Pass auf den Vettel auf, der wird noch einmal ein ganz Großer! Ich hatte seinen Namen noch nicht gekannt, hab ihn aber die folgenden Jahre ganz locker beobachtet, dann bei einem Kartrennen in München erstmals gesehen..."

...und wie schwierig war es später, ihn von BMW loszueisen, weil er doch irgendwie beiden gehörte – BMW und Red Bull?

Berger: „Die Empfehlung kam von Didi Mateschitz. Wir waren uns einig, dass wir mit unseren Fahrern Liuzzi und Speed nicht weitermachen wollten. Die erste Wahl von Mateschitz war Vettel, eigentlich auch für uns – obwohl ich glaubte, dass ihm zu den Spitzenleuten noch 3 bis 5 Zehntel fehlten. Wie schnell er die dann aufgeholt hat, hätte ich nie gedacht."

Sebastian hat in Monza alle Youngster-Weltrekorde gebrochen und meinte: „Ob ich der jüngste oder älteste Weltmeister der Formel I werde, ist mir wurscht – Hauptsache Weltmeister!" Traust Du ihm das zu?

Berger: „Absolut. Er hat das Zeug zum Weltmeister. Ich kann immer nur sagen: Vettel ist wirklich außergewöhnlich. Er sieht noch viel jünger aus als 21 – aber wenn man ihm beim Reden zuhört, hat er die Reife eines 30-jährigen. Dieser Mix macht ihn zu etwas Besonderem. Seine wichtigste Fähigkeit ist sein fahrerisches Talent, keine Frage, aber dazu kommt sein irrsinniges Commitment zur Formel I: sehr engagiert, irrsinnig clever. Er hat alle Voraussetzungen, die man braucht – und zu guter Letzt auch den Fleiß."

Ist er auch schon so schlitzohrig und abgebrüht, wie man es in der Formel I sein muss?

Berger: „Absolut."

Bleibt die Frage: An welchen Superstar erinnert Dich der junge Vettel?

Berger: „Ich zieh irrsinnig ungern Vergleiche zwischen Rennfahrern, aber in seiner Arbeitsweise, vor allem wie konzentriert er mit den Technikern zusammenarbeitet, erinnert er mich an Schumacher. Er setzt seine Prioritäten ganz klar."

Eure Freudenszenen auf dem Podium lassen die Frage zu: Besteht zwischen Dir und Vettel eine Art Vater-Sohn-Verhältnis?

Berger: „Nein, so ist es nicht. Aber ich hab ihm von Anfang an gesagt: Du hast Zugriff zu all meinen Erfahrungen aus über 20 Jahren Formel I."

Dank Vetttel ist Toro Rosso in der Konstrukteur-WM Honda und Williams davongefahren, hat Red Bull 24:23 überholt – wer wird das interne Duell um WM-Platz 5 gewinnen?

Berger: „In den letzten Rennen entscheidet meist die Tagesform und das Glück. Wichtig ist der Gesamteindruck, dass man sich an Red Bull erinnert, dass da in Monza gleich drei Autos in den ersten zwei Startreihen gestanden sind – und das hat sich Red Bull auch verdient!"

„Schön, dass ein österreichisches Formel-I-Team einen Grand Prix gewinnt!", freut sich Didi Mateschitz aufrichtig und ehrlich – aber ohne große Töne. Und sagt über Sebastian Vettel, den ersten Formel-I-Sieger, der aus dem Bullen-Stall kommt: „Unglaublich, seine Coolness, Intelligenz, sein Gespür, seine Willensstärke mit erst 21 – und dazu ist er noch so lustig und bescheiden..."

Der erfrischendste neue Sieger der Formel I, kein Zweifel. Und dabei total bodenständig. Vater Norbert, der Zimmermann aus Heppenheim, fuhr früher selbst Bergrennen, hat aber sein Auto verkauft, um Sebastians Karriere zu finanzieren. Und sitzt, wie im Qualifying, in Sebastians Kammerl in der Energy Station – „bis zur Zielflagge."

Vettel, was ist er für ein Typ? Ein Mix zwischen Champion und Lausbub. Zwischen Fuji und Interlagos 2007 fliegt er, ganz allein, für ein paar Ferientage nach Hawaii. Heuer, in der Sommerpause, fährt er mit einem kleinen Wohnmobil nach Skandinavien. Und zuletzt fährt er tagelang den straßentauglichem Rennwagen von KTM, den atemberaubenden Crossbow.

Genug zu plaudern Sonntag zwei Stunden nach dem Rennen, als Vettel in die Energy Station kommt, um sich beim obersten Chef zu bedanken. „Mit einer Schar von 50 Fotografen im Schlepptau", lächelte Mateschitz. „Dann stießen wir mit Champagner an. Den Rest haben wir ins Flugzeug mitgenommen..."

Und bei der Landung in Salzburg gibts die nächste Überraschung: Plötzlich ist im Nebenhangar 7 Licht zu sehen, eine Menge Leute – und dann kommen Musiker in Lederhosen und spielen zum ersten Grand-Prix-Sieg auf. Zwischen Champagner und fein gedeckten Tischen.

Der dritte neue Grand-Prix-Sieger 2008 nach Robert Kubica und Heikki Kovalainen – aber Sebastian Vettel (21) ist der jüngste und populärste. Längst hat der Mateschitz- und Berger-Schützling alle Youngster-Rekorde der Formel I gebrochen – bis auf einen: Wird er der jüngste Weltmeister der Formel-I-Geschichte? „Hauptsache, Weltmeister", grinst der ehrgeizige neue Formel-I-Star wie ein Lausbub, „ob der jüngste oder älteste, ist mir wurscht... Das Ergebnis ist wichtiger als der Zeitpunkt!"

Typisch Vettel: Positiv, aber nicht überheblich, lustig, trotzdem in allem ernst zu nehmen – ich treffe den neuen Formel-I-Helden gleich nach seinem Triumph.

Sebastian, dein erster Sieg seit wann?

Vettel: „Im April 2007 auf dem Nürburgring – damals in der ‚World Series by Renault'."

Deine Gefühle – hast du schon verarbeitet, was in Monza alles los war?

Vettel: „Ich hab schon nach der Pole-Position gesagt: Unglaublich, das alles, ich kann mir das alles gar nicht richtig vorstellen. Mein Plan fürs Rennen war eigentlich nur: Versuch, solang wie möglich vorn zu bleiben und die großen Stars ein bissl zu ärgern."

Was war entscheidend für den Sieg – immerhin bist du mit Trockenabstimmung in den Regen gefahren?

Vettel: „Ich fahr unheimlich gern auf nasser Strecke, hab heuer schon öfter um Regen gebetet. Einmal hab ich ein Formel-III-Rennen im strömenden Regen gewonnen – und da saß ich im Auto wie in einer Badewanne. Nachher haben sie das Wasser literweise herausgeschöpft."

Du hast unter schlechtesten Bedingungen keinen Fehler gemacht?

Vettel: „Sagen wir so: Es war großartige Arbeit vom ganzen Team. Da ist jeder über sich hinausgewachsen. Als die Box sah, dass Alonso mit Intermediates schon schneller fahren konnte, hat sie mich 6, 7 Runden früher als geplant hereingeholt – das war mitentscheidend."

Was hat Didi Mateschitz zu dir gesagt?

Vettel: „Er hat gestrahlt und gesagt: Na, was ist mit dir los...?"

Ein Sieger, mit dem sich alle freuen. Wieviele Glückwünsche hast du auf deinem Handy?

Vettel: „Über 80 SMS. Aber ich bleib am Boden, kenn noch nicht alle Konsequenzen... Ich hab immer davon geträumt, ein Formel-I-Auto zu fahren, der Weg nach oben war hart und steinig – und ich bin allen dankbar, die mir geholfen haben.

Alle sind davon überzeugt – Monza war nur der Start in eine ganz große Karriere?

Vettel: „Ich hatte immer das Ziel, nach oben zu kommen. Aber wir haben noch viel zu tun. Es wartet harte Arbeit. Darum werde ich kämpfen."

Szenenwechsel nach Faenza. Teamchef Franz Tost ist verblüfft, als er in die Fabrik nach Faenza kommt. Dort flattern nur noch die österreichische und die italienische Flagge – aber nicht mehr die riesige Toro-Rosso-Flagge. Offenbar von einem Souvenirjäger abmontiert. Der letzte Beweis: Für die Tifosi gibt es nicht nur Ferrari – sie haben auch den „kleinen Bruder" Toro Rosso ins Herz geschlossen.

Um das „Wunderkind" Sebastian Vettel reißen sich alle: Thomas Gottschalk für „Wetten, dass...?", Society- und Charity-Leute – aber auch um Toro Rosso, das erste Privatteam seit Jordan, das einen Grand Prix gewonnen hat. Ich bin in Monza bei Didi Mateschitz, als ihn die Glückwunsch-SMS bombardieren.

Am bemerkenswertesten ist die Gratulation eines ganz hohen Herren der deutschen Automobilindustrie: „Jetzt seid ihr wieder um einiges teurer geworden..."

Ein potentieller Käufer? Wollen Mateschitz & Berger überhaupt verkaufen? Der Wert des neuen Sensationsteams: momentan (geschätzte) 80 Millionen Euro. Weil die Punkte in der Konstrukteur-WM bares Geld bedeuten.

Eine Zusammenlegung der beiden Mateschitz-Teams? „Nein", wehrt Teamchef Franz Tost kategorisch ab. „Das macht keinen Sinn und würde die Einnahmen halbieren. Wir würden viel Geld wegschmeißen."

Das Team löst viele Emotionen aus. Nicht nur, weil Vettels Mechaniker Gabriele bei der Red-Bull-Party aus dem Swimmingpool geklettert und auf Glasscherben getreten ist – sieben Stiche im Fuß sind nötig.

Frank Williams – für den die Technik schon immer das wichtigste war, wichtiger als die Fahrer – hat schon das Sympathler-Team Super Aguri aus der Formel I geekelt: „Das ist kein Hersteller." Probiert er das gleiche jetzt bei den Bullen? Der Geldstreit zwischen Toro Rosso und Force India – schon vorm Schiedsgericht in der Schweiz – wird privat beigelegt.

Als Giorgio Ascanelli Berger 1988 in Monza zum Sieg dirigiert, wünscht er sich für sich und seine große Liebe (eine klassische Konzertpianistin) zwei Karten fürs Neujahrskonzert. Ich kann helfen. Und jetzt, 20 Jahre später? „Werde ich keine Zeit haben. Da muss ich unser neues Auto zusammenbasteln."

Toro Rosso – also doch noch ein Konstrukteur?

Red-Bull-Teamchef Christian Horner: „Heute fahren wir ab 14 Uhr gegeneinander – und danach sind wir wieder eine Familie..."

17 WM-Punkte in den letzten drei Rennen seit der Sommerpause – Sebastian Vettel ist der aktuelle Superstar im Formel-I-Zirkus! Nur Felipe Massa (23) hat in Valencia, Spa und Monza mehr Punkte geholt als unser „Baby Schumi", aber WM-Leader Hamilton (16), Kubica (15), Kovalainen (13), Heidfeld (12) und Alonso (10) liegen hinter ihm – und auf Räikkönens Konto stehen sowieso drei Nullen.

Die Jagd auf den Rohdiamanten geht los. „Ich will Weltmeister werden – aber dazu muss ich in einem der besten zwei, drei Teams fahren", sagt mir Vettel. „Und daran arbeiten wir." Mit Red Bull, seinem Team 2009 – und nicht mit Ferrari, McLaren oder sonst wem.

Denn: „Vettel ist unverkäuflich!", hat sich Didi Mateschitz schon in Monza festgelegt. Im Gegensatz zu Flavio Briatores Philosophie: „Alles im Leben ist zu kaufen, alles ist zu verkaufen – vor allem in der Formel I. Es kommt nur auf den Preis an."

Mit Vettel kommen andere Werte in den Formel-I-Zirkus: Treue und Dankbarkeit. „Red Bull war meine einzige Chance, in die Formel I zu kommen." Das vergisst er nie. „Mr. 20 Prozent" Willi Weber, der Schumacher groß und reich gemacht hat, signalisiert schon: „Vettel könnte in 5 Jahren 100 Millionen verdienen", aber Sebastian winkt ab: „Ich hab keinen Manager, ich brauch auch keinen. Die paar Zahlen kann ich schon selber addieren..."

Erinnert an Jochen Rindts berühmten Spruch: „I mänätsch mi selber!"

Rindt verdient im ersten Formel-I-Jahr bei Cooper 2000 Pfund, im zweiten 4000, im dritten 8000, im vierten bei Brabham 20.000. Das große Geld kommt erst bei Lotus. Inzwischen ist der Vertragsdschungel in der Formel I viel dichter geworden.

„Der Sebastian hat einen Rechtsanwalt für kommerzielle Dinge", weiß Toro-Rosso-Teamchef Franz Tost. „Aber ob das genügen wird...?"

SIEGE ÖSTERREICHISCHER AUTOS / TEAMS

1923 Graf Gastone Brilli-Peri mit Steyr in Mugello

1930 Hans Stuck Europa-Bergmeister mit Austro-Daimler

1930 Henryk Lifeldt mit Austro-Daimler in Lemberg

1977 Jody Scheckter mit Wolf-Ford in Buenos Aires, Monaco und Mosport

2008 Sebastian Vettel mit Toro Rosso-Ferrari in Monza

Singapur

GUTE NACHT, FERRARI

Schon wieder ein Meilenstein: Singapur ist der 800. Grand Prix der Formel-I-Geschichte – die 1950 in Silverstone begonnen hat. Eine Story die geprägt ist von Dramen, Abbrüchen und Spionage.

DIE JUBILÄUMS-RENNEN

100. GP: Phil Hill überfliegt 1961 mit einem Kampfjet der US-Airforce den 22,9 km langen Nürburgring, findet eine Geheimlinie und fährt die erste Pole-Position-Runde unter 9 Minuten – 8:55,2. Im Regenrennen schlägt Stirling Moss mit seinem 140-PS-Lotus die stärkeren Ferrari von Trips und Hill.

200. GP: Monte Carlo 1971. Jackie Stewart (Tyrrell) ist ohne den verunglückten Jochen Rindt ohne Konkurrenz, gewinnt vor Peterson und Ickx.

300. GP: Kyalami 1978. Sensationelle Show von Riccardo Patrese, der mit dem Arrows (einer Zwillingskonstruktion von Shadow) 37 Runden lang auf und davon fliegt, aber dann k.o. geht. Sieger Peterson vor Depailler und Watson. Und die FIA zwingt Arrows, die Shadow-Kopie zu vernichten.

400. GP: Österreichring-Drama 1984! Lauda hat in Führung einen Getriebeschaden, will auf der Strecke aufgeben, beschließt aber, seinen McLaren in langsamer Fahrt an die Boxen rollen zu lassen, „weil ich zu faul bin, um zu Fuß zu gehen. Also spiel ich ein bissl mit dem Getriebe – und find den 4. Gang. Da denk ich: Jetzt kannst eigentlich gleich das Rennen zu Ende fahren." Sein Verfolger Piquet geht ebenfalls vom Gas, weil er eine Lauda-Strategie vermutet und fällt erst bei der Siegerehrung aus allen Wolken, als ihm Lauda die ganze Wahrheit verrät. „Und ich Idiot hab geglaubt, du spielst nur mit mir... ich hätte gewinnen können."

500. GP: Adelaide 1990. Erste Startreihe Senna-Berger, aber diesmal gewinnt Piquet, wie schon zuvor in Suzuka, nachdem er mit Flavio Briatore sagenhafte Prämien ausgehandelt hat: 100.000 Dollar pro Punkt, extra eine Million pro Sieg – macht 3,8 Millionen Dollar in einer Woche.

600. GP: Buenos Aires 1997: Williams dominiert, Villeneuve vor Irvine und Ralf Schumacher, der das erste Mal aufs Podium klettert.

700. GP: Interlagos 2003: Abbruch wegen Unfällen nach 56 von 71 Runden, Räikkönen (McLaren) wird zum Sieger erklärt – aber die FIA-Sportkommissäre korrigieren später das Ergebnis. Es gilt der Stand der 54. Runde – und da führt Fisichella (Jordan) 0,945 vor Räikkönen. Zum nächsten Rennen (Imola) muss Kimi den Pokal für den echten Sieger mitbringen.

„Wie gehts eigentlich deinem Vater, dem Ex-Rennfahrer Kurt Lincoln?", frag ich Nina Rindt. Jochens Witwe hat eine überraschende Antwort: „Der ist gerade in der Algarve und spielt mit Tuana Backgammon..."

Die bildhübsche Tuana – Eltern aus Singapur bzw. Paris – ist jahrelang, besonders in der Rindt-Ära, die Frau an Bernie Ecclestones Seite. Die geduldig die Tür zur Villa in Bexleyheath öffnet, auch wenn Jochen mitten in der Nacht klingelt: „Bernie, spielen wir doch eine Kartenpartie Siebzehn und Vier – und dann noch eine."

Ecclestone gilt damals als „King of the London Gamblers", der König der Glücksspieler, und Rindt ist genauso risiko- und abenteuerfreudig. Jetzt hat Bernie, längst mit dem früheren Supermodel Slavica verheiratet, seinen exotischen Grand Prix in Singapur.

Und da geraten Tage und Nächte schon mal durcheinander. Beginn des Qualifyings und Rennens: 20 Uhr in Singapur = 14 Uhr MEZ. Die Tipps von Vielflieger Niki Lauda? „Wer lange vorher nach Singapur fliegt, um sich an die Zeitumstellung zu gewöhnen, der hat ein Nachtrennen – für ihn ist es dann ja schon abends. Aber wer knapp kommt, der hat ein Tagrennen – sein Bio-Rhythmus sagt ihm ja: Zuhause ist es erst 14 Uhr."

Wie kann man die innere Uhr überlisten und korrigieren? Bernie Ecclestones Trick ist immer: „Du darfst dir nie vorstellen, wie spät es zuhause ist. Leb einfach nach der Uhrzeit, die da herrscht, wo du gerade bist." Michael Schumacher reist nach Asien immer mit einem Zwischenstopp an, um sich an die Zeitdifferenz langsam zu gewöhnen. Sein Boxenstopp auf dem Weg nach Japan ist meist die Insel Okinawa.

Ex-Ferrari-Teamgefährte Eddie Irvine muss einmal strafweise direkt von Japan zu einem FIA-Kreuzverhör nach Paris und dann zurück nach Japan zum Rennen – eine echte Qual. Eddie, erstaunlich poetisch: „Wenn du binnen einer Woche zweimal nach Japan und wieder zurückfliegen musst, geht irgendwo über Sibirien deine Seele verloren."

Ein Formel I-Auto, maßstabgetreu und ganz aus Schokolade – von den Singapur-Zuckerbäckern in die Hotelhalle gestellt. Ein Riesenrad direkt über dem Fahrerlager. Dorthin kommt man über eine endlose Serie von Tiefgaragen. Draußen: 35 Grad Hitze, enorme Luftfeuchtigkeit. Das neue große Abenteuer der Formel I auf dem „Marina- Bay"-Straßenkurs beginnt mit tausendfachem, fast entschuldigendem Lächeln. „Denn ein bissl herrscht schon noch Chaos..."

Der Löwe (Singapurs Wappenzeichen) knurrt. Der Grand-Prix-Zirkus in der Zeitmaschine – müssen die Piloten ihre „innere Uhr" wirklich um sechs Stunden vordrehen? Die meisten bleiben bei ihrem gewohnten (europäischen) Rhythmus, und das bedeutet: tagsüber schlafen, abends arbeiten – mit Teambesprechungen lange nach Mitternacht und bis zum Morgengrauen.

Ein einziger lebt nach der Singapur-Zeit: Felipe Massa. Fröhlich, freundlich, ansprechbar. Und der ist auch der große Liebling der Fans. Hamilton? Bei Sponsorterminen im Shopping Center zu streng von Bodyguards in schwarzen Anzügen abgeschirmt. Räikkönen? Aus stahlblauen Augen der Blick in die Ferne.

Eine TV-Umfrage bei Singapur-Ladies nach dem Sonntags-Sieger bringt überraschende Antworten: „Schumacher..."

Ein Star zum Anfassen ist immer Mark Webber. Der „Bulle" steigt zu einem Show-Kampf gegen den Thai-Champion in den Ring – und unverletzt wieder heraus. „Ich hatte die Kontaktsportarten schon als Kind sehr gern. Australischer Fußball, Boxen – und jetzt auch noch Kickboxen", verrät der Allround-Outdoor-Sportler, 2009 Teamkollege von Vettel – den die Red-Bull-Kameras in Singapur asiatische Gerichte kochen lassen, damit alle Welt sieht: Vettel, was für ein klasser Bursch. Vergiftete Milch ist natürlich keine dabei.

Aus Italien macht sich Luca Montezemolo Sorgen, „dass dies wieder ein Rennen wird, bei dem keiner überholen kann." Es liegt an den Piloten, ihn vom Gegenteil zu überzeugen. Und wenn ja – kommt es wieder zu einem Nahkampf? „Rivalitäten zwischen zwei Spitzenfahrern werden oft sehr körperlich", lächelt Damon Hill, 1994 in Adelaide von Schumacher abgeschossen, „und das muss ja nicht sein."

„Mein Tipp für Singapur ist Kimi Räikkönen! Weil er am Abend in Höchstform ist und am besten performt, je dunkler es ist", prophezeit grinsend Red-Bull-Superhirn Adrian Newey, der das Vettel-Siegerauto von Monza gebaut hat. Normalerweise kein großer Sprücheklopfer, aber jetzt fiebert er wie alle im Formel-I-Zirkus dem großen Abenteuer entgegen: Flutlichtpremiere für eine weltweit populäre Sportart. Welche Gefahren, Probleme und Überraschungen birgt die Nachtfahrt?

Das erste Nachtrennen der Grand-Prix-Geschichte: mit ebenso viel Hochspannung erwartet wie 1956 die Europacup-Flutlichtpremiere bei Rapid-Real Madrid (3:1) im Stadion mit den legendären drei Happel-Toren – obwohl die Vienna schon vor 100 Jahren einen ideenreichen Präsidenten namens Simek hatte, der 1910 auf der Hohen Warte unter Scheinwerfern spielen ließ. Damals gab es in Wien noch Gaslaternen.

Heute sind die Nachtslaloms (seit den 60er-Jahren) populär. Die Skirennläufer erkennen unter Tiefstrahlern die Bodenwellen viel plastischer und genauer – aber wie ist das bei den Formel-I-Piloten bei 300 km/h? Ihre Autos haben natürlich Heckleuchten (für Schlechtwetterrennen), aber keine Bremslichter – und klarerweise keine Scheinwerfer wie in Le Mans.

„Plötzlicher Stromausfall darf keiner passieren, sonst donnern wir in die Dunkelheit", sagt der neue Superstar Sebastian Vettel. „Ein plötzliches Blackout wäre ein Desaster." Sein Teamkollege David Coulthard: „Flutlicht ist kein Problem, wenn wir in Monte Carlo durch den Tunnel rasen können." Renault schickt zu den Lichttests nach Singapur ein paar Spezialisten, die berichten: „Es war bei Nacht wesentlich heller als beim ersten Training in Monza."

Trotzdem: für die Techniker eine Riesenherausforderung – mit vielen Details. Williams-Technikboss Sam Michael: „Wie hell musst du zum Beispiel das Display am Lenkrad einstellen, damit der Pilot alles ablesen kann?" Kein Problem, beruhigt Niki Lauda. „Singapur wird taghell sein."

Für die europäischen TV-Fans ändert sich nichts: Training, Qualifying, Rennen zu dem gewohnten Zeiten – 14 Uhr MEZ, 20 Uhr in Singapur. „Das heißt, dass wir unsere Briefings mit den Piloten in der Nacht auf Samstag und Sonntag erst um fünf Uhr früh beenden." Fünf Uhr früh – fast wie in den 60er-Jahren in Monte Carlo, als das Freitagmorgentraining schon um 7 Uhr früh losgeht, weil spätestens mittags die Strecke wieder geöffnet werden muss. Damals kommen lebenslustige Piloten wie Innes Ireland, Mike Hailwood usw. direkt von der Tip-Top-Bar oder von „Rosi von der Chatham-Bar" zu den Boxen...

Sechs Stunden Zeitdifferenz: Leben nach der Singapur-Zeit, aber rennfahren nach der euopäischen Sommerzeit. Nick Heidfeld weiß schon, warum er jahrelang immer zwei Uhren an den Handgelenken trug. Und warum jetzt plötzlich nicht mehr?

„Danke, dass Sie bei diesem historischen Rennen dabei waren!", grüßen riesengroße Transparente die 100.000 Race-Fans in Singapur – die Arena ist seit Tagen ausverkauft. „Aber wegen der Regengefahr – bitte keine Schirme mitbringen. Kauft lieber Umhänge für 2 Dollar vom Roten Kreuz." Der Start: ein Flug ins Ungewisse? In ein neues Abenteuer? Hamilton und Alonso sind die Schnellsten am ersten Trainingstag, aber die Pole-Position ist heiß umkämpft. Hamilton: „Noch wichtiger als zuletzt in Valencia – weil du hier nicht überholen kannst."

Das übliche Gejammer auf neuen Strecken. Aber die Premiere verspricht ein tolles Spektakel. Erster auf der Strecke: Fisichella im Force India – bis zum Getriebeschaden. Erster Crash: Mark Webber. Die erste Überholung: Vettel gegen Rosberg. Und die erste Strafe: Jarno Tulli – 10.000 Dollar, weil er bei der Boxeneinfahrt die Sperrlinie überschritten hat. „Aber nach meinem Dreher war das die sicherste Aktion, ohne andere zu gefährden."

Die Boxenein- und Ausfahrt: das heiße Thema bei der aktuellen GPDA-Sitzung. Die vielen Boxenwellen nicht. „Schade, dass sie gerade auf den schnellsten Passagen sind – da müssen wir die Autos höhersetzen", klagt Bourdais. „Und das kostet Performance." Monza-Held Sebastian Vettel: „An manchen Stellen ist die Sicht schlechter als an anderen – aber es macht Spaß. Nur: Die Buckeln machen uns das Leben schwer – dem Auto und mir. Happy bin ich noch nicht."

Bourdais, einziger Brillenträger im Feld, hat Erfahrung von Le Mans (nur die Zielgerade ausgeleuchtet) und von Flutlichtrennen in den USA: „Ich fahr sogar mit leicht angerußtem Visier." Der alte Trick von Mercedes-Regenkönig Caracciola – der streute immer Asche auf sein Helmvisier, damit das Wasser abrinnen konnte.

Heute haben die meisten Piloten beheizbare Visiere. Und nicht nur das: Williams beleuchtet für Rosberg und Nakajima extra das Display im Cockpit – und Toyota sogar die Boxensignale für Trulli und Glock, die jetzt funkeln wie ein Schminktisch in Hollywood... Und ein Spektakel à la Hollywood wird der heutige erste Nacht-Grand-Prix auf jeden Fall.

McLaren packt einen Supertrick aus, der das ganze Fahrerlager alarmiert, aber natürlich alle irreführen soll: Scheinwerfer auf den Boliden von Hamilton und Kovalainen – letzte Woche in England angeblich geheim getestet. In Singapur lächelt Lewis, ohne rot zu werden: „Ich nehm die Scheinwerfer diesmal nicht." Und Heikki, todernst: „Ich lass sie montieren – wegen der Aerodynamik. Da hab ich mehr Abtrieb auf der Vorderachse..." Doch Ferrari & Co fallen auf diesen Schmäh nicht herein.

Die Feinde der Piloten? Der Kampf gegen die innere Uhr (sechs Stunden Zeitunterschied). Und gegen den Staubsauger im Hotel-Nebenzimmer. Geschlafen wird bei allen auch am Renntag bis 15 Uhr. Räikkönen: „Für mich normal. Ich steht auch ohne Grand Prix nie vor Mittag auf..."

Nur Coulthard beschwert sich: „Um ein Uhr Nachts haben meine Karen und ich kein Restaurant mehr gefunden – und eine Woche Room-Service mag ich auch nicht." Gönnerhaft die McLaren-Piloten: „Wenn du wieder Hunger hast, David, kommst einfach in unser Hotel."

Die Skyline von Singapur, das Riesenrad, die historische Anderson-Brücke, das Raffles-Hotel gegen den Nachthimmel – den exotische GP umweht ein Hauch von Hollywood. Traurig, dass gerade an diesem Wochenende Paul Newman (83) gestorben ist: Der Superstar war auch erfolgreicher Rennfahrer, Zweiter im 24-Stunden-Rennen von Le Mans mit Rolf Stommelen, viermal US-Sportwagenchampion noch mit 60 – und zuletzt Teamchef von Sebastian Bourdais, der alle seine vier Champ-Car-Meisterschaften für Newman gewonnen hat.

„Er war ein großer Mann und wird uns sehr fehlen", sagt der Toro-Rosso-Pilot in Singapur, „aber zweifellos ist er jetzt an einem besseren Ort."

Bei jedem Grand Prix stehen zwei Ärzteautos einsatzbereit in der Boxenausfahrt. Im wichtigsten – mit Rennarzt Dr. Gary Hartstein, dem Nachfolger des legendären Prof. Sid Watkins – sitzt diesmal Alex Wurz, weil der Stammpilot krank ist.

„Die FIA und Honda haben mich dazu eingeteilt", sagt Alex, „und als Angestellter von Honda konnte ich da nicht nein sagen. Nur: Lieber als das Doctor's Car hätte ich das Safety-Car gefahren. Ich will nicht unbedingt der erste sein, der zum Unfallort eines Kollegen rasen muss..."

Wurz ist auch Ansprechpartner für Fernando Alonso. Der Spanier hat sich beim Honda-Testpiloten über das Team erkundigt. Eine heikle Situation, auch für Alex:

„Ich hab ihm natürlich keine Honda-Geheimnisse verraten... aber ich hab ihn auch nicht angelogen."

Die Japaner haben Jenson Button einen neuen Zwei-Jahres-Vertrag gegeben – mit einer Klausel, auf die Button – mit oder ohne Alonso – besteht: „Ich bin auf keinen Fall die Nummer 2."

Wahrscheinlich ist Alonso bei Renault doch besser aufgehoben. In Singapur greift er zum ersten Mal 2008 nach der Pole-Position – dann geht die Benzinpumpe k.o. Alonso ist verzweifelt. „Pole wäre es vielleicht nicht geworden, aber zweite Startreihe bestimmt."

Alonso & Co haben sich mit der Zeitumstellung perfekt abgefunden – oder doch nicht? Massa und Barrichello – mit ihren Familien – marschieren noch um 3 Uhr früh zu Fuß die Strecke ab. Und Kimi Räikkönen, achselzuckend: „Kein Problem für mich. Ich schlaf ja auch sonst immer bis mittags."

Die 6 Stunden Zeitunterschied tun weh. Massa und Barrichello – mit ihren Familien – treffe ich noch um 3:30 Uhr früh, als sie die Strecke inspizieren: teils hohe Randsteine, kritische Boxeneinfahrt. Darüber muss man in der GPDA-Versammlung reden.

Endlich geht die Show los. Erstes Flutlicht-Training der Formel-I-Geschichte. Sutil ist der erste auf der Piste, produziert den ersten Dreher, Webber den ersten Mauer-Crash. Die Strecke ist viermal so hell erleuchtet wie ein Fußballstadion.

Samstag rutscht Hamilton mit Glück in die letzte Qualifyingphase, das berühmte „Q 3": auf Kosten von Mark Webber, den er blockiert. Red Bull verzichtet großzügig auf einen Protest, um kein böses Blut zu schaffen. Aber die Sünden von Lewis häufen sich.

Bei Renault geht Alonso auf die Pole-Position los – da bricht seine Benzinpumpe. Entsetzt schlägt der Spanier seine Hände vors Gesicht: nur der 15. Startplatz. „Von dort kann ich nicht gewinnen. Jetzt kann mich nur noch ein Wunder retten." Aber dem kann man ja etwas nachhelfen, wie Mika Hakkinen schon einmal in der DTM gezeigt hat.

„Superhirn" Pat Symonds, Flavio Briatore und Alonso selbst entwickeln eine kühne Idee. Ein Champion in der Mitte des Pulks, da riskiert man normalerweise eine 1-Stopp-Strategie und tankt das Auto voll. Fernando aber macht genau das Gegenteil: „Ich weiß, dass meine Bremsen mit vollen Tanks überfordert sind. Dass die härteren Reifen bei uns am besten funktinieren. Und darum ist ein extrem kurzer erster Stint für mich am besten – und dafür nehm ich die weichen Reifen." Deine Strategie? „Am Start gleich drei Autos überholen, dann noch ein paar – bis zum Boxenstopp. Und dann hoff ich auf eine Safety-Car-Phase..."

Fisichella startet nach zwei Trainings-Crashes aus der Box. Massa kommt aus seiner 15. Pole-Position, der fünften heuer, perfekt und sauber weg. Dahinter Hamilton und Räikkönen. Kovalainen überholt Kubica mit einem Kraftakt, die beiden touchieren. Und Alonso kommt aus der ersten Runde wirklich schon als 12. zurück. Sein Plan geht auf.

Das gewohnte Bild: Vorn fliegt Massa davon und dahinter stellt der „Trulli-Zug" die Williams-Piloten Rosberg und Nakajima auf harte Geduldproben. Aber sie beißen sich durch.

In der 12. Runde kommt Alonso als Erster zum Tanken und Reifenwechsel. Zwei Runden später kracht sein Teamkollege Piquet – Zufall? – in Kurve 17 gegen die Mauer. Der Renault steckt mit der rechten Vorderseite fest, der Pilot bewegt sich nicht sofort.

Bevor noch Alex Wurz als Chauffeur des "Doctor's Car" derart flott Gas gibt, dass dem Singapur-Arzt hinter ihm schlecht wird, brüllen am Red Bull-Feldherrnhügel Horner und Marko schon zweimal in ihre Mikros: „Box!" Und wirklich können Coulthard und Webber tanken und Reifen wechseln, bevor die Boxenzufahrt geschlossen ist – aber da gehts um Sekunden.

15. Runde: Wenn Rosberg und Kubica jetzt nicht tanken, geht ihnen der Sprit aus. Die 10-Sekunden-Stop-and-Go-Strafe nehmen sie in Kauf.

17. Runde: Jetzt hat Bernd Mayländer das Feld hinter sich in der richtigen Reihenfolge aufgefädelt. Die Boxenstraße ist offen. Massa taucht als erster in die Ferrari-Box, hinter ihm Hamilton, Vettel, Glock, Räikkönen usw – Desaster bei den Roten, wo die Boxenstopps immer am leidenschaftlichsten sind.

Ferrari verwendet Lichtsignale statt des bewährten „Lollypops" mit den Befehlen „Stop" und „Go". In Singapur zuckt die Hand des Chefmechanikers, das Grünlicht flammt frühzeitig auf, Massa fährt einen Sekundenbruchteil zu früh los – und sein Auto hängt noch am Tankschlauch.

Geistesgegenwärtige Ferrari-Mechaniker – manche gar nicht von der Boxenstopp-Crew, also gar nicht im feuersicheren Dress – reißen den Tankrüssel vom Auto. Einer stürzt zu Boden. Einen brennenden Ferrari, wie 2007 bei Massa in Barcelona, gibt es zum Glück nicht. Aber natürlich eine FIA-Strafe: eine Boxendurchfahrtsstrafe wegen „unsicherer Freigabe an den Boxen." An diesem Tag trifft es den Falschen.

Hinter dem Safety-Car führt Rosberg vor Trulli, Fisichella, Kubica und Alonso. In der 20. Runde schert Bernd Mayländer zu den Boxen aus – neuer Start. Rosberg fährt Trulli sofort auf und davon: 2,8 – 5,1 – 6,9 – 12,0 sein Vorsprung, der sich in nichts auflöst, als er seinen Penalty antritt – immerhin bleibt er Dritter hinter Trulli und Alonso.

Und als Trulli an die Box kommt, ist er Zweiter hinter Alonso.

41. Runde: Alonso kommt nach seinem Boxenstopp gerade noch rechtzeitig heraus, um vor dem Kampfduo Coulthard/Hamilton zu bleiben – aber es geht um Zehn-

telsekunden. Gleich darauf müssen beide tanken und Reifen wechseln. Auch bei David stürzt ein Mechaniker zu Boden.

Und nochmals Aufregung, als sich Massa dreht und Sutil crasht – beide in der gleichen Kurve. Wieder Safety-Car, aber das braucht Alonso jetzt nicht mehr zum Sieg. Drei Runden vor Schluss crasht noch Räikkönen in Kurve 10, weil er die Randsteine zu brutal attackiert.

Alonso gewinnt 2,9 vor Rosberg und Hamilton, dahinter die starke deutsche Phalanx. Für Nico sein bestes Formel-I-Ergebnis, für Lewis eine strategisch clevere Fahrt Richtung WM-Titel. Der unglückliche Massa wird 13. und Letzter.

„Erstes Podium 2008, erster Sieg!", atmet Fernando auf: zum ersten Mal seit Monza 2007 wieder ganz oben, natürlich begleitet von Briatore.

Böser Albtraum für Ferrari – perfektes Drehbuch bei Renault? Oder wirklich reiner Zufall, dass der Crash von Nelson Piquet den Sensationssieg von Fernando Alonso (15.Startplatz) ermöglicht? Alonso ist mit wenig Sprit gestartet, als erster zum Tanken und Reifenwechsel an die Box gekommen – und weil in der Formel I jeder von jedem ausspioniert, wer wann an die Box muss, platzt genau in diese Phase der Piquet-Unfall mit den Safety-Car-Runden und der noch gesperrten Boxenzufahrt.

Rosberg und Kubica müssen die Strafe riskieren, weil sie sonst ohne Sprit liegen bleiben. Und Alonso liegt plötzlich auf Platz 1 – dank Piquet.

So schnell wie in Singapur war noch kein Doctor's Car am Unfallort. Alex Wurz als Rettungsfahrer gibt richtig Gas. „Dem Singapur-Arzt hinter mir ist schlecht geworden..."

Den Ferrari-Fans nicht? „Wir hatten die Autos für einen Doppelsieg – und müssen jetzt mit leeren Händen abreisen." Felipe Massa muss einem leid tun, seine Pechsträhne liest sich schon wie eine Serie von Attentaten. Schuld am Boxendrama: diesmal der Chefmechaniker. Der ewige Wechsel von Lichtsignalen und dem guten alten „Lollypop" beim Boxenstopp verwirrt zusätzlich.

Singapur könnte Massa die WM gekostet haben. Aber, unglaublich: keine Vorwürfe des Piloten, im Gegenteil: Massa tröstet seine Mechaniker! „Wir gewinnen und verlieren immer nur zusammen..."

„Die schönsten Fernsehbilder, die ich je in der Formel I gesehen habe", gratuliert Mercedes-Sportchef Norbert Haug. Der erste Flutlicht-Grand-Prix der Formel-I-Geschichte in Singapur wartet mit Glanz und Glamour auf wie bei einer Hollywood-Premiere, sorgt aber auch für viele unerwartete sportliche Höhepunkte und Rekorde.

Fernando Alonso (Renault) geht nicht nur als der erste Sieger eines „Night Race" in die Geschichte ein. Er ist auch der erste seit dem unvergleichlichen Juan-Manuel Fangio, der einen „Heimkehrer-Sieg" erzwingt.

Der legendäre Argentinier beginnt seine WM-Saison 1954 bei Maserati, gewinnt seinen Heim-GP in Argentinien, steigt dann im Sommer, als die berühmten „Silberpfeile" fertig sind, auf Mercedes um, gewinnt für die Stuttgarter die WM 1954 und 1955, wechselt 1956 zu Ferrari, kehrt 1957 zu Maserati zurück – und wird prompt nochmals Weltmeister.

Also das Comeback eines Champions, wie es ein halbes Jahrhundert unerreichbar blieb – bis ihm Alonso – dank genialer Renault-Strategie – in Singapur nahe kommt. Aber auch andere Rekorde wanken.

Noch nie seit 1982, dem Jahr des Lauda-Comebacks, der Ferrari-Dramen und des Weltmeisters mit nur einem Sieg (Keke Rosberg), hat eine Grand-Prix-Saison so viele verschiedene Sieger. Damals elf aus sieben verschiedenen Teams – Rosberg, Lauda, Watson, Prost, Arnoux, Villeneuve, Pironi, Tambay, Patrese, de Angelis, Alboreto. 2008 stehen bereits sieben verschiedene Piloten auf der höchsten Treppenstufe: Hamilton, Räikkönen, Massa, Kovalainen, Kubica, Vettel – und jetzt auch Alonso.

Höchst selten in der 800 Rennen umfassenden GP-Geschichte holten sich vier Piloten gleicher Nationalität in einem Rennen WM-Punkte, bis in Singapur das deutsche Quartett Nico Rosberg (2.), Timo Glock (4.), Sebastian Vettel (5.) und Nick Heidfeld (6.) mit starken kämpferischen Leistungen zuschlägt.

Gepokert und gewonnen – wie unmittelbar vor dem Singapur-GP in einer italienischen TV-Sendung. Dort liefern sich mehrere Formel-I-Stars heiße Schlachten beim Pokern – und am Ende gewinnt Rosberg im Finale gegen Robert Kubica 30.000 Euro.

Schmerzensgeld für Singapur? Wie sehr die Fahrer auf dem buckligen Kurs leiden müssen, bestätigt Timo Glock: „Ich hab die Nachwirkungen erst nach dem Rennen gespürt."

„Es war so leicht, sich an den Randsteinen zu verstolpern", gibt Super-Youngster Vettel zu. "Mit der Hitze zurechtzukommen und die Konzentration nicht zu verlieren, ist das schlimmste." Vettel kann die Strecke erst Montag 3 Uhr früh verlassen, dann ist der sinnlose Toyota-Protest wegen angeblich unsicheren Verlassens der Box abgeschmettert. Toro-Rosso-Teamchef Franz Tost: „Dass man jetzt schon gegen uns protestiert, ist fast eine Ehre. Das zeigt: Man nimmt uns ernst."

Am fittesten von allen wirkt noch Nick Heidfeld: „Ich schwitz ja kaum. Nur schade, dass ich meine Geschwindigkeit nicht wirklich zeigen konnte, weil ich im Verkehr feststeckte." Eine Folge seiner Rückversetzung um drei Startpositionen. Wesentlich mehr leidet diesmal Robert Kubica: „Je müder ich werde, umso schlechter wird die Sicht. Die letzten 15 Runden hab ich unbeschreibliche Kopfschmerzen."

„Drei Doppelsiege in Fuji, Shanghai und Interlagos – und dann können wir noch Weltmeister werden!" Das große Traditionsteam Ferrari klaubt nach dem Alptraumrennen von Singapur die Scherben auf und blickt vorwärts. „Zwei Stunden lang waren wir traurig, aber dann war bei uns allen die volle Motivation wieder da", spürt Teamchef Stefano Domenicali. „Wir geben nicht auf. Wir gehen in jedes dieser drei letzten Rennen mit dem Wissen, dass wir überall Platz 1 und 2 holen können. Wir haben das Potential dazu – und das Ziel ist ganz klar. Es wird nicht leicht, aber das Team ist stark!"

Kimi: „Ich bin zwar schon draußen, aber nicht gewohnt, aufzugeben. Und ich geb mein Bestes, dem Team zu helfen, damit es sein Ziel erreicht. Ich weiß, was das Team will – die WM gewinnen!"

Sind Flutlichtrennen die Zukunft der Formel I? Hat mit dem ersten Nacht-Grand-Prix eine neue Ära im Grand-Prix-Sport begonnen? Exklusiv-Interview mit Bernie Ecclestone.

Bernie, ein langgehegter Traum von dir ging nach 30 Jahren endlich in Erfüllung: das erste Nachtrennen der Formel I. Zufrieden mit allem?

Ecclestone: „Singapur hat einen Superjob gemacht. Wahrscheinlich den besten aller neuen Grands Prix. Die Leute, die hinter diesem Event stehen, können stolz auf sich sein. Wir haben noch nie erlebt, dass etwas so gut und so schnell aufgebaut wurde."

Setzt das jetzt eine Kettenreaktion in Gang? Ähnlich wie im Fußball, wo die Champions Leage nur noch bei Nacht gespielt wird?

Ecclestone: „Ich hoff nur, dass unsere Zuseher wissen: Gar keine so blöde Idee..."

Viele glauben, Nachtrennen sind die Zukunft der Formel I. Wieviele 2009?

Ecclestone: „Drei bis vier. Entweder als Flutlichtrennen wie Kuala Lumpur oder Japan – oder als Abendrennen wie in Melbourne, mit Start um 17 Uhr. Gut fürs Fernsehen. Dort die beste Sendezeit – und in Europa müssen die Fans nicht mitten in der Nacht aufstehen."

Die italienische Firma, die für 5 Millionen Euro die Rennstrecke taghell erleuchtet hat (viermal so hell wie ein Fußballstadion), sagt: Sie hätte schon einen fixen Plan für ein Nachtrennen in Monte Carlo in der Tischlade....

Ecclestone: „Darauf müssen wir jetzt nicht drängen. Das ist nicht billig – und ich glaub nicht, dass es ein großer Vorteil wäre."

Noch in den 80er-Jahren hatten wir drei GP pro Saison in den USA, jetzt die Asien-Tournee mit Singapur, Japan, China. Die Formel I entwickelt sich immer mehr Richtung Osten?

Ecclestone: „Ich hab schon immer gesagt: Go East, not West. Und in welcher Himmelsrichtung liegt deiner Meinung nach Valencia? Dort sind wir ja auch gefahren. In unserem Business musst du dort fahren, wo die interessantesten Märkte sind – und die liegen nun mal im Osten."

Bernie, wer wird heuer Weltmeister? Du hast die letzten zwei Jahre immer auf Massa getippt?

Ecclestone: „Das tu ich heuer auch – aber dazu muss er Glück haben. Es ist schwer zu übersehen, dass Hamilton der eigentliche Favorit ist."

Was sagst du zur Formel Austria? Vettel und Toro Rosso, die Heroes von Monza?

Ecclestone: „Ich glaub, ich hab mich in Monza mehr gefreut als Didi Mateschitz... Ich bin natürlich sehr happy für Didi und für Gerhard Berger. Ich weiß, was die beiden an Arbeit und Herzblut investiert haben."

Deine ehrliche Meinung als Racer und Businessman: Soll Mateschitz sein Team jetzt verkaufen oder nicht?

Ecclestone: „Als Geschäftsmann müsste er es jetzt verkaufen, weil das Team so weit oben steht."

Hat die „Formel Austria" mit Vettel einen kommenden Weltmeister?

Ecclestone: „Das hab ich denen schon voriges Jahr in Istanbul gesagt – Da habt ihr den künftigen Champion."

Was kann er alles?

Ecclestone: „Alles. Das ist ein junger, schneller, sympathischer Bursch. Alles rund um ihn ist gut und positiv.

Deine Stimme kratzt und wirkt angeschlagen – von der Air-Condition?

Ecclestone: „Ich bin in den letzten fünf Tage viel in Asien herumgeflogen. Kambodscha, Vietnam usw. Und dabei hab ich mir eine Grippe eingefangen."

Fuji

ALONSOS DOPPEL

Inselspringen im Formel-I-Zirkus: Felipa Massa hat sich zwischen Singapur und Japan-GP an einen Traumstrand zurückgezogen, um Energie zu tanken – Lewis Hamilton ist nach Europa zurückgeflogen. „Ich hab die Ferieninseln 2007 ausprobiert. Hat nicht wirklich funktioniert." Wie das kühne Unternehmen WM-Titel – aber das ändert sich heuer.

Der Hamilton von 2008 ist anders als der von 2007. „Wir haben voriges Jahr Fehler gemacht", gibt McLarens kommender Boss Martin Whitmarsh zum ersten Mal zu. „Wir, das Team und Lewis, wollten 2007 unbedingt jedes Rennen gewinnen. Für einen jungen Rennfahrer absolut normal. Aber wir als Team hätten klüger sein müssen..." So kommt es zum fatalen Fehler von Shanghai (trotz zerfledderter Reifen kein Boxenstopp), der Lewis letztlich die WM kostet.

Folgendes hat Ron Dennis letztes Jahr allen Teammitgliedern eingebläut: „Unser Ziel muss es immer sein, jedes Rennen zu gewinnen, egal mit welchem Risiko. Schon auf dem zweiten Platz ist man nur der erste der Verlierer..."

Glaubte auch Hamilton – heuer weiß er es besser: „Wer konstant und zuverlässig fährt, gewinnt den WM-Titel. Darum nehm ich mir jetzt jedes Rennen einzeln vor – und schau nur aus den Augenwinkeln aufs Endergebnis." Wie bei seinem taktischen 3. Platz von Singapur hinter Alonso und Rosberg – die keine direkten WM-Gegner sind.

Er führt jetzt mit 7 Punkten, und McLaren-Mercedes – seit 1999 ohne Formel-I-Titel – hat Ferrari in der Konstrukteur-WM um einen Punkt überholt. „Aber du siehst bei uns deswegen keine Freudentänze." Die neue Bescheidenheit?

Nein, Niki Lauda kommt auch heuer nicht nach Fuji. „Ich muss zu einem Klitschko-Boxkampf!" So erspart sich Niki seit 32 Jahren (!) das Wiedersehen mit seiner Schicksalsstrecke von 1976, als er im Regen ausstieg und James Hunt den WM-Titel überließ.

Aber „Fuji-Wetter", in der österreichischen Sportgeschichte genauso wichtig wie das „Sapporo-Wetter" von 1972, droht auch dieses Wochenende.

„Regen, Unfälle, Safety-Car, Boxenstopps – man hat ja gesehen, was in Singapur passiert ist. Das Risiko ist riesengroß!", ahnt Lauda Schlimmes für das Harakiri-Rennen am Fuße von Japans heiligem Berg, dem Fujiyama, den schon der in Japan grenzenlos populäre Toni Sailer in seinem Film „12 Mädchen und ein Mann" besungen hat: „Am Fujiyama blüht kein Edelweiß..."

Und noch kein Formel-I-Titel. „Aber Hamilton hat die WM wieder dorthin gebracht, wo sie nach Spa hingehört hätte – 7 Punkte Vorsprung für drei Rennen", rechnet Niki. „Nicht so schlecht, aber noch lang keine Entscheidung."

Selbst wenn Massa alle drei ausständigen Rennen gewinnen sollte, genügen Hamilton drei zweite Plätze zum Titel. Doch da ist auch noch Räikkönen...

Luca Montezemolo hofft auf drei Doppelsiege: „Wir haben den besten Ferrari, Massa ist der Allerbeste. Und ich erwarte von Kimi, dass er in den restlichen Rennen zeigt, dass er der Weltmeister ist, Massa hilft, fürs Team fährt und vor den McLarens ins Ziel kommt."

Jetzt aber schlägt auch Felipe Massa Alarm: „Was zuletzt in Singapur passierte, müssen wir in Fuji um jeden Preis verhindern! Sinn der Formel I ist ja: die beste Auto-Fahrer-Kombination an diesem Tag soll gewinnen – nicht einer vom 15. Startplatz, der nicht durch eine clevere Strategie nach vorn kommt, sondern durch reines Glück." Ein Seitenhieb auf Alonso – aber Luca Montezemolo gibt Massa recht: „Wenn man auf Strecken fährt, auf die besser ein Zirkus gehört, kann alles passieren – wenn auch noch das Safety-Car zum Spektakel beiträgt. Das vernichtet die Formel I."

Bernie Ecclestones Antwort: „Dann sind wir froh, dass Ferrari zum Zirkus wenigstens die Clowns beigesteuert hat... Aber wenn Massa die WM verliert, wird er schon wissen, warum." Auch das Ferrari-Boxen-Chaos darf sich nicht wiederholen. Sportchef Domenicali: „Wir verzichten diesmal auf Lichtsignale, kehren zurück zu unserem alten „Lollypop"-System. Wir müssen im WM-Finish alles vereinfachen."

„Sebastian Vettel ist ein kommender Weltmeister!" Bernie Ecclestone ist natürlich nicht der erste, der den Sensations-Youngster preist, aber der wichtigste. Und die Zahlen lügen nicht: Vettel, derzeit WM-Achter, ist hinter den beiden WM-Fightern Felipe Massa und Lewis Hamilton bereits die aktuelle Nummer 3. Seit der Sommerpause, also seit Valencia, haben nur Massa (23) und Hamilton (22) mehr WM-Punkte geholt als Vettel (21). Aber Alonso (20), Kubica und Heidfeld (je 15), Kovalainen (13), Glock (7) und Trulli (4) liegen hinter ihm.

Und jetzt: Vettels Revanche an Fuji? Die abergläubischen Japaner wissen: „Wer das Glück hat, den Fujiyama im strahlenden Sonnenlicht zu sehen, hat sein ganzes Leben lang Glück, Reichtum und Gesundheit." Aber wie 2007 ist der Fujiyama von Nebel verhüllt – droht am Sonntag ein neuerliches Chaosrennen im Regen? „Alles kann passieren", weiß Niki Lauda. „Regen, Unfälle, Safety-Car usw." Und ein Überraschungssieger wie zum Beispiel Nick Heidfeld? Wenn der Mönchengladbacher gewinnt, könnte er Rubens Barrichello als „spätesten Sieger" (im 123. GP) ablösen.

BMW hat sein Fahrerduo Kubica/Heidfeld für 2009 bestätigt, verliert aber seinen Schicksals-GP von Kanada – wo Kubica 2007 böse gestürzt ist, aber 2008 erstmals gewonnen hat.

Zwei Tage nach dem Singapur-Grand-Prix ruft Dr. Theissen bei Nick Heidfeld an. Der hat den Anruf schon erwartet, „aber ganz sicher kannst du ja in der Formel I nie sein." BMW fährt also weiter mit Kubica/Heidfeld.

Getrennt marschieren, vereint schlagen? Am Fuß des Fujiyama trifft das BMW-Trio wieder zusammen. Nick Heidfeld war zu Formel-I-Demonstrations-Fahrten in Korea, Robert Kubica beim Bowlingturnier in Wien. „Toller Sport, braucht genauso viel Speed und Präzision wie die Formel I. Hab ich schon vor Jahren mit Hamilton gespielt, würde ich auch gern mit Alonso – aber der hat Angst, gegen mich zu verlieren..." Dafür spielen Robert und Fernando umso lieber Poker.

Christian Klien kommt vom 1000-km-Rennen aus Road Atlanta mit einem 2. Platz für Peugeot – und bleibt bei BMW genauso Testpilot wie Alex Wurz bei Honda. 30.000 Kilometer darf jedes Team pro Jahr testen, mehr nicht – ausgenommen die vier Tage „Youngster"-Programm wie z.B. mit di Resta bei McLaren.

Für 2009 ist das Formel-I-Puzzle in Fuji fast fertig. Ferrari, McLaren, BMW, Toyota, Williams und Red Bull haben ihre Teams offiziell bestätigt – dazu kommt Honda, wenn Alonso bei Renault bleibt. Damit haben wir zum ersten Mal (!) eine Formel-I-Transferzeit ohne Transfer – weil kein einziger Spitzenpilot wechselt. Hat es noch nie gegeben.

Sebastian Vettel (von Toro Rosso zu Red Bull), der auf Regenschauer im Fuji-Qualifying hofft, bleibt ja in der Familie.

Und wer kriegt sein Cockpit bei Toro Rosso? Teamchef Franz Tost: „Entscheiden wir nicht vor Dezember – vorher testen wir dreimal: in Barcelona und Jerez. Dort schauen wir, was los ist." Wer wird ausprobiert? Der Pechvogel Bourdais? „Von dem wissen wir alles." Der Schweizer Buemi? „Den müssen wir noch einmal sehen." Der Japaner Sato? „Möglich." Bruno Senna? „Darüber musst du mit dem Gerhard reden." Oder vielleicht sogar Alonso? „Den brauchen wir nicht zu testen..."

Theoretisch hätte Toro Rosso bis 26. März, den Tag vor Trainingsbeginn in Melbourne, Zeit, seine Piloten zu nominieren. Aber man weiß: Das Mateschitz-Berger-Team ist immer für eine Überraschung gut.

Formel Grün, Formel Billig, Formel Spannend! Die Fans reiben sich vorm TV-Schirm die Augen. Bridgestone präsentiert beim GP von Japan in Fuji seine 280 Reifen (14 pro Auto) mit grünen Streifen! „Unser Beitrag zur gesünderen Umwelt." Aber die weltweite Finanzkrise trifft auch die Formel I. Max Mosley warnt dringend: „Wir müssen sparen!" Und trommelt nach einem geheimen Meeting mit Ferrari-Chef Luca Montezemolo für den 19.Oktober, gleich nach dem GP von China, alle Teamchefs zu einer Notkonferenz zusammen!

FORMEL GRÜN: Bridgestone markiert in Fuji die härteren Reifen mit vier grünen Streifen, die weicheren mit drei grünen und dem gewohnten weißen Streifen. „Hoffentlich fällt das allen auf", sagen die Japaner. Max Mosley nickt: „Solche Maßnahmen ändern das Gesicht der Formel I." Aus Monte Carlo wünscht sich Prinz Albert „6 Prozent Anteil an biologischem Benzin", und die FIA will bis 2015 den Spritverbrauch sogar halbieren.

FORMEL BILLIG: Max Mosley warnt schon lange: „Manche Teams, die großen Herstellern gehören, haben Formel-I-Budgets bis zu 500 Millionen Dollar oder Euro – viel zu viel. Wir haben schon Super Aguri verloren. Wenn noch zwei, drei Teams zusperren müssen, hätten wir nur noch 14 Autos am Start – viel zu wenig! Wir brauchen radikale Änderungen." Williams hat erst jetzt einen Verlust von 21,4 Millionen Pfund 2007 zugegeben. Mosley: „Und die weltweite Finanzkrise hat alles nur noch verschlimmert. Die Tage, da die Teams 100, 200 oder 300 Millionen pro Jahr aus dem Topf nehmen, sind vorbei."

FORMEL SPANNEND: Schluss mit dem unattraktiven Gänsemarsch. Die „Arbeitsgruppe Überholen" (Pat Symonds von Renault, Rory Byrne von Ferrari und Paddy Lowe von McLaren) hat für 2009 schon viele Aerodynamik-Änderungen beschlossen: Die vielen Leitbleche und Zusatzflügel sind verboten, die Heckflügel werden kleiner und höher angebracht, die Frontflügel dagegen breiter – und dürfen vom Piloten sogar während der Fahrt justiert werden. Aber nur zweimal pro Runde! Außerdem darf jeder Fahrer in jeder Runde einmal den „Überknopf" für ein kurzfristiges Überholmanöver drücken – aber dank des neuen, aber nicht ungefährlichen Energie-Rückgewinnungssystems „KERS". Der Stromschlag eines BMW-Mechanikers am Testauto von Christian Klien hat alle aufgerüttelt.

Genau wie jetzt die Kanadier der neue Formel-I-Kalender – erstmals seit 1987 ohne Montreal! Bürgermeister Gerald Tremblay: „Für uns alle ein Schock – das kostet unser lokales Business 75 Millionen Dollar!"

Timo Glock macht seinem Team auf der Toyota-Strecke von Fuji mit seiner Freitag-Bestzeit eine Riesenfreude. „Sehr wichtig für die Japaner – genau wie für mich in Hockenheim oder am Nürburgring." Und vielleicht bald mehr wert als die „goldene Ananas", wie Michael Schumacher den Freitag-Trainingssieg immer genannt hat. Künftig wird das Freitagtraining aufgewertet – mit einer Million Dollar für den Tagesschnellsten!

Schon in den 60er-Jahren gibt es manchmal einen Extrabonus beim englischen und französischen GP: 100 Flaschen Champagner für den Freitagsieger.

Als Jochen Rindt 1970 in Brands Hatch gewinnt, weil Jack Brabham der Sprit ausgeht, bittet er seine Mechaniker: „Schickts zehn Flaschen rüber zum Brabham –

und zehn zu Firestone." Später zählt auch schon das Freitagtraining – manchmal schneller als am Samstag – für die Startaufstellung.

Mein Vorschlag: Warum nicht gleich einen Extra-WM-Punkt für den Pole-Position-Mann vergeben wie in den USA? Und warum nicht auch den gleichen Bonus für die schnellste Rennrunde – wie in den 50er-Jahren? Dann hätte auch Kimi Räikkönen – heuer schon 10 schnellste Rennrunden – noch eine Titelchance.

„Drei Doppelsiege in Fuji, Shanghai und Interlagos!", hat Ferrari-Chef Luca Montezemolo befohlen. „Dann können wir die WM noch gewinnen. Ich erwarte von Kimi, dass er in Fuji wie ein Weltmeister fährt!" Endlich wie ein Weltmeister – aber das hat sich Luca nur gedacht. Der finnische „Iceman" – das größte Rätsel dieser WM. Seit Barcelona im April sieglos, seit vier Rennen keine WM-Punkte.

Was ist wirklich los, Kimi? Hast du die Lust verloren?

Räikkönen: „Nein, mein Siegeshunger ist der gleiche wie immer. Ich will noch viele Rennen gewinnen. Aber anfangs 2008 hatten wir noch nicht den Speed, dann haben wir gewonnen, dann machten wir Fehler – das Team genauso wie ich. Davon haben wir uns nicht erholt." Gibts Chaos im Team – wie so oft in der Box? „Nein, wir sind ein gutes Team, alle reden bei den Meetings offen miteinander – aber natürlich ist es nicht so lustig, wenn du verlierst... Ich hoff aber auf einen guten Abschluss!" Mit Weltrekord: Wenn Kimi nur noch eine schnellste Rennrunde in diesem Jahr dreht, hat er 11 – mehr als Schumi je in einer Saison!

Die quälende Frage nach der Stallorder. Bisher konnte Ferrari Massa nicht zur Nummer 1 machen, da Räikkönen (noch) amtierender Weltmeister ist – obwohl er der eindeutig schnellere Mann im Stall ist. Felipe arbeitet zielgerichtet auf den WM-Titel hin: „Wenn ich in der WM statt um einen plötzlich um 7 Punkte zurücklieg, heißt das nur: Die kann ich in einem einzigen Rennen auch wieder aufholen!"

Freitag-Bester auf der Toyota-Strecke ist Timo Glock – das ist kein Zufall. Ebenfalls kein Zufall ist es, dass 17 von 20 Piloten innerhalb einer einzigen Sekunde (!) Abstand voneinander liegen – macht schon das Qualifying zum Hundertstelsekunden-Krimi! Mit dem Wunderknaben Vettel (7. und 8.) mittendrin: „Den Fujiyama kann ich auf der 1,5-km-Geraden leider nicht sehen – dazu sind die Rückspiegel nicht hoch genug..."

Rubens Barrichello, der Formel-I-Weltrekordler, wollte immer „auf 300 GP-Starts kommen" – jetzt muss er fürchten: Zielflagge nach 267 Rennen. „Honda will statt mir Bruno Senna", hat der kleine Brasilianer Freunden anvertraut.

Wiederholt sich nach 17 Jahren wirklich die Formel-I-Geschichte? Brunos berühmter Onkel Ayrton hat mit dem McLaren-Honda 1988, 1990 und 1991 die WM gewonnen – und ist immer noch Hondas letzter Weltmeister. Was das Marketing betrifft: eine geniale Idee. Aber ist es für Bruno nicht ein Jahr zu früh?

Ich frage Honda-Boss Nick Fry. Der bestätigt zwar nichts, lächelt aber geheimnisvoll. „Wir warten auf Fernando!“, sagt er. Und wer muss dann gehen, Nick? „Wir würden den Jüngeren behalten“ – also Button.

Alonso, dynamisch und kämpferisch, ist Zweiter im Freitagtraining.

Hat dir der Singapur-Sieg noch mehr Kraft gegeben?

Alonso: „Mit ein bissl mehr PS können wir noch mehr Rennen gewinnen!“

Aber mit welchem Auto 2009? Hat dich Singapur davon überzeugt, bei Renault zu bleiben?

Alonso: „Als mir in Singapur im Qualifying die Benzinpumpe k.o. ging, fragten mich alle: Beeinflusst dieser Defekt deine Entscheidung für 2009? Ich verneinte. Und nach dem Sieg hörte ich überall: Bestätigt das jetzt deine Pläne für nächstes Jahr? Ich habe wieder ‚Nein' gesagt. Ich weiß genau, was ich 2009 tun werde. Nur konzentrier ich mich jetzt total aufs Rennfahren – und sag es erst nach dem letzten Rennen...“

Jeden Abend von 18 bis 20 Uhr ist im Formel-I-Fahrerlager Poker-Time. Da treffen sich Fernando Alonso, Robert Kubica, Giancarlo Fisichella, Adrian Sutil, Vitantonio Liuzzi und manchmal auch Rubens Barrichello zu ein paar heißen Kartenpartien.

Ohne allzuviel Risiko: „Maximaleinsatz 100 Euro.“

Wo sie pokern? Immer im Mobilhome von Force India. Weil der Big Boss, der Inder Vijay Mallya, mit seiner „Kingfisher Airline“ nicht nur die Queens-Park-Rangers-Fußballer von Bernie Ecclestone und Flavio Briatore sponsern will, sondern auch als einziger einen Pokertisch hat.

Drinnen kratzen die Karten, draußen werden aus Mücken Elefanten gemacht. Muss das Qualifying angezweifelt, die Startaufstellung korrigiert werden? Pole-Mann Lewis Hamilton hat angeblich – im Live-TV gar nicht zu sehen – Nelson Piquet behindert. Renault überlegt einen Protest, mit Ferrari im Windschatten. Bis die Blase platzt: Alle Verdächtigungen werden zurückgezogen, Piquet selbst sagt: „Mir hat keiner was getan.“

Und auch dass Alonso die Sperrlinie bei der Boxeneinfahrt gekreuzt hat, weil er sich den Boxenstopp noch überlegt hat, ist nicht mehr als viel Lärm um nichts.

Der Japan-GP ist immer gut für Strafen, Disqualifikationen, Kreuzverhöre. Wie wird das erst in Shanghai und Interlagos?

Fuji, diese mythische Rennstrecke, behält ihre Tradition bei: In Japan hatte noch nie ein Finne Pole-Position. Mika Hakkinen wird dreimal Zweiter, Kimi Räikkönen zweimal. Und die drei Ersten des Samstag-Qualifyings sind auch die drei Ersten des Vorjahresrennens: Hamilton vor Kovalainen und Räikkönen – zum ersten Mal überhaupt stehen zwei Finnen auf dem Podest. Und verblüffend: Die Väter von Heikki und Kimi fahren am gleichen Tag in Lappland ein Hobbyrennen für ältere Herren in alten Autos: „Wir kämpfen um Platz 15 und 16..."

„In Japan ist die erste Kurve genauso kritisch wie auf dem Hungaro-Ring – und dort hab ich sie im Griff und bin perfekt gestartet", ist Massa von sich überzeugt. Dagegen verrät mir Norbert Haug die geheime Silberpfeile-Taktik: „Wir hoffen, dass Räikkönen mit seinem leichteren Auto als erster an die Box muss – dann haben wir eine Doppelführung." Soll heißen: Kovalainen beschützt Hamilton.

In Japan schreibt man von rechts nach links, liest man Bücher rückwärts – im Land der aufgehenden Sonne ist alles anders. Auch der Start in Fuji.

Räikkönen startet unerwartet wie ein Blitz, Hamilton schlecht, wird daraufhin aggressiv und bremst für die erste Kurve erst, als alle anderen schon einlenken. Kollisionen: unvermeidbar. Massa, zwischen den beiden Silberpfeilen eingezwickt: „Kovalainen ist mir reingefahren" (und hat später Motorschaden).

Lewis später achselzuckend über sein Malheur: „Okay, ich rutschte in der ersten Kurve raus – aber das taten ja alle anderen auch. Ich nur ein bisschen stärker..."

In der 2. Runde kürzt Massa die Schikane ab und dreht Hamilton um – wehrlos muss der WM-Leader zusehen, wie er ans Ende des Feldes zurückfällt, ehe er den McLaren wieder in Fahrtrichtung bringt. Die direkte Kollision zwischen den beiden WM-Favoriten erinnert Millionen Formel-I-Fans ans japanische Stahlgewitter zwischen den Erzfeinden Prost und Senna.

„Das hat Massa absichtlich gemacht", wird sich Lewis später am Abend ärgern – worüber Felipe nur den Kopf schütteln kann: „Mein Duell mit Hamilton ist hart, aber fair." Doch dann melden sich die FIA-Sportkommissäre. Beide WM-Fighter, Hamilton und Massa, kassieren Durchfahrtsstrafen – die sie weit zurückwerfen. Hamilton wird fürs Start-Chaos bestraft, Massa für die Kollision mit Lewis.

Massa rettet somit gerade mal Platz 7, Hamilton wird 12., von Alonso sogar überrundet, der ihn aber gnädig wieder vorbei lässt.

Norbert Haug: „Massa machte den Fehler des Tages. Er hat das ganze Rennen gestört – und Millionen TV-Zuschauern die ganze Spannung genommen. Denn auch von Platz 7 wäre Hamilton noch aufs Podest gefahren. Seine Rundenzeiten haben gestimmt – und unsere Strategie auch."

Zurück zum Start. Das Chaos der ersten Kurve nützt Kubica, um trotz rutschender Kupplung die Führung zu übernehmen – bis zum ersten Boxenstopp. Denn Alonso ist wieder einmal schlauer als alle anderen, weil er mitdenkt: „Füllt mir beim ersten Boxenstopp weniger Sprit ein, damit es schneller geht – weil ich unbedingt vor Kubica wieder rauskommen muss!", funkt Fernando seine Box an. „ Nur so können wir heute gewinnen."

Gefunkt, getan. Die ein bis zwei Sekunden, die Alonso spart, retten ihm die Führung – er kommt gerade aus der Box, als auch schon der BMW heranjagt. Die beiden haben die gleiche Reifenstrategie – und Alonso bleibt im Duell der Freunde vorn.

Das ist wieder Alonso, wie wir ihn kennen und schätzen: kraftvoll, kompromisslos, in jeder Runde totaler Einsatz – ob im Training, Qualifying oder Rennen. „Dieses Jahr verlangt von mir eine andere Einstellung, andere Motivation – aber insgesamt werde ich 2008 zum besseren Fahrer."

Der Spanier beendet seinen „Fluch von Fuji" (2007 im Regen böse rausgeflogen), der Pole kann, weil seine Reifen körnen, nicht ganz dagegenhalten, hält aber Räikkönen hinter sich.

Und Massa kämpft um jede Position, „weil ich weiß: Ein einziger Punkt kann diese WM entscheiden!" In den Boxen halten alle zweimal den Atem an. Zuerst in der 50. Runde, als Massa mit Bourdais (auf Rang 6, vor Vettel, zeitweise sogar in Führung) kollidiert. „Der Ferrari kam die Zielgerade herunter, ich gerade aus der Box – wo hätte ich hin sollen? Ich kann mich ja nicht in Luft auflösen." Später wird der Franzose nach seinem tollen Rennen noch bestraft – 25 Sekunden werfen ihn auf Rang 10 zurück.

Massa, überhaupt der Lieblingsfeind der „Formel Austria" in Fuji. Herzklopfen, als er den Red Bull von Mark Webber aus dem Windschatten heraus attackiert: ein gefährliches Speed-Duell, nur Zentimeter neben der Boxenmauer, bei 320 km/h – und einmal sogar kurzes Dagegenlenken. „Schaut aber im Fernsehen viel riskanter aus, als es wirklich ist", sagen beide später. Christian Horner: „Die Formel I ist halt kein Balletttanz..." Massa rettet von seinem verpatzen Rennen mit Rang 7 wirklich noch zwei WM-Punkte.

Alonso gewinnt mit 5,2 Sekunden Vorsprung auf Kubica. Er hat aus dem Scherbenhaufen Renault wieder ein Siegerteam gemacht – diesmal ohne Verschwörungstheorien wie in Singapur. „Ich hab immer gesagt: Gebt mir ein bissl mehr PS und ich gewinn noch weitere Rennen." Und Kubica jubelt: „Ein Superergebnis in einer schwierigen Zeit. Wir haben uns zuletzt schwer getan. Aber jetzt haben wir nichts mehr zu verlieren – alles ist noch möglich." Welche Sensation bringt diese verrückte WM noch?

Sogar der „heilige Berg" Fujiyama wundert sich: Wieso gewinnt Fernando Alonso das große Duell Hamilton gegen Massa? Und wird jetzt sogar der Pole Robert Kubica zum heißer Geheimtipp für den WM-Titel? Die Formel I steht kopf vorm nächsten Rennen in Shanghai: Hamilton liegt 6 Punkte vor Massa und 12 vor Kubica – hat also in China den ersten Matchball. Oder verpatzt im Finale wie 2007 alles. Doch nicht Strategien und Fahrkunst entscheiden diese WM, sondern Kollisionen und FIA-Strafen – und die wilde, turbulente erste Kurve. Wie in Fuji.

Vielleicht auch eine für die Formel Austria? Sebastian Bourdais kassiert nach einem tollen Rennen (6., sogar rundenlang in Führung) eine unverdiente 25-Sekunden-Strafe, die ihn auf Rang 10 zurückwirft – wegen Kollision mit Massa. „Der Ferrari kam die Zielgerade herunter, ich gerade aus der Box, fuhr sogar auf den Randstein – wo hätte ich hin sollen? Ich kann mich ja nicht in Luft auflösen." So erbt Sebastian Vettel Platz 6, Mark Webber wird 8. nach einem gefährlichem Speed-Duell mit Massa, nur Zentimeter neben der Boxenmauer. David Coulthard kollidiert in der ersten Runde mit Nakajima – wie so oft 2008. Teamchef Christian Horner: „Die Formel I ist halt kein Balletttanz..."

Grand Prix Backstage – was passiert wirklich in den Minuten nach einem Rennen? Ich bin im Heiligtum von Renault, McLaren und Ferrari usw – sie alle haben ihren verglasten Pavillon. Herzlicher Applaus bei den Franzosen, als Alonso auftaucht – wie immer, wenn er gewonnen hat, sieht Fernando viel jünger aus. Flavio Briatore umarmt, seine junge Frau Elisabetta küsst ihn. Stimmt schon, was der Heimkehrer immer sagt: „Ich liebe dieses Team, und die Leute lieben mich. Ich bin stolz auf euch alle."

Alonso macht Renault eine echte Liebeserklärung: „Ob ich bleibe oder weggeh – ich wünsch Renault allen nur möglichen Erfolg. Denn ich war immer happy mit diesem Team." Der Grund für seinen Seitensprung zu McLaren war ja auch nur die Unsicherheit darüber, wie es mit Renault in der Formel I weitergehen sollte.

Jetzt gibts wohl keine Zweifel mehr. Alonso bleibt bei Renault. Und Nelson Piquet jr? „Hoff ich sehr", lächelt seine bildhübsche Mutter, die holländische Prinzessin Sylvia: „Beim Junior zitter ich mehr als früher bei Nelson. Klar – das ist unser Kind."

Nächster Boxenstopp: bei Ferrari. Felipe Massa, direkt von seiner FIA-Einvernahme gekommen, wird eingekesselt von einem MG-Feuer aus Mikros und Kameras – mit Fragen in drei Sprachen. Felipe, wieso lacht die Ferrari-Box, wenn sich Hamilton dreht? „Das ist doch normal." Und seid ihr eigentlich Freunde? Felipe windet sich: „Ein echter Freund ist einer, mit dem ich jeden Tag telefoniere. Aber ich trag unsere Kämpfe auf der Strecke nicht nach außen." Wer war schuld am Schlamassel, Felipe? „Ich bin im Sand stecken geblieben – was kann ich da machen?"

Bei McLaren herrscht Aschermittwoch-Stimmung, Hamilton ist längst weg. Norbert Haug lässt den kaputten Kovalainen-Motor nach Europa zurückschicken, sitzt vor einem Stapel Farbfotos vom Start und analysiert: „Da schau her – da ist Massa sogar zwischen den Toyotas. Und da stoßen die zwei Ferrari beinahe zusammen."

Und wir alle fragen uns in Fuji: Wird diese WM 2008 durch Karambolagen und kritische FIA-Bestrafungen entschieden?

Aber die wahre Sensation des letzten WM-Drittels sind Toro Rosso und Sebastian Vettel. Der junge Berger-Schützling und Monza-Sieger ist der einzige, der seit der Sommerpause (bis Valencia) immer ins Ziel gekommen ist – und immer WM-Punkte kassiert: Auf Rang 6, 5, 1, 5 und 6 = 24 Punkte, so viele wie Massa. Nur Alonso hat mehr Zähler. Die verblüffende Reihung: 1. Alonso (30), 2. Massa und Vettel (24), 3. Kubica (23), 4. Hamilton (22).

Sebastian Vettels Gipfelsturm geht weiter. Nächstes Ziel: Mount Everest? „Eher nicht – den kannst du nicht so locker und nebenbei besteigen. Aber unser Fujiyama-Abenteuer war super!“ Sebastian Vettel und Alex Wurz haben leuchtende Augen, wenn sie von ihrem japanischen Gipfelsturm erzählen. Mit Kletterseilen über die Treppen und Steilstufen – bis auf 3776 Meter.

Alex: „Sehr klass mit dem Sebastian. Wir sind zwar kein Rennen gefahren, aber gemeinsam aufgestiegen, haben über Gott und die Welt diskutiert, das Hirn gelüftet, die Seele geöffnet – das macht ja die Faszination des Bergsteigens aus...“

Nach dem Start um zwei Uhr früh ist die Zweier-Seilschaft bereits um 6 Uhr früh am Gipfel. „Da haben wir einen sensationellen Sonnenaufgang erlebt. Wetter schön, aber stark windig – bis zu 80 km/h. Und minus 10 Grad.“ Mit Seilen, vorbei an geschlossenen Schutzhütten – ein Spaziergang ists sicher nicht, auch nicht für die zweite Expedition, die im Morgengrauen aufbricht: BMW-Rennchef Dr. Mario Theissen mit Super-Physiotherapeut und Dungl-Schüler Joe Leberer und Christian Kliens Vater Johannes. Vettel & Wurz treffen Theissen & Co um 8 Uhr frühbei ihrem Abstieg. Der BMW-Boss ist trainierter Ausdauersportler und könnte vielleicht sogar den Formel-I-Marathonrekord verbessern, den Jarno Trulli 2000 in New York mit genau 4 Minuten Vorsprung aufgestellt hat, hätte er mehr Zeit.

Geboren wurde Dr. Theissen 1952 – in dem Jahr, in dem Sir Edmund Hillary als erster den Mount Everest bezwingt. Verwandte Seelen, offensichtlich.

Shanghai

SUPER, HAMILTON!

28 Grad! „Ferrari-Wetter" in Shanghai – gut für die Reifen von Felipe Massa und Kimi Räikkönen, die oft nicht genug Grip haben. Aber Lewis Hamilton hat am Sonntag seinen ersten Matchball. Aufschlag zum WM-Titel mit 5 Punkten Vorsprung auf Massa, das bedeutet: Wenn der Ferrari nicht punktet, genügt Lewis schon ein 3. Platz zum WM-Titel – den McLaren 2007 in China auf lächerliche Weise verjuxt hat.

„Wenn du Weltmeister werden willst, darfst du dir das ganze Jahr nur einen Fehler erlauben. Maximal zwei", doziert „Professor" Alain Prost. Hamilton und Massa aber haben 2008 schon fast Rekorde an Fehlern und FIA-Strafen aufgestellt. Frage bei der FIA-Talkshow: War der Penalty für Hamilton in Fuji, wo er den Schlamassel in der ersten Kurve ausgelöst hat, gerecht oder nicht? Robert Kubica, der Lewis wegen seiner Fahrweise schon kritisiert hat: „Ich habs nicht genau gesehen." Dagegen Fernando Alonso: „Ja – ich bin mit seiner Bestrafung einverstanden."

Hamilton gießt nochmals Öl ins Feuer, als er Massa vorwirft: „Die Kollision mit mir in der 2. Runde in Fuji hat er absichtlich gemacht." Was der Ferrari-Pilot mit Kopfschütteln und Achselzucken dementiert.

Entscheiden Penalties diese WM? Bernie Ecclestone – zuletzt in Japan nicht dabei – kommt extra nach China zum vorletzten WM-Lauf und dann zum Finale nach Interlagos. Wer wird Weltmeister, Bernie? „Ich hab schon 2007 auf Massa getippt. Aber es ist schwer zu übersehen, dass Hamilton Favorit ist..."

Lewis – im Kampf gegen den Aberglauben. Zwischen den Luxus-Holzhütten der Teams im Fahrerlager sind künstliche Wasserwege angelegt, um nach chinesischem Glauben die bösen Geister zu vertreiben. Bei McLaren schwören alle: „So etwas wie 2007 wird uns nicht mehr passieren." Damals holt man Hamilton trotz bereits kaputter Reifen nicht an die Box – bis er, den WM-Titel zum Greifen nahe, ausrutscht.

Die Reifen diesmal? Hart und medium – Bridgestone hat 2000 Pneus nach China mitgebracht. Gefahr: Dass die linken Vorderreifen körnen – wahrscheinlich auch die Hinterreifen.

Alonso, der die letzten zwei Rennen gewonnen hat, bildet eine Allianz mit Kubica: „Wenn ich am Sonntag Zweiter werde und nachsehe, wer gewonnen hat – dann freu ich mich, wenn es Robert ist. Er ist mein bester Freund in der Formel I." Der BMW-Pilot hat nur

Außenseiterchancen – der Titelkampf liegt zwischen Hamilton und Massa. Und viele Formel-I-Fans fragen schon: Entscheiden Zeitstrafen und andere Penalties der

Sportkommissäre diese WM? Weil es heuer bereits mehr Strafen gab als je zuvor?

Diesmal bilden Stece Earle (USA), Henry Krausz (DomRep) und Gao Xuechun (China) dieses Triumvirat, das die Hand am Puls der WM-Entscheidung hat. Warum nicht endlich permanente Stewarts? Werden auch die Superstars gefragt. Aber da verbrennt sich keiner den Mund. Wer will schon riskieren, dass er vor die Jury muss und gefragt wird: „Was haben Sie gegen mich?"

Vor allem Hamilton, der von allen das größte Sündenregister aufweist. Kubica wirft ihm seit Monza vor: „Du hast bei schlechter Sicht die Fahrbahn gekreuzt – ohne Rücksicht auf den Fahrer dahinter." Nico Rosberg spürt bei seinen Pilotenkollegen „Eifersucht auf Hamilton, weil er so jung so viel gewinnt." Alonso verlangt einen genauen Strafenkatalog, „damit nicht für das gleiche Vergehen der eine bestraft, der andere aber freigesprochen wird." Hamilton wird bei der FIA-Talkshow immer kleiner, anstatt seine Gegner zu fragen: „Was passt euch an mir nicht?" Und übrigens: „Ich fahr in Shanghai genauso wie immer!"

Am Freitag steigt die übliche Marathonsitzung der Piloten mit Renndirektor Charlie Whiting. Thema: lässliche oder schwere Sünden im Formel-I-Verkehr, welche Strafen und wie viel Sicherheit. Rosberg: „Das dauert jedes Mal mindestens 40, 50 Minuten."

Abu-Dhabi zahlt für seinen neuen Grand Prix 45 Millionen Euro – und präsentiert in Shanghai sein Wüstenrennen: Es wird der letzte WM-Lauf 2009. Dann kommen bald Indien und Russland dran. „Bei diesem Programm", stöhnt Ron Dennis, „muss ich meine Mannschaft halbieren. Kein Mensch hält die ganze Saison durch." Außer natürlich die Piloten.

Der ganze Formel-I-Zirkus ist drei Milliarden Euro wert – hat Max Mosley ausgerechnet. „Aber ich versteh nicht, warum 1000 Teammitglieder notwendig sind, um zwei Autos an den Start zu stellen." Daher: Kosten reduzieren.

Shanghai ist die heißeste Woche der drei neu geschaffenen Arbeitsgruppen Technik (Ross Brawn), Sport (Martin Whitmarsh) und Finanzen (Flavio Briatore), die fast permanent konferieren.

Lewis Hamilton hat die „bösen Geister" von Shanghai verscheucht – fürs erste jedenfalls. Zweimal Bestzeit für den WM-Leader im Freitagtraining! Für Massa gibt es die Ränge 2 und 6, für Kubica 5 und 1. Aber Ferrari-Sportchef Stefano Domenicali lächelt (noch) siegessicher: „Alles bestens – bei uns läuft alles nach Programm!"

Der 400-Millionen-Dollar-Circuit von Shanghai: Eine seltsame Unruhe im Fahrerlager und in den Boxen. Die Spannung im WM-Finish, die Frontlinien von Freund- und Feindschaft, die kreuz und quer durchs Starterfeld laufen, die bevorstehenden Revolutionen in allen Formel-I-Gremien, technisch, sportlich und finanziell – das alles vor dem düsteren Background der Finanzkrisen. Magny-Cours hat seinen Grand Prix für 2009 abgesagt. Bernie Ecclestone sagt mir: „Die Teams wollten nur 17 Rennen – jetzt haben sie 17... Sorry, aber ich hab schon wieder ein Meeting."

Bernie flitzt von einer Konferenz zur nächsten. Gegen 16 Uhr verrät die FIA plötzlich: „Ab heute können sich Motor- und Getriebe-Hersteller bewerben, um 2010, 2011 und 2012 alle Formel-I-Teams auszurüsten." Also Einheitsmotor und Einheitsgetriebe – wie früher bei Cosworth? Teils auch bei Mecachrome?

Was wohl Ferrari, Mercedes, BMW, Renault, Toyota, Honda und alle anderen dazu sagen? Die schütteln nur den Kopf und drohen mit Rückzug. Ein wichtiger Ferrari-Mann: „Einen Ferrari, der nicht von einem Motor aus Maranello angetrieben ist, wird es nie geben."

„Mein Ziel Nummer 1 für heute: Massa schlagen! Ziel Nummer 2: das Rennen gewinnen. Und erst Ziel Nummer 3: den WM-Titel sichern!" Lewis Hamilton will in Shanghai aus der Pole-Position „ein gutes und cleveres Rennen fahren", also nicht wie 2007: „Da schwebte ich in einem unglaublichen Hoch. Heute bleib ich mit den Füßen am Boden." Vor allem mit dem Gasfuß. Denn die erste Kurve wird heute die spannendste der ganzen Saison – und alle Formel-I-Fans fragen: Krachts wieder?

Hamilton verrät mir: „Wenn wir nach dem Start in der ersten Kurve ankommen, bin ich gerade im 7. Gang." Und dann? Keiner bremst am Ende der langen Geraden (320 km/h) – sondern in die langgezogene Rechtskurve hinein, die sich mit 190 km/h wie ein Schneckenhaus dreht. Und alle bremsen lang: 116 Meter binnen 2,16 Sekunden. Dann kommt eine Bodenwelle – und eine Doppellinks, kaum, dass sich die Reifen von der mörderischen ersten Kurve erholt haben. Entscheidet sich dort die WM?

„In Fuji bin ich schlecht gestartet", erinnert sich Hamilton an den Schlamassel. „Aber ich hatte auch eine rutschende Kupplung." Wieder Stahlgewitter – Kollisionsgefahr? Bernie Ecclestone, neuerdings auch Fußball-Insider, hat eine Idee, wie man mit den ewigen Zeit- und Geldstrafen aufräumen könnte: „Rote und gelbe Karten wie beim Fußball! Wer Rot kassiert, ist automatisch fürs nächste Rennen gesperrt. Und auch, wer drei oder fünf Gelbe hat..."

Und wenn heute wieder das Safety-Car ausrückt? Die Chinesen haben zwei Geheimlinien. „Wer dazwischen langsamer fährt als 1,47 im Trockenen oder 2,00 im Regen, wird bestraft!"

„Black Schumi" nennen ihn die Engländer bereits und meinen: Schumi mit all seinen Facetten. Wenn Massa in Shanghai nicht punktet, reicht Lewis schon Platz 3 zum WM-Titel. Aber was sagt er zur brisanten Ankündigung von Alonso: „Ich tu alles, um Massa zu helfen"? Lewis: „Da wünsch ich den beiden viel Glück – aber sie sind sicher Profis genug, um trotzdem fair zu bleiben."

Massa startet direkt hinter Hamilton, Alonso neben ihm. WM-Außenseiter Robert Kubica nur von Platz 12, bitter enttäuscht: „Was immer wir am BMW umgebaut haben – es ist schlechter geworden."

Bernie Ecclestone zum WM-Finish: „Hamilton befindet sich in der besten Position, würde den Titel auch verdienen – Massa war heuer ein bissl unglücklich. Aber wir werden ja sehen..." Auch ein anderer Brasilianer gibt Gas: Rubens Barrichello (Honda) redet mit Toro Rosso – was Gerhard Berger bestätigt. „Aber wir haben keine Eile. Die Piloten, die für uns in Frage kommen, laufen uns alle nicht davon..."

Ron Dennis ist um 10.000 Dollar reicher geworden – kann er brauchen in Zeiten wie diesen. Beim McLaren-Abendessen wettet er mit Pedro de la Rosa: „Ich kann zwei Löffel der schärfsten chinesischen Suppe (Wasabi) essen, bevor mein Magen rebelliert." Die gleiche Wette hat Ron schon einmal in Mexiko gegen Ayrton Senna gewonnen – ich war dabei. Damals geht es sogar um 100.000 Dollar. Beide Male wird Dennis krebsrot, brennt wie Feuer – steckt dann aber grinsend seinen Gewinn ein.

Max Mosleys klassischer Spruch übers 3-Milliarden-Business („Formel I ist wie Krieg, da fragt auch keiner, was es kostet") gilt jetzt nicht mehr. Renault-Sponsor ING meldet erstmals rote Zahlen.

Die Formel I muss sparen, keine Frage. Dass die FIA den Markt für einen unabhängigen Motorhersteller (Cosworth? Mecachrom?) öffnet, ist nur der erste Schritt.

„Wenn du die schnellste Runde im Rennen fahren kannst – wieso hast du dann nicht gewonnen?" Der Vorwurf, den Ferraris früheres Technik-Genie Mauro Forghieri seinen sieglosen Piloten in den 60er und 70er-Jahren – lange vor der goldenen Schumacher-Ära – oft gestellt hat, muss an Kimi Räikkönen abprallen. Er hat 2008 in 16 Rennen zehnmal die beste Rennrunde hingeknallt. Aber der schnellste Mann des Jahres kann die WM nicht mehr gewinnen – seit dem GP von Japan ist aus dem Finnen, dem vielleicht rätselhaftesten aller Formel-I-Piloten, ein Ex-Weltmeister geworden.

„Aber das war mir schon nach dem Unfall in Spa klar. Ich hätte ein Wunder gebraucht, um meinen Titel zu verteidigen", sagt Räikkönen, so teilnahmslos, wie er auch in Shanghai durchs Fahrerlager geht – sein oft gar nicht eingeschaltenes Handy am Ohr, um nicht angesprochen zu werden. Trotzdem: Den privat so lebenslustigen Räikkönen auf die nackte Technik zu reduzieren, ist schwierig – ist sie der Grund für seinen Titelverlust?

„Ferrari arbeitet Tag und Nacht, um die richtige Abstimmung hinzubekommen – aber unser Fenster fürs Setup ist ein ganz schmales. Zum Beispiel brauchen wir warmes Wetter für unsere Reifen. Voriges Jahr hatten wir zur Saisonmitte ähnliche Probleme, um das Beste aus unserem Auto herauszuholen. Darum freu ich mich schon auf 2009 und das Comeback der Slicks. Die haben mehr Grip und machen uns sicher weniger Probleme."

Genauso cool und unaufgeregt, wie er 2007 seinen WM-Gewinn kommentiert hat, analysiert Kimi die jetzige Saison: „Im ersten Rennen hatten wir noch nicht den Speed, aber gleich danach feierten wir Doppelsiege. Dann kamen Fehler teils von den Fahrern, teils aus der Box – und davon haben wir uns nicht mehr wirklich erholt."

Ein Blick in den Rückspiegel. Was Räikkönen im Perfektionistenteam Ferrari passiert, liest sich wie eine Serie von Attentaten: In Monte Carlo eine FIA-Strafe, weil die Reifen 3 Minuten vorm Start nicht montiert sind – nicht seine Schuld. In Montreal kracht ihm Hamilton bei Rotlicht in der Boxenausfahrt ins Heck. In Magny-Cours rettet er trotz gebrochenen Auspuffs Rang 2 – die Ferrari-Techniker verstehen gar nicht, wie es möglich sein kann, ein so angeschlagenes Auto überhaupt ins Ziel zu bringen. In Silverstone verspekuliert sich die Box, als sie Räikkönen – auf Platz 2 hinter Hamilton – mit den alten Reifen weiterfahren lässt, während der McLaren-Pilot wechselt und prompt der Regen kommt. Hockenheim ist für die Ferrari-Reifen zu kalt.

„Und nach der Sommerpause lief für mich überhaupt nichts mehr." In Valencia fährt Kimi, Opfer der umstrittenen Ferrari-Lichtampel, einen Hauch zu früh aus der Box los – was sein Tankwart Pietro Timpini mit einem Beinbruch bezahlt. „Aber ich hatte auch Probleme mit der Kupplung." Dazu kommt später ein Motorschaden – Pleueldefekt, aus der gleichen, schadhaften Serie wie bei Massa in Budapest.

„Aber der wahre Knackpunkt für mich war Spa", gibt der Finne zu. „Dort fuhr ich fest auf Sieg – bis zum Unfall zwei Runden vor Schluss. Danach hab ich nicht mehr wirklich an die WM gedacht. Oder nur, wenn ich sehr viel Glück gehabt hätte." Vielleicht hat er sich, wenn er um einen 5. oder 6. Platz kämpfen muss, auch nicht mehr so total eingesetzt wie bei einem Kampf um den Sieg – aber Frust? Nein, Frust hat Räikkönen bei Ferrari noch nie gespürt. „Das war schon viel schlimmer in meinen McLaren-Jahren. Dort hätte ich ohne Defekte schon zweimal die WM gewinnen müssen."

Verlernt hat ers bestimmt nicht, aber er wird auch kritisch beobachtet. Niki Lauda: „Kimi hatte heuer extreme Formschwankungen und die WM lief total an ihm vorbei, obwohl er ja der regierende Champion ist. Aber seine Leistungen im letzten halben Jahr ließen wirklich zu wünschen übrig." Weil nach dem ersten Titelgewinn der Hunger nachlässt? Weil schon viele Mehrfach-Weltmeister wie Jim Clark, Jackie Stewart, Nelson Piquet und auch Niki Lauda keine zwei Titel hintereinander geschafft haben – weil im verflixten zweiten Jahr die Luft draußen ist?

Lauda verneint: „Eigentlich hast du als Weltmeister den Ehrgeiz, deinen Erfolg zu wiederholen – auch Kimi müsste zumindest genauso schnell fahren wie Felipe Massa. Aber das muss man sich erst erarbeiten." Ist es schwierig, als Weltmeister nicht nachzulassen? „Schau dir Schumacher an, der war siebenmal Weltmeister..."

Während der Präsentationsrunde auf der großen, offenen Ladefläche fotografiert Hamilton fleißig mit seiner Handy-Kamera. Sonst steht er ziemlich alleine da – nur Sutil ist bei ihm. Später hat Adrian seinen 11. Ausfall – und Lewis seinen wichtigsten Sieg.

DIE SERIENWELTMEISTER DER FORMEL I

Alberto Ascari (Ferrari)	1952-53
Juan Manuel Fangio (Mercedes, Ferrari, Maserati)	1954-57
Jack Brabham (Cooper)	1959-60
Alain Prost (McLaren-Porsche)	1985-86
Ayrton Senna (McLaren-Honda)	1990-91
Michael Schumacher (Benetton)	1994-95
Mika Hakkinen (McLaren-Mercedes)	1998-99
Michael Schumacher (Ferrari)	2000-04
Fernando Alonson (Renault)	2005-06

Wie in Fuji steht Räikkönen am Start neben ihm. „Fahr nicht gegen Räikkönen – dein Gegner ist Massa!", hat ihm Ron Dennis noch in Japan eingeschärft – bevor Lewis wegen schleifender Kupplung am Start 8 Meter gegen Kovalainen verliert, wie die McLaren-Analyse ergibt.

Diesmal geht alles glatt. Hamilton startet perfekt. Die ersten fünf der Startaufstellung kommen in unveränderter Reihenfolge weg – und die ändert sich auch nicht beim ersten Boxenstopp. Hamilton vor Räikkönen und Massa. So plätschert der Grand Prix von China dahin, bis Räikkönen etwas langsamer wird, Massa dadurch näher kommt und sich alle fragen: Wie erreicht Ferrari trotz Stallorder-Verbots den wichtigen Positionstausch seiner Piloten?

Mit einem blitzschnellen, zusätzlichen Boxenstopp für Kimi, bei dem man ein paar Liter Sprit nachtanken könnte? Wie es Ferrari schon 2007, aber umgekehrt, für Räikkönen gemacht hat? Es ist kein Funkbefehl nötig. Es passiert ganz normal auf der Strecke, 7 Runden vor der Zielflagge. Auf der Geraden taucht Massa aus Räikkönens Windschatten und überholt rechtzeitig und bombensicher vor der Kurve.

Nach drei Rennen, die weder Ferrari noch McLaren, sondern nur Toro Rosso und Renault gewonnen haben, wieder ein Siegertrio in Silber und Rot. 14 WM-Punkte für Ferrari in der Konstrukteur-WM, nur 10 für McLaren, weil Geburtstagskind Kovalainen mit Motorschaden ausfällt: zum zweiten Mal hintereinander.

Als Hamilton mit jugendlichem Schwung aufs Siegerpodest springt, kreischen zehntausende Chinesen, als hätten sie einen Popstar vor sich. Am McLaren-Gitter jubeln ihm seine beiden Mütter zu. Und im Fahrerlager diskutiert der Formel-I-Zirkus das Überholmanöver des Tages: Wie Räikkönen Massa auf Platz 2 vorgelassen hat. Stallorder?

„Hätte das McLaren getan, wäre schon längst auf unseren Computern aufgeflammt: Investigation!", ärgert sich der Deutsche Christian Danner. „Wie schon einmal in Monte Carlo. Aber Ferrari darf offenbar alles." Nur – Ferrari tat nichts Verbotenes, und Ron Dennis lächelt: „Ich überlass es anderen zu entscheiden, was Ferrari heute getan hat. Aber ich mach mir deswegen überhaupt keine Gedanken."

Die Situation in Shanghai 2008 ist auch eine ganz andere als in Spielberg 2002 mit Schumacher und Barichello, als im Ferrari-Boxenfunk deutlich der Befehl zu hören ist: „Rubens, lass Michael für die WM vorbei!" Was Barrichello auch trotzig und ganz offensichtlich tut – in der allerletzten Runde. Ein weltweiter Skandal. Deswegen erlässt die FIA das Verbot der Stallorder – und hört ab sofort die Funksprüche ab. Das ist in China nicht notwendig. „Wir wussten schon, was wir zu tun haben", zuckt Räikkönen die Achseln, und sogar Hamilton sagt: „Der Positionswechsel der beiden war unvermeidlich!"

Der neutrale Gerhard Berger: „In dieser Phase der WM kannst nix anderes erwarten. Das wird immer so sein... Massa wird in Brasilien stark fahren. Aber in der Fomel I weißt du bis zuletzt nie, was passiert."

Die FIA sieht keinen Grund, einzuschreiten: „Spielberg 2002 war ja noch im Frühjahr – so bald in der Saison mussten wir reagieren." Und diesmal? „Das war ein gutes Überholmanöver. Von einer Ferrari-Teamorder haben wir nichts bemerkt." Vielleicht hätte Ferrari beim letzten Kimi-Boxenstopp noch ein bisschen trödeln können – aber das wäre zu offensichtlich gewesen.

Aufschlag McLaren, Return von Ferrari. Hamilton hat zwei Wochen später in Interlagos den nächsten Matchball. 7 Punkte Vorsprung – wie schon 2007 auf Räikkönen. In Bezug auf gewonnene Rennen steht es zwischen Lewis und Felipe 5:5, auf zweite Plätze 2:2, auf dritte Plätze 3:2 für Hamilton.

Das bedeutet: Massa muss in Brasilien auf jeden Fall einen ersten oder zweiten Platz erfahren, um noch eine Chance auf den WM-Titel zu haben. „Ich bin sicher, ich kann gewinnen! Beim Heimspiel ist jeder stärker und besser", schwört der junge Brasilianer. Interlagos ist seit Sommer ausverkauft. Und Bernie Ecclestone reibt sich die Hände: Showdown im allerletzten Rennen – zur besten TV-Zeit!

Die Teams sind im Geist schon in Brasilien, körperlich aber noch in China.

Blitzschnell sind alle McLaren-Boys umgezogen. Die „Silberpfeile" ganz in Rot, aber nicht aus Liebe zu Ferrari, sondern aus Tradition. Champagner fließt im chinesischen Garten hinter dem Fahrerlager mit dem künstlichen Fluss und den Holzhütten (Miete: 100.000 Euro) noch keiner. „Aber wir waren auf alles vorbereitet..."

Oder, wie Hamilton sagt: „Wieder ein paar Schritte näher an unserem Traum. Meinem eigenen und dem des Teams. Und wie immer hatte ich den Lieben Gott das ganze Wochenende über auf meiner Seite."

Lewis, du fliegst jetzt mit dem gleichen Vorsprung wie 2007 nach Brasilien: Damals mit 7 Punkten vor Räikkönen, jetzt mit 7 Punkten vor Massa?

„Trotzdem ist es völlig anders. Das kannst nicht vergleichen. Ich geh Interlagos ruhiger an, mit mehr Zuversicht und Vertrauen in das, was ich dort tun muss."

Ein paar Hütten daneben bilanziert die „Formel Austria": Erstmals seit Budapest keine WM-Punkte. Mark Webber ist durch seinen ersten Motorschaden, eine gebrochene Kurbelwelle im Training, hoffnungslos zurückgefallen, Coulthard ist 10. Und die Aufsteiger des Jahres von Toro Rosso? Bourdais kollidiert gleich nach dem Start mit Trulli, Vettel mit Heidfeld, dadurch erleidet er eine kaputte Felgenverkleidung vorne links, was den Boxenstopp um 4 Sekunden verlängert.

Teamchef Franz Tost: „Wenn man zu langsam ist, macht man halt keine Punkte." Aber das Ziel für Gerhard Berger ist klar: „Wir wollen bestes Privatteam werden – gegen Red Bull, Williams und Force India."

Bei BMW tröstet sich Robert Kubica mit Rang 6 – seine minimale WM-Chance ist somit vorbei. „Ab jetzt tu ich alles, um meinen 3. WM-Platz zu halten." Hoffnung, aber auch Trauer: Der frühere BMW-Rennleiter Dieter Stappert ist am Wochende gestorben. Der bei allen beliebte Kärntner hat seinerzeit den BMW-Turbomotor, der schon nach Paris an Talbot verkauft war, nach München zurückgeholt. 1983 wird Piquet damit Weltmeister. Wer weiß, ob BMW ohne Stappert heute in der Formel I wäre...

Millionen Formel-I-Fans fiebern dem WM-Finale in Interlagos entgegen – aber McLaren-Chef Ron Dennis garantiert: „Wir werden das Rennen so langweilig wie nur möglich machen! Ich hab kein Problem mit einem Ferrari-Doppelsieg – Massa müsste ja 7 Punkte auf Hamilton aufholen."

Jetzt kämpft McLaren um den ersten WM-Titel seit 1999. Dennis: „Hamilton muss in Brasilien ja nicht gewinnen, wir müssen nur Disziplin bewahren, können auch mit Platz 3, 4 oder 5 Weltmeister werden. Aber da sind natürlich auch andere Piloten." Ein gewisser Alonso vor allem, der als Revanche an McLaren nichts lieber täte, als Massa zum WM-Titel zu verhelfen – wie er selbst zugibt.

Ferrari ist zuletzt in Singapur und Fuji stark, aber in China gegen McLaren chancenlos. Was ist da binnen einer Woche passiert? 14 Sekunden Rückstand, obwohl Lewis, sagt er, „nach dem zweiten Boxenstopp nur noch spazierengefahren" ist. Am vieldiskutierten Ferrari-Platztausch gibt es keine Kritik mehr. Ferrari-Sportchef Stefano Domenicali: „Haben die Leute schon vergessen, wie das McLaren in Hockenheim mit Hamilton und Kovalainen gelöst hat?"

Und sogar Hamilton gibt zu: „Wären Heikki und ich in der gleichen Situation wie Ferrari gewesen – wir hätten das gleiche getan. Und ich wusste, dass Massa und Räikkönen ihre Plätze tauschen würden."

Das heißt für die WM: Massa muss sein großes Heimrennen in Interlagos entweder gewinnen oder zumindest Zweiter werden. „Jeder Sportler ist in seinem Heimrennen besonders stark und gut. Und es war schon immer mein brennender Wunsch, einmal mit einem Sieg in Interlagos Weltmeister zu werden!"

Interlagos

DER SIEGER WEINT

Der Barmixer im Rennfahrerhotel „Transamerica“ von Sao Paulo mixt fünf Cocktails – benannt nach Senna, Fangio, Schumacher, Hamilton und Massa. Welcher schmeckt Sonntag Abend am besten? Zwei Drittel der Formel-I-Piloten wünschen Felipe den Titel, schätzen dessen Chancen aber realistisch ein: 70:30 für Hamilton. Der muss aufpassen: Neid und Eifersucht im Starterfeld!

„Je stärker der Druck auf Lewis ist, umso besser fährt er!“, weiß McLaren-Teamchef Ron Dennis. Mit seinem souveränen, makellosen Sieg in Shanghai hat Hamilton viele Kritiker beschämt – aber gewinnt er den Nervenkrieg in Interlagos ein zweites Mal?

„Jemand muss ihn darüber aufklären, dass er Formel-I-Pilot ist und nicht Muhammad Ali. Dass er ein Youngster ist, der sich immer noch beweisen muss. Hamilton ist ein guter Fahrer, aber die guten sind auch diejenigen, die Ergebnisse nach Hause bringen“, analysiert ihn Flavio Briatore – hat sich dafür aber schon entschuldigt.

Im Gegensatz zu Senna (gegen Prost) oder Schumacher (gegen Villeneuve) ist Hamilton noch keinem absichtlich ins Auto gefahren, aber die Luft wird dünner und rauer, das Stahlgewitter immer lauter – auch beim großen GPDA-Meeting in Interlagos. Viele schimpfen über den WM-Favoriten. Robert Kubica: „Du kannst auf zwei verschiedene Arten fahren: aggressiv und fair – oder zu aggressiv. In Monza war das zuviel!“ Mark Webber nickt: „Du darfst einfach nicht in der Bremszone dauernd die Spur wechseln. Wir hatten genau aus diesem Grund schon einmal einen tödlichen Streckenposten-Unfall – in Monza 2000.“

Fast jeder hat Lewis etwas vorzuwerfen. Kimi Räikkönen: „Ein Rätsel, was die McLarens in Fuji getan haben. So spät zu bremsen – ein unerklärbarer Fehler.“ Und Jarno Trulli: „Er ist direkt aus der Box gekommen und zwei Runden lang vor meiner Schnauze herumgetanzt – warum hat er nicht aufgepasst?“

Fernando Alonso bekräftigt auch in Interlagos: „Kein Zweifel – ich verhelfe Felipe Massa zum WM-Titel. Wenn ich hinter ihm Zweiter oder Dritter werde, bin ich schon happy.“

Der geringste Fehler kann die WM entscheiden: Boxendurchfahrtsstrafe – Stop-and-Go-Penalty – oder sogar 25-Sekunden-Zeitstrafe in den letzten 5 Runden? Die Boxen von McLaren und Ferrari kochen vor Spannung. In Shanghai haben die Mechaniker die Vorderräder von Heikki Kovalainen unabsichtlich vertauscht – der McLaren ist unfahrbar! Und als sich in der Telemetrie ein Motorschaden ankündigt, befiehlt Dennis Kovalainen sofort an die Box: „Er fuhr direkt vor Hamilton. Das war gefährlich – wenn sein Motor platzt und Lewis dann auf seinem Öl rausfliegt…“

Als Felipe Massa 2006 in Istanbul vor Schumacher in Führung lag, hielt die Formel I den Atem an. Alle warteten aufs „taktische Überholmanöver“, das aber nie kam. Felipe, der Schumi-Schützling, gewann vor seinem Lehrmeister. Damit war klar, dass Ross Brawn mit seiner Einschätzung recht hatte: „Massa ist die Zukunft von Ferrari.“

ROTE UND GELBE KARTEN
DIE STRAFEN FÜR MCLAREN UND FERRARI

Sepang: Hamilton und Kovalainen jeweils 5 Startplätze rückversetzt wegen Behinderung von Heidfeld und Kubica

Mote Carlo: Boxen-Durchfahrtsstrafe für Räikkönen, weil sein rechtes Hinterrad 3 Minuten vorm Start noch nicht montiert war

Montreal: Kovalainen 5 Startplätze rückversetzt wegen Behinderung von Webber

Hamilton wegen Auffahrunfall gegen Räikkönen bei Rotlicht in der Box fürs nächste Rennen (Magny-Cours) um 10 Startplätze rückversetzt

Magny-Cours: Boxen-Durchfahrtsstrafe für Hamilton, weil er Vettel in der Auslaufzone überholt, ihm die Position aber nicht zurückgegeben hat

Valencia: 10.000 Euro Strafe für Massa „wegen unsicherer Freigabe beim Boxenstop“ (gegen Sutil)

Spa: 25 Sekunden Zeitstrafe für Hamilton, weil er Räikkönen durch Abkürzen der Schikane überholt, ihm den Platz zwar zurückgegeben, aber aus dem Windschatten heraus sofort wieder überholt hat: Statt 1. nur 3. Platz

Singapur: Boxen-Durchfahrtsstrafe für Massa wieder „wegen unsicherer Freigabe beim Boxenstop“ (wieder gegen Sutil)

Fuji: Boxen-Durchfahrtsstrafe für Hamilton wegen gefährlichen Fahrens in der ersten Kurve, Boxendurchfahrtsstrafe für Massa wegen Kollision mit Hamilton in der 2. Runde.

Jetzt klopft Massa an die Tor zum WM-Titel – nicht gerade ferngelenkt, aber aufmerksam verfolgt von Michael, der für Felipe sogar Cockpit und Computer wechselt: in der französischen Sportzeitschrift „L Equipe“ schreibt Schumi über Massa:

„Ich versteh nicht, wie Felipe immer noch unterschätzt wird. Ich beobachte ihn, seit er bei Ferrari ist, und bin beeindruckt von seinem Willen zu lernen, seiner Kapazität, soviel technisches Wissen aufzusaugen, und seiner Sensibilität, alle Situationen zu verstehen.

Diese Charakter-Vorzüge, zusammen mit seinem Fahrtalent, machen ihn zu einem kompletten Fahrer und gefährlich für die WM.

Felipe ist schon seit langem ein gereifter Gegner, aber das wissen viele Leute nicht, weil er immer noch das Gesicht eines jugendlichen Burschen hat. Sie reden von seinen Fehlern, vergessen aber dabei seine großartigen Leistungen. In Silverstone hatte er sechs Dreher – aber in Monte Carlo war er einer der ganz wenigen, die ihr Auto unter kritischen Bedingungen kontrollierten.

Felipe ist imstande den Titel zu gewinnen, und dem Druck zu widerstehen. Ich sah ihn fahren, an meiner Seite, und ich weiß, wie gut er ist.

Der Ferrari ist heuer sehr delikat zu fahren. Das Fenster, wo das Chassis mit den Reifen harmoniert, ist dieses Jahr sehr reduziert. Aber trotz der Umstände fighten Felipe und Ferrari heuer um die WM – und sie ist noch komplett offen", analysiert Schumacher.

Der Kopf sagt Hamilton, aber das Herz will Massa. So reagieren viele im Formel I-Zirkus auf die Frage: Wer wird Weltmeister?

Die Story von Hamilton, der sich schon als 10-jähriger Bub bei Ron Dennis als künftiger World Champion vorstellt, zeigt eine verblüffende Ähnlichkeit mit der des „Pizza-Boy" Felipe Massa. „Ein Freund meines Vaters besitzt sieben Restaurants, von einem davon wurde 1997 in Interlagos das Benetton-Team verköstigt. Ich war damals 15 und hatte den Auftrag, für Flavio Briatore, Gerhard Berger und Jean Alesi das Essen in die Box zu bringen. Hab ich auch zwei Tage lang getan – dann haben mich die Aufpasser rausgeschmissen. Ich hatte ja kein Ticket für Boxen und Fahrerlager..."

Aber irgendwann an jenem Wochenende schwört sich der junge Felipe: „Eines Tages fahr ich selbst Formel I, gewinne in Interlagos den Großen Preis von Brasilien und werde mit diesem Sieg Weltmeister – als erster Brasilianer seit Ayrton Senna 1991."

Ein modernes Märchen – es hat sich (fast) gegen alle Wetten, against all odds, bewahrheitet. Aber Massa hat schon oft bewiesen, wie positiv er auf starken Druck reagiert. Kein verwöhnter Millionärssohn, sondern ein ganz normaler junger Mann, mit beiden Füßen fest auf dem Boden – und gesegnet mit enormem Talent. „Ich hatte zu Beginn meiner Karriere harte Zeiten durchzustehen. In meiner Renault-Zeit wusste ich: Ich hab nur das Budget für sechs Rennen, wollte aber in Mugello beide Championate gewinnen: die italienische und die Europameisterschaft. Also bat ich einen Ferrari-Besitzer: Borg mir Geld, damit ich mir einen zweiten Reifensatz kaufen kann – und dann hab ich beide Meisterschaften gewonnen!"

Über die Formel 3000 nähert sich Massa der Formel I. Heute sagt er: „Vielleicht wäre ein Jahr als Formel-I-Testpilot für mich besser gewesen, als gleich ins kalte

Wasser zu springen. Aber als ich bei Sauber anfing, war das Team verwöhnt durch die Erfolge von Räikkönen und Heidfeld im Jahr davor. Da wollte ich unbedingt anknüpfen." 4 Punkte sind alles. Darauf wechselt Massa als Testpilot zu Ferrari. „Das war wie auf die Universität zu gehen... ich kam zurück als besserer und reiferer Pilot."

Fernando Alonso bestätigt: „Wie schnell Felipe Auto fahren konnte, haben wir schon immer gewusst. Er hat nur etwas mehr Erfahrung gebraucht. Und hätte er nicht so viel Pech gehabt, das Boxendrama in Singapur oder den Motorschaden in Budapest – er wäre schon als WM-Leader zum letzten Rennen gekommen!" In Interlagos bestätigt der spanische Doppelweltmeister: „Ich fahr im Finale für Massa und tu alles, damit er Weltmeister wird."

Zuerst kann er ihm zur Pole-Position gratulieren. Als hätte Pele soeben im Maracana-Stadion von Rio ein entscheidendes Tor für die Fußball-WM geschossen, so explodiert der „glühende Kohlenhaufen Interlagos" vor Begeisterung. „Die zehntausenden Fans, die mir soviel Energie gaben, haben mich schneller gemacht." Nach dem Qualifying steht es 1:0 für Massa gegen Hamilton.

Felipe macht sich über seine schwierige Aufgabe aber keine Illusionen. Als er wenige Tage vor dem Tag X den Autosalon von Sao Paulo besucht, wird er von tausenden Fans mit der immer gleichen Frage bestürmt. Aber Felipe bleibt cool: „Ich tu natürlich alles, um zu gewinnen. Aber wenn ich gewinne und trotzdem nicht Weltmeister werde, bin ich auch nicht traurig. Weil ich dann weiß, ich hab alles richtig gemacht."

So wie während seiner ganzen Karriere.Als er vom Sauber- und Ferrari-Testpiloten zum Schumacher-Teamkollegen aufsteigt, formuliert er seine Ziele diplomatisch: „Ich möchte immer zwei Plätze hinter Michael ins Ziel kommen." Das schließt bereits alle (verbotenen) Überholbefehle aus. Der Knackpunkt ist Istanbul 2006, wo Massa gewinnt und Schumi ein ausgesprochen fröhlicher Zweiter ist. Ross Brawn sagt schon damals: „Massa ist die Zukunft von Ferrari." Und Schumi gibt später zu: „Ich bin bei Ferrari nicht abgetreten, weil ich Angst vor Räikkönen hatte – sondern weil ich Massas Karriere sichern wollte." Die beiden haben auch heute noch ständig Kontakt – zumindest telefonisch.

Massa ist, wenn er vorn allein wegfahren kann, wahrscheinlich der aktuell schnellste Rennfahrer der Welt. Mit starkem Glauben an sich selbst, was ihm dabei hilft, den schwierigen Saisonauftakt abzuschütteln: Zwei Rennen, null Punkte. „Ich trag an jedem Wochenende immer die gleiche Unterwäsche – und ich überspring, wenn ich aus dem Ferrari-Bus komm, immer die letzten zwei Stufen. Damit es mit meiner Karriere noch rascher vorangeht."

In den Boxen von Interlagos, an der Bar des Formel-1-Hotels „Transamerica" – überall laufen die gleichen, heißen Diskussionen: Feiert Brasilien am Sonntag seinen ersten Weltmei-

ster seit Ayrton Senna 1991 – Felipe Massa? Oder die Formel I ihren ersten Farbigen – Lewis Hamilton? Oder entscheiden gar die FIA und die Regengötter im Himmel über Sao Paulo – mit einem Crash-Chaos oder Wolkenbruch? Der GP von Brasilien musste schon zuvor meist wegen Regens abgebrochen werden – öfter als jeder andere WM-Lauf!

1974, *als die Regenwolken immer schwärzer werden, gibt der führende Emerson Fittipaldi dem Rennleiter in jeder Runde verzweifelte Signale aus dem Cockpit: „Brich endlich ab, bevor der große Regen kommt!" Vor allem: Bevor mich der stürmisch angreifende Clay Regazzoni (Ferrari) überholt. Der Rennleiter erbarmt sich: Abbruchflagge nach 32 von 40 Runden, Fittipaldi gewinnt vor Regazzoni und wird mit 55:52 Weltmeister. Sonst wäre die WM wohl umgekehrt ausgegangen.*

1981 *Abbruch im Regen nach genau 2 Stunden, in der 62. von 63 Runden, Carlos Reutemann gewinnt den Williams-Stallkrieg gegen Alan Jones um 4 Sekunden – aber den WM-Titel müssen die beiden Nelson Piquet (Brabham) überlassen.*

1997 *Massenkollision in der ersten Runde, Abbruch und neuer Start – Gerhard Berger rast als Zweiter bis auf 4 Sekunden an den Sieger Jacques Villeneuve (Williams) heran. Und der wird später Weltmeister.*

2003 *Mörderische Unfälle von Schumacher, Alonso und Webber in der 56. von 71 Runden auf gefährlich glitschiger Fahrbahn, Kimi Räikkönen (McLaren) wird zum Sieger erklärt – später aber dreht die FIA das Ergebnis um: Plötzlich gilt das Klassement nach der 54. Runde. Sieger ist Giancarlo Fisichella (Jordan), 0,9 Sekunden vor Räikkönen. Womit der Finne drei WM-Punkte verliert – und am Ende den WM-Titel 91:93 gegen Schumacher!*

In Brasilien droht am Formel-I-Sonntag immer Wolkenbruch. Das Reglement ist klar. Ein Abbruch zwischen der 2. Runde und 75 Prozent der Renndistanz (71 Runden) bedeutet: halbe Punkte. Bitter für Massa: Wäre Felipe Abbruchsieger, bekäme er nur 5 Punkte dazu (92) – das würde ihm bei seinen 7 Punkten Rückstand auf Hamilton (94) überhaupt nichts nützen. Aber der Ferrari-Pilot betet sowieso für heißes, trockenes Wetter. Er hasst Regen.

Ein Gentleman sagt Good-Bye. Oder: Ein Bulle stürmt zurück in den Stall. David Coulthard (37) fährt in Interlagos seinen 246. und letzten Grand Prix. 2009 wird er zum „fahrenden Ingenieur" (wie früher Alain Prost bei McLaren) und „Luxustester" (wie Schumacher bei Ferrari).

Als der Schotte vor 15 Jahren in die Formel I kommt, sagt er zu mir: „Ich wäre sehr happy, hätte ich nur halb so viel Erfolg wie Jim Clark und Jackie Stewart!" Die beiden Superstars gewinnen 25 bzw. 27 Grands Prix, Coulthard immerhin 13 – tatsächlich genau die Hälfte. Plus 12 Pole-Positions, 18 schnellste Runden und gesamte 533 WM-Punkte – mehr haben nur Schumacher (1369), Prost (798,5) und Senna (614) herausgefahren.

Coulthard hat sie alle mit ein und demselben technischen Direktor erkämpft:

Adrian Newey – bei Williams, McLaren und zuletzt Red Bull. Wesentlich öfter wechseln seine Boxenladies, bis ihn voriges Jahr die belgische TV-Reporterin Karen interviewt. Es muss ein langes Interview gewesen sein...

Seit dem Kanada-GP im Juni – wo er als Dritter zum letzten Mal aufs Stockerl fährt – weiß Coulthard, dass er Papa wird. „Hochzeit? Ja, natürlich, aber noch nicht sofort. Die holen wir erst nach, wenn der Kleine schon laufen kann..."

Ein Gentleman mit Stil, Tempo – und Herz. In Interlagos fährt Coulthard mit völlig neuer Autobemalung – für Heinz Kinigadners Charity-Aktion „Give you wings".

Aki Hintsa, geht mit seinem Schützling in Interlagos Golf spielen. „Um ihn emotionell runterzuholen – weil er gegen mich in allen Ballsportarten verliert: Fußball, Tennis, Squash, Golf, sogar im Eishockey... und kürzlich waren wir auf dem Genfer See rudern. Aufgeteilt in zwei Viererboote. Nicht, um seine Kondition zu verbessern, sondern um ihn mental zu stärken. Zum Sport gehört auch das Verlieren – und die Größe, sich darüber nicht aufzuregen."

Soweit Prof. Hintsa, der Hamilton zuletzt in Shanghai zum perfekten Sieg (dem 200. eines britischen Piloten) gecoacht hat. In Brasilien braucht Lewis nur einen 5. Platz – aber „Rennen sind Rennen", hat schon Juan Manuel Fangio gesagt, „da kann immer alles passieren."

Hamilton 2007 und 2008 – was für ein Unterschied. „Damals kam ich von einem miserablen Rennen in Shanghai, jetzt von einem tollen Sieg. Alles ist total anders." Aber Jackie Stewart warnt: „Lewis zeigte in Fuji, dass er noch sehr jung ist. Und obwohl er im TV immer so cool rüberkommt – im Rennen hat er nicht immer das perfekte Hirn-Management..."

Eddie Jordan gießt Öl ins Feuer: „Massa ist dir in Fuji absichtlich ins Auto gefahren!" Lewis beruhigt: „Ich les nicht, was andere Leute sagen. Doch ich vertrau allen Piloten und hoff auf ein faires Rennen." Vielleicht mit einem Super-Überholmanöver – wie das von Massa heuer in Budapest gegen Hamilton. Die beste Aktion 2008!

Sonst ist die WM in diesem Jahr oft eine „Komödie der Irrungen". Noch nie haben zwei Titelfavoriten durch Fehler so viele Punkte weggeschmissen wie Hamilton und Massa. Beweis: 2004 Schumacher 148, 2002 Schumacher 144, 2006 Alonso 134, 2005 Alonso 133 – und jetzt führt Hamilton mit mickrigen 94 Zählern.

Der große Showdown: Zum 24. Mal seit 1950 wird in Interlagos eine WM im letzten Lauf entschieden. 14-mal blieb der Führende vorn, 9-mal ist die WM noch gekippt.

Fußball, Samba und die Formel I – Felipe Massa macht ganz Brasilien verrückt: „Auch jeder Fußballer spielt im Heimmatch noch stärker als sonst!"

Niki Lauda, Lewis Hamilton geht mit 7 Punkten Vorsprung gegen Massa ins WM-Finale nach Interlagos – wie siehst du die WM-Situation? Wo sind die Unterschiede zwischen den beiden Piloten?

Lauda: „Das ist nicht so einfach zu erklären, sondern wesentlich komplizierter. Hamilton hat 7 Punkte Vorsprung, er ist klarer Favorit, muss im Rennen nur 4 Punkte machen."

Wer hat im Vergleich mehr Fehler gemacht?

Lauda: „Massa kann ich seine Regenspirale von Silverstone – 6 Dreher – nicht vorwerfen, das lag nicht an ihm, sondern am Ferrari, der unfahrbar war mit den abgefahrenen Regenreifen. Nein, Massa ist heuer auf dem höchsten Level gefahren, das er je zustande gebracht hat, sein Pech waren nur der Motorschaden in Budapest und der Zwischenfall beim Tanken in Singapur. Und der Ferrari, der im Regen versagt hat."

Und warum liegt Hamilton letztlich 7 Punkte vorn?

Lauda: „Wegen Massas Motorschaden, des Tankunfalls und des Regens."

Und Hamilton?

Lauda: „Die Situation in Spa war gegen Hamilton, seine Rückversetzung auf Platz drei war in meinen Augen eine Schweinerei. Das gleiche Problem dann in Fuji, wo beide Strafen kassierten, und ich sag: Beide wurden von der FIA fälschlicherweise bestraft."

Eine Schlüsselrolle im Finale spielen die beiden Toyota Piloten. Jano Trulli am Anfang, Timo Glock am Ende, aber beides ohne Absprache.

Ein geheimnisvoller Dialog vorm Start: „Wenn ich in der ersten Kurve innen bin, erwarte ja nicht, dass ich dir Platz mache", sagt Jarno Trulli zum Pole-Position-Mann Felipe Massa. „Ich kümmere mich nicht um euer WM-Duell – ich fahr mein eigenes Rennen! Das ist mein Job – und dafür werde ich von Toyota bezahlt." Nicht vom Gegner.

Niki Lauda versteht die McLaren-Strategie überhaupt nicht: „Wenn Hamilton rausfliegt, ist das die Schuld von Ron Dennis. Warum hat er ihn ins Qualifying nicht mit einem leichten Auto mit wenig Sprit geschickt – dann wäre er neben Massa gestanden. Jetzt wird alles viel schwieriger", sagt mir Niki vorm Start. „Ein unnötiges Risiko" – das Lewis fast den Titel gekostet hätte.

Zumal Mercedes aus Angst vor einem Motorschaden (wie bei Kovalainen in Shanghai) die Motorleistung drosselt, „damit ja nix passieren kann. Wir fahren ja nicht um den Sieg, sondern um die kleinen Punkte..."

Regen zu Beginn, Regen zum Schluss. Aber was passiert wirklich in der letzten Runde, als sich eine ganze Formel-I-Saison mit über 5000 Rennkilometern auf wenige Sekunden zusammenballt – genau 520 Meter vor der Zielflagge, in der letzten Kurve?

Bis zur 65. von 71 Runden heißt die Reihung: Massa, Alonso, Räikkönen, Hamilton, Vettel. Platz 4 – gut genug für Lewis. Dann: der angedrohte große Regen, der Wechsel auf Regenreifen, aber nicht für alle. Timo Glock (Toyota) fährt mit seiner Ein-Stopp-Strategie durch – auf Trockenreifen im Regen, wird dadurch Vierter. 69. Runde: Hamilton rutscht aus, bleibt mit Glück auf der Strecke, wird aber von Vettel überholt. Rang 6 – zu wenig für den Titel!

Unerträgliche Spannung in den Boxen von Ferrari und McLaren. Als die letzte Runde beginnt, hat Massa den WM-Titel praktisch in Händen: 1. Massa, 2. Alonso, der angekündigt hat: „Ich helf Felipe!", 3. Räikkönen, 4. Glock, 5. der sensationell fahrende Vettel, 6. Hamilton – sollte er wieder, wie 2007, den Titel um nur einen Punkt verlieren?

Die Schlüsselfigur der letzten Runde: Timo Glock. „Mit Trockenreifen im Regen, das war unmöglich. Ich kämpfte so hart ich konnte, aber es war unheimlich schwierig, das Auto auf der Straße zu halten. Ich weiß gar nimmer, wer mich überholt hat und wo – vier Autos sind an mir vorbei." Auch Hamilton – auf dem Weg zum Titel.

Vettel – auf Regenreifen – erlebt das dramatische Finale so: „Es wurde immer finsterer. Ich kannte meine Position im Rennen nicht mehr, konnte auch nicht wirklich sehen, wer die Autos vor mir sind, ob Überrundete oder nicht – jedenfalls war mir nicht bewusst, dass ich die ganze WM entscheiden kann."

Aber: „Ich hab Lewis überholt so wie jeden anderen auch – und in der letzten Kurve auch Glock." Die TV-Bilder spiegeln die ungeheure Anspannung in den Boxen wieder – und das Video läuft noch den ganzen Abend in der McLaren-Box. Zuerst Riesenjubel bei Ferrari und große Enttäuschung bei McLaren. Doch dann kippt das ganze Bild, die ganze WM.

„Wer hat gewonnen?" fragt Vettel über den Boxenfunk – und den großen Rivalen Hamilton und Massa geht es genauso. Rob Smedley, Massas Renningenieur, kommt mit der bitteren Meldung durch den Motorlärm: „Hamilton ist Fünfter" – da schießen Felipe die Tränen in die Augen.

Und Hamilton? Auch der muss zittern. „Ich wusste, dass ich 6. war und vor muss auf Platz 5. Die Box sagte mir: Du musst Vettel zurücküberholen – das ging nicht. Dann liefen wir beide auf Glock auf – und überholten ihn beide. Aber sicher war ich mir nicht." Und darum brüllt er ins Bordmikro: „Was ist los? Hab ichs geschafft? Do I have it?" Gleich nach der Zielflagge, in der ersten Kurve, kommt die Freudenbotschaft von seinem Dateningenieur Richard Hopkirk: „Lewis, you are the World Champion!" Lewis, du bist Weltmeister!

Der tapfere Massa, mit Tränen in den Augen, ist der traurigste Sieger, den die Formel I je erlebt hat: „Ich weiß, wie man gewinnt, ich weiß, wie man verliert." Aber er hat schon vorher gesagt: „Wenn ich gewinn und trotzdem die WM verlier, bin ich nicht traurig." Ein Champion der Herzen. Hamilton taumelt in seiner letzten Runde durch Himmel und Hölle: „Zuerst wusste ich: es geht sich nicht aus. Und dann plötzlich die Erkenntnis: Ich bin Weltmeister!"

Als Bernie Ecclestone 1986 in Estoril den farbigen Amerikaner Willy T. Ribbs zwei Tage lang seinen Brabham testen lässt, sagt er: „Alles, was der Formel I noch fehlt sind eine flotte Frau, ein Farbiger, ein junger schneller Deutscher und ein Chinese." Bald gibt es in der Formel I ein paar Japaner, den junge Schumi – und jetzt endlich auch Hamilton.

Der erste Weltmeister mit afro-karibischen Wurzeln, der jüngste aller Zeiten – 23 Jahre, 9 Monate und 26 Tage alt. „Und so gut vorbereitet in die Formel I gekommen wie noch kein Rennfahrer vor ihm", erkennt Jackie Stewart schon 2007. Rund vier Millionen Euro hat der Aufbau des Kinderstars zum Weltmeister gekostet, geteilt zwischen McLaren und Mercedes, mitgetragen von Vater Antony Hamilton – der wie Großvater Davidson im Londoner U-Bahn- und Straßenbau geschuftet hat.

„Aber ich hab Lewis nicht direkt vom Kindergarten ins Go-Kart gesetzt", erzählt mir Antony, „ich ging einen ganz anderen Weg. Ich trainierte Lewis mit ferngesteuerten Modellautos – das ist viel besser für Auge, Hirn und die Finger." Speziell bei den heutigen Lenkrädern der Formel I mit den vielen Schaltern und Knöpfen. „Erst als er acht war, fingen wir mit den Go-Karts an."

Und dann kommt es in London zum berühmten Zusammentreffen mit dem McLaren-Chef, von dem Lewis nur ein Autogramm will. „Aber ich sagte zu ihm: Eines Tages fahr ich für Sie Formel I. Und dann werde ich auch Weltmeister!" Ein Traum, der sich in Brasilien erfüllt – auch für McLaren und Mercedes, zum ersten Mal seit Mika Hakkinens Triumph 1999.

Durch seine raue Fahrweise hat Hamilton heuer einige Sympathien verspielt, auch durch sein Selbstvertrauen, das er wie einen Schutzschild vor sich her trägt. Auf seinem Bankkonto: 100 Millionen Euro von McLaren bis 2012, 120 von den Sponsoren Reebok & Co. „Aber manchmal", sagt er, „sehne ich mich nach den alten Zeiten, als ich mein Rennauto noch selbst gewaschen und poliert hab."

100 Millionen Euro von McLaren, 120 Millionen aus der Werbung für Nike, TAG-Heuer etc. – was macht ein 23 jähriger mit soviel Geld? Hamiltons Finanzberater haben ihm vorgeschlagen, auf Grenada ein 10-Millionen-Pfund Luxushotel – mit traumhafter Aussicht auf den Strand von Grand Anse – zu finanzieren. Das Projekt im Steuerparadies in der Karibik wird im Spätsommer 2008 sogar von der britischen Regierung diskutiert – anfangs auch gutgeheißen, aber später abgelehnt.

Auf dieser Karibikinsel, der Heimat seiner Vorfahren, fährt Großvater Davidson Hamilton immer noch den Schulbus.

Aber schauen wir kurz zur rauschenden WM-Party der Silberpfeile: „Ihr seid alle Weltmeister – jeder einzelne von euch!", sagt Ron Dennis lange nach Mitternacht.

Darauf Applaus, Standing Ovations von allen 100 Teammitgliedern. Neun lange, bittere Jahre, seit Mika Hakkinen 1999, hat McLaren keinen WM-Titel mehr gewonnen – umso heftiger wird Lewis Hamiltons Triumph in Sao Paulo gefeiert.

Vom Regen in der Interlagos-Arena flüchtet die Mannschaft ins Hilton. Erste Drinks. Dann zwei Minuten Fußmarsch zur Disco „Museum" – McLaren hat exklusiv den ganzen Club gemietet. Tolle Atmosphäre, brasilianische Live-Musik. Der Held des Tages kommt erst um 00:15 Uhr: Lewis Hamilton mit seiner „Pussycat" Nicole Scherzinger, der neuen First Lady der Formel I.

Und dann klopfen sie coole Sprüche. Am lustigsten: Heikki Kovalainen. „Lewis, nächstes Jahr musst du aufpassen. Weil ich dich 2009 besiegen werde – und dir den WM-Titel wieder wegnehm." Hamilton lächelt, worauf die beiden minutenlang blödeln. Aber Lewis kann auch ernst sein: „Das Jahr war für mich ein phantastisches Erlebnis. Danke euch allen!"

Und die feiern noch stürmisch weiter, als Lewis und Nicole um 5 Uhr früh das „Museum" verlassen. Da sind auch bei Vater Massa die Tränen längst getrocknet – da lernt auch der tapfere Felipe, von seiner Familie getröstet, wieder das Lachen. Stefano Domenicali & Co essen ganz privat beim Italiener – und als sie dort italienische Reporter sehen, gehen sie spontan, die Gläser in der Hand, auf sie zu. Das wäre Jean Todt nie eingefallen – mit Reportern den Konstrukteur-WM-Titel zu feiern...

Luca Montezemolo ruft an, dankt und gratuliert. „Und hatte unheimlich viele Komplimente für Massa, der sich als großartiger Pilot und Mensch bestätigt hat. Im Rennen – und ganz besonders nachher, wie er reagiert, was er gesagt hat." Und hat auch Schumi angerufen? „Keine Ahnung..."

Alle anderen feiern bei der Red-Bull-Party. Die Oldtimer Coulthard und Barrichello verabschieden sich besonders herzlich voneinander: „See you next year." Die großen offiziellen Feiern steigen aber erst am Wochenende: Bei „Stars and Cars" von Mercedes in Stuttgart und bei den „Ferrari Days" in Mugello.

„Viele halten dich für den heimlichen World Champion", sage ich zu Kubica. Der einzige Spitzenpilot, der 2008 keinen Fehler gemacht hat – ausgenommen den Aquaplaning-Abflug von Silverstone. „Und du hattest bis zum vorletzten Rennen noch eine Titelchance, als Räikkönen bereits entthront war?"

Kubica überlegte nur kurz: „Weltmeister ist der Fahrer mit den meisten Punkten – weiter will ich gar nicht denken..." Auch wenn der neue Champion heuer an die 148 bzw. 144 Punkte von Schumi oder die 134 und 133 Punkte von Alonso nicht herankommt.

Kubica, Heidfeld und BMW haben Tolles geleistet: WM-Punkte in 34 aufeinanderfolgenden Rennen, 11 Stockerlplätze (2007: nur zwei), Pole-Position in Bahrain, Doppelsieg in Kanada, zwei schnellste Runden – 2009 wird es einen

SO VERLOR MASSA DIE WM:

Für viele im Formel-I-Zirkus ist Massa der absolut schnellste Mann, der moralische Weltmeister, aber seine Pechsträhne 2008 – trotz 6 Siegen, 6 Pole-Positions und total 363 Führungsrunden – liest sich fast wie eine Serie von Attentaten.

Melbourne: Massa dreht sich früh im Rennen, rasiert an der Mauer die Schnauze ab, muss an die Box, um eine neue Frontpartie zu montieren. In der 26. Runde kollidiert er mit David Coulthard – 3 Runden später geht, auf Platz 7 liegend, sein Motor k.o. (2 WM-Punkte verloren).

Sepang: Start aus der Pole-Position, dreht sich in der 31. Runde auf Platz 2 hinter Räikkönen von der Strecke und steckt im Schotter fest (8 Punkte verloren).

Montreal: Als Lewis Hamilton ausgangs der Boxenstraße gegen das Heck von Kimi Räikkönen prallt, ist Massa der logische Sieger. Aber er muss einen Extra-Boxenstop einlegen, weil sein Auto beim ersten Stopp wegen eines technischen Defekts nicht richtig betankt werden konnte. Massa muss sich mit Rang 5 begnügen (6 Punkte verloren).

Silverstone: Die Ferrari-Mechaniker haben im Qualifying ein Problem mit einer Radmutter. Die Verspätung bedeutet, dass Massa keine Runde mehr drehen kann und auf Startplatz 9 festklemmt. Im Rennen dreht er sich im Regen sechsmal, fährt aber durch und wird 13. und Letzter.

Budapest: Massa führt souverän bis drei Runden vor Schluss, dann reißt ihn ein Motorschaden aus allen Wolken: Pleuel-Defekt, genau wie später in Valencia auch bei Kimi Räikkönen (10 Punkte verloren).

Valencia: Schon wieder Aufregung in der Box. Massa wird gerade in dem Augenblick hinausgeschickt, als Adrian Sutil naht und gerät genau in die Spur des Force India. Er muss verlangsamen, wird zu 10.000 Euro Strafe verdonnert, behält aber seinen Sieg. Im gleichen Rennen stößt Räikkönen, weil er zu früh losfährt, einen Mechaniker nieder.

Singapur: Massa verliert die Führung in den Boxen, weil er durch ein menschliches (nicht technisches) Missgeschick des Chefmechanikers zu früh losgeschickt wird, als sein Auto noch am Tankschlauch hängt. Er kassiert, obwohl schuldlos an diesem gefährlichen Schlamassel, noch einen Penalty, hat später noch einen Reifenschaden. Ruiniertes Rennen, 13. Platz (10 Punkte verloren).

Fuji: Verpatzter Start, Kollision mit Hamilton.

Gewonnen hat Massa in diesem Jahr 97 WM-Punkte, verloren mindestens 30: jeweils 10 in Budapest und Singapur ohne seine Schuld, aber auch Punkte in Melbourne, Sepang und Montreal.

Totalangriff auf den Titel geben, nachdem Kubica und BMW schon 2008 zeitweise beide WM-Wertungen angeführt haben.

Kubicas bester Freund – und Poker-Lieblingspartner – ist Alonso, Sieger von Singapur und Fuji. Fernando hat den Renault um eine Sekunde schneller gemacht und in Japan aus dem Cockpit die Strategie verändert: „Füllt mir beim Boxenstopp für 6, 7 Runden weniger Sprit ein, damit ich schneller wieder rauskomm – noch bevor Kubica heranschießt!", befiehlt er über Funk seiner Box. Ungläubiges Staunen. Aber Alonso beharrt: „Den Rest mach ich!" So etwas hat man nicht einmal von Schumacher gehört – aber Fernando behält recht.

„Fährst du momentan besser denn je?", frage ich ihn.

Alonso: „Nein – genauso wie früher. Aber wenn du mit dem Team ein Tief überwinden musst, dann kommst du stärker zurück."

Gerhard Berger ist gleicher Meinung. Hier das private Ranking, die Top Five des Toro-Rosso-Teambesitzers:

1. Lewis Hamilton, weil er immer wieder Klasse zeigt.
2. Fernando Alonso, weil er mir zwischendurch immer das Gefühl gibt: Er ist zweifacher Weltmeister.
3. Felipe Massa, weil er einen sehr guten Job macht, vor allem seinen Weltmeister-Partner Räikkönen klar in den Schatten stellt.
4. Sebastian Vettel, weil er gezeigt hat, dass er der kommende Superstar ist.
5. Robert Kubica, weil er richtig schnell unterwegs ist und bis gegen Schluss seinen Fuß in der Tür zur WM behält.

Den neuen Weltmeister treffe ich Montag um 12 Uhr mittags im Hotel Hilton von Sao Paulo. Anders als im Albtraum von 2007, als ihn ein Getriebedefekt im letzten Rennen den WM-Titel kostet, präsentiert sich Hamilton „frisch, happy und voll Energie. Auch wenn mir erst am Tag danach beim Aufwachen bewusst wurde: Ich bin Weltmeister geworden – in der Heimat meines Idols Ayrton Senna!"

Die Saison im Rückspiegel? „Ich hab sehr viel gelernt, bin nicht nur als Fahrer gereift, sondern hab auch herausgefunden: Für Fehler wird man bestraft. Der Unterschied zu 2007? Damals waren wir viel beständiger, machten vielleicht auch weniger Fehler. Aber 2007 wurde ich plötzlich ins Rampenlicht geworfen, führte die WM an, hatte den Titel vor Augen – das war alles zu viel für meine jungen Schultern. Die verlorene WM machte mich allerdings stärker, darum hab ich es heuer geschafft. Wir gewannen ein paar der besten Rennen – Silverstone, Monte Carlo, Hockenheim. Wir verloren auch Rennen durch meine Fehler oder die des Teams. Trotzdem ist es immer das Team, das hinter einer tollen Leistung oder einer Niederlage steht. Jetzt analysieren wir alles, was dieses Jahr passiert ist und versuchen, Fehler zu korrigieren. Es sind zwar Kleinigkeiten, aber die können oft große Auswirkungen haben. Und Fehler, die wir dieses Jahr gemacht haben – wie die Strategie im letzten Rennen von Interlagos – werden wir 2009 nicht wiederholen. Jedes Jahr formt den Charakter neu."

Welche Rolle spielt deine Freundin Nicole bei deinem Erfolg?

Hamilton: Sie ist für mich sehr wichtig, sie ist ein Teil meiner Familie, die mich immer unterstützt. Da krieg ich sehr viel positive Energie. Und sie ist eine faszinierende Persönlichkeit.

Und dein Vater, der dich die ganze lange Reise bis zum Weltmeister-Titel geführt und betreut hat?

Hamilton: „Er ist meine Inspiration, hat schon sehr früh für mich und meine Karriere viele Opfer gebracht. Ein unglaublicher Mann, nicht nur für mich, sondern für die ganze Familie."

Du wurdest heuer Weltmeister in der Formel I, Valentino Rossi bei den Motorrädern. Kennt ihr euch?

Hamilton: „Wir haben uns noch nicht getroffen, täte ich aber sehr gern. Im Fernsehen hab ich ihn schon beobachtet – phänomenal. Ich würde sehr gern mal eine Runde mit ihm drehen."

Welche Auswirkungen hat dein Titel? Auch auf die Jugend?

Hamilton: „Die sieht, dass Träume wahr werden können, wenn man hart genug dafür arbeitet."

Viele glauben, dass du eines Tages die 7 Rekord-Titel Schumachers überbieten kannst. Du auch?

Hamilton: „Ich hab wieder an Erfahrung gewonnen, bin bestimmt 2009 stärker als heuer, aber mein Ziel ist es nicht, Rekorde zu brechen. Ich liebe das Rennfahren, die Rennen und die Meisterschaften. Schumachers Rekorde sind mir nicht so wichtig. Schon der erste Titel war sehr schwierig, gewonnen gegen große Fahrer wie Massa und Räikkönen, meinen Teamkollegen – die jedes Jahr zu schlagen, wird schwer sein. Und die Leute sagen ja: Das zweite Jahr ist immer schwerer als das erste."

„Der Flughafen Guarulhos ist 30 Minuten lang gesperrt! Schau, dass du vorher weg kannst", warnt Niki Lauda Gerhard Berger. Für beide gilt „Bring your family". Niki hat seine junge Ehefrau Birgit nach Brasilien mitgenommen – Gerhard sein Dreimäderlhaus Ana, Sarah und Heidi.

Und noch einen Rat hat Lauda für Berger, der sein Juwel Vettel nicht gern an den großen Bruder Red Bull verliert: „Lass Vettel, wenn die neuen Autos für 2009 fertig sind, für beide Teams testen – er soll dann selbst entscheiden, welches Auto er in der nächsten Saison fahren will."

Bald danach steigt Vettel in Barcelona in den Red Bull RB 3 – zum ersten Mal mit den breiten, profillosen Slicks. „Wie oft hast Du Deinen Monza-Triumph auf Video gesehen?", frage ich den Aufsteiger des Jahres. Darauf Sensations-Pilot Vettel: „Nur ein einziges Mal. Aber nicht wegen der Emotionen, sondern um zu schauen, wo ich noch etwas lernen kann." So redet ein Weltmeister von morgen.

PLUS UND MINUS: SAISONBILANZ 2008

TOPS:

- Zwei neue Grands Prix: im Hafen von Valencia und – ganz neu – im nächtlichen Singapur.
- Sieben verschiedene Sieger, so viele wie nicht mehr seit 1982 (damals sind es insgesamt elf), darunter drei Premierensieger: Kubica, Kovalainen, Vettel.
- Sebastian Vettels Sternstunde in Monza: Erste Pole-Position und erster Sieg für Toro Rosso und die „Formel Austria".
- Der Aufstieg von Gerhard Berger zum beliebtesten Teambesitzer der Formel I – er wird sogar für das Amt des FIA-Präsidenten vorgeschlagen.
- Die unglaubliche Entwicklung von BMW: Erste Pole-Position durch Kubica in Bahrain, erster Sieg in Montreal, elf Podestplätze, zeitweise sogar die WM-Führung. „Dank makelloser Zuverlässigkeit, meist exzellenter Rennstrategie, herausragender Boxenstopps und sehr wenig Fehlern seitens unserer Piloten" (Dr. Mario Theissen).
- WM-Punkte für BMW in 34 aufeinanderfolgenden Rennen – was kein anderes Team schafft.
- Robert Kubicas totale Zuverlässigkeit: Der einzige Pilot, der 2008 keinen Fehler macht – ausgenommen höchstens sein Aquaplaning-Crash in Silverstone.
- Felipe Massas Überholmanöver gegen Lewis Hamilton in Budapest, mit Abstand die beste „Action" des Jahres.
- Flavio Briatores Gala-Hochzeit mit Elisabetta – dafür wird Ron Dennis von seiner Liza geschieden. Flavio: „Wir haben die Rollen getauscht. Jetzt bin ich der Family Man und Ron ist der Playboy."
- Nico Rosbergs erste Podestplätze: 3. in Melbourne, 2. in Singapur.
- Fernando Alonsos Strategieanweisung aus dem Cockpit in Fuji: „Füllt mir für 6, 7 Runden weniger Sprit ein als geplant: nur dann komm ich aus der Box heraus, bevor Kubica auftaucht. Den Rest mach ich."

FLOPS:

- Die verpatzten Boxenstopps von Ferrari in Valencia und Singapur – schuld ist die kompliziert konstruierte eigene Signalampel.
- Die verspätete Radmontage für Räikkönen am Startplatz in Monte Carlo.
- Hamiltons Aufprallunfall gegen Räikkönen bei Rotlicht in der Box von Montreal.
- Räikkönens Auffahrunfall gegen Sutil in Monte Carlo, der dem Force-India-Piloten einen sicheren 4. Platz kostet.
- Die vertauschten Vorderräder bei Heikki Kovalainen in Shanghai – gegen die Laufrichtung montiert, was den McLaren unfahrbar macht.
- Die vielen FIA-Strafen, vor allem das umgedrehte Ergebnis in Spa, Stunden nach dem umstrittenen Manöver von Hamilton gegen Räikkönen.
- Massas Motorschaden in seinem besten Rennen des Jahres – Budapest.
- Die rassistischen Beleidigungen von Hamilton bei den Testfahrten in Spanien und zum WM-Finale auf einer spanischen Homepage – unentschuldbar.

STATISTIK

AUTOMOBILWELTMEISTER

1950 Dr. Giuseppe Nino Farina (Italien) auf Alfa Romeo
1951 Juan Manuel Fangio (Argentinien) auf Alfa Romeo
1952 Alberto Ascari (Italien) auf Ferrari
1953 Alberto Ascari (Italien) auf Ferrari
1954 Juan Manuel Fangio (Argentinien) auf Maserati und Mercedes
1955 Juan Manuel Fangio (Argentinien) auf Mercedes
1956 Juan Manuel Fangio (Argentinien) auf Ferrari
1957 Juan Manuel Fangio (Argentinien) auf Maserati
1958 Mike Hawthorn (England) auf Ferrari
1959 Jack Brabham (Australien) auf Cooper-Climax
1960 Jack Brabham (Australien) auf Cooper-Climax
1961 Phil Hill (USA) auf Ferrari
1962 Graham Hill (England) auf BRM
1963 Jim Clark (Schottland) auf Lotus-Climax
1964 John Surtees (England) auf Ferrari
1965 Jim Clark (Schottland) auf Lotus-Climax
1966 Jack Brabham (Australien) auf Brabham-Repco
1967 Denis Hulme (Neuseeland) auf Brabham-Repco
1968 Graham Hill (England) auf Lotus-Ford
1969 Jackie Stewart (Schottland) auf Matra-Ford
1970 Jochen Rindt (Österreich) auf Lotus-Ford
1971 Jackie Stewart (Schottland) auf Tyrrell-Ford
1972 Emerson Fittipaldi (Brasilien) auf Lotus-Ford
1973 Jackie Stewart (Schottland) auf Tyrrell-Ford
1974 Emerson Fittipaldi (Brasilien) auf McLaren-Ford
1975 Niki Lauda (Österreich) auf Ferrari
1976 James Hunt (England) auf McLaren-Ford
1977 Niki Lauda (Österreich) auf Ferrari
1978 Mario Andretti (USA) auf Lotus-Ford
1979 Jody Scheckter (Südafrika) auf Ferrari
1980 Alan Jones (Australien) auf Williams-Ford
1981 Nelson Piquet (Brasilien) auf Brabham-Ford
1982 Keke Rosberg (Finnland) auf Williams-Ford
1983 Nelson Piquet (Brasilien) auf Brabham-BMW-Turbo
1984 Niki Lauda (Österreich) auf McLaren-Porsche-Turbo
1985 Alain Prost (Frankreich) auf McLaren-Porsche-Turbo
1986 Alain Prost (Frankreich) auf McLaren-Porsche-Turbo
1987 Nelson Piquet (Brasilien) auf Williams-Honda
1988 Ayrton Senna (Brasilien) auf McLaren-Honda
1989 Alain Prost (Frankreich) auf McLaren-Honda
1990 Ayrton Senna (Brasilien) auf McLaren-Honda
1991 Ayrton Senna (Brasilien) auf McLaren-Honda
1992 Nigel Mansell (England) auf Williams-Renault
1993 Alain Prost (Frankreich) auf Williams-Renault
1994 Michael Schumacher (Deutschland) auf Benetton-Ford
1995 Michael Schumacher (Deutschland) auf Benetton-Renault
1996 Damon Hill (England) auf Williams-Renault
1997 Jacques Villeneuve (Kanada) auf Williams-Renault
1998 Mika Hakkinen (Finnland) auf McLaren-Mercedes
1999 Mika Hakkinen (Finnland) auf McLaren-Mercedes
2000 Michael Schumacher (Deutschland) auf Ferrari
2001 Michael Schumacher (Deutschland) auf Ferrari
2002 Michael Schumacher (Deutschland) auf Ferrari
2003 Michael Schumacher (Deutschland) auf Ferrari
2004 Michael Schumacher (Deutschland) auf Ferrari
2005 Fernando Alonso (Spanien) auf Renault
2006 Fernando Alonso (Spanien) auf Renault
2007 Kimi Räikkönen (Finnland) auf Ferrari
2008 Lewis Hamilton (England) auf McLaren-Mercedes

KONSTRUKTEURWELTMEISTER

1958 Vanwall (Großbritannien)
1959 Cooper-Climax (Großbritannien)
1960 Cooper-Climax (Großbritannien)
1961 Ferrari (Italien)
1962 BRM (Großbritannien)
1963 Lotus-Climax (Großbritannien)
1964 Ferrari (Italien)
1965 Lotus-Climax (Großbritannien)
1966 Brabham-Repco (Großbritannien)
1967 Brabham-Repco (Großbritannien)
1968 Lotus-Ford (Großbritannien)
1969 Matra-Ford (Frankreich)
1970 Lotus-Ford (Großbritannien)
1971 Tyrrell-Ford (Großbritannien)
1972 Lotus-Ford (Großbritannien)
1973 Lotus-Ford (Großbritannien)
1974 McLaren-Ford (Großbritannien)
1975 Ferrari (Italien)
1976 Ferrari (Italien)
1977 Ferrari (Italien)
1978 Lotus-Ford (Großbritannien)
1979 Ferrari (Italien)
1980 Williams-Ford (Großbritannien)
1981 Williams-Ford (Großbritannien)
1982 Ferrari (Italien)
1983 Ferrari (Italien)
1984 McLaren-Porsche (Großbritannien)
1985 McLaren-Porsche (Großbritannien)
1986 Williams-Honda (Großbritannien)
1987 Williams-Honda (Großbritannien)
1988 McLaren-Honda (Großbritannien)
1989 McLaren-Honda (Großbritannien)
1990 McLaren-Honda (Großbritannien)
1991 McLaren-Honda (Großbritannien)
1992 Williams-Renault (Großbritannien)
1993 Williams-Renault (Großbritannien)
1994 Williams-Renault (Großbritannien)
1995 Benetton-Renault (Großbritannien)
1996 Williams-Renault (Großbritannien)
1997 Williams-Renault (Großbritannien)
1998 McLaren-Mercedes (Großbritannien)
1999 Ferrari (Italien)
2000 Ferrari (Italien)
2001 Ferrari (Italien)
2002 Ferrari (Italien)
2003 Ferrari (Italien)
2004 Ferrari (Italien)
2005 Renault (Frankreich)
2006 Renault (Frankreich)
2007 Ferrari (Italien)
2008 Ferrari (Italien)

FAHRERWELTMEISTERSCHAFT 2008

	Australien	Malaysia	Bahrain	Spanien	Türkei	Monaco	Kanada	Frankreich	Großbritannien	Deutschland	Ungarn	Europa	Belgien	Italien	Singapur	Japan	China	Brasilien	**gesamt**
1. Lewis Hamilton (ENG) McLaren-Mercedes	10	4	0	6	8	10	0	0	10	10	4	8	6	2	6	0	10	4	**98**
2. Felipe Massa (BRA) Ferrari	0	0	10	8	10	6	4	10	0	6	0	10	10	3	0	2	8	10	**97**
3. Kimi Räikkönen (FIN) Ferrari	1	10	8	10	6	0	0	8	5	3	6	0	0	0	0	6	6	6	**75**
4. Robert Kubica (POL) BMW Sauber-BMW	0	8	6	5	5	8	10	4	0	2	1	6	3	6	0	8	3	0	**75**
5. Fernando Alonso (ESP) Renault	5	1	0	0	3	0	0	1	3	0	5	0	5	5	10	10	5	8	**61**
6. Nick Heidfeld (GER) BMW Sauber-BMW	8	3	5	0	4	0	8	0	8	5	0	0	8	4	3	0	4	0	**60**
7. Heikki Kovalainen (FIN) McLaren-Mercedes	4	6	4	0	0	1	0	5	4	4	10	5	0	8	0	0	0	2	**53**
8. Sebastian Vettel (GER) BMW Sauber-BMW	0	0	0	0	0	4	1	0	0	1	0	3	4	10	4	3	0	5	**35**
9. Jarno Trulli (ITA) Toyota	0	5	3	1	0	0	3	6	2	0	2	4	0	0	0	4	0	1	**31**
10. Timo Glock (GER) Toyota	0	0	0	0	0	0	5	0	0	0	8	2	0	0	5	0	2	3	**25**
11. Mark Webber (AUS) Red Bull-Renault	0	2	2	4	2	5	0	3	0	0	0	0	1	1	0	1	0	0	**21**
12. Nelson Piquet Jr. (BRA) Renault	0	0	0	0	0	0	0	2	0	8	3	0	0	0	0	5	1	0	**19**
13. Nico Rosberg (GER) Williams-Toyota	6	0	1	0	1	0	0	0	0	0	0	1	0	0	8	0	0	0	**17**
14. Rubens Barrichello (BRA) Honda	X	0	0	0	0	3	2	0	6	0	0	0	0	0	0	0	0	0	**11**
15. Kazuki Nakajima (JAP) Williams-Toyota	3	0	0	2	0	2	0	0	1	0	0	0	0	0	1	0	0	0	**9**
16. David Coulthard (SCO) Red Bull-Renault	0	0	0	0	0	0	6	0	0	0	0	0	0	0	2	0	0	0	**8**
17. Sébastien Bourdais FRA) Force India-Ferrari	2	0	0	0	0	0	0	0	0	0	0	0	2	0	0	0	0	0	**4**
18. Jenson Button (ENG) Honda	0	0	0	3	0	0	0	0	0	0	0	0	0	0	0	0	0	0	**3**
19. Giancarlo Fisichella (ITA) Force India-Ferrari	0	0	0	0	0	0	0	0	0	0	0	0	0	0	0	0	0	0	**0**
20. Adrian Sutil (GER) Force India-Ferrari	0	0	0	0	0	0	0	0	0	0	0	0	0	0	0	0	0	0	**0**
21. Takuma Sato (JAP) Super Aguri-Honda	0	0	0	0	-	-	-	-	-	-	-	-	-	-	-	-	-	-	**0**
22. Anthony Davidson (ENG) Super Aguri-Honda	0	0	0	0	-	-	-	-	-	-	-	-	-	-	-	-	-	-	**0**

Punkteschema: 10-8-6-5-4-3-2-1 Punkte für die ersten acht Fahrer
X = disqualifiziert, - = nicht gefahren

KONSTRUKTEURBEWERB 2008

	Australien	Malaysia	Bahrain	Spanien	Türkei	Monaco	Kanada	Frankreich	Großbritannien	Deutschland	Ungarn	Europa	Belgien	Italien	Singapur	Japan	China	Brasilien	**gesamt**
1. Ferrari	1	10	18	18	16	5	4	18	5	9	6	10	10	3	0	8	14	16	**172**
2. McLaren-Mercedes	14	10	4	6	8	11	0	5	14	14	14	13	6	10	6	0	10	6	**151**
3. BMW Sauber-BMW	8	11	11	5	9	8	18	4	8	7	1	6	11	10	3	8	7	0	**135**
4. Renault	5	1	0	0	3	0	0	3	3	8	8	0	5	5	10	15	6	8	**80**
5. Toyota	0	5	3	1	0	0	8	6	2	0	10	6	0	0	5	4	2	4	**56**
6. Toro Rosso-Ferrari	2	0	0	0	0	4	1	0	0	1	0	3	6	10	4	3	0	5	**39**
7. Red Bull-Renault	0	2	2	4	2	5	6	3	0	0	0	0	1	1	2	1	0	0	**29**
8. Williams-Toyota	9	0	1	2	1	2	0	0	1	0	0	1	0	0	9	0	0	0	**26**
9. Honda	0	0	0	3	0	3	2	0	6	0	0	0	0	0	0	0	0	0	**14**
10. Force India-Ferrari	0	0	0	0	0	0	0	0	0	0	0	0	0	0	0	0	0	0	**0**
11. Super Aguri-Honda	0	0	0	0	-	-	-	-	-	-	-	-	-	-	-	-	-	-	**0**

SO FUHREN SIE 2008

1 Kimi Räikkönen (FIN) Ferrari V8
2 Felipe Massa (BRA) Ferrari V8

3 Nick Heidfeld (GER) BMW Sauber-BMW V8
4 Robert Kubica (POL) BMW Sauber-BMW V8

5 Fernando Alonso (ESP) Red Bull-Renault V8
6 Nelson Piquet Jr. (BRA) Red Bull-Renault V8

7 Nico Rosberg (GER) Williams-Toyota V8
8 Kazuki Nakajima (JAP) Williams-Toyota V8

9 David Coulthard (SCO) Red Bull-Renault V8
10 Mark Webber (AUS) Red Bull-Renault V8

11 Jarno Trulli (ITA) Toyota V8
12 Timo Glock (GER) Toyota V8

14 Sébastien Bourdais (FRA) Toro Rosso-Ferrari V8
15 Sebastian Vettel (GER) Toro Rosso-Ferrari V8

16 Jenson Button (ENG) Honda V8
17 Rubens Barrichello (BRA) Honda V8

18 Takuma Sato (JAP) Super Aguri-Honda V8
19 Anthony Davidson (ENG) Super Aguri-Honda V8

20 Adrian Sutil (GER) Force India-Ferrari V8
21 Giancarlo Fisichella (ITA) Force India-Ferrari V8

22 Lewis Hamilton (ENG) McLaren-Mercedes V8
23 Heikki Kovalainen (FIN) McLaren-Mercedes V8

Super Aguri-Honda scheidet nach dem GP in Spanien aus der WM

PLATZIERUNGEN ALLER 22 PILOTEN 2008

	Australien	Malaysia	Bahrain	Spanien	Türkei	Monaco	Kanada	Frankreich	Großbritannien	Deutschland	Ungarn	Europa	Belgien	Italien	Singapur	Japan	China	Brasilien
1. Hamilton	1	5	13	3	2	1	O	10	1	1	5	2	3	7	3	12	1	5
2. Massa	O	O	1	2	1	3	5	1	13	3	(17)	1	1	6	13	7	2	1
3. Räikkönen	(8)	1	2	1	3	9	O	2	4	6	3	O	(18)	9	(15)	3	3	3
4. Kubica	O	2	3	4	4	2	1	5	O	7	8	3	6	3	11	2	6	11
5. Alonso	4	8	10	O	6	10	O	8	6	11	4	O	4	4	1	1	4	2
6. Heidfeld	2	6	4	9	5	14	2	13	2	4	10	9	2	5	6	9	5	10
7. Kovalainen	5	3	5	O	12	8	9	4	5	5	1	4	(10)	2	10	O	O	7
8. Vettel	O	O	O	O	17	5	8	12	O	8	O	6	5	1	5	6	9	4
9. Trulli	O	4	6	8	10	13	6	3	7	9	7	5	16	13	O	5	O	8
10. Glock	O	O	9	11	13	12	4	11	12	O	2	7	9	11	4	O	7	6
11. Webber	O	7	7	5	7	4	12	6	10	O	9	12	8	8	O	8	14	9
12. Piquet	O	11	O	O	15	O	O	7	O	2	6	11	O	10	O	4	8	O
13. Rosberg	3	14	8	O	8	O	10	16	9	10	14	8	12	14	2	11	15	12
14. Barrichello	X	13	11	O	14	6	7	14	3	O	16	16	O	17	O	13	11	15
15. Nakajima	6	17	14	7	O	7	O	15	8	14	13	15	14	12	8	15	12	17
16. Coulthard	O	9	18	12	9	O	3	9	O	13	11	17	11	16	7	O	10	O
17. Bourdais	(7)	O	15	O	O	O	13	17	11	12	18	10	7	18	12	10	13	14
18. Button	O	10	O	6	11	11	11	O	O	17	12	13	15	15	9	14	16	13
19. Fisichella	O	12	12	10	O	O	O	18	O	16	15	14	17	O	14	O	17	18
20. Sutil	O	O	19	O	16	O	O	19	O	15	O	O	13	19	O	O	O	16
21. Sato	O	16	17	13	-	-	-	-	-	-	-	-	-	-	-	-	-	-
22. Davidson	O	15	16	O	-	-	-	-	-	-	-	-	-	-	-	-	-	-

Zahl = Resultat, (Zahl) = bei Rennschluss nicht mehr im Rennen, aber gewertet, O = ausgefallen, gestürzt, aufgegeben, X = disqualifiziert, - = nicht gefahren

ALLE QUALIFYING-ERGEBNISSE 2008

	Australien	Malaysia	Bahrain	Spanien	Türkei	Monaco	Kanada	Frankreich	Großbritannien	Deutschland	Ungarn	Europa	Belgien	Italien	Singapur	Japan	China	Brasilien
1. Hamilton	1	4	3	5	3	3	1	3	4	1	1	2	1	15	2	1	1	4
2. Massa	4	1	2	3	1	1	6	2	9	2	3	1	2	6	1	5	3	1
3. Räikkönen	16	2	4	1	4	2	3	1	3	6	6	4	4	14	3	2	2	3
4. Kubica	2	6	1	4	5	5	2	7	10	7	4	3	8	11	4	6	12	13
5. Alonso	12	9	10	2	7	7	4	4	6	5	7	12	6	8	15	4	4	6
6. Heidfeld	5	7	6	9	9	13	8	12	5	12	16	8	5	10	6	16	7	8
7. Kovalainen	3	3	5	6	2	4	7	6	1	3	2	5	3	2	5	3	5	5
8. Vettel	10	15	19	18	14	18	20	13	8	9	11	6	10	1	7	9	8	7
9. Trulli	6	5	7	8	8	8	14	5	14	4	9	7	11	7	11	7	9	2
10. Glock	9	10	13	14	15	11	11	10	12	11	5	13	13	9	8	8	13	10
11. Webber	15	8	11	7	6	9	10	8	2	8	8	14	7	3	13	13	6	12
12. Piquet	21	13	14	10	17	17	15	11	7	17	10	15	12	17	16	12	11	11
13. Rosberg	7	16	8	15	11	6	5	15	18	13	15	9	15	5	9	15	15	18
14. Barrichello	11	14	12	11	12	15	9	18	16	18	18	19	16	16	18	17	14	15
15. Nakajima	14	18	16	12	16	14	12	16	15	16	17	11	19	18	10	14	17	16
16. Coulthard	8	12	17	17	10	10	13	9	11	10	13	17	14	13	14	11	16	14
17. Bourdais	18	19	15	16	18	16	16	14	13	15	14	10	9	4	17	10	10	9
18. Button	13	11	9	13	13	12	19	17	17	14	12	16	17	19	12	18	18	17
19. Fisichella	17	17	18	19	19	20	18	19	20	20	19	18	20	12	20	20	20	19
20. Sutil	19	21	20	20	20	19	17	20	19	19	20	20	18	20	19	19	19	20
21. Sato	20	20	22	22	-	-	-	-	-	-	-	-	-	-	-	-	-	-
22. Davidson	22	22	21	21	-	-	-	-	-	-	-	-	-	-	-	-	-	-

Gesamtklassement nach dem Qualifying, ohne Strafversetzungen

ANALYSE DER 18 WM-LÄUFE 2008

Rennen	Qualifying - Poleposition (Vorsprung)	Führungsrunden		Sieger (Vorsprung)	Schnellste Runde
Melbourne	Hamilton	Hamilton	1-17	Hamilton	Kovalainen
(Australien)	+0,155	Kovalainen	18-21	+5,478	
		Hamilton	22-42		
		Kovalainen	43-46		
		Hamilton	47-58		
Kuala Lumpur	Massa	Massa	1-16	Räikkönen	Heidfeld
(Malaysia)	+0,482	Räikkönen	17-18	+19,570	
		Kubica	19-21		
		Räikkönen	22-38		
		Kubica	39-43		
		Räikkönen	44-56		
Bahrain	Kubica	Massa	1-39	Massa	Kovalainen
(Sakhir)	+0,027	Kubica	40-41	+3,339	
		Heidfeld	42-45		
		Massa	46-57		
Barcelona	Räikkönen	Räikkönen	1-20	Räikkönen	Räikkönen
(Spanien)	+0,091	Hamilton	21	+3,228	
		Heidfeld	22-24		
		Räikkönen	25-66		
Istanbul	Massa	Massa	1-19	Massa	Räikkönen
(Türkei)	+0,191	Räikkönen	20-21	+3,779	
		Massa	22-23		
		Hamilton	24-32		
		Massa	33-40		
		Räikkönen	41-43		
		Hamilton	44-45		
		Massa	46-58		
Monte Carlo	Massa	Massa	1-15	Hamilton	Räikkönen
(Monaco)	+0.028	Kubica	16-25	+3,064	
		Massa	26-32		
		Hamilton	33-76		
Montreal	Hamilton	Hamilton	1-18	Kubica	Räikkönen
(Kanada)	+0,612	Heidfeld	19-28	+16,495	
		Barrichello	29-35		
		Coulthard	36		
		Trulli	37-38		
		Glock	39-41		
		Kubica	42-70		
Magny-Cours	Räikkönen	Räikkönen	1-21	Massa	Räikkönen
(Frankreich)	+0,041	Massa	22-23	+17,984	
		Räikkönen	24-38		
		Massa	39-70		
Silverstone	Kovalainen	Kovalainen	1-4	Hamilton	Räikkönen
(England)	+0,505	Hamilton	5-21	+1,08,577	
		Heidfeld	22		
		Hamilton	23-60		
Hockenheim	Hamilton	Hamilton	1-18	Hamilton	Heidfeld
(Deutschland)	+0,193	Massa	19-20	+5,586	
		Kovalainen	21		
		Hamilton	22-37		
		Massa	38		
		Hamilton	39-50		
		Heidfeld	51-53		
		Piquet	54-59		
		Hamilton	60-67		

Rennen	Qualifying - Poleposition (Vorsprung)	Führungsrunden		Sieger (Vorsprung)	Schnellste Runde
Budapest (Ungarn)	Hamilton +0,241	Massa Hamilton Kovalainen Massa Kovalainen Massa Kovalainen	1-18 19 20-21 22-44 45-48 49-67 68-70	Kovalainen +11,061	Räikkönen
Valencia (Europa)	Massa +0,210	Massa Hamilton Kubica Kovalainen Massa Hamilton Massa	1-14 15-16 17 18-19 20-36 37-38 39-57	Massa +5,611	Massa
Spa Francorchamos (Belgien)	Hamilton +0,340	Hamilton Räikkönen Massa Räikkönen Massa Räikkönen Hamilton	1 2-12 13 14-25 26-28 29-42 43-44	Massa +9,383	Räikkönen
Monza (Italien)	Vettel +0,076	Vettel Kovalainen Vettel	1-18 19-22 23-53	Vettel +12,512	Räikkönen
Singapur (Singapur)	Massa +0,664	Massa Rosberg Trulli Alonso	1-17 18-28 29-33 34-61	Alonso +2,957	Räikkönen
Fuji (Japan)	Hamilton +0,240	Kubica Alonso Trulli Bourdais Piquet Alonso Kubica Räikkönen Trulli Piquet Alonso	1-16 17-18 19-21 22-24 25-28 29-43 44-45 46-48 49 50-52 53-67	Alonso +5,283	Massa
Shanghai (China)	Hamilton +0,342	Hamilton Kovalainen Hamilton	1-15 16-18 19-56	Hamilton +14,925	Hamilton
Interlagos (Brasilien)	Massa +0,369	Massa Trulli Massa Alonso Räikkönen Massa	1-9 10-11 12-38 39-40 41-43 44-71	Massa +13,298	Massa

Führungsrunden gesamt 2008: 1. Massa 363, 2. Hamilton 294, 3. Räikkönen 178, 4. Kubica 68, 5. Alonso 62, 6. Vettel 49, 7. Kovalainen 31, 8. Heidfeld 21, 9. Piquet 13, 1. Trulli 13, 11. Rosberg 11, 12. Barrichello 7, 13. Glock 3, 14. Bourdais 3, 15. Coulthard 1

Polepositions 2008: 1. Hamilton 7, 2. Massa 6, 3. Räikkönen 2, 4. Kubica 1, 5. Kovalainen 1, 6. Vettel 1

Siege 2008: 1. Massa 6, 2. Hamilton 5, 3. Räikkönen 2, 4. Alonso 2, 5. Kubica 1, 6. Kovalainen 1, 7. Vettel 1

Schnellste Runden 2008: 1. Räikkönen 10, 2. Massa 3, 3. Kovalainen 2, 4. Heidfeld 2, 5. Hamilton 1

Lauf 1 – Großer Preis von Australien – Melbourne, 16. März 2008

1. Training (Freitag Vormittag): 1. Räikkönen 1:26,461, 2. Hamilton 1:26,948, 3. Massa 1:26,958, 4. Kovalainen 1:27,114, 5. Webber 1:28,263, 6. Alonso 1:28,360, 7. Kubica 1:28,579, 8. Glock 1:28,913, 9. Vettel 1:28,957, 10. Trulli 1:29,014, 11. Button 1:29,124, 12. Fisichella 1:29,230, 13. Coulthard 1:29,301, 14. Bourdais 1:29,363, 15. Barrichello 1:29,533, 16. Heidfeld 1:29,561, 17. Sutil 1:30,155, 18. Piquet 1:30,357, 19. Sato 1:31,048, 20. Davidson 1:31,771, 21. Nakajima 1:35,053 22. Rosberg Keine Zeit

2. Training (Freitag Nachmittag): 1. Hamilton 1:26,559, 2. Webber 1:27,473, 3. Massa 1:27,640, 4. Kovalainen 1:27,683, 5. Coulthard 1:28,037, 6. Räikkönen 1:28,208, 7. Trulli 1:28,292, 8. Rosberg 1:28,352, 9. Fisichella 1:28,469, 10. Glock 1:28,582, 11. Button 1:28,632, 12. Heidfeld 1:28,731, 13. Alonso 1:28,779, 14. Barrichello 1:28,849, 15. Kubica 1:28,860, 16. Nakajima 1:29,077, 17. Sutil 1:29,161, 18. Vettel 1:29,193, 19. Piquet 1:29,518, 20. Bourdais 1:29,605, 21. Sato 1:30,663, 22. Davidson 1:31,527

3. Training (Samstag)		**Qualifying** (Samstag) **(1. Phase)**			**(2. Phase)**		**(3. Phase)**
1. Kubica	1:25,613	1. Kovalainen	1:25,664	1. Hamilton	1:25,187	1. Hamilton	1:26,714
2. Heidfeld	1:25,950	2. Heidfeld	1:25,960	2. Kubica	1:25,315	2. Kubica	1:26,869
3. Alonso	1:26,082	3. Massa	1:25,994	3. Kovalainen	1:25,452	3. Kovalainen	1:27,079
4. Rosberg	1:26,171	4. Kubica	1:26,103	4. Heidfeld	1:25,518	4. Massa	1:27,178
5. Coulthard	1:26,385	5. Räikkönen	1:26,140	5. Massa	1:25,691	5. Heidfeld	1:27,236
6. Webber	1:26,407	6. Rosberg	1:26,295	6. Vettel	1:25,842	6. Trulli	1:28,527
7. Button	1:26,502	7. Barrichello	1:26,369	7. Rosberg	1:26,059	7. Rosberg	1:28,687
8. Vettel	1:26,663	8. Coulthard	1:26,381	8. Coulthard	1:26,063	8. Coulthard	1:29,041
9. Fisichella	1:26,682	9. Trulli	1:26,427	9. Trulli	1:26,101	9. Glock	1:29,593
10. Trulli	1:26,882	10. Hamilton	1:26,572	10. Glock	1:26,164	10. Vettel	Keine Zeit
11. Massa	1:27,020	11. Vettel	1:26,702	11. Barrichello	1:26,173		
12. Hamilton	1:27,084	12. Button	1:26,712	12. Alonso	1:26,188		
13. Glock	1:27,162	13. Nakajima	1:26,891	13. Button	1:26,259		
14. Räikkönen	1:27,163	14. Alonso	1:26,907	14. Nakajima	1:26,413		
15. Piquet	1:27,284	15. Webber	1:26,914	15. Webber	Keine Zeit		
16. Barrichello	1:27,333	16. Glock	1:26,919	16. Räikkönen	Keine Zeit		
17. Sutil	1:27,489	17. Fisichella	1:27,207				
18. Bourdais	1:27,578	18. Bourdais	1:27,446				
19. Nakajima	1:27,601	19. Sutil	1:27,859				
20. Kovalainen	1:27,992	20. Sato	1:28,208				
21. Sato	1:28,363	21. Piquet	1:28,330				
22. Davidson	1:28,912	22. Davidson	1:29,059				

Startaufstellung: Zuerst die Piloten 1 bis 10 aus der dritten Qualifying-Phase, danach die Piloten 11 bis 16 aus der zweiten Qualifying-Phase, dahinter die Piloten 17 bis 22 aus der ersten Qualifying-Phase - inklusive Strafversetzungen:

1. Lewis Hamilton
McLaren-Mercedes MP4/23 V8
1:26,714

2. Robert Kubica
Sauber-BMW F1.08 V8
1:26,869

3. Heikki Kovalainen
McLaren-Mercedes MP4/23 V8
1:27,079

4. Felipe Massa
Ferrari F2008 V8
1:27,178

5. Nick Heidfeld
BMW Sauber-BMW F1.08 V8
1:27,236

6. Jarno Trulli
Toyota TF108 V8
1:28,527

7. Nico Rosberg
Williams-Toyota FW30 V8
1:28,687

8. David Coulthard
Red Bull-Renault RB4 V8
1:29,041

9. Sebastian Vettel
Toro Rosso-Ferrari STR-02B V8
Keine Zeit

10. Rubens Barrichello
Honda RA108 V8
1:26,173

11. Fernando Alonso
Renault R28 V8
1:26,188

12. Jenson Button
Honda RA108 V8
1:26,259

13. Kazuki Nakajima
Williams-Toyota FW30 V8
1:26,413

14. Mark Webber
Red Bull-Renault RB4 V8
Keine Zeit

15. Kimi Räikkönen
Ferrari F2008 V8
Keine Zeit

16. Giancarlo Fisichella
Force India-Ferrari VJM01 V8
1:27,207

17. Sébastien Bourdais
Toro Rosso-Ferrari STR-02B V8
1:27,446

18. Timo Glock
Toyota TF108 V8
1:29,593

19. Takuma Sato
Super Aguri-Honda SA07B V8
1:28,208

20. Nelson Piquet Jr.
Renault R28 V8
1:28,330

21. Anthony Davidson
Super Aguri-Honda SA07B V8
1:29,059

22. Adrian Sutil
Force India-Ferrari VJM01 V8
1:27,859

Glock wird nach Getriebewechsel um 5 Plätze nach hinten versetzt. **Glock** wird wegen Blockierens von Webber 5 weitere Plätze nach hinten versetzt.

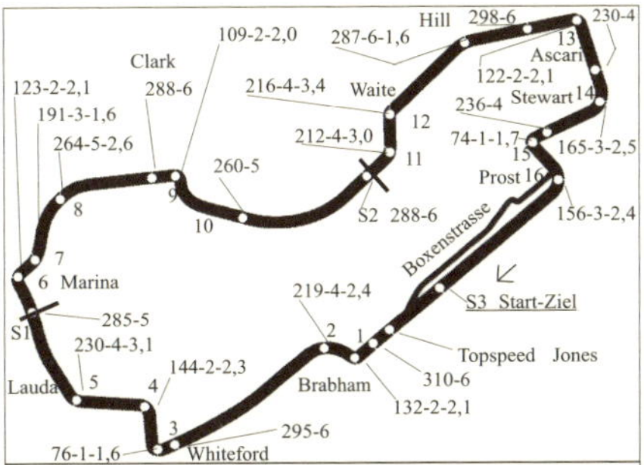

Legende: 132-2-2,1 = 132 km/h-2. Gang-2,1 Gravitation

Wetter am Renntag: Sonnig uns heiß, 37 Grad Lufttemperatur, 51-44 Grad Asphalttemperatur, 11-12 Prozent Luftfeuchtigkeit, 108.000 Zuschauer am Renntag

Distanz: 58 Runden à 5,303 km = 307,574 km
Ziellinie 0,000 km hinter der Startlinie

Sieger 2007: Räikkönen (Ferrari), 1.25:28:770 = 215,893 km/h, 2. Alonso -7,242, 3. Hamilton -18,595

Poleposition 2007: Räiikkönen (Ferrari), 1:26,072 = 221,800 km/h

Schnellste Runde 2007: Räikkönen (Ferrari): 1:25,235 = 223,978 km/h

Boxenstopps:

Nakajima:	1. Runde: Neue Nase nach Kontakt mit Davidson in total 31,8 sec., Platz 16
Massa:	1. Runde: Neue Nase nach Kontakt mit Kovalainen in total 29,7 sec., Platz 17
Massa:	2. Runde: 2. Stopp, Tanken und Reifenwechsel in total 22,9 sec., Platz 17
Kubica:	16. Runde: Tanken und Reifenwechsel in 8,6 sec., total 24,0 sec., Platz 6
Hamilton:	18. Runde: Tanken und Reifenwechsel in 9,2 sec., total 24,7 sec., Platz 2-4
Bourdais:	19. Runde: Tanken und Reifenwechsel in total 28,7 sec., Platz 16
Rosberg:	21. Runde: Tanken und Reifenwechsel in total 24,1 sec., Platz 5-8
Heidfeld:	21. Runde: Tanken und Reifenwechsel in 7,9 sec., total 22,9 sec., Platz 4-6
Kovalainen:	22. Runde: Tanken und Reifenwechsel in 9,0 sec., total 24,4 sec., Platz 2
Coulthard:	22. Runde: Tanken und Reifenwechsel in total 24,3 sec., Platz 9-10
Barrichello:	23. Runde: Tanken und Reifenwechsel in total 23,2 sec., Platz 8
Sato:	25. Runde: Tanken und Reifenwechsel in total 26,0 sec., Platz 15
Bourdais:	28. Runde: 2. Stopp, Tanken und Reifenwechsel in total 26,3 sec., Platz 13
Kubica:	29. Runde: 2. Stopp, Tanken und Reifenwechsel in total 23,9 sec., Platz 10-8
Alonso:	29. Runde: Tanken und Reifenwechsel in 9,1 sec., total 25,2 sec., Platz 11-9
Glock:	29. Runde: Tanken und Reifenwechsel in total 28,7 sec., Platz 13-11
Nakajima:	29. Runde: 2. Stopp, Tanken und Reifenwechsel in total 26,8 sec., Platz 12-10
Piquet:	30. Runde: Tanken und Reifenwechsel in total 22,4 sec., Platz 13
Räikkönen:	31. Runde: Tanken und Reifenwechsel in total 25,4 sec., Platz 12-11
Hamilton:	43. Runde: 2. Stopp, Tanken und Reifenwechsel in 8,6 sec., total 24,2 sec., Platz 3-4
Rosberg:	43. Runde: 2. Stopp, Tanken und Reifenwechsel in total 22,8 sec., Platz 5
Heidfeld:	44. Runde: 2. Stopp, Tanken und Reifenwechsel in 7,0 sec., total 22,3 sec., Platz 3
Barrichello:	45. Runde: 2. Stopp, Tanken und Reifenwechsel, Lollypopmann gibt zu früh Zeichen zum Wegfahren, 3 Mechaniker werden mitgerissen, geringe Verletzungen, verliert total 22,4 sec., Platz 4
Kovalainen:	47. Runde: 2. Stopp, Tanken und Reifenwechsel in 8,0 sec., total 25,1 sec., Platz 9-7
Alonso:	47. Runde: 2. Stopp, Tanken und Reifenwechsel in total 24,2 sec., Platz 10-8
Nakajima:	48. Runde: 3. Stopp, Neue Nase nach Kontakt mit Kubica, verliert total 58,4 sec., Platz 9
Barrichello:	49. Runde: 3. Stopp, 10 sec.-Stop-and-Go-Strafe wegen Überfahrens der roten Ampel in der Boxengasse beim 2. Stopp, verliert total 26,8 sec., Platz 8

Ausfälle:

Fisichella:	1. Runde: Unfall mit Piquet, Platz 16 (in der Startaufstellung)
Vettel:	1. Runde: Unfall mit Button, Platz 9 (in der Startaufstellung)
Davidson:	1. Runde: Unfall mit Nakajima, Platz 22 (in der Startaufstellung)
Button:	1. Runde: Unfall mit Vettel, Platz 12 (in der Startaufstellung)
Webber:	1. Runde: Unfall, Platz 14 (in der Startaufstellung)
Sutil:	11. Runde: Hydraulikproblem, Platz 13
Trulli:	20. Runde: Elektrikproblem, Platz 5
Coulthard:	26. Runde: Unfall mit Massa, Platz 9
Massa:	30. Runde: Motorschaden, Platz 7
Piquet:	31. Runde: Unfallfolgeschaden, Platz 13
Sato:	33. Runde: Getriebe, Platz 11
Glock:	44. Runde: Unfall nach Fahrfehler, Platz 10
Kubica:	48. Runde: Unfall mit Nakajima, Platz 6
Räikkönen:	54. Runde: Motorschaden, Platz 7
Bourdais:	56. Runde: Getriebeschaden, Platz 4

Vor dem Start:
Sutil startet aus der Boxengasse

Safety Car-Phase:
1. bis 2. Runde um Wrackteile zu entfernen nach Unfall zwischen Massa und Kovalainen
26. bis 29. Runde um Wrackteile zu entfernen nach Unfall von Coulthard mit Massa
44. bis 47. Runde um Wrackteile zu entfernen nach Unfall von Glock

Stand nach 1. Runde:
1. Hamilton, 2. Kubica, 3. Kovalainen, 4. Rosberg, 5. Heidfeld, 6. Trulli, 7. Barrichello, 8. Räikkönen, 9. Alonso, 10. Coulthard

Führung im Rennen:
1.-17. Runde: Hamilton
18.-21. Runde: Kovalainen
42.-42. Runde: Hamilton
43.-46. Runde: Kovalainen
47.-58. Runde: Hamilton

Ergebnis:

1. Lewis Hamilton (England) McLaren-Mercedes	1.34:50,616 = 194,577 km/h	
2. Nick Heidfeld (Deutschland) BMW Sauber-BMW	1.34:56,094 = 194,390 km/h	5,478 zurück
3. Nico Rosberg (Deutschland) Williams-Toyota	1.34:58,779 = 194,298 km/h	8,163 zurück
4. Fernando Alonso (Spanien) Renault	1.35:07,797 = 193,991 km/h	17,181 zurück
5. Heikki Kovalainen (Finnland) McLaren-Mercedes	1.35:08,630 = 193,963 km/h	18,014 zurück
6. Kazuki Nakajima (Japan) Williams-Toyota	1.35:04,685 = 190,751 km/h	1 Runde zurück
7. Sébastien Bourdais (Frankreich) Toro Rosso-Ferrari	1.30:37,541 = 193,100 km/h	Ausfall
8. Kimi Räikkönen (Finnland) Ferrari	1.27:55,340 = 191,800 km/h	Ausfall

Bourdais und **Räikkönen** beenden nicht das Rennen, werden aber aufgrund der zurückgelegten Distanz gewertet
- Disqualifikation von **Barrichello** wegen Verlassens der Boxengasse bei roter Ampel
- **Nakajima** muss beim nächsten Rennen 10 Plätze weiter hinten starten, wegen einer vermeidbaren Kollision mit Kubica

Schnellste Runde im Qualifying: Hamilton (McLaren-Mercedes): 1:25,187 = 224,104 km/h (erzielt in Phase 2)
Schnellste Runde im Rennen: Kovalainen (McLaren-Mercedes): 1:27,418 = 218,385 km/h

Höchstgeschwindigkeiten (Freitag, Training): 1. Massa 305,4, 2. Räikkönen 305,1, 3. Hamilton 303,2, 4. Kovalainen 302,5, 5. Alonso 302,0, 6. Webber 300,9, 7. Rosberg 299,7, 8. Glock 299,5, 9. Fisichella 299,1, 10. Coulthard 299,0, 11. Trulli 298,8, 12. Sutil 298,5, 13. Nakajima 298,4, 14. Bourdais 298,3, 15. Piquet 298,2, 16. Button 294,4, 17. Vettel 294,3, 18. Barrichello 294,1, 19. Sato 294,0, 20. Kubica 293,5, 21. Heidfeld 293,2, 22. Davidson 290,5

Höchstgeschwindigkeiten (Samstag, Qualifying): 1. Kovalainen 306,3, 2. Hamilton 306,2, 3. Massa 305,8, 4. Räikkönen 305,5, 5. Bourdais 305,1, 6. Coulthard 305,0, 7. Rosberg 304,6, 8. Webber 304,6, 9. Vettel 304,4, 10. Fisichella 304,4, 11. Trulli 304,3, 12. Nakajima 304,2, 13. Sutil 303,9, 14. Glock 302,9, 15. Kubica 302,5, 16. Heidfeld 302,4, 17. Alonso 301,4, 18. Piquet 301,0, 19. Sato 300,7, 20. Button 300,2, 21. Davidson 300,0, 22. Barrichello 299,0,

Höchstgeschwindigkeiten (Sonntag): 1. Kovalainen 308,3, 2. Massa 307,3, 3. Räikkönen 306,7, 4. Nakajima 304,7, 5. Coulthard 304,5, 6. Rosberg 304,0, 7. Bourdais 303,7, 8. Hamilton 302,6, 9. Alonso 302,3, 10. Sutil 301,3, 11. Heidfeld 301,0, 12. Piquet 301,0, 13. Glock 300,4, 14. Trulli 300,3, 15. Kubica 299,4, 16. Sato 296,3, 17. Vettel 244,1, 18. Webber 234,1, 19. Button 231,7, 20. Davidson 230,8, 21. Fisichella 224,7

Schnellste Runde jedes Fahrers im Rennen: 1. Kovalainen 1:27,418 (43.), 2. Hamilton 1:27,452 (39.), 3. Heidfeld 1:27,739 (41.), 4. Räikkönen 1:27,903 (20.), 5. Rosberg 1:28,090 (41.), 6. Massa 1:28,175 (23.), 7. Alonso 1:28,603 (58.), , 8. Kubica 1:28,753 (15.), 9. Trulli 1:29,310 (18.), 10. Coulthard 1:29,502 (21.), 11. Bourdais 1:29,534 (22.), 12. Glock 1:29,558 (23.), 13. Nakajima 1:29,639 (50.), 14. Sato 1:30,892 (24.), 15. Piquet 1:31,384 (20.), 16. Sutil 1:32,021 (8.), Barrichello 1:28,736 (44.)

WM-Stand: 1. Hamilton 10, 2. Heidfeld 8, 3. Rosberg 6, 4. Alonso 5, 5. Kovalainen 4, 6. Nakajima 3, 7. Bourdais 2, 8. Räikkönen 1

Konstrukteur-WM: 1. McLaren-Mercedes 14, 2. Williams-Toyota 9, 3. BMW Sauber-BMW 8, 4. Renault 5, 5. Toro Rosso-Ferrari 2, 6. Ferrari 1

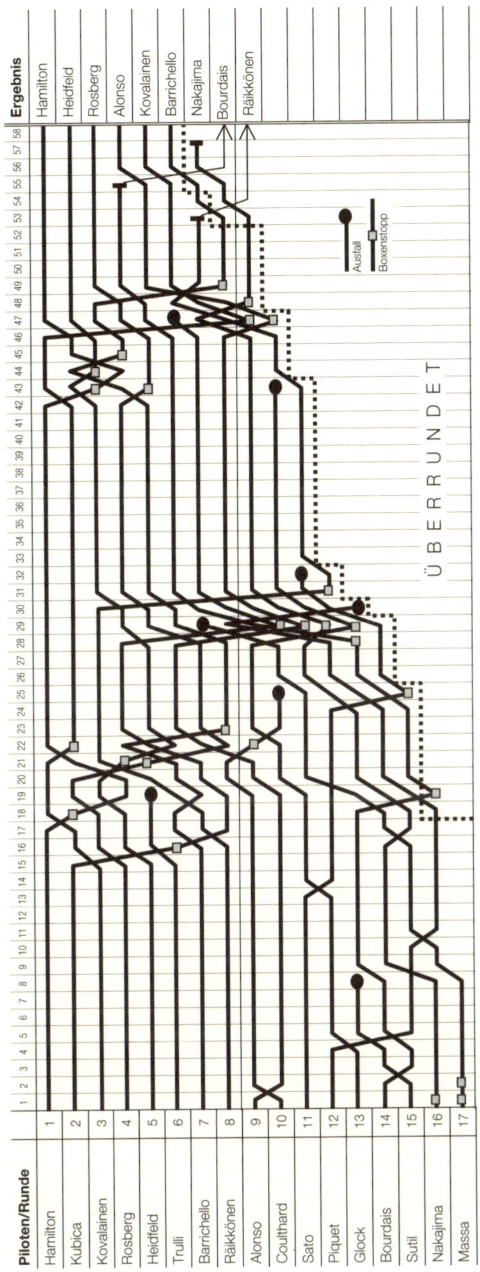
Piloten/Runde
Hamilton
Kubica
Kovalainen
Rosberg
Heidfeld
Trulli
Barrichello
Räikkönen
Alonso
Coulthard
Sato
Piquet
Glock
Bourdais
Sutil
Nakajima
Massa
Ergebnis
Hamilton
Heidfeld
Rosberg
Alonso
Kovalainen
Barrichello
Nakajima
Bourdais
Räikkönen
Ausfall
Boxenstopp
ÜBERRUNDET

Lauf 2 – Großer Preis von Malaysia – Kuala Lumpur, 23. März 2008

1. Training (Freitag Vormittag): 1. Massa 1:35,392, 2. Räikkönen 1:36,459, 3. Kovalainen 1:36,556, 4. Rosberg 1:36,578, 5. Hamilton 1:36,626, 6. Alonso 1:37,022, 7. Piquet 1:37,034, 8. Kubica 1:37,218, 9. Button 1:37,282, 10. Trulli 1:37,540, 11. Heidfeld 1:37,649, 12. Nakajima 1:37,649, 13. Barrichello 1:37,776, 14. Glock 1:37,782, 15. Vettel 1:38,219, 16. Coulthard 1:38,232, 17. Webber 1:38,707, 18. Bourdais 1:38,798, 19. Fisichella 1:39,046, 20. Sato 1:40,178, 21. Davidson 1:40,351, 22. Sutil 1:41,269

2. Training (Freitag Nachmittag): 1. Hamilton 1:35,055, 2. Massa 1:35,206, 3. Räikkönen 1:35,428, 4. Button 1:36,037, 5. Vettel 1:36,474, 6. Trulli 1:36,493, 7. Kovalainen 1:36,512, 8. Kubica 1:36,671, 9. Fisichella 1:36,756, 10. Nakajima 1:36,838, 11. Barrichello 1:36,879, 12. Rosberg 1:36,908, 13. Heidfeld 1:37,106, 14. Alonso 1:37,328, 15. Piquet 1:37,331, 16. Webber 1:37,346, 17. Glock 1:37,512, 18. Sutil 1:37,614, 19. Sato 1:39,021, 20. Davidson 1:39,361, 21. Bourdais Keine Zeit, 22. Coulthard Keine Zeit

3. Training (Samstag)		**Qualifying** (Samstag) **(1. Phase)**			**(2. Phase)**		**(3. Phase)**
1. Heidfeld	1:35,019	1. Trulli	1:35,205	1. Räikkönen	1:34,188	1. Massa	1:35,748
2. Räikkönen	1:35,262	2. Kovalainen	1:35,227	2. Massa	1:34,412	2. Räikkönen	1:36,230
3. Massa	1:35,388	3. Massa	1:35,347	3. Hamilton	1:34,627	3. Kovalainen	1:36,613
4. Trulli	1:35,389	4. Hamilton	1:35,392	4. Heidfeld	1:34,648	4. Hamilton	1:36,709
5. Webber	1:35,437	5. Webber	1:35,440	5. Kovalainen	1:34,759	5. Trulli	1:36,711
6. Coulthard	1:35,653	6. Räikkönen	1:35,645	6. Kubica	1:34,811	6. Kubica	1:36,727
7. Piquet	1:35,768	7. Heidfeld	1:35,729	7. Trulli	1:34,825	7. Heidfeld	1:36,753
8. Button	1:35,781	8. Kubica	1:35,794	8. Webber	1:34,967	8. Webber	1:37,009
9. Vettel	1:35,827	9. Rosberg	1:35,843	9. Glock	1:35,000	9. Alonso	1:38,450
10. Glock	1:35,911	10. Button	1:35,847	10. Alonso	1:35,140	10. Glock	1:39,656
11. Hamilton	1:35,927	11. Glock	1:35,891	11. Button	1:35,208		
12. Alonso	1:36,068	12. Alonso	1:35,983	12. Coulthard	1:35,408		
13. Nakajima	1:36,183	13. Coulthard	1:36,058	13. Piquet	1:35,562		
14. Fisichella	1:36,229	14. Piquet	1:36,074	14. Barrichello	1:35,622		
15. Rosberg	1:36,490	15. Vettel	1:36,111	15. Vettel	1:35,648		
16. Kovalainen	1:36,529	16. Barrichello	1:36,198	16. Rosberg	1:35,670		
17. Kubica	1:36,618	17. Fisichella	1:36,240				
18. Bourdais	1:36,668	18. Nakajima	1:36,388				
19. Sato	1:36,908	19. Bourdais	1:36,677				
20. Sutil	1:36,939	20. Sato	1:37,087				
21. Davidson	1:37,140	21. Sutil	1:37,101				
22. Barrichello	1:37,703	22. Davidson	1:37,481				

Startaufstellung: Zuerst die Piloten 1 bis 10 aus der dritten Qualifying-Phase, danach die Piloten 11 bis 16 aus der zweiten Qualifying-Phase, dahinter die Piloten 17 bis 22 aus der ersten Qualifying-Phase - inklusive Strafversetzungen:

1. Felipe Massa
Ferrari F2008 V8
1:35,748

2. Kimi Räikkönen
Ferrari F2008 V8
1:36,230

3. Jarno Trulli
Toyota TF108 V8
1:36,711

4. Robert Kubica
Sauber-BMW F1.08 V8
1:36,727

5. Nick Heidfeld
Sauber-BMW F1.08 V8
1:36,753

6. Mark Webber
Red Bull-Renault RB4 V8
1:37,009

7. Fernando Alonso
Renault R28 V8
1:38,450

8. Heikki Kovalainen
McLaren-Mercedes MP4/23 V8
1:36,613

9. Lewis Hamilton
McLaren-Mercedes MP4/23 V8
1:36,709

10. Timo Glock
Toyota TF108 V8
1:39,656

11. Jenson Button
Honda RA108 V8
1:35,208

12. David Coulthard
Red Bull-Renault RB4 V8
1:35,408

13. Nelson Piquet Jr.
Renault R28 V8
1:35,562

14. Rubens Barrichello
Honda RA108 V8
1:35,622

15. Sebastian Vettel
Toro Rosso-Ferrari STR-02B V8
1:35,648

16. Nico Rosberg
Williams-Toyota FW30 V8
1:35,670

17. Giancarlo Fisichella
Force India-Ferrari VJM01 V8
1:36,240

18. Sébastien Bourdais
Toro Rosso-Ferrari STR-02B V8
1:36,677

19. Takuma Sato
Super Aguri-Honda SA07B V8
1:37,087

20. Adrian Sutil
Force India-Ferrari VJM01 V8
1:37,101

21. Anthony Davidson
Super Aguri-Honda SA07B V8
1:37,481

22. Kazuki Nakajima
Williams-Toyota FW30 V8
1:36,388

Nakajima muss 10 Plätze weiter hinten starten, wegen einer vermeidbaren Kollision mit Kubica beim vergangenen Rennen
Kovalainen und **Hamilton** werden wegen Blockierens von Heidfeld im dritten Abschnitt des Qualifyings je 5 Plätze nach hinten gereiht

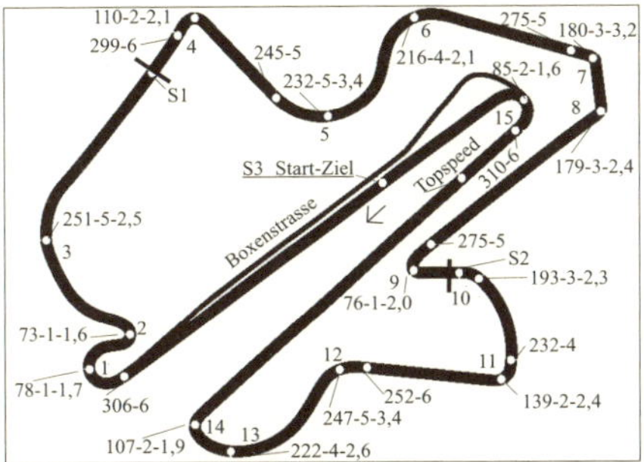

Legende: 132-2-2,1 = 132 km/h-2. Gang-2,1 Gravitation

Wetter am Renntag: Leicht bewölkt und heiss, 30 Grad Lufttemperatur, 46-42 Grad Asphalttemperatur, 69-71 Prozent Luftfeuchtigkeit, 125.000 Zuschauer am Renntag

Distanz: 56 Runden à 5,543 km = 310,408 km
Ziellinie 0,000 km hinter der Startlinie

Sieger 2007: Alonso (McLaren-Mercedes), 1.32:14,930 = 201,893 km/h, 2. Hamilton -17,557, 3. Räikkönen -18,339

Poleposition 2007: Massa (Ferrari), 1:35,043 = 209,955 km/h

Schnellste Runde 2007: Hamilton (McLaren-Mercedes): 1.36,701 = 206,355 km/h

Boxenstopps:

Rosberg:	2. Runde: Neue Nase nach Kontakt mit Glock und Tanken und Reifenwechsel, verliert total 38,7 sec., Platz 20
Webber:	16. Runde: Tanken und Reifenwechsel in 9,8 sec., total 31,5 sec., Platz 6-12
Nakajima:	16. Runde: Tanken und Reifenwechsel in total 30,4 sec., Platz 13-18
Massa:	17. Runde: Tanken und Reifenwechsel in 8,5 sec., total 29,9 sec., Platz 2-5
Trulli:	17. Runde: Tanken und Reifenwechsel in 9,2 sec., total 30,9 sec., Platz 6-9
Heidfeld:	17. Runde: Tanken und Reifenwechsel in 8,6 sec., total 30,2 sec., Platz 7-12
Räikkönen:	18. Runde: Tanken und Reifenwechsel in 7,9 sec., total 29,5 sec., Platz 1-4
Sato:	18. Runde: Tanken und Reifenwechsel in total 30,6 sec., Platz 16-18
Hamilton:	19. Runde: Tanken und Reifenwechsel (Radabdeckung klemmt rechts vorn), in 19,9 sec., verliert total 41,5 sec., Platz 2-11
Kovalainen:	20. Runde: Tanken und Reifenwechsel in 10,2 sec., total 31,8 sec., Platz 2-7
Fisichella:	20. Runde: Tanken und Reifenwechsel in total 30,1 sec., Platz 15-16
Davidson:	20. Runde: Tanken und Reifenwechsel in total 30,9 sec., Platz 16-19
Kubica:	21. Runde: Tanken und Reifenwechsel in 8,7 sec., total 30,5 sec., Platz 1-3
Alonso:	22. Runde: Tanken und Reifenwechsel in 8,5 sec., total 30,0 sec., Platz 4-12
Button:	22. Runde: Tanken und Reifenwechsel in total 30,4 sec., Platz 7-14
Coulthard:	23. Runde: Tanken und Reifenwechsel in 9,8 sec., total 31,2 sec., Platz 4-13
Piquet:	24. Runde: Tanken und Reifenwechsel in total 28,6 sec., Platz 6-12
Vettel:	24. Runde: Tanken und Reifenwechsel in total 29,2 sec., Platz 11-14
Barrichello:	24. Runde: Tanken und Reifenwechsel in total 29,5 sec., Platz 12-15
Nakajima:	29. Runde: 2. Stopp, Tanken und Reifenwechsel in total 30,7 sec., Platz 13-16
Rosberg:	29. Runde: 2. Stopp, Tanken und Reifenwechsel, Probleme mit der Tankanlage, in 12,0 sec., total 33,7 sec., Platz 17-19
Sato:	35. Runde: 2. Stopp, Tanken und Reifenwechsel in total 30,9 sec., Platz 17-18
Räikkönen:	38. Runde: 2. Stopp, Tanken und Reifenwechsel in 8,5 sec., total 30,1 sec., Platz 1-2
Fisichella:	38. Runde: 2. Stopp, Tanken und Reifenwechsel in total 30,2 sec., Platz 14-15
Webber:	39. Runde: 2. Stopp, Tanken und Reifenwechsel in 7,5 sec., total 29,2 sec., Platz 7-10
Barrichello:	39. Runde: 2. Stopp, Tanken und Reifenwechsel in total 28,5 sec., Platz 13-12
Trulli:	40. Runde: 2. Stopp, Tanken und Reifenwechsel in total 28,6 sec., Platz 4-7
Davidson:	39. Runde: 2. Stopp, Tanken und Reifenwechsel in total 29,3 sec., Platz 16
Piquet:	40. Runde: 2. Stopp, Tanken und Reifenwechsel in total 29,2 sec., Platz 11
Heidfeld:	41. Runde: 2. Stopp, Tanken und Reifenwechsel in 6,7 sec., total 27,9 sec., Platz 5-8
Alonso:	41. Runde: 2. Stopp, Tanken und Reifenwechsel in total 28,5 sec., Platz 6-10
Kubica:	43. Runde: 2. Stopp, Tanken und Reifenwechsel in 6,5 sec., total 28,1 sec., Platz 1-3
Button:	43. Runde: 2. Stopp, Tanken und Reifenwechsel in total 28,2 sec., Platz 7-10
Hamilton:	44. Runde: 2. Stopp, Tanken und Reifenwechsel in 8,9 sec., total 30,2 sec., Platz 4-5
Coulthard:	44. Runde: 2. Stopp, Tanken und Reifenwechsel in total 28,3 sec., Platz 6-9
Kovalainen:	45. Runde: 2. Stopp, Tanken und Reifenwechsel in 7,2 sec., total 28,7 sec., Platz 2-3
Barrichello:	46. Runde: 3. Stopp, Drive-Through-Strafe wegen überhöhter Geschwindikeit in der Boxengasse, verliert total 18,9 sec., Platz 12-13

Ausfälle:

Bourdais:	1. Runde: Dreher, Platz 18 (in der Startaufstellung)
Glock:	2. Runde: Kontakt mit Rosberg, Platz 21
Sutil:	6. Runde: Durch Hydraulikschaden bleibt der 3. Gang stecken, Platz 14
Massa:	31. Runde: Dreher, Platz 2
Vettel:	40. Runde: Hydraulikschaden, Platz 12

Stand nach 1. Runde:
1. Massa, 2. Räikkönen, 3. Kubica, 4. Webber, 5. Hamilton, 6. Trulli, 7. Kovakainen, 8. Coulthard, 9. Alonso, 10. Heidfeld

Führung im Rennen:
1.-16. Runde: Massa
17.-18. Runde: Räikkönen
19.-21. Runde: Kubica
22.-38. Runde: Räikkönen
39.-43. Runde: Kubica
44.-56. Runde: Räikkönen

Ergebnis:

1. Kimi Räikkönen (Finnland) Ferrari	1.31:18,555 = 203,971 km/h	
2. Robert Kubica (Polen) BMW Sauber-BMW	1.31:38,125 = 203,245 km/h	19,570 zurück
3. Heikki Kovalainen (Finnland) McLaren-Mercedes	1.31:57,005 = 202,549 km/h	38,450 zurück
4. Jarno Trulli (Italien) Toyota	1.32:04,387 = 202,279 km/h	45,832 zurück
5. Lewis Hamilton (England) McLaren-Mercedes	1.32:05,103 = 202,253 km/h	46,548 zurück
6. Nick Heidfeld (Deutschland) BMW Sauber-BMW	1.32:08,388 = 202,132 km/h	49,833 zurück
7. Mark Webber (Australien) Red Bull-Renault	1.32:26,685 = 201,466 km/h	68,130 zurück
8. Fernando Alonso (Spanien) Renault	1.32:28,596 = 201,396 km/h	70,041 zurück
9. David Coulthard (Schottland) Red Bull-Renault	1.32:34,775 = 201,172 km/h	76,220 zurück
10. Jenson Button (England) Honda	1.32:44,769 = 200,811 km/h	86,214zurück
11. Nelson Piquet Jr. (Brasilien) Renault	1.32:50,757 = 200,595 km/h	92,202 zurück
12. Giancarlo Fisichella (Italien) Force India-Ferrari	1.31:49,648 = 199,198 km/h	1 Runde zurück
13. Rubens Barrichello (Brasilien) Honda	1.31:52,069 = 199,111 km/h	1 Runde zurück
14. Nico Rosberg (Deutschland) Williams-Toyota	1.32:01,227 = 198,780 km/h	1 Runde zurück
15. Anthony Davidson (England) Super Aguri-Honda	1.32:49,328 = 197,063 km/h	1 Runde zurück
16. Takuma Sato (Japan) Super Aguri-Honda	1.31:26,134 = 196,415 km/h	2 Runden zurück
17. Kazuki Nakajima (Japan) Williams-Toyota	1.31:37,131 = 196,022 km/h	2 Runden zurück

Schnellste Runde im Qualifying: Räikkönen (Ferrari): 1:34,188 = 211,861 km/h (erzielt in Phase 2)
Schnellste Runde im Rennen: Heidfeld (BMW Sauber-BMW): 1:35,366 = 209,244 km/h

Höchstgeschwindigkeiten (Freitag, Training): 1. Massa 303,1, 2. Hamilton 302,5, 3. Kovalainen 302,2, 4. Räikkönen 302,2, 5. Piquet 298,0, 6. Vettel 298,0, 7. Nakajima 297,6, 8 Alonso 296,7, 9. Fisichella 296,5, 10. Button 296,2, 11. Bourdais 295,8, 12. Rosberg 295,6, 13. Glock 295,5, 14. Webber 294,8, 15. Coulthard 294,5, 16. Barrichello 294,3, 17. Trulli 293,8, 18. Sutil 293,3, 19. Sato 292,8, 20. Heidfeld 292,7, 21. Kubica 292,5, 22. Davidson 289,3

Höchstgeschwindigkeiten (Samstag, Qualifying): 1. Massa 307,6, 2. Hamilton 305,2, 3. Räikkönen 303,7, 4. Vettel 303,7, 5. Sutil 303,0, 6. Alonso 302,3, 7. Kovalainen 302,2, 8. Heidfeld 302,1, 9. Piquet 301,9, 10. Kubica 300,9, 11. Fisichella 300,7, 12. Bourdais 300,5, 13. Nakajima 300,0, 14. Trulli 299,9, 15. Rosberg 299,7, 16. Glock 299,3, 17. Barrichello 298,6, 18. Button 298,5, 19. Sato 298,2, 20. Coulthard 298,2, 21. Webber 298,1, 22. Davidson 297,9

Höchstgeschwindigkeiten (Sonntag): 1. Hamilton 309,2, 2. Piquet 306,3, 3. Massa 305,1, 4. Räikkönen 304,0, 5. Heidfeld 303,7, 6. Rosberg 303,7, 7. Nakajima 303,4, 8. Kovalainen 302,0, 9. Alonso 301,7, 10. Sutil 300,6, 11. Trulli 300,3, 12. Fisichella 300,3, 13. Coulthard 300,2, 14. Barrichello 299,7, 15. Vettel 299,7, 16. Kubica 298,5, 17. Button 298,5, 18. Sato 298,4, 19. Davidson 297,2, 20. Webber 297,1, 21. Glock 81,6

Schnellste Runde jedes Fahrers im Rennen: 1. Heidfeld 1:35,366 (55.), 2. Räikkönen 1:35,405 (37.), 3. Hamilton 1:35,462 (53.), 4. Button 1:35,715 (56.), 5. Massa 1:35,914 (15.), 6. Kubica 1:35,921 (39.), 7. Kovalainen 1:35,922 (19.), 8. Trulli 1:36,068 (53.), 9. Coulthard 1:36,206 (55.), 10. Alonso 1:36,288 (40.), 11. Barrichello 1:36,693 (55.), 12. Webber 1:36,696 (53.), 13. Rosberg 1:36,782 (55.), 14. Vettel 1:36,870 (37.), 15. Piquet 1:36,956 (52.), 16. Fisichella 1:36,962 (52.), 17. Nakajima 1:37,711 (19.), 18. Davidson 1:38,171 (55.), 19. Sato 1:38,504 (53.), 20. Sutil 1:40,330 (3.)

WM-Stand: 1. Hamilton 14, 2. Räikkönen 11, 3. Heidfeld 11, 4. Kovalainen 10, 5. Kubica 8, 6. Rosberg 6, 7. Alonso 6, 8. Trulli 5, 9. Nakajima 3, 10. Bourdais 2, 11. Webber 2

Konstrukteur-WM: 1. McLaren-Mercedes 24, 2. BMW Sauber-BMW 19, 3. Ferrari 11, 4. Williams-Toyota 9, 5. Renault 6, 6. Toyota 5, 7. Red Bull-Renault 2, 8. Toro Rosso-Ferrari 2

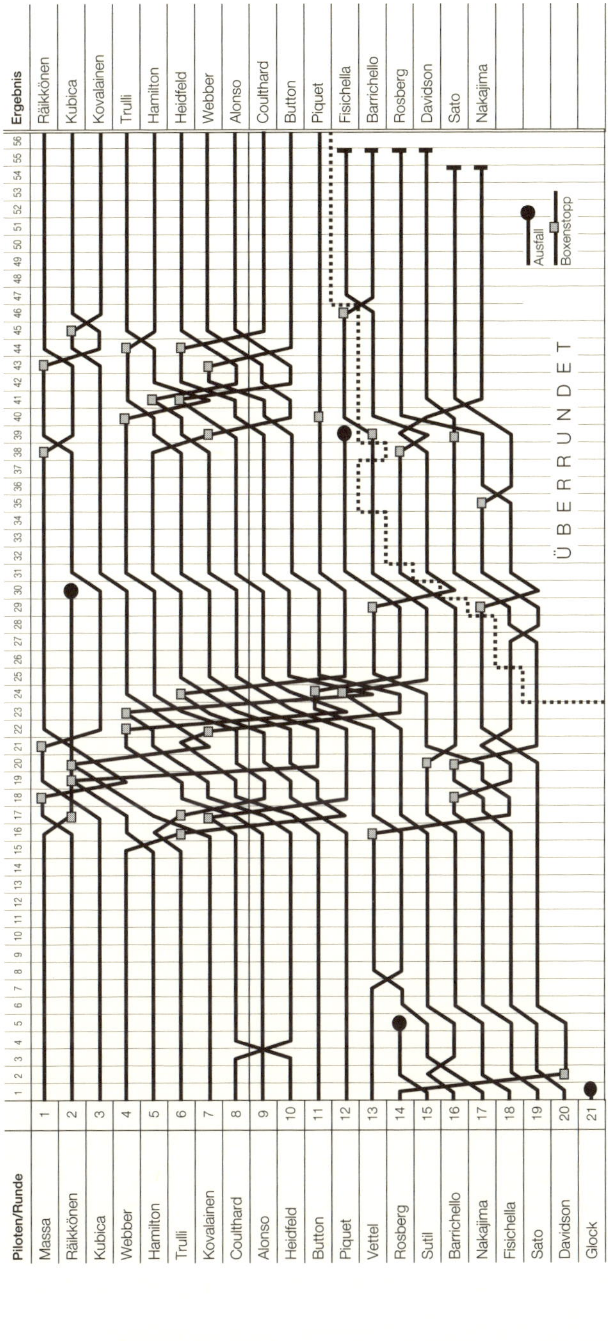
Piloten/Runde
Massa
Räikkönen
Kubica
Webber
Hamilton
Trulli
Kovalainen
Coulthard
Alonso
Heidfeld
Button
Piquet
Vettel
Rosberg
Sutil
Barrichello
Nakajima
Fisichella
Sato
Davidson
Glock
Ergebnis
Räikkönen
Kubica
Kovalainen
Trulli
Hamilton
Heidfeld
Webber
Alonso
Coulthard
Button
Piquet
Fisichella
Barrichello
Rosberg
Davidson
Sato
Nakajima
Ausfall
Boxenstopp
ÜBERRUNDET

Lauf 3 – Großer Preis von Bahrain – Sakhir, 6. April 2008

1. Training (Freitag Vormittag): 1. Massa 1:32,233, 2. Räikkönen 1:32,350, 3. Rosberg 1:32,415, 4. Hamilton 1:32,705, 5. Kovalainen 1:32,868, 6. Nakajima 1:33,121, 7. Kubica 1:33,333, 8. Trulli 1:33,539, 9. Coulthard 1:33,788, 10. Alonso 1:33,815, 11. Glock 1:33,929, 12. Webber 1:33,950, 13. Piquet 1:33,981, 14. Heidfeld 1:34,106, 15. Bourdais 1:34,235, 16. Vettel 1:34,321, 17. Fisichella 1:34,892, 18. Button 1:34,915, 19. Barrichello 1:35,174, 20. Sutil 1:35,429, 21. Davidson 1:36,145, 22. Sato 1:36,536

2. Training (Freitag Nachmittag): 1. Massa 1:31,420, 2. Räikkönen 1:32,327, 3. Kovalainen 1:32,752, 4. Hamilton 1:32,847, 5. Kubica 1:32,915, 6. Rosberg 1:33,022, 7. Coulthard 1:33,048, 8. Nakajima 1:33,098, 9. Bourdais 1:33,197, 10. Piquet 1:33,247, 11. Button 1:33,710, 12. Alonso 1:33,755, 13. Webber 1:33,782, 14. Trulli 1:33,822, 15. Glock 1:33,856, 16. Barrichello 1:33,966, 17. Heidfeld 1:34,023, 18. Fisichella 1:34,388, 19. Sutil 1:34,405, 20. Vettel 1:34,787, 21. Sato 1:35,288, 22. Davidson 1:35,712

3. Training (Samstag)		**Qualifying** (Samstag) **(1. Phase)**		**(2. Phase)**		**(3. Phase)**	
1. Rosberg	1:32,521	1. Massa	1:31,937	1. Massa	1:31,188	1. Kubica	1:33,096
2. Massa	1:32,726	2. Trulli	1:32,493	2. Kovalainen	1:31,718	2. Massa	1:33,123
3. Webber	1:32,742	3. Räikkönen	1:32,652	3. Kubica	1:31,745	3. Hamilton	1:33,292
4. Trulli	1:32,901	4. Hamilton	1:32,750	4. Heidfeld	1:31,909	4. Räikkönen	1:33,418
5. Coulthard	1:32,918	5. Button	1:32,793	5. Hamilton	1:31,922	5. Kovalainen	1:33,488
6. Nakajima	1:33,020	6. Glock	1:32,800	6. Räikkönen	1:31,933	6. Heidfeld	1:33,737
7. Kubica	1:33,024	7. Kubica	1:32,893	7. Trulli	1:32,159	7. Trulli	1:33,994
8. Piquet	1:33,074	8. Rosberg	1:32,903	8. Rosberg	1:32,185	8. Rosberg	1:34,015
9. Räikkönen	1:33,237	9. Barrichello	1:32,944	9. Alonso	1:32,345	9. Button	1:35,057
10. Kovalainen	1:33,367	10. Alonso	1:32,947	10. Button	1:32,362	10. Alonso	1:35,115
11. Bourdais	1:33,372	11. Piquet	1:32,975	11. Webber	1:32,371		
12. Fisichella	1:33,392	12. Kovalainen	1:33,057	12. Barrichello	1:32,508		
13. Alonso	1:33,445	13. Heidfeld	1:33,137	13. Glock	1:32,528		
14. Barrichello	1:33,551	14. Webber	1:33,194	14. Piquet	1:32,790		
15. Glock	1:33,595	15. Nakajima	1:33,386	15. Bourdais	1:32,915		
16. Button	1:33,600	16. Bourdais	1:33,415	16. Nakajima	1:32,943		
17. Vettel	1:33,651	17. Coulthard	1:33,433				
18. Hamilton	1:33,659	18. Fisichella	1:33,501				
19. Sutil	1:33,857	19. Vettel	1:33,562				
20. Heidfeld	1:34,074	20. Sutil	1:33,845				
21. Davidson	1:34,591	21. Davidson	1:34,140				
22. Sato	1:34,952	22. Sato	1:35,725				

Startaufstellung: Zuerst die Piloten 1 bis 10 aus der dritten Qualifying-Phase, danach die Piloten 11 bis 16 aus der zweiten Qualifying-Phase, dahinter die Piloten 17 bis 22 aus der ersten Qualifying-Phase - inklusive Strafversetzungen:

1. Robert Kubica
Sauber-BMW F1.08 V8
1:33,096

2. Felipe Massa
Ferrari F2008 V8
1:33,123

3. Lewis Hamilton
McLaren-Mercedes MP4/23 V8
1:33,292

4. Kimi Räikkönen
Ferrari F2008 V8
1:33,418

5. Heikki Kovalainen
McLaren-Mercedes MP4/23 V8
1:33,488

6. Nick Heidfeld
Sauber-BMW F1.08 V8
1:33,737

7. Jarno Trulli
Toyota TF108 V8
1:33,994

8. Nico Rosberg
Williams-Toyota FW30 V8
1:34,015

9. Jenson Button
Honda RA108 V8
1:35,057

10. Fernando Alonso
Renault R28 V8
1:35,115

11. Mark Webber
Red Bull-Renault RB4 V8
1:32,371

12. Rubens Barrichello
Honda RA108 V8
1:32,508

13. Timo Glock
Toyota TF108 V8
1:32,528

14. Nelson Piquet Jr.
Renault R28 V8
1:32,790

15. Sébastien Bourdais
Toro Rosso-Ferrari STR-02B V8
1:32,915

16. Kazuki Nakajima
Williams-Toyota FW30 V8
1:32,943

17. David Coulthard
Red Bull-Renault RB4 V8
1:33,433

18. Giancarlo Fisichella
Force India-Ferrari VJM01 V8
1:33,501

19. Sebastian Vettel
Toro Rosso-Ferrari STR-02B V8
1:33,562

20. Adrian Sutil
Force India-Ferrari VJM01 V8
1:33,845

21. Anthony Davidson
Super Aguri-Honda SA07B V8
1:34,140

22. Takuma Sato
Super Aguri-Honda SA07B V8
1:35,725

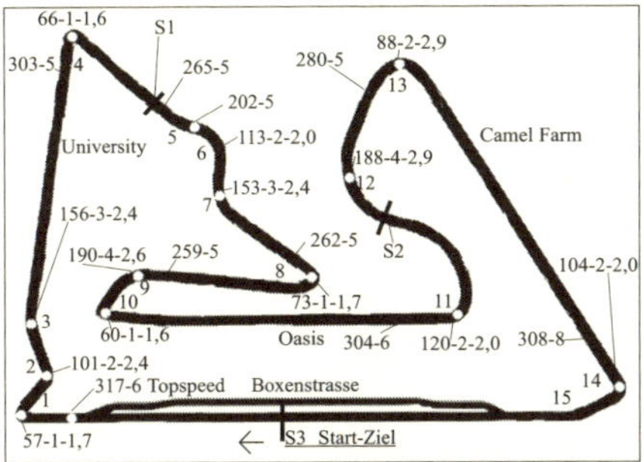

Legende: 132-2-2,1 = 132 km/h-2. Gang-2,1 Gravitation

Wetter am Renntag: Sonnig und heiß, 29-28 Grad Lufttemperatur, 39-34 Grad Asphalttemperatur, 20-24 Prozent Luftfeuchtigkeit, 46.000 Zuschauer am Renntag

Distanz: 57 Runden à 5,412 km = 308,238 km
Ziellinie 0,246 km hinter der Startlinie

Sieger 2007: Massa (Ferrari), 1.33:27,515 = 197,887 km/h, 2. Hamilton -2,360, 3. Räikkönen -10,839

Poleposition 2007: Massa (Ferrari), 1:32,652 = 210,283 km/h

Schnellste Runde 2007: Massa (Ferrari): 1:34,067 = 207,120 km/h

Boxenstopps:

Button:	1. Runde: Tanken und Reifenwechsel nach Plattfuss hinten, verliert total 32,3 sec., Platz 20
Sutil:	1. Runde: Tanken, neue Nase und Reifenwechsel nach Plattfuss vorne, verliert total 37,7 sec., Platz 21
Hamilton:	2. Runde: Tanken, neue Nase nach Kontakt mit Alonso in 11,7 sec., verliert total 33,7 sec., Platz 17-18
Coulthard:	2. Runde: Tanken und Reifenwechsel nach Plattfuss hinten, verliert total 34,9 sec., Platz 19
Kubica:	17. Runde: Tanken und Reifenwechsel in 8,9 sec., total 30,6 sec., Platz 3-9
Rosberg:	17. Runde: Tanken und Reifenwechsel in 9,1 sec., total 30,8 sec., Platz 7-13
Piquet:	17. Runde: Tanken und Reifenwechsel in total 29,5 sec., Platz 13-18
Button:	18. Runde: 2. Stopp, Tanken und Reifenwechsel in total 35,6 sec., Platz 20-21
Räikkönen:	20. Runde: Tanken und Reifenwechsel in 9,6 sec., total 31,2 sec., Platz 2-5
Trulli:	20. Runde: Tanken und Reifenwechsel in total 30,5 sec., Platz 5-10
Alonso:	20. Runde: Tanken und Reifenwechsel in total 29,0 sec., Platz 9-13
Massa:	21. Runde: Tanken und Reifenwechsel in 8,5 sec., total 30,5 sec., Platz 1
Coulthard:	20. Runde: 2. Stopp, Tanken und Reifenwechsel in total 38,3 sec., Platz 19
Heidfeld:	21. Runde: Tanken und Reifenwechsel in 8,8 sec., total 30,2 sec., Platz 2-6
Kovalainen:	21. Runde: Tanken und Reifenwechsel in total 31,3 sec., Platz 3-9
Webber:	22. Runde: Tanken und Reifenwechsel in 8,3 sec., total 30,1 sec., Platz 2-8
Fisichella:	22. Runde: Tanken und Reifenwechsel in total 30,7 sec., Platz 7-14
Barrichello:	22. Runde: Tanken und Reifenwechsel in total 29,8 sec., Platz 8-13
Bourdais:	23. Runde: Tanken und Reifenwechsel in total 31,4 sec., Platz 10-18
Glock:	24. Runde: Tanken und Reifenwechsel in 7,8 sec., total 29,7 sec., Platz 4-9
Davidson:	24. Runde: Tanken und Reifenwechsel in total 30,9 sec., Platz 16-18
Sato:	25. Runde: Tanken und Reifenwechsel in total 29,8 sec., Platz 15-17
Sutil:	26. Runde: 2. Stopp, Tanken und Reifenwechsel in total 30,5 sec., Platz 20
Hamilton:	31. Runde: 2. Stopp, Tanken und Reifenwechsel in 9,9 sec., total 31,6 sec., Platz 14-16
Nakajima:	32. Runde: Tanken und Reifenwechsel in 9,7 sec., total 32,1 sec., Platz 11-15
Piquet:	35. Runde: 2. Stopp, Tanken und Reifenwechsel in total 30,3 sec., Platz 13-15
Alonso:	37. Runde: 2. Stopp, Tanken und Reifenwechsel in total 30,1 sec., Platz 10-12
Räikkönen:	38. Runde: 2. Stopp, Tanken und Reifenwechsel in 8,1 sec., total 29,9 sec., Platz 2-4
Sutil:	37. Runde: 3. Stopp, Tanken und Reifenwechsel in total 37,7 sec., Platz 20
Bourdais:	38. Runde: 2. Stopp, Tanken und Reifenwechsel in total 29,9 sec., Platz 13-15
Massa:	39. Runde: 2. Stopp, Tanken und Reifenwechsel in 8,7 sec., total 30,3 sec., Platz 1-3
Rosberg:	40. Runde: 2. Stopp, Tanken und Reifenwechsel in total 29,2 sec., Platz 8-10
Kubica:	41. Runde: 2. Stopp, Tanken und Reifenwechsel in 7,2 sec., total 28,7 sec., Platz 1-6
Coulthard:	40. Runde: 3. Stopp, Tanken und Reifenwechsel in total 28,9 sec., Platz 18
Webber:	42. Runde: 2. Stopp, Tanken und Reifenwechsel in total 28,8 sec., Platz 7-8
Barrichello:	42. Runde: 2. Stopp, Tanken und Reifenwechsel in total 28,1 sec., Platz 9-11
Fisichella:	42. Runde: 2. Stopp, Tanken und Reifenwechsel in total 29,7 sec., Platz 11-12
Trulli:	43. Runde: 2. Stopp, Tanken und Reifenwechsel in 6,2 sec., total 28,2 sec., Platz 6-7
Davidson:	43. Runde: 2. Stopp, Tanken und Reifenwechsel in total 30,0 sec., Platz 17
Glock:	44. Runde: 2. Stopp, Tanken und Reifenwechsel in total 29,0 sec., Platz 6-9
Heidfeld:	45. Runde: 2. Stopp, Tanken und Reifenwechsel in 6,2 sec., total 27,6 sec., Platz 1-5
Sato:	44. Runde: 2. Stopp, Tanken und Reifenwechsel in total 30,2 sec., Platz 16-17
Kovalainen:	47. Runde: 2. Stopp, Tanken und Reifenwechsel in 7,0 sec., total 28,5 sec., Platz 3-5

Ausfälle:

Vettel:	1. Runde: Unfall mit Trulli, Platz 19 (in der Startaufstellung)
Button:	20. Runde: Unfall mit Coulthard, Platz 21
Piquet:	41. Runde: Getriebeschaden, Platz 19

Stand nach 1. Runde:
1. Massa, 2. Kubica, 3. Räikkönen, 4. Kovalainen, 5. Trulli, 6. Heidfeld, 7. Rosberg, 8. Alonso, 9. Hamilton, 10. Webber

Führung im Rennen:
1.-39. Runde: Massa
40.-41. Runde: Kubica
42.-45. Runde: Heidfeld
46.-57. Runde: Massa

Ergebnis:

1. Felipe Massa (Brasilien) Ferrari	1.31:06,970 = 202,974 km/h	
2. Kimi Räikkönen (Finnland) Ferrari	1.31:10,309 = 202,850 km/h	3,339 zurück
3. Robert Kubica (Polen) BMW Sauber-BMW	1.31:11,968 = 202,789 km/h	4,998 zurück
4. Nick Heidfeld (Deutschland) BMW Sauber-BMW	1.31:15,379 = 202,662 km/h	8,409 zurück
5. Heikki Kovalainen (Finnland) McLaren-Mercedes	1.31:33,759 = 201,984 km/h	26,789 zurück
6. Jarno Trulli (Italien) Toyota	1.31:48,284 = 201,452 km/h	41,314 zurück
7. Mark Webber (Australien) Red Bull-Renault	1.31:52,443 = 201,300 km/h	45,473 zurück
8. Nico Rosberg (Deutschland) Williams-Toyota	1.32:02,859 = 200,920 km/h	55,889 zurück
9. Timo Glock (Deutschland) Toyota	1.32:16,470 = 200,426 km/h	69,500 zurück
10. Fernando Alonso (Spanien) Renault	1.32:24,151 = 200,149 km/h	77,181 zurück
11. Rubens Barrichello (Brasilien) Honda	1.32:24,832 = 200,124 km/h	77,862 zurück
12. Giancarlo Fisichella (Italien) Force India-Ferrari	1.31:08,446 = 199,357 km/h	1 Runde zurück
13. Lewis Hamilton (England) McLaren-Mercedes	1.31:22,784 = 198,835 km/h	1 Runde zurück
14. Kazuki Nakajima (Japan) Williams-Toyota	1.31:24,437 = 198,775 km/h	1 Runde zurück
15. Sébastien Bourdais (Frankreich) Toro Rosso-Ferrari	1.31:35,556 = 198,373 km/h	1 Runde zurück
16. Anthony Davidson (England) Super Aguri-Honda	1.32:13,638 = 197,008 km/h	1 Runde zurück
17. Takuma Sato (Japan) Super Aguri-Honda	1.32:22,074 = 196,708 km/h	1 Runde zurück
18. David Coulthard (Schottland) Red Bull-Renault	1.32:31,666 = 196,368 km/h	1 Runde zurück
19. Adrian Sutil (Deutschland) Force India-Ferrari	1.31:41,547 = 194,616 km/h	2 Runden zurück

Schnellste Runde im Qualifying: Massa (Ferrari): 1:31,188 = 213,659 km/h (erzielt in Phase 2)

Schnellste Runde im Rennen: Kovalainen (Mercedes-McLaren): 1:33,193 = 209,062 km/h

Höchstgeschwindigkeiten (Freitag, Training): 1. Räikkönen 315,9, 2. Massa 315,8, 3. Piquet 314,3, 4. Coulthard 312,7, 5. Alonso 312,5, 6. Kovalainen 312,5, 7. Heidfeld 312,3, 8. Hamilton 312,2, 9. Webber 311,4, 10. Vettel 311,3, 11. Fisichella 311,2, 12. Bourdais 311,0, 13. Sutil 310,7, 14. Nakajima 309,8, 15. Kubica 309,8, 16. Rosberg 309,2, 17. Barrichello 309,2, 18. Trulli 307,5, 19. Glock 307,5, 20. Button 305,9, 21. Davidson 305,1, 22. Sato 305,0

Höchstgeschwindigkeiten (Samstag, Qualifying): 1. Massa 314,1, 2. Räikkönen 311,6, 3. Bourdais 310,0, 4. Alonso 307,3, 5. Vettel 306,3, 6. Piquet 306,3, 7. Kovalainen 306,0, 8. Kubica 305,6, 9. Fisichella 305,6, 10. Heidfeld 305,3, 11. Sutil 305,2, 12. Webber 304,7, 13. Coulthard 304,3, 14. Rosberg 303,9, 15. Nakajima 303,7, 16. Hamilton 303,5, 17. Davidson 303,3, 18. Glock 303,2, 19. Sato 302,8, 20. Trulli 302,0, 21. Button 301,1, 22. Barrichello 300,8

Höchstgeschwindigkeiten (Sonntag): 1. Massa 316,0, 2. Räikkönen 314,0, 3. Kovalainen 311,7, 4. Bourdais 311,2, 5. Hamilton 310,8, 6. Coulthard 310,8, 7. Sutil 310,7, 8. Heidfeld 309,8, 9. Kubica 309,6, 10. Piquet 308,6, 11. Alonso 308,3, 12. Fisichella 308,0, 13. Trulli 307,6, 14. Webber 306,9, 15. Davidson 306,6, 16. Sato 306,1, 17. Glock 305,9, 18. Nakajima 305,3, 19. Rosberg 304,9, 20. Barrichello 304,9, 21. Button 304,0, 22. Vettel 238,3

Schnellste Runde jedes Fahrers im Rennen: 1. Kovalainen 1:33,193 (49.), 2. Heidfeld 1:33,565 (48.), 3. Massa 1:33,600 (38.), 4. Räikkönen 1:33,709 (35.), 5. Kubica 1:33,775 (55.), 6. Rosberg 1:34,072 (57.), 7. Trulli 1:34,204 (45.), 8. Webber 1:34,305 (51.), 9. Glock 1:34,807 (56.), 10.Barrichello 1:34,855 (40.), 11. Fisichella 1:35,057 (56.), 12. Piquet 1:35,129 (31.), 13. Alonso 1:35,194 (35.), 14. Davidson 1:35,324 (45.), 15. Bourdais 1:35,333 (33.), 16. Coulthard 1:35,351 (43.), 17. Nakajima 1:35,433 (30.), 18. Sutil 1:35,442 (55.), 19. Hamilton 1:35,520 (25.), 20. Sato 1:35,891 (56.), 21. Button 1:36,125 (11.)

WM-Stand: 1. Räikkönen 19, 2. Heidfeld 16, 3. Hamilton 14, 4. Kubica 14, 5. Kovalainen 14, 6. Massa 10, 7. Trulli 8, 8. Rosberg 7, 9. Alonso 6, 10. Webber 4, 11. Nakajima 3, 12. Bourdais 2

Konstrukteur-WM: 1. BMW Sauber-BMW 30, 2. Ferrari 29, 3. McLaren-Mercedes 28, 4. Williams-Toyota 10, 5. Toyota 8, 6. Renault 6, 7. Red Bull-Renault 4, 8. Toro Rosso-Ferrari 2

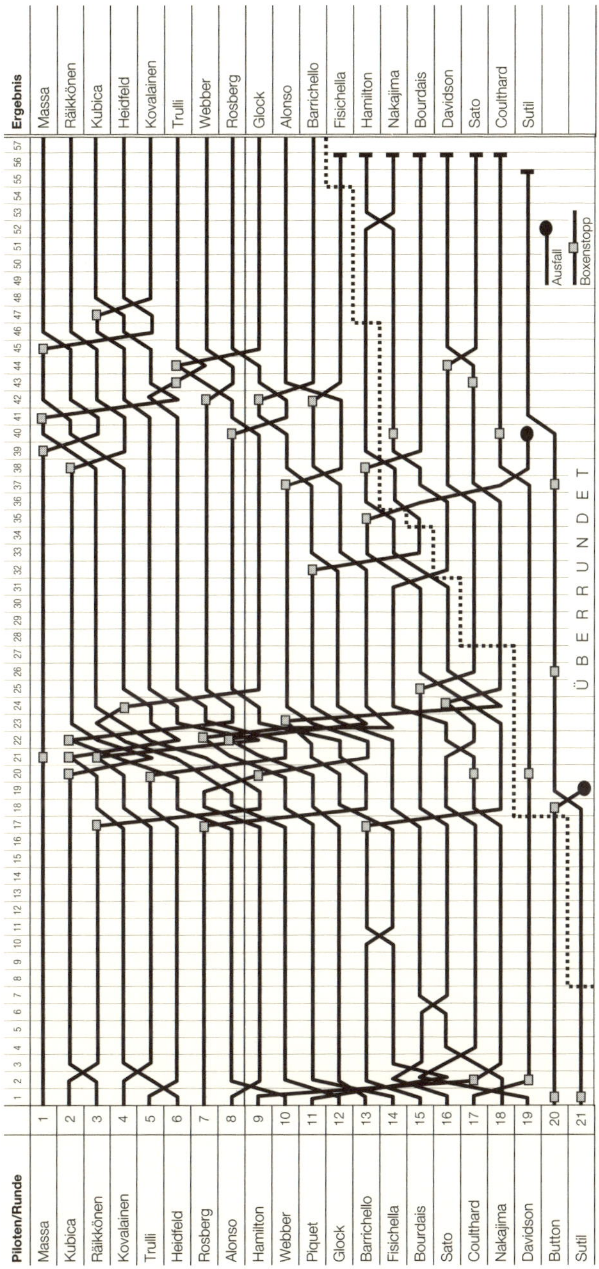
Piloten/Runde
Massa
Kubica
Räikkönen
Kovalainen
Trulli
Heidfeld
Rosberg
Alonso
Hamilton
Webber
Piquet
Glock
Barrichello
Fisichella
Bourdais
Sato
Coulthard
Nakajima
Davidson
Button
Sutil
Ergebnis
Massa
Räikkönen
Kubica
Heidfeld
Kovalainen
Trulli
Webber
Rosberg
Glock
Alonso
Barrichello
Fisichella
Hamilton
Nakajima
Bourdais
Davidson
Sato
Coulthard
Sutil
ÜBERRUNDET
Ausfall
Boxenstopp

Lauf 4 – Großer Preis von Spanien – Barcelona, 27. April 2008

1. Training (Freitag Vormittag): 1. Räikkönen 1:20,649, 2. Massa 1:20,699, 3. Hamilton 1:21,192, 4. Kubica 1:21,568, 5. Kovalainen 1:21,758, 6. Alonso 1:21,933, 7. Piquet 1:21,936, 8. Coulthard 1:22,118, 9. Heidfeld 1:22,278, 10. Button 1:22,632, 11. Glock 1:23,002, 12. Rosberg 1:23,003, 13. Webber 1:23,015, 14. Trulli 1:23,141, 15. Nakajima 1:23,153, 16. Sutil 1:23,156, 17. Fisichella 1:23,196, 18. Barrichello 1:23,353, 19. Bourdais 1:23,952, 20. Vettel 1:24,082, 21. Sato 1:24,278, 22. Davidson 1:25,068

2. Training (Freitag Nachmittag): 1. Räikkönen 1:21,935, 2. Piquet 1:22,019, 3. Alonso 1:22,032, 4. Nakajima 1:22,172, 5. Massa 1:22,229, 6. Webber 1:22,238, 7. Rosberg 1:22,266, 8. Coulthard 1:22,289, 9. Fisichella 1:22,383, 10. Sutil 1:22,548, 11. Hamilton 1:22,685, 12. Kubica 1:22,788, 13. Heidfeld 1:23,130, 14. Trulli 1:23,224, 15. Button 1:23,263, 16. Kovalainen 1:23,264, 17. Barrichello 1:23,415, 18. Vettel 1:23,661, 19. Bourdais 1:23,684, 20. Glock 1:23,883, 21. Sato 1:25,110, 22. Davidson 1:25,163

3. Training (Samstag)		**Qualifying** (Samstag) **(1. Phase)**			**(2. Phase)**		**(3. Phase)**
1. Heidfeld	1:21,269	1. Räikkönen	1:20,701	1. Massa	1:20,584	1. Räikkönen	1:21,813
2. Coulthard	1:21,465	2. Trulli	1:21,158	2. Kubica	1:20,597	2. Alonso	1:21,904
3. Alonso	1:21,599	3. Alonso	1:21,347	3. Räikkönen	1:20,784	3. Massa	1:22,058
4. Kubica	1:21,717	4. Hamilton	1:21,366	4. Alonso	1:20,804	4. Kubica	1:22,065
5. Trulli	1:21,771	5. Piquet	1:21,409	5. Heidfeld	1:20,815	5. Hamilton	1:22,096
6. Bourdais	1:21,942	6. Kubica	1:21,423	6. Kovalainen	1:20,817	6. Kovalainen	1:22,231
7. Piquet	1:21,992	7. Glock	1:21,427	7. Hamilton	1:20,825	7. Webber	1:22,429
8. Button	1:22,060	8. Kovalainen	1:21,430	8. Piquet	1:20,894	8. Trulli	1:22,529
9. Massa	1:22,075	9. Heidfeld	1:21,466	9. Trulli	1:20,907	9. Heidfeld	1:22,542
10. Glock	1:22,081	10. Rosberg	1:21,472	10. Webber	1:20,984	10. Piquet	1:22,699
11. Hamilton	1:22,094	11. Webber	1:21,494	11. Barrichello	1:21,049		
12. Rosberg	1:22,174	12. Massa	1:21,528	12. Nakajima	1:21,117		
13. Räikkönen	1:22,176	13. Bourdais	1:21,540	13. Button	1:21,211		
14. Nakajima	1:22,189	14. Barrichello	1:21,548	14. Glock	1:21,230		
15. Kovalainen	1:22,220	15. Nakajima	1:21,690	15. Rosberg	1:21,349		
16. Vettel	1:22,292	16. Button	1:21,757	16. Bourdais	1:21,724		
17. Barrichello	1:22,350	17. Coulthard	1:21,810				
18. Fisichella	1:22,466	18. Vettel	1:22,108				
19. Sutil	1:22,689	19. Fisichella	1:22,516				
20. Sato	1:23,726	20. Sutil	1:23,224				
21. Davidson	1:23,921	21. Davidson	1:23,318				
22. Webber	Keine Zeit	22. Sato	1:23,496				

Startaufstellung: Zuerst die Piloten 1 bis 10 aus der dritten Qualifying-Phase, danach die Piloten 11 bis 16 aus der zweiten Qualifying-Phase, dahinter die Piloten 17 bis 22 aus der ersten Qualifying-Phase - inklusive Strafversetzungen:

1. Kimi Räikkönen
Ferrari F2008 V8
1:21,813

2. Fernando Alonso
Renault R28 V8
1:21,904

3. Felipe Massa
Ferrari F2008 V8
1:22,058

4. Robert Kubica
Sauber-BMW F1.08 V8
1:22,065

5. Lewis Hamilton
McLaren-Mercedes MP4/23 V8
1:22,096

6. Heikki Kovalainen
McLaren-Mercedes MP4/23 V8
1:22,231

7. Mark Webber
Red Bull-Renault RB4 V8
1:22,429

8. Jarno Trulli
Toyota TF108 V8
1:22,529

9. Nick Heidfeld
Sauber-BMW F1.08 V8
1:22,542

10. Nelson Piquet Jr.
Renault R28 V8
1:22,699

11. Rubens Barrichello
Honda RA108 V8
1:21,049

12. Kazuki Nakajima
Williams-Toyota FW30 V8
1:21,117

13. Jenson Button
Honda RA108 V8
1:21,211

14. Timo Glock
Toyota TF108 V8
1:21,230

15. Nico Rosberg
Williams-Toyota FW30 V8
1:21,349

16. Sébastien Bourdais
Toro Rosso-Ferrari STR-02B V8
1:21,724

17. David Coulthard
Red Bull-Renault RB4 V8
1:21,810

18. Sebastian Vettel
Toro Rosso-Ferrari STR-02B V8
1:22,108

19. Giancarlo Fisichella
Force India-Ferrari VJM01 V8
1:22,516

20. Adrian Sutil
Force India-Ferrari VJM01 V8
1:23,224

21. Anthony Davidson
Super Aguri-Honda SA07B V8
1:23,318

22. Takuma Sato
Super Aguri-Honda SA07B V8
1:23,496

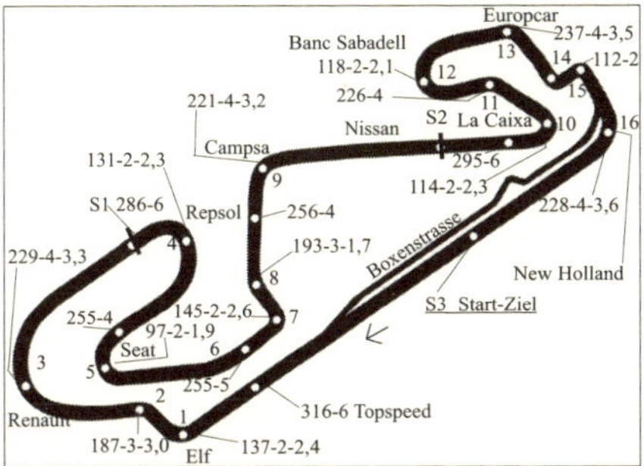

Legende: 132-2-2,1 = 132 km/h-2. Gang-2,1 Fliehkraft

Wetter am Renntag: Sonnig und warm, 23-22 Grad Lufttemperatur, 41-35 Grad Asphalttemperatur, 29-38 Prozent Luftfeuchtigkeit, 136.000 Zuschauer am Renntag

Distanz: 66 Runden à 4,655 km = 307,104 km
Ziellinie 0,126 km hinter der Startlinie

Sieger 2007: Massa (Ferrari), 1.31:36,230 = 198,102 km/h,
2. Hamilton -6,790, 3. Alonso -17,456

Poleposition 2007: Massa (Ferrari), 1:21,421 = 205,819 km/h

Schnellste Runde 2007: Massa (Ferrari): 1:22,680 = 202,685 km/h

Boxenstopps:

Alonso:	16. Runde: Tanken und Reifenwechsel in 9,3 sec., total 28,5 sec., Platz 4-11
Massa:	19. Runde: Tanken und Reifenwechsel in 8,1 sec., total 27,3 sec., Platz 2-7
Räikkönen:	20. Runde: Tanken und Reifenwechsel in 8,2 sec., total 27,1 sec., Platz 1-5
Webber:	20. Runde: Tanken und Reifenwechsel in total 28,8 sec., Platz 6-13
Trulli:	20. Runde: Tanken und Reifenwechsel in total 26,8 sec., Platz 8-15
Sato:	20. Runde: Tanken und Reifenwechsel in total 38,7 sec., Platz 17
Hamilton:	21. Runde: Tanken und Reifenwechsel in 8,4 sec., total 27,6 sec., Platz 1-4
Kubica:	21. Runde: Tanken und Reifenwechsel in total 26,8 sec., Platz 2-5
Rosberg:	22. Runde: Tanken und Reifenwechsel in total 30,4 sec., Platz 6-15
Heidfeld:	24. Runde: Tanken und Reifenwechsel in 7,8 sec., total 27,4 sec., Platz 1-6
Barrichello:	25. Runde: Tanken und Reifenwechsel in total 29,5 sec., Platz 5-16
Button:	25. Runde: Tanken und Reifenwechsel in total 34,0 sec., Platz 8-13
Nakajima:	25. Runde: Tanken und Reifenwechsel in total 29,3 sec., Platz 9-10
Fisichella:	25. Runde: Tanken und Reifenwechsel in total 28,1 sec., Platz 11-12
Coulthard:	25. Runde: Tanken und Reifenwechsel in total 27,7 sec., Platz 14
Glock:	25. Runde: Tanken und Reifenwechsel in total 27,4 sec., Platz 15
Barrichello:	26. Runde: 2. Stopp, Neue Nase nach Kontakt mit Fisichella bei Ausfahrt der Boxengasse nach 1. Stopp, verliert total 31,7 sec., Platz 16
Heidfeld:	33. Runde: 2. Stopp, 10 sec.-Stop-and-Go-Strafe wegen Nachtankens während geschlossener Boxengasse in der 2. Safety-Car-Phase, verliert total 29,6 sec., Platz 7-16
Sato:	38. Runde: 2. Stopp, Tanken (Tankrüssel bleibt hängen) und Reifenwechsel in 15,1 sec., verliert total 34,0 sec., Platz 11-14
Fisichella:	44. Runde: 2. Stopp, Tanken und Reifenwechsel in 8,9 sec., total 28,0 sec., Platz 10-12
Heidfeld:	45. Runde: 3. Stopp, Tanken und Reifenwechsel in 7,1 sec., total 26,4 sec., Platz 11-12
Massa:	46. Runde: 2. Stopp, Tanken und Reifenwechsel in 7,2 sec., total 26,2 sec., Platz 2-4
Webber:	46. Runde: 2. Stopp, Tanken und Reifenwechsel in total 26,9 sec., Platz 5-7
Trulli:	46. Runde: 2. Stopp, Tanken und Reifenwechsel in total 30,5 sec., Platz 6-10
Räikkönen:	47. Runde: 2. Stopp, Tanken und Reifenwechsel in 9,2 sec., total 27,9 sec., Platz 1
Hamilton:	47. Runde: 2. Stopp, Tanken und Reifenwechsel in 7,6 sec., total 26,4 sec., Platz 2-3
Kubica:	47. Runde: 2. Stopp, Tanken und Reifenwechsel in total 26,1 sec., Platz 3-4
Nakajima:	51. Runde: 2. Stopp, Tanken und Reifenwechsel in 6,9 sec., total 26,4 sec., Platz 6-9
Glock:	51. Runde: 2. Stopp, Tanken und Reifenwechsel in 5,9 sec., total 25,3 sec., Platz 9-10
Coulthard:	52. Runde: 2. Stopp, Tanken und Reifenwechsel in total 27,2 sec., Platz 7-9
Trulli:	53. Runde: 3. Stopp, Tanken und Reifenwechsel in total 16,7 sec., Platz 7-8
Glock:	53. Runde: 3. Stopp, Neuer Flügel nach Kontakt mit Coulthard, verliert total 27,6 sec., Platz 11-12
Button:	54. Runde: 2. Stopp, Tanken und Reifenwechsel in total 25,4 sec., Platz 5-6
Coulthard:	54. Runde: 3. Stopp, Reifenwechsel links hinten nach Kontakt mit Glock, verliert total 32,3 sec., Platz 11-13

Ausfälle:

Sutil:	1. Runde: Erst dreht sich Sutil nach Kontakt mit Coulthard, dann fährt ihm Vettel ins Auto, Platz 20 (in der Startaufstellung)
Vettel:	1. Runde: Unfall mit Sutil, Platz 18 (in der Startaufstellung)
Piquet:	7. Runde: Unfall mit Bourdais, Platz 18
Bourdais:	8. Runde: Unfall mit Piquet, Platz 19
Davidson:	9. Runde: Defekter Kühler, Platz 18
Kovalainen:	22. Runde: Schwerer Unfall in Kurve 9 wegen Felgenbruchs, bleibt nahezu unverletzt, Platz 3
Barrichello:	35. Runde: Folgeschaden nach Unfall mit Fisichella, Platz 15
Alonso:	35. Runde: Motorschaden, Platz 5
Rosberg:	42. Runde: Motorschaden, Platz 7

Safety Car-Phase:
1. bis 3. Runde um Wrackteile nach dem Unfall zwischen Sutil und Vettel zu entfernen
22. bis 28. Runde um das Wrack nach dem Unfall von Kovalainen in Kurve 9 zu entfernen

Stand nach 1. Runde:
1. Räikkönen, 2. Massa, 3. Alonso, 4. Hamilton, 5. Kubica, 6. Kovalainen, 7. Heidfeld, 8. Webber, 9. Trulli, 10. Piquet

Führung im Rennen:
1.-20. Runde: Räikkönen
21. Runde: Hamilton
22.-24. Runde: Heidfeld
25.-66. Runde: Räikkönen

Ergebnis:

1. Kimi Räikkönen (Finnland) Ferrari	1.38:19,051 = 187,415 km/h	
2. Felipe Massa (Brasilien) Ferrari	1.38:22,279 = 187,313 km/h	3,228 zurück
3. Lewis Hamilton (England) McLaren-Mercedes	1.38:23,238 = 187,282 km/h	4,187 zurück
4. Robert Kubica (Polen) BMW Sauber-BMW	1.38:24,745 = 187,234 km/h	5,694 zurück
5. Mark Webber (Australien) Red Bull-Renault	1.38:54,989 = 186,280 km/h	35,938 zurück
6. Jenson Button (England) Honda	1.39:12,061 = 185,746 km/h	53,010 zurück
7. Kazuki Nakajima (Japan) Williams-Toyota	1.39:17,295 = 185,583 km/h	58,244 zurück
8. Jarno Trulli (Italien) Toyota	1.39:18,486 = 185,546 km/h	59,435zurück
9. Nick Heidfeld (Deutschland) BMW Sauber-BMW	1.39:22,124 = 185,432 km/h	63,073 zurück
10. Giancarlo Fisichella (Italien) Force India-Ferrari	1.38:28,846 = 184,268 km/h	1 Runde zurück
11. Timo Glock (Deutschland) Toyota	1.38:33,054 = 184,137 km/h	1 Runde zurück
12. David Coulthard (Schottland) Red Bull-Renault	1.39:09,241 = 183,017 km/h	1 Runde zurück
13. Takuma Sato (Japan) Super Aguri-Honda	1.39:24,965 = 182,535 km/h	1 Runde zurück

Schnellste Runde im Qualifying: Massa (Ferrari): 1:20,584 = 207,956 km/h (erzielt in Phase 2)
Schnellste Runde im Rennen: Räikkönen (Ferrari): 1:21,670 = 205,191 km/h

Höchstgeschwindigkeiten (Freitag, Training): 1. Massa 312,2, 2. Räikkönen 312,2, 3. Nakajima 310,9, 4. Kubica 310,3, 5. Kovalainen 309,8, 6. Rosberg 309,6, 7. Hamilton 309,4, 8. Sato 309,4, 9. Bourdais 309,2, 10. Heidfeld 308,9, 11. Vettel 308,8, 12. Piquet 308,5, 13. Alonso 308,3, 14. Fisichella 308,2, 15. Sutil 307,6, 16. Davidson 307,2, 17. Webber 307,2, 18. Coulthard 306,9, 19. Barrichello 305,3, 20. Trulli 303,5, 21. Glock 302,4, 22. Button 299,7

Höchstgeschwindigkeiten (Samstag, Qualifying): 1. Räikkönen 313,1, 2. Kovalainen 310,7, 3. Kubica 310,1, 4. Massa 309,1, 5. Nakajima 308,9, 6. Heidfeld 308,8, 7. Glock 308,7, 8. Coulthard 308,4, 9. Piquet 308,3, 10. Sato 308,0, 11. Alonso 307,9, 12. Davidson 307,6, 13. Sutil 307,6, 14. Vettel 307,6, 15. Hamilton 307,3, 16. Webber 307,0, 17. Trulli 307,0, 18. Fisichella 306,8, 19. Bourdais 306,8, 20. Rosberg 306,4, 21. Barrichello 303,6, 22. Button 301,8

Höchstgeschwindigkeiten (Sonntag): 1. Räikkönen 314,6, 2. Massa 313,3, 3. Heidfeld 312,8, 4. Kubica 312,6, 5. Nakajima 312,4, 6. Bourdais 311,9, 7. Rosberg 311,8, 8. Hamilton 311,6, 9. Kovalainen 311,6, 10. Trulli 310,7, 11. Sato 310,7, 12. Coulthard 310,6, 13. Glock 310,5, 14. Fisichella 308,9, 15. Alonso 308,9, 16. Piquet 308,9, 17. Davidson 308,8, 18. Webber 308,1, 19. Button 304,3, 20. Barrichello 304,0, 21. Sutil 302,7, 22. Vettel 297,6

Schnellste Runde jedes Fahrers im Rennen: 1. Räikkönen 1:21,670 (46.), 2. Massa 1:21,801 (45.), 3. Hamilton 1:22,017 (20.), 4. Kubica 1:22,106 (20.), 5. Button 1:22,353 (66.), 6. Kovalainen 1:22,453 (19.), 7. Heidfeld 1:22,519 (21.), 8. Webber 1:22,564 (19.), 9. Alonso 1:22,683 (15.), 10. Trulli 1:22,758 (45.), 11. Coulthard 1:22,842 (57.), 12. Glock 1:23,007 (57.), 13. Rosberg 1:23,319 (20.), 14. Fisichella 1:23,439 (40.), 15. Nakajima 1:23,549 (48.), 16. Barrichello 1:23,858 (21.), 17. Sato 1:24,617 (34.), 18. Piquet 1:25,444 (6.), 19. Bourdais 1:25,999 (6.), 20. Davidson 1:26,864 (6.)

WM-Stand: 1. Räikkönen 29, 2. Hamilton 20, 3. Kubica 19, 4. Massa 18, 5. Heidfeld 16, 6. Kovalainen 14, 7. Trulli 9, 8. Webber 8, 9. Rosberg 7, 10. Alonso 6, 11. Nakajima 5, 12. Button 3, 13. Bourdais 2

Konstrukteur-WM: 1. Ferrari 47, 2. BMW Sauber-BMW 35, 3. McLaren-Mercedes 34, 4. Williams-Toyota 12, 5. Toyota 9, 6. Red Bull-Renault 8, 7. Renault 6, 8. Honda 3, 9. Toro Rosso-Ferrari 2

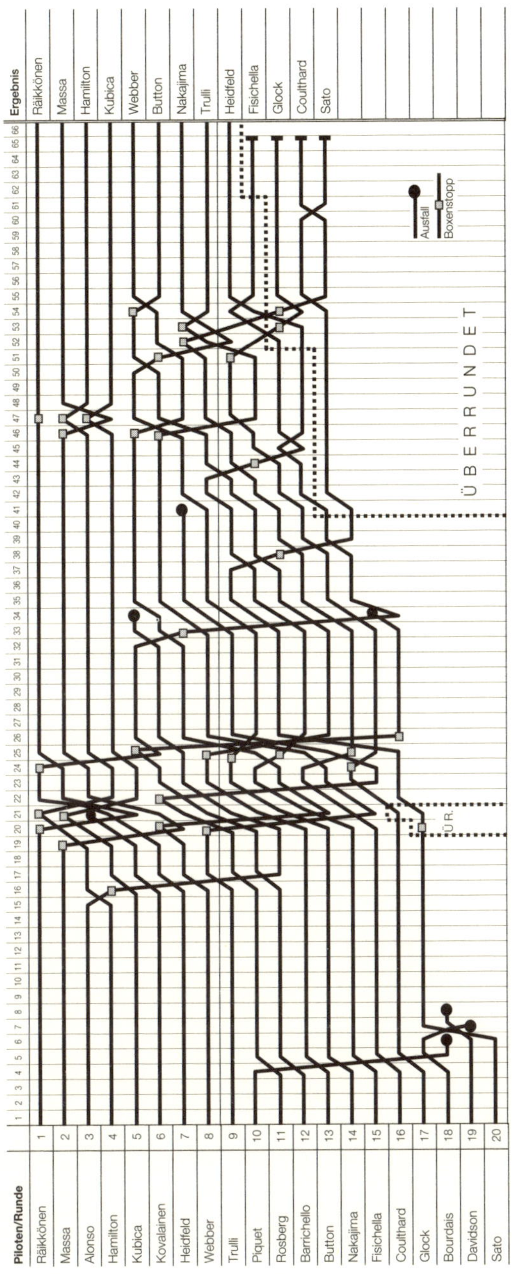
Piloten/Runde
Räikkönen
Massa
Alonso
Hamilton
Kubica
Kovalainen
Heidfeld
Webber
Trulli
Piquet
Rosberg
Barrichello
Button
Nakajima
Fisichella
Coulthard
Glock
Bourdais
Davidson
Sato
1 2 3 4 5 6 7 8 9 10 11 12 13 14 15 16 17 18 19 20
Ergebnis
Räikkönen
Massa
Hamilton
Kubica
Webber
Button
Nakajima
Trulli
Heidfeld
Fisichella
Glock
Coulthard
Sato
Ausfall
Boxenstopp
ÜBERRUNDET
Ü.R.

Lauf 5 – Großer Preis der Türkei – Istanbul, 11. Mai 2008

1. Training (Freitag Vormittag): 1. Massa 1:27,323, 2. Kovalainen 1:27,456, 3. Hamilton 1:27,752, 4. Alonso 1:28,284, 5. Button 1:28,919, 6. Nakajima 1:29,002, 7. Heidfeld 1:29,024, 8. Barrichello 1:29,068, 9. Piquet 2:29,082, 10. Glock 1:29,103, 11. Trulli 1:29,329, 12. Kubica 1:29,330, 13. Rosberg 1:29,367, 14. Sutil 1:29,756, 15. Fisichella 1:29,811, 16. Webber 1:30,088, 17. Coulthard 1:30,340, 18. Bourdais 1:30,388, 19. Vettel 1:30,426, 20. Räikkönen 1:30,732

2. Training (Freitag Nachmittag): 1. Räikkönen 1:27,543, 2. Hamilton 1:27,579, 3. Massa 1:27,682, 4. Coulthard 1:27,763, 5. Kovalainen 1:27,954, 6. Kubica 1:28,431, 7. Trulli 1:28,619, 8. Nakajima 1:28,664, 9. Alonso 1:28,681, 10. Heidfeld 1:28,817, 11. Button 1:28,826, 12. Glock 1:28,849, 13. Rosberg 1:28,907, 14. Fisichella 1:29,008, 15. Barrichello 1:29,024, 16. Piquet 1:29,212, 17. Vettel 1:29,462, 18. Bourdais 1:29,630, 19. Webber 1:29,633, 20. Sutil 1:30,832

3. Training (Samstag)		**Qualifying** (Samstag) **(1. Phase)**			**(2. Phase)**		**(3. Phase)**
1. Webber	1:27,030	1. Massa	1:25,994	1. Räikkönen	1:26,050	1. Massa	1:27,617
2. Alonso	1:27,172	2. Hamilton	1:26,192	2. Kubica	1:26,129	2. Kovalainen	1:27,808
3. Coulthard	1:27,193	3. Räikkönen	1:26,457	3. Massa	1:26,192	3. Hamilton	1:27,923
4. Rosberg	1:27,365	4. Glock	1:26,614	4. Kovalainen	1:26,290	4. Räikkönen	1:27,936
5. Massa	1:27,530	5. Trulli	1:26,695	5. Webber	1:26,466	5. Kubica	1:28,390
6. Trulli	1:27,614	6. Kovalainen	1:26,736	6. Hamilton	1:26,477	6. Webber	1:28,417
7. Hamilton	1:27,658	7. Kubica	1:26,761	7. Coulthard	1:26,520	7. Alonso	1:28,422
8. Glock	1:27,733	8. Webber	1:26,773	8. Alonso	1:26,522	8. Trulli	1:28,836
9. Button	1:27,766	9. Alonso	1:26,836	9. Heidfeld	1:26,607	9. Heidfeld	1:28,882
10. Piquet	1:27,781	10. Coulthard	1:26,939	10. Trulli	1:26,822	10. Coulthard	1:29,959
11. Räikkönen	1:27,837	11. Heidfeld	1:27,107	11. Rosberg	1:27,012		
12. Kovalainen	1:27,849	12. Barrichello	1:27,355	12. Barrichello	1:27,219		
13. Vettel	1:27,899	13. Rosberg	1:27,367	13. Button	1:27,298		
14. Barrichello	1:27,946	14. Button	1:27,428	14. Vettel	1:27,412		
15. Bourdais	1:27,948	15. Vettel	1:27,442	15. Glock	1:27,806		
16. Kubica	1:27,971	16. Nakajima	1:27,547				
17. Nakajima	1:28,301	17. Piquet	1:27,568				
18. Fisichella	1:28,573	18. Bourdais	1:27,621				
19. Heidfeld	1:28,655	19. Fisichella	1:27,807				
20. Sutil	1:29,131	20. Sutil	1:28,325				

Startaufstellung: Zuerst die Piloten 1 bis 10 aus der dritten Qualifying-Phase, danach die Piloten 11 bis 15 aus der zweiten Qualifying-Phase, dahinter die Piloten 16 bis 20 aus der ersten Qualifying-Phase - inklusive Strafversetzungen:

1. Felipe Massa
Ferrari F2008 V8
1:27,617

2. Heikki Kovalainen
McLaren-Mercedes MP4/23 V8
1:27,808

3. Lewis Hamilton
McLaren-Mercedes MP4/23 V8
1:27,923

4. Kimi Räikkönen
Ferrari F2008 V8
1:27,936

5. Robert Kubica
Sauber-BMW F1.08 V8
1:28,390

6. Mark Webber
Red Bull-Renault RB4 V8
1:28,417

7. Fernando Alonso
Renault R28 V8
1:28,422

8. Jarno Trulli
Toyota TF108 V8
1:28,836

9. Nick Heidfeld
Sauber-BMW F1.08 V8
1:28,882

10. David Coulthard
Red Bull-Renault RB4 V8
1:29,959

11. Nico Rosberg
Williams-Toyota FW30 V8
1:27,012

12. Rubens Barrichello
Honda RA108 V8
1:27,219

13. Jenson Button
Honda RA108 V8
1:27,298

14. Sebastian Vettel
Toro Rosso-Ferrari STR-02B V8
1:27,412

15. Timo Glock
Toyota TF108 V8
1:27,806

16. Kazuki Nakajima
Williams-Toyota FW30 V8
1:27,547

17. Nelson Piquet Jr.
Renault R28 V8
1:27,568

18. Sébastien Bourdais
Toro Rosso-Ferrari STR-02B V8
1:27,621

19. Adrian Sutil
Force India-Ferrari VJM01 V8
1:28,325

20. Giancarlo Fisichella
Force India-Ferrari VJM01 V8
1:27,807

Super Aguri-Honda scheidet nach dem GP in Spanien aus der WM, aus finanziellen Gründen ist weitere WM-Teilnahme nicht möglich

Fisichella wird wegen Mißachtens der roten Ampel im 1. Training in der Startaufstellung 3 Plätze nach hinten versetzt

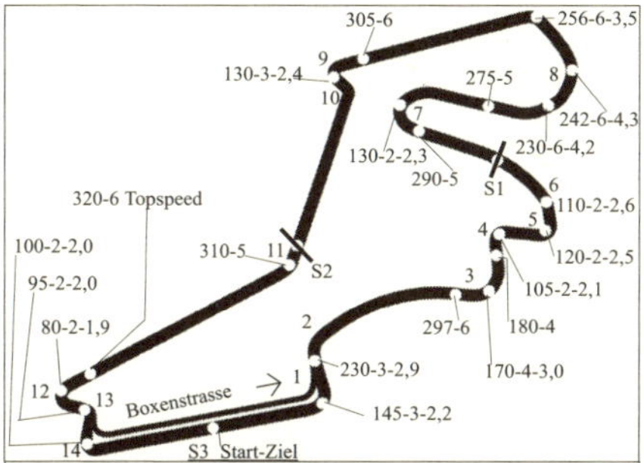

Legende: 132-2-2,1 = 132 km/h-2. Gang-2,1 Gravitation

Wetter am Renntag: Leicht bewölkt, frisch, trocken, 17 Grad Lufttemperatur, 33-32 Grad Asphalttemperatur, 56-55 Prozent Luftfeuchtigkeit, 39.000 Zuschauer am Renntag

Distanz: 58 Runden à 5,338 km = 309,396 km
Ziellinie 0,248 km hinter der Startlinie

Sieger 2007: Massa (Ferrari), 1.26:42,161 = 214,108 km/h, 2. Räikkönen -2,275, 3. Alonso -26,181

Poleposition 2007: Massa (Ferrari), 1:27,329 = 220,050 km/h

Schnellste Runde 2007: Räikkönen (Ferrari), 1:27,295 = 220,136 km/h

Boxenstopps:

Vettel:	1. Runde: Schleichender Plattfuss nach Überfahren von Wrackteilen nach Fisichella/Nakajima-Kollision, verliert total 29,2 sec., Platz 14
Sutil:	1. Runde: Neue Nase nach Kontakt bei Fisichella/Nakajima-Kollision, verliert total 37,3 sec., Platz 15-18
Kovalainen:	2. Runde: Schleichender Plattfuss nach Überfahren von Wrackteilen nach Fisichella/Nakajima-Kollision, verliert total 29,8 sec., Platz 7-18
Alonso:	15. Runde: Tanken und Reifenwechsel in 10,1 sec., total 30,1 sec., Platz 5-10
Hamilton:	16. Runde: Tanken und Reifenwechsel in 6,4 sec., total 26,7 sec., Platz 2-6
Webber:	18. Runde: Tanken und Reifenwechsel in 10,0 sec., total 30,4 sec., Platz 4-10
Massa:	19. Runde: Tanken und Reifenwechsel in 8,2 sec., total 28,4 sec., Platz 1-3
Kubica:	19. Runde: Tanken und Reifenwechsel in 8,7 sec., total 29,3 sec., Platz 2-5
Trulli:	20. Runde: Tanken und Reifenwechsel in total 30,6 sec., Platz 8-17
Räikkönen:	21. Runde: Tanken und Reifenwechsel in 8,6 sec., total 28,9 sec., Platz 1-3
Heidfeld:	21. Runde: Tanken und Reifenwechsel in total 28,9 sec., Platz 2-7
Sutil:	21. Runde: 2. Stopp, Tanken und Reifenwechsel in total 27,8 sec., Platz 18
Vettel:	22. Runde: 2. Stopp, Tanken (Benzin fließt nicht) und Reifenwechsel in total 25,5 sec., Platz 16-17
Coulthard:	23. Runde: Tanken und Reifenwechsel in total 29,7 sec., Platz 6-14
Bourdais:	23. Runde: Tanken und Reifenwechsel in total 43,6 sec., Platz 14-17
Vettel:	23. Runde: 3. Stopp, Tanken, verliert total 40,6 sec., Platz 17-18
Rosberg:	24. Runde: Tanken und Reifenwechsel in total 28,6 sec., Platz 5-13
Kovalainen:	26. Runde: 2. Stopp, Tanken und Reifenwechsel in 9,9 sec., total 30,1 sec., Platz 11-15
Barrichello:	27. Runde: Tanken und Reifenwechsel in total 31,0 sec., Platz 9-15
Piquet:	29. Runde: Tanken und Reifenwechsel in total 27,6 sec., Platz 10-13
Button:	31. Runde: Tanken und Reifenwechsel in 10,2 sec., total 30,2 sec., Platz 8-11
Glock:	31. Runde: Tanken und Reifenwechsel in 9,7 sec., total 30,1 sec., Platz 9-13
Hamilton:	32. Runde: 2. Stopp, Tanken und Reifenwechsel in 6,7 sec., total 26,2 sec., Platz 1-3
Sutil:	37. Runde: 3. Stopp, Tanken und Reifenwechsel in total 29,2 sec., Platz 16-17
Massa:	40. Runde: 2. Stopp, Tanken und Reifenwechsel in 7,3 sec., total 27,3 sec., Platz 1-3
Kubica:	40. Runde: 2. Stopp, Tanken und Reifenwechsel in 7,4 sec., total 27,5 sec., Platz 4-5
Alonso:	41. Runde: 2. Stopp, Tanken und Reifenwechsel in 7,5 sec., total 27,5 sec., Platz 6-9
Heidfeld:	42. Runde: 2. Stopp, Tanken und Reifenwechsel in 6,6 sec., total 26,6 sec., Platz 4-6
Räikkönen:	43. Runde: 2. Stopp, Tanken und Reifenwechsel in 7,1 sec., total 26,9 sec., Platz 1-3
Vettel:	42. Runde: 4. Stopp, Tanken und Reifenwechsel in total 27,4 sec., Platz 16-17
Rosberg:	43. Runde: 2. Stopp, Tanken und Reifenwechsel in 6,9 sec., total 27,2 sec., Platz 7-10
Webber:	44. Runde: 2. Stopp, Tanken und Reifenwechsel in total 26,6 sec., Platz 5-9
Hamilton:	45. Runde: 3. Stopp, Tanken und Reifenwechsel in 5,9 sec., total 25,7 sec., Platz 1-2
Coulthard:	45. Runde: 2. Stopp, Tanken und Reifenwechsel in total 26,1 sec., Platz 6-10
Piquet:	45. Runde: 2. Stopp, Tanken und Reifenwechsel in total 28,6 sec., Platz 11-15
Trulli:	48. Runde: 2. Stopp, Tanken und Reifenwechsel in total 25,6 sec., Platz 7-11
Kovalainen:	50. Runde: 3. Stopp, Tanken und Reifenwechsel in total 26,3 sec., Platz 8-13

Ausfälle:

Fisichella:	1. Runde: Kollision mit Nakajima, Platz 20 (in der Startaufstellung)
Nakajima:	2. Runde: Kollision mit Fisichella, Platz 19
Bourdais:	25. Runde: Gebrochene Bremsscheibe rechts vorne, Platz 17

Safety Car-Phase: 1. bis 3. Runde um die Wracks von Fisichella und Nakajima nach deren Kollision zu bergen

Stand nach 1. Runde:
1. Massa, 2. Hamilton, 3. Kubica, 4. Kovalainen, 5. Alonso, 6. Räikkönen, 7. Webber, 8. Heidfeld, 9. Rosberg, 10. Coulthard

Führung im Rennen:
1.-19. Runde: Massa
20.-21. Runde: Räikkönen
22.-23. Runde: Massa
24.-32. Runde: Hamilton
33.-40. Runde: Massa
41.-43. Runde: Räikkönen
44.-45. Runde: Hamilton
46.-58. Runde: Massa

Ergebnis:

1. Felipe Massa (Brasilien) Ferrari	1.26:49,451 = 213,808 km/h	
2. Lewis Hamilton (England) McLaren-Mercedes	1.26:53,230 = 213,653 km/h	3,779 zurück
3. Kimi Räikkönen (Finnland) Ferrari	1.26:53,722 = 213,633 km/h	4,271 zurück
4. Robert Kubica (Polen) BMW Sauber-BMW	1.27:11,396 = 212,911 km/h	21,945 zurück
5. Nick Heidfeld (Deutschland) BMW Sauber-BMW	1.27:28,192 = 212,230 km/h	38,741 zurück
6. Fernando Alonso (Spanien) Renault	1.27:43,175 = 211,626 km/h	53,724 zurück
7. Mark Webber (Australien) Red Bull-Renault	1.27:53,680 = 211,204 km/h	64,229 zurück
8. Nico Rosberg (Deutschland) Williams-Toyota	1.28:00,857 = 210,917 km/h	71,406 zurück
9. David Coulthard (Schottland) Red Bull-Renault	1.28:04,721 = 210,763 km/h	75,270 zurück
10. Jarno Trulli (Italien) Toyota	1.28:05,795 = 210,720 km/h	76,344 zurück
11. Jenson Button (England) Honda	1.26:50,629 = 210,072 km/h	1 Runde zurück
12. Heikki Kovalainen (Finnland) McLaren-Mercedes	1.26:51,412 = 210,040 km/h	1 Runde zurück
13. Timo Glock (Deutschland) Toyota	1.26:56,703 = 209,827 km/h	1 Runde zurück
14. Rubens Barrichello (Brasilien) Honda	1.27:02,734 = 209,585 km/h	1 Runde zurück
15. Nelson Piquet Jr. (Brasilien) Renault	1.27:03,906 = 209,538 km/h	1 Runde zurück
16. Adrian Sutil (Deutschland) Force India-Ferrari	1.27:51,473 = 207,647 km/h	1 Runde zurück
17. Sebastian Vettel (Deutschland) Toro Rosso-Ferrari	1.27:52,085 = 207,623 km/h	1 Runde zurück

Schnellste Runde im Qualifying: Massa (Ferrari): 1:25,994 = 223,466 km/h (erzielt in Phase 1)
Schnellste Runde im Rennen: Räikkönen (Ferrari): 1:26,506 = 222,144 km/h

Höchstgeschwindigkeiten (Freitag, Training): 1. Räikkönen 321,3, 2. Massa 319,6, 3. Nakajima 318,0, 4. Rosberg 316,5, 5. Webber 315,8, 6. Alonso 314,2, 7. Kovalainen 314,1, 8. Coulthard 313,7, 9. Piquet 313,2, 10. Hamilton 312,9, 11. Kubica 311,6, 12. Trulli 310,9, 13. Vettel 310,5, 14. Bourdais 310,1, 15. Sutil 308,9, 16. Glock 307,6, 17. Heidfeld 307,4, 18. Barrichello 306,9, 19. Button 306,6, 20. Fisichella 305,3

Höchstgeschwindigkeiten (Samstag, Qualifying): 1. Räikkönen 323,8, 2. Massa 323,7, 3. Hamilton 319,8, 4. Nakajima 317,1, 5. Kovalainen 317,1, 6. Rosberg 316,1, 7. Webber 314,9, 8. Alonso 314,9, 9. Glock 314,5, 10. Kubica 314,2, 11. Piquet 314,1, 12. Coulthard 313,7, 13. Trulli 313,7, 14. Heidfeld 312,5, 15. Bourdais 311,3, 16. Barrichello 311,0, 17. Vettel 310,9, 18. Fisichella 310,7, 19. Sutil 310,5, 20. Button 309,7

Höchstgeschwindigkeiten (Sonntag): 1. Massa 323,9, 2. Räikkönen 323,9, 3. Hamilton 322,4, 4. Kovalainen 322,1, 5. Rosberg 320,9, 6. Glock 320,1, 7. Trulli 318,5, 8. Kubica 316,1, 9. Webber 315,9, 10. Alonso 315,6, 11. Piquet 315,5, 12. Coulthard 315,3, 13. Heidfeld 313,7, 14. Button 312,4, 15. Barrichello 312,0, 16. Sutil 311,8, 17. Bourdais 311,6, 18. Vettel 311,3, 19. Fisichella 304,0, 20. Nakajima 185,4

Schnellste Runde jedes Fahrers im Rennen: 1. Räikkönen 1:26,506 (20.), 2. Hamilton 1:26,529 (31.), 3. Massa 1:26,666 (16.), 4. Kubica 1:26,780 (17.), 5. Heidfeld 1:27,219 (20.), 6. Alonso 1:27,280 (57.), 7. Webber 1:27,630 (14.), 8. Kovalainen 1:27,640 (55.), 9. Rosberg 1:27,795 (55.), 10. Piquet 1:27,867 (40.), 11. Trulli 1:27,926 (52.), 12. Coulthard 1:27,966 (41.), 13. Button 1:27,998 (57.), 14. Barrichello 1:28,017 (56.), 15. Vettel 1:28,180 (38.), 16. Glock 1:28,303 (28.), 17. Bourdais 1:28,745 (19.), 18. Sutil 1:28,780 (35.)
18. Nakajima scheidet erst in Runde 2 aus

WM-Stand: 1. Räikkönen 35, 2. Massa 28, 3. Hamilton 28, 4. Kubica 24, 5. Heidfeld 20, 6. Kovalainen 14, 7. Webber 10, 8. Trulli 9, 9. Alonso 9, 10. Rosberg 8, 11. Nakajima 5, 12. Button 3, 13. Bourdais 2

Konstrukteur-WM: 1. Ferrari 63, 2. BMW Sauber-BMW 44, 3. McLaren-Mercedes 42, 4. Williams-Toyota 13, 5. Red Bull-Renault 10, 6. Toyota 9, 7. Renault 9, 8. Honda 3, 9. Toro Rosso-Ferrari 2

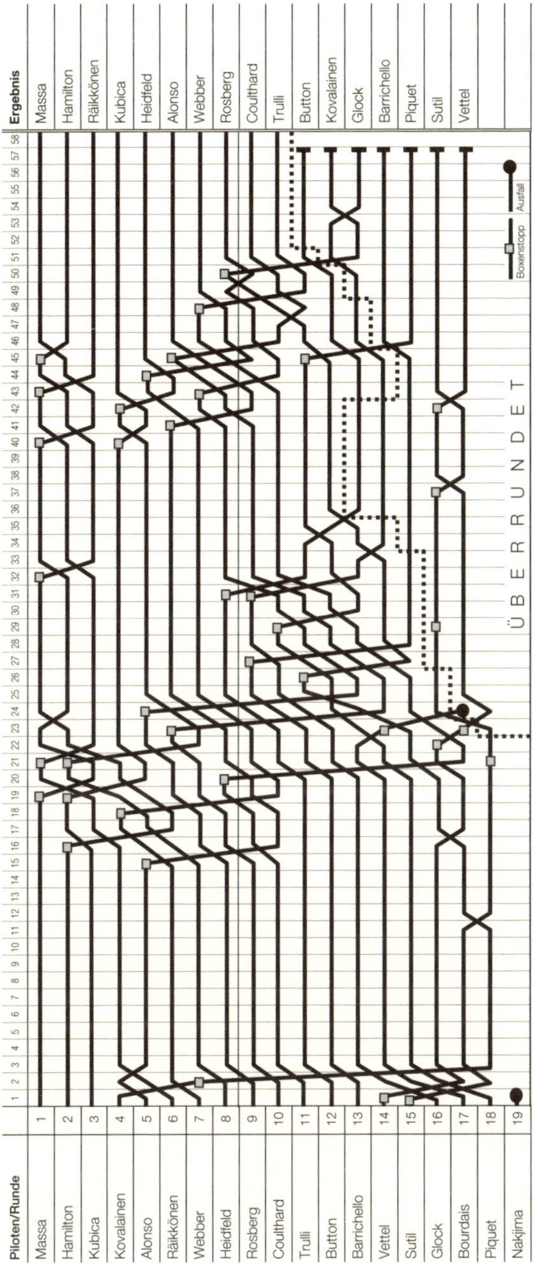
Piloten/Runde
Massa
Hamilton
Kubica
Kovalainen
Alonso
Räikkönen
Webber
Heidfeld
Rosberg
Coulthard
Trulli
Button
Barrichello
Vettel
Sutil
Glock
Bourdais
Piquet
Nakjima
Ergebnis
Massa
Hamilton
Räikkönen
Kubica
Heidfeld
Alonso
Webber
Rosberg
Coulthard
Trulli
Button
Kovalainen
Glock
Barrichello
Piquet
Sutil
Vettel
ÜBERRUNDET
Boxenstopp
Ausfall

Lauf 6 – Großer Preis von Monaco – Monte Carlo, 25. Mai 2008

1. Training (Freitag Vormittag): 1. Räikkönen 1:15,948, 2. Hamilton 1:16,216, 3. Kovalainen 1:16,248, 4. Massa 1:16,292, 5. Rosberg 1:16,653, 6. Kubica 1:16,834, 7. Alonso 1:17,498, 8. Barrichello 1:17,511, 9. Webber 1:17,798, 10. Fisichella 1:17,835, 11. Glock 1:17,942, 12. Button 1:18,153, 13. Bourdais 1:18,245, 14. Heidfeld 1:18,263, 15. Nakajima 1:18,274, 16. Trulli 1:18,360, 17. Sutil 1:18,360, 18. Piquet 1:18,955, 19. Vettel 1:19,176, Coulthard Keine Zeit

2. Training (Freitag Nachmittag): 1. Hamilton 1:15,140, 2. Rosberg 1:15,533, 3. Räikkönen 1:15,572, 4. Massa 1:15,869, 5. Kovalainen 1:15,881, 6. Kubica 1:16,296, 7. Alonso 1:16,310, 8. Button 1:16,351, 9. Nakajima 1:16,372, 10. Barrichello 1:16,418, 11. Heidfeld 1:16,426, 12. Glock 1:16,688, 13. Webber 1:17,094, 14. Coulthard 1:17,131, 15. Piquet 1:17,246, 16. Fisichella 1:17,251, 17. Trulli 1:17,379, 18. Bourdais 1:17,581, 19. Sutil 1:18,176, 20. Vettel 1:18,225

3. Training (Samstag)		**Qualifying** (Samstag) **(1. Phase)**			**(2. Phase)**		**(3. Phase)**
1. Kovalainen	1:16,567	1. Massa	1:15,190	1. Massa	1:15,110	1. Massa	1:15,787
2. Hamilton	1:17,084	2. Kovalainen	1:15,295	2. Rosberg	1:15,287	2. Räikkönen	1:15,815
3. Räikkönen	1:17,177	3. Hamilton	1:15,582	3. Hamilton	1:15,322	3. Hamilton	1:15,839
4. Rosberg	1:17,503	4. Räikkönen	1:15,717	4. Kovalainen	1:15,389	4. Kovalainen	1:16,165
5. Kubica	1:17,687	5. Rosberg	1:15,935	5. Räikkönen	1:15,404	5. Kubica	1:16,171
6. Massa	1:17,691	6. Kubica	1:15,977	6. Kubica	1:15,483	6. Rosberg	1:16,548
7. Webber	1:17,856	7. Webber	1:16,074	7. Trulli	1:15,598	7. Alonso	1:16,852
8. Sutil	1:17,883	8. Coulthard	1:16,086	8. Webber	1:15,745	8. Trulli	1:17,203
9. Nakajima	1:18,147	9. Barrichello	1:16,208	9. Alonso	1:15,827	9. Webber	1:17,343
10. Button	1:18,225	10. Button	1:16,259	10. Coulthard	1:15,839	10. Coulthard	Keine Zeit
11. Bourdais	1:18,367	11. Glock	1:16,285	11. Glock	1:15,907		
12. Glock	1:18,424	12. Trulli	1:16,306	12. Button	1:16,101		
13. Barrichello	1:18,455	13. Alonso	1:16,646	13. Heidfeld	1:16,455		
14. Piquet	1:18,615	14. Heidfeld	1:16,650	14. Nakajima	1:16,479		
15. Vettel	1:18,651	15. Nakajima	1:16,756	15. Barrichello	1:16,537		
16. Alonso	1:18,795	16. Bourdais	1:16,806				
17. Trulli	1:18,858	17. Piquet	1:16,933				
18. Heidfeld	1:19,024	18. Vettel	1:16,955				
19. Fisichella	1:19,131	19. Sutil	1:17,225				
20. Coulthard	1:20,805	20. Fisichella	1:17,823				

Startaufstellung: Zuerst die Piloten 1 bis 10 aus der dritten Qualifying-Phase, danach die Piloten 11 bis 15 aus der zweiten Qualifying-Phase, dahinter die Piloten 16 bis 20 aus der ersten Qualifying-Phase - inklusive Strafversetzungen:

1. Felipe Massa
Ferrari F2008 V8
1:15,787

2. Kimi Räikkönen
Ferrari F2008 V8
1:15,815

3. Lewis Hamilton
McLaren-Mercedes MP4/23 V8
1:15,839

4. Heikki Kovalainen
McLaren-Mercedes MP4/23 V8
1:16,165

5. Robert Kubica
Sauber-BMW F1.08 V8
1:16,171

6. Nico Rosberg
Williams-Toyota FW30 V8
1:16,548

7. Fernando Alonso
Renault R28 V8
1:16,852

8. Jarno Trulli
Toyota TF108 V8
1:17,203

9. Mark Webber
Red Bull-Renault RB4 V8
1:17,343

10. Timo Glock
Toyota TF108 V8
1:15,907

11. Jenson Button
Honda RA108 V8
1:16,101

12. Nick Heidfeld
Sauber-BMW F1.08 V8
1:16,455

13. Kazuki Nakajima
Williams-Toyota FW30 V8
1:16,479

14. Rubens Barrichello
Honda RA108 V8
1:16,537

15. David Coulthard
Red Bull-Renault RB4 V8
Keine Zeit

16. Sébastien Bourdais
Toro Rosso-Ferrari STR-03 V8
1:16,806

17. Nelson Piquet Jr.
Renault R28 V8
1:16,933

18. Adrian Sutil
Force India-Ferrari VJM01 V8
1:17,225

19. Sebastian Vettel
Toro Rosso-Ferrari STR-03 V8
1:16,955

20. Giancarlo Fisichella
Force India-Ferrari VJM01 V8
1:17,823

Sebastian Vettel wird nach Getriebewechsel (wegen Einsatzes des neuen Autos) um 5 Plätze nach hinten versetzt
Giancarlo Fisichella und **David Coulthard** werden nach Getriebewechsel um 5 Plätze nach hinten versetzt

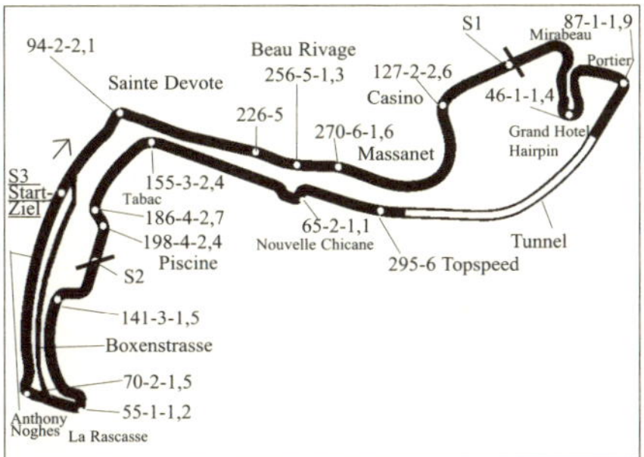

Legende: 132-2-2,1 = 132 km/h-2. Gang-2,1 Gravitation

Wetter am Renntag: Regen beim Start, später langsam trocknend, 20-21 Grad Lufttemperatur, 20-22 Grad Asphalttemperatur, 81-73 Prozent Luftfeuchtigkeit, 70.000 Zuschauer am Renntag

Distanz: 78 Runden à 3,340 km = 260,520 km
Ziellinie 0,000 km hinter der Startlinie

Sieger 2007: Alonso (McLaren-Mercedes), 1.40:29,329 = 155,551 km/h, 2. Hamilton -4,095, 3. Massa -69,114

Poleposition 2007: Alonso (McLaren-Mercedes), 1:15,726 = 158,782 km/h

Schnellste Runde 2007: Alonso (McLaren-Mercedes): 1:15,284 = 159,715 km/h

Boxenstopps:

Button:	1. Runde: Tanken und neue Nase nach Kontakt mit Heidfeld, verliert total 51,3 sec., Platz 20
Rosberg:	3. Runde: Tanken und neuer Flügel nach Kontakt mit Alonso in 10,7 sec., verliert total 30,5 sec., Platz 19
Glock:	4. Runde: Tanken, Reifenwechsel auf Regenreifen und neue Nase nach Unfall, verliert total 29,1 sec., Platz 19
Hamilton:	6. Runde: Tanken und Reifenwechsel auf Intermediates nach Unfall in Tabac-Kurve in 9,0 sec., verliert total 29,0 sec., Platz 5
Alonso:	8. Runde: Tanken, Reifenwechsel auf Intermediates und neue Felge nach Mauerberührung wegen Aquaplaning in der Casino-Kurve in 12,0 sec., verliert total 32,6 sec., Platz 7
Trulli:	8. Runde: Tanken und Reifenwechsel auf Regenreifen, verliert total 27,4 sec., Platz 10-12
Button:	9. Runde: 2. Stopp, Tanken und neue Nase nach Kontakt mit Heidfeld, verliert total 27,5 sec., Platz 18
Räikkönen:	13. Runde: Drive-Through-Strafe weil 3 Minuten vor dem Start nicht alle Reifen aufgezogen waren, verliert total 15,0 sec., Platz 3-4
Alonso:	14. Runde: 2. Stopp, Tanken, Reifenwechsel auf Intermediates und neue Nase nach Kontakt mit Heidfeld, verliert total 30,9 sec., Platz 17
Rosberg:	14. Runde: 2. Stopp, Tanken, Reifenwechsel auf Intermediates und neuer Flügel nach Kontakt im Stau hinter Alonso/Heidfeld-Kollision, verliert total 30,7 sec., Platz 18
Heidfeld:	17. Runde: Tanken, Reifenwechsel auf Intermediates und neue Nase nach Kontakt mit Alonso in 10,5 sec., total 32,0 sec., Platz 18
Kubica:	26. Runde: Tanken und Reifenwechsel auf Intermediates in 9,5 sec., total 27,2 sec., Platz 3
Räikkönen:	27. Runde: 2. Stopp, Tanken, Reifenwechsel auf Intermediates und neuer Flügel nach Unfall in St. Devote in 16,1 sec., total 35,1 sec., Platz 5-6
Massa:	33. Runde: Tanken und Reifenwechsel auf Intermediates in 11,7 sec., total 29,8 sec., Platz 2
Kovalainen:	34. Runde: Tanken und Reifenwechsel auf Intermediates in 11,2 sec., total 29,6 sec., Platz 15-17
Trulli:	37. Runde: 2. Stopp, Tanken und Reifenwechsel auf Intermediates in 10,8 sec., total 30,1 sec., Platz 14
Glock:	38. Runde: 2. Stopp, Tanken und Reifenwechsel auf Intermediates in total 29,9 sec., Platz 16
Alonso:	44. Runde: 3. Stopp, Tanken und Reifenwechsel auf Trockenreifen in 8,4 sec., total 27,2 sec., Platz 16
Piquet:	46. Runde: Tanken und Reifenwechsel auf Trockenreifen in total 31,5 sec., Platz 14-15
Webber:	48. Runde: Tanken und Reifenwechsel auf Trockenreifen in 9,1 sec., total 29,9 sec., Platz 6
Button:	48. Runde: 3. Stopp, Tanken und Reifenwechsel auf Trockenreifen in total 26,2 sec., Platz 12-13
Glock:	48. Runde: 3. Stopp, Tanken und Reifenwechsel auf Trockenreifen in total 28,3 sec., Platz 15
Kovalainen:	49. Runde: 2. Stopp, Tanken und Reifenwechsel auf Trockenreifen in total 27,0 sec., Platz 12-13
Nakajima:	52. Runde: Tanken und Reifenwechsel auf Trockenreifen (Radmutter klemmt), verliert total 1,00 min., Platz 10-9
Vettel:	52. Runde: Tanken und Reifenwechsel auf Trockenreifen in total 26,0 sec., Platz 8
Kubica:	53. Runde: 2. Stopp, Tanken und Reifenwechsel auf Trockenreifen in total 26,3 sec., Platz 3
Rosberg:	52. Runde: 3. Stopp, Tanken und Reifenwechsel auf Trockenreifen in total 15,6 sec., Platz 9-10
Sutil:	53. Runde: Tanken und Reifenwechsel auf Trockenreifen in total 27,0 sec., Platz 4-5
Hamilton:	54. Runde: 2. Stopp, Tanken und Reifenwechsel auf Trockenreifen in total 26,3 sec., Platz 1
Trulli:	52. Runde: 3. Stopp, Tanken und Reifenwechsel auf Trockenreifen in total 25,7 sec., Platz 14
Rosberg:	53. Runde: 4. Stopp, Tanken und Reifenwechsel auf Trockenreifen in total 27,1 sec., Platz 10
Barrichello:	54. Runde: Tanken und Reifenwechsel auf Trockenreifen in total 27,3 sec., Platz 7-8
Massa:	56. Runde: 2. Stopp, Tanken und Reifenwechsel auf Trockenreifen in 8,8 sec., total 27,3 sec., Platz 2-3
Heidfeld:	54. Runde: 2. Stopp, Tanken und Reifenwechsel auf Trockenreifen in total 26,0 sec., Platz 16
Räikkönen:	57. Runde: 3. Stopp, Tanken und Reifenwechsel auf Trockenreifen in total 25,4 sec., Platz 5
Heidfeld:	59. Runde: 3. Stopp, Reifenwechsel nach Überfahren von Wrackteilen nach Rosberg-Unfall in 6,3 sec., verliert total 37,0 sec., Platz 16
Räikkönen:	68. Runde: 4. Stopp, neue Nase nach Auffahrunfall gegen Sutil in 8,8 sec., verliert total 27,6 sec., Platz 8-9

Ausfälle:

Coulthard:	8. Runde: Unfall bei Casino, Platz 10
Bourdais:	8. Runde: Auffahrunfall gegen Coulthard, Platz 12
Fisichella:	37. Runde: Getriebeschaden, Platz 15
Piquet:	48. Runde: Unfall, Platz 15
Rosberg:	60. Runde: Unfall, Platz 10
Sutil:	68. Runde: Räikkönen fährt Sutil in der Hafenschikane auf, Aufhängungsbruch, Platz 4

Vor dem Start:
Kovalainen startet aus der Boxengasse, nachdem er den 1. Gang nicht einlegen kann, und das Lenkrad gewechselt wird

Safety Car-Phase:
8. bis 10. Runde um die Wracks von Coulthard und Bourdais nach deren Kollision zu entfernen

61. bis 66. Runde um die Wrackteile nach dem Unfall von Rosberg zu entfernen

Stand nach 1. Runde:
1. Massa, 2. Hamilton, 3. Räikkönen, 4. Kubica, 5. Alonso, 6. Rosberg, 7. Trulli, 8. Glock, 9. Heidfeld, 10. Nakajima

Führung im Rennen:
1.-15. Runde: Massa
16.-25. Runde: Kubica
26.-32. Runde: Massa
33.-76. Runde: Hamilton

Ergebnis: (Wegen Erreichens des maximalen Zeitlimits von 2 Stunden wird nach 76 Runden das Rennen abgebrochen)

1. Lewis Hamilton (England) McLaren-Mercedes	2.00:42,742 = 126,170 km/h	
2. Robert Kubica (Polen) BMW Sauber-BMW	2.00:45,806 = 126,117 km/h	3,064 zurück
3. Felipe Massa (Brasilien) Ferrari	2.00:47,553 = 126,087 km/h	4,811 zurück
4. Mark Webber (Australien) Red Bull-Renault	2.01:02,037 = 125,835 km/h	19,295 zurück
5. Sebastian Vettel (Deutschland) Toro Rosso-Ferrari	2.01:07,399 = 125,742 km/h	24,657 zurück
6. Rubens Barrichello (Brasilien) Honda	2.01:11,150 = 125,678 km/h	28,408 zurück
7. Kazuki Nakajima (Japan) Williams-Toyota	2.01:12,922 = 125,647 km/h	30,180 zurück
8. Heikki Kovalainen (Finnland) McLaren-Mercedes	2.01:15,933 = 125,595 km/h	33,191 zurück
9. Kimi Räikkönen (Finnland) Ferrari	2.01:16,534 = 125,585 km/h	33,792 zurück
10. Fernando Alonso (Spanien) Renault	2.01:05,210 = 124,125 km/h	1 Runde zurück
11. Jenson Button (England) Honda	2.01:12,175 = 124,006 km/h	1 Runde zurück
12. Timo Glock (Deutschland) Toyota	2.01:14,066 = 123,974 km/h	1 Runde zurück
13. Jarno Trulli (Italien) Toyota	2.01:15,217 = 123,955 km/h	1 Runde zurück
14. Nick Heidfeld (Deutschland) BMW Sauber-BMW	2.00:55,670 = 119,317 km/h	4 Runden zurück

Schnellste Runde im Qualifying: Massa (Ferrari): 1:15,110 = 160,085 km/h (erzielt in Phase 2)

Schnellste Runde im Rennen: Räikkönen (Ferrari): 1:16,689 = 156,789 km/h

Höchstgeschwindigkeiten (Freitag, Training): 1. Hamilton 291,2, 2. Kovalainen 290,5, 3. Alonso 287,6, 4. Vettel 287,3, 5. Räikkönen 287,2, 6. Bourdais 286,8, 7. Heidfeld 286,3, 8. Piquet 286,2, 9. Kubica 286,2, 10. Nakajima 285,8, 11. Massa 285,7, 12. Webber 285,4, 13. Rosberg 284,8, 14. Coulthard 284,6, 15. Sutil 283,6, 16. Trulli 283,4, 17. Glock 283,3, 18. Button 282,2, 19. Barrichello 282,1, 20. Fisichella 281,4

Höchstgeschwindigkeiten (Samstag, Qualifying): 1. Kovalainen 291,4, 2. Hamilton 291,2, 3. Alonso 289,6, 4. Heidfeld 288,7, 5. Piquet 288,7, 6. Kubica 288,6, 7. Vettel 288,4, 8. Bourdais 288,4, 9. Massa 288,3, 10. Räikkönen 288,3, 11. Webber 287,8, 12. Coulthard 287,2, 13. Glock 286,9, 14. Rosberg 286,1, 15. Nakajima 286,0, 16. Trulli 285,4, 17. Barrichello 284,6, 18. Button 284,5, 19. Sutil 283,7, 20. Fisichella 283,5

Höchstgeschwindigkeiten (Sonntag): 1. Kovalainen 291,4, 2. Vettel 289,4, 3. Hamilton 288,8, 4. Räikkönen 288,6, 5. Massa 288,0, 6. Glock 288,0, 7. Alonso 287,3, 8. Nakajima 286,9, 9. Heidfeld 286,3, 10. Kubica 285,5, 11. Trulli 285,4, 12. Webber 284,5, 13. Barrichello 284,2, 14. Rosberg 283,7, 15. Button 282,9, 16. Sutil 279,5, 17. Piquet 277,2, 18. Fisichella 269,1, 19. Coulthard 233,9, 20. Bourdais 233,1,

Schnellste Runde jedes Fahrers im Rennen: 1. Räikkönen 1:16,689 (74.), 2. Kovalainen 1:17,282 (74.), 3. Alonso 1:17,869 (73.), 4. Massa 1:17,886 (76.), 5. Kubica 1:17,933 (75.), 6. Hamilton 1:18,510 (71.), 7. Vettel 1:18,787 (74.), 8. Webber 1:19,036 (74.), 9. Barrichello 1:19,574 (75.), 10. Button 1:19,582 (74.), 11. Glock 1:19,618 (75.), 12. Trulli 1:19,830 (75.), 13. Nakajima 1:19,910 (75.), 14. Heidfeld 1:20,251 (72.), 15. Rosberg 1:21,270 (58.), 16. Sutil 1:22,039 (60.), 17. Piquet 1:31,187 (40.), 18. Fisichella 1:32,849 (33.), 19. Bourdais 1:41,150 (7.), 20. Coulthard1:42,112 (7.)

WM-Stand: 1. Hamilton 38, 2. Räikkönen 35, 3. Massa 34, 4. Kubica 32, 5. Heidfeld 20, 6. Kovalainen 15, 7. Webber 15, 8. Alonso 9, 9. Trulli 9, 10. Rosberg 8, 11. Nakajima 7, 12. Vettel 4, 13. Button 3, 14. Barrichello 3, 15. Bourdais 2

Konstrukteur-WM: 1. Ferrari 69, 2. McLaren-Mercedes 53, 3. BMW Sauber-BMW 52, 4. Williams-Toyota 15, 5. Red Bull-Renault 15, 6. Toyota 9, 7. Renault 9, 8. Toro Rosso-Ferrari 6, 9. Honda 6

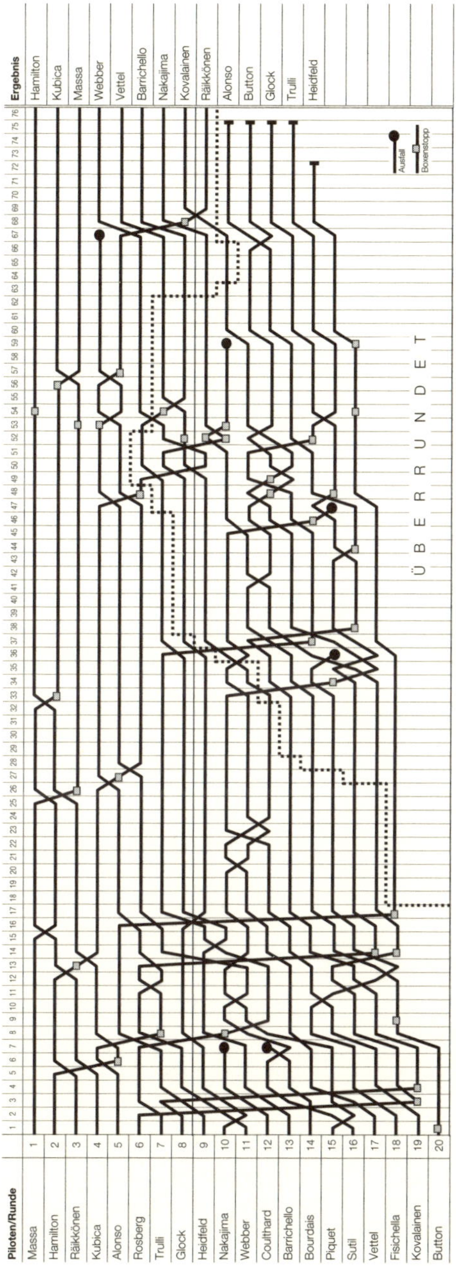
Piloten/Runde
Massa
Hamilton
Räikkönen
Kubica
Alonso
Rosberg
Trulli
Glock
Heidfeld
Nakajima
Webber
Coulthard
Barrichello
Bourdais
Piquet
Sutil
Vettel
Fisichella
Kovalainen
Button
Ergebnis
Hamilton
Kubica
Massa
Webber
Vettel
Barrichello
Nakajima
Kovalainen
Räikkönen
Alonso
Button
Glock
Trulli
Heidfeld
Ausfall
Boxenstopp
ÜBERRUNDET

Lauf 7 – Großer Preis von Kanada – Montreal, 8. Juni 2008

1. Training (Freitag Vormittag): 1. Massa 1:17,553, 2. Kubica 1:17,809, 3. Kovalainen 1:18,133, 4. Heidfeld 1:18,182, 5. Räikkönen 1:18,292, 6. Hamilton 1:18,303, 7. Webber 1:18,712, 8. Coulthard 1:18,809, 9. Nakajima 1:18,971, 10. Alonso 1:19,005, 11. Rosberg 1:19,093, 12. Vettel 1:19,228, 13. Glock 1:19,346, 14. Trulli 1:19,568, 15. Fisichella 1:19,815, 16. Sutil 1:19,888, 17. Piquet 1:20,091, 18. Barrichello 1:20,173, 19. Bourdais 1:20,541, 20. Button 1:21,542

2. Training (Freitag Nachmittag): 1. Hamilton 1:15,752, 2. Kubica 1:16,023, 3. Räikkönen 1:16,093, 4. Kovalainen 1:16,331, 5. Massa 1:16,413, 6. Heidfeld 1:16,589, 7. Webber 1:16,604, 8. Rosberg 1:16,767, 9. Vettel 1:17,019, 10. Trulli 1:17,068, 11. Nakajima 1:17,242, 12. Coulthard 1:17,334, 13. Barrichello 1:17,462, 14. Fisichella 1:17,508, 15. Glock 1:17,549, 16. Bourdais 1:17,559, 17. Alonso 1:17,644, 18. Sutil 1:17,813, 19. Button 1:17,842, 20. Piquet 1:18,076

3. Training (Samstag)		**Qualifying** (Samstag) **(1. Phase)**			**(2. Phase)**		**(3. Phase)**
1. Rosberg	1:16,555	1. Hamilton	1:16,909	1. Hamilton	1:17,034	1. Hamilton	1:17,886
2. Räikkönen	1:16,589	2. Massa	1:17,231	2. Massa	1:17,353	2. Kubica	1:18,498
3. Hamilton	1:16,725	3. Kovalainen	1:17,287	3. Räikkönen	1:17,364	3. Räikkönen	1:18,735
4. Massa	1:16,787	4. Räikkönen	1:17,301	4. Alonso	1:17,488	4. Alonso	1:18,746
5. Nakajima	1:16,898	5. Alonso	1:17,415	5. Webber	1:17,523	5. Rosberg	1:18,844
6. Trulli	1:16,946	6. Kubica	1:17,471	6. Kubica	1:17,679	6. Massa	1:19,048
7. Kovalainen	1:16,952	7. Webber	1:17,582	7. Kovalainen	1:17,684	7. Kovalainen	1:19,089
8. Piquet	1:17,060	8. Nakajima	1:17,638	8. Heidfeld	1:17,781	8. Heidfeld	1:19,633
9. Webber	1:17,062	9. Rosberg	1:17,991	9. Rosberg	1:17,891	9. Barrichello	1:20,848
10. Vettel	1:17,085	10. Trulli	1:18,039	10. Barrichello	1:18,020	10. Webber	Keine Zeit
11. Kubica	1:17,109	11. Heidfeld	1:18,082	11. Glock	1:18,031		
12. Bourdais	1:17,282	12. Coulthard	1:18,168	12. Nakajima	1:18,062		
13. Coulthard	1:17,322	13. Barrichello	1:18,256	13. Coulthard	1:18,238		
14. Barrichello	1:17,557	14. Glock	1:18,321	14. Trulli	1:18,327		
15. Glock	1:17,557	15. Piquet	1:18,505	15. Piquet	1:18,393		
16. Fisichella	1:17,608	16. Bourdais	1:18,916				
17. Alonso	1.17,683	17. Sutil	1:19,108				
18. Heidfeld	1:17,766	18. Fisichella	1:19,165				
19. Button	1:18,178	19. Button	1:23,565				
20. Sutil	1:18,424	20. Vettel	Keine Zeit				

Startaufstellung: Zuerst die Piloten 1 bis 10 aus der dritten Qualifying-Phase, danach die Piloten 11 bis 15 aus der zweiten Qualifying-Phase, dahinter die Piloten 16 bis 20 aus der ersten Qualifying-Phase - inklusive Strafversetzungen:

1. Lewis Hamilton
McLaren-Mercedes MP4/23 V8
1:17,886

2. Robert Kubica
Sauber-BMW F1.08 V8
1:18,498

3. Kimi Räikkönen
Ferrari F2008 V8
1:18,735

4. Fernando Alonso
Renault R28 V8
1:18,746

5. Nico Rosberg
Williams-Toyota FW30 V8
1:18,844

6. Felipe Massa
Ferrari F2008 V8
1:19,048

7. Heikki Kovalainen
McLaren-Mercedes MP4/23 V8
1:19,089

8. Nick Heidfeld
Sauber-BMW F1.08 V8
1:19,633

9. Rubens Barrichello
Honda RA108 V8
1:20,848

10. Mark Webber
Red Bull-Renault RB4 V8
Keine Zeit

11. Timo Glock
Toyota TF108 V8
1:18,031

12. Kazuki Nakajima
Williams-Toyota FW30 V8
1:18,062

13. David Coulthard
Red Bull-Renault RB4 V8
1:18,238

14. Jarno Trulli
Toyota TF108 V8
1:18,327

15. Nelson Piquet Jr.
Renault R28 V8
1:18,393

16. Adrian Sutil
Force India-Ferrari VJM01 V8
1:19,108

17. Giancarlo Fisichella
Force India-Ferrari VJM01 V8
1:19,165

18. Sébastien Bourdais
Toro Rosso-Ferrari STR-03 V8
1:18,916

19. Jenson Button
Honda RA108 V8
1:23,565

20. Sebastian Vettel
Toro Rosso-Ferrari STR-03 V8
Keine Zeit

Vettel nimmt nach einem Unfall im 3. Training nicht am Qualifying teil
Bourdais wird nach Getriebewechsel um 5 Plätze nach hinten versetzt

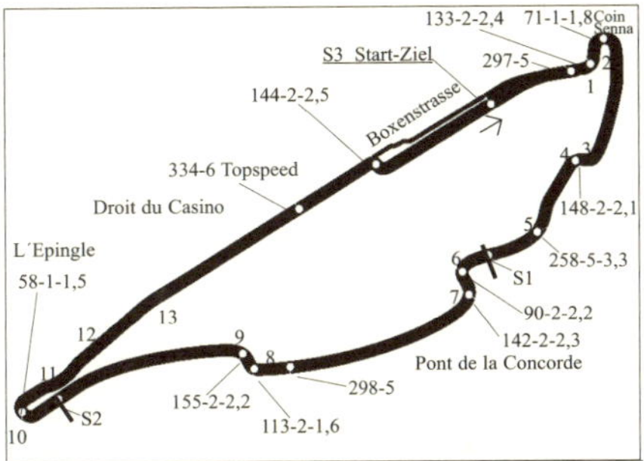

Legende: 132-2-2,1 = 132 km/h-2. Gang-2,1 Gravitation

Wetter am Renntag: Sehr windig, trocken, leicht bewölkt , 26-28 Grad Lufttemperatur, 34-40 Grad Asphalttemperatur, 57-60 Prozent Luftfeuchtigkeit, 120.000 Zuschauer am Renntag

Distanz: 70 Runden à 4,361 km = 305,270 km
Ziellinie 0,000 km hinter der Startlinie

Sieger 2007: Hamilton (McLaren-Mercedes), 1.44:11,292 = 175,799 km/h, 2. Heidfeld -4,343, 3. Wurz -5,325

Poleposition 2007: Hamilton (McLaren-Mercedes), 1:15,707 = 207,373 km/h

Schnellste Runde 2007: Alonso (McLaren-Mercedes): 1:16,367 = 205,580 km/h

Boxenstopps:

Button:	17. Runde: Tanken und Reifenwechsel in total 28,3 sec., Platz 19
Hamilton:	19. Runde: Tanken und Reifenwechsel in 10,2 sec., total 32,9 sec., Platz 12
Kubica:	19. Runde: Tanken und Reifenwechsel in 8,3 sec., total 35,0 sec., Platz 9-10
Räikkönen:	19. Runde: Tanken und Reifenwechsel in total 30,1 sec., Platz 10
Rosberg:	19. Runde: Tanken und Reifenwechsel in total 50,8 sec., Platz 13-17
Alonso:	19. Runde: Tanken und Reifenwechsel in total 35,3 sec., Platz 14-11
Massa:	19. Runde: Es fließt kein Treibstoff, Reifenwechsel, verliert total 34,4 sec., Platz 15-12
Kovalainen:	19. Runde: Tanken und Reifenwechsel in total 38,7 sec., Platz 17-14
Piquet:	19. Runde: Tanken und Reifenwechsel in total 31,7 sec., Platz 16-13
Bourdais:	19. Runde: Tanken und Reifenwechsel in total 32,1 sec., Platz 19-16
Button:	19. Runde: 2. Stopp, 10 sec.-Stop-and-Go-Strafe weil der erste Stopp während geschlossener Boxengasse stattfindet, verliert total 28,3 sec., Platz 18-15
Rosberg:	20. Runde: 2. Stopp, Tanken und Reifenwechsel in total 36,9 sec., Platz 17-16
Massa:	21. Runde: 2. Stopp, Tanken auf der Ersatz-Tankanlage, verliert total 31,0 sec., Platz 17
Heidfeld:	29. Runde: Tanken und Reifenwechsel in 12,4 sec., total 33,4 sec., Platz 6-7
Webber:	29. Runde: Tanken und Reifenwechsel in total 28,6 sec., Platz 14-13
Fisichella:	30. Runde: Tanken und Reifenwechsel in total 58,4 sec., Platz 17
Nakajima:	33. Runde: Tanken und Reifenwechsel in 9,3 sec., total 30,1 sec., Platz 12
Rosberg:	35. Runde: 3. Stopp, Tanken und Reifenwechsel in total 28,3 sec., Platz 16
Barrichello:	36. Runde: Tanken und Reifenwechsel in 10,6 sec., total 31,2 sec., Platz 6-7
Coulthard:	37. Runde: Tanken und Reifenwechsel in 10,3 sec., total 31,2 sec., Platz 5-6
Vettel:	37. Runde: Tanken und Reifenwechsel in total 44,6 sec., Platz 15
Trulli:	39. Runde: Tanken und Reifenwechsel in total 30,6 sec., Platz 10-12
Glock:	42. Runde: Tanken und Reifenwechsel in total 31,3 sec., Platz 11
Bourdais:	42. Runde: 2. Stopp, Tanken (es klemmt der Tankstutzen) und Reifenwechsel, verliert total 29,8 sec., Platz 15
Fisichella:	44. Runde: 2. Stopp, Tanken und Reifenwechsel in total 32,8 sec., Platz 16
Kubica:	49. Runde: 2. Stopp, Tanken und Reifenwechsel in 7,5 sec., total 28,2 sec., Platz 1
Massa:	53. Runde: 3. Stopp, Tanken und Reifenwechsel in 6,2 sec., total 27,1 sec., Platz 7
Kovalainen:	53. Runde: 2. Stopp, Tanken und Reifenwechsel in total 27,7 sec., Platz 9-10
Button:	53. Runde: 3. Stopp, Tanken und Reifenwechsel in total 27,3 sec., Platz 11
Webber:	53. Runde: 2. Stopp, Tanken und Reifenwechsel in total 27,5 sec., Platz 12

Ausfälle:

Sutil:	13. Runde: Getriebedefekt, Platz 16
Hamilton:	19. Runde: Auffahrunfall mit Räikkönen in der Boxengasse, Platz 12
Räikkönen:	19. Runde: Unfall mit Hamilton, Platz 10
Piquet:	39. Runde: Bremsdefekt, Platz 14
Alonso:	44. Runde: Dreher, Platz 3
Nakajima:	46. Runde: Verliert nach Kontakt mit Button den Frontflügel, rettet sich in die Boxengasse, Wagen sitzt aber am eigenen Flügel auf und kracht unlenkbar in die Mauer, Platz 8
Fisichella:	51. Runde: Dreher, Platz 14

Vor dem Start:
Vettel und Bourdais starten aus der Boxengasse. Bourdais wegen Getriebewechsels, Button wegen Setupänderung

Safety Car-Phase: 17. bis 21. Runde um um den Force India von Sutil zu entfernen

Stand nach 1. Runde:
1. Hamilton, 2. Kubica, 3. Räikkönen, 4. Rosberg, 5. Alonso, 6. Massa, 7. Kovalainen, 8. Barrichello, 9. Heidfeld, 10. Nakajima

Führung im Rennen:
1.-18. Runde: Hamilton
19.-28. Runde: Heidfeld
29.-35. Runde: Barrichello
36. Runde: Coulthard
37.-38. Runde: Trulli
39.-41. Runde: Glock
42.-70. Runde: Kubica

Ergebnis:

1. Robert Kubica (Polen) BMW Sauber-BMW	1.36:24,447 = 189,987 km/h	
2. Nick Heidfeld (Deutschland) BMW Sauber-BMW	1.36:40,942 = 189,447 km/h	16,495 zurück
3. David Coulthard (Schottland) Red Bull-Renault	1.36:47,799 = 189,223 km/h	23,352 zurück
4. Timo Glock (Deutschland) Toyota	1.37;07,074 = 188,597 km/h	42,627 zurück
5. Felipe Massa (Brasilien) Ferrari	1.37:08,381 = 188,555 km/h	43,934 zurück
6. Jarno Trulli (Italien) Toyota	1.37:12,222 = 188,431 km/h	47,775 zurück
7. Rubens Barrichello (Brasilien) Honda	1.37:18,044 = 188,243 km/h	53,597 zurück
8. Sebastian Vettel (Deutschland) Toro Rosso-Ferrari	1.37:18,567 = 188,226 km/h	54,120 zurück
9. Heikki Kovalainen (Finnland) McLaren-Mercedes	1.37:18,880 = 188,216 km/h	54,433 zurück
10. Nico Rosberg (Deutschland) Williams-Toyota	1.37:22,196 = 188,109 km/h	57,749 zurück
11. Jenson Button (England) Honda	1.37:31,987 = 187,794 km/h	67,540 zurück
12. Mark Webber (Australien) Red Bull-Renault	1.37:35,676 = 187,676 km/h	71,229 zurück
13. Sébastien Bourdais (Frankreich) Toro Rosso-Ferrari	1.36:43,167 = 186,669 km/h	1 Runde zurück

Hamilton und **Rosberg** werden nach ihren Auffahrunfällen in der Boxengasse im nächsten Grand Prix 10 Plätze in der Startaufstellung strafversetzt

Schnellste Runde im Qualifying: Hamilton (McLaren-Mercedes): 1:16,909 (Phase 1) = 203,800 km/h (erzielt in Phase 2)

Schnellste Runde im Rennen: Räikkönen (Ferrari): 1:17,387 = 202,871 km/h

Höchstgeschwindigkeiten (Freitag, Training): 1. Kovalainen 320,8, 2. Hamilton 320,5, 3. Massa 320,2, 4. Kubica 319,9, 5. Räikkönen 318,0, 6. Alonso 317,9, 7. Heidfeld 317,4, 8. Trulli 316,4, 9. Piquet 315,8, 10. Bourdais 315,4, 11. Webber 315,0, 12. Vettel 314,8, 13. Nakajima 314,5, 14. Glock 314,5, 15. Coulthard 314,0, 16. Rosberg 313,2, 17. Barrichello 312,9, 18. Fisichella 312,5, 19. Sutil 311,1, 20. Button 309,6

Höchstgeschwindigkeiten (Samstag, Qualifying): 1. Hamilton 322,0, 2. Trulli 317,5, 3. Coulthard 317,3, 4. Kovalainen 316,9, 5. Alonso 316,5, 6. Räikkönen 316,2, 7. Heidfeld 316,2, 8. Kubica 315,6, 9. Piquet 314,9, 10. Massa 313,9, 11. Glock 313,6, 12. Webber 313,6, 13. Sutil 312,8, 14. Nakajima 312,7, 15. Fisichella 311,9, 16. Barrichello 311,6, 17. Rosberg 311,2, 18. Bourdais 310,7, 19. Button 298,5

Höchstgeschwindigkeiten (Sonntag): 1. Kovalainen 323,6, 2. Vettel 321,5, 3. Nakajima 321,2, 4. Fisichella 321,0, 5. Massa 320,6, 6. Kubica 319,9, 7. Webber 318,7, 8. Heidfeld 318,3, 9. Sutil 318,3, 10. Glock 318,1, 11. Piquet 317,9, 12. Alonso 317,5, 13. Coulthard 317,1, 14. Rosberg 316,2, 15. Trulli 315,4, 16. Bourdais 314,9, 17. Räikkönen 314,1, 18. Hamilton 313,9, 19. Barrichello 312,2, 20. Button 310,8,

Schnellste Runde jedes Fahrers im Rennen: 1. Räikkönen 1:17,387 (14.), 2. Heidfeld 1:17,430 (25.), 3. Hamilton 1:17,506 (4.), 4. Kubica 1:17,539 (47.), 5. Rosberg 1:17,977 (14.), 6. Massa 1:18,006 (11.), 7. Coulthard 1:18,085 (36.), 8. Webber 1:18,201 (51.), 9. Alonso 1:18,225 (16.), 10. Barrichello 1:18,301 (35.), 11. Kovalainen 1:18,462 (62.), 12. Vettel 1:18,532 (33.), 13. Bourdais 1:18,620 (34.), 14. Nakajima 1:18,784 (30.), 15. Trulli 1:18,870 (38.), 16. Fisichella 1:19,066 (41.), 17. Glock 1:19,087 (31.), 18. Piquet 1:19,239 (16.), 19. Button 1:19,352 (58.), 20. Sutil 1:20,666 (7.)

WM-Stand: 1. Kubica 42, 2. Hamilton 38, 3. Massa 38, 4. Räikkönen 35, 5. Heidfeld 28, 6. Kovalainen 15, 7. Webber 15, 8. Trulli 12, 9. Alonso 9, 10. Rosberg 8, 11. Nakajima 7, 12. Coulthard 6, 13. Glock 5, 14. Vettel 5, 15. Barrichello 5, 16. Button 3, 17. Bourdais 2

Konstrukteur-WM: 1. Ferrari 73, 2. BMW Sauber-BMW 70, 3. McLaren-Mercedes 53, 4. Red Bull-Renault 21, 5. Toyota 17, 6.Williams-Toyota 15, 7. Renault 9, 8. Honda 8, 9. Toro Rosso-Ferrari 7

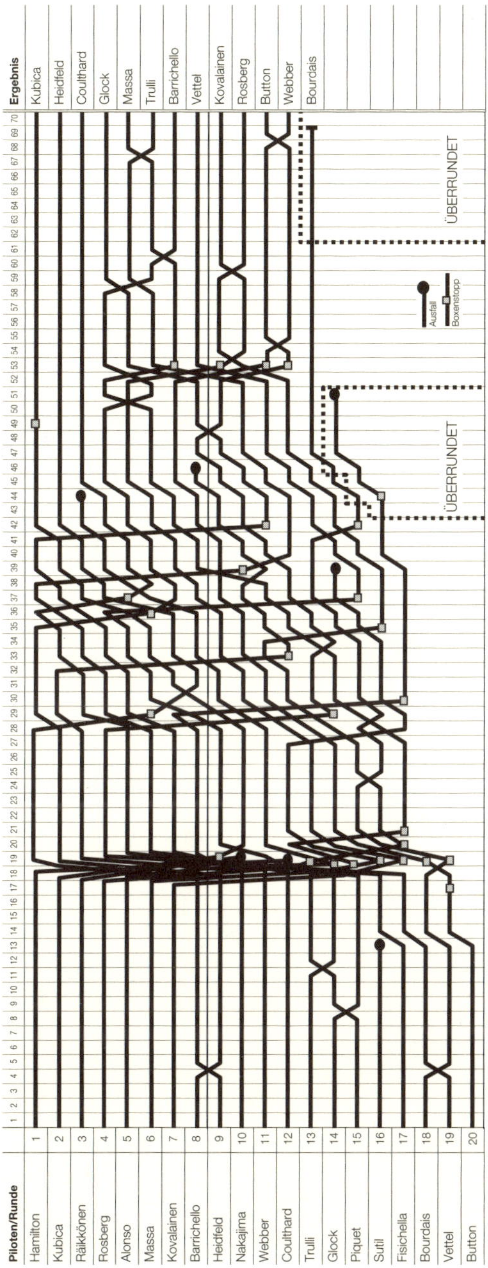
Piloten/Runde
Hamilton 1
Kubica 2
Räikkönen 3
Rosberg 4
Alonso 5
Massa 6
Kovalainen 7
Barrichello 8
Heidfeld 9
Nakajima 10
Webber 11
Coulthard 12
Trulli 13
Glock 14
Piquet 15
Sutil 16
Fisichella 17
Bourdais 18
Vettel 19
Button 20
Ergebnis
Kubica
Heidfeld
Coulthard
Glock
Massa
Trulli
Barrichello
Vettel
Kovalainen
Rosberg
Button
Webber
Bourdais
ÜBERRUNDET
ÜBERRUNDET
Ausfall
Boxenstopp

Lauf 8 – Großer Preis von Frankreich – Magny Cours, 22. Juni 2008

1. Training (Freitag Vormittag): 1. Massa 1:15,306, 2. Hamilton 1:16,002, 3. Kovalainen 1:16,055, 4. Räikkönen 1:16,073, 5. Kubica 1:16,377, 6. Alonso 1:16,400, 7. Trulli 1:16,758, 8. Vettel 1:16,838, 9. Heidfeld 1:16,870, 10. Glock 1:16,886, 11. Piquet 1:17,063, 12. Coulthard 1:17,234, 13. Webber 1:17,269, 14. Rosberg 1:17,394, 15. Barrichello 1:17,491, 16. Bourdais 1:17,683, 17. Nakajima 1:17,696, 18. Button 1:17,928, 19. Fisichella 1:18,072, 20. Sutil 1:18,673

2. Training (Freitag Nachmittag): 1. Alonso 1:15,778, 2. Massa 1:15,854, 3. Räikkönen 1:15,999, 4. Hamilton 1:16,232, 5. Vettel 1:16,298, 6. Kubica 1:16,317, 7. Kovalainen 1:16,340, 8. Heidfeld 1:16,458, 9. Piquet 1:16,543, 10. Coulthard 1:16,572, 11. Rosberg 1:16,682, 12. Trulli 1:16,743, 13. Bourdais 1:16,758, 14. Nakajima 1:17,002, 15. Glock 1:17,092, 16. Webber 1:17,106, 17. Button 1:17,244, 18. Fisichella 1:17,394, 19. Barrichello 1:17,591, 20. Sutil 1:17,868

3. Training (Samstag)		**Qualifying** (Samstag) **(1. Phase)**			**(2. Phase)**		**(3. Phase)**
1. Piquet	1:15,750	1. Massa	1:15,024	1. Massa	1:15,041	1. Räikkönen	1:16,449
2. Webber	1:15,759	2. Räikkönen	1:15,133	2. Räikkönen	1:15,161	2. Massa	1:16,490
3. Vettel	1:15,827	3. Trulli	1:15,521	3. Hamilton	1:15,293	3. Hamilton	1:16,693
4. Rosberg	1:15,974	4. Hamilton	1:15,634	4. Trulli	1:15,362	4. Alonso	1:16,840
5. Räikkönen	1:16,003	5. Kubica	1:15,687	5. Alonso	1:15,483	5. Trulli	1:16,920
6. Trulli	1:16,147	6. Glock	1:15,727	6. Webber	1:15,488	6. Kovalainen	1:16,944
7. Hamilton	1:16,182	7. Alonso	1:15,754	7. Glock	1:15,558	7. Kubica	1:17,037
8. Bourdais	1:16,235	8. Coulthard	1:15,802	8. Kovalainen	1:15,639	8. Webber	1:17,233
9. Massa	1:16,256	9. Piquet	1:15,848	9. Coulthard	1:15,654	9. Coulthard	1:17,426
10. Coulthard	1:16,282	10. Vettel	1:15,918	10. Kubica	1:15,723	10. Glock	1:17,596
11. Glock	1:16,344	11. Kovalainen	1:15,965	11. Piquet	1:15,770		
12. Alonso	1:16,437	12. Heidfeld	1:16,006	12. Heidfeld	1:15,786		
13. Kovalainen	1:16,545	13. Webber	1:16,020	13. Vettel	1:15,816		
14. Kubica	1:16,617	14. Bourdais	1:16,072	14. Bourdais	1:16,045		
15. Nakajima	1:16,644	15. Rosberg	1:16,085	15. Rosberg	1:16,235		
16. Button	1:16,651	16. Nakajima	1:16,243				
17. Barrichello	1:16,658	17. Button	1:16,306				
18. Heidfeld	1:16,687	18. Barrichello	1:16,330				
19. Fisichella	1:17,365	19. Fisichella	1:16,971				
20. Sutil	1:17,612	20. Sutil	1:17,053				

Startaufstellung: Zuerst die Piloten 1 bis 10 aus der dritten Qualifying-Phase, danach die Piloten 11 bis 15 aus der zweiten Qualifying-Phase, dahinter die Piloten 16 bis 20 aus der ersten Qualifying-Phase - inklusive Strafversetzungen:

1. Kimi Räikkönen
Ferrari F2008 V8
1:16,449

2. Felipe Massa
Ferrari F2008 V8
1:16,490

3. Fernando Alonso
Renault R28 V8
1:16,840

4. Jarno Trulli
Toyota TF108 V8
1:16,920

5. Robert Kubica
Sauber-BMW F1.08 V8
1:17,037

6. Mark Webber
Red Bull-Renault RB4 V8
1:17,233

7. David Coulthard
Red Bull-Renault RB4 V8
1:17,426

8. Timo Glock
Toyota TF108 V8
1:17,596

9. Nelson Piquet Jr.
Renault R28 V8
1:15,770

10. Heikki Kovalainen
McLaren-Mercedes MP4/23 V8
1:16,944

11. Nick Heidfeld
Sauber-BMW F1.08 V8
1:15,786

12. Sebastian Vettel
Toro Rosso-Ferrari STR-03 V8
1:15,816

13. Lewis Hamilton
McLaren-Mercedes MP4/23 V8
1:16,693

14. Sébastien Bourdais
Toro Rosso-Ferrari STR-03 V8
1:16,045

15. Kazuki Nakajima
Williams-Toyota FW30 V8
1:16,243

16. Jenson Button
Honda RA108 V8
1:16,306

17. Giancarlo Fisichella
Force India-Ferrari VJM01 V8
1:16,971

18. Adrian Sutil
Force India-Ferrari VJM01 V8
1:17,053

19. Nico Rosberg
Williams-Toyota FW30 V8
1:16,235

20. Rubens Barrichello
Honda RA108 V8
1:16,330

Hamilton und **Rosberg** werden nach ihren Auffahrunfällen in der Boxengasse von Montreal 10 Plätze in der Startaufstellung strafversetzt
Kovalainen wird nach Behinderung von Webber im Qualifying in der Startaufstellung 5 Plätze strafversetzt
Barrichello wird wegen Getriebwechsel 5 Plätze nach hinten versetzt

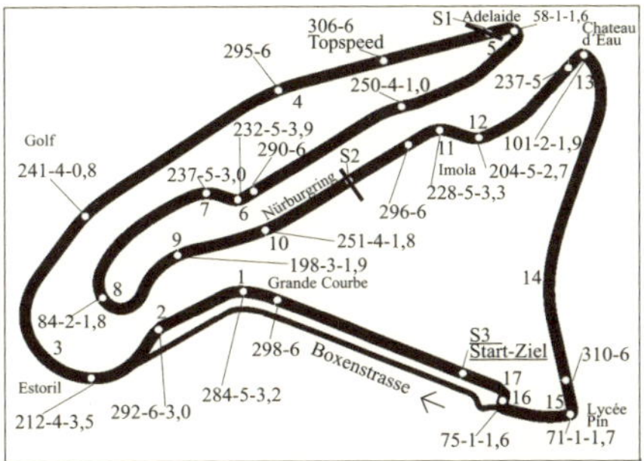

Legende: 132-2-2,1 = 132 km/h-2. Gang-2,1 Fliehkraft

Wetter am Renntag: Bewölkt, heiß, leichter Regen 13 Runden vor Schluß 25 Grad Lufttemperatur, 31-25 Grad Asphalttemperatur, 70-72 Prozent Luftfeuchtigkeit, 78.000 Zuschauer am Renntag

Distanz: 70 Runden à 4,411 km = 308,586 km
Ziellinie 0,184 km hinter der Startlinie

Sieger 2007: Räikkönen (Ferrari), 1.30:54,200 = 203,679 km/h, 2. Massa -2,414, 3. Hamilton -32,153

Poleposition 2007: Massa (Ferrari), 1:15,034 = 211,632 km/h

Schnellste Runde 2007: Massa (Ferrari): 1:16,099 = 208,670 km/h

Boxenstopps:

Button:	5. Runde: Neuer Frontfügel nach Unfall, verliert total 28,9 sec., Platz 20
Hamilton:	13. Runde: Drive-Through-Strafe wegen Erlangen eines Vorteils in der Nürburgring-Schikane gegenüber Vettel, verliert total 14,5 sec., Platz 11-14
Alonso:	15. Runde: Tanken und Reifenwechsel in 8,4 sec., total 25,1 sec., Platz 4-12
Hamilton:	19. Runde: 2. Stopp, Tanken und Reifenwechsel in 9,1 sec., total 25,8 sec., Platz 12-19
Trulli:	20. Runde: Tanken und Reifenwechsel in total 25,8 sec., Platz 3-8
Kubica:	20. Runde: Tanken und Reifenwechsel in total 24,9 sec., Platz 4-10
Sutil:	20. Runde: Tanken und Reifenwechsel in total 24,7 sec., Platz 17-19
Räikkönen:	21. Runde: Tanken und Reifenwechsel in 9,4 sec., total 25,7 sec., Platz 1-2
Glock:	21. Runde: Tanken und Reifenwechsel in total 26,6 sec., Platz 4-12
Massa:	23. Runde: Tanken und Reifenwechsel in 9,4 sec., total 26,0 sec., Platz 1-2
Webber:	23. Runde: Tanken und Reifenwechsel in 8,3 sec., total 24,8 sec., Platz 3-10
Piquet:	25. Runde: Tanken und Reifenwechsel in total 25,2 sec., Platz 3-11
Kovalainen:	25. Runde: Tanken und Reifenwechsel in total 26,1 sec., Platz 4-10
Coulthard:	26. Runde: Tanken und Reifenwechsel in total 26,1 sec., Platz 3-12
Bourdais:	26. Runde: Tanken und Reifenwechsel in total 26,2 sec., Platz 14-18
Vettel:	29. Runde: Tanken und Reifenwechsel in 7,6 sec., total 24,2 sec., Platz 4-12
Heidfeld:	29. Runde: Tanken und Reifenwechsel in total 22,9 sec., Platz 6-13
Fisichella:	32. Runde: Tanken und Reifenwechsel in total 24,8 sec., Platz 15-18
Barrichello:	34. Runde: Tanken und Reifenwechsel in total 24,7 sec., Platz 14-17
Nakajima:	35. Runde: Tanken und Reifenwechsel in total 24,9 sec., Platz 12-16
Rosberg:	40. Runde: Tanken und Reifenwechsel in 9,9 sec., total 26,5 sec., Platz 14-19
Alonso:	42. Runde: 2. Stopp, Tanken und Reifenwechsel in 9,5 sec., total 26,3 sec., Platz 5-12
Sutil:	43. Runde: 2. Stopp, Tanken und Reifenwechsel in total 26,4 sec., Platz 18-19
Kubica:	46. Runde: 2. Stopp, Tanken und Reifenwechsel in 8,1 sec., total 24,8 sec., Platz 4-10
Bourdais:	46. Runde: 2. Stopp, Tanken und Reifenwechsel in total 24,3 sec., Platz 14-18
Vettel:	48. Runde: 2. Stopp, Tanken und Reifenwechsel in total 24,2 sec., Platz 10-12
Heidfeld:	48. Runde: 2. Stopp, Tanken und Reifenwechsel in total 23,8 sec., Platz 11-13
Webber:	49. Runde: 2. Stopp, Tanken und Reifenwechsel in 7,3 sec., total 23,8 sec., Platz 5-9
Glock:	49. Runde: 2. Stopp, Tanken und Reifenwechsel in total 25,5 sec., Platz 7-11
Trulli:	50. Runde: 2. Stopp, Tanken und Reifenwechsel in 7,1 sec., total 23,8 sec., Platz 3-4
Piquet:	50. Runde: 2. Stopp, Tanken und Reifenwechsel in total 23,5 sec., Platz 5-10
Räikkönen:	52. Runde: 2. Stopp, Tanken und Reifenwechsel in 8,1 sec., total 25,0 sec., Platz 2
Kovalainen:	52. Runde: 2. Stopp, Tanken und Reifenwechsel in 6,8 sec., total 23,3 sec., Platz 3-4
Coulthard:	52. Runde: 2. Stopp, Tanken und Reifenwechsel in total 23,8 sec., Platz 5-9
Hamilton:	52. Runde: 3. Stopp, Tanken und Reifenwechsel in total 23,6 sec., Platz 7-12
Massa:	54. Runde: 2. Stopp, Tanken und Reifenwechsel in 6,3 sec., total 23,9 sec., Platz 1
Fisichella:	54. Runde: 2. Stopp, Tanken und Reifenwechsel in total 25,1 sec., Platz 16-18
Barrichello:	56. Runde: 2. Stopp, Tanken und Reifenwechsel in total 23,5 sec., Platz 15
Nakajima:	58. Runde: 2. Stopp, Tanken und Reifenwechsel in total 24,5 sec., Platz 14-15

Ausfälle:

Button: 16. Runde: Aufgabe wegen unfahrbarem Wagen nach Beschädigungen am Unterboden, Platz 20

Stand nach 1. Runde:

1. Räikkönen, 2. Massa, 3. Trulli, 4. Alonso, 5. Kubica, 6. Glock, 7. Webber, 8. Piquet, 9. Kovalainen, 10. Hamilton

Führung im Rennen:

1.-21. Runde: Räikkönen
22.-23. Runde: Massa
24.-38. Runde: Räikkönen
39.-70. Runde: Massa

Ergebnis:

1. Felipe Massa (Brasilien) Ferrari	1.31:50,245 = 201,608 km/h	
2. Kimi Räikkönen (Finnland) Ferrari	1.32:08,229 = 200,952 km/h	17,984 zurück
3. Jarno Trulli (Italien) Toyota	1.32:18,495 = 200,579 km/h	28,250 zurück
4. Heikki Kovalainen (Finnland) McLaren-Mercedes	1.32:19,174 = 200,555 km/h	28,929 zurück
5. Robert Kubica (Polen) BMW Sauber-BMW	1.32:20,757 = 200,497 km/h	30,512 zurück
6. Mark Webber (Australien) Red Bull-Renault	1.32:30,549 = 200,144 km/h	40,304 zurück
7. Nelson Piquet Jr. (Brasilien) Renault	1.32:31,278 = 200,117 km/h	41,033 zurück
8. Fernando Alonso (Spanien) Renault	1.32:33,617 = 200,033 km/h	43,372 zurück
9. David Coulthard (Schottland) Red Bull-Renault	1.32:41,317 = 199,756 km/h	51,072 zurück
10. Lewis Hamilton (England) McLaren-Mercedes	1.32:44,766 = 199,632 km/h	54,521 zurück
11. Timo Glock (Deutschland) Toyota	1.32:47,983 = 199,517 km/h	57,738 zurück
12. Sebastian Vettel (Deutschland) Toro Rosso-Ferrari	1.32:48,310 = 199,505 km/h	58,065 zurück
13. Nick Heidfeld (Deutschland) BMW Sauber-BMW	1.32:52,324 = 199,361 km/h	62,079 zurück
14. Rubens Barrichello (Brasilien) Honda	1.32:05,471 = 198,178 km/h	1 Runde zurück
15. Kazuki Nakajima (Japan) Williams-Toyota	1.32:08,926 = 198,054 km/h	1 Runde zurück
16. Nico Rosberg (Deutschland) Williams-Toyota	1.32:09,617 = 198,029 km/h	1 Runde zurück
17. Sébastien Bourdais (Frankreich) Toro Rosso-Ferrari	1.32:10,274 = 198,006 km/h	1 Runde zurück
18. Giancarlo Fisichella (Italien) Force India-Ferrari	1.32:37,032 = 197,053 km/h	1 Runde zurück
19. Adrian Sutil (Deutschland) Force India-Ferrari	1.32:57,001 = 196,347 km/h	1 Runde zurück

Schnellste Runde im Qualifying: Massa (Ferrari): 1.15,024 = 211,660 km/h (erzielt in Phase 1)
Schnellste Runde im Rennen: Räikkönen (Ferrari): 1:16,630 = 207,224 km/h

Höchstgeschwindigkeiten (Freitag, Training): 1. Räikkönen 309,9, 2. Massa 308,4, 3. Hamilton 308,3, 4. Nakajima 307,6, 5. Rosberg 306,8, 6. Kovalainen 306,1, 7. Alonso 304,9, 8. Kubica 303,2, 9. Piquet 302,5, 10. Vettel 302,3, 11. Coulthard 302,0, 12. Heidfeld 302,0, 13. Glock 301,4, 14. Bourdais 301,1, 15. Sutil 300,9, 16. Fisichella 300,7, 17. Trulli 300,0, 18. Webber 300,0, 19. Button 297,9, 20. Barrichello 297,3

Höchstgeschwindigkeiten (Samstag, Qualifying): 1. Massa 307,6, 2. Piquet 307,6, 3. Alonso 306,9, 4. Räikkönen 306,4, 5. Rosberg 305,4, 6. Hamilton 305,1, 7. Nakajima 303,3, 8. Kubica 302,0, 9. Bourdais 301,6, 10. Heidfeld 301,6, 11. Webber 301,5, 12. Vettel 301,5, 13. Coulthard 301,0, 14. Kovalainen 300,9, 15. Trulli 299,8, 16. Fisichella 299,6, 17. Glock 299,4, 18. Button 298,5, 19. Barrichello 298,0, 20. Sutil 298,0

Höchstgeschwindigkeiten (Sonntag): 1. Massa 307,6, 2. Räikkönen 305,0, 3. Piquet 304,9, 4. Nakajima 304,3, 5. Alonso 304,2, 6. Kovalainen 303,2, 7. Hamilton 302,4, 8. Webber 301,1, 9. Heidfeld 301,0, 10. Coulthard 300,5, 11. Vettel 300,0, 12. Sutil 300,0, 13. Glock 299,7, 14. Kubica 299,5, 15. Rosberg 299,5, 16. Bourdais 299,2, 17. Trulli 298,6, 18. Barrichello 297,5, 19. Fisichella 297,4, 20. Button 290,7

Schnellste Runde jedes Fahrers im Rennen: 1. Räikkönen 1:16,630 (16.), 2. Massa 1:16,729 (20.), 3. Kovalainen 1:17,134 (46.), 4. Kubica 1:17,172 (16.), 5. Hamilton 1:17,453 (40.), 6. Webber 1:17,507(22.), 7. Trulli 1:17,567 (12.), 8. Alonso 1:17,641 (39.), 9. Heidfeld 1:17,716 (46.), 10. Piquet 1:17,758 (24.), 11. Vettel 1:17,760 (36.), 12. Coulthard 1:17,818 (23.), 13. Glock 1:17,836 (45.), 14. Barrichello 1:17,969 (54.), 15. Nakajima 1:18,054 (60.), 16. Bourdais 1:18,216 (28.), 17. Rosberg 1:18,311 (38.), 18. Sutil 1:18,462 (41.), 19. Fisichella 1:18,557 (53.), 20. Button 1:20,876 (15.)

WM-Stand: 1. Massa 48, 2. Kubica 46, 3. Räikkönen 43, 4. Hamilton 38, 5. Heidfeld 28, 6. Kovalainen 20, 7. Trulli 18, 8. Webber 18, 9. Alonso 10, 10. Rosberg 8, 11. Nakajima 7, 12. Coulthard 6, 13. Glock 5, 14. Vettel 5, 15. Barrichello 5, 16. Button 3, 17. Piquet 2, 18. Bourdais 2

Konstrukteur-WM: 1. Ferrari 91, 2. BMW Sauber-BMW 74, 3. McLaren-Mercedes 58, 4. Red Bull-Renault 24, 5. Toyota 23, 6. Williams-Toyota 15, 7. Renault 12, 8. Honda 8, 9. Toro Rosso-Ferrari 7

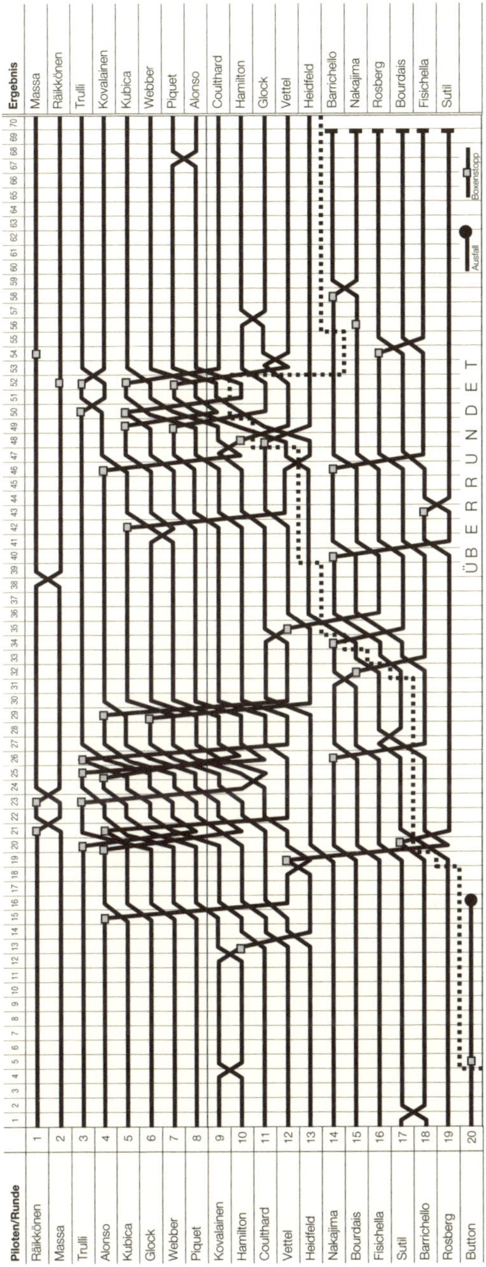
Piloten/Runde
Räikkönen
Massa
Trulli
Alonso
Kubica
Glock
Webber
Piquet
Kovalainen
Hamilton
Coulthard
Vettel
Heidfeld
Nakajima
Bourdais
Fisichella
Sutil
Barrichello
Rosberg
Button
Ergebnis
Massa
Räikkönen
Trulli
Kovalainen
Kubica
Webber
Piquet
Alonso
Coulthard
Hamilton
Glock
Vettel
Heidfeld
Barrichello
Nakajima
Rosberg
Bourdais
Fisichella
Sutil
ÜBERRUNDET
Ausfall
Boxenstopp

Lauf 9 – Großer Preis von England – Silverstone, 6. Juli 2008

1. Training (Freitag Vormittag): 1. Massa 1:19,575, 2. Kovalainen 1:19,587, 3. Hamilton 1:19,623, 4. Räikkönen 1:19,948, 5. Kubica 1:20,367, 6. Alonso 1:20,436, 7. Vettel 1:20,588, 8. Piquet 1:20,653, 9. Coulthard 1:20,698, 10. Rosberg 1:20,744, 11. Webber 1:20,892, 12. Glock 1:21,102, 13. Heidfeld 1:21,107, 14. Bourdais 1:21,166, 15. Trulli 1:21,265, 16. Nakajima 1:21,282, 17. Button 1:21,901, 18. Sutil 1:22,169, 19. Fisichella 1:22,219, 20. Barrichello 1:24,123

2. Training (Freitag Nachmittag): 1. Kovalainen 1:19,989, 2. Webber 1:20,520, 3. Hamilton 1:20,543, 4. Coulthard 1:20,589, 5. Rosberg 1:20,748, 6. Vettel 1:20,805, 7. Button 1:20,929, 8. Massa 1:20,943, 9. Nakajima 1:20,985, 10. Barrichello 1:21,002, 11. Kubica 1:21,023, 12. Räikkönen 1:21,275, 13. Heidfeld 1:21,453, 14. Glock 1:21,472, 15. Alonso 1:21,511, 16. Fisichella 1:21,520, 17. Bourdais 1:21,634, 18. Piquet 1:21,642, 19. Sutil 1:21,756, 20. Trulli 1:22,196

3. Training (Samstag)		**Qualifying** (Samstag) **(1. Phase)**			**(2. Phase)**		**(3. Phase)**
1. Alonso	1:20,740	1. Kovalainen	1:19,957	1. Hamilton	1:19,537	1. Kovalainen	1:21,049
2. Webber	1:20,988	2. Hamilton	1:20,288	2. Kovalainen	1:19,597	2. Webber	1:21,554
3. Kovalainen	1:21,266	3. Vettel	1:20,318	3. Webber	1:19,710	3. Räikkönen	1:21,706
4. Vettel	1:21,277	4. Räikkönen	1:20,370	4. Kubica	1:19,788	4. Hamilton	1:21,835
5. Hamilton	1:21,668	5. Kubica	1:20,444	5. Heidfeld	1:19,802	5. Heidfeld	1:21,873
6. Piquet	1:21,786	6. Bourdais	1:20,584	6. Räikkönen	1:19,971	6. Alonso	1:22,029
7. Bourdais	1:22,059	7. Massa	1:20,676	7. Alonso	1:19,992	7. Piquet	1:22,491
8. Glock	1:22,183	8. Piquet	1:20,818	8. Massa	1:20,086	8. Vettel	1:23,251
9. Räikkönen	1:22,355	9. Glock	1:20,893	9. Vettel	1:20,109	9. Massa	1:23,305
10. Barrichello	1:22,387	10. Webber	1:20,982	10. Piquet	1:20,115	10. Kubica	Keine Zeit
11. Button	1:22,440	11. Alonso	1:20,998	11. Coulthard	1:20,174		
12. Massa	1:22,461	12. Heidfeld	1:21,022	12. Glock	1:20,274		
13. Rosberg	1:22,544	13. Trulli	1:21,145	13. Bourdais	1:20,531		
14. Trulli	1:22,556	14. Coulthard	1:21,224	14. Trulli	1:20,601		
15. Heidfeld	1:22,916	15. Nakajima	1:21,407	15. Nakajima	1:21,112		
16. Nakajima	1:23,028	16. Barrichello	1:21,512				
17. Sutil	1:23,049	17. Button	1:21,631				
18. Fisichella	1:23,112	18. Rosberg	1:21,668				
19. Kubica	1:23,282	19. Sutil	1:21,786				
20. Coulthard	1:32,119	20. Fisichella	1:21,885				

Startaufstellung: Zuerst die Piloten 1 bis 10 aus der dritten Qualifying-Phase, danach die Piloten 11 bis 15 aus der zweiten Qualifying-Phase, dahinter die Piloten 16 bis 20 aus der ersten Qualifying-Phase - inklusive Strafversetzungen:

1. Heikki Kovalainen
McLaren-Mercedes MP4/23 V8
1:21,049

2. Mark Webber
Red Bull-Renault RB4 V8
1:21,554

3. Kimi Räikkönen
Ferrari F2008 V8
1:21,706

4. Lewis Hamilton
McLaren-Mercedes MP4/23 V8
1:21,835

5. Nick Heidfeld
Sauber-BMW F1.08 V8
1:21,873

6. Fernando Alonso
Renault R28 V8
1:22,029

7. Nelson Piquet Jr.
Renault R28 V8
1:22,491

8. Sebastian Vettel
Toro Rosso-Ferrari STR-03 V8
1:23,251

9. Felipe Massa
Ferrari F2008 V8
1:23,305

10. Robert Kubica
Sauber-BMW F1.08 V8
Keine Zeit

11. David Coulthard
Red Bull-Renault RB4 V8
1:20,174

12. Timo Glock
Toyota TF108 V8
1:20,274

13. Sébastien Bourdais
Toro Rosso-Ferrari STR-03 V8
1:20,531

14. Jarno Trulli
Toyota TF108 V8
1:20,601

15. Kazuki Nakajima
Williams-Toyota FW30 V8
1:21,112

16. Rubens Barrichello
Honda RA108 V8
1:21,512

17. Jenson Button
Honda RA108 V8
1:21,631

18. Adrian Sutil
Force India-Ferrari VJM01 V8
1:21,786

19. Giancarlo Fisichella
Force India-Ferrari VJM01 V8
1:21,885

20. Nico Rosberg
Williams-Toyota FW30 V8
1:21,668

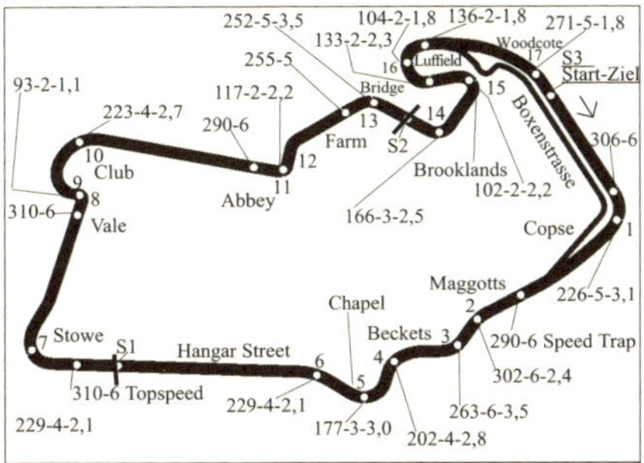

Legende: 132-2-2,1 = 132 km/h-2. Gang-2,1 Fliehkraft

Wetter am Renntag: Nass und kühl, nach ca. 20 Runden Regen für ca. eine halbe Stunde, 16-18 Grad Lufttemperatur, 17-19 Grad Asphalttemperatur, 80-70 Prozent Luftfeuchtigkeit, 90.000 Zuschauer am Renntag

Distanz: 60 Runden à 5,141 km = 308,355 km
Ziellinie 0,105 km hinter der Startlinie

Sieger 2007: Räikkönen (Ferrari), 1.21:43,074 = 222,629 km/h, 2. Alonso -2,459, 3. Hamilton -39,373

Poleposition 2007: Hamilton (McLaren-Mercedes), 1:19,997 = 231,353 km/h

Schnellste Runde 2007: Räikkönen (Ferrari): 1:20,638 = 229,514 km/h

Boxenstopps:

Webber:	18. Runde: Tanken und Reifenwechsel auf Intermediates in total 25,8 sec., Platz 10-15
Kovalainen:	19. Runde: Tanken und Reifenwechsel auf Intermediates in total 26,5 sec., Platz 4-6
Alonso:	20. Runde: Tanken in 7,6 sec., total 26,7 sec., Platz 4-8
Hamilton:	21. Runde: Tanken und Reifenwechsel auf Intermediates in 8,0 sec., total 26,3 sec., Platz 1-2
Räikkönen:	21. Runde: Tanken in 7,5 sec., total 26,2 sec., Platz 2-3
Massa:	21. Runde: Tanken in 8,1 sec., total 26,7 sec., Platz 15-17
Heidfeld:	22. Runde: Tanken und Reifenwechsel auf Intermediates in 8,3 sec., total 26,5 sec., Platz 1-5
Piquet:	22. Runde: Tanken in total 27,7 sec., Platz 4-11
Kubica:	23. Runde: Tanken und Reifenwechsel auf Intermediates in 8,3 sec., total 27,3 sec., Platz 8-11
Barrichello:	24. Runde: Tanken und Reifenwechsel auf Intermediates in total 26,6 sec., Platz 10-11
Rosberg:	24. Runde: Tanken und Reifenwechsel auf Intermediates in total 26,8 sec., Platz 16-17
Glock:	25. Runde: Tanken und Reifenwechsel auf Intermediates in total 26,2 sec., Platz 8-10
Button:	25. Runde: Tanken und Reifenwechsel auf Intermediates in total 26,4 sec., Platz 10-11
Nakajima:	25. Runde: Tanken und Reifenwechsel auf Intermediates in total 25,8 sec., Platz 15-17
Trulli:	26. Runde: Tanken und Reifenwechsel auf Intermediates in total 25,9 sec., Platz 7-9
Alonso:	26. Runde: 2. Stopp, Tanken und Reifenwechsel auf Intermediates in total 26,5 sec., Platz 8-10
Bourdais:	27. Runde: Tanken und Reifenwechsel auf Intermediates in total 30,4 sec., Platz 14-16
Webber:	28. Runde: 2. Stopp, Tanken und Reifenwechsel auf Intermediates in total 28,3 sec., Platz 12-15
Räikkönen:	30. Runde: 2. Stopp, Tanken und Reifenwechsel auf Intermediates in 7,6 sec., total 28,2 sec., Platz 6-11
Massa:	30. Runde: 2. Stopp, Tanken und Reifenwechsel auf Intermediates in total 26,6 sec., Platz 15-16
Kovalainen:	34. Runde: 2. Stopp, Tanken und Reifenwechsel auf Intermediates in 6,6 sec., total 25,5 sec., Platz 5-9
Barrichello:	35. Runde: 2. Stopp, Tanken und Reifenwechsel auf Regenreifen in total 47,4 sec., Platz 6-9
Button:	35. Runde: 2. Stopp, Tanken und Reifenwechsel auf Regenreifen in total 48,0 sec., Platz 11-10
Rosberg:	35. Runde: 2. Stopp, Tanken und Reifenwechsel auf Intermediates in total 29,1 sec., Platz 12
Nakajima:	35. Runde: 2. Stopp, Tanken und Reifenwechsel auf Intermediates in total 36,2 sec., Platz 14-13
Bourdais:	35. Runde: 2. Stopp, Tanken und Reifenwechsel auf Intermediates in total 26,8 sec., Platz 15-14
Hamilton:	38. Runde: 2. Stopp, Tanken und Reifenwechsel auf Intermediates in 7,3 sec., total 25,6 sec., Platz 1
Heidfeld:	38. Runde: 2. Stopp, Tanken und Reifenwechsel auf Intermediates in 6,7 sec., total 25,7 sec., Platz 2
Kubica:	38. Runde: 2. Stopp, Tanken und Reifenwechsel auf Intermediates (links hinten klemmt die Radmutter) in 10,4 sec., verliert total 29,4 sec., Platz 3-7
Rosberg:	40. Runde: 3. Stopp, Tanken und Reifenwechsel auf Intermediates, neuer Flügel nach Kontakt mit Glock in 12,2 sec., verliert total 31,5 sec., Platz 9-11
Glock:	43. Runde: 2. Stopp, Tanken und Reifenwechsel auf Intermediates in total 24,7 sec., Platz 11-12
Barrichello:	46. Runde: 3. Stopp, Reifenwechsel auf Intermediates in 8,3 sec., verliert total 26,8 sec., Platz 2-3
Trulli:	47. Runde: 2. Stopp, Tanken und Reifenwechsel auf Intermediates in total 24,0 sec., Platz 6-8
Massa:	49. Runde: 3. Stopp, Tanken und Reifenwechsel auf Intermediates in total 24,6 sec., Platz 13

Ausfälle:

Coulthard:	1. Runde: Kollision mit Vettel, Platz 11 (in der Startaufstellung)
Vettel:	1. Runde: Kollision mit Coulthard, Platz 8 (in der Startaufstellung)
Sutil:	11. Runde: Dreher, Platz 13
Fisichella:	27. Runde: Dreher, Platz 14
Piquet:	36. Runde: Dreher, Platz 4
Button:	39. Runde: Dreher, Platz 10
Kubica:	40. Runde: Dreher, Platz 7

Vor dem Start:

Rosberg startet aus der Boxengasse wegen Umbaus der hinteren Aufhängung

Stand nach 1 Runde:

1. Kovalainen, 2. Hamilton, 3. Räikkönen, 4. Heidfeld, 5. Piquet, 6. Alonso, 7. Trulli, 8. Kubica, 9. Glock, 10. Barrichello

Führung im Rennen:

1.-4. Runde: Kovalainen
5.-21. Runde: Hamilton
22. Runde: Heidfeld
23.-60. Runde: Hamilton

Ergebnis:

1. Lewis Hamilton (England) McLaren-Mercedes	1.39:09,440 = 186,585 km/h	
2. Nick Heidfeld (Deutschland) BMW Sauber-BMW	1.40:18,017 = 184,459 km/h	68,577 zurück
3. Rubens Barrichello (Brasilien) Honda	1.40:31,713 = 184,040 km/h	82,273 zurück
4. Kimi Räikkönen (Finnland) Ferrari	1.39:15,496 = 183,287 km/h	1 Runde zurück
5. Heikki Kovalainen (Finnland) McLaren-Mercedes	1.39:22,910 = 183,059 km/h	1 Runde zurück
6. Fernando Alonso (Spanien) Renault	1.39:25,831 = 182,970 km/h	1 Runde zurück
7. Jarno Trulli (Italien) Toyota	1.39:26,912 = 182,937 km/h	1 Runde zurück
8. Kazuki Nakajima (Japan) Williams-Toyota	1.39:28,098 = 182,900 km/h	1 Runde zurück
9. Nico Rosberg (Deutschland) Williams-Toyota	1.39:28,990 = 182,873 km/h	1 Runde zurück
10. Mark Webber (Australien) Red Bull-Renault	1.39:42,269 = 182,467 km/h	1 Runde zurück
11. Sébastien Bourdais (Frankreich) Toro Rosso-Ferrari	1.39:53,350 = 182,130 km/h	1 Runde zurück
12. Timo Glock (Deutschland) Toyota	1.40:19,115 = 181,350 km/h	1 Runde zurück
13. Felipe Massa (Brasilien) Ferrari	1.39:45,994 = 179,262 km/h	2 Runden zurück

Schnellste Runde im Qualifying: Hamilton (McLaren-Mercedes): 1.19,537 = 232,691 km/h (erzielt in Phase 2)

Schnellste Runde im Rennen: Räikkönen (Ferrari): 1:32,150 = 200,842 km/h

Höchstgeschwindigkeiten (Freitag, Training): Daten werden nicht übermittelt

Höchstgeschwindigkeiten (Samstag, Qualifying): 1. Räikkönen 301,1, 2. Hamilton 299,5, 3. Alonso 298,6, 4. Bourdais 298,5, 5. Kovalainen 298,0, 6. Piquet 298,0, 7. Kubica 297,4, 8. Heidfeld 297,2, 9. Massa 297,2, 10. Vettel 297,0, 11. Coulthard 296,1, 12. Sutil 295,6, 13. Nakajima 295,5, 14. Glock 295,1, 15. Webber 295,0, 16. Fisichella 293,8, 17. Button 293,7, 18. Rosberg 293,2, 19. Barrichello 293,1, 20. Trulli 292,6

Höchstgeschwindigkeiten (Sonntag): 1. Räikkönen 293,2, 2. Kovalainen 292,6, 3. Massa 291,6, 4. Kubica 289,1, 5. Bourdais 288,3, 6. Hamilton 287,9, 7. Alonso 286,7, 8. Glock 286,6, 9. Piquet 286,6, 10. Rosberg 286,3, 11. Heidfeld 285,9, 12. Webber 285,6, 13. Nakajima 284,6, 14. Barrichello 284,5, 15. Button 283,3, 16. Trulli 282,9, 17. Fisichella 282,1, 18. Sutil 278,4, 19. Coulthard 274,5, 20. Vettel 273,6

Schnellste Runde jedes Fahrers im Rennen: 1. Räikkönen 1:32,150 (18.), 2. Heidfeld 1:32,719 (21.), 3. Hamilton 1:32,817 (16.), 4. Webber 1:32,952(17.), 5. Kovalainen 1:33,130 (17.), 6. Alonso 1:33,133 (17.), 7. Piquet 1:33,203 (21.), 8. Massa 1:33,257 (19.), 9. Bourdais 1:33,367 (21.), 10. Button 1:33,376 (21.), 11. Barrichello 1:33,386 (21.), 12. Kubica 1:33,539 (22.), 13. Trulli 1:33,808 (22.), 14. Nakajima 1:34,277 (21.), 15. Glock 1:34,610 (19.), 16. Rosberg 1:34,797 (21.), 17. Fisichella 1:34,930 (21.), 18. Sutil 1:38,160 (5.)

WM-Stand: 1. Hamilton 48, 2. Massa 48, 3. Räikkönen 48, 4. Kubica 46, 5. Heidfeld 36, 6. Kovalainen 24, 7. Trulli 20, 8. Webber 18, 9. Alonso 13, 10. Barrichello 11, 11. Rosberg 8, 12. Nakajima 8, 13. Coulthard 6, 14. Glock 5, 15. Vettel 5, 16. Button 3, 17. Bourdais 2, 18. Piquet 2

Konstrukteur-WM: 1. Ferrari 96, 2. BMW Sauber-BMW 82, 3. McLaren-Mercedes 72, 4. Toyota 25, 5. Red Bull-Renault 24, 6. Williams-Toyota 16, 7. Renault 15, 8. Honda 14, 9. Toro Rosso-Ferrari 7

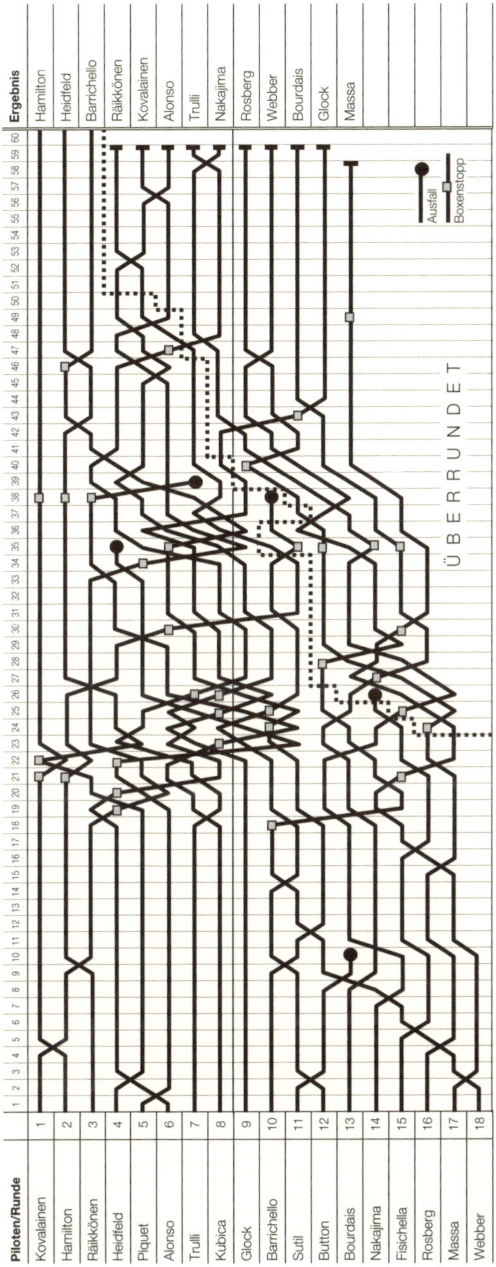
Piloten/Runde
Kovalainen
Hamilton
Räikkönen
Heidfeld
Piquet
Alonso
Trulli
Kubica
Glock
Barrichello
Sutil
Button
Bourdais
Nakajima
Fisichella
Rosberg
Massa
Webber
1
2
3
4
5
6
7
8
9
10
11
12
13
14
15
16
17
18
Ergebnis
Hamilton
Heidfeld
Barrichello
Räikkönen
Kovalainen
Alonso
Trulli
Nakajima
Rosberg
Webber
Bourdais
Glock
Massa
Ausfall
Boxenstopp
ÜBERRUNDET

Lauf 10 – Großer Preis von Deutschland – Hockenheim, 20. Juli 2008

1. Training (Freitag Vormittag): 1. Hamilton 1:15,537, 2. Kovalainen 1:15,666, 3. Massa 1:15,796, 4. Alonso 1:16,163, 5. Räikkönen 1:16,327, 6. Rosberg 1:16,606, 7. Vettel 1:16,618, 8. Heidfeld 1:16,719, 9. Nakajima 1:16,821, 10. Piquet 1:17,063, 11. Coulthard 1:17,108, 12. Button 1:17,131, 13. Glock 1:17,185, 14. Webber 1:17,268, 15. Fisichella 1:17,471, 16. Barrichello 1:17,500, 17. Trulli 1:17,556, 18. Sutil 1:17,784, 19. Kubica 1:18,779, 20. Bourdais 1:21,506

2. Training (Freitag Nachmittag): 1. Hamilton 1:15,025, 2. Massa 1:15,722, 3. Räikkönen 1:15,760, 4. Kovalainen 1:15,990, 5. Webber 1:16,017, 6. Alonso 1:16,230, 7. Rosberg 1:16,355, 8. Kubica 1:16,363, 9. Heidfeld 1:16,377, 10. Coulthard 1:16,378, 11. Vettel 1:16,422, 12. Trulli 1:16,530, 13. Button 1:16,542, 14. Barrichello 1:16,677, 15. Piquet 1:16,734, 16. Glock 1:16,781, 17. Nakajima 1:16,829, 18. Bourdais 1:16,860, 19. Sutil 1:17,008, 20. Fisichella 1:17,047

3. Training (Samstag)		**Qualifying** (Samstag) **(1. Phase)**			**(2. Phase)**		**(3. Phase)**
1. Kovalainen	1:15,621	1. Massa	1:14,921	1. Hamilton	1:14,603	1. Hamilton	1:15,666
2. Massa	1:15,693	2. Räikkönen	1:15,201	2. Massa	1:14,747	2. Massa	1:15,859
3. Hamilton	1:15,839	3. Hamilton	1:15,218	3. Kovalainen	1:14,855	3. Kovalainen	1:16,143
4. Alonso	1:15,943	4. Kovalainen	1:15,476	4. Alonso	1:14,943	4. Trulli	1:16,191
5. Vettel	1:16,037	5. Vettel	1:15,532	5. Räikkönen	1:14,949	5. Alonso	1:16,385
6. Trulli	1:16,133	6. Trulli	1:15,560	6. Kubica	1:15,109	6. Räikkönen	1:16,389
7. Piquet	1:16,161	7. Glock	1:15,560	7. Trulli	1:15,122	7. Kubica	1:16,521
8. Webber	1:16,196	8. Heidfeld	1:15,596	8. Coulthard	1:15,338	8. Webber	1:17,014
9. Räikkönen	1:16,380	9. Rosberg	1:15,863	9. Vettel	1:15,420	9. Vettel	1:17,244
10. Rosberg	1:16,405	10. Webber	1:15,900	10. Webber	1:15,481	10. Coulthard	1:17,503
11. Button	1:16,447	11. Alonso	1:15,917	11. Glock	1:15,508		
12. Coulthard	1:16,515	12. Bourdais	1:15,927	12. Heidfeld	1:15,581		
13. Nakajima	1:16,530	13. Coulthard	1:15,975	13. Rosberg	1:15,633		
14. Glock	1:16,636	14. Kubica	1:15,985	14. Button	1:15,701		
15. Bourdais	1:16,808	15. Button	1:15,993	15. Bourdais	1:15,858		
16. Heidfeld	1:16,906	16. Nakajima	1:16,083				
17. Sutil	1:16,938	17. Piquet	1:16,189				
18. Barrichello	1:17,189	18. Barrichello	1:16,246				
19. Fisichella	1:17,312	19. Sutil	1:16,657				
20. Kubica	1:17,469	20. Fisichella	1:16,963				

Startaufstellung: Zuerst die Piloten 1 bis 10 aus der dritten Qualifying-Phase, danach die Piloten 11 bis 15 aus der zweiten Qualifying-Phase, dahinter die Piloten 16 bis 20 aus der ersten Qualifying-Phase - inklusive Strafversetzungen:

1. Lewis Hamilton
McLaren-Mercedes MP4/23 V8
1:15,666

2. Felipe Massa
Ferrari F2008 V8
1:15,859

3. Heikki Kovalainen
McLaren-Mercedes MP4/23 V8
1:16,143

4. Jarno Trulli
Toyota TF108 V8
1:16,191

5. Fernando Alonso
Renault R28 V8
1:16,385

6. Kimi Räikkönen
Ferrari F2008 V8
1:16,389

7. Robert Kubica
Sauber-BMW F1.08 V8
1:16,521

8. Mark Webber
Red Bull-Renault RB4 V8
1:17,014

9. Sebastian Vettel
Toro Rosso-Ferrari STR-03 V8
1:17,244

10. David Coulthard
Red Bull-Renault RB4 V8
1:17,503

11. Timo Glock
Toyota TF108 V8
1:15,508

12. Nick Heidfeld
Sauber-BMW F1.08 V8
1:15,581

13. Nico Rosberg
Williams-Toyota FW30 V8
1:15,633

14. Jenson Button
Honda RA108 V8
1:15,701

15. Sébastien Bourdais
Toro Rosso-Ferrari STR-03 V8
1:15,858

16. Kazuki Nakajima
Williams-Toyota FW30 V8
1:16,083

17. Nelson Piquet Jr.
Renault R28 V8
1:16,189

18. Rubens Barrichello
Honda RA108 V8
1:16,246

19. Adrian Sutil
Force India-Ferrari VJM01 V8
1:16,657

20. Giancarlo Fisichella
Force India-Ferrari VJM01 V8
1:16,963

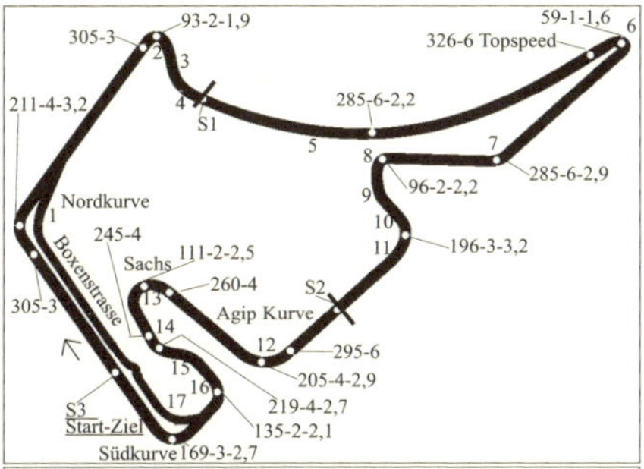

Legende: 132-2-2,1 = 132 km/h-2. Gang-2,1 Gravitation

Wetter am Renntag: Leicht bewölkt, windig, 22-23 Grad Lufttemperatur, 33-34 Grad Asphalttemperatur, 39-36 Prozent Luftfeuchtigkeit, 115.000 Zuschauer am Renntag

Distanz: 67 Runden à 4,574 km = 306,458 km
Ziellinie 0,000 km hinter der Startlinie

Sieger 2006: M. Schumacher (Ferrari), 1.27:51,693 = 209,277 km/h, 2. Massa -0,720, 3. Räikkönen -13,206

Poleposition 2006: Räikkönen (McLaren-Mercedes), 1.14,070 = 222,308 km/h

Schnellste Runde 2006: M. Schumacher (Ferrari), 1:16,357 = 215,650 km/h

Boxenstopps:

Hamilton:	18. Runde: Tanken und Reifenwechsel in 9,0 sec., Totalzeit nicht übermittelt, Platz 1-3
Kubica:	18. Runde: Tanken und Reifenwechsel in 9,0 sec., Totalzeit nicht übermittelt, Platz 4-12
Trulli:	19. Runde: Tanken und Reifenwechsel in 8,2 sec., Totalzeit nicht übermittelt, Platz 5-12
Alonso:	19. Runde: Tanken und Reifenwechsel in 8,9 sec., Totalzeit nicht übermittelt, Platz 7-13
Massa:	20. Runde: Tanken und Reifenwechsel in 7,9 sec., Totalzeit nicht übermittelt, Platz 1-5
Kovalainen:	21. Runde: Tanken und Reifenwechsel in 9,2 sec., Totalzeit nicht übermittelt, Platz 1-6
Vettel:	21. Runde: Tanken und Reifenwechsel in total 24,8 sec., Platz 4-11
Coulthard:	21. Runde: Tanken und Reifenwechsel in total 25,2 sec., Platz 11-19
Räikkönen:	22. Runde: Tanken und Reifenwechsel in total 24,3 sec., Platz 2-9
Webber:	23. Runde: Tanken und Reifenwechsel in total 24,7 sec., Platz 3-11
Bourdais:	23. Runde: Tanken und Reifenwechsel in total 24,8 sec., Platz 7-16
Sutil:	25. Runde: Tanken und Reifenwechsel in total 24,6 sec., Platz 18-20
Heidfeld:	27. Runde: Tanken und Reifenwechsel in 8,1 sec., total 24,6 sec., Platz 5-11
Button:	27. Runde: Tanken und Reifenwechsel in total 25,1 sec., Platz 14-18
Fisichella:	27. Runde: Tanken und Reifenwechsel in total 22,8 sec., Platz 19-20
Rosberg:	28. Runde: Tanken und Reifenwechsel in total 24,0 sec., Platz 12-17
Glock:	29. Runde: Tanken und Reifenwechsel in 7,8 sec., total 24,4 sec., Platz 3-8
Nakajima:	29. Runde: Tanken und Reifenwechsel in total 24,0 sec., Platz 15-18
Barrichello:	31. Runde: Tanken und Reifenwechsel in total 24,0 sec., Platz 14-16
Piquet:	35. Runde: Tanken und Reifenwechsel in total 28,3 sec., Platz 13-14
Button:	35. Runde: 2. Stopp, Tanken und Reifenwechsel in total 24,3 sec., Platz 17-19
Massa:	38. Runde: 2. Stopp, Tanken und Reifenwechsel in total 25,6 sec., Platz 1-4
Fisichella:	37. Runde: 2. Stopp, Tanken und Reifenwechsel in total 25,8 sec., Platz 15-19
Kubica:	38. Runde: 2. Stopp, Tanken und Reifenwechsel in total 24,4 sec., Platz 3-5
Kovalainen:	38. Runde: 2. Stopp, Tanken und Reifenwechsel, Totalzeit nicht übermittelt, Platz 4-6
Räikkönen:	38. Runde: 2. Stopp, Tanken und Reifenwechsel, Totalzeit nicht übermittelt, Platz 5-12
Trulli:	38. Runde: 2. Stopp, Tanken und Reifenwechsel in total 25,0 sec., Platz 6-7
Vettel:	38. Runde: 2. Stopp, Tanken und Reifenwechsel in total 24,6 sec., Platz 8
Alonso:	38. Runde: 2. Stopp, Tanken und Reifenwechsel in total 24,2 sec., Platz 9
Webber:	38. Runde: 2. Stopp, Tanken und Reifenwechsel in total 24,9 sec., Platz 10
Coulthard:	38. Runde: 2. Stopp, Tanken und Reifenwechsel in total 36,1 sec., Platz 12-14
Bourdais:	38. Runde: 2. Stopp, Tanken und Reifenwechsel in total 33,4 sec., Platz 13
Rosberg:	38. Runde: 2. Stopp, Tanken und Reifenwechsel in total 29,3 sec., Platz 14-11
Sutil:	39. Runde: 2. Stopp, Tanken und Reifenwechsel in total 24,9 sec., Platz 17-18
Nakajima:	40. Runde: 2. Stopp, Tanken und Reifenwechsel in total 23,2 sec., Platz 16
Barrichello:	49. Runde: 2. Stopp, Tanken und Reifenwechsel in total 34,3 sec., Platz 17-18
Hamilton:	50. Runde: 2. Stopp, Tanken und Reifenwechsel in 6,6 sec., total 22,9 sec., Platz 1-5
Heidfeld:	53. Runde: 2. Stopp, Tanken und Reifenwechsel in 5,9 sec., total 22,2 sec., Platz 1-4
Button:	54. Runde: 3. Stopp, Tanken und Reifenwechsel in total 23,0 sec., Platz 17

Ausfälle:

Glock:	36. Runde: Unfall durch gebrochene rechte hintere Aufhängung, Platz 9
Webber:	41. Runde: Motorschaden, Platz 10
Barrichello:	51. Runde: Folgeschaden und verlorener Frontflügel nach Kontakt mit Coulthard, Platz 18

Safety Car-Phase: 36. bis 40. Runde um Wrackteile des Toyota von Timo Glock zu entfernen

Stand nach 1 Runde:
1. Hamilton, 2. Massa, 3. Kovalainen, 4. Kubica, 5. Trulli, 6. Alonso, 7. Räikkönen, 8. Vettel, 9. Webber, 10. Glock

Führung im Rennen:
1.-18. Runde: Hamilton
19.-20. Runde: Massa
21. Runde: Kovalainen
22.-37. Runde: Hamilton
38. Runde: Massa
39.-50. Runde: Hamilton
51.-53. Runde: Heidfeld
54.-59. Runde: Piquet
60.-67. Runde: Hamilton

Ergebnis:

1. Lewis Hamilton (England) McLaren-Mercedes	1.31:20,874 = 201,290 km/h	
2. Nelson Piquet Jr. (Brasilien) Renault	1.31:26,460 = 201,085 km/h	5,586 zurück
3. Felipe Massa (Brasilien) Ferrari	1.31:30,213 = 200,948 km/h	9,339 zurück
4. Nick Heidfeld (Deutschland) BMW Sauber-BMW	1.31:30,699 = 200,930 km/h	9,825 zurück
5. Heikki Kovalainen (Finnland) McLaren-Mercedes	1.31:33,285 = 200,835 km/h	12,411 zurück
6. Kimi Räikkönen (Finnland) Ferrari	1.31:35,357 = 200,760 km/h	14,483 zurück
7. Robert Kubica (Polen) BMW Sauber-BMW	1.31:43,477 = 200,463 km/h	22,603 zurück
8. Sebastian Vettel (Deutschland) Toro Rosso-Ferrari	1.31:54,156 = 200,075 km/h	33,282 zurück
9. Jarno Trulli (Italien) Toyota	1.31:58,073 = 199,933 km/h	37,199 zurück
10. Nico Rosberg (Deutschland) Williams-Toyota	1.31:58,532 = 199,917 km/h	37,658 zurück
11. Fernando Alonso (Spanien) Renault	1.31:59,499 = 199,882 km/h	38,625 zurück
12. Sébastien Bourdais (Frankreich) Toro Rosso-Ferrari	1.31:59,985 = 199,864 km/h	39,111 zurück
13. David Coulthard (Schottland) Red Bull-Renault	1.32:15,845 = 199,291 km/h	54,971 zurück
14. Kazuki Nakajima (Japan) Williams-Toyota	1.32:20,877 = 199,110 km/h	60,003 zurück
15. Adrian Sutil (Deutschland) Force India-Ferrari	1.32:30,362 = 198,770 km/h	69,488 zurück
16. Giancarlo Fisichella (Italien) Force India-Ferrari*	1.32:44,967 = 198,249 km/h**	84,093 zurück**
17. Jenson Button (England) Honda	1.32:01,303 = 196,834 km/h	1 Runde zurück

*Während das Safety Car auf die Strecke ging, entschied **Fisichella**, an die Box zu kommen, noch bevor der Hinweis "Überrundete Fahrer dürfen ab nun überholen" auf den Monitoren erschien. Fisichella hätte sich daraufhin nicht zurückrunden dürfen.
****Inklusive** 25 Strafsekunden

Schnellste Runde im Qualifying: Hamilton (McLaren-Mercedes): 1.14,603 = 220,720 km/h (erzielt in Phase 2)
Schnellste Runde im Rennen: Heidfeld (BMW Sauber-BMW): 1:15,987 = 216,700 km/

Höchstgeschwindigkeiten (Freitag, Training): 1. Massa 318,3, 2. Räikkönen 317,0, 3. Nakajima 315,6, 4. Trulli 314,8, 5. Rosberg 314,8, 6. Hamilton 314,5, 7. Glock 314,5, 8. Kovalainen 314,3, 9. Kubica 313,7, 10. Alonso 312,8, 11. Piquet 312,7, 12. Heidfeld 312,5, 13. Sutil 312,2, 14. Vettel 312,1, 15. Button 312,0, 16. Webber 311,9, 17. Fisichella 311,8, 18. Barrichello 311,5, 19. Bourdais 311,3, 20. Coulthard 308,9

Höchstgeschwindigkeiten (Samstag, Qualifying): 1. Massa 319,2, 2. Räikkönen 318,6, 3. Sutil 316,8, 4. Kubica 316,4, 5. Rosberg 316,2, 6. Heidfeld 315,8, 7. Kovalainen 315,6, 8. Hamilton 315,2, 9. Fisichella 314,0, 10. Vettel 313,8, 11. Glock 313,6, 12. Nakajima 313,4, 13. Coulthard 313,3, 14. Alonso 313,3, 15. Piquet 312,7, 16. Bourdais 312,5, 17. Barrichello 312,5, 18. Trulli 312,0, 19. Webber 310,7, 20. Button 310,5

Höchstgeschwindigkeiten (Sonntag): 1. Massa 319,1, 2. Hamilton 318,9, 3. Rosberg 318,7, 4. Räikkönen 318,6, 5. Barrichello 318,5, 6. Heidfeld 318,0, 7. Sutil 317,7, 8. Fisichella 317,3, 9. Nakajima 317,2, 10. Vettel 316,9, 11. Kubica 316,5, 12. Bourdais 315,6, 13. Button 315,2, 14. Coulthard 314,5, 15. Kovalainen 314,3, 16. Webber 314,3, 17. Trulli 313,7, 18. Alonso 313,1, 19. Glock 312,8, 20. Piquet 312,6

Schnellste Runde jedes Fahrers im Rennen: 1. Heidfeld 1:15,987 (52.), 2. Hamilton 1:16,039 (17.), 3. Räikkönen 1:16,342 (66.), 4. Kovalainen 1:16,495 (63.), 5. Massa 1:16,502 (19.), 6. Kubica 1:16,610 (17.), 7. Glock 1:16,712 (24.), 8. Vettel 1:16,772 (20.), 9. Piquet 1:16,910 (66.), 10. Bourdais 1:16,969 (63.), 11. Coulthard 1:16,994 (18.), 12. Trulli 1:17,023 (17.), 13. Alonso 1:17,115 (17.), 14. Webber 1:17,206 (20.), 15. Rosberg 1:17,380 (34.), 16. Button 1:17,636 (56.), 17. Nakajima 1:17,691 (23.), 18. Sutil 1:17,889 (66.), 19. Barrichello 1:17,986 (30.), 20. Fisichella 1:18,208 (67.)

WM-Stand: 1. Hamilton 58, 2. Massa 54, 3. Räikkönen 51, 4. Kubica 48, 5. Heidfeld 41, 6. Kovalainen 28, 7. Trulli 20, 8. Webber 18, 9. Alonso 13, 10. Barrichello 11, 11. Piquet 10, 12. Rosberg 8, 13. Nakajima 8, 14. Coulthard 6, 15. Vettel 6, 16. Glock 5, 17. Button 3, 18. Bourdais 2

Konstrukteur-WM: 1. Ferrari 105, 2. BMW Sauber-BMW 89, 3. McLaren-Mercedes 86, 4. Toyota 25, 5. Red Bull-Renault 24, 6. Renault 23, 7. Williams-Toyota 16, 8. Honda 14, 9. Toro Rosso-Ferrari 8

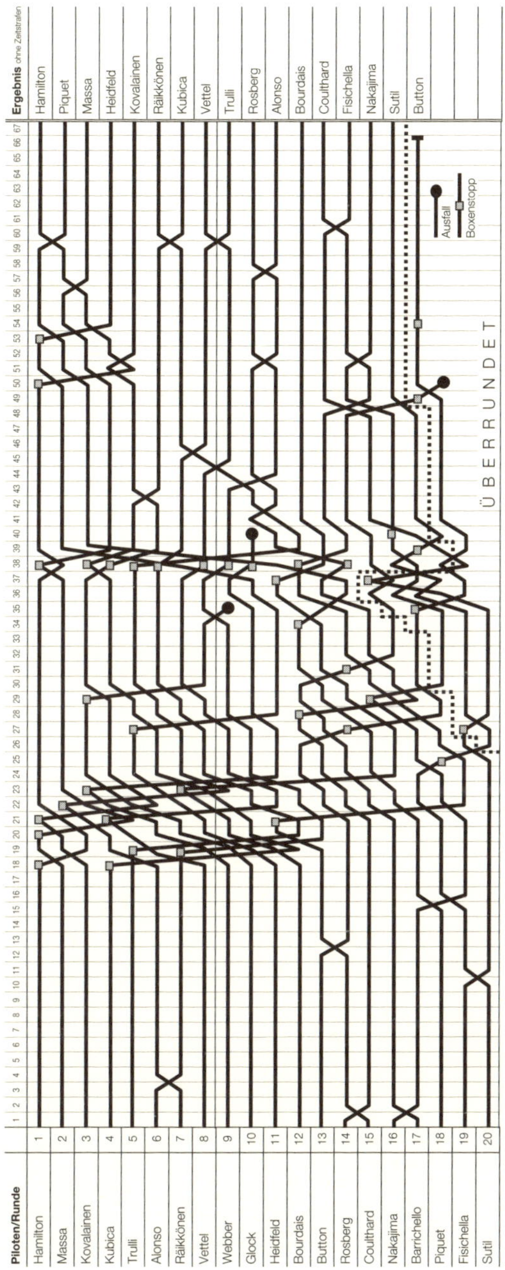
Piloten/Runde
Hamilton 1
Massa 2
Kovalainen 3
Kubica 4
Trulli 5
Alonso 6
Räikkönen 7
Vettel 8
Webber 9
Glock 10
Heidfeld 11
Bourdais 12
Button 13
Rosberg 14
Coulthard 15
Nakajima 16
Barrichello 17
Piquet 18
Fisichella 19
Sutil 20
1 2 3 4 5 6 7 8 9 10 11 12 13 14 15 16 17 18 19 20 21 22 23 24 25 26 27 28 29 30 31 32 33 34 35 36 37 38 39 40 41 42 43 44 45 46 47 48 49 50 51 52 53 54 55 56 57 58 59 60 61 62 63 64 65 66 67
Ergebnis ohne Zeitstrafen
Hamilton
Piquet
Massa
Heidfeld
Kovalainen
Räikkönen
Kubica
Vettel
Trulli
Rosberg
Alonso
Bourdais
Coulthard
Fisichella
Nakajima
Sutil
Button
Ausfall
Boxenstopp
ÜBERRUNDET

Lauf 11 – Großer Preis von Ungarn – Budapest, 3. August 2008

1. Training (Freitag Vormittag): 1. Massa 1:20,981, 2. Räikkönen 1:21,345, 3. Kovalainen 1:21,410, 4. Hamilton 1:21,535, 5. Alonso 1:21,802, 6. Glock 1:21,931, 7. Kubica 1:22,267, 8. Piquet 1:22,326, 9. Heidfeld 1:22,370, 10. Trulli 1:22,457, 11. Webber 1:22,654, 12. Coulthard 1:22,700, 13. Bourdais 1:22,900, 14. Button 1:22,917, 15. Barrichello 1:23,093, 16. Rosberg 1:23,147, 17. Nakajima 1:23,274, 18. Sutil 1:23,353, 19. Fisichella 1:23,459, 20. Vettel 1:23,923

2. Training (Freitag Nachmittag): 1. Hamilton 1:20,554, 2. Piquet 1:20,748, 3. Kovalainen 1:20,760, 4. Alonso 1:20,928, 5. Räikkönen 1:21,009, 6. Massa 1:21,010, 7. Heidfeld 1:21,138, 8. Kubica 1:21,363, 9. Trulli 1:21,505, 10. Rosberg 1:21,581, 11. Glock 1:21,662, 12. Webber 1:21,733, 13. Coulthard 1:21,837, 14. Nakajima 1:21,902, 15. Bourdais 1:21,955, 16. Button 1:22,150, 17. Fisichella 1:22,197, 18. Sutil 1:22,358, 19. Barrichello 1:22,448, 20. Vettel 1:22,945

3. Training (Samstag)		**Qualifying** (Samstag) **(1. Phase)**			**(2. Phase)**		**(3. Phase)**
1. Hamilton	1:20,228	1. Hamilton	1:19,376	1. Massa	1:19,068	1. Hamilton	1:20,899
2. Massa	1:20,567	2. Massa	1:19,578	2. Glock	1:19,246	2. Kovalainen	1:21,140
3. Glock	1:20,623	3. Trulli	1:19,942	3. Hamilton	1:19,473	3. Massa	1:21,191
4. Kovalainen	1:20,657	4. Kovalainen	1:19,945	4. Kovalainen	1:19,480	4. Kubica	1:21,281
5. Piquet	1:20,917	5. Glock	1:19,980	5. Trulli	1:19,486	5. Glock	1:21,326
6. Heidfeld	1:21,096	6. Räikkönen	1:20,006	6. Räikkönen	1:19,546	6. Räikkönen	1:21,516
7. Bourdais	1:21,179	7. Kubica	1:20,053	7. Kubica	1:19,776	7. Alonso	1:21,698
8. Vettel	1:21,184	8. Webber	1:20,073	8. Alonso	1:19,816	8. Webber	1:21,732
9. Räikkönen	1:21,187	9. Vettel	1:20,157	9. Webber	1:20,046	9. Trulli	1:21,767
10. Rosberg	1:21,195	10. Alonso	1:20,229	10. Piquet	1:20,131	10. Piquet	1:22,371
11. Alonso	1:21,228	11. Coulthard	1:20,505	11. Vettel	1:20,144		
12. Nakajima	1:21,357	12. Piquet	1:20,583	12. Button	1:20,332		
13. Coulthard	1:21,489	13. Bourdais	1:20,640	13. Coulthard	1:20,502		
14. Trulli	1:21,601	14. Rosberg	1:20,748	14. Bourdais	1:20,963		
15. Barrichello	1:21,703	15. Button	1:20,888	15. Rosberg	Keine Zeit		
16. Webber	1:21,752	16. Heidfeld	1:21,045				
17. Button	1:21,772	17. Nakajima	1:21,085				
18. Kubica	1:21,975	18. Barrichello	1:21,332				
19. Fisichella	1:22,189	19. Fisichella	1:21,670				
20. Sutil	1:22,550	20. Sutil	1:22,113				

Startaufstellung: Zuerst die Piloten 1 bis 10 aus der dritten Qualifying-Phase, danach die Piloten 11 bis 15 aus der zweiten Qualifying-Phase, dahinter die Piloten 16 bis 20 aus der ersten Qualifying-Phase - inklusive Strafversetzungen:

1. Lewis Hamilton
McLaren-Mercedes MP4/23 V8
1:20,899

2. Heikki Kovalainen
McLaren-Mercedes MP4/23 V8
1:21,140

3. Felipe Massa
Ferrari F2008 V8
1:21,191

4. Robert Kubica
Sauber-BMW F1.08 V8
1:21,281

5. Timo Glock
Toyota TF108 V8
1:21,326

6. Kimi Räikkönen
Ferrari F2008 V8
1:21,516

7. Fernando Alonso
Renault R28 V8
1:21,698

8. Mark Webber
Red Bull-Renault RB4 V8
1:21,732

9. Jarno Trulli
Toyota TF108 V8
1:21,767

10. Nelson Piquet Jr.
Renault R28 V8
1:22,371

11. Sebastian Vettel
Toro Rosso-Ferrari STR-03 V8
1:20,144

12. Jenson Button
Honda RA108 V8
1:20,332

13. David Coulthard
Red Bull-Renault RB4 V8
1:20,502

14. Nico Rosberg
Williams-Toyota FW30 V8
Keine Zeit

15. Nick Heidfeld
Sauber-BMW F1.08 V8
1:21,045

16. Kazuki Nakajima
Williams-Toyota FW30 V8
1:21,085

17. Rubens Barrichello
Honda RA108 V8
1:21,332

18. Giancarlo Fisichella
Force India-Ferrari VJM01 V8
1:21,670

19. Sébastien Bourdais
Toro Rosso-Ferrari STR-03 V8
1:20,963

20. Adrian Sutil
Force India-Ferrari VJM01 V8
1:22,113

Bourdais wird wegen Behinderns von Heidfeld in der 2. Qualifikations-Phase um 5 Plätze nach hinten versetzt

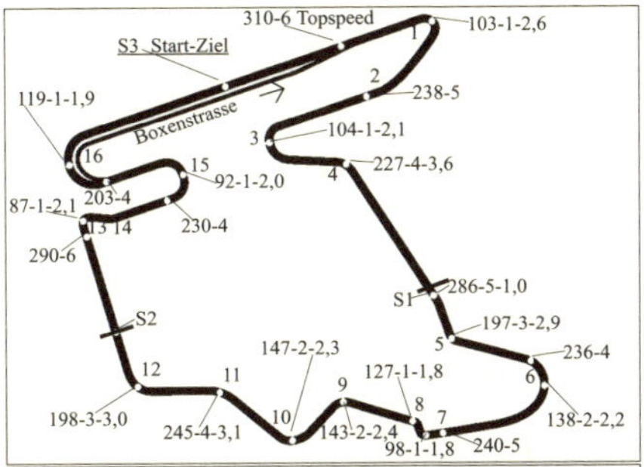

Legende: 132-2-2,1 = 132 km/h-2. Gang-2,1 Fliehkraft

Wetter am Renntag: Sonnig und heiß, 29 Grad Lufttemperatur, 45-43 Grad Asphalttemperatur, 37-40 Prozent Luftfeuchtigkeit, 90.000 Zuschauer am Renntag

Distanz: 70 Runden à 4,381 km = 306,663 km
Ziellinie 0,007 km hinter der Startlinie

Sieger 2007: Hamilton (McLaren-Mercedes), 1.35:52,991 = 191,897 km/h, 2. Räikkönen -0,715, 3. Heidfeld -43,129

Poleposition 2007: Hamilton (McLaren-Mercedes), 1:19,781 = 197,686 km/h

Schnellste Runde 2007: Räikkönen (Ferrari): 1:20,047 = 197,029 km/h

Boxenstopps:

Massa:	18. Runde: Tanken und Reifenwechsel in 8,2 sec., total 27,5 sec., Platz 1-4
Kubica:	18. Runde: Tanken und Reifenwechsel (nur Hinterreifen) in 9,5 sec., total 28,9 sec., Platz 7-10
Webber:	18. Runde: Tanken und Reifenwechsel in total 28,6 sec., Platz 9-11
Hamilton:	19. Runde: Tanken und Reifenwechsel in 9,2 sec., total 27,8 sec., Platz 1-6
Glock	20. Runde: Tanken (Tankrüssel klemmt) und Reifenwechsel in 13,4 sec., verliert total 32,7 sec., Platz 2-8
Vettel:	20. Runde: Tanken und Reifenwechsel in total 34,9 sec., Platz 16-20
Kovalainen:	21. Runde: Tanken und Reifenwechsel in 9,9 sec., total 28,9 sec., Platz 1-7
Alonso:	22. Runde: Tanken und Reifenwechsel in 8,7 sec., total 27,9 sec., Platz 2-8
Räikkönen	22. Runde: Tanken und Reifenwechsel, Totalzeit nicht übermittelt, Platz 5-9
Trulli:	23. Runde: Tanken und Reifenwechsel in 8,8 sec., total 28,0 sec., Platz 4-9
Piquet:	25. Runde: Tanken und Reifenwechsel in 9,4 sec., total 28,6 sec., Platz 3-8
Coulthard:	29. Runde: Tanken und Reifenwechsel in 8,3 sec., total 27,2 sec., Platz 5-13
Fisichella:	29. Runde: Tanken und Reifenwechsel in total 27,8 sec., Platz 18-19
Rosberg:	30. Runde: Tanken und Reifenwechsel in total 35,7 sec., Platz 17-18
Sutil:	30. Runde: Tanken und Reifenwechsel in total 26,1 sec., Platz 18-19
Button:	31. Runde: Tanken und Reifenwechsel in total 26,7 sec., Platz 12-15
Bourdais:	31. Runde: Tanken und Reifenwechsel in total 38,9 sec., Platz 16-18
Barrichello:	32. Runde: Tanken und Reifenwechsel (kleines Feuer wegen defekter Tankanlage), verliert total 54,4 sec., Platz 13-19
Nakajima:	32. Runde: Tanken und Reifenwechsel (kleines Feuer wegen defekter Tankanlage) in total 30,5 sec., Platz 14
Hamilton:	41. Runde: 2. Stopp, Tanken und Reifenwechsel (ungeplanter Stopp wegen Reifenplatzers) in 8,8 sec., verliert total 28,6 sec., Platz 5-10
Heidfeld:	41. Runde: Tanken und Reifenwechsel in 9,6 sec., total 28,7 sec., Platz 11-12
Massa:	44. Runde: 2. Stopp, Tanken und Reifenwechsel in 7,5 sec., total 26,7 sec., Platz 1-2
Sutil:	45. Runde: 2. Stopp, Tanken und Reifenwechsel in total 26,8 sec., Platz 17-18
Bourdais:	45. Runde: 2. Stopp, Tanken und Reifenwechsel (kleines Feuer wegen defekter Tankanlage), verliert total 46,5 sec., Platz 18-19
Glock:	47. Runde: 2. Stopp, Tanken und Reifenwechsel in 6,6 sec., total 26,0 sec., Platz 3-5
Webber:	47. Runde: 2. Stopp, Tanken und Reifenwechsel in total 26,8 sec., Platz 9-11
Kovalainen:	48. Runde: 2. Stopp, Tanken und Reifenwechsel in 6,8 sec., total 25,6 sec., Platz 1-4
Bourdais:	46. Runde: 3. Stopp, Tanken und Reifenwechsel in total 28,4 sec., Platz 19
Alonso:	50. Runde: 2. Stopp, Tanken und Reifenwechsel in 7,2 sec., total 26,5 sec., Platz 2-7
Kubica:	50. Runde: 2. Stopp, Tanken und Reifenwechsel in total 26,4 sec., Platz 8-10
Räikkönen:	51. Runde: 2. Stopp, Tanken und Reifenwechsel, Totalzeit nicht übermittelt, Platz 2-6
Button:	52. Runde: 2. Stopp, Tanken und Reifenwechsel in 7,2 sec., total 26,0 sec., Platz 13
Trulli:	53. Runde: 2. Stopp, Tanken und Reifenwechsel in 5,9 sec., total 25,1 sec., Platz 5-8
Coulthard:	53. Runde: 2. Stopp, Tanken und Reifenwechsel in total 25,7 sec., Platz 9-12
Piquet:	54. Runde: 2. Stopp, Tanken und Reifenwechsel in 7,6 sec., total 26,8 sec., Platz 4-7
Barrichello:	53. Runde: 2. Stopp, Tanken und Reifenwechsel in total 26,0 sec., Platz 17-18
Fisichella:	55. Runde: 2. Stopp, Tanken und Reifenwechsel in total 25,1 sec., Platz 15-16
Rosberg:	58. Runde: 2. Stopp, Tanken und Reifenwechsel in total 25,1 sec., Platz 14-15
Sutil:	60. Runde: 3. Stopp, Reifenwechsel (ungeplanter Stopp wegen Reifenplatzers) in 12,7 sec., verliert total 33,8 sec., Platz 18-19

Ausfälle:

Vettel:	23. Runde: Überhitzung des Motors, Platz 20
Sutil:	63. Runde: Nach Plattfuss Bremsdefekt, Platz 19
Massa:	68. Runde: Motorschaden, Platz 1

Stand nach 1. Runde:
1. Massa, 2. Hamilton, 3. Kovalainen, 4. Glock, 5. Kubica, 6. Alonso, 7. Räikkönen, 8. Webber, 9. Trulli, 10. Piquet

Führung im Rennen:
1.-18. Runde: Massa
19. Runde: Hamilton
20.-21. Runde: Kovalainen
22.-44. Runde: Massa
45.-48. Runde: Kovalainen
49.-67. Runde: Massa
68.-70. Runde: Kovalainen

Ergebnis:

1. Heikki Kovalainen (Finnland) McLaren-Mercedes	1.37:27,067 = 188,790 km/h	
2. Timo Glock (Deutschland) Toyota	1.37:38,128 = 188,433 km/h	11,061 zurück
3. Kimi Räikkönen (Finnland) Ferrari	1.37:43,923 = 188,247 km/h	16,856 zurück
4. Fernando Alonso (Spanien) Renault	1.37:48,681 = 188,094 km/h	21,614 zurück
5. Lewis Hamilton (England) McLaren-Mercedes	1.37:50,115 = 188,048 km/h	23,048 zurück
6. Nelson Piquet Jr. (Brasilien) Renault	1.37:59,365 = 187,752 km/h	32,298 zurück
7. Jarno Trulli (Italien) Toyota	1.38:03,516 = 187,620 km/h	36,449 zurück
8. Robert Kubica (Polen) BMW Sauber-BMW	1.38:15,388 = 187,242 km/h	48,321 zurück
9. Mark Webber (Australien) Red Bull-Renault	1.38:25,901 = 186,909 km/h	58,834 zurück
10. Nick Heidfeld (Deutschland) BMW Sauber-BMW	1.38:34,776 = 186,628 km/h	67,709 zurück
11. David Coulthard (Schottland) Red Bull-Renault	1.38:37,474 = 186,543 km/h	70,407 zurück
12. Jenson Button (England) Honda	1.37:44,160 = 185,550 km/h	1 Runde zurück
13. Kazuki Nakajima (Japan) Williams-Toyota	1.38:30,779 = 184,086 km/h	1 Runde zurück
14. Nico Rosberg (Deutschland) Williams-Toyota	1.38:31,269 = 184,071 km/h	1 Runde zurück
15. Giancarlo Fisichella (Italien) Force India-Ferrari	1.38:44,943 = 183,646 km/h	1 Runde zurück
16. Rubens Barrichello (Brasilien) Honda	1.37:55,162 = 182,518 km/h	2 Runden zurück
17. Felipe Massa (Brasilien) Ferrari	1.33:11,071 = 188,971 km/h	Ausfall
18. Sébastien Bourdais (Frankreich) Toro Rosso-Ferrari	1.37:48,266 = 180,045 km/h	3 Runden zurück

Massa beendet nicht das Rennen, wird aber aufgrund der zurückgelegten Distanz gewertet

Schnellste Runde im Qualifying: Massa (Ferrari): 1:19,068 = 199,468 km/h (erzielt in Phase 2)

Schnellste Runde im Rennen: Räikkönen (Ferrari): 1:21,195 = 194,243 km/h
Höchstgeschwindigkeiten (Freitag, Training): 1. Hamilton 297,7, 2. Kovalainen 294,8, 3. Räikkönen 294,6, 4. Bourdais 294,1, 5. Heidfeld 293,5, 6. Piquet 292,5, 7. Massa 292,4, 8. Rosberg 292,0, 9. Alonso 291,9, 10. Vettel 291,3, 11. Kubica 291,1, 12. Fisichella 290,7, 13. Coulthard 289,6, 14. Button 289,3, 15. Webber 289,3, 16. Sutil 289,2, 17. Glock 288,9, 18. Nakajima 288,8, 19. Barrichello 287,9, 20. Trulli 287,3

Höchstgeschwindigkeiten (Samstag, Qualifying): 1. Bourdais 295,0, 2. Alonso 294,5, 3. Kovalainen 294,3, 4. Räikkönen 293,5, 5. Hamilton 293,4, 6. Nakajima 293,2, 7. Kubica 293,2, 8. Massa 293,1, 9. Vettel 292,7, 10. Piquet 292,6, 11. Coulthard 291,6, 12. Heidfeld 291,6, 13. Glock 291,4, 14. Rosberg 291,1, 15. Webber 290,8, 16. Button 289,3, 17. Trulli 289,0, 18. Sutil 288,8, 19. Barrichello 288,7, 20. Fisichella 288,2

Höchstgeschwindigkeiten (Sonntag): 1. Piquet 292,3, 2. Räikkönen 292,0, 3. Vettel: 291,6, 4. Bourdais 290,9, 5. Kovalainen 290,7, 6. Hamilton 290,5, 7. Kubica 289,7, 8. Alonso 289,5, 9. Massa 288,8, 10. Heidfeld 288,6, 11. Nakajima 288,6, 12. Button 288,0, 13. Rosberg 287,9, 14. Coulthard 287,6, 15. Sutil: 286,3, 16. Webber 285,6, 17. Fisichella 284,6, 18. Glock 284,5, 19. Barrichello 284,5, 20. Trulli 284,4

Schnellste Runde jedes Fahrers im Rennen: 1. Räikkönen 1:21,195 (61.), 2. Massa 1:21,355 (16.), 3. Hamilton 1:21,493 (15.), 4. Piquet 1:21,537(64.), 5. Trulli 1:21,638 (65.), 6. Glock 1:21,671 (42.), 7. Kovalainen 1:21,753 (19.), 8. Alonso 1:21,793 (47.), 9. Kubica 1:21,941 (70.), 10. Webber 1:22,125 (67.), 11. Heidfeld 1:22,183 (67.), 12. Rosberg 1:22,397 (57.), 13. Button 1:22,397 (63.), 14. Barrichello 1:22,436 (65.), 15. Fisichella 1:22,641 (68.), 16. Coulthard 1:22,732 (67.), 17. Bourdais 1:23,220 (29.), 18. Nakajima 1:23,307 (67.), 19. Sutil 1:23,650 (29.), 20. Vettel 1:24,222 (17.)

WM-Stand: 1. Hamilton 62, 2. Räikkönen 57, 3. Massa 54, 4. Kubica 49, 5. Heidfeld 41, 6. Kovalainen 38, 7. Trulli 22, 8. Alonso 18, 9. Webber 18, 10. Glock 13, 11. Piquet 13, 12. Barrichello 11, 13. Rosberg 8, 14. Nakajima 8, 15. Coulthard 6, 16. Vettel 6, 17. Button 3 18. Bourdais 2

Konstrukteur-WM: 1. Ferrari 111, 2. McLaren-Mercedes 100, 3. BMW Sauber-BMW 90, 4. Toyota 35, 5. Renault 31, 6. Red Bull-Renault 24, 7. Williams-Toyota 16, 8. Honda 14, 9. Toro Rosso-Ferrari 8

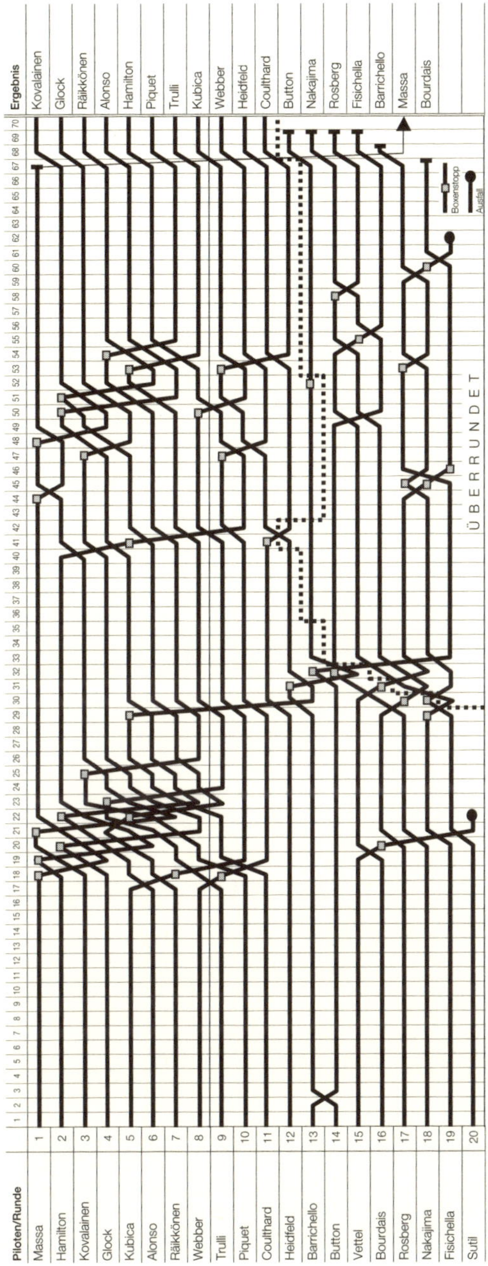
Piloten/Runde
Massa
Hamilton
Kovalainen
Glock
Kubica
Alonso
Räikkönen
Webber
Trulli
Piquet
Coulthard
Heidfeld
Barrichello
Button
Vettel
Bourdais
Rosberg
Nakajima
Fisichella
Sutil
Ergebnis
Kovalainen
Glock
Räikkönen
Alonso
Hamilton
Piquet
Trulli
Kubica
Webber
Heidfeld
Coulthard
Button
Nakajima
Rosberg
Fisichella
Barrichello
Massa
Bourdais
Boxenstopp
Ausfall
Ü B E R R U N D E T

Lauf 12 – Großer Preis von Europa – Valencia, 24. August 2008

1. Training (Freitag Vormittag): 1. Vettel 1:40,496, 2. Massa 1:40,654, 3. Hamilton 1:40,822, 4. Bourdais 1:41,099, 5. Kovalainen 1:41,163, 6. Kubica 1:41,281, 7. Räikkönen 1:41,317, 8. Nakajima 1:41,329, 9. Alonso 1:41,385, 10. Rosberg 1:41,706, 11. Barrichello 1:41,830, 12. Trulli 1:41,930, 13. Sutil 1:41,951, 14. Glock 1:42,036, 15. Piquet 1:42,107, 16. Heidfeld 1:42,453, 17. Button 1:42,460, 18. Fisichella 1:43,075, 19. Coulthard 1:43,312, 20. Webber 1:43,524

2. Training (Freitag Nachmittag): 1. Räikkönen 1:39,477, 2. Alonso 1:39,497, 3. Button 1:39,546, 4. Massa 1:39,678, 5. Hamilton 1:39,712, 6. Kovalainen 1:39,954, 7. Glock 1:39,967, 8. Kubica 1:40,149, 9. Piquet 1:40,439, 10. Fisichella 1:40,500, 11. Webber 1:40,585, 12. Rosberg 1:40,607, 13. Coulthard 1:40,696, 14. Nakajima 1:40,742, 15. Trulli 1:40,877, 16. Vettel 1:40,982, 17. Sutil 1:40,999, 18. Heidfeld 1:41,084, 19. Bourdais 1:41,246, 20. Barrichello 1:41,377

3. Training (Samstag)		**Qualifying** (Samstag) **(1. Phase)**			**(2. Phase)**		**(3. Phase)**
1. Kubica	1:38,754	1. Trulli	1:37,948	1. Vettel	1:37,842	1. Massa	1:38,989
2. Rosberg	1:38,877	2. Vettel	1:38,141	2. Massa	1:37,859	2. Hamilton	1:39,199
3. Bourdais	1:39,009	3. Massa	1:38,176	3. Heidfeld	1:37,859	3. Kubica	1:39,392
4. Nakajima	1:39,270	4. Alonso	1:38,268	4. Trulli	1:37,928	4. Räikkönen	1:39,488
5. Massa	1:39,276	5. Kubica	1:38,347	5. Hamilton	1:37,954	5. Kovalainen	1:39,937
6. Vettel	1:39,300	6. Hamilton	1:38,464	6. Kubica	1:38,050	6. Vettel	1:40,142
7. Hamilton	1:39,314	7. Glock	1:38,532	7. Kovalainen	1:38,120	7. Trulli	1:40,309
8. Heidfeld	1:39,335	8. Webber	1:38,559	8. Räikkönen	1:38,229	8. Heidfeld	1:40,631
9. Coulthard	1:39,421	9. Rosberg	1:38,595	9. Rosberg	1:38,336	9. Rosberg	1:40,721
10. Piquet	1:39,452	10. Bourdais	1:38,622	10. Bourdais	1:38,417	10. Bourdais	1:40,750
11. Webber	1:39,597	11. Kovalainen	1:38,656	11. Nakajima	1:38,428		
12. Button	1:39,628	12. Nakajima	1:38,667	12. Alonso	1:38,435		
13. Alonso	1:39,652	13. Räikkönen	1:38,703	13. Glock	1:38,499		
14. Kovalainen	1:39,802	14. Heidfeld	1:38,738	14. Webber	1:38,515		
15. Räikkönen	1:39,810	15. Piquet	1:38,787	15. Piquet	1:38,744		
16. Glock	1:39,919	16. Button	1:38,880				
17. Sutil	1:40,019	17. Coulthard	1:39,235				
18. Fisichella	1:40,059	18. Fisichella	1:39,268				
19. Barrichello	1:40,512	19. Barrichello	1:39,811				
20. Trulli	Keine Zeit	20. Sutil	1:39,943				

Startaufstellung: Zuerst die Piloten 1 bis 10 aus der dritten Qualifying-Phase, danach die Piloten 11 bis 15 aus der zweiten Qualifying-Phase, dahinter die Piloten 16 bis 20 aus der ersten Qualifying-Phase - inklusive Strafversetzungen:

1. Felipe Massa
Ferrari F2008 V8
1:38,989

2. Lewis Hamilton
McLaren-Mercedes MP4/23 V8
1:39,199

3. Robert Kubica
Sauber-BMW F1.08 V8
1:39,392

4. Kimi Räikkönen
Ferrari F2008 V8
1:39,488

5. Heikki Kovalainen
McLaren-Mercedes MP4/23 V8
1:39,937

6. Sebastian Vettel
Toro Rosso-Ferrari STR-03 V8
1:40,142

7. Jarno Trulli
Toyota TF108 V8
1:40,309

8. Nick Heidfeld
Sauber-BMW F1.08 V8
1:40,631

9. Nico Rosberg
Williams-Toyota FW30 V8
1:40,721

10. Sébastien Bourdais
Toro Rosso-Ferrari STR-03 V8
1:40,750

11. Kazuki Nakajima
Williams-Toyota FW30 V8
1:38,428

12. Fernando Alonso
Renault R28 V8
1:38,435

13. Timo Glock
Toyota TF108 V8
1:38,499

14. Mark Webber
Red Bull-Renault RB4 V8
1:38,515

15. Nelson Piquet Jr.
Renault R28 V8
1:38,744

16. Jenson Button
Honda RA108 V8
1:38,880

17. David Coulthard
Red Bull-Renault RB4 V8
1:39,235

18. Giancarlo Fisichella
Force India-Ferrari VJM01 V8
1:39,268

19. Rubens Barrichello
Honda RA108 V8
1:39,811

20. Adrian Sutil
Force India-Ferrari VJM01 V8
1:39,943

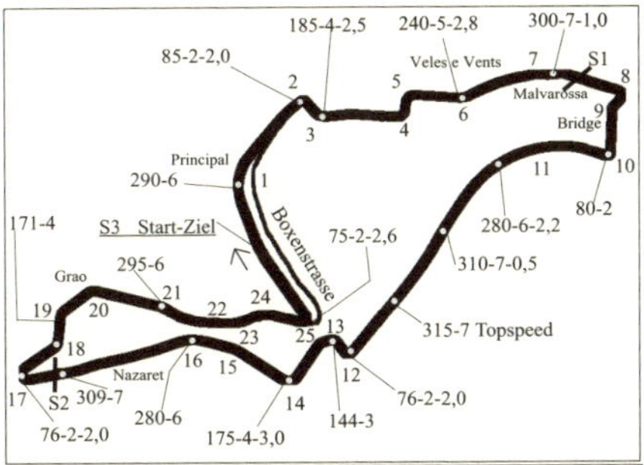

Legende: 132-2-2,1 = 132 km/h-2. Gang-2,1 Fliehkraft

Wetter am Renntag: Sonnig und heiß, 29 Grad Lufttemperatur, 44-45 Grad Asphalttemperatur, 66-65 Prozent Luftfeuchtigkeit, 115.000 Zuschauer am Renntag

Distanz: 57 Runden à 5.419 km = 308,883 km
Ziellinie 0,000 km hinter der Startlinie

Boxenstopps:

Nakajima: 1. Runde: Tanken und Reifenwechsel und neuer Frontflügel nach Auffahrunfall gegen Alonso, verliert total 27,8 sec., Platz 19
Coulthard: 14. Runde: Tanken und Reifenwechsel in total 23,0 sec., Platz 19
Massa: 15. Runde: Tanken und Reifenwechsel (Radabdeckung wird abgenommen) in 9,1 sec., total 22,5 sec., Platz 1-2
Hamilton: 17. Runde: Tanken und Reifenwechsel in 8,9 sec., total 22,6 sec., Platz 1-2
Vettel: 17. Runde: Tanken und Reifenwechsel in total 22,6 sec., Platz 9-10
Kubica: 18. Runde: Tanken und Reifenwechsel in 8,9 sec., total 22,7 sec., Platz 1-6
Räikkönen: 18. Runde: Tanken und Reifenwechsel (Radabdeckung wird abgenommen) in 9,9 sec., total 24,1 sec., Platz 5-8
Bourdais: 18. Runde: Tanken und Reifenwechsel in total 22,3 sec., Platz 11-15
Trulli: 19. Runde: Tanken und Reifenwechsel in 8,8 sec., total 22,5 sec., Platz 4-7
Sutil: 19. Runde: Tanken und Reifenwechsel in total 21,4 sec., Platz 13-16
Kovalainen: 20. Runde: Tanken und Reifenwechsel in 9,4 sec., total 22,8 sec., Platz 1-3
Rosberg: 20. Runde: Tanken und Reifenwechsel in total 21,6 sec., Platz 4-10
Heidfeld: 22. Runde: Tanken und Reifenwechsel in 8,5 sec., total 21,9 sec., Platz 11
Webber: 28. Runde: Tanken und Reifenwechsel in total 27,3 sec., Platz 10-14
Fisichella: 28. Runde: Tanken und Reifenwechsel in total 26,8 sec., Platz 13-18
Button: 29. Runde: Tanken und Reifenwechsel in total 24,3 sec., Platz 14
Glock: 30. Runde: Tanken und Reifenwechsel in 10,8 sec., total 24,8 sec., Platz 5-9
Barrichello: 30. Runde: Tanken und Reifenwechsel in total 23,8 sec., Platz 16-18
Nakajima: 30. Runde: 2. Stopp, Tanken und Reifenwechsel in total 24,1 sec., Platz 17-19
Coulthard: 31. Runde: 2. Stopp, Tanken und Reifenwechsel in total 23,5 sec., Platz 17-19
Piquet: 33. Runde: Tanken und Reifenwechsel in 9,6 sec., total 22,9 sec., Platz 11-12
Sutil: 36. Runde: 2. Stopp, Tanken und Reifenwechsel in total 23,0 sec., Platz 15-16
Massa: 37. Runde: 2. Stopp, Tanken und Reifenwechsel in 8,5 sec., total 22,3 sec., Platz 1-2
Bourdais: 37. Runde: 2. Stopp, Tanken und Reifenwechsel in total 21,5 sec., Platz 11
Rosberg: 38. Runde: 2. Stopp, Tanken und Reifenwechsel in total 21,4 sec., Platz 8-10
Hamilton: 39. Runde: 2. Stopp, Tanken und Reifenwechsel in 7,1 sec., total 20,6 sec., Platz 1-2
Vettel: 39. Runde: 2. Stopp, Tanken und Reifenwechsel in 9,0 sec., total 22,6 sec., Platz 7
Kubica: 40. Runde: 2. Stopp, Tanken und Reifenwechsel in 7,4 sec., total 20,9 sec., Platz 3-6
Trulli: 41. Runde: 2. Stopp, Tanken und Reifenwechsel in 6,7 sec., total 20,5 sec., Platz 6
Heidfeld: 41. Runde: 2. Stopp, Tanken und Reifenwechsel in total 20,4 sec., Platz 10
Kovalainen: 43. Runde: 2. Stopp, Tanken und Reifenwechsel in 9,6 sec., total 22,8 sec., Platz 5-4
Räikkönen: 43. Runde: 2. Stopp, Tanken und Reifenwechsel (fährt zu früh los und reißt die Tankanlage und einen Mechaniker mit) in 15,8 sec., verliert total 29,7 sec., Platz 4-6

Ausfälle:

Alonso:	1. Runde: Nach Kollision mit Nakajima Aufhängungsbruch hinten, Platz 12 (in der Startaufstellung)
Sutil:	42. Runde: Unfall in Kurve 2, Platz 16
Räikkönen:	46. Runde: Motorschaden, Platz 6

Vor dem Start:

Sutil und Barrichello (Tausch der Bremsen im Parc Fermé) starten aus der Boxengasse

Stand nach 1. Runde:

1. Massa, 2. Hamilton, 3. Kubica, 4. Kovalainen, 5. Räikkönen, 6. Vettel, 7. Trulli, 8. Rosberg, 9. Heidfeld, 10. Glock

Führung im Rennen:

1.-14. Runde: Massa
15.-16. Runde: Hamilton
17. Runde: Kubica
18.-19. Runde: Kovalainen
20.-36. Runde: Massa
37.-38. Runde: Hamilton
39.-57. Runde: Massa

Ergebnis:

1. Felipe Massa (Brasilien) Ferrari	1.35:32,339 = 193,983 km/h	
2. Lewis Hamilton (England) McLaren-Mercedes	1.35:37,950 = 193,793 km/h	5,611 zurück
3. Robert Kubica (Polen) BMW Sauber-BMW	1.36:09,692 = 192,727 km/h	37,353 zurück
4. Heikki Kovalainen (Finnland) McLaren-Mercedes	1.36:12,042 = 192,649 km/h	39,703 zurück
5. Jarno Trulli (Italien) Toyota	1.36:23,023 = 192,283 km/h	50,684 zurück
6. Sebastian Vettel (Deutschland) Toro Rosso-Ferrari	1.36:24,964 = 192,218 km/h	52,625 zurück
7. Timo Glock (Deutschland) Toyota	1.36:40,329 = 191,709 km/h	67,990 zurück
8. Nico Rosberg (Deutschland) Williams-Toyota	1.36:43,796 = 191,595 km/h	71,457 zurück
9. Nick Heidfeld (Deutschland) BMW Sauber-BMW	1.36:54,516 = 191,241 km/h	82,177 zurück
10. Sébastien Bourdais (Frankreich) Toro Rosso-Ferrari	1.37:02,133 = 190,991 km/h	89,794 zurück
11. Nelson Piquet Jr. (Brasilien) Renault	1.37:05,056 = 190,895 km/h	92,717 zurück
12. Mark Webber (Australien) Red Bull-Renault	1.35:42,553 = 190,241 km/h	1 Runde zurück
13. Jenson Button (England) Honda	1.35:53,740 = 189,871 km/h	1 Runde zurück
14. Giancarlo Fisichella (Italien) Force India-Ferrari	1.36:04,448 = 189,518 km/h	1 Runde zurück
15. Kazuki Nakajima (Japan) Williams-Toyota	1.36:19,117 = 189,037 km/h	1 Runde zurück
16. Rubens Barrichello (Brasilien) Honda	1.36:29,660 = 188,693 km/h	1 Runde zurück
17. David Coulthard (Schottland) Red Bull-Renault	1.37:07,559 = 187,466 km/h	1 Runde zurück

Schnellste Runde im Qualifying: Massa (Ferrari): 1:37,842 = 199,386 km/h (erzielt in Phase 2)

Schnellste Runde im Rennen: Massa (Ferrari): 1:38,708 = 197,637 km/h

Höchstgeschwindigkeiten (Freitag, Training): 1. Räikkönen 315,6, 2. Massa 315,0, 3. Piquet 313,4, 4. Alonso 313,1, 5. Nakajima 313,0, 6. Vettel 311,5, 7. Kubica 311,4, 8. Bourdais 310,8, 9. Rosberg 310,6, 10. Hamilton 309,7, 11. Heidfeld 308,8, 12. Kovalainen 308,6, 13. Coulthard 308,5, 14. Trulli 308,1, 15. Sutil 307,8, 16. Glock 307,7, 17. Webber 307,6, 18. Fisichella 306,7, 19. Barrichello 305,9, 20. Button 305,8

Höchstgeschwindigkeiten (Samstag, Qualifying): 1. Vettel 316,4, 2. Massa 316,1, 3. Räikkönen 316,0, 4. Bourdais 315,8, 5. Webber 313,6, 6. Heidfeld 313,3, 7. Coulthard 313,2, 8. Fisichella 313,2, 9. Nakajima 312,5, 10. Sutil 312,5, 11. Trulli 312,5, 12. Rosberg 312,4, 13. Piquet 312,2, 14. Hamilton 312,2, 15. Glock 312,0, 16. Alonso 311,8, 17. Kubica 311,0, 18. Kovalainen 309,8, 19. Barrichello 309,1, 20. Button 309,0

Höchstgeschwindigkeiten (Sonntag): 1. Bourdais 313,8, 2. Räikkönen 313,3, 3. Vettel 312,8, 4. Massa 312,6, 5. Sutil 311,5, 6. Nakajima 310,8, 7. Piquet 310,7, 8. Coulthard 310,7, 9. Kubica 310,4, 10. Heidfeld 310,1, 11. Kovalainen 309,1, 12. Button 308,9, 13. Trulli 308,5, 14. Hamilton 308,4, 15. Rosberg 308,3, 16. Glock 307,6, 17. Webber 307,6, 18. Fisichella 304,9, 19. Barrichello 301,0, 20. Alonso 167,3

Schnellste Runde jedes Fahrers im Rennen: 1. Massa 1:38,708 (36.), 2. Hamilton 1:38,884 (16.), 3. Kovalainen 1:39,112 (19.), 4. Kubica 1:39,330 (38.), 5. Räikkönen 1:39,424 (34.), 6. Vettel 1:39,485 (36.), 7. Heidfeld 1:39,526 (57.), 8. Glock 1:39,535 (54.), 9. Piquet 1:39,544 (29.), 10. Rosberg 1:39,577 (35.), 11. Bourdais 1:39,639 (35.), 12. Trulli 1:39,657 (37.), 13. Nakajima 1:39,803 (56.), 14. Webber 1:40,264 (27.), 15. Fisichella 1:40,353 (54.), 16. Barrichello 1:40,593 (56.), 17. Sutil 1:40,661 (28.), 18. Button 1:40,763 (21.), 19. Coulthard 1:40,978 (13.)

WM-Stand: 1. Hamilton 70, 2. Massa 64, 3. Räikkönen 57, 4. Kubica 55, 5. Kovalainen 43, 6. Heidfeld 41, 7. Trulli 26, 8. Alonso 18, 9. Webber 18, 10. Glock 15, 11. Piquet 13, 12. Barrichello 11, 13. Rosberg 9, 14. Vettel 9, 15. Nakajima 8, 16. Coulthard 6, 17. Button 3, 18. Bourdais 2

Konstrukteur-WM: 1. Ferrari 121, 2. McLaren-Mercedes 113, 3. BMW Sauber-BMW 96, 4. Toyota 41, 5. Renault 31, 6. Red Bull-Renault 24, 7. Williams-Toyota 17, 8. Honda 14, 9. Toro Rosso-Ferrari 11

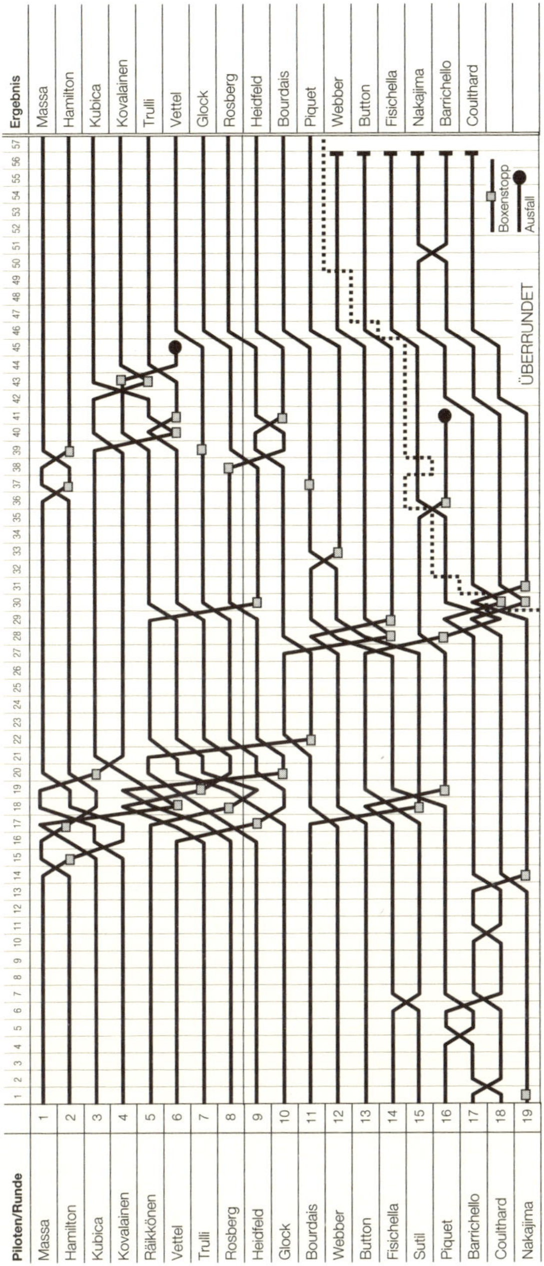

Piloten/Runde
Massa
Hamilton
Kubica
Kovalainen
Räikkönen
Vettel
Trulli
Rosberg
Heidfeld
Glock
Bourdais
Webber
Button
Fisichella
Sutil
Piquet
Barrichello
Coulthard
Nakajima
1 2 3 4 5 6 7 8 9 10 11 12 13 14 15 16 17 18 19
1 2 3 4 5 6 7 8 9 10 11 12 13 14 15 16 17 18 19 20 21 22 23 24 25 26 27 28 29 30 31 32 33 34 35 36 37 38 39 40 41 42 43 44 45 46 47 48 49 50 51 52 53 54 55 56 57
ÜBERRUNDET
Boxenstopp
Ausfall
Ergebnis
Massa
Hamilton
Kubica
Kovalainen
Trulli
Vettel
Glock
Rosberg
Heidfeld
Bourdais
Piquet
Webber
Button
Fisichella
Nakajima
Barrichello
Coulthard

Lauf 13 – Großer Preis von Belgien - Spa Francorchamps, 7. September 2008

1. Training (Freitag Vormittag): 1.Massa 1:47,284, 2. Räikkönen 1:47,623, 3. Hamilton 1:47,878, 4. Kovalainen 1:47,932, 5. Alonso 1:48,104, 6. Webber 1:48,428, 7. Bourdais 1:48,557, 8. Vettel 1:48,958, 9. Glock 1:48,997, 10. Piquet 1:49,068, 11. Kubica 1:49,139, 12. Heidfeld 1:49,185, 13. Rosberg 1:49,611, 14. Trulli 1:49,625, 15. Coulthard 1:49,849, 16. Fisichella 1:49,986, 17. Sutil 1:50,117, 18. Nakajima 1:50,125, 19. Button 1:50,464, 20. Barrichello 1:50,905

2. Training (Freitag Nachmittag): 1. Alonso 1:48,454, 2. Massa 1:48,504, 3. Kovalainen 1:48,740, 4. Hamilton 1:48,805, 5. Räikkönen 1:49,328, 6. Rosberg 1:49,405, 7. Vettel 1:49,427, 8. Sutil 1:49,585, 9. Trulli 1:49,715, 10. Heidfeld 1:49,725, 11. Kubica 1:49,875, 12. Coulthard 1:49,922, 13. Bourdais 1:49,948, 14. Glock 1:50,281, 15. Nakajima 1:50,364, 16. Fisichella 1:50,740, 17. Button 1:50,925, 18. Barrichello 1:51,238, 19. Piquet 1:51,334, 20. Webber 1:51,640

3. Training (Samstag)		**Qualifying** (Samstag) **(1. Phase)**			**(2. Phase)**		**(3. Phase)**
1. Heidfeld	1:47,876	1. Bourdais	1:46,777	1. Kovalainen	1:46,037	1. Hamilton	1:47,338
2. Kovalainen	1:48,165	2. Kovalainen	1:46,812	2. Hamilton	1:46,088	2. Massa	1:47,678
3. Alonso	1:48,307	3. Massa	1:46,873	3. Räikkönen	1:46,298	3. Kovalainen	1:47,815
4. Hamilton	1:48,356	4. Hamilton	1:46,887	4. Heidfeld	1:46,311	4. Räikkönen	1:47,992
5. Massa	1:48,692	5. Räikkönen	1:46,960	5. Massa	1:46,391	5. Heidfeld	1:48,315
6. Vettel	1:48,768	6. Piquet	1:47,052	6. Alonso	1:46,491	6. Alonso	1:48,504
7. Räikkönen	1:48,815	7. Kubica	1:47,093	7. Kubica	1:46,494	7. Webber	1:48,736
8. Rosberg	1:48,836	8. Coulthard	1:47,132	8. Bourdais	1:46,544	8. Kubica	1:48,763
9. Piquet	1:48,946	9. Vettel	1:47,152	9. Vettel	1:46,804	9. Bourdais	1:48,951
10. Webber	1:49,054	10. Alonso	1:47,154	10. Webber	1:46,814	10. Vettel	1:50,319
11. Trulli	1:49,057	11. Webber	1:47,270	11. Trulli	1:46,949		
12. Coulthard	1:49,125	12. Glock	1:47,359	12. Piquet	1:46,965		
13. Kubica	1:49,250	13. Trulli	1:47,400	13. Glock	1:46,995		
14. Bourdais	1:49,256	14. Heidfeld	1:47,419	14. Coulthard	1:47,018		
15. Glock	1:49,535	15. Rosberg	1:47,503	15. Rosberg	1:47,429		
16. Nakajima	1:49,830	16. Barrichello	1:48,153				
17. Fisichella	1:49,949	17. Button	1:48,211				
18. Sutil	1:50,034	18. Sutil	1:48,226				
19. Barrichello	1:50,061	19. Nakajima	1:48,268				
20. Button	Keine Zeit	20. Fisichella	1:48,447				

Startaufstellung: Zuerst die Piloten 1 bis 10 aus der dritten Qualifying-Phase, danach die Piloten 11 bis 15 aus der zweiten Qualifying-Phase, dahinter die Piloten 16 bis 20 aus der ersten Qualifying-Phase - inklusive Strafversetzungen:

1. Lewis Hamilton
McLaren-Mercedes MP4/23 V8
1:47,338

2. Felipe Massa
Ferrari F2008 V8
1:47,678

3. Heikki Kovalainen
McLaren-Mercedes MP4/23 V8
1:47,815

4. Kimi Räikkönen
Ferrari F2008 V8
1:47,992

5. Nick Heidfeld
Sauber-BMW F1.08 V8
1:48,315

6. Fernando Alonso
Renault R28 V8
1:48,504

7. Mark Webber
Red Bull-Renault RB4 V8
1:48,736

8. Robert Kubica
Sauber-BMW F1.08 V8
1:48,763

9. Sébastien Bourdais
Toro Rosso-Ferrari STR-03 V8
1:48,951

10. Sebastian Vettel
Toro Rosso-Ferrari STR-03 V8
1:50,319

11. Jarno Trulli
Toyota TF108 V8
1:46,949

12. Nelson Piquet Jr.
Renault R28 V8
1:46,965

13. Timo Glock
Toyota TF108 V8
1:46,995

14. David Coulthard
Red Bull-Renault RB4 V8
1:47,018

15. Nico Rosberg
Williams-Toyota FW30 V8
1:47,429

16. Rubens Barrichello
Honda RA108 V8
1:48,153

17. Jenson Button
Honda RA108 V8
1:48,211

18. Adrian Sutil
Force India-Ferrari VJM01 V8
1:48,226

19. Kazuki Nakajima
Williams-Toyota FW30 V8
1:48,268

20. Giancarlo Fisichella
Force India-Ferrari VJM01 V8
1:48,447

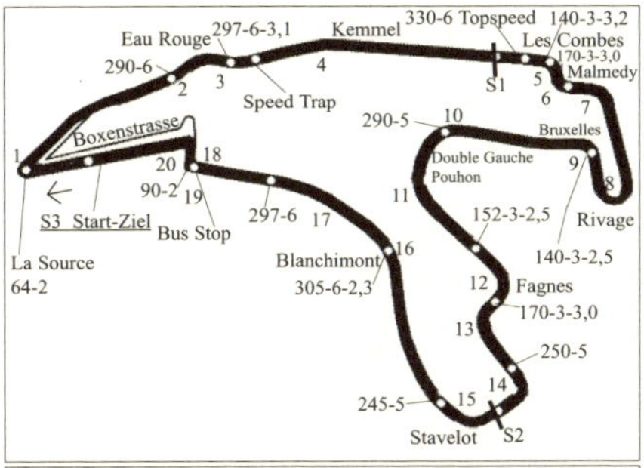

Legende: 132-2-2,1 = 132 km/h-2. Gang-2,1 Fliehkraft

Wetter am Renntag: Kühl und bewölkt, Start bei feuchter Bahn, dann abtrocknend, 3 Rdn. vor Schluss einsetzender Regen, 16 Grad Lufttemperatur, 16-14 Grad Asphalttemperatur, 71-74 Prozent Luftfeuchtigkeit, 65.000 Zuschauer am Renntag

Distanz: 44 Runden à 7,004 km = 308,052 km
Ziellinie 0,124 km hinter der Startlinie

Sieger 2007: Räikkönen (Ferrari), 1.20:39,066 = 229,174 km/h, 2. Massa -4,695, 3. Alonso -14,343

Poleposition 2007: Räikkönen (Ferrari), 1:46,242 = 237,885 km/h

Schnellste Runde 2007: Massa (Ferrari): 1:48,036 = 233,388 km/h

Boxenstopps:

Fisichella:	1. Runde: Tanken und Reifenwechsel und neuer Frontflügel nach Kontakt mit Nakajima, verliert total 38,7 sec., Platz 20
Hamilton:	11. Runde: Tanken und Reifenwechsel in 6,8 sec., total 27,4 sec., Platz 2-7
Räikkönen:	12. Runde: Tanken und Reifenwechsel in 7,1 sec., total 27,5 sec., Platz 1-3
Webber:	12. Runde: Tanken und Reifenwechsel und neuer Frontflügel nach Kontakt mit Kovalainen, verliert total 30,4 sec., Platz 10-13
Massa:	13. Runde: Tanken und Reifenwechsel in 7,6 sec., total 28,3 sec., Platz 1-5
Alonso:	13. Runde: Tanken und Reifenwechsel in total 28,8 sec., Platz 2-8
Kovalainen:	13. Runde: Tanken und Reifenwechsel in total 29,4 sec., Platz 8-11
Heidfeld:	14. Runde: Tanken und Reifenwechsel in total 28,9 sec., Platz 6-9
Kovalainen:	14. Runde: 2. Stopp, Drive-Through-Strafe für das Verursachen einer vermeidbaren Kollision mit Webber, verliert total 17,5 sec., Platz 11-15
Trulli:	14. Runde: Tanken und Reifenwechsel in total 29,1 sec., Platz 18
Bourdais:	15. Runde: Tanken und Reifenwechsel in 8,0 sec., total 28,9 sec., Platz 3-6
Kubica:	15. Runde: Tanken und Reifenwechsel in 8,4 sec., total 28,5 sec., Platz 5-7
Sutil:	16. Runde: Tanken und Reifenwechsel in total 29,7 sec., Platz 17
Vettel:	17. Runde: Tanken und Reifenwechsel in 7,5 sec., total 28,1 sec., Platz 4-7
Barrichello:	17. Runde: Tanken und Reifenwechsel in total 28,7 sec., Platz 16
Coulthard:	22. Runde: Tanken und Reifenwechsel in total 32,5 sec., Platz 13-14
Button:	22. Runde: Tanken und Reifenwechsel in total 29,9 sec., Platz 14-15
Fisichella:	22. Runde: 2. Stopp, Tanken und Reifenwechsel in total 31,3 sec., Platz 18
Räikkönen:	25. Runde: 2. Stopp, Tanken und Reifenwechsel in 9,1 sec., total 29,1 sec., Platz 1-2
Hamilton:	25. Runde: 2. Stopp, Tanken und Reifenwechsel in 8,7 sec., total 28,8 sec., Platz 2-3
Rosberg:	25. Runde: Tanken und Reifenwechsel in 8,3 sec., total 29,1 sec., Platz 12-13
Glock:	26. Runde: Tanken und Reifenwechsel in 8,0 sec., total 28,7 sec., Platz 9-11
Alonso:	27. Runde: 2. Stopp, Tanken und Reifenwechsel in 7,5 sec., total 28,1 sec., Platz 4-8
Nakajima:	27. Runde: Tanken und Reifenwechsel in total 28,6 sec., Platz 12-14
Massa:	28. Runde: 2. Stopp, Tanken und Reifenwechsel in 7,9 sec., total 28,1 sec., Platz 1-3
Sutil:	28. Runde: 2. Stopp, Tanken und Reifenwechsel in total 27,2 sec., Platz 15-16
Heidfeld:	31. Runde: 2. Stopp, Tanken und Reifenwechsel in 6,7 sec., total 26,7 sec., Platz 8-9
Bourdais:	32. Runde: 2. Stopp, Tanken und Reifenwechsel in 6,6 sec., total 26,8 sec., Platz 5-8
Webber:	32. Runde: 2. Stopp, Tanken und Reifenwechsel in total 27,6 sec., Platz 10-11
Kubica:	33. Runde: 2. Stopp, Tanken (Tankrüssel klemmt) und Reifenwechsel in 12,3 sec., verliert total 32,4 sec., Platz 4-8
Vettel:	33. Runde: 2. Stopp, Tanken und Reifenwechsel in total 26,0 sec., Platz 5-6
Kovalainen:	33. Runde: 3. Stopp, Tanken und Reifenwechsel in total 26,4 sec., Platz 7-9
Trulli:	35. Runde: 2. Stopp, Tanken und Reifenwechsel in total 26,3 sec., Platz 17
Fisichella:	40. Runde: 3. Stopp, Reifenwechsel auf Intermediates, verliert total 27,7 sec., Platz 18
Heidfeld:	42. Runde: 3. Stopp, Reifenwechsel auf Intermediates, verliert total 26,1 sec., Platz 9-8
Glock:	42. Runde: 2. Stopp, Reifenwechsel auf Intermediates, verliert total 25,9 sec., Platz 11-10
Rosberg:	42. Runde: 2. Stopp, Reifenwechsel auf Intermediates, verliert total 30,0 sec., Platz 12
Coulthard:	42. Runde: 2. Stopp, Reifenwechsel auf Intermediates, verliert total 27,8 sec., Platz 13-11
Nakajima:	42. Runde: 2. Stopp, Reifenwechsel auf Intermediates, verliert total 36,5 sec., Platz 14
Button:	42. Runde: 2. Stopp, Reifenwechsel auf Intermediates, verliert total 28,3 sec., Platz 16-15
Alonso:	43. Runde: 3. Stopp, Reifenwechsel auf Intermediates, verliert total 29,6 sec., Platz 3-4

Ausfälle:

Piquet:	14. Runde: Unfall, Platz 10
Barrichello:	20. Runde: Getriebeschaden, Platz 17
Räikkönen:	43. Runde: Dreher, Platz 1

Stand nach 1 Runde:
1. Hamilton, 2. Räikkönen, 3. Massa, 4. Alonso, 5. Bourdais, 6. Piquet, 7. Webber, 8. Kubica, 9. Glock, 10. Heidfeld

Führung im Rennen:
1. Runde: Hamilton
2.-12. Runde: Räikkönen
13. Runde: Massa
14.-25. Runde: Räikkönen
26.-28. Runde: Massa
29.-42. Runde: Räikkönen
43.-44. Runde: Hamilton

Ergebnis:

1. Felipe Massa (Brasilien) Ferrari	1.22:59,394 = 222,715 km/h	
2. Nick Heidfeld (Deutschland) BMW Sauber-BMW	1.23:08,777 = 222,296 km/h	9,383 zurück
3. Lewis Hamilton (England) McLaren-Mercedes+	1.23:09,933 = 222,244 km/h**	10,539 zurück**
4. Fernando Alonso (Spanien) Renault	1.23:13,872 = 222,069 km/h	14,478 zurück
5. Sebastian Vettel (Deutschland) Toro Rosso-Ferrari	1.23:13,970 = 222,065 km/h	14,576 zurück
6. Robert Kubica (Polen) BMW Sauber-BMW	1.23:14,431 = 222,044 km/h	15,037 zurück
7. Sébastien Bourdais (Frankreich) Toro Rosso-Ferrari	1.23:16,129 = 221,969 km/h	16,735 zurück
8. Mark Webber (Australien) Red Bull-Renault	1.23:42,170 = 220,818 km/h	42,776 zurück
9. Timo Glock (Deutschland) Toyota*	1.24:06,439 = 219,756 km/h**	67,045 zurück**
10. Heikki Kovalainen (Finnland) McLaren-Mercedes	1.20:58,715 = 223,057 km/h	Ausfall
11. David Coulthard (Schottland) Red Bull-Renault	1.22:45,088 = 218,278 km/h	1 Runde zurück
12. Nico Rosberg (Deutschland) Williams-Toyota	1.22:47,042 = 218,192 km/h	1 Runde zurück
13. Adrian Sutil (Deutschland) Force India-Ferrari	1.22:49,057 = 218,104 km/h	1 Runde zurück
14. Kazuki Nakajima (Japan) Williams-Toyota	1.22:58,340 = 217,697 km/h	1 Runde zurück
15. Jenson Button (England) Honda	1.22:59,886 = 217,630 km/h	1 Runde zurück
16. Jarno Trulli (Italien) Toyota	1.23:40,609 = 215,864 km/h	1 Runde zurück
17. Giancarlo Fisichella (Italien) Force India-Ferrari	1.24:49,083 = 212,960 km/h	1 Runde zurück
18. Kimi Räikkönen (Finnland) Ferrari	1.17:42,833 = 227,020 km/h	Ausfall

+Hamilton wurde wegen umstrittenen Überholens nachträglich eine 25-Sekunden-Zeitstrafe verhängt
***Glock** wurde wegen Überholens unter gelber Flagge nachträglich eine 25-Sekunden-Zeitstrafe verhängt
****Inklusive** 25 Sekunden-Zeitstrafe

Kovalainen und **Räikkönen** beenden nicht das Rennen, werden aber aufgrund der zurückgelegten Distanz gewertet

Schnellste Runde im Qualifying: Kovalainen (McLaren-Mercedes): 1:46,037 = 237,788 km/h (erzielt in Phase 2)
Schnellste Runde im Rennen: Räikkönen (Ferrari): 1.47,930 = 233,618 km/h
Höchstgeschwindigkeiten (Freitag, Training): Daten werden nicht übermittelt

Höchstgeschwindigkeiten (Samstag, Qualifying): 1. Heidfeld 320,0, 2. Massa 319,8, 3. Kovalainen 319,5, 4. Bourdais 319,1, 5. Sutil 318,9, 6. Hamilton 318,8, 7. Räikkönen 318,7, 8. Kubica 318,3, 9. Alonso 317,5, 10. Piquet 317,2, 11. Nakajima 316,8, 12. Rosberg 316,6, 13. Vettel 315,7, 14. Barrichello 315,1, 15. Fisichella 314,7, 16. Button 314,6, 17. Coulthard 314,5, 18. Webber 314,5, 19. Glock 313,9, 20. Trulli 312,7

Höchstgeschwindigkeiten (Sonntag): 1. Sutil 325,2, 2. Heidfeld 324,5, 3. Kovalainen 324,2, 4. Massa 323,6, 5. Nakajima 323,2, 6. Vettel 321,7, 7. Bourdais 320,7, 8. Hamilton 320,5, 9. Rosberg 320,0, 10. Kubica 320,0, 11. Räikkönen 320,0, 12. Button 318,5, 13. Barrichello 318,3, 14. Alonso 317,9, 15. Fisichella 317,7, 16. Piquet 316,3, 17. Coulthard 314,6, 18. Glock 314,6, 19. Webber 314,4, 20. Trulli 313,4

Schnellste Runde jedes Fahrers im Rennen: 1. Räikkönen 1:47,930 (24.), 2. Hamilton 1:48,135 (20.), 3. Massa 1:48,222 (26.), 4. Kovalainen 1:48,223 (35.), 5. Kubica 1:48,965 (36.), 6. Bourdais 1:49,002 (31.), 7. Heidfeld 1:49,067 (36.), 8. Vettel 1:49,086 (16.), 9. Alonso 1:49,238 (25.), 10. Webber 1:49,515 (34.), 11. Coulthard 1:50,177 (19.), 12. Glock 1:50,255 (37.), 13. Sutil 1:50,487 (27.), 14. Trulli 1:50,543 (32.), 15. Rosberg 1:50,656 (32.), 16. Button 1:50,671 (19.), 17. Nakajima 1:50,970 (35.), 18. Piquet 1:51,118 (12.), 19. Fisichella 1:51,701, (17.), 20. Barrichello 1:52,072 (10.)

WM-Stand: 1. Hamilton 76, 2. Massa 74, 3. Kubica 58, 4. Räikkönen 57, 5. Heidfeld 49, 6. Kovalainen 43, 7. Trulli 26, 8. Alonso 23, 9. Webber 19, 10. Glock 15, 11. Piquet 13, 12. Vettel 13, 13. Barrichello 11, 14. Rosberg 9, 15. Nakajima 8, 16. Coulthard 6, 17. Bourdais 4, 18. Button 3

Konstrukteur-WM: 1. Ferrari 131, 2. McLaren-Mercedes 119, 3. BMW Sauber-BMW 107, 4. Toyota 41, 5. Renault 36, 6. Red Bull-Renault 25, 7. Williams-Toyota 17, 8. Toro Rosso-Ferrari 17, 9. Honda 14

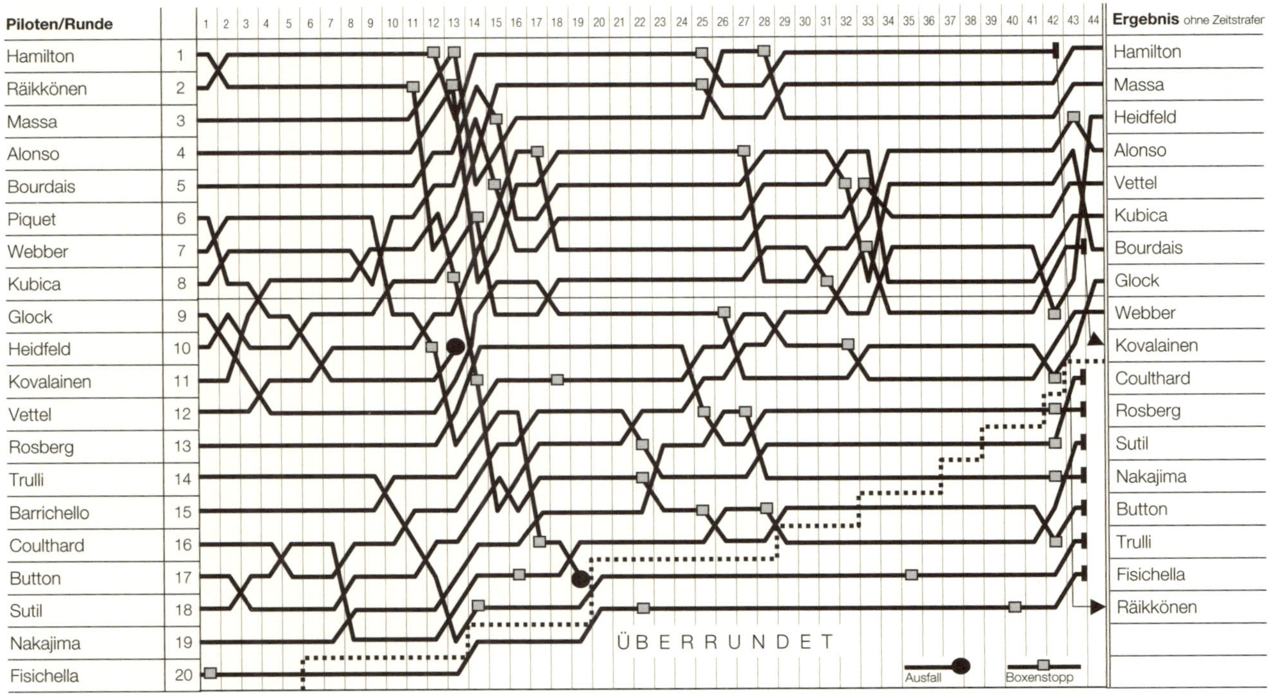
Piloten/Runde
Hamilton 1
Räikkönen 2
Massa 3
Alonso 4
Bourdais 5
Piquet 6
Webber 7
Kubica 8
Glock 9
Heidfeld 10
Kovalainen 11
Vettel 12
Rosberg 13
Trulli 14
Barrichello 15
Coulthard 16
Button 17
Sutil 18
Nakajima 19
Fisichella 20
1 2 3 4 5 6 7 8 9 10 11 12 13 14 15 16 17 18 19 20 21 22 23 24 25 26 27 28 29 30 31 32 33 34 35 36 37 38 39 40 41 42 43 44
ÜBERRUNDET
Ausfall
Boxenstopp
Ergebnis ohne Zeitstrafen
Hamilton
Massa
Heidfeld
Alonso
Vettel
Kubica
Bourdais
Glock
Webber
Kovalainen
Coulthard
Rosberg
Sutil
Nakajima
Button
Trulli
Fisichella
Räikkönen

Lauf 14 – Großer Preis von Italien – Monza, 14. September 2008

1. Training (Freitag Vormittag): 1. Sutil 1:32,842, 2. Barrichello 1:33,428, 3. Fisichella 1:33,695, 4. Glock 1:36,800, 5. Rosberg 1:36,900, 6. Alonso 1:36,965, 7. Bourdais 1:37,142, 8. Trulli 1:37,214, 9. Räikkönen 1:37,392, 10. Vettel 1:37,754, 11. Piquet 1:38,057, 12. Coulthard 1:38,303, 13. Button 1:39,062, 14. Massa 1:40,233, 15. Heidfeld Keine Zeit, 16. Nakajima Keine Zeit, 17. Kubica Keine Zeit, 18. Kovalainen Keine Zeit, 19. Webber Keine Zeit, 20. Hamilton Keine Zeit

2. Training (Freitag Nachmittag): 1. Räikkönen 1:23,861, 2. Kubica 1:23,931, 3. Heidfeld 1:23,947, 4. Hamilton 1:23,983, 5. Rosberg 1:24,110, 6. Massa 1:24,247, 7. Kovalainen 1:24,365, 8. Webber 1:24,521, 9. Sutil 1:24,669, 10. Vettel 1:24,773, 11. Coulthard 1:25,100, 12. Bourdais 1:25,192, 13. Fisichella 1:25,204, 14. Barrichello 1:25,296, 15. Button 1:25,309, 16. Nakajima 1:25,330, 17. Glock 1:25,397, 18. Alonso 1:25,481, 19. Trulli 1:25,753, 20. Piquet 1:26,195

3. Training (Samstag)		**Qualifying** (Samstag) **(1. Phase)**			**(2. Phase)**		**(3. Phase)**
1. Glock	1:35,464	1. Kovalainen	1:35,214	1. Vettel	1:35,837	1. Vettel	1:37,555
2. Vettel	1:36,129	2. Hamilton	1:35,394	2. Kovalainen	1:35,843	2. Kovalainen	1:37,631
3. Rosberg	1:36,347	3. Vettel	1:35,464	3. Rosberg	1:35,898	3. Webber	1:38,117
4. Trulli	1:36,686	4. Rosberg	1:35,485	4. Trulli	1:36,008	4. Bourdais	1:38,445
5. Nakajima	1:36,706	5. Massa	1:35,536	5. Bourdais	1:36,175	5. Rosberg	1:38,767
6. Heidfeld	1:36,972	6. Bourdais	1:35,543	6. Webber	1:36,306	6. Massa	1:38,894
7. Coulthard	1:37,015	7. Kubica	1:35,553	7. Alonso	1:36,518	7. Trulli	1:39,152
8. Massa	1:37,263	8. Heidfeld	1:35,709	8. Glock	1:36,525	8. Alonso	1:39,751
9. Alonso	1:37,270	9. Glock	1:35,737	9. Heidfeld	1:36,626	9. Glock	1:39,787
10. Fisichella	1:37,285	10. Trulli	1:35,906	10. Massa	1:36,676	10. Heidfeld	1:39,906
11. Sutil	1:37,504	11. Räikkönen	1:35,965	11. Kubica	1:36,697		
12. Kubica	1:37,671	12. Webber	1:36,001	12. Fisichella	1:36,698		
13. Webber	1:37,778	13. Fisichella	1:36,280	13. Coulthard	1:37,284		
14. Piquet	1:37,833	14. Alonso	1:36,297	14. Räikkönen	1:37,522		
15. Button	1:37,882	15. Coulthard	1:36,485	15. Hamilton	1:39,265		
16. Barrichello	1:38,689	16. Barrichello	1:36,510				
17. Bourdais	1:39,319	17. Piquet	1:36,630				
18. Räikkönen	1:41,164	18. Nakajima	1:36,653				
19. Kovalainen	1:42,683	19. Button	1:37,006				
20. Hamilton	1:46,325	20. Sutil	1:37,417				

Startaufstellung: Zuerst die Piloten 1 bis 10 aus der dritten Qualifying-Phase, danach die Piloten 11 bis 15 aus der zweiten Qualifying-Phase, dahinter die Piloten 16 bis 20 aus der ersten Qualifying-Phase - inklusive Strafversetzungen:

1. Sebastian Vettel
Toro Rosso-Ferrari STR-03 V8
1:37,555

2. Heikki Kovalainen
McLaren-Mercedes MP4/23 V8
1:37,631

3. Mark Webber
Red Bull-Renault RB4 V8
1:38,117

4. Sébastien Bourdais
Toro Rosso-Ferrari STR-03 V8
1:38,445

5. Nico Rosberg
Williams-Toyota FW30 V8
1:38,767

6. Felipe Massa
Ferrari F2008 V8
1:38,894

7. Jarno Trulli
Toyota TF108 V8
1:39,152

8. Fernando Alonso
Renault R28 V8
1:39,751

9. Timo Glock
Toyota TF108 V8
1:39,787

10. Nick Heidfeld
Sauber-BMW F1.08 V8
1:39,906

11. Robert Kubica
Sauber-BMW F1.08 V8
1:36,697

12. Giancarlo Fisichella
Force India-Ferrari VJM01 V8
1:36,698

13. David Coulthard
Red Bull-Renault RB4 V8
1:37,284

14. Kimi Räikkönen
Ferrari F2008 V8
1:37,522

15. Lewis Hamilton
McLaren-Mercedes MP4/23 V8
1:39,265

16. Rubens Barrichello
Honda RA108 V8
1:36,510

17. Nelson Piquet Jr.
Renault R28 V8
1:36,630

18. Kazuki Nakajima
Williams-Toyota FW30 V8
1:36,653

19. Jenson Button
Honda RA108 V8
1:37,006

20. Adrian Sutil
Force India-Ferrari VJM01 V8
1:37,417

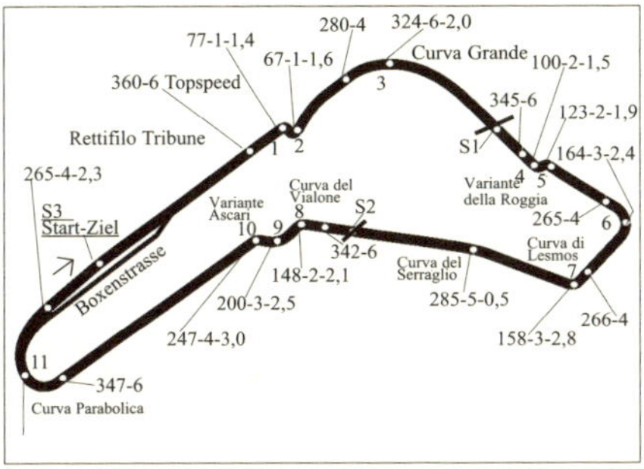

Legende: 132-2-2,1 = 132 km/h-2. Gang-2,1 Gravitation

Wetter am Renntag: Start auf nasser Bahn, später abtrocknend, kühl und bewölkt, leichter Regen bei Rennhälfte, 14-15 Grad Lufttemperatur, 15-16 Grad Asphalttemperatur, 86-83 Prozent Luftfeuchtigkeit, 90.000 Zuschauer am Renntag

Distanz: 53 Runden à 5,793 km = 306,720 km
Ziellinie 0,309 km hinter der Startlinie

Sieger 2007: Alonso (McLaren-Mercedes), 1.18:37,806 = 234,047 km/h, 2. Hamilton -6,062, 3. Räikkönen -27,325

Poleposition 2007: Alonso (McLaren-Mercedes), 1:21,997 = 254,336 km/h

Schnellste Runde 2007: Alonso (McLaren-Mercedes): 1:22,871 = 251,653 km/h

Boxenstopps:

Barrichello:	16. Runde: Tanken und Reifenwechsel auf Regenreifen in total 31,8 sec., Platz 16-18
Vettel:	18. Runde: Tanken und Reifenwechsel auf Regenreifen in 8,4 sec., total 30,8 sec., Platz 1-4
Kovalainen:	22. Runde: Tanken und Reifenwechsel auf Regenreifen in 5,0 sec., total 31,7 sec., Platz 1-6
Webber:	22. Runde: Tanken und Reifenwechsel auf Regenreifen in total 30,6 sec., Platz 2-9
Massa:	22. Runde: Tanken und Reifenwechsel auf Regenreifen in 7,4 sec., total 30,7 sec., Platz 3-12
Bourdais:	21. Runde: Tanken und Reifenwechsel auf Regenreifen in total 32,4 sec., Platz 19
Button:	22. Runde: Tanken und Reifenwechsel auf Regenreifen in total 30,6 sec., Platz 17-18
Glock:	25. Runde: Tanken und Reifenwechsel auf Regenreifen in 9,7 sec., total 33,6 sec., Platz 6-15
Trulli:	26. Runde: Tanken und Reifenwechsel auf Regenreifen in 9,4 sec., total 33,1 sec., Platz 5-13
Räikkönen:	26. Runde: Tanken und Reifenwechsel auf Regenreifen in 5,9 sec., total 28,7 sec., Platz 11-15
Sutil:	26. Runde: Tanken und Reifenwechsel auf Regenreifen in total 36,7 sec., Platz 16-18
Hamilton:	27. Runde: Tanken und Reifenwechsel auf Regenreifen in 9,7 sec., total 32,7 sec., Platz 2-10
Rosberg:	28. Runde: Tanken (Tankschlauch klemmt) und Reifenwechsel auf Regenreifen in 12,2 sec., verliert total 36,2 sec., Platz 3-14
Coulthard:	28. Runde: Tanken und Reifenwechsel auf Intermediates in total 36,5 sec., Platz 9-16
Heidfeld:	29. Runde: Tanken und Reifenwechsel auf Intermediates in total 33,6 sec., Platz 7-14
Bourdais:	28. Runde: 2. Stopp, Tanken und Reifenwechsel auf Intermediates in 29,0 sec., Platz 19
Alonso:	30. Runde: Tanken und Reifenwechsel auf Intermediates in 9,8 sec., total 33,8 sec., Platz 5-13
Nakajima:	31. Runde: Tanken und Reifenwechsel auf Intermediates in total 32,0 sec., Platz 10-17
Massa:	33. Runde: 2. Stopp, Tanken und Reifenwechsel auf Intermediates in total 29,1 sec., Platz 5-11
Glock:	33. Runde: 2. Stopp, Tanken und Reifenwechsel auf Intermediates in 5,1 sec., total 29,1 sec., Platz 12-16
Rosberg:	33. Runde: 2. Stopp, Nur Reifenwechsel auf Intermediates in 5,4 sec., verliert total 29,6 sec., Platz 13-17
Kovalainen:	34. Runde: 2. Stopp, Tanken und Reifenwechsel auf Intermediates in 6,4 sec., total 29,8 sec., Platz 2-4
Kubica:	34. Runde: Tanken und Reifenwechsel auf Intermediates in 8,1 sec., total 30,6 sec., Platz 3-6
Webber:	34. Runde: 2. Stopp, Tanken und Reifenwechsel auf Intermediates in 7,0 sec., total 30,1 sec., Platz 4-11
Räikkönen:	35. Runde: 2. Stopp, Tanken und Reifenwechsel auf Intermediates in 6,3 sec., total 28,9 sec., Platz 5-14
Trulli:	35. Runde: 2. Stopp, Tanken und Reifenwechsel auf Intermediates in total 28,9 sec., Platz 9-16
Vettel:	36. Runde: 2. Stopp, Tanken und Reifenwechsel auf Intermediates in 6,7 sec., total 29,1 sec., Platz 1
Hamilton:	36. Runde: 2. Stopp, Nur Reifenwechsel auf Intermediates in 5,2 sec., verliert total 28,4 sec., Platz 2-7
Piquet:	36. Runde: Tanken und Reifenwechsel auf Intermediates in total 31,3 sec., Platz 4-12
Sutil:	37. Runde: 2. Stopp, Tanken und Reifenwechsel auf Intermediates in total 30,7 sec., Platz 18
Barrichello:	43. Runde: 2. Stopp, Tanken und Reifenwechsel auf Intermediates in total 31,2 sec., Platz 9-17
Sutil:	43. Runde: 3. Stopp, Tanken und Reifenwechsel auf Intermediates in total 45,3 sec., Platz 18-19
Button:	45. Runde: 2. Stopp, Tanken und Reifenwechsel auf Intermediates in total 27,6 sec., Platz 13-16
Coulthard:	50. Runde: 2. Stopp, Tanken und Reifenwechsel auf Intermediates in total 47,0 sec., Platz 14-16

Ausfälle:
Fisichella: 11. Runde: Unfall, Platz 13

Vor dem Start:
Alle Piloten starten auf Regenreifen, **Nakajima** und **Button** (Set Up-Änderungen im Parc Fermé) starten aus der Boxengasse
Bourdais bleibt am Start zur Aufwärmrunde stehen und wird in die Boxengasse geschoben

Safety Car-Phase: 1. bis 2. Runde um den Grand Prix auf sehr nasser Bahn unfallfrei zu starten

Stand nach 1 Runde:
1. Vettel, 2. Kovalainen, 3. Webber, 4. Rosberg, 5. Massa, 6. Trulli, 7. Alonso, 8. Glock, 9. Heidfeld, 10. Kubica

Führung im Rennen:
1.-18. Runde: Vettel
19.-22. Runde: Kovalainen
23.-53. Runde: Vettel

Ergebnis:

1. Sebastian Vettel (Deutschland) Toro Rosso-Ferrari	1.26:47,494 = 212,039 km/h	
2. Heikki Kovalainen (Finnland) McLaren-Mercedes	1.27:00,006 = 211,530 km/h	12,512 zurück
3. Robert Kubica (Polen) BMW Sauber-BMW	1.27:07,965 = 211,208 km/h	20,471 zurück
4. Fernando Alonso (Spanien) Renault	1.27:11,397 = 211,070 km/h	23,903 zurück
5. Nick Heidfeld (Deutschland) BMW Sauber-BMW	1.27:15,242 = 210,915 km/h	27,748 zurück
6. Felipe Massa (Brasilien) Ferrari	1.27:16,310 = 210,872 km/h	28,816 zurück
7. Lewis Hamilton (England) McLaren-Mercedes	1.27:17,406 = 210,828 km/h	29,912 zurück
8. Mark Webber (Australien) Red Bull-Renault	1.27:19,542 = 210,742 km/h	32,048 zurück
9. Kimi Räikkönen (Finnland) Ferrari	1.27:26,962 = 210,444 km/h	39,468 zurück
10. Nelson Piquet Jr. (Brasilien) Renault	1.27:41,939 = 209,845 km/h	54,445 zurück
11. Timo Glock (Deutschland) Toyota	1.27:46,382 = 209,668 km/h	58,888 zurück
12. Kazuki Nakajima (Japan) Williams-Toyota	1.27:49,509 = 209,543 km/h	62,015 zurück
13. Jarno Trulli (Italien) Toyota	1.27:53,448 = 209,387 km/h	65,954 zurück
14. Nico Rosberg (Deutschland) Williams-Toyota	1.27:56,129 = 209,280 km/h	68,635 zurück
15. Jenson Button (England) Honda	1.28:00,864 = 209,093 km/h	73,370 zurück
16. David Coulthard (Schottland) Red Bull-Renault	1.27:09,395 = 207,162 km/h	1 Runde zurück
17. Rubens Barrichello (Brasilien) Honda	1.27:37,452 = 206,057 km/h	1 Runde zurück
18. Sébastien Bourdais (Frankreich) Toro Rosso-Ferrari	1.27:57,260 = 205,283 km/h	1 Runde zurück
19. Adrian Sutil (Deutschland) Force India-Ferrari	1.27:45,015 = 201,800 km/h	2 Runden zurück

Schnellste Runde im Qualifying: Kovalainen (McLaren-Mercedes): 1.35,214 = 219,030 km/h (erzielt in Phase 1)
Schnellste Runde im Rennen: Räikkönen (Ferrari): 1:28,047 = 236,859 km/h

Höchstgeschwindigkeiten (Freitag, Training): 1. Hamilton 346,8, 2. Kovalainen 344,8, 3. Kubica 344,1, 4. Heidfeld 343,4, 5. Massa 341,4, 6. Räikkönen 341,4, 7. Coulthard 341,2, 8. Vettel 340,4, 9. Bourdais 340,3, 10. Sutil 339,3, 11. Glock 339,1, 12. Trulli 339,0, 13. Webber 338,9, 14. Alonso 338,4, 15. Fisichella 338,1, 16. Piquet 338,1, 17. Nakajima 337,8, 18. Button 336,7, 19. Barrichello 336,7, 20. Rosberg 333,7

Höchstgeschwindigkeiten (Samstag, Qualifying): 1. Webber 327,4, 2. Vettel 327,1, 3. Coulthard 326,0, 4. Heidfeld 324,3, 5. Bourdais 324,2, 6. Barrichello 320,7, 7. Sutil 320,3, 8. Button 319,7, 9. Kubica 319,6, 10. Glock 318,2, 11. Räikkönen 317,6, 12. Rosberg 316,8, 13. Nakajima 316,1, 14. Piquet 315,1, 15. Alonso 309,1, 16. Kovalainen 307,9, 17. Trulli 307,2, 18. Fisichella 305,2, 19. Hamilton 303,0, 20. Massa 295,4

Höchstgeschwindigkeiten (Sonntag): 1. Hamilton 339,7, 2. Bourdais 338,9, 3. Räikkönen 338,3, 4. Heidfeld 337,0, 5. Kubica 336,9, 6. Vettel 336,6, 7. Barrichello 336,2, 8. Coulthard 335,8, 9. Webber 335,5, 10. Glock 334,6, 11. Sutil 333,5, 12. Massa 331,7, 13. Alonso 329,7, 14. Kovalainen 329,5, 15. Trulli 328,5, 16. Piquet 328,4, 17. Nakajima 328,3, 18. Rosberg 327,7, 19. Button 326,5, 20. Fisichella 296,5

Schnellste Runde jedes Fahrers im Rennen: 1. Räikkönen 1:28,047 (53.), 2. Bourdais 1:29,258 (52.), 3. Webber 1:29,681 (52.), 4. Massa 1:29,696 (52.), 5. Hamilton 1:29,721 (52.), 6. Heidfeld 1:29,807 (53.), 7. Button 1:29,827 (52.), 8. Glock 1:29,948 (53.), 9. Alonso 1:29,961 (51.), 10. Rosberg 1:30,019 (53.), 11. Nakajima 1:30,215 (53.), 12. Kubica 1:30,298 (52.), 13. Kovalainen 1:30,300 (53.), 14. Vettel 1:30,510 (53.), 15. Trulli 1:30,853 (52.), 16. Piquet 1:30,918 (53.), 17. Coulthard 1:32,459 (49.), 18. Sutil 1:33,458 (51.), 19. Barrichello 1:33,918 (42.), 20. Fisichella 1:37,304 (6.)

WM-Stand: 1. Hamilton 78, 2. Massa 77, 3. Kubica 64, 4. Räikkönen 57, 5. Heidfeld 53, 6. Kovalainen 51, 7. Alonso 28, 8. Trulli 26, 9. Vettel 23, 10. Webber 20, 11. Glock 15, 12. Piquet 13, 13. Barrichello 11, 14. Rosberg 9, 15. Nakajima 8, 16. Coulthard 6, 17. Bourdais 4, 18. Button 3

Konstrukteur-WM: 1. Ferrari 134, 2. McLaren-Mercedes 129, 3. BMW Sauber-BMW 117, 4. Toyota 41, 5. Renault 41, 6. Toro Rosso-Ferrari 27, 7. Red Bull-Renault 26, 8. Williams-Toyota 17, 9. Honda 14

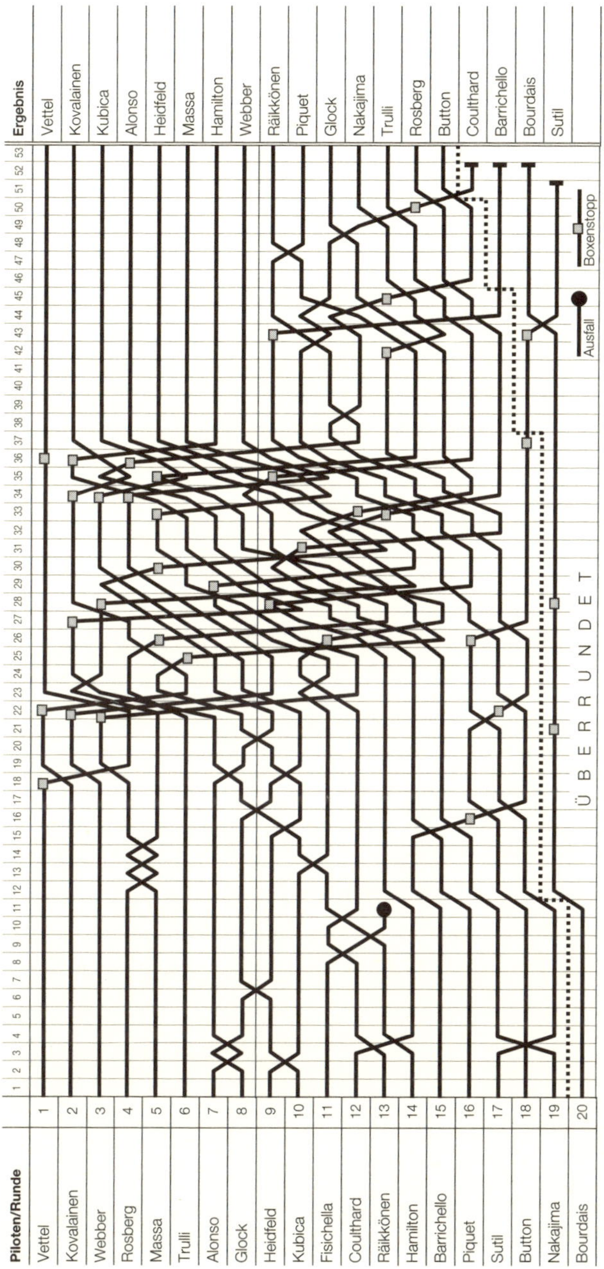
Piloten/Runde
Vettel
Kovalainen
Webber
Rosberg
Massa
Trulli
Alonso
Glock
Heidfeld
Kubica
Fisichella
Coulthard
Räikkönen
Hamilton
Barrichello
Piquet
Sutil
Button
Nakajima
Bourdais
1 2 3 4 5 6 7 8 9 10 11 12 13 14 15 16 17 18 19 20
1 2 3 4 5 6 7 8 9 10 11 12 13 14 15 16 17 18 19 20 21 22 23 24 25 26 27 28 29 30 31 32 33 34 35 36 37 38 39 40 41 42 43 44 45 46 47 48 49 50 51 52 53
Ergebnis
Vettel
Kovalainen
Kubica
Alonso
Heidfeld
Massa
Hamilton
Webber
Räikkönen
Piquet
Glock
Nakajima
Trulli
Rosberg
Button
Coulthard
Barrichello
Bourdais
Sutil
ÜBERRUNDET
Ausfall
Boxenstopp

Lauf 15 – Großer Preis von Singapur – Singapur, 28. September 2008

1. Training (Freitag Vormittag): 1. Hamilton 1:45,518, 2. Massa 1:45,598, 3. Räikkönen 1:45,961, 4. Kovalainen 1:46,463, 5. Kubica 1:46,618, 6. Rosberg 1:46,710, 7. Alonso 1:46,725, 8. Heidfeld 1:46,964, 9. Piquet 1:47,175, 10. Button 1:47,277, 11. Vettel 1:47,570, 12. Nakajima 1:47,662, 13. Glock 1:47,706, 14. Bourdais 1:48,097, 15. Coulthard 1:48,517, 16. Barrichello 1:48,725, 17. Sutil 1:48,839, 18. Fisichella 1:48,906, 19. Trulli 1:49,064, 20. Webber 1:53,703

2. Training (Freitag Nachmittag): 1. Alonso 1:45,654, 2. Hamilton 1:45,752, 3. Massa 1:45,793, 4. Kovalainen 1:45,797, 5. Rosberg 1:46,164, 6. Kubica 1:46,384, 7. Räikkönen 1:46,580, 8. Button 1:46,901, 9. Nakajima 1:47,013, 10. Glock 1:47,046, 11. Webber 1:47,137, 12. Piquet 1:47,145, 13. Vettel 1:47,300, 14. Bourdais 1:47,487, 15. Coulthard 1:47,640, 16. Heidfeld 1:47,760, 17. Fisichella 1:47,965, 18. Barrichello 1:48,009, 19. Trulli 1:48,059, 20. Sutil 1:48,311

3. Training (Samstag)		**Qualifying** (Samstag) **(1. Phase)**			**(2. Phase)**		**(3. Phase)**
1. Alonso	1:44,506	1. Räikkönen	1:44,282	1. Massa	1:44,014	1. Massa	1:44,801
2. Hamilton	1:45,119	2. Kovalainen	1:44,311	2. Kovalainen	1:44,207	2. Hamilton	1:45,465
3. Massa	1:45,246	3. Hamilton	1:44,501	3. Räikkönen	1:44,232	3. Räikkönen	1:45,617
4. Piquet	1:45,249	4. Massa	1:44,519	4. Vettel	1:44,261	4. Kubica	1:45,779
5. Rosberg	1:45,386	5. Kubica	1:44,740	5. Rosberg	1:44,429	5. Kovalainen	1:45,873
6. Button	1:45,409	6. Alonso	1:44,971	6. Glock	1:44,441	6. Heidfeld	1:45,964
7. Kubica	1:45,425	7. Vettel	1:45,042	7. Kubica	1:44,519	7. Vettel	1:46,244
8. Webber	1:45,450	8. Rosberg	1:45,103	8. Heidfeld	1:44,520	8. Glock	1:46,328
9. Vettel	1:45,477	9. Nakajima	1:45,127	9. Nakajima	1:44,826	9. Rosberg	1:46,611
10. Bourdais	1:45,599	10. Glock	1:45,184	10. Hamilton	1:44,932	10. Nakajima	1:47,547
11. Heidfeld	1:45,689	11. Webber	1:45,493	11. Trulli	1:45,038		
12. Nakajima	1:45,982	12. Heidfeld	1:45,548	12. Button	1:45,133		
13. Kovalainen	1:45,982	13. Trulli	1:45,642	13. Webber	1:45,212		
14. Barrichello	1:46,073	14. Button	1:45,660	14. Coulthard	1:45,298		
15. Glock	1:46,180	15. Coulthard	1:46,028	15. Alonso	Keine Zeit		
16. Trulli	1:46,221	16. Piquet	1:46,037				
17. Räikkönen	1:46,482	17. Bourdais	1:46,389				
18. Coulthard	1:46,794	18. Barrichello	1:46,583				
19. Fisichella	1:47,166	19. Sutil	1:47,940				
20. Sutil	1:47,727	20. Fisichella	Keine Zeit				

Startaufstellung: Zuerst die Piloten 1 bis 10 aus der dritten Qualifying-Phase, danach die Piloten 11 bis 15 aus der zweiten Qualifying-Phase, dahinter die Piloten 16 bis 20 aus der ersten Qualifying-Phase - inklusive Strafversetzungen:

1. Felipe Massa
Ferrari F2008 V8
1:44,801

2. Lewis Hamilton
McLaren-Mercedes MP4/23 V8
1:45,465

3. Kimi Räikkönen
Ferrari F2008 V8
1:45,617

4. Robert Kubica
Sauber-BMW F1.08 V8
1:45,779

5. Heikki Kovalainen
McLaren-Mercedes MP4/23 V8
1:45,873

6. Sebastian Vettel
Toro Rosso-Ferrari STR-03 V8
1:46,244

7. Timo Glock
Toyota TF108 V8
1:46,328

8. Nico Rosberg
Williams-Toyota FW30 V8
1:46,611

9. Nick Heidfeld
Sauber-BMW F1.08 V8
1:45,964

10. Kazuki Nakajima
Williams-Toyota FW30 V8
1:47,547

11. Jarno Trulli
Toyota TF108 V8
1:45,038

12. Jenson Button
Honda RA108 V8
1:45,133

13. Mark Webber
Red Bull-Renault RB4 V8
1:45,212

14. David Coulthard
Red Bull-Renault RB4 V8
1:45,298

15. Fernando Alonso
Renault R28 V8
Keine Zeit

16. Nelson Piquet Jr.
Renault R28 V8
1:46,037

17. Sébastien Bourdais
Toro Rosso-Ferrari STR-03 V8
1:46,389

18. Rubens Barrichello
Honda RA108 V8
1:46,583

19. Adrian Sutil
Force India-Ferrari VJM01 V8
1:47,940

20. Giancarlo Fisichella
Force India-Ferrari VJM01 V8
Keine Zeit

Heidfeld wird wegen Behinderns von Barrichello in der 1. Phase des Qualifying um 3 Plätze nach hinten versetzt

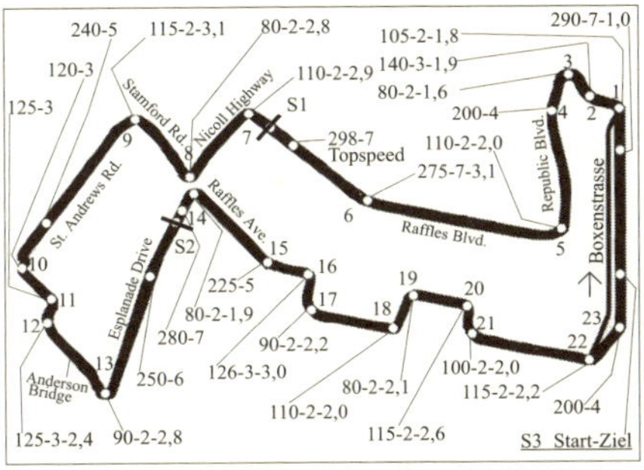

Legende: 132-2-2,1 = 132 km/h-2. Gang-2,1 Gravitation

Wetter am Renntag: Heiß und schwül, 28-29 Grad Lufttemperatur, 32-31 Grad Asphalttemperatur, 79-68 Prozent Luftfeuchtigkeit, 100.000 Zuschauer am Renntag

Distanz: 61 Runden à 5,067 km = 309,087 km
Ziellinie 0,000 km hinter der Startlinie

Boxenstopps:

Alonso:	12. Runde: Tanken und Reifenwechsel in 9,6 sec., total 28,1 sec., Platz 11-20
Webber:	14. Runde: Tanken und Reifenwechsel in total 31,5 sec., Platz 13-17
Coulthard:	14. Runde: Tanken und Reifenwechsel in total 41,2 sec., Platz 14-18
Barrichello:	14. Runde: Tanken und Reifenwechsel in total 28,5 sec., Platz 16
Rosberg:	15. Runde: Tanken und Reifenwechsel in total 27,2 sec., Platz 9-10
Kubica:	16. Runde: Tanken und Reifenwechsel in 9,2 sec., total 29,3 sec., Platz 4-14
Massa:	17. Runde: Tanken (Tankschlauch bleibt am Wagen hängen, muss am Ende der Boxengasse stehen bleiben und auf die Mechaniker warten) und Reifenwechsel in 9,2 sec., verliert total 2,0 min., Platz 1-18
Hamilton:	17. Runde: Tanken und Reifenwechsel in 11,5 sec., total 32,6 sec., Platz 2-9
Räikkönen:	17. Runde: Tanken und Reifenwechsel in total 49,5 sec., Platz 5-17
Vettel:	17. Runde: Tanken und Reifenwechsel in total 30,4 sec., Platz 3-10
Glock:	17. Runde: Tanken und Reifenwechsel in total 30,5 sec., Platz 4-11
Kovalainen:	17. Runde: Tanken und Reifenwechsel in total 34,3 sec., Platz 8-15
Heidfeld:	17. Runde: Tanken und Reifenwechsel in total 27,8 sec., Platz 9-12
Nakajima:	17. Runde: Tanken und Reifenwechsel in total 28,0 sec., Platz 10-13
Button:	17. Runde: Tanken und Reifenwechsel in total 26,9 sec., Platz 12-14
Sutil:	17. Runde: Tanken und Reifenwechsel in total 30,5 sec., Platz 16
Bourdais:	18. Runde: Tanken und Reifenwechsel in total 25,6 sec., Platz 7-17
Massa:	24. Runde: 2. Stopp, Drive-Through-Strafe wegen unsicherem Wegfahren beim 1. Stopp (Gefährdung von Sutil), verliert total 15,7 sec., Platz 17-18
Kubica:	27. Runde: 2. Stopp, 10 sec.-Stop-and-Go-Strafe wegen Tankens während der Safety-Car-Phase, verliert total 28,7 sec., Platz 7-18
Rosberg:	28. Runde: 2. Stopp, Tanken und Reifenwechsel in total 28,9 sec., Platz 1-3
Fisichella:	29. Runde: Tanken und Reifenwechsel in 13,1 sec., total 31,3 sec., Platz 4-17
Massa:	31. Runde: 3. Stopp, Tanken und Reifenwechsel in 7,3 sec., total 25,8 sec., Platz 16-17
Trulli:	33. Runde: Tanken und Reifenwechsel in 9,9 sec., total 28,3 sec., Platz 1-8
Bourdais:	33. Runde: 2. Stopp, Tanken und Reifenwechsel in total 27,9 sec., Platz 14-17
Kubica:	33. Runde: 3. Stopp, Tanken und Reifenwechsel in total 26,5 sec., Platz 15
Kovalainen:	34. Runde: 2. Stopp, Tanken und Reifenwechsel in 8,4 sec., total 26,6 sec., Platz 12-13
Button:	35. Runde: 2. Stopp, Tanken und Reifenwechsel in total 26,8 sec., Platz 11-12
Sutil:	39. Runde: 2. Stopp, Tanken und Reifenwechsel in total 27,7 sec., Platz 11-16
Rosberg:	40. Runde: 3. Stopp, Tanken und Reifenwechsel in 8,7 sec., total 27,0 sec., Platz 2-7
Alonso:	41. Runde: 2. Stopp, Tanken und Reifenwechsel in 7,6 sec., total 26,1 sec., Platz 1
Hamilton:	42. Runde: 2. Stopp, Tanken und Reifenwechsel in 7,7 sec., total 25,9 sec., Platz 3-7
Coulthard:	42. Runde: 2. Stopp, Tanken (Tankschlauch klemmt) und Reifenwechsel in 7,0 sec., verliert total 28,3 sec., Platz 6-9
Nakajima:	42. Runde: 2. Stopp, Tanken und Reifenwechsel in total 26,8 sec., Platz 9-10
Vettel:	43. Runde: 2. Stopp, Tanken und Reifenwechsel in total 25,7 sec., Platz 3-7
Heidfeld:	43. Runde: 2. Stopp, Tanken und Reifenwechsel in total 25,1 sec., Platz 4-8
Glock:	46. Runde: 2. Stopp, Tanken und Reifenwechsel in 6,1 sec., total 24,6 sec., Platz 2-5
Räikkönen:	50. Runde: 2. Stopp, Tanken und Reifenwechsel in 6,6 sec., total 24,9 sec., Platz 3-5

Ausfälle:

Piquet:	13. Runde: Unfall, Platz 18
Barrichello:	15. Runde: Elektrikschaden, Platz 16
Webber:	31. Runde: Getriebeschaden, Platz 18
Sutil:	50. Runde: Unfall, Platz 16
Trulli:	51. Runde: Hydraulikdefekt, Platz 16
Räikkönen:	58. Runde: Unfall, Platz 5

Vor dem Start:

Fisichella startet aus der Boxengasse weil am Force India-Ferrari im Parc Fermé Reparaturen durchgeführt wurden

Safety Car-Phase:

14. bis 18. Runde um das Renault-Wrack von Piquet zu bergen

50. bis 52. Runde um das Force India-Ferrari-Wrack von Sutil zu bergen

Stand nach 1. Runde:

1. Massa, 2. Hamilton, 3. Räikkönen, 4. Kubica, 5. Vettel, 6. Glock, 7. Kovalainen, 8. Heidfeld, 9. Trulli, 10. Rosberg

Führung im Rennen:

1.-17. Runde: Massa
18.-28. Runde: Rosberg
29.-33. Runde: Trulli
34.-61. Runde: Alonso

Ergebnis:

1. Fernando Alonso (Spanien) Renault	1.57:16,304 = 158,068 km/h	
2. Nico Rosberg (Deutschland) Williams-Toyota	1.57:19,261 = 158,002 km/h	2,957 zurück
3. Lewis Hamilton (England) McLaren-Mercedes	1.57:22,221 = 157,935 km/h	5,917 zurück
4 Timo Glock (Deutschland) Toyota	1.57:24,459 = 157,885 km/h	8,155 zurück
5. Sebastian Vettel (Deutschland) Toro Rosso-Ferrari	1.57:26,572 = 157,838 km/h	10,268 zurück
6. Nick Heidfeld (Deutschland) BMW Sauber-BMW	1.57:27,405 = 157,819 km/h	11,101 zurück
7. David Coulthard (Schottland) Red Bull-Renault	1.57:32,691 = 157,701 km/h	16,387 zurück
8. Kazuki Nakajima (Japan) Williams-Toyota	1.57:34,793 = 157,654 km/h	18,489 zurück
9. Jenson Button (England) Honda	1.57:36,189 = 157,623 km/h	19,885 zurück
10. Heikki Kovalainen (Finnland) McLaren-Mercedes	1.57:43,206 = 157,466 km/h	26,902 zurück
11. Robert Kubica (Polen) BMW Sauber-BMW	1.57:44,279 = 157,442 km/h	27,975 zurück
12. Sébastien Bourdais (Frankreich) Toro Rosso-Ferrari	1.57:45,736 = 157,410 km/h	29,432 zurück
13. Felipe Massa (Brasilien) Ferrari	1.57:51,474 = 157,282 km/h	35,170 zurück
14. Giancarlo Fisichella (Italien) Force India-Ferrari	1.57:59,875 = 157,095 km/h	43,571 zurück
15. Kimi Räikkönen (Finnland) Ferrari	1.50:11,975 = 157,177 km/h	Ausfall

Räikkönen beendet nicht das Rennen, wird aber aufgrund der zurückgelegten Distanz gewertet

Schnellste Runde im Qualifying: Massa (Ferrari): 1:44,014 = 175,372 km/h (erzielt in Phase 2)
Schnellste Runde im Rennen: Räikkönen (Ferrari): 1:45,599 = 172,740 km/h
Höchstgeschwindigkeiten (Freitag, Training): Daten werden nicht übermittelt

Höchstgeschwindigkeiten (Samstag, Qualifying): 1. Hamilton 297,5, 2. Bourdais 295,8, 3. Vettel 295,3, 4. Kovalainen 295,0, 5. Piquet 294,8, 6. Alonso 293,4, 7. Nakajima 293,1, 8. Coulthard 293,0, 9. Rosberg 292,4, 10. Heidfeld 292,4, 11. Webber 291,5, 12. Kubica 291,5, 13. Räikkönen 291,1, 14. Massa 290,9, 15. Button 289,5, 16. Barrichello 289,4, 17. Glock 288,9, 18. Sutil 288,3, 19. Trulli 286,3, 20. Fisichella 257,8

Höchstgeschwindigkeiten (Sonntag): 1. Kovalainen 298,5, 2. Hamilton 298,0, 3. Bourdais 297,9, 4. Vettel 297,7, 5. Heidfeld 295,0, 6. Sutil 294,2, 7. Piquet 294,1, 8. Nakajima 293,3, 9. Alonso 293,3, 10. Rosberg 293,0, 11. Kubica 292,4, 12. Coulthard 292,2, 13. Webber 291,9, 14. Massa 291,1, 15. Fisichella 291,0, 16. Raikkonen 291,0, 17. Button 289,6, 18. Barrichello 289,3, 19. Glock 289,3, 20. Trulli 285,1

Schnellste Runde jedes Fahrers im Rennen: 1. Räikkönen 1:45,599 (14.), 2. Massa 1:45,757 (13.), 3. Alonso 1:45,768 (55.), 4. Hamilton 1:46,072 (14.), 5. Rosberg 1:46,454 (39.), 6. Kubica 1:46,899 (14.), 7. Trulli 1:46,972 (32.), 8. Glock 1:47,044 (50.), 9. Vettel 1:47,271 (13.), 10. Nakajima 1:47,287 (13.), 11. Heidfeld 1:47,306 (14.), 12. Kovalainen 1:47,337 (14.), 13. Coulthard 1:47,562 (41.), 14. Bourdais 1:47,820 (29.), 15. Button 1:48,128 (61.), 16. Fisichella 1:49,101 (28.), 17. Webber 1:49,183 (13.), 18. Sutil 1:49,270 (38.), 19. Barrichello 1:50,320 (13.), 20. Piquet 1:50,449 (13.)

WM-Stand: 1. Hamilton 84, 2. Massa 77, 3. Kubica 64, 4. Räikkönen 57, 5. Heidfeld 56, 6. Kovalainen 51, 7. Alonso 38, 8. Vettel 27, 9. Trulli 26, 10. Glock 20, 11. Webber 20, 12. Rosberg 17, 13. Piquet 13, 14. Barrichello 11, 15. Nakajima 9, 16. Coulthard 8, 17. Bourdais 4, 18. Button 3

Konstrukteur-WM: 1. McLaren-Mercedes 135, 2. Ferrari 134, 3. BMW Sauber-BMW 120, 4. Renault 51, 5. Toyota 46, 6. Toro Rosso-Ferrari 31, 7. Red Bull-Renault 28, 8. Williams-Toyota 26, 9. Honda 14

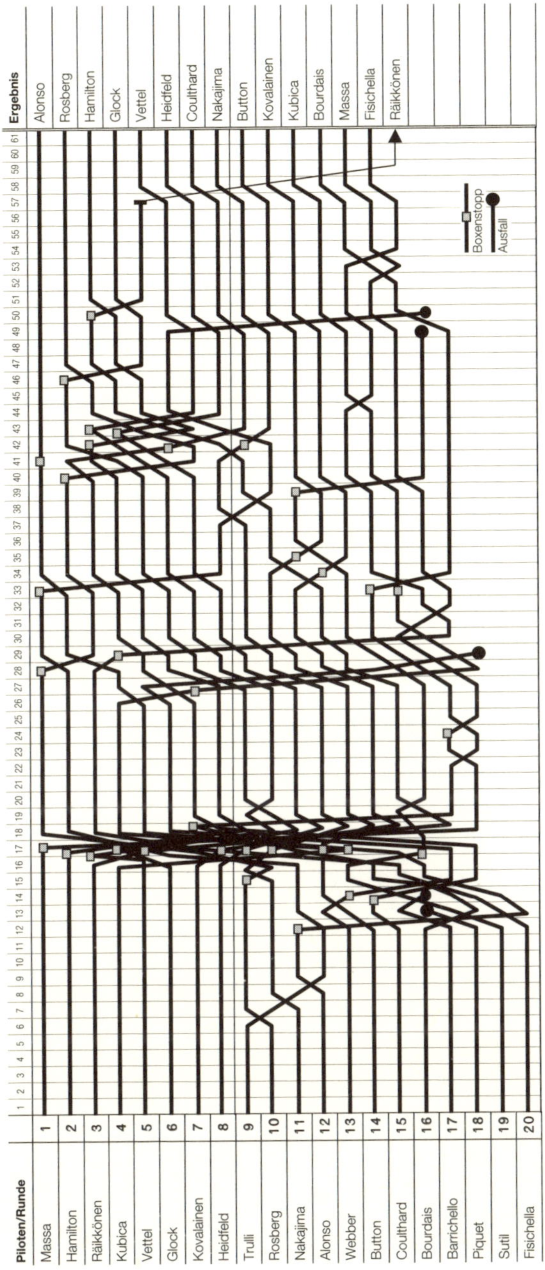
Piloten/Runde
Massa
Hamilton
Räikkönen
Kubica
Vettel
Glock
Kovalainen
Heidfeld
Trulli
Rosberg
Nakajima
Alonso
Webber
Button
Coulthard
Bourdais
Barrichello
Piquet
Sutil
Fisichella
Ergebnis
Alonso
Rosberg
Hamilton
Glock
Vettel
Heidfeld
Coulthard
Nakajima
Button
Kovalainen
Kubica
Bourdais
Massa
Fisichella
Räikkönen
Boxenstopp
Ausfall

Lauf 16 – Großer Preis von Japan - Fuji, 12. Oktober 2008

1. Training (Freitag Vormittag): 1. Hamilton 1:18,910, 2. Massa 1:19,063, 3. Kovalainen 1:19,279, 4. Räikkönen 1:19,399, 5. Alonso 1:19,473, 6. Piquet 1:19,743, 7. Vettel 1:20,121, 8. Kubica 1:20,160, 9. Bourdais 1:20,182, 10. Nakajima 1:20,217, 11. Sutil 1:20,288, 12. Rosberg 1:20,350, 13. Webber 1:20,620, 14. Heidfeld 1:20,628, 15. Trulli 1:20,657, 16. Barrichello 1:20,753, 17. Button 1:20,769, 18. Glock 1:20,823, 19. Coulthard 1:20,905, 20. Fisichella 1:21,014

2. Training (Freitag Nachmittag): 1. Glock 1:18,383, 2. Alonso 1:18,426, 3. Hamilton 1:18,463, 4. Massa 1:18,491, 5. Räikkönen 1:18,725, 6. Webber 1:18,734, 7. Nakajima 1:18,734, 8. Vettel 1:18,761, 9. Kovalainen 1:18,803, 10. Trulli 1:18,863, 11. Kubica 1:18,865, 12. Piquet 1:18,888, 13. Rosberg 1:18,981, 14. Bourdais 1:19,040, 15. Barrichello 1:19,258, 16. Sutil 1:19,287, 17. Coulthard 1:19,327, 18. Fisichella 1:19,482, 19. Heidfeld 1:19,894, 20. Button 1:19,999

3. Training (Samstag)		**Qualifying** (Samstag) **(1. Phase)**			**(2. Phase)**		**(3. Phase)**
1. Kubica	1:25,087	1. Glock	1:17,945	1. Massa	1:17,287	1. Hamilton	1:18,404
2. Glock	1:25,171	2. Hamilton	1:18,071	2. Kovalainen	1:17,360	2. Räikkönen	1:18,644
3. Piquet	1:25,415	3. Massa	1:18,110	3. Hamilton	1:17,462	3. Kovalainen	1:18,821
4. Heidfeld	1:25,474	4. Räikkönen	1:18,160	4. Trulli	1:17,541	4. Alonso	1:18,852
5. Nakajima	1:25,563	5. Kovalainen	1:18,220	5. Glock	1:17,670	5. Massa	1:18,874
6. Coulthard	1:25,614	6. Alonso	1:18,290	6. Vettel	1:17,714	6. Kubica	1:18,979
7. Massa	1:25,709	7. Piquet	1:18,300	7. Räikkönen	1:17,733	7. Trulli	1:19,026
8. Webber	1:25,785	8. Coulthard	1:18,303	8. Alonso	1:17,871	8. Glock	1:19,118
9. Alonso	1:25,799	9. Webber	1:18,372	9. Kubica	1:17,931	9. Vettel	1:19,638
10. Vettel	1:25,880	10. Trulli	1:18,501	10. Bourdais	1:18,102	10. Bourdais	1:20,167
11. Hamilton	1:25,901	11. Vettel	1:18,559	11. Coulthard	1:18,187		
12. Bourdais	1:25,984	12. Bourdais	1:18,593	12. Piquet	1:18,274		
13. Trulli	1:26,013	13. Nakajima	1:18,640	13. Webber	1:18,354		
14. Rosberg	1:26,213	14. Kubica	1:18,684	14. Nakajima	1:18,594		
15. Kovalainen	1:26,239	15. Rosberg	1:18,740	15. Rosberg	1:18,672		
16. Räikkönen	1:26,277	16. Heidfeld	1:18,835				
17. Barrichello	1:26,662	17. Barrichello	1:18,882				
18. Button	1:26,922	18. Button	1:19,100				
19. Sutil	1:27,357	19. Sutil	1:19,163				
20. Fisichella	1:27,918	20. Fisichella	1:19,910				

Startaufstellung: Zuerst die Piloten 1 bis 10 aus der dritten Qualifying-Phase, danach die Piloten 11 bis 15 aus der zweiten Qualifying-Phase, dahinter die Piloten 16 bis 20 aus der ersten Qualifying-Phase - inklusive Strafversetzungen:

1. Lewis Hamilton
McLaren-Mercedes MP4/23 V8
1:18,404

2. Kimi Räikkönen
Ferrari F2008 V8
1:18,644

3. Heikki Kovalainen
McLaren-Mercedes MP4/23 V8
1:18,821

4. Fernando Alonso
Renault R28 V8
1:18,852

5. Felipe Massa
Ferrari F2008 V8
1:18,874

6. Robert Kubica
Sauber-BMW F1.08 V8
1:18,979

7. Jarno Trulli
Toyota TF108 V8
1:19,026

8. Timo Glock
Toyota TF108 V8
1:19,118

9. Sebastian Vettel
Toro Rosso-Ferrari STR-03 V8
1:19,638

10. Sébastien Bourdais
Toro Rosso-Ferrari STR-03 V8
1:20,167

11. David Coulthard
Red Bull-Renault RB4 V8
1:18,187

12. Nelson Piquet Jr.
Renault R28 V8
1:18,274

13. Mark Webber
Red Bull-Renault RB4 V8
1:18,354

14. Kazuki Nakajima
Williams-Toyota FW30 V8
1:18,594

15. 1:18,672Nico Rosberg
Williams-Toyota FW30 V8

16. Nick Heidfeld
Sauber-BMW F1.08 V8
1:18,835

17. Rubens Barrichello
Honda RA108 V8
1:18,882

18. Jenson Button
Honda RA108 V8
1:19,100

19. Adrian Sutil
Force India-Ferrari VJM01 V8
1:19,163

20. Giancarlo Fisichella
Force India-Ferrari VJM01 V8
1:19,910

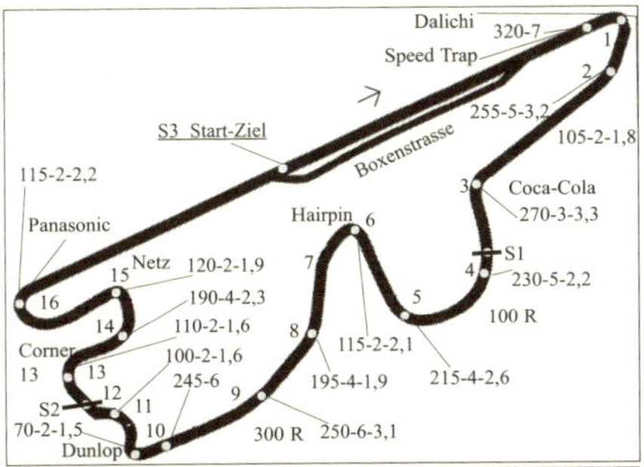

Legende: 132-2-2,1 = 132 km/h-2. Gang-2,1 Fliehkraft

Wetter am Renntag: Bewölkt, trocken, 16-17 Grad Lufttemperatur, 21 Grad Asphalttemperatur, 64-60 Prozent Luftfeuchtigkeit, 105.000 Zuschauer am Renntag

Distanz: 67 Runden à 4,653 km = 305,416 km
Ziellinie 0,305 km hinter der Startlinie

Sieger 2007: Hamilton (McLaren-Mercedes), 2.00:34,579 = 151,978 km/h, 2. Kovalainen -8,377, 3. Räikkönen -9,478

Poleposition 2007: Hamilton (McLaren-Mercedes), 1:25,368 = 192,423 km/h

Schnellste Runde 2007: Hamilton (McLaren-Mercedes): 1:28,193 = 186,259 km/h

Boxenstopps:

Nakajima:	1. Runde: Tanken und Reifenwechsel nach Kontakt mit Coulthard, verliert total 38,6 sec., Platz 19
Hamilton:	2. Runde: Tanken und Reifenwechsel nach Kontakt mit Massa in 8,2 sec., verliert total 35,5 sec., Platz 18
Glock:	5. Runde: Tanken und Reifenwechsel und Kontrolle der Aufhängung in 13,6 sec., verliert total 40,1 sec., Platz 11-19
Kubica:	17. Runde: Tanken und Reifenwechsel in 9,2 sec., total 35,4 sec., Platz 2-7
Räikkönen:	17. Runde: Tanken und Reifenwechsel in total 36,5 sec., Platz 3-8
Hamilton:	17. Runde: 2. Stopp, Drive-Through-Strafe wegen Abdrängens von Massa, verliert total 23,7 sec., Platz 15
Alonso:	18. Runde: Tanken und Reifenwechsel in 7,7 sec., total 33,9 sec., Platz 1-5
Massa:	18. Runde: Tanken und Reifenwechsel in 11,1 sec., total 37,4 sec., Platz 6-11
Massa:	19. Runde: 2. Stopp, Drive-Through-Strafe wegen Verursachens einer vermeidbaren Kollision, verliert total 23,6 sec., Platz 11-14
Trulli:	21. Runde: Tanken und Reifenwechsel in 8,1 sec., total 34,5 sec., Platz 1-8
Vettel:	23. Runde: Tanken und Reifenwechsel in 8,9 sec., total 35,2 sec., Platz 3-8
Bourdais:	25. Runde: Tanken und Reifenwechsel (Radmutter rechts vorne klemmt), verliert total 36,0 sec., Platz 2-7
Piquet:	28. Runde: Tanken und Reifenwechsel in 7,8 sec., total 33,9 sec., Platz 1-6
Webber:	34. Runde: Tanken und Reifenwechsel in 11,4 sec., total 37,5 sec., Platz 5-11
Nakajima:	36. Runde: 2. Stopp, Tanken und Reifenwechsel in 9,1 sec., total 35,4 sec., Platz 15
Button:	37. Runde: Tanken und Reifenwechsel in total 34,9 sec., Platz 14
Barrichello:	38. Runde: Tanken und Reifenwechsel in total 35,1 sec., Platz 12-13
Heidfeld:	40. Runde: Tanken und Reifenwechsel in 8,9 sec., total 34,9 sec., Platz 8-11
Hamilton:	40. Runde: 3. Stopp, Tanken und Reifenwechsel in 8,4 sec., total 34,6 sec., Platz 12-13
Rosberg:	42. Runde: Tanken und Reifenwechsel in total 34,9 sec., Platz 8-11
Alonso:	43. Runde: 2. Stopp, Tanken und Reifenwechsel in 7,8 sec., total 34,0 sec., Platz 1-6
Kubica:	46. Runde: 2. Stopp, Tanken und Reifenwechsel in 7,0 sec., total 33,2 sec., Platz 2-7
Räikkönen:	48. Runde: 2. Stopp, Tanken und Reifenwechsel in 7,4 sec., total 33,3 sec., Platz 1-7
Trulli:	50. Runde: 2. Stopp, Tanken und Reifenwechsel in 6,7 sec., total 33,0 sec., Platz 2-6
Bourdais:	50. Runde: 2. Stopp, Tanken und Reifenwechsel in total 32,8 sec., Platz 3-7
Vettel:	51. Runde: 2. Stopp, Tanken und Reifenwechsel in total 32,6 sec., Platz 3-8
Piquet:	52. Runde: 2. Stopp, Tanken und Reifenwechsel in 6,4 sec., total 32,5 sec., Platz 1-4
Massa:	53. Runde: 3. Stopp, Tanken und Reifenwechsel in 4,1 sec., total 32,7 sec., Platz 8-10

Ausfälle:

Coulthard:	1. Runde: Unfall, Platz 11 (in der Startaufstellung)
Glock:	7. Runde: Aufhängungsbruch hinten, Platz 18
Sutil:	8. Runde: Reifenschaden, Platz 10
Kovalainen:	17. Runde: Motorschaden, Platz 3
Fisichella:	22. Runde: Getriebeschaden, Platz 13

Stand nach 1 Runde:
1. Kubica, 2. Alonso, 3. Kovalainen, 4. Trulli, 5. Massa, 6. Hamilton, 7. Räikkönen, 8. Piquet, 9. Bourdais, 10. Glock

Führung im Rennen:
1.-16. Runde: Kubica
17.-18. Runde: Alonso
19.-21. Runde: Trulli
22.-24. Runde: Bourdais
25.-28. Runde: Piquet
29.-43. Runde: Alonso
44.-45. Runde: Kubica
46.-48. Runde: Räikkönen
49. Runde: Trulli
50.-52. Runde: Piquet
53.-67. Runde: Alonso

Ergebnis:

1. Fernando Alonso (Spanien) Renault	1.30:21,892 = 202,788 km/h	
2. Robert Kubica (Polen) BMW Sauber-BMW	1.30:27,175 = 202,591 km/h	5,283 zurück
3. Kimi Räikkönen (Finnland) Ferrari	1.30:28,292 = 202,549 km/h	6,400 zurück
4. Nelson Piquet Jr. (Brasilien) Renault	1.30:42,462 = 202,022 km/h	20,570 zurück
5. Jarno Trulli (Italien) Toyota	1.30:45,659 = 201,903 km/h	23,767 zurück
6. Sebastian Vettel (Deutschland) Toro Rosso-Ferrari	1.31:01,099 = 201,332 km/h	39,207 zurück
7. Felipe Massa (Brasilien) Ferrari	1.31:08,050 = 201,076 km/h	46,158 zurück
8. Mark Webber (Australien) Red Bull-Renault	1.31:12,703 = 200,905 km/h	50,811 zurück
9. Nick Heidfeld (Deutschland) BMW Sauber-BMW	1.31:16,012 = 200,784 km/h	54,120 zurück
10. Sébastien Bourdais (Frankreich) Toro Rosso-Ferrari*	1.31:20,977 = 200,602 km/h**	59,085 zurück**
11. Nico Rosberg (Deutschland) Williams-Toyota	1.31:23,988 = 200,492 km/h	62,096 zurück
12. Lewis Hamilton (England) McLaren-Mercedes	1.31:40,792 = 199,879 km/h	78,900 zurück
13. Rubens Barrichello (Brasilien) Honda	1.30:54,306 = 198,571 km/h	1 Runde zurück
14. Jenson Button (England) Honda	1.30:58,093 = 198,433 km/h	1 Runde zurück
15. Kazuki Nakajima (Japan) Williams-Toyota	1.31:09,438 = 198,022 km/h	1 Runde zurück

***Bourdais** erhält von der Rennleitung im Nachhinein eine 25-Sekunden-Zeitstrafe wegen Gefährdung von Massa beim Verlassen der Boxenstrasse in Runde 50

****inklusive** 25 Sekunden

Schnellste Runde im Qualifying: Massa (Ferrari): 1.17,287 = 212,542 km/h (erzielt in Phase 2)
Schnellste Runde im Rennen: Massa (Ferrari): 1.18,426 = 209,456 km/h

Höchstgeschwindigkeiten (Freitag, Training): 1. Bourdais 320,7, 2. Coulthard 320,4, 3. Webber 319,4, 4. Sutil 318,7, 5. Räikkönen 318,4, 6. Massa 318,3, 7. Vettel 318,3, 8. Kovalainen 316,0, 9. Fisichella 315,6, 10. Heidfeld 314,5, 11. Hamilton 314,0, 12. Piquet 313,5, 13. Nakajima 313,2, 14. Rosberg 313,1, 15. Alonso 312,9, 16. Kubica 312,9, 17. Barrichello 311,6, 18. Button 311,1, 19. Glock 311,1, 20. Trulli 311,0

Höchstgeschwindigkeiten (Samstag, Qualifying): 1. Sutil 317,0, 2. Fisichella 315,6, 3. Coulthard 314,8, 4. Trulli 314,5, 5. Kubica 314,4, 6. Nakajima 314,3, 7. Räikkönen 313,4, 8. Bourdais 312,8, 9. Glock 312,2, 10. Alonso 311,9, 11. Rosberg 311,8, 12. Vettel 311,3, 13. Massa 311,0, 14. Piquet 311,0, 15. Hamilton 310,9, 16. Webber 310,8, 17. Kovalainen 310,2, 18. Heidfeld 310,1, 19. Barrichello 309,1, 20. Button 308,1

Höchstgeschwindigkeiten (Sonntag): 1. Fisichella 322,1, 2. Bourdais 319,3, 3. Vettel 318,9, 4. Sutil 318,8, 5. Rosberg 318,6, 6. Webber 318,5, 7. Räikkönen 318,4, 8. Massa 318,3, 9. Hamilton 316,9, 10. Piquet 316,9, 11. Alonso 316,5, 12. Kovalainen 316,5, 13. Heidfeld 316,4, 14. Glock 315,8, 15. Trulli 315,4, 16. Nakajima 315,3, 17. Kubica 314,9, 18. Barrichello 312,8, 19. Button 312,1, 20. Coulthard 259,7

Schnellste Runde jedes Fahrers im Rennen: 1. Massa 1:18,426 (55.), 2. Räikkönen 1:18,995 (66.), 3. Alonso 1:19,101 (41.), 4. Piquet 1:19,199 (54.), 5. Kovalainen 1:19,258 (12.), 6. Bourdais 1:19,262 (49.), 7. Kubica 1:19,292 (16.), 8. Heidfeld 1:19,461 (67.), 9. Trulli 1:19,524 (18.), 10. Rosberg 1:19,531 (66.), 11. Hamilton 1:19,560 (65.), 12. Vettel 1:19,617 (21.), 13. Webber 1:19,820 (30.), 14. Glock 1:20,254 (4.), 15. Nakajima 1:20,364 (32.), 16. Barrichello 1:20,575 (66.), 17. Button 1:20,849 (66.), 18. Sutil 1:21,189 (6.), 19. Fisichella 1:21,577 (20.)

WM-Stand: 1. Hamilton 84, 2. Massa 79, 3. Kubica 72, 4. Räikkönen 63, 5. Heidfeld 56, 6. Kovalainen 51, 7. Alonso 48, 8. Vettel 30, 9. Trulli 30, 10. Webber 21, 11. Glock 20, 12. Piquet 18, 13. Rosberg 17, 14. Barrichello 11, 15. Nakajima 9, 16. Coulthard 8, 17. Bourdais 4, 18. Button 3

Konstrukteur-WM: 1. Ferrari 142, 2. McLaren-Mercedes 135, 3. BMW Sauber-BMW 128, 4. Renault 66, 5. Toyota 50, 6. Toro Rosso-Ferrari 34, 7. Red Bull-Renault 29, 8. Williams-Toyota 26, 9. Honda 14

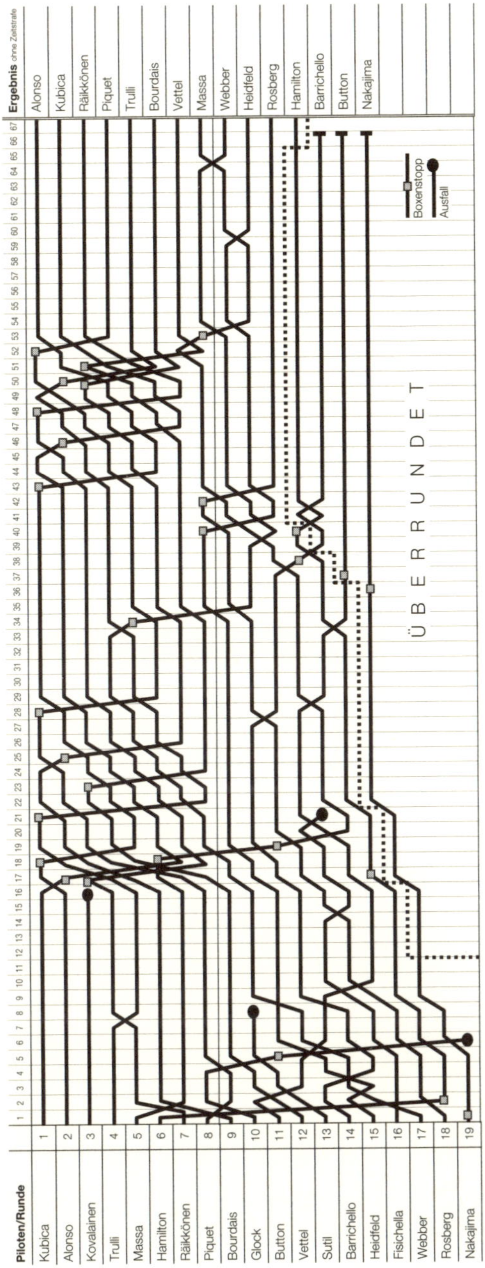
Piloten/Runde
Kubica
Alonso
Kovalainen
Trulli
Massa
Hamilton
Räikkönen
Piquet
Bourdais
Glock
Button
Vettel
Sutil
Barrichello
Heidfeld
Fisichella
Webber
Rosberg
Nakajima
Ergebnis ohne Zeitstrafe
Alonso
Kubica
Räikkönen
Piquet
Trulli
Bourdais
Vettel
Massa
Webber
Heidfeld
Rosberg
Hamilton
Barrichello
Button
Nakajima
Boxenstopp
Ausfall
ÜBERRUNDET

Lauf 17 – Großer Preis von China - Shanghai, 19. Oktober 2008

1. Training (Freitag Vormittag): 1. Hamilton 1:35,630, 2. Massa 1:36,020, 3. Räikkönen 1:36,052, 4. Kovalainen 1:36,103, 5. Kubica 1:36,507, 6. Alonso 1:36,661, 7. Heidfeld 1:37,040, 8. Bourdais 1:37,070, 9. Piquet 1:37,180, 10. Vettel 1:37,278, 11. Webber 1:37,491, 12. Button 1:37,619, 13. Nakajima 1:37,630, 14. Coulthard 1:37,638, 15. Rosberg 1:37,638, 16. Glock 1:37,664, 17. Barrichello 1:37,827, 18. Trulli 1:38,219, 19. Sutil 1:38,285, 20. Fisichella 1:38,479

2. Training (Freitag Nachmittag): 1. Hamilton 1:35,750, 2. Alonso 1:36,024, 3. Piquet 1:36,094, 4. Trulli 1:36,159, 5. Webber 1:36,375, 6. Massa 1:36,480, 7. Bourdais 1:36,529, 8. Räikkönen 1:36,542, 9. Heidfeld 1:36,553, 10. Rosberg 1:36,556, 11. Glock 1:36,615, 12. Kubica 1:36,775, 13. Kovalainen 1:36,797, 14. Coulthard 1:36,808, 15. Vettel 1:36,925, 16. Nakajima 1:36,975, 17. Fisichella 1:37,473, 18. Sutil 1:37,617, 19. Button 1:37,800, 20. Barrichello 1:37,904

3. Training (Samstag)		**Qualifying** (Samstag) **(1. Phase)**			**(2. Phase)**		**(3. Phase)**
1. Heidfeld	1:36,061	1. Hamilton	1:35,566	1. Hamilton	1:34,947	1. Hamilton	1:36,303
2. Hamilton	1:36,135	2. Kovalainen	1:35,623	2. Massa	1:35,135	2. Räikkönen	1:36,645
3. Kubica	1:36,150	3. Vettel	1:35,752	3. Kovalainen	1:35,216	3. Massa	1:36,889
4. Kovalainen	1:36,324	4. Alonso	1:35,769	4. Räikkönen	1:35,355	4. Alonso	1:36,927
5. Trulli	1:36,396	5. Massa	1:35,971	5. Vettel	1:35,386	5. Kovalainen	1:36,930
6. Rosberg	1:36,427	6. Räikkönen	1:35,983	6. Heidfeld	1:35,403	6. Webber	1:37,083
7. Bourdais	1:36,642	7. Piquet	1:36,029	7. Alonso	1:35,461	7. Heidfeld	1:37,201
8. Coulthard	1:36,712	8. Trulli	1:36,104	8. Bourdais	1:35,478	8. Vettel	1:37,685
9. Nakajima	1:36,713	9. Glock	1:36,210	9. Webber	1:35,686	9. Trulli	1:37,934
10. Piquet	1:36,789	10. Heidfeld	1:36,224	10. Trulli	1:35,715	10. Bourdais	1:38,885
11. Barrichello	1:36,839	11. Webber	1:36,238	11. Piquet	1:35,722		
12. Massa	1:36,842	12. Bourdais	1:36,239	12. Kubica	1:35,814		
13. Räikkönen	1:36,901	13. Rosberg	1:36,434	13. Glock	1:35,937		
14. Vettel	1:36,902	14. Kubica	1:36,503	14. Barrichello	1:36,079		
15. Button	1:36,958	15. Barrichello	1:36,640	15. Rosberg	1:36,210		
16. Alonso	1:36,996	16. Coulthard	1:36,731				
17. Glock	1:37,053	17. Nakajima	1:36,863				
18. Webber	1:37,566	18. Button	1:37,053				
19. Sutil	1:37,648	19. Sutil	1:37,730				
20. Fisichella	1:37,964	20. Fisichella	1:37,739				

Startaufstellung: Zuerst die Piloten 1 bis 10 aus der dritten Qualifying-Phase, danach die Piloten 11 bis 15 aus der zweiten Qualifying-Phase, dahinter die Piloten 16 bis 20 aus der ersten Qualifying-Phase - inklusive Strafversetzungen:

1. Lewis Hamilton
McLaren-Mercedes MP4/23 V8
1:36,303

2. Kimi Räikkönen
Ferrari F2008 V8
1:36,645

3. Felipe Massa
Ferrari F2008 V8
1:36,889

4. Fernando Alonso
Renault R28 V8
1:36,927

5. Heikki Kovalainen
McLaren-Mercedes MP4/23 V8
1:36,930

6. Sebastian Vettel
Toro Rosso-Ferrari STR-03 V8
1:37,685

7. Jarno Trulli
Toyota TF108 V8
1:37,934

8. Sébastien Bourdais
Toro Rosso-Ferrari STR-03 V8
1:38,885

9. Nick Heidfeld
Sauber-BMW F1.08 V8
1:37,201

10. Nelson Piquet Jr.
Renault R28 V8
1:35,722

11. Robert Kubica
Sauber-BMW F1.08 V8
1:35,814

12. Timo Glock
Toyota TF108 V8
1:35,937

13. Rubens Barrichello
Honda RA108 V8
1:36,079

14. Nico Rosberg
Williams-Toyota FW30 V8
1:36,210

15. David Coulthard
Red Bull-Renault RB4 V8
1:36,731

16. Mark Webber
Red Bull-Renault RB4 V8
1:37,083

17. Kazuki Nakajima
Williams-Toyota FW30 V8
1:36,863

18. Jenson Button
Honda RA108 V8
1:37,053

19. Adrian Sutil
Force India-Ferrari VJM01 V8
1:37,730

20. Giancarlo Fisichella
Force India-Ferrari VJM01 V8
1:37,739

Webber wird nach Motorwechsel um 10 Plätze nach hinten versetzt
Heidfeld wird wegen Behinderung von Coulthard auf einer schnellen Runde 3 Plätze nach hinten versetzt

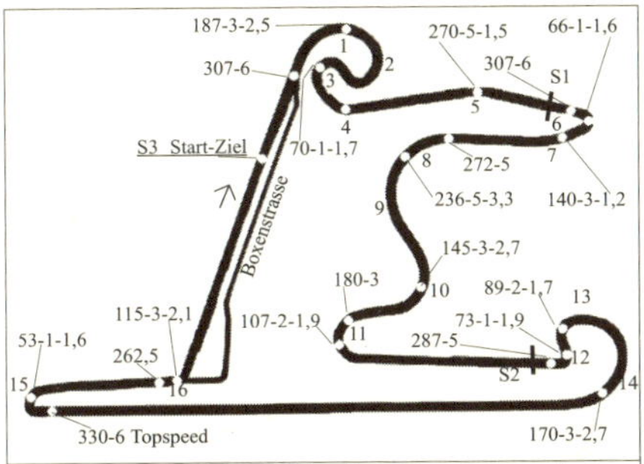

Legende: 132-2-2,1 = 132 km/h-2. Gang-2,1 Gravitation

Wetter am Renntag: Bewölkt aber trocken, 28-27 Grad Lufttemperatur, 30-28 Grad Asphalttemperatur, 63 Prozent Luftfeuchtigkeit, 80.000 Zuschauer am Renntag

Distanz: 56 Runden à 5,451 km = 305,066 km
Ziellinie 0,190 km hinter der Startlinie

Sieger 2007: Räikkönen (Ferrari), 1.37:58,395 = 186,826 km/h, 2. Alonso -9,806, 3. Massa -12,891

Poleposition 2007: Hamilton (McLaren-Mercedes), 1:35,908 = 204,608 km/h

Schnellste Runde 2007: Massa (Ferrari): 1:37,454 = 201,362 km/h

Boxenstopps:

Trulli:	1. Runde: Reifenwechsel und Kontrolle der Aufhängung nach Kontakt mit Bourdais, verliert total 38,4 sec., Platz 20
Webber:	12. Runde: Tanken und Reifenwechsel in 7,6 sec., total 27,6 sec., Platz 10-18
Massa:	14. Runde: Tanken und Reifenwechsel in 9,1 sec., total 29,2 sec., Platz 3-7
Alonso:	14. Runde: Tanken und Reifenwechsel in 9,1 sec., total 29,0 sec., Platz 4-9
Hamilton:	15. Runde: Tanken und Reifenwechsel in 9,4 sec., total 29,1 sec., Platz 1-3
Räikkönen:	15. Runde: Tanken und Reifenwechsel in 9,3 sec., total 29,0 sec., Platz 2-5
Rosberg:	15. Runde: Tanken und Reifenwechsel in total 28,0 sec., Platz 12-18
Heidfeld:	17. Runde: Tanken und Reifenwechsel in 8,3 sec., total 28,1 sec., Platz 3-10
Kovalainen:	18. Runde: Tanken und Reifenwechsel in 10,3 sec., total 29,9 sec., Platz 1-7
Vettel:	18. Runde: Tanken und Reifenwechsel in 10,7 sec., total 30,8 sec., Platz 4-14
Barrichello:	19. Runde: Tanken und Reifenwechsel in total 28,1 sec., Platz 8-16
Button:	22. Runde: Tanken und Reifenwechsel in total 28,6 sec., Platz 12-18
Bourdais:	23. Runde: Tanken und Reifenwechsel in total 26,4 sec., Platz 11-16
Piquet:	24. Runde: Tanken und Reifenwechsel in 6,7 sec., total 26,5 sec., Platz 6-10
Kubica:	25. Runde: Nur Tanken in 6,7 sec., total 26,4 sec., Platz 3-9
Coulthard:	28. Runde: Tanken und Reifenwechsel in total 30,9 sec., Platz 9-14
Fisichella:	28. Runde: Tanken und Reifenwechsel in total 31,5 sec., Platz 17-18
Nakajima:	31. Runde: Tanken und Reifenwechsel in 8,7 sec., total 28,7 sec., Platz 11-16
Webber:	31. Runde: 2. Stopp, Tanken und Reifenwechsel in 9,1 sec., total 28,9 sec., Platz 12-17
Glock:	32. Runde: Tanken und Reifenwechsel in 9,0 sec., total 29,1 sec., Platz 7-10
Kovalainen:	35. Runde: 2. Stopp, Tanken und Reifenwechsel (ungeplanter Stopp nach Reifenplatzer rechts vorne) in 10,1 sec., verliert total 31,3 sec., Platz 11-17
Alonso:	36. Runde: 2. Stopp, Tanken und Reifenwechsel in 7,8 sec., total 27,9 sec., Platz 4-6
Massa:	37. Runde: 2. Stopp, Tanken und Reifenwechsel in 7,5 sec., total 27,7 sec., Platz 3-4
Hamilton:	38. Runde: 2. Stopp, Tanken und Reifenwechsel in 6,8 sec., total 26,4 sec., Platz 1
Räikkönen:	38. Runde: 2. Stopp, Tanken und Reifenwechsel in 8,4 sec., total 28,1 sec., Platz 2-3
Piquet:	38. Runde: 2. Stopp, Tanken und Reifenwechsel in total 28,0 sec., Platz 7-10
Heidfeld:	39. Runde: 2. Stopp, Tanken und Reifenwechsel in 6,9 sec., total 26,5 sec., Platz 2-6
Bourdais:	39. Runde: 2. Stopp, Tanken und Reifenwechsel in total 26,4 sec., Platz 11-14
Rosberg:	39. Runde: 2. Stopp, Tanken und Reifenwechsel in total 27,3 sec., Platz 12-17
Kubica:	40. Runde: 2. Stopp, Tanken und Reifenwechsel in 6,2 sec., total 25,7 sec., Platz 4-7
Barrichello:	40. Runde: 2. Stopp, Tanken und Reifenwechsel in total 27,2 sec., Platz 9-12
Vettel:	41. Runde: 2. Stopp, Tanken und Reifenwechsel in total 28,1 sec., Platz 6-9
Button:	43. Runde: 2. Stopp, Tanken und Reifenwechsel in total 26,2 sec., Platz 11-17

Ausfälle:

Trulli:	3. Runde: Aufhängungsschaden nach Kontakt mit Bourdais, Platz 21
Sutil:	14. Runde: Getriebeschaden, Platz 17
Kovalainen:	51. Runde: Pneumatischer Ventiltrieb, Platz 15

Stand nach 1. Runde:
1. Hamilton, 2. Räikkönen, 3. Massa, 4. Alonso, 5. Kovalainen, 6. Heidfeld, 7. Vettel, 8. Kubica, 9. Piquet, 10. Barrichello

Führung im Rennen:
1.-15. Runde: Hamilton
16.-18. Runde: Kovalainen
19.-56. Runde: Hamilton

Ergebnis:

1. Lewis Hamilton (England) McLaren-Mercedes	1.31:57,403 = 199,049 km/h	
2. Felipe Massa (Brasilien) Ferrari	1.32:12,328 = 198,512 km/h	14,925 zurück
3. Kimi Räikkönen (Finnland) Ferrari	1.32:13,848 = 198,458 km/h	16,445 zurück
4. Fernando Alonso (Spanien) Renault	1.32:15,773 = 198,389 km/h	18,370 zurück
5. Nick Heidfeld (Deutschland) BMW Sauber-BMW	1.32:26,326 = 198,011 km/h	28,923 zurück
6. Robert Kubica (Polen) BMW Sauber-BMW	1.32:30,622 = 197,858 km/h	33,219 zurück
7. Timo Glock (Deutschland) Toyota	1.32:39,125 = 197,555 km/h	41,722 zurück
8. Nelson Piquet Jr. (Brasilien) Renault	1.32:54,048 = 197,026 km/h	56,645 zurück
9. Sebastian Vettel (Deutschland) Toro Rosso-Ferrari	1.33:01,742 = 196,755 km/h	64,339 zurück
10. David Coulthard (Schottland) Red Bull-Renault	1.33:12,245 = 196,385 km/h	64,842 zurück
11. Rubens Barrichello (Brasilien) Honda	1.33:22,464 = 196,027 km/h	85,061 zurück
12. Kazuki Nakajima (Japan) Williams-Toyota	1.33:28,250 = 195,825 km/h	90,847 zurück
13. Sébastien Bourdais (Frankreich) Toro Rosso-Ferrari	1.33:28,860 = 195,804 km/h	91,457 zurück
14. Mark Webber (Australien) Red Bull-Renault	1.33:29,825 = 195,770 km/h	92,422 zurück
15. Nico Rosberg (Deutschland) Williams-Toyota	1.31:59,552 = 195,416 km/h	1 Runde zurück
16. Jenson Button (England) Honda	1.32:02,481 = 195,313 km/h	1 Runde zurück
17. Giancarlo Fisichella (Italien) Force India-Ferrari	1.32:50,681 = 193,623 km/h	1 Runde zurück

Schnellste Runde im Qualifying: Hamilton (McLaren-Mercedes): 1:34,947 = 206,679 km/h (erzielt in Phase 2)
Schnellste Runde im Rennen: Hamilton (McLaren-Mercedes): 1:36,325 = 203,722 km/h

Höchstgeschwindigkeiten (Freitag, Training): 1. Räikkönen 316,4, 2. Massa 315,8, 3. Coulthard 313,9, 4. Webber 313,7, 5. Alonso 313,6, 6. Hamilton 313,3, 7. Kovalainen 312,8, 8. Heidfeld 312,7, 9. Kubica 312,3, 10. Barrichello 311,5, 11. Vettel 311,5, 12. Piquet 311,3, 13. Button 311,1, 14. Bourdais 311,1, 15. Sutil 310,9, 16. Trulli 309,5, 17. Nakajima 309,4, 18. Rosberg 308,6, 19. Fisichella 308,5, 20. Glock 307,6

Höchstgeschwindigkeiten (Samstag, Qualifying): 1. Bourdais 316,0, 2. Kubica 315,9, 3. Heidfeld 315,7, 4. Kovalainen 315,3, 5. Räikkönen 314,9, 6. Vettel 314,5, 7. Sutil 314,2, 8. Webber 314,0, 9. Coulthard 313,8, 10. Massa 313,0, 11. Alonso 312,8, 12. Piquet 312,6, 13. Hamilton 312,6, 14. Button 312,5, 15. Barrichello 312,5, 16. Nakajima 312,5, 17. Fisichella 311,7, 18. Rosberg 311,6, 19. Trulli 309,7, 20. Glock 309,3

Höchstgeschwindigkeiten (Sonntag): 1. Kovalainen 318,6, 2. Bourdais 316,7, 3. Sutil 316,5, 4. Räikkönen 316,4, 5. Massa 316,3, 6. Heidfeld 316,0, 7. Kubica 316,0, 8. Hamilton 315,9, 9. Vettel 315,6, 10. Webber 314,6, 11. Coulthard 314,2, 12. Piquet 313,3, 13. Rosberg 313,3, 14. Alonso 313,3, 15. Button 313,1, 16. Barrichello 313,0, 17. Fisichella 312,9, 18. Nakajima 312,9, 19. Glock 310,9, 20. Trulli 200,3

Schnellste Runde jedes Fahrers im Rennen: 1. Hamilton 1:36,325 (13.), 2. Räikkönen 1:36,483 (14.), 3. Heidfeld 1:36,498 (56.), 4. Massa 1:36,591 (36.), 5. Alonso 1:36,659 (56.), 6. Glock 1:36,727 (56.), 7. Kubica 1:36,854 (56.), 8. Piquet 1:36,996 (56.), 9. Vettel 1:37,212 (55.), 10. Rosberg 1:37,246 (38.), 11. Kovalainen 1:37,302 (32.), 12. Bourdais 1:37,452 (36.), 13. Webber 1:37,680 (10.), 14. Coulthard 1:37,753 (27.), 15. Button 1:37,773 (54.), 16. Barrichello 1:37,845 (56.), 17. Nakajima 1:38,019 (54.), 18. Fisichella 1:38,372 (54.), 19. Sutil 1:39,683 (13.), 20. Trulli 2:39,612 (2.)

WM-Stand: 1. Hamilton 94, 2. Massa 87, 3. Kubica 75, 4. Räikkönen 69, 5. Heidfeld 60, 6. Alonso 53, 7. Kovalainen 51, 8. Vettel 30, 9. Trulli 30, 10. Glock 22, 11. Webber 21, 12. Piquet 19, 13. Rosberg 17, 14. Barrichello 11, 15. Nakajima 9, 16. Coulthard 8, 17. Bourdais 4, 18. Button 3

Konstrukteur-WM: 1. Ferrari 156, 2. McLaren-Mercedes 145, 3. BMW Sauber-BMW 135, 4. Renault 72, 5. Toyota 52, 6. Toro Rosso-Ferrari 34, 7. Red Bull-Renault 29, 8. Williams-Toyota 26, 9. Honda 14

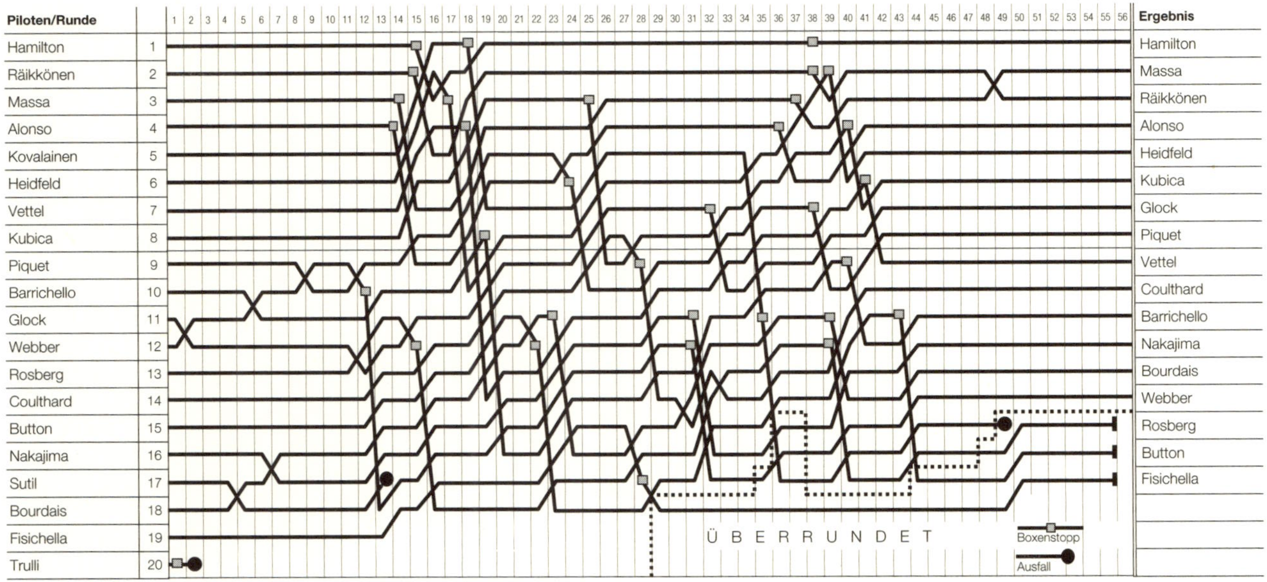
Piloten/Runde
Hamilton 1
Räikkönen 2
Massa 3
Alonso 4
Kovalainen 5
Heidfeld 6
Vettel 7
Kubica 8
Piquet 9
Barrichello 10
Glock 11
Webber 12
Rosberg 13
Coulthard 14
Button 15
Nakajima 16
Sutil 17
Bourdais 18
Fisichella 19
Trulli 20
1 2 3 4 5 6 7 8 9 10 11 12 13 14 15 16 17 18 19 20 21 22 23 24 25 26 27 28 29 30 31 32 33 34 35 36 37 38 39 40 41 42 43 44 45 46 47 48 49 50 51 52 53 54 55 56
Ergebnis
Hamilton
Massa
Räikkönen
Alonso
Heidfeld
Kubica
Glock
Piquet
Vettel
Coulthard
Barrichello
Nakajima
Bourdais
Webber
Rosberg
Button
Fisichella
ÜBERRUNDET
Boxenstopp
Ausfall

Lauf 18 – Großer Preis von Brasilien - Interlagos, 2. November 2008

1. Training (Freitag Vormittag): 1. Massa 1:12,305, 2. Hamilton 1:12,495, 3. Räikkönen 1:12,507, 4. Kubica 1:12,874, 5. Kovalainen 1:12,925, 6. Alonso 1:13,061, 7. Webber 1:13,298, 8. Piquet 1:13,378, 9. Heidfeld 1:13,426, 10. Glock 1:13,466, 11. Trulli 1:13,600, 12. Rosberg 1:13,621, 13. Bourdais 1:13,649, 14. Barrichello 1:13,676, 15. Button 1:13,766, 16. Nakajima 1:13,806, 17. Vettel 1:13,836, 18. Coulthard 1:13,861, 19. Sutil 1:14,704, 20. Fisichella 1:14,821

2. Training (Freitag Nachmittag): 1. Alonso 1:12,296, 2. Massa 1:12,353, 3. Trulli 1:12,435, 4. Räikkönen 1:12,600, 5. Webber 1:12,650, 6. Vettel 1:12,687, 7. Piquet 1:12,703, 8. Rosberg 1:12,761, 9. Hamilton 1:12,827, 10. Nakajima 1:12,886, 11. Coulthard 1:12,896, 12. Kubica 1:12,971, 13. Heidfeld 1:13,038, 14. Glock 1:13,041, 15. Kovalainen 1:13,213, 16. Barrichello 1:13,221, 17. Bourdais 1:13,273, 18. Button 1:13,341, 19. Sutil 1:13,428, 20. Fisichella 1:13,691

3. Training (Samstag)		**Qualifying** (Samstag) **(1. Phase)**			**(2. Phase)**		**(3. Phase)**
1. Alonso	1:12,141	1. Massa	1:11,830	1. Kovalainen	1:11,768	1. Massa	1:12,368
2. Hamilton	1:12,212	2. Räikkönen	1:12,083	2. Vettel	1:11,845	2. Trulli	1:12,737
3. Kovalainen	1:12,225	3. Hamilton	1:12,213	3. Hamilton	1:11,856	3. Räikkönen	1:12,825
4. Massa	1:12,312	4. Alonso	1:12,214	4. Massa	1:11,875	4. Hamilton	1:12,830
5. Vettel	1:12,389	5. Glock	1:12,223	5. Glock	1:11,909	5. Kovalainen	1:12,917
6. Heidfeld	1:12,402	6. Trulli	1:12,226	6. Räikkönen	1:11,950	6. Alonso	1:12,967
7. Bourdais	1:12,426	7. Piquet	1:12,348	7. Heidfeld	1:12,026	7. Vettel	1:13,082
8. Webber	1:12,453	8. Kovalainen	1:12,366	8. Bourdais	1:12,075	8. Heidfeld	1:13,297
9. Piquet	1:12,457	9. Heidfeld	1:12,371	9. Alonso	1:12,090	9. Bourdais	1:14,105
10. Trulli	1:12,457	10. Kubica	1:12,381	10. Trulli	1:12,107	10. Glock	1:14,230
11. Rosberg	1:12,625	11. Vettel	1:12,390	11. Piquet	1:12,137		
12. Räikkönen	1:12,698	12. Webber	1:12,409	12. Webber	1:12,289		
13. Glock	1:12,712	13. Bourdais	1:12,498	13. Kubica	1:12,300		
14. Kubica	1:12,971	14. Barrichello	1:12,548	14. Coulthard	1:12,717		
15. Nakajima	1:13,054	15. Coulthard	1:12,690	15. Barrichello	1:13,139		
16. Coulthard	1:13,058	16. Nakajima	1:12,800				
17. Barrichello	1:13,135	17. Button	1:12,810				
18. Button	1:13,278	18. Rosberg	1:13,002				
19. Fisichella	1:13,460	19. Fisichella	1:13,426				
20. Sutil	1:13,680	20. Sutil	1:13,508				

Startaufstellung: Zuerst die Piloten 1 bis 10 aus der dritten Qualifying-Phase, danach die Piloten 11 bis 15 aus der zweiten Qualifying-Phase, dahinter die Piloten 16 bis 20 aus der ersten Qualifying-Phase - inklusive Strafversetzungen:

1. Felipe Massa
Ferrari F2008 V8
1:12,368

2. Jarno Trulli
Toyota TF108 V8
1:12,737

3. Kimi Räikkönen
Ferrari F2008 V8
1:12,825

4. Lewis Hamilton
McLaren-Mercedes MP4/23 V8
1:12,830

5. Heikki Kovalainen
McLaren-Mercedes MP4/23 V8
1:12,917

6. Fernando Alonso
Renault R28 V8
1:12,967

7. Sebastian Vettel
Toro Rosso-Ferrari STR-03 V8
1:13,082

8. Nick Heidfeld
BMW Sauber-BMW F1.08 V8
1:13,297

9. Sébastien Bourdais
Toro Rosso-Ferrari STR-03 V8
1:14,105

10. Timo Glock
Toyota TF108 V8
1:14,230

11. Nelson Piquet Jr.
Renault R28 V8
1:12,137

12. Mark Webber
Red Bull-Renault RB4 V8
1:12,289

13. Robert Kubica
BMW Sauber-BMW F1.08 V8
1:12,300

14. David Coulthard
Red Bull-Renault RB4 V8
1:12,717

15. Rubens Barrichello
Honda RA108 V8
1:13,139

16. Kazuki Nakajima
Williams-Toyota FW30 V8
1:12,800

17. Jenson Button
Honda RA108 V8
1:12,810

18. Nico Rosberg
Williams-Toyota FW30 V8
1:13,002

19. Giancarlo Fisichella
Force India-Ferrari VJM01 V8
1:13,426

20. Adrian Sutil
Force India-Ferrari VJM01 V8
1:13,508

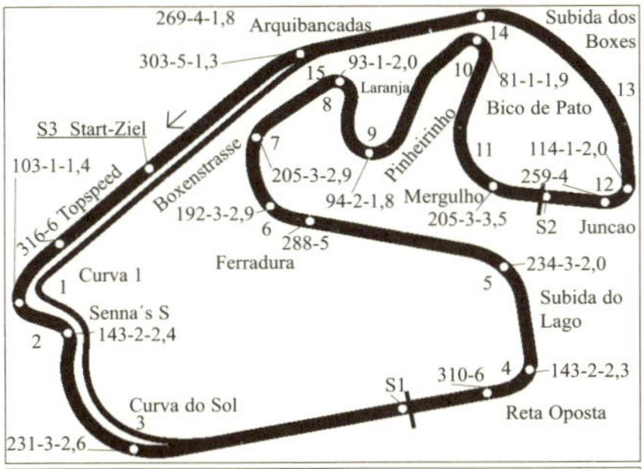

Legende: 132-2-2,1 = 132 km/h-2. Gang-2,1 Gravitation

Wetter am Renntag: Ein Wolkenbruch kurz vor dem Start, dann abtrocknend, 6 Runden vor Ende wieder ein Wolkenbruch, 27-26 Grad Lufttemperatur, 28-23 Grad Asphalttemperatur, 59-71 Prozent Luftfeuchtigkeit, 76.400 Zuschauer am Renntag

Distanz: 71 Runden à 4,309 km = 305,909 km
Ziellinie 0,030 km hinter der Startlinie

Sieger 2007: Räikkönen (Ferrari), 1.28:15,270 = 207,972 km/h, 2. Massa -1,493, 3. Alonso -57,019

Poleposition 2007: Massa (Ferrari), 1:11,931 = 215,656 km/h

Schnellste Runde 2007: Räikkönen (Ferrari): 1:12,445 = 214,126 km/h

Boxenstopps:

Fisichella:	2. Runde: Reifenwechsel auf Trockenreifen in total 29,5 sec., Platz 18
Rosberg:	7. Runde: Tanken und Reifenwechsel auf Trockenreifen in 7,6 sec., total 28,5 sec., Platz 16-18
Button:	7. Runde: Reifenwechsel auf Trockenreifen in total 27,8 sec., Platz 17
Bourdais:	8. Runde: Reifenwechsel auf Trockenreifen in total 26,6 sec., Platz 10-13
Glock:	8. Runde: Reifenwechsel auf Trockenreifen in total 26,1 sec., Platz 11-14
Sutil:	8. Runde: Tanken und Reifenwechsel auf Trockenreifen in total 29,5 sec., Platz 14-17
Nakajima:	8. Runde: Tanken und Reifenwechsel auf Trockenreifen in total 28,5 sec., Platz 15-18
Vettel:	9. Runde: Tanken und Reifenwechsel auf Trockenreifen in 5,2 sec., total 26,1 sec., Platz 6-7
Alonso:	9. Runde: Tanken und Reifenwechsel auf Trockenreifen in 6,9 sec., total 27,6 sec., Platz 8-10
Webber:	9. Runde: Reifenwechsel auf Trockenreifen in total 28,7 sec., Platz 9-13
Barrichello:	9. Runde: Reifenwechsel auf Trockenreifen in total 28,0 sec., Platz 10-14
Massa:	10. Runde: Tanken und Reifenwechsel auf Trockenreifen in 6,5 sec., total 27,6 sec., Platz 4
Kovalainen:	10. Runde: Tanken und Reifenwechsel auf Trockenreifen in total 32,5 sec., Platz 5-12
Heidfeld:	10. Runde: Reifenwechsel auf Trockenreifen in total 27,8 sec., Platz 6-10
Kubica:	10. Runde: Reifenwechsel auf Trockenreifen in total 27,7 sec., Platz 8-18
Trulli:	11. Runde: Reifenwechsel auf Trockenreifen in 10,4 sec., total 31,1 sec., Platz 1-6
Räikkönen:	11. Runde: Tanken und Reifenwechsel auf Trockenreifen in total 28,8 sec., Platz 2-4
Hamilton:	11. Runde: Tanken und Reifenwechsel auf Trockenreifen in 7,5 sec., total 28,3 sec., Platz 3-7
Vettel:	27. Runde: 2. Stopp, Tanken und Reifenwechsel in 7,1 sec., total 27,5 sec., Platz 3-6
Button:	33. Runde: 2. Stopp, Tanken und Reifenwechsel in total 26,9 sec., Platz 15
Glock:	36. Runde: 2. Stopp, Tanken und Reifenwechsel in 14,5 sec., total 35,2 sec., Platz 5-14
Massa:	38. Runde: 2. Stopp, Tanken und Reifenwechsel in 9,4 sec., total 30,5 sec., Platz 1-4
Fisichella:	38. Runde: 2. Stopp, Tanken und Reifenwechsel in total 54,6 sec., Platz 10-18
Bourdais:	38. Runde: 2. Stopp, Tanken und Reifenwechsel in total 29,8 sec., Platz 14-17
Alonso:	40. Runde: 2. Stopp, Tanken und Reifenwechsel in 9,5 sec., total 29,8 sec., Platz 1-4
Hamilton:	40. Runde: 2. Stopp, Tanken und Reifenwechsel in 8,9 sec., total 29,2 sec., Platz 3-6
Barrichello:	40. Runde: 2. Stopp, Tanken und Reifenwechsel in total 28,8 sec., Platz 11-12
Rosberg:	41. Runde: 2. Stopp, Tanken und Reifenwechsel in total 29,4 sec., Platz 11-13
Kovalainen:	42. Runde: 2. Stopp, Tanken und Reifenwechsel in 8,8 sec., total 29,2 sec., Platz 5-8
Heidfeld:	42. Runde: 2. Stopp, Tanken und Reifenwechsel in total 28,8 sec., Platz 9-10
Räikkönen:	43. Runde: 2. Stopp, Tanken und Reifenwechsel in 7,1 sec., total 29,4 sec., Platz 1-4
Trulli:	43. Runde: 2. Stopp, Tanken und Reifenwechsel in total 29,8 sec., Platz 7-9
Sutil:	44. Runde: 2. Stopp, Tanken und Reifenwechsel in total 30,6 sec., Platz 16-18
Kubica:	46. Runde: 2. Stopp, Tanken und Reifenwechsel in total 27,0 sec., Platz 15-17
Webber:	48. Runde: 2. Stopp, Tanken und Reifenwechsel in total 27,6 sec., Platz 6-9
Vettel:	51. Runde: 3. Stopp, Tanken und Reifenwechsel in 6,4 sec., total 26,6 sec., Platz 2-5
Nakajima:	51. Runde: 2. Stopp, Tanken und Reifenwechsel in total 26,8 sec., Platz 15-18
Button:	56. Runde: 3. Stopp, Tanken und Reifenwechsel in total 27,4 sec., Platz 11-14
Nakajima:	62. Runde: 3. Stopp, Reifenwechsel auf Intermediates in total 26,6 sec., Platz 18
Fisichella:	63. Runde: 3. Stopp, Reifenwechsel auf Intermediates in total 46,5 sec., Platz 17-18
Heidfeld:	64. Runde: 3. Stopp, Reifenwechsel auf Intermediates in 6,9 sec., total 27,3 sec., Platz 10-11
Barrichello:	64. Runde: 3. Stopp, Reifenwechsel auf Intermediates in total 28,0 sec., Platz 11-12
Rosberg:	64. Runde: 3. Stopp, Reifenwechsel auf Intermediates in total 26,8 sec., Platz 13
Bourdais:	64. Runde: 3. Stopp, Reifenwechsel auf Intermediates in total 28,2 sec., Platz 14
Kubica:	64. Runde: 3. Stopp, Reifenwechsel auf Intermediates in total 26,3 sec., Platz 15
Kovalainen:	65. Runde: 3. Stopp, Reifenwechsel auf Intermediates in total 27,2 sec., Platz 7-8

Sutil:	64. Runde: 3. Stopp, Reifenwechsel auf Intermediates in total 27,7 sec., Platz 16
Webber:	65. Runde: 3. Stopp, Reifenwechsel auf Intermediates in total 28,7 sec., Platz 9
Alonso:	66. Runde: 3. Stopp, Reifenwechsel auf Intermediates in 6,3 sec., total 26,6 sec., Platz 2
Räikkönen:	66. Runde: 3. Stopp, Reifenwechsel auf Intermediates in 6,0 sec., total 26,4 sec., Platz 3
Button:	65. Runde: 4. Stopp, Reifenwechsel auf Intermediates in total 27,0 sec., Platz 10-11
Hamilton:	66. Runde: 3. Stopp, Reifenwechsel auf Intermediates in 6,1 sec., total 26,4 sec., Platz 4-5
Vettel:	66. Runde: 4. Stopp, Reifenwechsel auf Intermediates in 6,2 sec., total 26,8 sec., Platz 5-6
Massa:	67. Runde: 3. Stopp, Reifenwechsel auf Intermediates in 5,5 sec., total 27,2 sec., Platz 1
Barrichello:	67. Runde: 4. Stopp, Reifenwechsel auf Intermediates in total 28,3 sec., Platz 15

Ausfälle:

Piquet:	1. Runde: Unfall, Platz 11 (in der Startaufstellung)
Coulthard:	1. Runde: Kollision mit Rosberg, Platz 14 (in der Startaufstellung)

Vor dem Start:
10 Minuten Startverschiebung weil 2 Minuten vor der Aufwärmrunde ein Wolkenbruch nieder geht

Safety Car-Phase: 1. bis 3. Runde um das Renault-Wrack von Piquet zu entfernen

Stand nach 1 Runde:
1. Massa, 2. Trulli, 3. Räikkönen, 4. Hamilton, 5. Vettel, 6. Alonso, 7. Kovalainen, 8. Bourdais, 9. Glock, 10. Webber

Führung im Rennen:

1.-9. Runde: Massa
10.-11. Runde: Trulli
12.-38. Runde: Massa
39.-40. Runde: Alonso
41.-43. Runde: Räikkönen
44.-71. Runde: Massa

Ergebnis:

1. Felipe Massa (Brasilien) Ferrari	1.34:11,435 = 194,865 km/h	
2. Fernando Alonso (Spanien) Renault	1.34:24,733 = 194,408 km/h	13,298 zurück
3. Kimi Räikkönen (Finnland) Ferrari	1.34:27,670 = 194,307 km/h	16,235 zurück
4. Sebastian Vettel (Deutschland) Toro Rosso-Ferrari	1.34:49,446 = 193,564 km/h	38,011 zurück
5. Lewis Hamilton (England) McLaren-Mercedes	1.34:50,342 = 193,533 km/h	38,907 zurück
6. Timo Glock (Deutschland) Toyota	1.34:55,803 = 193,348 km/h	44,368 zurück
7. Heikki Kovalainen (Finnland) McLaren-Mercedes	1.35:06,509 = 192,985 km/h	55,074 zurück
8. Jarno Trulli (Italien) Toyota	1.35:19,898 = 192,533 km/h	68,463 zurück
9. Mark Webber (Australien) Red Bull-Renault	1.35:31,101 = 192,157 km/h	79,666 zurück
10. Nick Heidfeld (Deutschland) BMW Sauber-BMW	1.34:22,761 = 191,736 km/h	1 Runde zurück
11. Robert Kubica (Polen) BMW Sauber-BMW	1.34:48,549 = 190,867 km/h	1 Runde zurück
12. Nico Rosberg (Deutschland) Williams-Toyota	1.34:51,339 = 190,774 km/h	1 Runde zurück
13. Jenson Button (England) Honda	1.35:01,806 = 190,423 km/h	1 Runde zurück
14. Sébastien Bourdais (Frankreich) Toro Rosso-Ferrari	1.35:05,349 = 190,305 km/h	1 Runde zurück
15. Rubens Barrichello (Brasilien) Honda	1.35:20,589 = 189,798 km/h	1 Runde zurück
16. Adrian Sutil (Deutschland) Force India-Ferrari	1.34:31,247 = 188,714 km/h	2 Runden zurück
17. Kazuki Nakajima (Japan) Williams-Toyota	1.34:42,834 = 188,329 km/h	2 Runden zurück
18. Giancarlo Fisichella (Italien) Force India-Ferrari	1.35:09,395 = 187,453 km/h	2 Runden zurück

Schnellste Runde im Qualifying: Kovalainen (McLaren-Mercedes): 1:11,768 = 216,146 km/h (erzielt in Phase 2)

Schnellste Runde im Rennen: Massa (Ferrari): 1:13,736 = 210,377 km/h

Höchstgeschwindigkeiten (Freitag, Training): 1. Hamilton 313,4, 2. Kovalainen 313,2, 3. Massa 311,5, 4. Coulthard 310,7, 5. Webber 309,3, 6. Sutil 308,9, 7. Bourdais 308,7, 8. Vettel 308,4, 9. Fisichella 308,0, 10. Räikkönen 307,9, 11. Nakajima 307,6, 12. Kubica 307,1, 13. Piquet 306,9, 14. Rosberg 306,9, 15. Button 306,4, 16. Alonso 306,2, 17. Trulli 305,6, 18. Barrichello 305,5, 19. Heidfeld 305,3, 20. Glock 304,2

Höchstgeschwindigkeiten (Samstag, Qualifying): 1. Kovalainen 313,4, 2. Räikkönen 309,0, 3. Hamilton 309,0, 4. Webber 307,6, 5. Massa 306,5, 6. Vettel 305,6, 7. Alonso 305,2, 8. Fisichella 304,9, 9. Coulthard 304,7, 10. Heidfeld 304,7, 11. Piquet 304,0, 12. Bourdais 303,2, 13. Sutil 303,2, 14. Barrichello 302,7, 15. Rosberg 302,6, 16. Nakajima 302,6, 17. Kubica 302,1, 18. Glock 302,1, 19. Trulli 302,0, 20. Button 301,7

Höchstgeschwindigkeiten (Sonntag): 1. Nakajima 319,8, 2. Hamilton 319,3, 3. Kovalainen 319,2, 4. Bourdais 313,4, 5. Räikkönen 311,8, 6. Massa 311,7, 7. Webber 310,6, 8. Vettel 310,3, 9. Heidfeld 310,2, 10. Glock 307,9, 11. Rosberg 307,6, 12. Kubica 307,2, 13. Trulli 307,2, 14. Button 306,7, 15. Barrichello 306,6, 16. Sutil 305,7, 17. Alonso 305,6, 18. Fisichella 304,5

Schnellste Runde jedes Fahrers im Rennen: 1. Massa 1:13,736 (36.), 2. Glock 1:14,057 (32.), 3. Räikkönen 1:14,117 (59.), 4. Hamilton 1:14,159 (31.), 5. Trulli 1:14,167 (40.), 6. Kovalainen 1:14,207 (36.), 7. Vettel 1:14,214 (25.), 8. Alonso 1:14,229 (39.), 9. Kubica 1:14,375 (61.), 10. Heidfeld 1:14,652 (41.), 11. Button 1:14,759 (59.), 12. Rosberg 1:14,934 (35.), 13. Bourdais 1:14,951 (57.), 14. Webber 1:15,033 (40.), 15. Fisichella 1:15,212 (36.), 16. Barrichello 1:15,414 (35.), 17. Sutil 1:15,773 (60.), 18. Nakajima 1:15,865 (50.)

WM-Stand: 1. Hamilton 98, 2. Massa 97, 3. Räikkönen 75, 4. Kubica 75, 5. Alonso 61, 6. Heidfeld 60, 7. Kovalainen 53, 8. Vettel 35, 9. Trulli 31, 10. Glock 25, 11. Webber 21, 12. Piquet 19, 13. Rosberg 17, 14. Barrichello 11, 15. Nakajima 9, 16. Coulthard 8, 17. Bourdais 4, 18. Button 3

Konstrukteur-WM: 1. Ferrari 172, 2. McLaren-Mercedes 151, 3. BMW Sauber-BMW 135, 4. Renault 80, 5. Toyota 56, 6. Toro Rosso-Ferrari 39, 7. Red Bull-Renault 29, 8. Williams-Toyota 26, 9. Honda 14

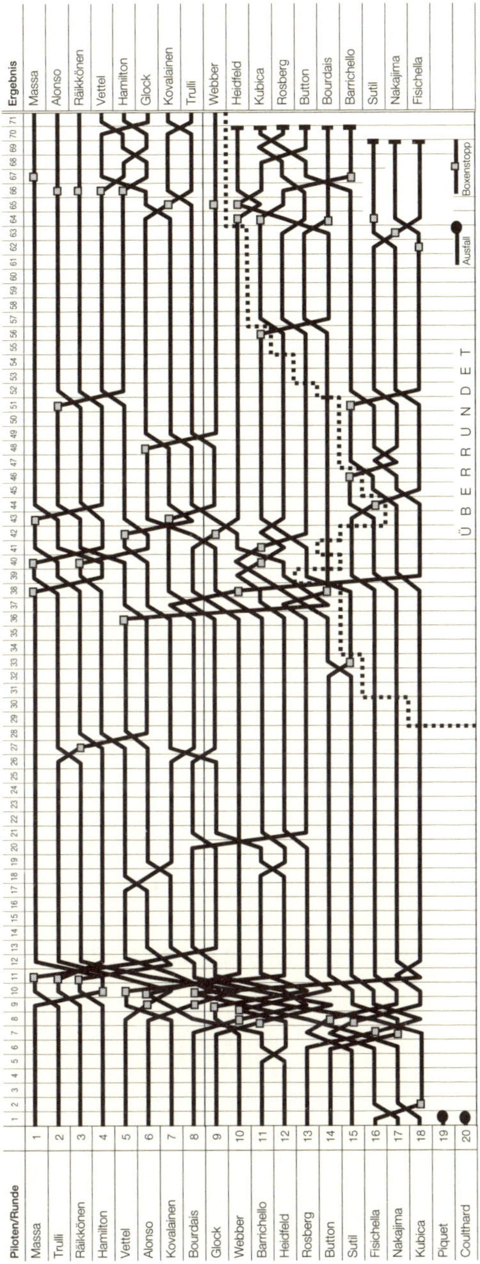
Piloten/Runde
Massa
Trulli
Räikkönen
Hamilton
Vettel
Alonso
Kovalainen
Bourdais
Glock
Webber
Barrichello
Heidfeld
Rosberg
Button
Sutil
Fisichella
Nakajima
Kubica
Piquet
Coulthard
1 2 3 4 5 6 7 8 9 10 11 12 13 14 15 16 17 18 19 20
1 2 3 4 5 6 7 8 9 10 11 12 13 14 15 16 17 18 19 20 21 22 23 24 25 26 27 28 29 30 31 32 33 34 35 36 37 38 39 40 41 42 43 44 45 46 47 48 49 50 51 52 53 54 55 56 57 58 59 60 61 62 63 64 65 66 67 68 69 70 71
ÜBERRUNDET
Ausfall
Boxenstopp
Ergebnis
Massa
Alonso
Räikkönen
Vettel
Hamilton
Glock
Kovalainen
Trulli
Webber
Heidfeld
Kubica
Rosberg
Button
Bourdais
Barrichello
Sutil
Nakajima
Fisichella

GRAND-PRIX-SIEGER 1950-2008

91 Große Preise	Michael Schumacher (Deutschland)
51 Große Preise	Alain Prost (Frankreich)
41 Große Preise	Ayrton Senna (Brasilien)
31 Große Preise	Nigel Mansell (England)
27 Große Preise	Jackie Stewart (Schottland)
25 Große Preise	Jim Clark (Schottland)
	Niki Lauda (Österreich)
24 Große Preise	Juan Manuel Fangio (Argentinien)
23 Große Preise	Nelson Piquet (Brasilien)
22 Große Preise	Damon Hill (England)
21 Große Preise	Fernando Alonso (Spanien)
20 Große Preise	Mika Hakkinen (Finnland)
17 Große Preise	Kimi Räikkönen (Finnland)
16 Große Preise	Stirling Moss (England)
14 Große Preise	Jack Brabham (Australien)
	Graham Hill (England)
	Emerson Fittipaldi (Brasilien)
13 Große Preise	Alberto Ascari (Italien)
	David Coulthard (Schottland)
12 Große Preise	Mario Andretti (USA)
	Alan Jones (Australien)
	Carlos Reutemann (Argentinien)
11 Große Preise	Jacques Villeneuve (Kanada)
	Felipe Massa (Brasilien)
10 Große Preise	James Hunt (England)
	Ronnie Peterson (Schweden)
	Jody Scheckter (Südafrika)
	Gerhard Berger (Österreich)
9 Große Preise	Rubens Barrichello (Brasilien)
	Lewis Hamilton (England)
8 Große Preise	Denis Hulme (Neuseeland)
	Jacky Ickx (Belgien)
7 Große Preise	Rene Arnoux (Frankreich)
	Juan Pablo Montoya (Kolumbien)
6 Große Preise	Tony Brooks (England)
	John Surtees (England)
	Jochen Rindt (Österreich)
	Gilles Villeneuve (Kanada)
	Jacques Laffitte (Frankreich)
	Ralf Schumacher (Deutschland)
	Riccardo Patrese (Italien)
5 Große Preise	Dr. Giuseppe Nino Farina (Italien)
	Clay Regazzoni (Schweiz)
	John Watson (Irland)
	Keke Rosberg (Finnland)
	Michele Alboreto (Italien)
4 Große Preise	Bruce McLaren (Neuseeland)
	Dan Gurney (USA)
	Eddie Irvine (Irland)
3 Große Preise	Mike Hawthorn (England)
	Peter Collins (England)
	Phil Hill (USA)
	Didier Pironi (Frankreich)
	Thierry Boutsen (Belgien)
	Johnny Herbert (England)
	Heinz Harald Frentzen (Deutschland)
	Giancarlo Fisichella (Italien)
2 Große Preise	Froilan Gonzalez (Argentinien)
	Maurice Trintignant (Frankreich)
	Wolfgang Graf Berghe von Trips (Deutschland)
	Pedro Rodriguez (Mexiko)
	Jo Siffert (Schweiz)
	Peter Revson (USA)
	Patrick Depailler (Frankreich)
	Jean-Pierre Jabouille (Frankreich)
	Patrick Tambay (Frankreich)
	Elio de Angelis (Italien)
1 Großer Preis	Giancarlo Baghetti (Italien)
	Lorenzo Bandini (Italien)
	Jean-Pierre Beltoise (Frankreich)
	Vittorio Brambilla (Italien)
	Joakim Bonnier (Schweden)
	Francois Cevert (Frankreich)
	Luigi Fagioli (Italien)
	Peter Gethin (England)
	Richie Ginther (USA)
	Innes Ireland (Schottland)
	Jochen Mass (Deutschland)
	Luigi Musso (Italien)
	Alessandro Nannini (Italien)
	Gunnar Nilsson (Schweden)
	Carlos Pace (Brasilien)
	Ludovico Scarfiotti (Italien)
	Piero Taruffi (Italien)
	Jean Alesi (Frankreich)
	Olivier Panis (Frankreich)
	Jarno Trulli (Italien)
	Jenson Button (England)
	Robert Kubica (Polen)
	Heikki Kovalainen (Finnland)
	Sebastian Vettel (Deutschland)

SIEGERMARKEN DER WM-LÄUFE 1950-2008

(exklusive Indianapolis, das 1950-1960 zur Fahrer-WM zählte)

Ferrari	209	Alfa Romeo	10	Eagle	1
McLaren	162	Mercedes	9	Hesketh	1
Williams	113	Maserati	9	Penske	1
Lotus	79	Matra	9	Porsche	1
Brabham	35	Vanwall	9	Shadow	1
Renault	35	Ligier	9	Stewart	1
Benetton	27	Jordan	4	BMW Sauber	1
Tyrrell	23	March	3	Toro Rosso	1
BRM	17	Wolf	3		
Cooper	16	Honda	3		